長安學研究

第一輯

中華書局

圖書在版編目（CIP）數據

長安學研究.第 1 輯/黃留珠,賈二强主編. —北京:中華書局,
2016.1
ISBN 978-7-101-11349-5

Ⅰ.長…　Ⅱ.①黃…②賈…　Ⅲ.長安(歷史地名)-文化史-
文集　Ⅳ.K294.11-53

中國版本圖書館 CIP 數據核字(2015)第 264461 號

書　　名	長安學研究(第一輯)
主　　編	黃留珠　賈二强
責任編輯	李曉燕
出版發行	中華書局
	(北京市豐臺區太平橋西里 38 號　100073)
	http://www.zhbc.com.cn
	E-mail:zhbc@ zhbc.com.cn
印　　刷	北京市白帆印務有限公司
版　　次	2016 年 1 月北京第 1 版
	2016 年 1 月北京第 1 次印刷
規　　格	開本/788×1091 毫米　1/16
	印張 26¼　字數 400 千字
印　　數	1-2500 册
國際書號	ISBN 978-7-101-11349-5
定　　價	92.00 元

發刊詞

進入 21 世紀，北京和陝西學界倡導長安學的學術實踐活動蓬勃興起。至 2009 年，北京大學《唐研究》推出《長安學研究專號》，陝西省文史研究館成立了"長安學研究中心"，並出版《長安學叢書》第一批八冊。以此爲標誌，在中國大陸長安學的旗幟被高高樹起。

所謂長安學，是用漢唐都城"長安"之名命名的一個學科。它所研究的對象雖然以長安城、長安文化、長安文明爲主，但卻又不完全局限於此，而擴展至建都關中地區的周秦漢唐等王朝的歷史文化，另在地域上亦遠遠超出長安城的範圍而擴大至整個關中以及更廣泛的相關地區。

長安學的興起並非偶然。大家知道，學人有關長安城、長安文化、長安文明的研究，有關周秦漢唐的研究、有關以關中爲中心的區域文化研究，歷史悠久，源遠流長。當這類研究發展、積累到一定程度之後，自然會産生一種用學科形式對其加以總結、升華的需求。時值 20 世紀結束、21 世紀開始之際，這一需求集中爆發，在短短數年間京、陝兩地研究者先後三次提出"長安學"問題，呼籲用這一學科名稱來概括以往對於長安文化長安文明以及周秦漢唐歷史文化的研究。於是乎就出現了如前所述的那些蓬勃興起的倡導長安學的學術活動。

由於陝西是周秦漢唐故都長安的所在地，所以長安學對陝西學人來說另還有着一層特殊的意義：即將之視爲陝西這個歷史文化大省的學科形象。2013 年，在國家教育部的關懷下，在陝西省省委、省政府的大力支持下，設於陝西師範大學的國際長安學研究院成立。這是原陝西省文史研究館長安學研究中心華麗轉身而建立的一個省級協同創新中心。它由陝西四所高校（陝西師大、西北大學、西安文理學院、長安大學）與國外兩所高校（日本學習院大學、韓國忠南大學）及陝西省政府相關職能部門（文物局、文史館）共同組成，以傳承並創新以"長安"爲載體、以"長安文化"爲主要內容的中華民族優秀文化爲根本任務，通過學術研究、文化推廣、社會教育等途徑，致力於提升陝西乃至整個中華民族的文化軟實力和國際影響力，增強中華民族的文化認同感和文化向心力。

　　爲更好地推進長安學研究，國際長安學研究院特創辦《長安學研究》作爲院刊。我們希望以此爲熱愛長安學研究的朋友提供一個發表學術見解、展開學術爭鳴的平臺。我們也希望以這種形式發現、扶植、團結研究人才，積累學術成果，擴大學術影響。

　　我們熱切盼望得到學界同仁的大力支持！盼望各位不吝賜教，踴躍賜稿！

《長安學研究》編輯部

目　録 | CONTENTS

【長安學探討】

長安學的緣起、研究現狀及未來展望

黄留珠*

摘 要

　　新世紀伊始所倡導的長安學，是對長期以來有關長安文化、長安文明研究的學科概括、定位與升華，其緣起有"陝""京"兩"源"，並非某一個人的創立、創建。2009 年陝西省文史館長安學研究中心的成立及所推出的《長安學叢書》，北京出版的《唐研究》"長安學"研究專號，掀起了長安學研究的空前高潮。北京的長安學研究扎實、細緻並完全按純學術的路徑一步一個腳印前進，陝西的研究則聲勢浩大、迅速快捷並具有濃濃的組織、行政色彩。2013 年陝西組建的國際長安學研究院爲長安學未來的發展勾畫了藍圖，世人樂見其成。建議仿效《唐研究》創辦長安學研究專刊，以擴展影響，發現、培養、團結人才，積累學術成果。展望長安學發展，可以説任重而道遠。

關鍵詞

　　長安學　長安文化　長安學研究

　　近若干年來，"長安學"的旗幟在神州大地被高高樹起，長安學研究亦有組織有計劃地大張旗鼓展開。如此一種倡導長安學的學術活動，若用"其興也勃"予以形容，應該説還是不過分的。那麼，這場學術活動的緣起是怎樣的？其發展的現狀或曰已取得的初步成果如何？其未來的發展又將如何？筆者作爲這一活動的參與者之一，深感對這些問題有必要結合個人親身的經歷略做陳述，以與關心長安學的朋友們共同討論。

一、長安學緣起

　　"長安學"是進入新世紀以來由中國大陸學人倡導並特別爲陝西學界所重視的一個學科概念。

---

* 作者簡介：黄留珠（1941—），西北大學歷史學院教授。

此事的肇始，可追溯到 2000 年初。當時在陝西《人文雜誌》舉行的一個座談會上，有位西北大學的學者十分明確地提出了"長安學"的問題，希望以此來概括陝西這個歷史文化大省的學科形象，就像安徽省以"徽學"來概括自己的學科形象一樣①。此舉雖然引起了學界的一定重視，但由於種種原因卻未能獲得積極進展，從而留下了太多的遺憾。

其後不久，"長安學"的問題又在首都北京被提出。2003 年 12 月由北京大學出版社出版的《唐研究》第九卷刊發的《關於隋唐長安研究的幾點思考》一文中，作者榮新江教授亦相當鮮明地提出了"長安學"的命題。他說："筆者研究隋唐史和敦煌學的過程中，不斷在思考一個問題，即長安是興盛的大唐帝國的首都，敦煌是唐朝絲綢之路上的邊陲重鎮，由於特殊的原因，敦煌藏經洞敦煌石窟保留了豐富的文獻和圖像資料，引發了一個多世紀以來的敦煌學研究熱潮；相反，雖然有關長安的資料並不少於敦煌，但因為材料分散，又不是集中被發現，所以有關長安的研究遠不如敦煌的研究那樣豐富多彩，甚至也沒有建立起像'敦煌學'那樣的'長安學'來。"很顯然，儘管榮氏所論長安學的視角與陝西學者所述的角度不同，二者對長安學內容的理解也有某些差異，但彼此所提的學科名稱均作"長安學"卻是完全一致的。

延至 2005—2006 年，"長安學"的問題再次被重新提起。然而這次與上兩次不同的是，問題不是由學者而是由政府部門的文化官員提出的。原來時任陝西省文史研究館館長的李炳武，有感於"一部《紅樓夢》能夠衍生出風靡全國乃至世界的'紅學'；一處'敦煌石窟'能夠形成獨立一派的'敦煌學'"② 這樣的事實，認為在創造了周秦漢唐燦爛文明的長安大地上，完全有條件也應該打出"長安學"的旗幟，以凝聚陝西的學術力量，深化長期以來學人一直堅持的關於長安文化、長安文明的研究。於是他利用自己手中所掌握的行政資源，率先在陝西文史館內開展了關於"長安學"的討論，並在一些主要方面取得了初步的共識。與此先後，陝西省文史館還陸續舉辦了周文化、秦漢歷史文化、唐代歷史文化等一系列的學術研討會，以及"長安雅集"之類的大型文化活動③，既為倡導長安學做鋪墊，也與倡導長安學相呼應。一時間，倡導長安學的活動搞得繪聲繪色、轟轟烈烈。

乍看起來，前述三次長安學的被提出似乎彼此獨立不相關聯，但實際上這三者卻是沿着同一的邏輯理路而前進的，其間有着密不可分的內在聯繫。具體言之，這就是學者們長期以來所堅持的對於長安文化、長安文明的研究，發展到新世紀急需一種學科性的

---

① 詳見黃留珠：《長安學叢書·政治卷》前言。西安：陝西師範大學出版社 / 三秦出版社 2009 年版。
② 李炳武：《積極開展長安學研究》。刊《唐代歷史文化研究》，西安：三秦出版社 2005 年版。又收入《長安學叢書·綜論卷》，西安：陝西師範大學出版社 / 三秦出版社 2009 年版。
③ 周文化研討會於 2000 年舉行，秦漢歷史文化研討會於 2001 年舉行，唐代歷史文化研討會於 2005 年舉行，長安雅集文化活動分別於 2003、2005、2008 年舉行。

概括、定位與升華；而在此過程中人們的目光不約而同地集中到"長安學"這樣一個學科名稱之上，於是乎便出現了一而再、再而三倡導長安學的呼聲與行動。這樣的事實也有力表明，"長安學"的提法，確實具有強大的生命力。

當然，從上述長安學被提出的事實，我們也很容易看到，長安學緣起實際上有兩個"源"：一曰"陝源"，一曰"京源"。陝源的長安學，固然以長安文化、長安文明研究爲根本，但學術視域卻有所擴大，甚至包括了有關陝西地域文化的研究。而京源的長安學，則大體限於古長安都城史的範圍之内，在一些人看來，甚至僅僅被理解爲關於隋唐長安的研究。

這裏有一個問題需要特別提出來加以澄清。在當前有關長安學的論述和宣傳中，每每可見"長安學爲某某人所創立"或"某某人創建了長安學"一類的説法。其實，這很不科學，是論者不瞭解長安學緣起最基本事實的反映。

如前所述，長安學的出現是學人對長期以來有關長安文化、長安文明研究進行學科概括、定位與升華的產物。用哲學性的語言描述，即長安學是長安研究學術史發展的必然結果。如此，把這樣一種歷史的必然歸結爲某某個人的"創造"、"創建"，顯然與事實不相符合。

誠然，馬克思主義從來並不否認個人在歷史上的作用。不過，這必須以尊重科學、尊重事實爲前提。衆所周知，長安文化源遠流長，對長安文化、長安文明的研究歷史悠久。特別是在陝西，由於具有深厚的歷史文化積澱，由於具有周、秦、漢、唐故都所在地的先天優勢，所以陝西學人無不以古代歷史文化尤其長安文化爲其研究重點，無不掛"周秦漢唐"尤其"長安"這塊牌子來展開其研究。而新世紀提出來的"長安學"，正是在學人長期以來對於長安文化、長安文明研究基礎上形成的——或者説是長時期以來的關於長安文化、長安文明研究才造成了"長安學"。這裏最基本的事實是，先存在有關長安文化、長安文明的研究事實，而以後才出現"長安學"的名稱。前者爲"因"，後者爲"果"。如若一定要講"長安學"的創造人、創建人的話，那麼衆多的長安文化、長安文明研究者，才是當之無愧的。正是他們辛勤、艱苦的勞動，創造、創建出了長安學。而當今提出以長安學來概括關於長安文化、長安文明研究的人，不過是長安學的倡導者罷了。

學術史上類似這樣的情況，實際上很常見。例如人所共知的敦煌學，要確切説出它爲何人創造、何人創建顯然是困難的。其真實的情況應該是也必須是，那些從事敦煌出土文獻、文物研究的學人共同創造、共同創建了敦煌學；而且也是這種創造、創建性的研究工作在先，"敦煌學"的稱謂出現在後，與當今的長安學情況相同。再如我們常説的紅學也是如此。紅學當爲研究《紅樓夢》的學人所共創、共建，把紅學歸結爲任何個人創造、創建都是有違事實的極端功利主義的表現。

二、長安學研究現狀

2009 年對長安學發展而言，是非常重要的一年，所以對長安學研究現狀的論述，需要從此説起.

這年 9 月，陝西省文史研究館長安學研究中心成立。該中心由當時的文史館館長李炳武牽頭，以文史館館員（一批資深的文史專家）爲基礎，聯合西北大學、陝西師範大學等院校的專家學者共同組成。這既是一個研究長安學的中心，也是組織、領導長安學研究的中心。

研究中心成立後所做最重要的一項工作就是編撰、出版《長安學叢書》。李炳武館長對此可以説是雄心勃勃、信心滿滿，計畫要出 100 部以上，内容涵蓋長安學所能涉及的方方面面，而且力爭在研究中心成立時便推出第一批成果。由於時間緊迫，文史館領導採納館内專家建議，將首批推出的《叢書》内容加以變通，改爲對以往研究成果的彙集總結。這樣，在研究中心成立的次月，第一批 8 册書面世了（版權頁標注的出版時間爲 2003 年 9 月），分別名曰《長安學叢書》之“綜論卷”、“政治卷”、“經濟卷”、“文學卷”、“藝術卷”、“宗教卷”、“歷史地理卷”、“法門寺文化卷”。

洋洋乎裝幀考究、印製精美的 8 册《長安學叢書》的推出，無疑成爲長安學研究中心成立當時最出彩的一件大事。它可以説既起了一種標誌也起了一種宣言的作用。從程式上來看，這批書的編撰都經過了不止一次的研討、評審過程，應該説是比較認真比較嚴格的，合乎學術規範。然而也不能不看到，畢竟時間太短，難免帶有某些“急就章”的痕跡，而各册書的品質，也明顯存在良莠不齊的情況。特別是這批書僅僅是彙集了以往的研究成果，而没有新創的成果——儘管這當中有其不得已的苦衷，但不免留下了令人惋惜的遺憾。

非常巧的是，2009 年北京方面有關長安學的研究工作也推出了重要的成果——這就是當年出版的《唐研究》第 15 卷。該卷集中刊發了長安學研究的論文 19 篇，故被命名曰“‘長安學’研究專號”。爲了便於讀者瞭解更具體的情況，兹將這些論文的題目抄錄如下：

隋唐長安的寺觀與環境
城門與都市——以長安通化門爲主
唐代長安的旅舍

文本的闡釋與城市的舞臺——唐宋筆記小説中的城市商業與商人

論長安城的營建與城市居民的稅賦

唐代都市小説叙事的時間與空間——以街鼓制度爲中心

想像中的真實——隋唐長安的冥界信仰與城市空間

唐代長安的宦官社群——特論其與軍人的關係

唐長安太清觀與《一切道經音義》的編纂

從宫廷到坊里——玄肅代三朝政治權力嬗變分析

中唐文人官員的"長安印象"及其塑造——以元白劉柳爲中心

張彥遠筆下的長安畫家與畫跡

長安:禮儀之都——以圓仁《入唐求法巡禮行記》爲素材

禮展奉先之敬——唐代長安的私家廟祀

貝葉與寫經——唐代長安的寺院圖書館

唐初密教佛經的翻譯與貴族供養

記智首、玄琬與唐初長安的守戒運動——兼論唐太宗崇重律僧與四分律宗之崛起

《兩京新記》新見佚文輯考——兼論《兩京新記》復原的可能性

隋唐長安史地叢考

　　從這些論文的標題,可以看出其研究視角非常新穎,所研究的問題多微觀的具體的前人較少關注或没有涉獵的問題。可以這樣説,它們代表了長安學研究的一種新潮流。值得注意的是,文章的作者除了北京當地高等院校、科研機關、文化單位的學者外,還有其他各省、市以及臺灣地區的學者,另還有美國、日本的研究者①。這也充分反映了參與長安學研究人員的廣泛性與這項研究本身的國際性。

　　如果比較京、陝兩地的長安學研究特點的話,那麽,北京的扎實、細緻並完全按純學術的路徑一步一個腳印前進,給人們留下了深刻印象。而陝西的聲勢浩大、迅速快捷以及濃濃的組織、行政色彩,似也構成了一道可觀的風景綫。當然,就所推出的研究成果而論,北京的開拓、創新,陝西的總結、綜合,應該説各有千秋,不過用學術的尺度來衡量,似乎行家們更推崇、更看好前者。

　　總之,正如前文已經指出的那樣,2009 年對長安學的發展是非常重要的一年。這年陝西成立的長安學研究機構和出版的 8 册《長安學叢書》,北京出版的《唐研究》第 15

① 見榮新江主編:《唐研究》第 15 卷。北京:北京大學出版社 2009 年版。承蒙杜文玉教授借閲所收藏的各卷《唐研究》文本,特致謝。

卷——"長安學"研究專號,共同把長安學的發展推向了一個空前的高潮。而在它的影響下,長安學研究邁入新階段。以下我們仍按陝、京兩條主綫繼續介紹長安學的發展情況。

在陝西,於 2010 年又出版了《長安學叢書》6 册。這批書名曰《叢書》的"長安學者文集"系列,首先推出的 6 册分別是"武伯倫卷"、"王子雲卷"、"陳直卷"、"傅庚生卷"、"霍松林卷"、"黃永年卷"。很明顯,這 6 册書與前 8 册書性質是一樣的,都屬於對以往研究成果的彙集整理,只不過這次是按人頭來進行彙集整理罷了。其後,《長安學叢書》於 2011 年又繼續出版"長安學者文集"系列書 4 册,分別爲"于右任卷"、"張西堂卷"、"石興邦卷"、"何煉成卷";於 2012 年則出版 2 册,一是"學者文集"系列的"李之勤卷",一是屬於首批叢書系列的"教育卷"。2013 年,《長安學叢書》計畫推出"西安城市史"系列,有若干書稿已完成交付出版社,現因特殊情況而被推遲。對此,擬在後文中再做説明。

除了《長安學叢書》這個平臺之外,2010 年《長安大學學報》社會科學版開闢"長安學研究"專欄,截至 2013 年共辦 16 期,發表論文 74 篇,成爲長安學研究的又一重要陣地[1]。該學報還經常舉辦有關長安學的"論壇",以這種形式弘揚長安學、宣傳長安學。一個工科爲主的院校,能夠如此盡心盡力做長安學的工作,在全陝西是第一家,也是唯一的一家,實在難能可貴。

這裏還要提到的是,較陝西省文史館長安學研究中心成立早近一年的西安文理學院長安歷史文化研究中心,雖然没有明確掛"長安學"的牌子,但實際上也是一個長安學的學術研究機構。該中心推出的《長安歷史文化研究》《長安歷史文化論叢》等書刊,事實上也成爲長安學的重要平臺。特別是他們每年一次的長安歷史文化研討會,已經連續舉辦了八屆,而且越辦越好,影響越來越大,成爲西安市的一張亮麗學術名片。

另外,西安市社科院亦成立了專門的長安學研究機構"長安學研究所"。

如果我們把目光再放寬一些,將長安學不僅僅限於古長安城的城市史研究,而把它擴展至整個關中地區乃至整個陝西歷史文化的研究,擴展至周秦漢唐歷史文化的研究,那麼,陝西長安學研究的平臺及研究成果顯然還會增加不少。例如西北大學與三秦出版社聯合主辦的《周秦漢唐文化研究》年刊,陝西師範大學推出的《長安史學》《長安學術》,以及《唐都學刊》開闢的"漢唐研究"專欄《咸陽師院學報》開闢的"秦漢史研究專欄"等等,似都可以劃入此列。再如集陝西全省著名學者全力修撰的、第一部系統論述陝西地域文化的、屬於國家級重大文化工程項目的《中國地域文化通覽·陝西卷》(2013 年10 月中華書局出版),顯然也應該劃入此列。

---

[1] 有關資料由王佳女士提供,特致謝。

北京方面的情況似乎不像陝西那樣多元。這裏的長安學研究平臺主要還是一年出版一卷的《唐研究》。衆所周知，該刊由羅傑偉（Roger E.Covey）創辦的唐研究基金會資助出版，營運無後顧之憂，相當穩定。自第 9 卷開始，即以研究專號的形式推出。其第 15 卷"長安學"研究專號之後，又相繼出版的第 16 卷名曰"'唐代邊疆與文化交流'研究專號"（2010 年），第 17 卷名曰"'中古碑誌與社會文化'研究專號"（2011 年），第 18 卷名曰"'中國中古的信仰與社會'研究專號"（2012 年），至第 19 卷則開闢了兩個研究專欄——曰"'從地域史看唐帝國——邊緣與核心'研究專欄"，曰"《葛啜墓誌》研究專欄"（2013 年）。表面上看這些專號、專欄所討論的問題並不是長安學，但其中不少內容實際上卻涉及到長安。特別如《葛啜墓誌》，即出土於西安，對它的研究自然屬於正宗的長安學研究了。

三、長安學未來展望

自新世紀伊始研究者提出"長安學"問題以來，短短十多年裏，這一學科得到了令人矚目的發展。尤其在陝西，這項研究得到了省委、省政府的大力支持，使之具有了極其明顯的權威性。當新世紀跨入第二個十年之後，陝西長安學研究主體平臺又開始了由政府文化部門主辦向高等院校主辦的華麗轉身；其進一步將各種研究力量進行整合，組建成新的長安學研究機構——國際長安學研究院[①]。

2013 年 3 月，新的"國際長安學研究院"在陝西師範大學舉行揭牌儀式，教育部一位副部長與陝西省一位副省長均蒞臨祝賀，充分表明了其受重視的程度。據介紹，該研究院是按照國家協同創新（2011）計畫組建的一個省級文化傳承性質的協同創新中心。它以傳承並創新以"長安"爲載體、以"長安文化"爲主要內容的中華民族優秀傳統文化爲根本任務，通過學術研究、文化推廣、社會教育等途徑，提升陝西乃至整個中華民族的文化軟實力和國際影響力，增強中華民族的文化認同感和文化向心力。

該研究院由陝西的四所高校（陝西師範大學、西北大學、長安大學、西安文理學院）和陝西省文物局、陝西省政府參事室（省文史館）以及日本學習院大學、韓國忠南大學共同組成，院址設在陝西師大。其以陝西四所高校的研究資源爲基礎，搭建研究平臺，負責長安學的理論和專題研究，對長安文化的內容和精髓進行提煉；以陝西文物局及其下屬機構、陝西省參事室（省文史館）爲核心，致力於文化遺存的保護與開發，長安文化的推廣和開發；以日本、韓國兩高校爲主要海外力量負責長安文化在海外的傳播、海外文化

---

① 承蒙賈二强教授提供關於國際長安學研究院的資料，特致謝。

資源的整理與開發,以及相關活動的組織和協調等。從總體上講,研究院肩負着探索兩個新途徑的使命:一是探索古典文化現代化傳承的新途徑,一是探索高校、政府、社會機構聯合開展文化傳承的新途徑。

在機制體制方面,研究院建立以任務爲牽引的人員管理、人才培養、科研評價等制度;實行理事會領導下的院長負責制,以任務爲紐帶開展人員管理;科研上推行學術委員會集體協商的考核機制等。

研究院的組建得到了教育部、陝西省委省政府的高度認可和省内外機構的大力支持。做好長安學研究和文化典籍整理出版,已被列爲陝西省"十二五"規劃綱要的重要内容。由此可見陝西省對長安學研究的支持力度之強。

根據計畫,研究院擬開展和推進的研究工作有:

1、舉辦"國際長安學論壇"(兩年一屆,與當年"西洽會"同步進行)[1]。

2、建立"國際長安學"研究基金會,支持長安學的持久發展。

3、不斷推出高水準的成果,向國内外宣傳介紹長安文化,爲國家和省市的文化建設提供決策諮詢。

4、建設"長安學"基本文獻庫與電子資料庫以及"長安學"網站。

5、編寫《長安學與文化建設藍皮書》。

研究院擬定的建設目標:通過 10 年建設,搭建起"長安學"的理論框架和學科架構,使其精神内涵得到學界和社會的廣泛認可,關於長安學的專題研究取得突破性進展。通過建設,使國際長安學研究院產生一批具有重大影響的標誌性成果,培養一批具有國際視野、學貫中西的學者,成爲國際上享有聲譽、世界一流的"長安學"研究中心和資料中心。同時,使長安學研究成果在推進區域文化繁榮和經濟建設、增強文化軟實力和國際影響力過程中的作用不斷彰顯,以長安精神爲重要内容的社會主義核心價值體系深入人心,使區域優秀傳統文化的精神品格不斷賦予新的内涵,在外界的影響不斷擴大。而研究院經過前 4 年建設,預期的成果則有:編輯出版多卷本《長安學叢書》(已推出 20 册,前文所述《叢書》之"西安城市史"系列順延至此),編輯出版《海外長安學譯叢》,編纂、建設《長安文獻集成》及電子資料庫,建立國際長安學網站,探索、總結文物保護修復及大遺址保護技術,提出區域文化資源開發方案及省市文化產業發展規劃。

爲了實現上述建設目標,研究院計畫設立以下研究中心:

長安學理論研究中心

---

[1] "西洽會"創辦於 1997 年,是"中國東西部合作與投資貿易洽談會"的簡稱。

歷史文化研究中心

古都與城市發展研究中心

文學藝術研究中心

長安與絲綢之路研究中心

文化傳播研究中心

哲學與宗教研究中心

民俗與語言研究中心

文化遺産保護修復研究中心

長安文化産業研究中心

文獻編纂與研究中心

海外長安學研究中心

　　毫無疑問，這是一幅精心繪製的長安學未來發展的藍圖，令人心嚮往之！如何將這一藍圖付諸實現，顯然是長時期需要面對的一大課題。世人樂見其成。

　　北京方面的長安學研究，似未曾聽説有如陝西所發生的變化。2014 年是京源長安學研究主要平臺《唐研究》創刊的 20 周年，是否會像該刊創刊 10 周年時那樣，由主編署名發表一篇文章以資紀念，尚不得知。不過如此簡單的紀念方式，無疑卻是最值得提倡的。當然，屆時也許因情況變化還會有其他紀念活動，在此就不便猜測了。

　　由《唐研究》的實例不免會想到一個問題，這就是陝西組建的國際長安學研究院是否也應該仿照《唐研究》辦一個長安學研究的專刊，以擴展影響，發現、培養、團結人才，積累學術成果。從目前研究院的計畫中，似没有見到這樣的内容，需要補充完善。學術研究固然不能脱離現實，應該爲現實提供借鑒、提供智慧、提供服務，需要經世致用，但這些必須以遵守學術研究的規律爲前提。在學術研究領域，需要的是一點一滴的積累，需要的是十年磨一劍的精神。在這裏，不能“大躍進”，不可急功近利，更不需要媒體炒作那樣的大轟大嗡。

　　學術史上，大凡一個“學”的成立，都非一蹴而就。如今，長安學的旗幟雖然已經高高飄揚，但這並不意味着什麽問題都没有了。如前所述，即使像長安學研究對象這樣重大的問題，迄今論者的看法都不一樣，至於一些小的方面，分歧自然就更在所難免了。我清楚記得，當年陝西省文史館内部討論長安學問題時，有相當的館員就曾明確表示了懷疑或反對的態度。實際上，出現這樣的情況也不奇怪，因爲現今各式各樣的“學”實在太多了，幾乎到了泛濫的程度，如此世人對新提出的“長安學”有所疑慮自當在情理之中。何況，長安學的命題雖説有其合情合理的一面，但也確有其較爲空泛甚至大而無當的另一面。它不像已有的“敦煌學”、“紅學”那樣，範圍具體，易於把握①。之所以迄今爲止論者對長安學研究對象的認識還不一致，與此是有直接關係的。前述陝西組建的國際長安學研究院的建設目標明確規定，擬通過 10 年的建設，搭建起長安學的理論框架和學科架構，使其精神内涵得到學界和社會的廣泛認可，應該説是毫無掩飾極其老實的一句話。它也從另一方面反映了長安學無論在學界抑或在社會，其認可度都存在一定的問題。唯其如此，展望長安學研究，可以説任重而道遠。在這裏，不妨借用孫中山先生的一句名言與有志於長安學研究的朋友共勉：

革命尚未成功，同志仍須努力！

附記：

本文寫於 2014 年初，完全是一種實録式叙事，所記述的是 2000—2013 年間長安學的起始及發展情況。它對於瞭解長安學是怎麽回事，對於瞭解學人倡導長安學的經過及其學術背景，應該説是客觀而可信的第一手資料。

2014 年在長安學發展史上，是又一個重要的年份。特別是這年的第四季度，在西安幾乎是連續地舉行了三次與長安學有關的學術研討會，將長安學研究再次推向一個高潮。這三次學術會分別是：10 月 31 日由西安市社會科學院、西安市絲綢之路經濟帶研究院與韓國慶州新羅文化遺産研究院聯合舉辦的“長安學與新羅學關係研究學術會議”，11 月 22 日由西安文理學院長安歷史文化研究中心主辦的“第九屆西安歷史文化國際學術研討會”，11 月 24—27 日由陝西師範大學國際長安學研究院主辦的“長安學與古代都城國際學術研討會”。如此密集舉行的關於長安學研究的國際性學術會議，表明長安學在世界相當範圍内被認可並自覺納入研究實踐，已經是不爭的事實。尤其在“長安學與古代都城國際學術研討會”上，實現了中國大陸“京源”長安學研究者與“陝源”長安學研究者的勝利會師，學術意義深遠。

另外需要指出的是，我在本文中提出的創辦《長安學研究》專刊的建議，已爲國際長安學研究院領導所採納，其創刊號即將於 2005 年上半年推出。以此爲契機，長安學研究將進入一種新常態。相信經過若干年扎扎實實的積累之後，必將會迎來長安學研究的新豐收。

我們期盼這一天的到來！

2015/2/7 記於西大桃園區鏘音閣

---

① 參見黄留珠：《長安學之我見》，刊《三秦文史》2006 年第 1 期。又收入《長安學叢書·綜論卷》，西安：陝西師範大學出版社 / 三秦出版社 2009 年版。

長安學與敦煌學

榮新江[*]

摘　要

　　長安與敦煌,一爲隋唐帝都,一爲邊陲重鎮,皆有相關文獻資料傳世。本文從探究不同層面的歷史真實,尋繹佛教寺院興衰,描繪里坊生活變遷,考察典籍文本,分析壁畫及佛教物質文化生活等方面,闡明長安文獻與敦煌文獻有互補作用,期待"長安學"與"敦煌學"比翼雙飛。

關鍵詞

　　長安學　敦煌學　隋唐　文獻

　　2003 年,筆者在編輯《唐研究》第 9 卷"長安:社會生活空間與制度運作舞臺"研究專輯時,曾撰文《關於隋唐長安研究的幾點思考》[①],對比"敦煌學",提出要建立"長安學",加强對隋唐長安的研究,並從四個方面做了論證。文章對比敦煌和長安的研究時説道:

　　　　筆者在研究隋唐史和敦煌學的過程中,不斷在思考一個問題,即長安是興盛的大唐帝國的首都,敦煌是唐朝絲綢之路上的邊陲重鎮,由於特殊的原因,敦煌藏經洞和敦煌石窟保留了豐富的文獻和圖像資料,引發了一個多世紀以來的敦煌學研究熱潮;相反,雖然有關長安的資料並不少於敦煌,但因爲材料分散,又不是集中被發現,所以有關長安的研究遠不如敦煌的研究那樣豐富多彩,甚至也没有建立起像"敦煌學"那樣的"長安學"來。

　　話雖然是這麽説了,但筆者並没有對於"敦煌學"和"長安學"的關係加以仔細的論説。經過若干年來對於"長安學"的探索,包括 2009 年主編《唐研究》第 15 卷"長安學"研究專號,筆者逐漸對兩者的關係有所體悟,這裏略加闡述。

---

*　　**作者簡介**:榮新江(1960—),男,天津人,北京大學歷史系教授。

① 　榮新江:《關於隋唐長安研究的幾點思考》,原載榮新江主編:《唐研究》第 9 卷,北京:北京大學出版社 2003 年版,第 1—8 頁;收入筆者《中國中古史研究十論》,上海:復旦大學出版社 2005 年版,第 181—193 頁。

與敦煌城相比，長安的城市空間要大一百多倍。長安是中國古代最盛期的隋唐王朝的都城，也是當時東亞地區的一大都會，它既是各種人物活動、各類事件發生演變的中心舞臺，也是包羅萬象、融匯各種文化因數的社會空間。

長安地區雖然沒有發現敦煌藏經洞那樣整整一窟的文獻，但目前流存下來的隋唐典籍，其實大多數都是在長安撰寫、編纂而成的。長安爲帝國都城，宮室所在，因此屬於政書類的著作，如《唐六典》《通典》《唐律疏議》以及集中在《唐會要》《唐大詔令集》中和散在各種文獻中的詔令及格式，除少部分產生在洛陽外，都是在長安編纂或製作出來的；長安是文人薈萃之地，唐朝大量的詩賦、小說、碑銘、贊記等各類文體作品，很多都是在長安寫作的，像《文苑英華》《太平廣記》《全唐文》《全唐詩》搜羅的篇什，大多數都是長安的作品；長安寺觀林立，學僧道長匯聚其間，許多佛經都是在長安大寺中傳譯出來的，道教典籍也是在此地編纂而成，佛道文獻中的傳記、感應故事等等，多是以長安爲背景而撰寫的；甚至摩尼教、景教的譯經，也都是產生在這裏；加上地面上聳立的石碑，地下埋藏的墓誌，也都是長安文獻的組成部分。因此說，長安雖然沒有發現過藏經洞，但長安的文獻要比敦煌藏經洞的文獻不知多多少倍，而且敦煌藏經洞中的一些文獻，也是長安的傳抄本，或者就是長安傳來的真正的長安文獻。

敦煌與長安相比，的確可以說不可同日而語。但敦煌自有敦煌的特色，在某些方面閃爍着光芒。敦煌是個邊塞城市，帶有很強的軍事色彩，這裏的大街小巷都有士兵的足跡，民衆百姓喜歡有關戰爭的作品即可爲證；敦煌又是一個典型的絲路城市，它位於東西交往的絲綢之路要道之上，更是幾條所謂絲路匯集於此的咽喉之地，因此城市呈現出多元文化景觀，不僅有佛教、道教，也有三夷教流行，不僅有印度來的僧人，也有中亞來的粟特商隊；敦煌當然更具有佛教都會的色彩，佛教無疑在各種宗教文化當中佔據主導地位，而且影響着民衆的社會生活和精神思想。

敦煌莫高窟幸運地發現了一個藏經洞，在石窟壁畫、雕像之外，集中了大量的有關敦煌或產生於敦煌的各類文獻資料。這裏面三教九流，無所不包，既有高僧念誦的繁瑣宗教哲學經典，也有民衆喜聞樂聽的講經文、變文；既有正規的儒家典籍藏書，也有學子抄錄的識字課本；有代表唐朝詩歌最高水準的李白、王維、白居易的詩歌，也有民間詩人王梵志的白話詩，以及學生遊戲之作的打油詩；而大量的公私文書、寺院賬簿，種類繁多，記錄了敦煌社會的方方面面。

因此可以說，長安與敦煌的文獻可以互補，"長安學"與"敦煌學"可以相互促進。從材料出發，特別是對比更具有地方特色的出土文獻，我覺得兩者的互補性亟待開發，特別就長安學的發展來說，可以有許多研究旨趣，這裏略舉數端：

一、傳世的長安文獻往往能夠告訴我們大歷史，一個王朝的政治史是如何演進的，我們離不開兩《唐書》，離不開《資治通鑑》；一個王朝的制度變革，我們也離不開《唐六典》《唐會要》等；這些都是歷史研究所不可或缺的部分，也是一個王朝的根本骨架，同時也是我們搭建長安歷史殿堂的基礎。而敦煌文獻往往能夠告訴我們小歷史，一片文書，一個手卷，記錄的範圍十分有限，但這些公私文書中保留着很多歷史細節，這些細節正是傳世隋唐歷史文獻所不具備的，有些材料可以與明清史料相媲美，甚至更爲細緻。因此，在傳統的政治史、制度史、經濟史、思想史、文化史之外，我們還可以利用敦煌文書，來做一些新史學的課題，比如可以做一些社會史、新文化史、性別史、醫療史、兒童史的研究。長安和敦煌，都是中古時期的一方都市，其中發生的事情也有許多共性，因此我們可以利用長安文獻，來構築敦煌歷史的總體發展面貌，而運用敦煌文獻，來補充長安歷史的細節層面。

二、後現代理論給利用傳統的編纂史料撰寫的歷史著作提出挑戰，而中國古代一個王朝修完前朝歷史即燒掉史館檔案的做法，給這種對正史的質疑提供了藉口。但中國古代的史料其實是豐富多彩的，不僅僅有正史，還有私人修的史書，以及文集、筆記、傳奇小說等其他材料，相互印證，因此有關長安的傳世史料是極富價值的寶貴財產。與此同時，我們也擁有長安及有關長安的大量出土碑誌材料，這些雖然大多數也屬於編纂史料範圍，但和正史、政書畢竟不同。而敦煌文書中的許多牒狀、契約、書信、雜寫，是完全無意識的保留下來的，是原始的檔案，是真實的歷史記錄。像晚唐沙州歸義軍在長安的進奏院寫給歸義軍節度使的狀文，完全沒有任何避諱的詞語，極其鮮活地呈現了兩班專使對於爲節度使求取旌節的不同態度，以及在朝廷上下送禮走門路的真實過程①。因此，對比傳世史料、出土墓誌、敦煌文書，對同類史事加以研究，或許比只是依賴某一類史料的研究，要更加接近歷史。在這方面，我們不論研究長安，還是研究敦煌，都應當盡可能地汲取另類史料。比如我們最近很幸運地找到傳世史書、新出土的《李溆墓誌》和敦煌文書《張議潮變文》三類史料對於大中十年唐朝冊封回鶻可汗的不同記錄，從中體會到不同史料對於同一事件的處理方式，以及三類史料最終給予我們的歷史面貌②。

三、傳世的佛教傳記和長安保存的寺院碑刻，記錄了長安寺院的盛衰歷史。一些著名的碑刻，可以説是中國佛教史的坐標點。但高僧的碑記和傳文往往只是其本人修學和講道的記錄，我們可以從中瞭解佛教教學和宗教思想的情形，卻無法知道長安佛教寺院

---

① S.1156《沙州進奏院狀》，錄文見榮新江：《歸義軍史研究——唐宋時代敦煌歷史考索》，上海：上海古籍出版社 1996 年版，第 87—189 頁。
② 參看榮新江：《大中十年唐朝遣使冊立回鶻史事新證》，《敦煌研究》2013 年第 3 期，第 128—132 頁。

的全貌。敦煌保存了大量寺院文書,既有各種不同層次的佛教經典,也有大量的寺院行政、財政文書①。因此,我們可以利用敦煌資料,來瞭解唐朝下層僧侶的思想,我們也可以利用敦煌的寺院文書,來推擬長安寺院的社會生活;我們可以使用敦煌寺學的豐富資料②,來想象長安寺院的教育功能;我們也可以依據大量存在的敦煌講經文和變文③,來看長安佛寺作爲大衆娛樂場所的世俗化情境。敦煌的資料有許多都可以折射出中晚唐長安寺院的同樣情形。

四、傳世史料和長安出土的墓誌,已經爲長安的坊里增補了大量人物宅第,但限於編纂史料的性質,特別是墓誌本身所記以歷官爲主,所以相關人物在坊里的行事,我們知之甚少。最近由於郭子儀家族墓的發現,我們對郭家在長安坊里的居住情形有了新的認識④,但坊里生活的細節還是十分缺少。敦煌,還包括吐魯番出土的文書,有時候或許可以增加我們對長安坊里生活的認識。比如敦煌有一些坊巷結社的社條⑤,完全可以推想長安一些坊里的同樣社會組織和社會運作。而我們幸運地在吐魯番墓葬文書中,找到一組來自長安新昌坊質庫(當鋪)的帳曆,使得我們對於安史之亂以前長安街東新昌坊窮困人家的生活狀況有了瞭解,而對比安史之亂後文人官僚如白居易等人的新昌入住,使這裏的人文、自然景觀大爲改觀,變成長安城内最宜居住的區域⑥。如果没有吐魯番文書資料,我們無法看出新昌坊的變遷。在敦煌、吐魯番文獻的幫助下,我們或許可以做某些社區,或某類長安坊里的研究的。至少我們可以利用敦煌文獻,來補充長安歷史的一些細節。

五、長安作爲一大都會,曾經聚集了大量的財富,其中包括各種收藏,有典籍,有藝術品,還有各種"寶物",但隨着歷史車輪的前進,長安的收藏,早已不復存在。長安留存下來的文獻,又經過宋代以後的"刻本化",書籍的原始形態也已無法展現。幸運的是,敦煌文獻中保存了抄本時代書籍的原本形式,可以讓我們知道長安書籍的主體面貌。同時,敦煌文獻裏也保存了一部分原本就是長安的文獻,比如所謂"宫廷寫經",即武則天爲其

① 參看謝和耐:《中國五——十世紀的寺院經濟》,耿昇譯,蘭州:甘肅人民出版社 1987 年版;姜伯勤《唐五代敦煌寺户制度》,北京:中華書局 1987 年版。
② 參看鄭阿財、朱鳳玉:《開蒙養正——敦煌的學校教育》,蘭州:甘肅教育出版社 2007 年版。
③ 參看黃征、張涌泉:《敦煌變文校注》,北京:中華書局 1997 年版。
④ 田衛衛:《唐長安坊里輯補——以大唐西市博物館藏墓誌爲中心》,《碑林集刊》第 18 輯,2012 年,第 108—129 頁;榮新江、李丹婕:《郭子儀家族及其京城宅第——以新出墓誌爲中心》,《北京大學學報》2013 年第 4 期,第 17—26 頁。
⑤ 參看郝春文:《中古時期社邑研究》,臺北:新文豐出版公司 2006 年版;孟憲實:《敦煌民間結社研究》,北京:北京大學出版社 2009 年版。
⑥ 王靜:《唐代長安新昌坊的變遷——長安社會史研究之一》,榮新江主編:《唐研究》第 7 卷,北京:北京大學出版社 2001 年版,229—248 頁。

父母供養的《金剛經》和《妙法蓮華經》，極其精美①；一些拓本、寫本、刻本，都是從長安直接或間接傳來，還有一些是長安文獻的轉抄本或再轉抄本，如開元道藏和律令格式，都是經過涼州而轉抄到沙州，長安東市的刻本灸經，甚至被改作抄本流傳到敦煌②。

六、長安的寺觀早已毀滅，壁畫、雕像蕩然無存，只有《歷代名畫記》《寺塔記》等書的記載，可以讓今人想象吳道子等隋唐時代最有名的畫家畫壁的樣子。所幸敦煌石窟保存了大量同類的圖像，雖然不是像長安那樣多是高手所爲，但可以根據這些雕刻和繪畫，部分復原長安寺院壁畫中的一些尊像、經變、佛傳等畫作。敦煌壁畫的圖像對於長安研究還具更爲廣闊的功用，建築史家早已指出，敦煌壁畫中的一些城市、坊里、宮殿、宅居的形象，並非敦煌本地所有，而是長安的景象，因此可以作爲復原、模擬長安地面上的建築景象的參考③。敦煌石窟壁畫上還有對於當時物質文化許多層面的表現，有些是寫實的場景，可以據以來看包括長安在內的唐人物質生活；有的則是對佛教天國的描寫，那也表現了唐人最理想的物質文化形態。這些影像材料可以和敦煌文書中的寺院財產帳曆（什物曆）結合起來，與法門寺出土的物帳單加以對比，來考察長安、敦煌兩地佛教物質文化的面相和層級。

以上所舉，只是利用“敦煌學”的成果來研究長安的幾個可能方向，相信在今後的“長安學”研究中，“敦煌學”的成果會起到直接、間接的作用。我們期待着“長安學”與“敦煌學”相互促進，比翼雙飛。

---

① 趙和平：《武則天“御製”〈金剛般若經序〉及〈妙法蓮華經序〉再研究》，波波娃、劉屹主編：《敦煌學：第二個百年的研究視角與問題》，聖彼得堡：Slavia，2012 年，第 339—344 頁。

② 妹尾達彥：《唐代長安東市の印刷業》，唐代史研究會編：《東アジア史における國家と地域》，東京：刀水書房，1999 年，第 200—238 頁。

③ 參看蕭默：《敦煌建築研究》，北京：文物出版社 1989 年版。

長安學與長安學派

葛承雍*

摘　要

本文初步分析"長安學"興起的歷史背景,認爲發展長安學乃至"長安學派",需富有家國使命,堅持東西對比、取長補短,同時又能理性洞察、充實新知。文章重點從學術結合實際,參與城市建設,列入文化產業,惠及不同學科,面對歷史教訓等六個方面提出了發展"長安學"的具體建議。

關鍵詞

長安　長安學　長安學派

地方文化是彰顯一個城市特色的獨特名片,一個城市如果沒有高雅的學術緊密相連,沒有具有獨特學派的位置與魅力,很難突出一座城市的歷史文脈與文化特色。學術,讓一個城市獲得尊重的理由,也凝結着地域的歷史性格,是一種富有魅力的地域財富。

近幾年來,一些學者仿效"敦煌學""吐魯番學""徽學""孔學""故宮學""法門學""黃河學"等等名稱,提出要建立"長安學"。從新學科建設來說,這是加強地方文化熱潮的又一品牌打造。此前西安歷史地理領域已有專家建立了"西安學"研究會,並開展若干活動。杭州城市建設領域也有專家拓展了"杭州學"研究會,恢復以西湖美景爲中心的南宋都城景觀。我感到,發掘中華民族之根,接續核心文化薪火,廣開文脈源頭活水,建立這個"學"或設立那個"學",在爭議中逐步達成共識都是可以的,至少秉承精神基因,彰顯中華標識,增添城市文化資源,從宏觀上說是不會誤判、錯判的。

但是,從繁多地域"學"的實踐來看,空洞無物有之,掛牌虛名有之,極端理解有之,虎頭蛇尾有之,受到的挑戰接踵而來,甚至難以爲繼,不了了之。因此,我認爲以"長安

---

* 作者簡介:葛承雍(1955—),國家文物局文物出版社總編,《文物》月刊主編,西北大學文化遺產學院教授。

學"命名一個研究專案僅僅是初級層次,關鍵是上升到一個學派遠播弘揚,如果以"長安學派"命名,更能爲城市地區的文化建構添色增輝,因爲學派往往會與傳統、底蘊,層次、品位直接聯繫,會凝聚、樹立、造就一批大師級的學者,這比簡單設立一個"學"更有檔次,更爲長遠。

長安有石魯爲代表的"長安畫派",有柳青爲代表的長安鄉土小説直到陝軍東征的文學流派,有西影"黃土風情"爲代表的曾經風光一時電影藝術流派,但是學術上從來没有一個高揚起"長安學派"的大旗,長安有3000多年建城史,1600多年建都史,雖然歷史不可再現,可是學術傳統也無還魂,這無疑值得我們反思。

我想到桐城學派不僅是清代影響最大的散文流派,也是清代理學的一派中堅力量,桐城學派爲安徽南部這個小城市帶來了極高的知名度,使得桐城地方特色成爲全國古文科舉波瀾的一角,一代代桐城學派通過在各地書院講學活動,宣傳程朱義理爲官方哲學,突破了地域的局限和時間的限制,順應了當時的文學、學術大勢,從而使以桐城的名義展現的學術主張,超越了地域風光一時,擴展了地方的文化美名。

所謂"敦煌學"也是如此,1900年以後,没有海内外學術界對敦煌文書的重視、解讀、研究,僅僅依靠敦煌石窟壁畫、泥塑也不會産生世界性的影響,敦煌文書中各民族、各種宗教以及與中亞、波斯的史料具有吸引人的魅力,所以敦煌學給這座河西走廊上的小城市帶來了巨大的影響,超越了地域的限制,很多人不知道甘肅,但知道敦煌。這也是學術給地方城市帶來的文化影響,並轉化爲地方文化産業的發展動力,敦煌飛天甚至成爲佛教和中國文化的符號。

學術歷來是陽春白雪,學者掌握着學術資料,但是由於學者們不會普及簡化爲社會所需,常常慘澹經營,又不會轉化爲政府部門急需的智庫,常常束之高閣。設立"長安學"只是一個試圖發展地方文化的切入口,怎麼將切入口變爲突破口,或將突破口變爲著力口,還需要我們將古代與現代緊密聯繫,將研究與轉化緊密聯繫,將文化與創新緊密聯繫。

我認爲,如何將一個地方學派獲得超越地域的名聲,走出自我封閉的局限,在中國和世界上彰顯學術特色,是我們紮根豐厚土壤的前提。傳承踐行一定需要"天下"的胸懷,需要以"中國心、全球腦、世界觀"來擴展我們的視野,"中國心"是指富有家國使命情懷,"全球腦"是指東西對比、取長補短,"世界觀"是指理性洞察、充實新知。目的就是希望學者專家紮根地域本土又有遠見卓識,寬闊視野,激發起智慧靈感。有人抨擊現在科技經濟常常使人成爲單一的不懂得高度思考的專業動物,而文史哲才能幫助我們從歷史角度、全球角度分析解決問題,有更寬廣的世界觀,心胸遠大才能懂得世界大事,具有可持續發展的應對之道。

我們不想在文科理科分工上做過多評論，只是僅就“長安學”或是筆者提倡的“長安學派”做一點關注話題。

一，學術結合實際，互相汲取營養，學者要將“文化使命的學術自覺”與領導群體“發展城市的責任認領”結合起來，形成城市的氣質，地域的自信，無論課題怎樣艱深，無論專業如何偏窄，都能探討未來的方向，都能全面提升長安地域的人文素養，增強地域文化創新性發展的底氣與骨氣。

二，積極參與對話，參與城市建設。研究“長安學”離不開對一個城市的依賴，對一個地域的輻射，對一個朝代和國家的擴展，在紮根地方同時，告別內陸封閉思維，東走西向，北馳南下，跳出地方圈子對長安、關中進行反觀。要認識到秦兵馬俑不是陝西的而是全人類的，絲綢之路起點也不是西安的而是歐亞文明交流的綫性遺產。

三，啓動傳統文化，傳播展示特色，有必要將文化產業列入長安學研究開發系列，目前學術與產業的鏈條往往被市場經濟的重錘砸斷，重新連結亟需學者直接參與。各地博物館、文化藝術創作中心等，常常製作的影視作品穿越主題，雷人無譜；而文化仿製品又偏離歷史，張冠李戴，粗製濫造，“長安學派”的學者有能力、有必要糾正引導它們走向正途，努力拓展學科的優勢和合理的應用。

四，平等適度競爭，惠及不同學科。“長安學派”不僅僅是歷史、考古、文物的學問，也是文學、藝術、語言的學問，不是簡單疊加，而是不同學科多元分工，大局融合自成一體，標誌性意義的成果一定要成系列地不斷推出，代表長安學的重量級成果要贏得海內外的認同、肯定，不能用保守的小農意識自傲自得，自說自話，自我滿足。

五，不隱惡遮蔽，回避歷史教訓，要注意“長安的傷痕”，研究究竟是什麼原因阻滯了長安文明在宋元以後的延續，漢長安 2000 年與唐長安 1500 年來繁華與衰落，從高樓甲第到廢墟遺跡，從思想活躍到僵化保守，需要精細闡釋、凝煉沉澱。

長安學的建立有着很好的資源基礎，但長安學派的高揚則是一個漫長的過程，萬萬不可急功近利，學派的發展本身就是一個城市文化是不斷改寫形象、確立形象的過程，是文化符號輸出與吸納的過程，是文化輻射力和影響力昭示的過程。學派促進着文化品位的骨脈高低，激勵着一代又一代學人的創新理念，特別是文史的力量對人的影響是潛移默化的，它不可能立竿見影改變社會，但是它能使人的心靈變得更加豐富美好，使人的頭腦更加充滿智慧。只有集成已有成果才能推進學術創新，只有擴大國際交流才能開展跨學科研究，在歷史研究、文物考古以及文化遺產等領域形成中國特點的學派，長安學才能最先爲事業發展提供理論與學術的支撐。

長安學研究一定要超越地區史的研究模式，突破故步自封的思維定勢，打破門户之見的藩籬，向跨地區、跨民族、跨文化、跨國家的互動型研究模式轉變，這是真正的學術增長點，當一個以地方爲名的學術派別走出了自我地域的範圍，積極發揮自己的獨特價值與作用，它的名字其實會更加彰顯於世，更會贏得社會的廣泛尊重。

2014 年 11 月 22 日於北京

國際長安學的史學比較理論探析

王成軍[*]

摘 要

　　國際長安學與歷史比較有着深刻的歷史關聯,這種關聯表現在兩個方面,一個是長安歷史的國際性,一個是長安古今的聯繫性。因而從兩者的可比性,從兩者比較的結構,從比較的科學性認知等方面進行進行深入研究,對於探討國際長安學歷史比較的客觀內容及其意義,特別是對於指導現代大西安或大長安的建設都有着重要的歷史借鑒作用。

關鍵詞

　　國際長安學　史學比較　方法論

引　言

　　國際長安學是伴隨着古城西安走向世界的進程而出現的一個既年輕而又古老的學科,它既有過去以漢唐爲突出代表的國際化大都市的客觀歷史進程,又有着正在走向世界的現代國際化大都市的當代歷史實踐。因此,從國際化的視野出發,運用比較史學的研究方法,通過中外、古今兩個維度,對國際長安學進行深入的歷史探討,不但有利於更爲清晰地瞭解古都長安昔日國際化發展的歷史真實,更重要的是有利於現代西安國際化大都市的建設進程。

　　比較史學是現代國際史學研究的一個重要理論和方法。創始人法國著名歷史學家馬克·布洛赫,他在 20 世紀初對比較史學的發展而做出的重要比較成果和一系列的論斷,不僅集中體現了他在比較史學領域中的研究成果,更重要的是闡明了比較史學的系統理論和方法,爲比較史學的形成和進一步發展奠定了堅實的理論基礎。隨着世界國際化發展進程的不斷深入,其在現代史學研究中發揮了越來越重要的作用,因而日益被歷史學

* **作者簡介**:王成軍(1960—),男,陝西西安人,陝西師範大學歷史文化學院教授。

界所看重。顯然，運用比較史學的理論和方法無疑將會爲國際長安學的研究開闢一個新的學術領域，將會取得一系列重要的學術成果。基於此種考慮，本文擬立足於長安國際化古今的歷史實際，在探討比較史學與長安國際學兩者關聯的基礎上，著重探討應該如何正確運用比較史學的理論和方法，以發揮其應有的作用，從而達到更好地爲國際長安學的研究服務這一學術目的。

一、比較史學與國際長安學的內在關聯是國際長安學進行史學比較的前提

現代史學意義上的"比較史學"是法國"年鑒學派"創立的具有濃厚現代史學特色的理論，也是風靡全球的重要史學研究方法論。其誕生的主要標誌就是馬克·布洛赫於1928 年在歐洲中世紀史年會發表的那篇重要的長文《比較史學之方法——論歐洲社會的歷史比較》[1]，該文被學者譽爲"是對比較方法理解得最透徹，在理論上最令人信服的文章"[2]。顯然，以現代比較史學的奠基人馬克·布洛赫的比較史學的理論爲依據，闡述比較史學的史學內涵及其與國際長安學之間在觀念和方法之間所存在的深刻關聯，不僅對於探討比較史學的特點具有重要意義，更重要的是對於國際長安學的研究具有極其重大的理論及現實意義。

首先，從現代史學理論來看，比較史學的突出特徵在於它正確揭示了複雜多樣的歷史現象和發展變化的歷史過程之中所存在的客觀的內在聯繫。這種客觀聯繫集中表現在，紛紜多姿的歷史現象之間是通過"同"與"異"聯繫起來的，從而形成了一個龐大而細密的歷史系統。同時，必須指出，在"年鑒學派"的"問題史學"視域之下，對這種"同"與"異"的發現和探討不但是建立在客觀事物的運動基礎之上，而且也與我們對於現實問題的關注有着重要關係，並通過我們的歷史思維，對歷史發展的內在聯繫加以理性的探討，進而形成一種歷史的認識方式——比較認識。這種比較認識方法的特點在於運用"同"與"異"這一對認識範疇，去探討歷史進程中歷史現象之間存在的某些相同性或統一性，並在相同性的基礎上進一步探討歷史現象之間的差異性。更爲重要的是，在揭示出歷史現象的"同"與"異"的內容之後，歷史比較特別強調還要著力運用歷史的研究方法，客觀而真實地揭示不同歷史"同"與"異"現象所產生的深沉而厚重的歷史原因，

---

[1] 該文的漢譯名稱稍有不同，但內容完全一致。

[2] 〔美〕小威廉·西威爾著，朱彩霞譯：《馬克·布洛赫與歷史比較的邏輯》，見龐卓恒：《比較史學》，北京：中國文化書院 1987 年版，第 504 頁。

從而緊緊地將這種與我們現實相關聯的歷史比較研究建立在客觀的歷史發展進程之中，而不是之外。因而從觀念上來講，歷史的比較研究是一種將歷史的古今結合起來的歷史研究，在具有突出的共時性特點的同時，也具有明顯的歷時性。用馬克·布洛赫的話來講，歷史研究的要義在於既要以今知古，又要以古知今。因此，我們對現實問題的關注成為比較史學得以存在的基礎。歸根結底，比較的歷史研究是一個與現實相關聯的歷史性的比較研究。

其次，在國際長安學的學術研究實踐中，比較史學與國際長安學的理論關聯尤為凸顯。不言而喻，長安歷史進程所具有的國際性是一個不爭的客觀事實，但它首先是客觀的歷史運動的產物，因而對這一問題的研究也應該具有歷史性的態度。換言之，我們不能基於自身的主觀想像去探討國際長安學研究的內容和方法，特別是比較研究的方法，相反地，我們應從長安國際性的歷史進程中去瞭解其所存在的"同"與"異"的歷史關聯，並從這種真實的"同"與"異"的歷史關聯中去探討其賴以存在的複雜而多樣的歷史原因；當然，對這種"同"與"異"內在關係的探討，不僅是要著眼於長安國際性歷史的產生原因，還要考慮到這種國際性長安歷史發展的漫長進程，更要考慮到國際長安學歷史發展的結果；特別重要的是，還必須把這種結果與現實存在的重要問題結合起來，最終將這種歷史關聯建立在古今相通的堅實歷史觀念基礎上。毫無疑問，發生在古長安歷史土壤之上的國際長安學的歷史內容，從時間來講，它是由源遠流長、古今緊密相關的重大歷史現象所組成的歷史長河；從空間來講，它是由駁雜多變且相互影響的內容所構成的多彩歷史畫卷。這一切，不僅提供了從比較史學的角度進行研究的可能性，也為從比較史學的角度進行研究提供了重要的現實必要性。由此來看，在此基礎上的歷史比較研究，其"同"與"異"不僅是一種客觀的歷史結構，同時它也是一種將主客相統一的辯證的歷史認識方式。

再次，比較史學的理論和方法將極大地豐富國際長安學的研究成果，為當代西安的國際化發展提供歷史借鑒。從國際長安學的客觀歷史發展進程來看，不管是古代通過"絲綢之路"與亞歐之間所產生的重要而悠遠的經濟與文化往來等等國際聯繫，還是與東瀛日本，或是與朝鮮半島等其他國家和地區之間的密切往來，古長安都在其中扮演了一個聯繫東西方樞紐的重要角色，對中外不同國家的歷史、經濟和文化的發展發揮了重要作用，產生了極其深遠的歷史影響。因此，國際長安學彙聚了中華古代文明的優秀成果，它是一筆積澱豐厚、光華四射的珍貴歷史遺產。這一歷史遺產在新時代的輝映下，表現了突出的現實意義。即國際長安學研究的重要任務就是要從現代史學視域和所面對的現實重要問題出發，恰當地運用比較研究這一重要的方法，正確地揭示出國際長安學不同時

期及其多樣化歷史的内容、這些歷史内容的相同點和不同點之所在，並在此基礎上，進一
步探詢這些歷史現象的相同點和不同點所產生的具體歷史原因。其目的是要從昔日的國
際長安學的歷史進程中汲取其寶貴的經驗和教訓，以發揮歷史比較的經世致用的突出功
效，以資今日的國際化大西安的發展。

綜上所述，比較研究是一種現代史學的理論和研究方法。而在此視域下的國際長安
學的比較研究，目的不僅僅在於表現其所具有的豐富歷史内容和對昔日中外歷史所產生
的重要國際影響力；更爲重要的是，國際長安學的比較研究迫切需要從昔日的歷史發展
進程中來揭示、彰顯、强化現代西安與古代長安之間所存在的歷史、文化和國際化等方面
的緊密聯繫，並從這種緊密的歷史聯繫中以獲取其進一步發展的强勁動力和發展趨向，
使昔日國際化長安歷史發展中的有益啓示，源源不斷地彙集並豐富於現代西安國際化大
都市的構建之中，最終使現代西安國際化大都市的建設牢牢地同昔日國際化的長安歷史
建立起一種既具有内在聯繫性，又具有現代創新性的真實的歷史發展關係。

二、可比性原則是實現國際長安學比較意義和特色的關鍵

對於比較史學而言，可比性原則是其得以進行比較的基礎。同樣，在國際長安學的
歷史比較進程中，從歷史的可比性原則出發，正確選擇歷史的比較物件，不但是體現國際
長安學研究的意義和特色之所在，也是其比較研究得以進行的關鍵。

其一，要正確認識國際長安學的歷史比較的對象，突出其本身的問題意識。如上所述，
國際長安學是應運而生的重要研究領域，其所面臨的重要現實問題是如何建設西安的國
際化大都市、如何在國家的發展中發揮其傳統的優勢等等重大現實問題。因此，國際長
安學明顯具有現代史學的問題特色。從這一學術特色出發，國際長安學的史學比較所選
擇的研究物件必然要與現實問題產生緊密聯繫，使比較研究表現出明確的現代史學特性，
從而最大限度地體現出可比性這一比較史學的基本原則，以突出其學術效用。但在此要
强調的是，如何正確理解這種現實性的客觀需求對比較研究的學術要求是這一比較能否
成功的關鍵。實際上，這一學術要求決不意味着對國際長安學的研究，可以以急功近利
的心態，用短平快的方式產出歷史研究成果，而是相反，需要從更爲深厚的歷史發展進程
中，進行深入細緻的歷史比較研究。也就是説，這種具有現實性的歷史研究課題決不是
簡單易行的小問題，相反，它是學術研究的高端，也最能體現出歷史研究的意義和價值。
因此表現在比較史學方面，在比較物件的選擇和研究方面，對學者的個人素質的要求則
更高——它需要更爲扎實的學術功底和更爲深刻的現實洞察力。

　　其二，從國際視域來進行比較，以體現國際長安學比較研究的突出特點。從國際長安學的學術特點來看，從大的國際視野出發，從具體的歷史問題入手，以尋求比較的物件，以反映現代歷史的觀念和變化了的歷史本身，則是國際長安學歷史比較研究的內在要求。顯而易見，國際長安學突出了古今一體的史學研究特色，因此，其比較研究的客觀要求在於要突破長安歷史所固有的某些地域和政治文化等聯繫方式的某些局限性，將悠遠的長安歷史置於國際性的大背景之下，以揭示長安與其他國家和地區所產生的深刻的歷史聯繫及其所造成的深遠的歷史影響。特別要強調的是，從史學比較的角度來看長安的國際性比較觀念的話，其本身具有非常豐富的內涵。首先，國際性長安的聯繫是雙向的，既有長安對這些地區和國家的影響，也有這些國家和地區對長安的影響，歸根結底國際長安學的比較聯繫是一個多層次、多側面的不斷融通的交流過程；其次，"國際性"的長安歷史比較是一個不斷變化的國際化歷史進程，具有明顯的動態性和連續發展的具體歷史內容，這種動態性的根本在於其所具有的不斷的歷史發展性；再次，對這種動態的國際性特徵的認識，固然需要從歷史和現實兩個維度去把握，以體現國際長安學的連續性，並且還要將對這種連續性的探詢與國際長安學的未來發展的趨向結合起來，盡可能體現出國際長安學的深入發展性，從而最大限度地表現出國際長安學史學比較的深遠歷史意義。

　　其三，要緊跟歷史發展的實際，與時俱進，不斷豐富比較研究的理論與方法，將遠距離的比較研究與近距離的比較研究二者結合起來。馬克·布洛赫在其經典性的比較研究的論文中，提出了兩種比較研究的方法，一個是近距離的，或者是相鄰地區的歷史比較研究，其本意指的是在文化起源上具有相似性的比較研究；另一個則是遠距離的投射比較研究，指的是兩者在文化和歷史的起源上並不具有共同性的比較研究。而且在布洛赫看來，遠距離、投射比較方式的現實性和效用性較之於同一文化和歷史起源下的不同歷史現象的比較研究，兩者的效果相差較大。由此，在布洛赫的比較觀里，他大力提倡的比較研究是近距離的歷史比較研究。與此相對應的是，對於國際長安學而言，其比較研究的方式事實上也存在這兩種方式，一種是在中華文明圈里的不同類型的比較研究。比如，漢長安與唐長安的國際化比較研究，但由於兩者所處的歷史時代的不同，兩者在國際化的規模、國際化的深度，國際化的內容及其影響方面肯定具有明顯的不同性，但兩者卻明顯處於同一歷史形態下，都具有突出的國際化特徵；再比如，漢長安的國際化特徵與我國古代其他的發達的歷史都城，比如開封、北京等古都城進行比較的話，由於都有一個相同的中華歷史與文化起源這一背景，因此，在比較的過程中，也就相對容易地從歷史的比較中發現它們之間既相同，但又不同的種種歷史的內容和表現。而對這種既有相同性，但又具有更多不同性原因的探討，對於我們清楚瞭解、建立現代西安國際化大都市，無疑具有重要的幫助。

　　與國際長安學研究這種近距離有共同歷史文化起源比較相對照的是，如果將長安的國際化進程和羅馬、希臘雅典、阿拉伯帝國首都巴格達的國際化進程及其特點相比較的話，則明顯屬於遠距離的比較研究。當然，我們必須承認，對於正確揭示這種遠距離比較研究的意義而言，這在馬克·布洛赫提出比較史學觀念的上世紀二三十年代是相當困難的，因爲當時人們對世界的瞭解，對距離遙遠的不同文化之間的聯繫和知識是相當有限的。但到了二十一世紀的現代，世界各個文明和地區之間的聯繫越來越緊密，人類的共同性和統一性越來越彰顯。因此，對於現代的國際長安學而言，這種遠距離的歷史比較不但具有理論的可能性，而且也具有重要的現實性和可行性。因爲從這種迥然不同的異質歷史和文化的比較中，可以更明顯地看出國際長安學的獨特之處，而對兩者共同性的探討也有利於發揮國際長安學汲取相異歷史和文化的長處，以獲得新知的優勢，便於在更大規模和範圍內來體現國際長安學的內容和意義，從而更有利於展示國際長安學研究的歷史意義和現實意義。對此，正如馬克·布洛赫明確指出的："歷史比較給予我們的可能是最明確、而且是最有意義的教育在於，它使我們認識到，打破那些陳舊的地形範疇的時候已經到了，我們不能硬要以此區分社會現實，這些範疇容納不了我們硬要往里塞的內容。"① 換言之，歷史比較的方式和意義本身也是一個歷史發展的過程和產物，它要不斷地伴隨着歷史發展而改變自身的比較方式，而不是相反。

　　顯然，比較研究的可比性問題，是國際長安學比較研究的一個核心問題，對這一問題的正確理解不僅要從國際長安學歷史的靜態中加以把握，而且也需要從其歷史發展的動態中加以把握。究其原因，乃在於國際長安學比較物件的選擇及其比較進程本身也是一個歷史的產物，具有明顯的歷史發展性。同時，需要指出的是，從史學比較的理論來看，對歷史可比性的正確把握，不僅關係到具體的比較成果的產生，而且也直接關係到歷史比較意義的產生。因此，對國際長安學歷史可比性深入探討的結果，勢必要求同國際長安學比較的意義結合起來，以考察其可比性，並在這一過程中同時考察其所產生的比較結果是否具有合理性。否則，歷史比較的可比性研究將會失去其存在的價值，歷史比較的意義就將是無本之木，無源之水。

---

① 〔法〕馬克·布洛赫著，齊建華譯：《比較史學之方法》，見項觀奇編：《歷史比較研究法》，山東教育出版社
　　1986 年版，第 132 頁。

三、辯證的比較結構是國際長安學歷史比較研究的基礎

毫無疑問,局部研究和全域研究是比較史學最基本的概念和要素,也是比較史學的基本範疇,對兩者關係的正確認知,與比較史學的研究能否成功具有直接的聯繫。儘管國際長安學所關注的是一個具有國際性的大問題,所研究的歷史内容包羅萬象,但從國際長安學的内在結構來看,其大體上可以分爲局部和全域兩個既有區別但又有聯繫的認識結構。當然這種全域與局部的認識結構具有相對的意義,在此意義下,國際長安學可以分爲三個緊密相關的研究層次或比較研究類型。

其一,國際長安學是國際化的長安種種文化和歷史的總表現,是一個獨立的研究學科。從而和其他具有獨立性的研究學科,如埃及學、亞述學等相並列,通過這種高層次的具有明顯不同類型,但又具有一些明顯相同特徵的比較研究,在發現兩者具有明顯不同性的基礎上,還可以看出兩者之間的某些相同或相通的重要内容,以加深對國際長安學自身的研究物件和其行之有效的理論、方法的理解;其二,國際長安學又是國際化背景下的具體而有個性的長安地區的歷史和文化的具體體現。由此,它又可以與同在國際化長安學範疇内的一些國際化大城市,如首爾、奈良,甚至羅馬等地的歷史和文化相比較,而通過這些同一類型的研究課題的比較,可以在相同性的前提下,看到其所具有的衆多不同性,以加深對各自特點的深入把握,特別是對國際長安學本身特徵的把握;其三,在國際長安學的核心部分——長安,它仍具有豐富多彩的歷史内容,對這些不同歷史内容的比較研究,可以較爲清楚且全面地瞭解國際長安學所包容的既多樣又有特性的複雜内容,以不斷充實國際長安學的内涵。比如,以上所述的對漢長安與唐長安國際化的研究就極具典型性。雖然,漢唐長安的國際化程度都很高,都在世界歷史上產生了重要的影響,但兩者在國際化的具體内容及其發展特點等等方面卻又有着許多明顯的不同,而對漢唐國際化這些相同與不同内容及其原因的探討,當然極具學術意義和現實的借鑒意義。

當然,上述國際長安學的三個比較層次,其意只是舉例説明,國際長安學不僅具有極其豐富的歷史比較的内容,而且通過我們的認識也可以發現其所具有的一些歷史比較結構,事實上,真正的國際長安學的歷史比較將是一個包括内容極其複雜、多樣的有機體。儘管如此,由於局部與全域的關係在國際長安學的比較結構中具有突出的地位,也就要求我們在比較研究中,必須正確認識局部與全域之間既相聯繫但又不同的歷史内容,並在此基礎上處理好局部與全域二者之間的辯證關係。對於國際長安學的歷史比較研究而言,正如馬克·布洛赫所指出的:"没有這些地方性的研究工作,比較歷史就將一事無成,但是没有比較歷史的地方研究工作也將一無所獲。總之一句話,如果你們同意這麼説

的話，但願我們能夠結束這種互相不理解的無休止地從民族史到民族史的討論。"①在馬克·布洛赫看來，如果没有將不同地方、不同國家之間的歷史比較首先基於各自認真而扎實的充分研究的基礎之上的話，所謂的不同地方、不同國家之間的歷史比較將不會産生任何真實的歷史意義。因此，國際長安學的比較特點是建立在對不同個體進行充分研究基礎之上而進行的不同個體間的比較研究，其比較的内容既具有獨特的個性特徵又具有普遍性。歸根結底，國際長安學的比較是個體性和普遍性辯證統一的過程。

在此史學比較觀念指導下，具體於國際長安學的比較研究中，正確處理局部與全體的關係方面應注意以下三個方面。

其一，應在全域觀念的指導下，發揮研究者個人的學術特長，在現代比較史學理論和方法的指導下，認真對國際長安學的局部——歷史、政治、經濟和文化等學術領域進行專業、精深的研究。對於國際長安學的比較而言，其突出的特點在於研究的範圍很廣闊，關注的問題很重大，但這並不意味着一開始就必須進行全面而宏觀的歷史比較。事實上，國際長安學比較研究的起點和基本的方法側重於具體而實在的比較研究，從史學比較的實踐來看，也只有在對衆多的具體歷史事實進行深入的研究之後，才可能進而達到對整體國際長安學歷史全貌的較爲深入的瞭解。也就是説，不管自身所從事比較研究的題目有多大，意義有多麽深遠，比較研究都是從一點一滴開始的，只有盡可能多地研究一些具體的歷史現象，才有可能逐漸深入下去，不斷地向歷史本質趨近。對此，馬克·布洛赫正確指出："比較只有在以對有關事實的大量資料及事實本身進行深入細緻的研究的考證爲依據的時候才會有價值"。②也只有這樣，才能夠充分體現國際長安學的歷史研究特色。

其二，在比較研究時，在重視分析研究的同時，還要注意及時對研究的成果進行綜合，以形成新的包含更多内容的新成果。一般而言，在對歷史現象進行具體分析的過程中，人們往往首先看到其中種種相異的歷史内容，而容易忽視其中隱含的種種内在的相同的聯繫。當然，從認識論來看，分析活動的開展並不只是因爲發現相異而進行的，其實相異的發現是因爲相同已被認識，相異和相同兩者之間存在着深刻的關聯。因此，從根本上來看，歷史的分析總是一個無窮盡的過程，人們對問題的分析研究永遠都具有歷史的相對性，從這一點而言，我們的分析都只是自己所研究問題的一部分，或大多數，不可能窮盡研究問題的各個方面。由此，我們對歷史現象的認識都只是不同程度地達到"管中窺豹"的作用，國際長安學的比較研究也不例外。换言之，只有在分析與綜合相聯繫的條

---

① 〔法〕馬克·布洛赫著，齊建華譯：《比較史學之方法》，見項觀奇編：《歷史比較研究法》，山東教育出版社1986年版，第138頁。

② 《歷史比較研究法》，第134頁。

件下，對歷史現象得出的研究結果才是有意義的，否則，分析就失去了其分析的意義之所在。馬克·布洛赫指出："從原則上講，分析對於概括綜合來說，只有當分析以綜合爲目的，並注意爲綜合服務的時候，才會是有用的。"① 在這裏，我們所强調的是進行歷史比較時，要正確處理分析和綜合兩者之間的對立統一的辯證關係。

其三，在國際長安學的比較進程中，要以比較史學的理論爲指導，進行多方面的反復研究，以求得對國際長安學各個研究領域的融通，盡可能從整體上達到對國際長安學學術本質內容的真正理解。當然，這種對國際長安學的真正理解的含義乃在於對具體問題的比較前提下，在"異"與"同"內容的基礎上，進而對產生"異"與"同"的歷史原因進行探討，並在對具體歷史問題的多層次、多角度的探討中，不斷將這種歷史問題的探討努力上升到一個較高的類型範疇進行認識，從而將這一具體的歷史問題的探討上升到普遍的層次上。對此，馬克·布洛赫指出："簡言之，來一點比較歷史，對於引導他們的注意力是有益的。全面的比較只能放到後面去做，沒有初步的地方性的研究，全面比較就是一句空話；但是只有全面比較，才能從雜亂的、臆想的原因中理出那些具有某種普遍作用的、真正的原因。"② 當然，在我們看來，這種"具有某種普遍作用的真正的原因"只能是國際長安學歷史比較中所發現的屬於深層次的具有規律性的歷史內容。

因此，將歷史的宏觀研究與微觀研究相結合，從大處著眼，但從小處著手，以獲得國際長安學中的那些具有普遍性意義的內容，它不僅是以馬克·布洛赫爲代表的"年鑒學派"史學所堅持的歷史研究理論和方法，同時，也正是當今國際長安學進行史學比較研究時所應該努力的學術方向和目標。

四、正確對待國際長安學歷史比較的成果是保持其科學性的根本

歷史比較是探討國際長安學的一個行之有效的重要研究理論和方法，對這一方法的運用，必將推動國際長安學研究的廣度和深度的展開。但在此還須説明的是，正確而全面地理解國際長安學的歷史比較成果不僅是保持史學比較科學性的根本，而且也是保持國際長安學史學比較科學性的客觀要求。換言之，國際長安學的比較研究並非包治百病的靈丹妙藥，它在表現了明顯的客觀適應性和相對的有效性的同時，也表現出一定的歷

---

① 〔法〕馬克·布洛赫著，齊建華譯：《比較史學之方法》，見項觀奇編：《歷史比較研究法》，山東教育出版社 1986 年版，第 134 頁。
② 《歷史比較研究法》，第 117 頁。

史局限性。還需對其有一個更爲全面的科學理解。

簡言之，對國際長安學歷史比較研究的科學理解主要包括以下三方面的內容。

首先，任何關於國際長安學的比較研究成果，只是對其中的某一問題在特定條件下的認識的成果，具有突出的歷史時效性。具體而言，這種歷史條件性指的是在歷史比較的理念和方法指導下，在特定的時期，對國際長安學的一些具體問題進行研究所取得的學術成果。因此，通過歷史比較所得出的研究成果具有明確的有限性、條件性和相對性，它是建立在一系列複雜而多變的真實而具體的歷史原因基礎上的，決不可無限放大研究的成果及其意義。以此爲據，國際長安學的比較研究從其本質而言是一個長期而深入的研究過程，惟有在此不斷的比較研究進程中，才有可能逐漸接近歷史的真理。

其次，從"問題史學"的角度而言，運用比較的方法進行國際長安學的研究有其明確的現實目的性，針對性，因此也表現了突出的效用性。不可否認，這種有着直接物件和目的的特定歷史範疇內的比較成果，其重要目的是爲今日西安國際化大都市的現實發展提供一些歷史的借鑒，或者説是從歷史的角度爲現代西安國際化大都市的建設發揮一些指導作用這一重要歷史效用。但這絕不意味着，這一重要歷史效用可以代替今日西安國際化發展的真實歷史實踐。因爲，從歷史比較中來獲取國際長安學的研究成果畢竟具有濃厚的歷史學術成果，它與過去的客現真實和正在進行的國際大都市的歷史實踐在具有相同性的一面的同時，還具有不同性的另一面。換言之，古今固然有其相通的一面，但古今還有其不同的另一面，對古今的這種相同性和不同性的研究及其成果，其作用只是有助於我們以更爲清晰的目標和方法進行當代的社會歷史實踐，以指導我們用創造性的心態和觀念進行現代西安國際化大都市建設。對此我們必須要有清醒的歷史意識。

再次，比較研究的方法只是國際長安學研究的諸多研究方法中非常重要的一個，它和衆多的史學研究方法一樣，只是從其各自的研究角度入手，對國際長安學的一個方面，或某些方面的重要問題進行一種歷史的探討，有其明確的學術邊疆；而這一研究方法及其探討的成果，一方面在充分表現了它所具有的突出的優勢和長處的同時，另一方面也不可避免地帶有其自身的一些弱點和局限性。這些弱點用著名史學家劉家和先生的話來講就是："既有角度的選擇，就必然有視域的規定性。而規定即否定，在選定視域以外的，自然就被忽略了的。"[①] 因此，我們必須冷靜理性地對待比較史學的理論方法，必須正確理性地對待國際長安學的比較研究成果。惟在此基礎上，才可能對國際長安學視域下的史學比較有一個較爲全面、客觀的理解和認識。也就是説，國際長安學的比較研究的

---

① 劉家和：《歷史的比較研究與世界歷史》，原載《北京師範大學學報》1995 年第 5 期。見劉家和：《愚庵論史》，首都師範大學出版社 2010 年版，第 405 頁。

理念和方法絶不排斥、也不能代替其他理論和方法對國際長安學研究的探討，而正確的抉擇則是歷史比較研究與其他研究方法相互參照，相互補充。從而使國際長安學的研究不斷走向深入，以豐富和逐漸完善國際長安學的研究。

顯然，對於歷史比較而言，其科學性的表現在於其對自身的學術物件、方法和學術邊疆的正確認識基礎之上。由此出發，國際長安學的史學比較是一個有其特定比較內容和目標的研究理論和方法，具有突出的學術特性，這一特性突出表現了其明顯的學術優勢的同時，也表現了其所具有明顯的相對性和局限性。既有其長，必有其短。當然，這種局限性不僅表明了國際長安學歷史比較成果的有限性，同時也從另一側面顯示了其比較成果和意義的科學性之所在。因此，理性地認識其學術特性，不僅是國際長安學比較研究得以順利進行的客觀要求，也是保持其科學性的內在要求之所在。

結　語

綜上所述，史學比較在國際長安學研究中的作用和影響是國際長安學研究中一個重要的問題，這一問題的研究對於國際長安學研究的深入發展具有重要意義。

隨着史學研究的不斷深入，比較史學應運而生，由於其所具有的濃郁的時代感和問題意識，也獲得學界越來越多的贊同。作爲一種新興的極具生命力的國際長安學，其中包含了異常豐富的歷史內容，具有極其重要的歷史意義和現實意義，而運用歷史比較則是揭示其歷史真相和意義的重要方法之一。因此，比較研究在國際長安學的研究進程中將會發揮越來越重要的作用，大有可爲。

國際長安學的研究與史學比較的方法存在着深刻的內聯關係，這一關係不僅彰顯了比較史學的重要性，更重要的是彰顯了通過比較史學的觀念可以更爲有效地指導國際長安學的研究，以取得預期的學術研究成果的突出效用。在這一過程中，正確認識歷史比較的可比性原則是實現國際長安學比較的意義和特色的關鍵；而正確把握國際長安學所存在的辯證比較結構是其比較研究得以順利進行的基礎；但決不可忽視的是，正確對待國際長安學歷史比較的成果是保持史學比較科學性的根本。

總之，正確理解並把握比較史學理論方法的基本問題，正確認識國際長安學歷史比較研究的內容、特點和意義，並科學而全面地對待歷史比較研究的成果，不僅對於進行國際長安學的學術比較研究本身，而且對於正在進行中的西安現代國際化大都市的歷史實踐，都具有重要意義。

【漢唐長安研究】

西漢長安都城建設的立體化趨向

王子今[*]

摘　要

　　西漢長安作爲東方大都市，規劃與建設出現了新的迹象，在某種意義上繼承並實現了秦始皇的都市建設設想。闕、臺、樓等顯著提升高度的宫廷建築受到重視，反映了對"壯麗""重威"的追求，也體現出了新的建築藝術和建築美學理念。因"複道"形成的立體交通形式，實現了都市交通的進步。帝陵營建選高敞之地，"諸陵長安"和"長安諸陵"都市圈的形成，又構成另一種立體關係。"上下諸陵"故事反映了對這種高差的歷史記憶。"雲陽都"與長安的關係又形成另一層次的高下對應結構。長安的北山和南山，被看作利用自然地貌以"表"的形式構成了事實上的北闕和南闕。由此構成的立體關係，也是我們在考察西漢長安都城建設的規劃理念時應當予以注意的。西漢長安規劃者以"崇高"顯示皇權地位，以"上下"交錯營造都市建築格局特殊美感的理念，通過多種形式表現出來。

關鍵詞

　　西漢長安　立體化　宫廷建築　諸陵　雲陽都　石門　南山

　　公元前 3 世紀末至公元初年，中國城市史的突出成就表現爲西漢長安的規劃與建設。作爲形成國際影響的東方大都市，西漢長安的都市形制出現了新的迹象。闕、臺、樓等顯著提升高度的宫廷建築受到重視，體現出通過"壯麗"形制追求"重威"效應的努力，也體現出了新的建築藝術和建築美學理念。因"複道"實現的立體交通，顯現出都市交通形式的進步。營建於高敞之地的帝陵和陵邑，因"諸陵長安"、"長安諸陵"和"長安五陵"都市圈的形成，又構成另一種立體關係。"上下諸陵"故事反映了對這種高差的歷史記憶。"雲陽都"與長安的關係又形成另一層次的高下對應格局。甘泉宫以北的石門可以看作長安都市圈的北闕。這一地標和"表南山以爲闕"的所在與長安城區構成的

*　作者簡介：王子今（1950—），中國人民大學國學院、出土文獻與中國古代文明研究協同創新中心教授。

另一等級的立體關係，也是我們在考察西漢長安都城建設的規劃思想時不宜忽視的。西漢長安都市建設體現的立體化趨向，在某種意義上繼承並實現了秦始皇的都市建設理念。其意識背景和文化條件，也值得研究者重視。西漢長安規劃者以"崇高"顯示皇權地位，以"上下"交錯營造都市建築格局特殊美感的理念，通過多種形式表現出來。相關現象，應當引起建築史和城市規劃史研究者的關注。"重威"、"通天"、"求仙"、"厭勝"等意識背景，則是思想史觀念史考察不宜忽視的對象。

一、闕、臺、樓：宮廷建築的高程提升

先秦都市注重通過宮室高臺建築營造君王貴族把握政治權力的氣勢。西漢長安未央宮據龍首山高地營建，繼承了這一傳統。

宮廷建築地上結構本身也注重高度追求。例如"闕"的營造，就是典型例證。秦孝公和商鞅合作策動變法，重要舉措之一即自雍遷都咸陽。《史記》卷五《秦本紀》："十二年，作爲咸陽，築冀闕，秦徙都之。"張守節《正義》："劉伯莊云：'冀猶記事，闕即象魏也。'"[①]《史記》卷六八《商君列傳》也寫道："作爲築冀闕宮庭於咸陽，秦自雍徙都之。"[②]"冀闕"，是咸陽的標誌，也宣示秦文化登上了新的歷史階地[③]。

西漢長安都市建設的起始工程也包括"闕"。《史記》卷八《高祖本紀》："蕭丞相營作未央宮，立東闕、北闕、前殿、武庫、太倉。"裴駰《集解》："《關中記》曰：'東有蒼龍闕，北有玄武闕，玄武所謂北闕。'"司馬貞《索隱》："東闕名蒼龍，北闕名玄武，無西南二闕者，蓋蕭何以厭勝之法故不立也。《説文》云：'闕，門觀也。'高三十丈。秦家舊處皆在渭北，而立東闕、北闕，蓋取其便也。"[④]

《三輔黄圖》卷二又可見所謂"長樂宮東闕"，建章宮則有"建章鳳闕"，亦稱"鳳凰闕"、"别鳳闕"、"折風闕"、"嶕嶢闕"[⑤]。《太平御覽》卷一七九引《關中記》："建章宮圓闕臨北道，闕臨北道，鳳在上，故號曰'鳳闕'也。閶闔門內東出有'折風闕'，一名'別風'。"[⑥]可見闕往往立於宮門，臨於大道。《文選》卷一班固《西都賦》有"樹中天之華闕"句，

---

① 〔漢〕司馬遷《史記》，北京：中華書局 1959 年版，第 203 頁。
② 《史記》，第 2232 頁。
③ 王子今：《秦定都咸陽的生態地理學與經濟地理學分析》，《人文雜誌》2003 年第 5 期；《從雞峰到鳳臺：周秦時期關中經濟重心的移動》，《咸陽師範學院學報》2010 年第 3 期。
④ 《史記》，第 385 頁。
⑤ 何清谷校注：《三輔黄圖校注》，西安：三秦出版社 1995 年版，第 104 頁，第 117 頁，第 120 頁至第 121 頁。
⑥ 《太平御覽》，北京：中華書局 1985 年版，第 871 頁。

又寫道："設壁門之鳳闕，上觚稜而棲金爵。内則別風之嶕嶢，眇麗巧而聳擢。""神明欝其特起，遂偃蹇而上躋。軼雲雨於太半，虹霓迴帶於棼楣。""攀井幹而未半，目眴轉而意迷。舍櫺檻而邹倚，若顛墜而復稽。"①《文選》卷二張衡《西京賦》："表嶕嶢於閶闔"，"圜闕竦以造天，若雙碣之相望。"又讚美宮廷門闕"閶闔之内，別風嶕嶢"，"干去霧而上達，狀亭亭以苕苕"②。闕前廣場形成公共空間，屢有聚衆甚多史例③。高闕俯瞰平場，實現了皇家宮廷"壯麗""重威"的效能④。所謂"狀亭亭以苕苕"，"眇麗巧而聳擢"，通過"樹中天"、"竦以造天"這種高程追求的營造實踐，也體現出了新的建築藝術和建築美學的理念。

班固《西都賦》關於宮殿建築，説到"崇臺"，又言："抗仙掌以承露，擢雙立之金莖。軼埃堨之混濁，鮮顥氣之清英。"李善注："言承露之高也。《漢書》曰：孝武又作柏梁、銅柱、承露仙人掌之屬矣。"⑤其實，原始記載見於《史記》。《史記》卷二八《封禪書》："……其後則又作柏梁、銅柱、承露仙人掌之屬矣。"⑥《史記》卷三〇《平準書》："是時越欲與漢用船戰逐，乃大修昆明池，列觀環之。治樓船，高十餘丈，旗幟加其上，甚壯。於是天子感之，乃作柏梁臺，高數十丈。宮室之修，由此日麗。"⑦所謂"天子感之"者，也就是"高"即"壯""麗"的理念占了上風。《漢書》卷二五上《郊祀志上》："其後又作柏梁、銅柱、承露僊人掌之屬矣。"顏師古注引蘇林曰："仙人以手掌擎盤承甘露。"顏師古説："《三輔故事》云建章宮承露盤高二十丈，大七圍，以銅爲之，上有僊人掌承露，和玉屑飲之。蓋張衡《西京賦》所云'立修莖之仙掌，承雲表之清露。屑瓊蕊以朝餐，必性命之可度'也。"⑧

《史記》卷二八《封禪書》記載"柏梁臺災"事件。"勇之乃曰：'越俗有火災，復起

① 《文選》，北京：中華書局 1977 年版，第 25 頁，第 27 頁。

② 《文選》，第 38 頁，第 40—41 頁。

③ 如《漢書》卷 66《劉屈氂傳》記載漢武帝征和二年（前 91）"巫蠱之禍"情景，説："（太子劉據）殿四市人凡數萬衆，至長樂西闕下，逢丞相軍，合戰五日，死者數萬人。"《漢書》卷 71《雋不疑傳》："始元五年，有一男子乘黄犢車，建黄旐，衣黄襜褕，著黄冒，詣北闕，自謂衛太子。公車以聞，詔使公卿將軍中二千石雜識視。長安中吏民聚觀者數萬人。右將軍勒兵闕下，以備非常。"據《漢書》卷 8《宣帝紀》，漢宣帝五鳳二年（前 56），"三月辛丑，鸞鳳又集長樂宮東闕中樹上，飛下止地，文章五色，留十餘刻，吏民並觀。"北京：中華書局 1962 年版，第 2881 頁，第 3037 頁，第 267 頁。

④ 《史記》卷 8《高祖本紀》："蕭丞相營作未央宮，立東闕、北闕、前殿、武庫、太倉。高祖還，見宮闕壯甚，怒，謂蕭何曰：'天下匈匈苦戰數歲，成敗未可知，是何治宮室過度也？'蕭何曰：'天下方未定，故可因遂就宮室。且夫天子四海爲家，非壯麗無以重威，且無令後世有以加也。'高祖乃説。"第 385 頁。

⑤ 《文選》，第 25 頁，第 27 頁。

⑥ 《史記》，第 1388 頁。《史記》卷 12《孝武本紀》："是時上求神君。"張守節《正義》："《漢武帝故事》云：'起柏梁臺以處神君，長陵女子也。先是嫁爲人妻，生一男，數歲死，女子悼痛之，歲中亦死，而靈，宛若祠之，遂聞言宛若爲生，民人多往請福，説家人小事有驗。平原君亦事之，至後子孫尊貴。及上即位，太后延於宮中祭之，聞其言，不見其人。至是神君求出局，營柏梁臺舍之。'"第 452 頁。

⑦ 《史記》，第 1436 頁。

⑧ 《漢書》，第 1220 頁。

屋必以大,用勝服之.'於是作建章宮,度爲千門萬户。前殿度高未央,其東則鳳闕,高二十餘丈[1]。其西則唐中,數十里虎圈。其北治大池,漸臺高二十餘丈,名曰泰液池。……乃立神明臺、井幹樓,度五十餘丈,輦道相屬焉。"[2]建章宮"前殿度高未央",其東鳳闕"高二十餘丈","漸臺高二十餘丈","神明臺、井幹樓,度五十餘丈"。可知"有火災,復起屋必以大"的"大",或突出體現爲"高"的追求。

關於漢宮建築高程的記載未必完全可信,然而可以作爲我們考察當時宮廷營造的參考。"承露""仙掌""高二十丈",建章宮東鳳闕"高二十餘丈",或説"高三十五丈"[3],未央宮東闕、北闕"高三十丈"[4],"漸臺高二十餘丈","神明臺、井幹樓,度五十餘丈",都達到驚人高度。以西漢尺度大致每尺23.1釐米計[5],二十丈,相當於46.20米;三十丈,相當於69.30米;三十五丈,相當於80.85米;五十丈,相當於115.50米。以當時的建築技術考慮,"神明臺、井幹樓,度五十餘丈"之説,看來真實性是可疑的。但是西漢長安建築追求超前之高度的風習,是確定的歷史真實。這在中國古代城市史和中國古代建築史歷程中,是劃時代的歷史進步。

二、長安立體交通

與"宮室之修","高數十丈"的情形相對應,有特殊的交通結構以爲配合。宮殿區"閣道"、"複道"的普及,最爲引人注目。這種先進的交通道路形式,在秦代宮廷建築規劃中的重要地位已經見諸史籍。但是其早期形式,可能戰國時已經出現。然而現在可以明確,"閣道"、"複道"在西漢長安城市交通結構中,得到了更高程度的普及。

班固《西都賦》寫道:"周廬千列,徼道綺錯。輦路經營,修除飛閣。"李善注:"輦路,輦道也。《上林賦》曰:'輦道纚屬'。如淳曰:'輦道,閣道也.'司馬彪《上林賦》注曰:'除,樓陛也.'"《西都賦》關於長安宮殿區的交通形式,強調了這種交通形式的作用:"自

---

① 司馬貞《索隱》:"《三輔黄圖》云'武帝營建章,起鳳闕,高三十五丈'。《關中記》:'一名別風,言別四方之風.'《西京賦》曰'閶闔之内,別風嶕嶢'也。《三輔故事》云'北有圜闕,高二十丈,上有銅鳳皇,故曰鳳闕也'。"第1402頁。《漢書》卷24下《郊祀志下》説,建章宮"其東側鳳闕,高二十餘丈。"第1245頁。
② 《史記》,第1402頁。
③ 《史記》卷12《孝武本紀》司馬貞《索隱》:"《三輔黄圖》云'武帝營建章,起鳳闕,高三十五丈'。"第482頁。
④ 《史記》卷8《高祖本紀》司馬貞《索隱》:"(未央宮)東闕名蒼龍,北闕名玄武,……高三十丈。"第385頁。
⑤ 丘光明《漢代尺度總述》説:"縱觀兩漢400餘年,尺度應該説是基本保持統一的。西漢和新莽每尺平均長爲23.2和23.09釐米,二者相差甚微,考慮到資料的一慣性,故釐定爲23.1釐米。而東漢尺的實際長度略有增長,平均每尺23.5釐米。爲了尊重實測資料,故東漢尺單位量值暫定爲23.5釐米。"《中國歷代度量衡考》,北京:科學出版社1992年版,第55頁。

未央而連桂宫，北彌明光而亘長樂。凌隥道而超西墉，棍建章而連外屬。"李善注："薛綜《西京賦》注曰：'隥，閣道也。'"①所謂"凌"，所謂"超"，均説以立體方式實現了跨越式連接。

西漢長安"桂宫周匝十里，内有複道，横北渡，西至神明臺"②。"北宫有紫房複道通未央宫"，漢哀帝祖母傅太后居北宫，"從複道朝夕至帝所"，由於往來方便，以致經常干擾最高行政事務，"使上不得直道行"③。《史記》卷五五《留侯世家》裴駰《集解》引如淳曰："上下有道，故謂之複道。"④看來，複道是類似陸上高架橋式的空中道路⑤。

漢文帝行中渭橋，曾有人從橋下走出，驚乘輿馬⑥。王莽時灞橋失火被焚毁，據説火災起因是橋下所寄居的貧民取暖用火不慎⑦。看來，秦漢橋梁建築已包括平闊灘地長長的引橋，複道之出現，無異於引橋在陸上的延長。有的學者稱這種建築形式爲"飛橋"或"天橋"，顯然注意到這種複道設計的最初起由是受到橋梁建築的啓發，而秦始皇"爲複道，自阿房渡渭"，西漢桂宫"複道横北渡"的文字記載，"渡"字的使用可以證實這一推論。

《史記》卷九九《劉敬叔孫通列傳》説到漢惠帝在長安城中築作複道的經過："孝惠帝爲東朝長樂宫，及間往，數蹕煩人，乃作複道，方築武庫南。叔孫生奏事，因請間曰：'陛下何自築複道？高寢衣冠月出游高廟，高廟，漢太祖，奈何令後世子孫乘宗廟道上行哉？'孝惠帝大懼，曰：'急壞之。'叔孫生曰：'人主無過舉。今已作，百姓皆知之，今壞此，則示有過舉。願陛下爲原廟渭北，衣冠月出游之，益廣多宗廟，大孝之本也。'上乃詔有司立原廟。原廟起，以複道故。"⑧這一段複道，用於"東朝長樂宫"，可避免"數蹕煩人"，不再動輒清道戒嚴，影響交通，顯然是一種立體交叉形式⑨。討論秦漢時代的複道，不可不注意到這種早期立體交叉道路在交通史上體現了重要發明的意義。

西漢中晚期奢侈之風盛起，豪門權貴爭相仿效宫廷生活，霍禹"盛飾祠堂，輦閣通屬

---

① 《文選》卷1，第27頁。
② 《藝文類聚》卷64引《三輔故事》，上海：上海古籍出版社1965年版，第1154頁。
③ 《漢書》卷81《孔光傳》，第3356頁。
④ 《史記》，第2042頁。
⑤ 王子今、馬振智：《秦漢"複道"考》，《文博》1984年第3期。
⑥ 《史記》卷102《張釋之馮唐列傳》："上行出中渭橋，有一人從橋下走出，乘輿馬驚。"第2754頁。
⑦ 《漢書》卷99下《王莽傳下》：地皇三年（22），"二月，霸橋災，數千人以水沃救，不滅。"王莽下書曰："乃二月癸巳之夜，甲午之辰，火燒霸橋，從東方西行，至甲午夕，橋盡火滅。大司空行視考問，或云寒民舍居橋下，疑以火自燎，爲此災也。"第4174頁。
⑧ 《史記》，第2725—2726頁。
⑨ 《漢書》卷10《成帝紀》："帝爲太子，……初居桂宫，上嘗急召，太子出龍樓門，不敢絶馳道，西至直城門，得絶乃度，還入作室門。上遲之，問其故，以狀對。上大説，乃著令，令太子得絶馳道云。"顏師古注："絶，横度也。"第301頁。

永巷,而幽良人婢妾守之"①。王鳳"大治第室,起土山漸臺,門洞高廊閣道,連屬彌望"②。"複道"逐漸成爲宮廷之外相當普及的建築形式。江蘇徐州漢畫象石有表現人似乎循屋頂行走於兩座樓閣之間的畫面③,大概可以説明"複道"的形制。《淮南子·本經》批評當時世風,説到"大構駕,興宮室,延樓棧道,雞樓井幹","魏闕之高,上際青雲;大廈曾加,擬於昆侖,脩爲牆垣,甬道相連。""棧道"、"甬道",高誘注皆以爲"複道"④。"甬道"一般爲兩邊有壁的夾道,或以此以爲高注誤,其實有"甬道"形式的"複道",如1969年甘肅武威雷臺漢墓出土陶樓四隅角樓以及門樓之間凌空相通的"複道",兩邊就有障牆,以保證在地面弓弩射程内行者的安全⑤。這種建築形式,或稱"飛橋"、"天橋",提供了"複道"的實體模型⑥。所謂"複道",或説"高廊閣道"、"延樓棧道"的興起,也是"上際青雲"、"擬於昆侖",瘋狂追逐"高""大"侈靡的都市建築風尚的表現之一。但是這種建築形式,確實促成了長安城市格局的立體化,顯示出超越簡單平面形式之單調陳舊傳統的新風格。

三 "諸陵長安"的立體組合與"上下諸陵"故事

以稍微寬廣的空間視角考察西漢長安建設的立體化趨向,可以關注諸陵邑與長安城的立體關聯。

楊寬討論西漢長安城市佈局時曾經説道,"西漢長安城内,宮室、宗廟和官署占全城面積三分之二以上。""規模巨大的皇宮、宗廟、官署、附屬機構以及達官貴人、諸侯王、列侯、郡主的邸第,佔據了長安城的絶大部分。"⑦他還指出:"西漢陵邑應看作構成漢長安城的要素之一。"⑧長安的都市功能,在一定意義上可以説借助諸陵邑的作用得到了補充。

西漢王朝在帝陵附近設置陵邑的制度,使官僚豪富遷居於此,每個陵邑大約聚居5000户到10000多户,不僅用這種形式保衛和供奉陵園,還形成了相對集中的經濟中心和文化中心。陵邑直屬位列九卿的太常管轄。於是,從高祖長陵起,到昭帝平陵止,形成

① 《漢書》卷68《霍光傳》,第2950頁。
② 《漢書》卷98《元后傳》,第4023頁。
③ 江蘇省文物管理委員會:《江蘇徐州漢畫象石》,北京:科學出版社1959年版。
④ 劉文典撰,馮逸、喬華點校:《淮南鴻烈集解》,北京:中華書局1989年版,第261頁。
⑤ 王子今:《秦漢"甬道"考》,《文博》1993年第2期。
⑥ 甘博文:《甘肅武威雷臺東漢墓清理簡報》:"院牆四角,各有一方形望樓,望樓之間以飛橋相連,橋身兩側皆有障牆,成懸槽之式,以防外面敵人之射襲。"《文物》1972年第2期。甘肅省博物館:《武威雷臺漢墓》:"院牆四隅上建角樓,高二層,各角樓之間和門樓,均架設有欄杆的天橋相通。"《考古學報》1974年第2期。
⑦ 楊寬:《中國古代都城制度史研究》,上海:上海人民出版社2003年版,第110頁,第112頁。
⑧ 楊寬:《西漢長安佈局結構的探討》,《文博》1984年創刊號;《西漢長安佈局結構的再探討》,《考古》1989年第4期。

了若干個直轄於中央的異常繁榮的準都市。這些陵邑，實際上也可以看作長安的衛星城，或亦可看作"大長安"的有機構成[①]。"諸陵"與"長安"合爲一體，史籍因此稱"長安諸陵"[②]、"諸陵長安"[③]、"長安五陵"[④]。

《漢書》卷八《宣帝紀》記述漢宣帝領導資質之形成的特殊路徑："高材好學，然亦喜游俠，鬥雞走馬，具知閭里奸邪，吏治得失。數上下諸陵，周遍三輔，常困於蓮勻鹵中。尤樂杜、鄠之間，率常在下杜。"顏師古注："'諸陵'皆據高敞地爲之，縣即在其側。帝每周游往來諸陵縣，去則上，來則下，故言'上下諸陵'。"[⑤]班固《西都賦》説到諸陵邑形勢："若乃觀其四郊，浮游近縣，則南望杜、霸，北眺五陵，名都對郭，邑居相承，英俊之域，綏冕所興，冠蓋如雲，七相三公。與乎州郡之豪傑，五都之貨殖，三選七遷，充奉陵邑，蓋以强幹弱枝，隆上都而觀萬國也。"[⑥]四方精英，五都貨殖，都聚萃於諸陵邑。實際上"五陵""近縣"，也成爲强化"上都"威勢，令"萬國"仰望的文明勝地。這裏廣聚天下"英俊"，集會州郡"豪傑"，又能夠較爲顯著地打破傳統的地域文化界域，能夠毫無成見地吸取來自不同區域的文化營養，於是文化的積累和文化的創獲也有突出的成效。分析西漢人才的地理分佈，可知五陵薈萃英俊之士的説法，的確是歷史的真實。這一地區因此在實際上獲得文化領導的地位。張衡《西京賦》所謂"五縣游麗辯論之士，街談巷議，彈射臧否，剖析毫釐，擘肌分理，所好生毛羽，所惡成創痏"[⑦]，又説明這裏甚至成爲具有强有力的社會影響的輿論中心。

所謂"上下諸陵"，體現出"諸陵"與"長安"之間的立體關係。所謂"去則上，來則下"情形的體現，又見於漢文帝故事[⑧]。

---

① 劉文瑞：《試論西漢長安的衛星城鎮》，《陝西地方志通訊》1987 年第 5 期；《我國最早的衛星城鎮——試論西漢長安諸陵邑》，《咸陽師專學報》1988 年第 1 期；王子今：《西漢諸陵分佈與古長安附近的交通格局》，《西安古代交通志》，西安：陝西人民出版社 1997 年版；王子今：《西漢長安居民的生存空間》，《人文雜誌》2007 年第 2 期。

② 《史記》卷 129《貨殖列傳》，第 3261 頁。

③ 《漢書》卷 49《爰盎傳》，第 2273 頁。

④ 《漢書》卷 92《游俠傳·原涉》，第 3715 頁。

⑤ 《漢書》，第 237 頁。

⑥ 《文選》卷 1，第 23 頁。

⑦ 《文選》卷 2，第 43 頁。

⑧ 《史記》卷 101《袁盎晁錯列傳》："文帝從霸陵上，欲西馳下峻阪。袁盎騎，並車擥轡。上曰：'將軍怯邪？'盎曰：'臣聞千金之子坐不垂堂，百金之子不騎衡，聖主不乘危而徼幸。今陛下騁六騑，馳下峻山，如有馬驚車敗，陛下縱自輕，奈高廟、太后何？'上乃止。"第 2740 頁。

四、關於"雲陽都"

《漢書》卷六《武帝紀》記載："（元封二年）六月，詔曰：'甘泉宮内中産芝，九莖連葉。上帝博臨，不異下房，賜朕弘休。其赦天下，賜雲陽都百户牛酒。'"這裏出現了"雲陽都"。對於"雲陽都"，顔師古注："晉灼曰：'雲陽、甘泉，黄帝以來祭天圓丘處也。武帝常以避暑，有宮觀，故稱都也。'師古曰：'此説非也。都謂縣之所居在宮側者耳。賜不徧其境内，故指稱其都，非謂天子之都也。若以有宮觀稱都，則非止雲陽矣。'"①其實，可能晉灼的説法是正確的。王先謙《漢書補注》認爲："《禮樂志》載歌云：'玄氣之精，回復此都。'即謂雲陽爲都也。顔謂專指居在宮側者，無據。"②

《漢書》卷二二《禮樂志》也有很可能言及"雲陽都"的文字："歌云：'玄氣之精，回復此都。'"顔師古注其實也以爲"此都"就是"雲陽之都"："言天氣之精，迴旋反復於此雲陽之都，謂甘泉也。"③陳直《漢書新證》寫道："西漢未央、長樂二宮規模闊大之外，則數甘泉宮。甘泉在雲陽，比其他縣爲重要，故稱以'雲陽都'。"④居延漢簡10.27及5.10關於改火的文書中，可見"別火官先夏至一日，以除隧取火，授中二千石、二千石官，在長安、雲陽者，其民皆受，以日至易故火"字樣⑤，也説明雲陽是僅次於長安，有時可以與長安並列的政治中心。班固《西都賦》言長安形勢，説到"其陰則冠以九嵕，陪以甘泉"⑥。所謂"陪以甘泉"，似可理解爲雲陽甘泉當時據有後世稱爲"陪都"之地位的暗示。

《史記》卷二八《封禪書》説，"柏梁臺災"事件發生後，漢武帝曾經以甘泉作爲行政中心。亦可以理解爲給予"甘泉"以"都"的地位。"以柏梁災故，朝受計甘泉。公孫卿曰：'黄帝就青靈臺，十二日燒，黄帝乃治明庭。明庭，甘泉也。'方士多言古帝王有都甘泉者。其後天子又朝諸侯甘泉，甘泉作諸侯邸。"關於所謂"以柏梁災故，朝受計甘泉"，張守節《正義》："顧胤云：'柏梁被燒，故受記故之物於甘泉也。'顔師古曰：'受郡國計簿也。'"⑦行政典禮在這裏舉行，又有"諸侯邸"設置，可知"雲陽""甘泉"確實在當時曾經具有"都"的地位。

"雲陽都"地方是秦與西漢兩代長期經營的一個規模宏大的宮殿區，據司馬相如《上

---

① 《漢書》，第193頁。
② 王先謙：《漢書補注》，北京：中華書局1983年版，第96頁。
③ 《漢書》，第1065頁。
④ 陳直：《漢書新證》，天津：天津人民出版社1979年版，第35頁。
⑤ 謝桂華、李均明、朱國炤：《居延漢簡釋文合校》，北京：文物出版社1987年版，第16頁，第8頁。
⑥ 《文選》卷1，第24頁。
⑦ 《史記》，第1402頁。

林賦》，這裏“離宮別館，彌山跨谷，高廊四注，重坐曲閣”[1]，多處宮殿建築即所謂“離宮別館”依“山”“谷”地形修造，自身也形成了呈立體態勢相互連屬，彼此映帶的格局。《漢書》卷八七上《揚雄傳上》載《甘泉賦》：“離宮般以相燭兮，封巒石關施靡虖延屬。”顔師古注：“般，連貌也。燭，照也。……施靡，相及貌。屬，連也。”[2]

雲陽甘泉宮在海拔400米左右的漢長安城北面，中心位置大約海拔1000米。也屬於甘泉宮遺址範圍内的黃花山則海拔1808.9米。在長安、雲陽構成的可以稱作“大長安”的都城結構中，南北高程差異明顯。正因爲如此，漢武帝在這裏設置了皇家祭祀中心，並以爲避暑勝地經常居留[3]。由此體會漢武帝關於“甘泉宮内中産芝，九莖連葉”詔文所謂“上帝博臨，不異下房”之“上”與“下”，也可以對長安都市圈的構成有立體化的理解。

五、甘泉“石關”與“表南山之顛以爲闕”

要理解西漢時代長安都城立體化建設規劃者的設計思想，或許還應當與長安周邊自然地理條件及地貌形勢相關照。

司馬相如《子虛賦》有關於大山崇峨的描寫：“崇山矓嵷，崔巍嵯峨，深林鉅木，嶄巖嵾嵯，九嵏巀嶭，南山峨峨。巖陁甗錡，摧崣崛崎。”[4]“九嵏”“南山”一北一南，是以長安爲中心的。班固《西都賦》也説長安形勢，指出南北方向都有形勢“崇”“冠”的高山：“其陽則崇山隱天，幽林穹谷。”“其陰則冠以九嵕，陪以甘泉。”[5]

與“南山”形勢形成對應關係的長安以北的“高山”，據《藝文類聚》卷六二引劉歆《甘泉宮賦》的記述，曾經被漢帝國最高執政者以爲帝居，“爲居”“爲宮”，内心看作具有神聖意義的所在：“迴天門而鳳舉，躡黃帝之明庭。冠高山而爲居，乘崐崘而爲宮。按軒轅之舊處，居北辰之閎中。背共工之幽都，向炎帝之祝融。封巒爲之東序，緣石關之天梯。”[6]

所謂“天門”“石關”，應當就是甘泉宮向北扼守直道通路的石門。石門在今陝西旬

---

[1] 《漢書》卷57上《司馬相如傳上》，第3026頁。

[2] 《漢書》，第3526頁。

[3] 《史記》卷12《孝武本紀》：“公卿言‘皇帝始郊見泰一雲陽’。”張守節《正義》：“《括地志》云：‘漢雲陽宮在雍州雲陽縣北八十一里。有通天臺，即黃帝以來祭天圓丘之處。武帝以五月避暑，八月乃還也。’”第470頁。《漢書》卷6《武帝紀》：“賜雲陽都百户牛酒。”顏師古注引晉灼曰：“雲陽、甘泉，黃帝以來祭天圓丘處也。武帝常以避暑，有宮觀，故稱‘都’也。”第193頁。《漢書》卷66《劉屈氂傳》言巫蠱之禍發生時，“是時上避暑在甘泉宮。”第2880頁。《漢鼓吹鐃歌十八曲·上之回》所謂“夏將至，行將北。以承甘泉宮，寒暑德”，也透露了這層意思。《宋書》，北京：中華書局1974年版，第640頁。

[4] 《史記》，第3022頁。

[5] 《文選》卷1，第24頁。

[6] 〔唐〕歐陽詢撰：《藝文類聚》，汪紹楹校，上海：上海古籍出版社1982年版，第1113頁。

邑境内。石門山海拔 1855 米,南坡稍緩,臨北則山勢峻拔,崴嵬陡立。《元和郡縣圖志》卷三《關內道三》"寧州三水縣"條:"石門山在三水縣東五十里,峰巖相對,望之似門。"①明趙廷瑞修《陝西通志》卷二《土地二·山川上》"邠州淳化縣"條:"石門山在縣北六十里,兩山壁立如門。"②沈青峰撰雍正《陝西通志》卷十三《山川六·邠州·三水縣》又寫道:"石門山一名石闕,在縣東六十里,相傳爲秦太子扶蘇賜死處。碑刻剥落不可考。"③《三水縣志》記載,"石門,在漢名石闕,高峻插天,對峙如門。漢武時於此立關。"④揚雄《甘泉賦》:"離宮般以相燭兮,封巒石關施靡虖延屬。"⑤漢時稱作"石闕"的石門,當時已經是屬於甘泉宮殿區的重要名勝,也可以看作規模宏大的"前燸闕而後應門","閌閬閬其寥廓兮,似紫宮之峥嵘"⑥的甘泉宮的北闕。《三輔黃圖》卷五引《雲陽宮記》説甘泉宮形勢:"宮東北有石門山,岡巒糾紛,干霄秀出,有石巖容數百人,上起甘泉觀。"⑦而"闕,觀也"⑧,石門即石闕。石闕,《史記》卷一一七《司馬相如列傳》載《上林賦》及《漢書》卷八七上《揚雄傳上》載《甘泉賦》作"石關"⑨。《漢鼓吹鐃歌十八曲·上之回》:"上之回,所中益。夏將至,行將北。以承甘泉宮,寒暑德。游石關,望諸國,月氏臣,匈奴服。令從百官疾驅馳,千秋萬歲樂無極。"⑩也稱"甘泉宮"近旁的這處特殊地形構成爲"石關"。

經"石關"可以北行。又司馬相如《上林賦》有"道盡塗殫,迴車而還。招摇乎襄羊,降集乎北紘,率乎直指,闇乎反鄉,歷石關,歷封巒"文句。下文又説到"過鳷,望露寒"。裴駰《集解》引《漢書音義》:"皆甘泉宮左右觀名也。"⑪《漢書》卷 87 上《揚雄傳上》:"甘泉本因秦離宮,既奢泰,而武帝復增通天、高光、迎風。宮外近則洪涯、旁皇、儲胥、弩

① 《元和郡縣圖志》,北京:中華書局 1983 年版,第 62 頁。又《元和郡縣圖志》卷 3《關內道三》"寧州真寧縣"條:"子午山,亦曰橋山,在縣東八十里,黃帝陵在山上,即群臣葬衣冠之處。《史記》曰漢武帝北巡朔方,還祭黃帝冢於橋山。"又"襄樂縣"條:"秦故道,在縣東八十里子午山。始皇三十年,向九原抵雲陽,即此道也。"第 65—66 頁。

② 又"三水縣"條:"黑石巖在縣東五十里石門山之西,其山石色似漆,壁立萬仞。"〔明〕趙廷瑞修,馬理、呂柟纂:《陝西通志》,總校點:董健橋,西安:三秦出版社 2006 年版,第 82—83 頁。

③ 文淵閣《四庫全書》本。

④ 〔清〕許鳴磐:《方輿考證》卷 37《邠州·三水縣·山川》,清濟寧潘氏華鑒閣本。

⑤ 《漢書》卷 87 上《揚雄傳上》,第 3525—3526 頁。

⑥ 揚雄《甘泉賦》,《漢書》卷 87 上《揚雄傳上》,第 3528 頁。"閌閬閬",形容門闕之高偉。《文選》卷 7《甘泉賦》李善注:"閌,高也。《説文》曰:閬閬,高大之貌也。"第 113 頁。

⑦ 何清谷校注:《三輔黃圖校注》,第 318 頁。

⑧ 《太平御覽》卷 179 引崔豹《古今注》曰:"闕,觀也。於前所以標表宮門也。其上可居,登之可遠觀。"第 871 頁。

⑨ 《史記》,第 3037 頁。《漢書》,第 3525 頁。

⑩ 《宋書》,北京:中華書局 1974 年版,第 640 頁。

⑪ 《史記》卷 117《司馬相如列傳》,第 3037 頁。《漢書》卷 57 上《司馬相如傳上》顏師古注:"張揖曰:'此四觀武帝建元中作,在雲陽甘泉宮外。'"第 2567 頁。

阞,遠則石關、封巒、枝鵲、露寒、棠梨、師得,游觀屈奇瑰瑋。"①揚雄《甘泉賦》也有語意相近的内容:"於是事畢功弘,迴車而歸,度三巒兮偈棠梨②,天閫決兮地垠開。"③

石門,以其天然神造之雄峻地勢,被看做"天閫"之"決"、"地垠"之"開",即被作爲甘泉宫的北閫,又被作爲秦直道最南端的雄關。經石門北上,可以行直道而"疾驅馳","率乎直指",通於北邊。

《史記》卷六《秦始皇本紀》説到秦始皇時代的宫廷建設規劃:"先作前殿阿房,……周馳爲閣道,自殿下直抵南山。表南山之顛以爲闕。"④"南山之顛"被認定爲南"闕"。這一城市規劃理念在漢代得以繼承。典型的例證是《漢書》卷九九上《王莽傳上》:"(元始四年)其秋,(王)莽以皇后有子孫瑞,通子午道。子午道由杜陵直絶南山,徑漢中。"顔師古注引張晏曰:"時年十四,始有婦人之道也。子,水;午,火也。水以天一爲牡,火以地二爲牝,故火爲水妃,今通子午以協之。"顔師古説:"子,北方也。午,南方也。言通南北道相當,故謂之'子午'耳。今京城直南山有谷通梁、漢道者,名'子午谷'。又宜州西界,慶州東界,有山名'子午嶺',計南北直相當。此則北山者是'子',南山者是'午',共爲'子午道'。"⑤顔師古將"子午嶺"和"子午道"並説,又將直道所循子午嶺和子午道所循子午谷"計南北直相當"者聯繫在一起的説法,即所謂"此則北山者是'子',南山者是'午',共爲'子午道'。"確實,秦直道循子午嶺北行,而"直"正是"子午"的快讀合音,由杜陵南行直通梁、漢的子午道也有類似的情形。宋人宋敏求《長安志》卷一一《縣一·萬年》寫道:"福水,即交水也。《水經注》曰:'上承樊川、御宿諸水,出縣南山石壁谷⑥,南三十里與直谷⑦水合,亦曰子午谷水。'"⑧又《長安志》卷一二《縣二·長安》:"豹林谷⑨水。出南山,北流三里,有竹谷水自南來會,又北流二里,有子午谷水自東來會⑩。自此以下亦謂之子午谷水。"⑪"直谷"應當也是"子午谷"的快讀合音⑫。另外,特別值得我們注意的還有,漢魏子午道秦嶺南段又曾經沿池河南下漢江川道。"池"或爲

---

① 《漢書》,第 3534 頁。
② 《文選》卷 7《甘泉賦》李善注:"三巒,即封巒觀也。"第 115 頁。
③ 《漢書》卷 87 上《揚雄傳上》。顔師古注:"三巒即封巒,觀名也。棠梨,宫名。"第 3533 頁。
④ 《史記》,第 256 頁。
⑤ 《漢書》,第 4076 頁。
⑥ 今案:亦作石鱉谷,今稱石砭峪。
⑦ 今案:今子午谷。
⑧ 今本《水經注》無此文。《太平寰宇記》文與此同,而不云出《水經注》。文淵閣《四庫全書》本。
⑨ 今案:今稱抱龍峪。
⑩ 今案:"自東來會"疑當作"自西來會"。
⑪ 〔宋〕宋敏求:《長安志》,辛德勇、郎潔點校,西安:三秦出版社 2013 年版,第 365 頁,第 388 頁。
⑫ 《咸寧縣志》卷 1《南山諸谷圖》中,"石鱉峪"旁側標注"竹","竹谷"音近"直谷",由此可以推想"竹谷"或許也應從音讀的綫索考慮與"子午谷"的關係。

"直"之音轉。也就是説,很可能子午道循行的河道,也曾經被稱作"直河"①。《水經注·沔水》即稱"直水",相近又有"直谷"、"直城"②。

這樣,"表南山之顛以爲闕"者,與秦直道的石門,即亦可以看作甘泉宫"北山"之"闕"者,形成了南北對應的關係。

班固在《西都賦》中,評述長安"睎秦領,睋北阜"的勝狀③,也指出一南一北兩座山嶺,成爲長安立體景觀的重要構成要素。

六、西漢長安都城建設立體化的歷史文化條件

不僅"表南山之顛以爲闕"體現出秦漢都城規劃的繼承關係,《史記》卷八《高祖本紀》關於蕭何營造未央宫,"立東闕、北闕",張守節《正義》:"《括地志》云:'未央宫在雍州長安縣西北十里長安故城中。'顏師古云:'未央殿雖南向,而當上書奏事謁見之徒皆詣北闕,公車司馬亦在北焉。是則以北闕爲正門,而又有東門、東闕,至於西南兩面,無門闕矣。蕭何初立未央宫,以厭勝之術理宜然乎?'按:北闕爲正者,蓋象秦作前殿,渡渭水屬之咸陽,以象天極閣道絕漢抵營室。"④指出了漢長安城建設與秦都咸陽的關係以及漢人"象秦"的思路。又如《史記》卷六《秦始皇本紀》記載,秦始皇大治宫室,曾"爲複道,自阿房渡渭,屬之咸陽",又"令咸陽之旁二百里内宫觀二百七十複道、甬道相連"⑤。西漢長安"複道"等立體交通形式的建設,應當也繼承了秦代的設計思想和營造技術。要透徹地理解並完整地説明西漢長安都城建設的立體化傾向,有必要瞭解秦都城規劃理念對西漢的影響。

西漢長安都城建設立體化表現之突出跡象,即對高度的追求,無疑應有建築技術條件以爲保障。然而這種追求的意識背景,尤其是我們應當注意的。

這種建設理念首先的出發點,或是"重威"。據《史記》卷八《高祖本紀》,蕭何言"夫

---

① 王子今:《秦直道的歷史文化觀照》,《人文雜誌》2005 年第 5 期。
② 《水經注·沔水》:"漢水又東,合直水,水北出子午谷岩嶺下,……又東南歷直谷,逕直城西。""漢水又東,合旬水,水北出旬山,東南流逕平陽戌下,與直水枝分東注。"〔北魏〕酈道元著,陳橋驛校證:《水經注校證》,北京:中華書局 2007 年版,第 649—650 頁。嚴耕望《唐代交通圖考》卷 17《子午谷道》引《一統志》《興安府》卷《山川目》云:"直水在石泉縣東,接漢陰縣界,一名遲河,……《縣志》,池河在縣東五十里,……亦名遲河。……以直遲聲相近而訛也。"嚴耕望寫道:"檢《水道提綱》一三、《一統志》及今世地圖,池水即古直水。"臺北:中研院歷史語言研究所 1985 年版,第 672 頁至第 673 頁。
③ 《文選》卷 1,第 23 頁。
④ 《史記》,第 385 頁。
⑤ 《史記》,第 256 頁。

天子以四海爲家,非壯麗無以重威"①,《漢書》卷一下《高帝紀下》的記載是"夫天子以四海爲家,非令壯麗亡以重威"②。後代學者有對這種"壯麗"對於"重威"之作用的分析③,或言"壯麗"可以"示尊"④、"表德"⑤,其實與"重威"亦多關聯。

另一重要動機是"通天"。雲陽"通天臺"命名,可以直接體現這一理念。"通天臺即黄帝以來祭天圜丘之處"之説值得重視。《春秋繁露·陽尊陰卑》:"人主近天之所近,遠天之所遠,大天之所大,小天之所小。"⑥與天意相通,對於當時的執政者是重要的。

另一相關的意識基點是"求仙"。《史記》卷一二《孝武本紀》:"……又作柏梁、銅柱、承露仙人掌之屬矣。"裴駰《集解》:"蘇林曰:'仙人以手掌擎盤承甘露也。'"司馬貞《索隱》:"《三輔故事》云:……建章宫承露盤高三十丈,大七圍,以銅爲之,上有仙人掌承露,和玉屑飲之。故《張衡賦》曰:'立脩莖之仙掌,承雲表之清露'是也。"⑦《三國志》卷二一《魏書·王粲傳》:"昔漢武信求神仙之道,謂當得雲表之露以餐玉屑,故立仙掌以承高露。"⑧

用以"厭勝",也是營造超高建築的目的之一。柏梁臺災後,"越俗有火災,復起屋必以大,用勝服之"的説法爲漢武帝信從,所謂"大",是往往亦體現爲"高"的。元人舒頔《續溪縣上梁文(辛亥八月十日庚寅)》:"完矣美矣,非壯麗無以敵山川之勝。"⑨這應是另一形式的"厭勝"思路。

都市建設的立體化的實現,因高度追求而實現。這種意識也許還有我們尚未可全面理解的深層涵義。漢鏡銘文"登高明望四海",體現"高"或"高明"與"四海""天下"的關係,顯然也是值得我們重視的。

---

① 《史記》,第 385 頁。
② 《漢書》,第 64 頁。《太平御覽》卷 173 引《漢書》作"非壯非麗無以威四夷",第 844 頁。
③ 宋代學者邵博《邵氏聞見後録》卷 25 記録了他考察秦及漢唐宫殿遺存的感受:"予昔遊長安,遇晁以道赴守成州,同至唐大明宫,登含元殿故基。蓋龍首山之東麓,高於平地四十餘尺。南向五門,中曰丹鳳門,正面南山,氣勢若相高下,遺址屹然可辨。……明日,追隨以道入咸陽,至漢未央、建章宫故基,計其繁夥宏廓,過大明遠甚。其兼制夷夏,'非壯麗無以重威',可信也。又明日至秦阿房宫一殿基,東西五百步,南北五十丈,所謂'上可坐萬人,下可建五丈旗,周馳爲閣道,直抵南山,表山之巔爲闕'者,視未央、建章又不足道。"〔宋〕邵博撰:《邵氏聞見後録》,北京:中華書局 1983 年版,第 202 頁。説到由"高"體現的"宏廓""氣勢"對於"重威"的意義。
④ 〔宋〕石介《南京夫子廟上梁文》:"制度不恢廓,宫室不壯麗,無以示聖人之尊,天明不昭,衆庶何所仰也?"《徂徠石先生全集》卷 20《啓表移注文》,清康熙五十六年刻本。
⑤ 王先謙《日本源流考》卷 4 "聖武天皇"條:"(聖武天皇神龜元年冬十月)太政官奏:'……京師帝王所居,萬國所朝,自非壯麗,何以表德?'"清光緒二十八年刻本。這一認識應當來自中國。
⑥ 蘇輿撰,鍾哲點校:《春秋繁露義證》,北京:中華書局 1992 年版,第 328 頁。
⑦ 《史記》,第 459 頁。
⑧ 《三國志》,北京:中華書局 1959 年版,第 611 頁。
⑨ 《貞素齋集》卷 3,文淵閣《四庫全書》本。

略説西漢長安城中的"單于邸"

宋　超[*]

摘　要

西漢元封年間，漢使王烏聽信匈奴烏維單于紿語，"欲入漢見天子，面相約爲兄弟"，漢武帝於是爲匈奴築"單于邸"於長安。單于邸位置今已不可詳考，但據史料記載與一些專家考定，與單于邸性質及作用基本相似的主要爲招待四周諸國與民族來者的"蠻夷邸"，大抵位於未央宮北闕與棄街之間；因此，單于邸似乎也有可能築於這一位置。至於單于邸的建築等級與規模，從匈奴單于既爲"外臣"又爲"兄弟"的角度考慮，似乎當高於接待一般來客的"蠻夷邸"，至少應當等於或略高於漢諸侯王在長安的邸第。單于邸自元封年間築就以來，隨着漢匈關係的重新調整與緩和，至少接待過三次朝漢的呼韓邪單于與一次朝漢的復株累單于，是爲見證西漢中後期漢匈友好交往的一處重要的標誌性建築。

關鍵詞

西漢　長安　單于邸　蠻夷邸

《史記·匈奴列傳》載，漢武帝元封年間（前110—前105），遣王烏出使匈奴，烏維單于"紿謂王烏曰：'吾欲入漢見天子，面相約爲兄弟。'王烏歸報漢，漢爲單于築邸于長安"[①]。這是史籍首見漢爲單于築邸於長安城之記載。《漢書·匈奴傳》照録《史記》原文。兩書皆無明確系年。《資治通鑑》將"漢爲單于築邸于長安"事系於元封四年（前107）[②]。雖然"單于邸"的位置已不可詳考，但作爲西漢中後期漢匈關係重新調整的一處重要的標誌性建築，梳理與其相關的幾個問題，或對重新認識單于邸有所裨益。

---

* **作者簡介**：宋超（1951—），男，吉林長春人，原《歷史研究》編輯部編審，現返聘於社會科學文獻出版社近代史編輯室。

① 《史記》卷110《匈奴列傳》，中華書局1959年版，第3774頁。以下凡再引本傳者，不再出注。
② 《資治通鑑》卷21"武帝元封四年"條，中華書局1956年版，第691頁。

一、王烏出使匈奴與漢築“單于邸”

“漢爲單于築邸于長安”，應與元封年間北地（治今甘肅慶陽西北）人王烏兩次出使匈奴有直接關係。

元封年間，正是漢匈關係經過元朔五年（前124）漠南、元狩二年（前121）河西、元狩四年（前119）漠北諸役之後重新調整的重要時期。早在漠北之役後，匈奴損失慘重，“是後匈奴遠遁，而幕南無王庭”；而漢軍也同樣損耗嚴重，“漢兩將軍大出圍單于，所殺虜八九萬，而漢士卒物故亦數萬，漢馬死者十餘萬。匈奴雖病，遠去，而漢亦馬少，無以復往”。漢匈雙方暫時處於相持階段。伊稚斜單于採納原爲漢前將軍、後因戰事失利而投匈奴的翕侯趙信之計，“遣使於漢，好辭請和親”。這是漢匈戰爭全面爆發後，匈奴首次遣使請求和親。是時在軍事上佔據主動地位的漢廷，已經不肯再在“故約”的基礎上與匈奴和親[1]。漢武帝採納丞相長史任敞建議，以爲“匈奴新破，困，宜可使爲外臣，朝請於邊”，並遣其出使匈奴。丞相長史爲丞相掾屬之長，職權甚重[2]。武帝遣丞相長史任敞出使匈奴，足見對此次出使之重視。而伊稚斜單于“聞敞計，大怒，留之不遣”。任敞不僅是見諸史料的武帝時期出使匈奴被扣的第一位漢使，也導致了漢匈雙方使者斷絕往來達十年之久。直至元封元年（前110），漢匈再次恢復交往。

元封元年冬，武帝在征服兩越（南越、東越）後，巡行北邊，親“至朔方，勒兵十八萬騎以見武節，而使郭吉風告單于”。郭吉至匈奴後，匈奴主客[3]問所使，郭吉不肯以實相告，“卑體好言曰：‘吾見單于而口言’”。等伊稚斜單于之子烏維單于見郭吉時，郭吉卻曰：“南越王頭已懸於漢北闕。今單于即能前與漢戰，天子自將兵待邊；單于即不能，即南面而臣於漢。何徒遠走，亡匿於幕北寒苦無水草之地，毋爲也。”烏維單于“大怒，立斬主客見者”，而但對口出不遜之言的漢使郭吉卻不敢加害，“而留郭吉不歸，遷之北海上。而單于終不肯爲寇於漢邊，休養士馬，習射獵，數使使漢，好辭甘言求請和親。”唐人張守節《正義》曰：“北海，即上海也，蘇武亦遷也。”[4]如果是說可靠，郭吉則是被匈奴放逐北海的漢使第

---

[1] “故約”，系指漢初與匈奴締結的和約，由漢遣宗室女“約爲昆弟以和親”、“歲奉匈奴絮繒酒米食物各有數”以及“通關市”三項約定組成。自高祖、惠帝、呂后、文帝、景帝，直至武帝元光二年（前133）全面發動對匈奴戰爭時止，以“故約”爲基礎的“和親”成爲漢匈交往的基本政策，實行幾近六十多年的時間。（參見拙文《從“故約”與“先帝制”看漢匈關係的演變——兼論“呼韓邪故事”與“呼韓邪故約”》，載《秦漢史論叢》第14輯，河南大學出版社，2014年）

[2] 《漢書》卷30《百官公卿表》：“相國、丞相，皆秦官，金印紫綬，掌丞天子助理萬機……有兩長史，秩千石。”（第724—725頁）

[3] 裴駰《集解》引韋昭曰：“主使來客官也。”張守節《正義》：“官名，若鴻臚卿。”（第2912頁）

[4] “北海”，日本學者瀧川資言認爲：“北海，今貝加爾湖。”（《史記會注考證》卷110《匈奴列傳》“考證”，中華書局1986年版，第1800頁）可備一說。

一人。郭吉身份不詳，但從其扈從武帝北巡，並奉武帝之命以强硬態度折辱烏維單于，似乎應是具有相當官秩的使者。

元封四年（前107），漢廷使王烏等“窺匈奴”。依照匈奴風俗，漢使不放下符節，不以墨黥面，就不能進入單于穹廬。王烏是北地人，“習胡俗，去其節，黥面，得入穹廬。單于愛之，詳許甘言，爲遣其太子入漢爲質，以求和親。”待武帝復遣楊信出使，由於楊信“爲人剛直屈彊，素非貴臣，單于不親。單于欲召入，不肯去節，單于乃坐穹廬外見楊信。楊信既见單于，説曰：‘即欲和親，以單于太子爲質於漢。’單于曰：‘非故約。故約，漢常遣翁主，給繒絮食物有品，以和親，而匈奴亦不擾邊。今乃欲反古，令吾太子爲質，無幾矣’。”楊信歸後，王烏再度出使匈奴，烏維單于“給謂王烏曰：‘吾欲入漢見天子，面相約爲兄弟’。王烏歸報漢，漢爲單于築邸于長安”

楊信“素非貴臣”，王烏出身不詳，但極有可能與楊信一樣，皆非所謂“貴臣”。不過，由於王烏深諳匈奴習俗，得到烏維單于歡心，故有“給謂”云云。由此可見，匈奴對於漢使身份的尊貴與否頗爲在意，正如烏維單于所説：“非得漢貴人使，吾不與誠語。”是年，匈奴一貴人使漢，不幸病死於長安，“漢使路充國佩二千石印綬往使，因送其喪，厚葬直數千金，曰‘此漢貴人也’。”烏維單于懷疑漢殺其貴使，於是扣留路充國，出“奇兵（即騎兵）”襲擊邊塞[1]。路充國同樣出身不詳，只是出於送葬之需要“佩二千石印綬”而冒稱“漢貴人”，大概也是出於迎合匈奴“得漢貴人使”的心態，以彰顯漢廷試圖與匈奴重新締結和約的誠意。

從元封年間郭吉、王烏、楊信、路充國諸人密集出使匈奴的情況看，除郭吉可能具有所謂“貴人”的身份外，王烏、楊信、路充國等出使匈奴，應是具有探查烏維單于所謂“遣其太子入漢爲質，以求和親”真實態度的意圖於內。如《漢書·武帝紀》所載：“（元封四年）秋，以匈奴弱，可遂臣服，乃遣使説之。”[2]儘管史稱烏維單于所云皆爲“給謂”，但對一直謀求匈奴單于親自入漢、重新締結和約的漢廷而言，似乎以爲匈奴的態度已經發生某些轉變，因而引起武帝的重視，爲單于築邸於長安城。

---

[1] 武帝時期雖是漢匈軍事衝突最爲激烈的時期，但在通過使者相互溝通交往方面，漢匈雙方均採取相當慎重的態度，雖然雙方使者多有因種種衝突而互扣，但卻沒有出現殺害使者的現象。這與南越、大宛、朝鮮這樣的“小國”，一旦發生襲殺漢使的事件，武帝或是軍事討伐，或是遣“使”刺殺其王，“縣首北闕”以示威懾具有本質的不同。（參見拙作《武帝時期漢匈互扣使者原因試折——以蘇武爲中心的討論》，載蘇振武、許勇爲、米文科主編《人格·氣節·民族魂——論蘇武精神》，人民出版社2014年版）

[2] 《漢書》卷6《武帝紀》，第196頁。

二、"單于邸"與"蠻夷邸"

漢爲單于所築邸位於長安城何處？《史記》諸注家無説。《漢書》記載略同《史記》，注家亦無説。上引《漢書·武帝紀》元封四年條僅記漢遣使説匈奴"臣服"事，似乎表明史家也没有將築單于邸作爲一個重要事件記載於《武帝紀》。因此，結合與單于邸具有同樣接待所謂蠻夷來者性質的蠻夷邸綜合考察，或可爲推測單于邸的所在位置及相關問題提供一些佐證。

蠻夷邸首見於《漢書·元帝紀》：

> （建昭三年，前36）秋，使護西域騎都尉甘延壽、副校尉陳湯撟發戊己校尉屯田吏士及西域胡兵攻郅支單于。冬，斬其首，傳詣京師，縣（懸）蠻夷邸門。[1]

顔師古注"蠻夷邸"曰："若今鴻臚客館"，没有言及蠻夷邸具體位置所在。《漢書·陳湯傳》則明確表示夷蠻邸位於槀街。史載甘延壽、陳湯在攻滅郅支單于後上疏曰：

> "臣延壽、臣湯將義兵，行天誅，賴陛下神靈……陷陳克敵，斬郅支首及名王以下。宜縣頭槀街蠻夷邸間，以示萬里，明犯彊漢者，雖遠必誅。"事下有司。丞相匡衡、御史大夫繁延壽以爲"郅支及名王首更歷諸國，蠻夷莫不聞知……宜勿縣。"車騎將軍許嘉、右將軍王商以爲"……宜縣十日乃埋之。"有詔將軍議是。[2]

顔師古注槀街曰："晉灼曰：'《黄圖》在長安城門内。'師古曰：'槀街，街名，蠻夷邸在此街也。邸，若今鴻臚客館也。'崔浩以爲槀當爲橐，橐街即銅駝街也。此説失之。銅駝街在雒陽，西京無也。"顔師古認爲，北魏時人崔浩以爲"槀街"當爲"橐街"，即東漢都城銅駝街的説法"失之"，可以信從。顔師古注"槀街"，以《三輔黄圖》爲據，而《三輔黄圖》本身對槀街何在不甚清楚，以致後人沿襲其説，如宋人程大昌《雍録》卷八"橐街"條載："武帝斬南越王，傅介子斬樓蘭王，皆垂其首北闕。北闕，未央北門也。陳湯斬郅支單于，上疏乞垂之橐街蠻夷邸間。諸家無言橐街之在何地者。"[3]清人畢沅《關中勝録圖志》卷六"蠻人邸"條引《雍録》亦曰："陳湯斬郅支單于，上疏乞垂之橐街蠻夷邸間，諸家無

① 《漢書》卷9《元帝紀》，第295頁。
② 《漢書》卷70《陳湯傳》，第3015頁。
③ 程大昌：《雍録》卷8"橐街"，文淵閣四庫全書本。"橐街"同"槀街"。

言藳街之在何地者。"①似乎可以表明直到清代,"藳街"所在並不清楚。

近些年來,一些學者利用長安城的考古發掘資料,對藳街所在進行了較爲深入的討論。或認爲槀街是指直城門大街,如王仲殊先生認爲:"1961 年至 1962 年的鑽探與發掘工作,究明瞭長安城内街道的形制……長安城雖有十二個城門,但城内主要大街是八條,正與《漢舊儀》《三輔舊事》的記載相符……在當時,各條大街都有專門的名稱……直城門大街可能是藳街。"②王社教先生也持類似觀點:"蠻夷邸是漢長安城中外國或少數民族使節的住處,據《三輔黄圖》説在長安城内藳街。外國人出入長安城主要經由横門和其内的大街,蠻夷邸當在其沿綫不遠。昭帝元鳳四年(前 77),平樂監傅介子斬樓蘭王安,馳傳其頭懸於未央宫北闕之下,其用意與懸郅支單于頭於蠻夷邸相同,蠻夷邸可能就在未央宫北闕附近,其北即正對横門内大街。蠻夷邸既在藳街,則藳街也在未央宫北闕附近。從考古發掘來看,唯有直城門内大街位置相當,直城門内大街可能就是藳街。"③劉慶柱、李毓芳先生則認爲:"藳街可能是直城門大街或横門大街。陳湯斬郅支王,將其首級送回長安懸掛在藳街,藳街有蠻夷邸,蠻夷邸在北闕附近。北闕北臨直城門大街和横門大街南端。"④當然,也有學者認爲藳街何在,不能確指,如何清谷先生校釋《三輔黄圖》"藳街"曰:"藳街既有接待周邊民族和鄰國官員的賓館——蠻夷邸,又是懸首示衆的地方,就當是長安城中一條重要的街道,但究竟是哪條街? 不能確指。"⑤

雖然從現有資料看,藳街很難確定是直城門大街還是横門大街,但由於横門大街正對未央宫北闕,直城門大街又與横城門大街在未央宫北闕前交匯,"蠻夷邸"應當距離未央宫北闕兩街交匯之處似乎不遠。因此,"縣頭藳街蠻夷邸間",從而能更好彰顯出"明犯彊漢者,雖遠必誅"的意圖。"單于邸"從某種意義上也屬於"蠻夷邸",似乎也有可能修築於槀街附近。

然而,"單于邸"是否等同於一般的"蠻夷邸",這是一個值得討論的問題⑥。

雖然"蠻夷邸"的稱謂首見於元帝建昭年間,僅從漢匈交往的歷史看,高祖劉邦時期,匈奴是否已經遣使來漢,史載不詳;吕后稱制時,冒頓單于曾"爲書遺高后,妄言"。文帝

---

① 畢沅:《關中勝録圖志》卷 6"蠻人邸"條,張沛點校,三秦出版社版,第 198 頁。注 29 曰:"蠻人邸,四庫本作'蠻夷邸'。下同。"(第 128 頁)

② 王仲殊:《西漢的都城(長安)》,收入氏著《漢代考古學概説》,中華書局 1984 年版,第 5 頁。

③ 王社教:《漢長安城八街九陌》,《文博》1999 年第 1 期。

④ 劉慶柱、李毓芳:《漢長安城》,文物出版社 2003 年版,第 21 頁。

⑤ 何清穀:《三輔黄圖校釋》,中華書局 2005 年版,第 104 頁。

⑥ 《漢書》卷 8《宣帝紀》載甘露三年(前 51)呼韓邪單于首次朝漢,"有司先導單于就邸長安。"(第 271 頁)此"邸"是指元封年間"漢爲單于築邸于長安"的"單于邸",還是一般意義上的"蠻夷邸",史未明言。有學者認爲此"邸"是指蠻夷邸。(參見王靜《漢代蠻夷邸論考》,《史學月刊》2000 年第 3 期)筆者認爲應是指"單于邸",説詳見後。

前六年（前 174），匈奴冒頓單于遣中郎將系雲淺遺漢文帝書曰"天所立匈奴大單于敬皇帝無恙"云云。可見早在漢初，接待來自匈奴使團的類似"蠻夷邸"的機構已經設置；而在單于邸尚未修築之前，已有在蠻夷邸附近的未央宫北闕"懸首"以震慑周邊民族及鄰國的事例，如上引元封元年郭吉警告烏維單于，"南越王頭已懸於漢北闕下"，即是一典型事例①。從上引王烏兩次出使匈奴，然從單于以"吾欲入漢見天子，面相約爲兄弟"作爲"入漢"的條件，而"漢爲單于築邸于長安"，表明是時漢廷"臣服"匈奴的總體策略没有發生變化；但在接待表示願意朝漢的烏維單于，儘管是"紿謂"，在禮節上卻要給予足夠的尊重，這亦是元封年間武帝特意爲匈奴預築單于邸於長安的原因所在。

鑒此，漢爲單于所築之邸，儘管從性質講屬於"蠻夷邸"一類，也有可能是築於槀街，但從匈奴單于既爲"外臣"，又爲"兄弟"的角度考慮，單于邸的建築等級與規模，似乎應當高於接待一般來客的"蠻夷邸"，至少應等同於或略過漢諸侯王在長安的邸第②。宋人王應麟所撰類書《玉海》卷一七二將"漢單于邸"與"蠻夷邸"及"質館"區别看待，應是有所根據③。另，宋人秦觀《淮海集》卷一八《邊防中》有"昔漢武帝擊匈奴，追奔逐北者二十餘年，浮西河，絶大漠，破實顔，封狼居胥山，禪於姑衍，以臨瀚海，虜名王貴人以百數，築單于邸城於長安，然竟不能南面而臣之也"諸語④。秦觀于"邸"下增一"城"字，似乎表明在宋人的眼中，"單于邸"的規模應當是較大的。

雖然"單于邸"的位置與規模現在無從考索，推測"單于邸"的建築規模與接待能力，考察隨同單于朝漢的人數或許是一個可資參考的標準。《漢書·匈奴傳下》載："故事，單于朝，從名王以下及從者二百餘人。（烏珠留）單于又上書言：'蒙天子神靈，人民盛壯，願從五百人入朝，以明天子盛德。'上皆許之。元壽二年（前 1），單于來朝，上乙太歲厭

---

① 最近關於"懸首"未央宫北闕在西漢"外交威慑"中作用的研究，可參見徐暢《西漢長安城未央宫北闕的地理位置及政治功用》一文第三部分。（《四川文物》2012 年第 4 期）

② 《史記》卷 9《吕太后本紀》"正義"注"齊邸"："漢法，諸侯各起邸第於京師。"（第 398 頁）《漢書》卷 4《文帝紀》顔師古注"代邸"曰："郡國朝宿之舍，在京師者率名邸。邸，至也，言所歸至也。"（第 108 頁）所謂"名邸"，當是指諸侯國王在長安的"朝宿之舍"，如"齊邸"、"代邸"、"燕邸"等。可見元封年間爲單于"築邸于長安"，應是依據"漢法"，即所謂"朝宿之舍"之制度，參照爲諸侯王築邸於長安之故事，專爲單于朝漢而築的"單于邸"。儘管普查漢代史料，並無所謂"單于邸"的說法，直至宋代才出現這樣的稱謂，但參照上述"齊邸"、"代邸"、"燕邸"之例，將"漢爲單于築邸于長安"之"邸"，略稱爲"單于邸"，似乎也不爲錯。

③ 王應麟：《玉海》卷 172"漢單于邸、蠻夷邸、質館"條，文淵閣四庫全書。王氏於"漢單于邸"下所舉事例有《匈奴傳》元封中，漢使王烏等如匈奴，匈奴紿曰……漢爲單于築邸于長安"；《宣紀》甘露三年春正月……呼韓邪單于來朝……使有司道單于先行就邸長安……單于就邸，置酒建章宫。"於"蠻夷邸"下所舉事例有"《元紀》建昭三年冬，斬郅支單于首傳詣京師縣蠻夷邸門……師古曰：'槀街，街名，蠻夷邸在此街也。邸若今鴻臚客館'。""質館"則引"唐薛登曰"云云。"質館"不在本文的討論範圍之内，故略而不録。

④ 秦觀撰，徐培均箋注《淮海集箋注》卷 18《邊防中》，上海古籍出版社 1994 年版，第 662—663 頁。

勝所在,舍之上林苑蒲陶宮。告之以加敬於單于。”①由此可見,隨單于朝漢的從者一般在二百餘人左右;而隨烏珠留單于朝漢者則增至五百人,似乎已經超出“單于邸”的接待能力;再因之是時哀帝病重,出於“厭勝”的考慮,故將單于安置於“上林苑蒲陶宮”。作爲不依“故事”在“單于邸”接待單于的唯一特例,漢廷則以“加敬於單于”爲解。據此,似乎可以推定,“單于邸”應該具有相當的建築規模及至少接待二百餘人的能力。

三、“單于邸”與單于朝漢

據現有史料考察,“單于邸”自元封年間築就之後,至少接待過三次朝漢的呼韓邪單于及一次朝漢的復株絫單于。除甘露三年呼韓邪單于首次朝漢,有“單于就邸,留月餘,遣歸國”的明確記錄外,其餘兩次及復株絫單于朝漢均沒有“就邸”的記載,這顯然是依照單于朝漢的“故事”而史家省書。由此可見,單于邸是爲見證漢匈友好交往史的一個重要建築。

昭宣時期,漢匈戰爭的態勢發生新的變化,雙方將爭奪的重心轉向西域。神爵二年(前60),漢廷在西域設置都護府,匈奴在西域的爭奪也宣告失敗。神爵、五鳳之際,匈奴內部爆發嚴重內訌,諸單于爭立。甘露元年(前53),呼韓邪單于在內訌中失利,“左伊秩訾王爲呼韓邪計,勸令稱臣入朝事漢,從漢求助”②。宣帝詔問群臣,御史大夫蕭望之認爲:

> 前單于慕化鄉善稱弟,遣使請求和親,海內欣然,夷狄莫不聞。未終奉約,不幸爲賊臣所殺,今而伐之,是乘亂而幸災也,彼必奔走遠遁。不以義動兵,恐勞而無功。宜遣使者吊問,輔其微弱,救其災患,四夷聞之,咸貴中國之仁義。如遂蒙恩得復其位,必稱臣服從,此德之盛也。③

蕭望之議爲宣帝採納。甘露二年(前52),宣帝下詔曰:“今匈奴單于稱北藩臣,朝正月,朕之不逮,德不能弘覆。其以客禮待之,位在諸侯王上。”④宣帝是詔表明與匈奴和親的前提已經發生本質的變化,由漢“兄弟”降爲“北藩臣”;但在接待朝漢匈奴單于的禮儀上還是給予足夠的尊重,“位在諸侯王上”,“贊謁稱臣而不名”,以滿足匈奴與漢廷對抗多

---

① 《漢書》卷94《匈奴傳》,第3817頁。
② 《漢書》卷94《匈奴傳》,第3797頁。
③ 《漢書》卷78《蕭望之傳》,第3279—3280頁。“前單于”指握衍朐鞮單于(? —前58)曾於神爵四年(前54)試圖與漢和親,旋在匈奴內訌中兵敗自殺,和親並未付諸實踐。(參見《漢書》卷94上《匈奴傳》,第3789—3790頁)
④ 《漢書》卷8《宣帝紀》,第270頁。

年,"故有威名於百蠻"的心理需求。在匈奴臣服於漢的前提下,漢匈和親關係重新得以恢復,並且形成了一直影響至東漢的所謂"呼韓邪故事"與"呼韓邪故約"①。

《漢書·宣帝紀》與《匈奴傳》均詳細記録了呼韓單于朝漢及入居單于邸的過程,但兩者記述的重點略有不同。《匈奴傳》"(甘露二年)呼韓邪單于款五原塞,願朝三年正月。漢遣車騎都尉韓昌迎,發過所七郡郡二千騎,爲陳道上"等記載,《宣帝紀》略而未録;而呼韓單于"就邸"事,《匈奴傳》僅言"單于就邸,留月餘,遣歸國";而《宣帝紀》則兩次提及單于"就邸"事,這與本文所要討論的單于邸關係更爲密切,略録如下:

> (甘露)三年春正月,(宣帝)行幸甘泉,郊泰畤。匈奴呼韓邪單于稽侯狦來朝,贊謁稱藩臣而不名。賜以璽綬、冠帶、衣裳、安車、駟馬、黃金、錦繡、繒絮。使有司道單于先行就邸長安,宿長平。上自甘泉宿池陽宮。上登長平阪,詔單于毋謁。其左右當户之群皆列觀,蠻夷君長王侯迎者數萬人,夾道陳。上登渭橋,咸稱萬歲。單于就邸。置酒建章宮,饗賜單于,觀以珍寶。二月,單于罷歸。②

甘泉宮與泰畤均位於陝西淳化甘泉山。自元鼎五年(前112)春正月武帝立泰畤於甘泉後,"行幸甘泉,郊泰畤",便成爲武、宣、元、成、哀諸帝重要的郊祀及政治活動之一③。"長平",顏注引如淳曰:"阪名也,在池陽南。上原之阪有長平觀,去長安五十里。"池陽宮遺址位於今咸陽城東北62公里處三原縣嵯峨鄉天齊原上;長平阪位於池陽宮南,當去池陽宮不遠。由《宣帝紀》記載可知,呼韓邪單于在甘泉宮朝謁宣帝之後,由"有司"先導就長安單于邸,中途宿于長平阪;再一次於長平阪朝謁宣帝,"其左右當户之群皆列觀蠻夷君長王侯迎者數萬人,夾道陳。上登渭橋,咸稱萬歲"。呼韓邪就長安單于邸後,宣帝置酒建章宮,"饗賜單于,觀以珍寶"。其中兩次提及"就邸",亦可證此邸是指元封年間爲匈奴特築的"單于邸",而非一般意義上的蠻夷邸。

甘露三年,宣帝以隆重的禮節接待呼韓邪單于首次朝漢,此後成爲漢廷接待朝漢匈奴單于之慣例。《宣帝紀》又載:"黃龍元年(前51)春正月,(宣帝)行幸甘泉,郊泰畤。匈奴呼韓邪單于來朝,禮賜如初。二月,單于歸國。"④元帝建昭三年,甘延壽、陳湯擊殺郅支單于後,"呼韓邪單于且喜且懼,上書言曰……願入朝見"。竟寧元年(前33),呼韓

---

① 參見上揭拙文《從"故約"與"先帝制"看漢匈關係的演變——兼論"呼韓邪故事"與"呼韓邪故約"》。
② 《漢書》卷8《宣帝紀》,第271頁。
③ 參見姚生民《甘泉宮泰畤考》(載梁安和、徐衛民主編《秦漢研究》第8輯,陝西人民出版社2014年版)。其中哀帝因病並未親往甘泉,而是令有司代祠。
④ 《漢書》卷8《宣帝紀》,第273頁。《匈奴傳》記載與《宣帝紀》略同。

邪單于第三次朝漢，"禮賜如初，加衣服錦帛絮，皆倍於黃龍時。單于自言願壻漢氏以自親。元帝以後宮良家子王嬙字昭君賜單于"[1]。元帝因呼韓邪單于三次朝漢，"邊垂長無兵革之事，其改元爲竟寧"[2]。《成帝紀》載："（河平）四年（前26）春正月，匈奴單于來朝。"是時來朝的是呼韓邪之子復株絫若鞮單于。《匈奴傳》記載單于入朝，"加賜錦繡繒帛二萬匹，絮二萬斤，它如竟寧時"[3]。上引《紀》《傳》所記呼韓邪單于黃龍、竟寧兩次朝漢，以及復株絫單于河平四年的一次朝漢，雖然記載簡略，但從黃龍元年"禮賜如初"，竟寧元年加賜"皆倍於黃龍時"，河平四年"它如竟寧時"諸語看，宣、元、成三帝接待朝漢匈奴單于的禮儀是極其隆重的，雖然沒有"就邸"之記載，但這不過是依照單于朝漢的"故事"而史家"省書"而已。

哀帝元壽二年（前1）烏珠留單于朝漢時沒有下榻單于邸，而是"舍之上林苑蒲陶宮"，則是事出有因。建平四年（前3），"單于上書願朝五年。時哀帝被疾，或言匈奴從上游來厭人，自黃龍、竟寧時，單于朝中國輒有大故。上由是難之，以問公卿，亦以爲虛費府帑，可且勿許"。所謂"單于朝中國則有大故"，系指黃龍元年宣帝卒、竟寧元年元帝卒，均是在接待朝漢單于之後而死，因此哀帝不願單于朝漢，黃門郎揚雄上書詳陳自秦以降與匈奴交往之經歷，諫曰：

> 逮至元康、神爵之間，大化神明，鴻恩溥洽，而匈奴內亂，五單于爭立，日逐、呼韓邪攜國歸化，扶伏稱臣……自此之後，欲朝者不距，不欲者不彊……今單于歸義，懷款誠之心，欲離其庭，陳見於前，此乃上世之遺策，神靈之所想望，國家雖費，不得已者也。奈何距以來厭之辭，疏以無日之期，消往昔之恩，開將來之隙！

哀帝採納揚雄建議，詔許烏珠留單于元壽二年（前1）朝漢。依據呼韓邪單于朝漢"故事"，"單于朝，從名王以下及從者二百餘人。單于又上書言：'蒙天子神靈，人民盛壯，願從五百人入朝，以明天子盛德。'上皆許之。"不過，哀帝終以"太歲厭勝所在"，沒有在長安城中的單于邸接待烏珠留單于，而是"舍之上林苑蒲陶宮。告之以加敬于單于"[4]。

綜上所述，西漢"單于邸"自漢武帝元封年間築就以來，至少接待過三次朝漢的呼韓邪單于及一次朝漢的復株絫單于，是爲見證漢匈友好交往史的一個重要建築。

---

① 《漢書》卷94《匈奴傳》，第3803頁。
② 《漢書》卷九《元帝紀》，第297頁。
③ 《漢書》卷10《成帝紀》、卷94《匈奴傳》，第310、3808頁。
④ 《漢書》卷94《匈奴傳》，第3812—3817頁。

國都區位論

——以長安都城的政治地理實踐爲例證

侯甬堅*

摘　要

　　本文以古代長安都城爲研究例證，嘗試探討國都區位論的問題。首先論述了將區位論引入古代都城研究中的前提條件，之後分作三步，依次探討了如何在全國選擇穩妥的建都區域、如何在建都區域內確定合適的都址及採取有效方式彌補都址之不足，最後則勾勒出古代條件下國都區位論的建構要領。

關鍵詞

　　國都區位論　關中地區　長安城　政治地理過程

　　在地理或經濟學說史上，一般均以 1826 年德國經濟學家約翰·馮·杜能（Johann Heinrich von Thünen）《孤立國同農業和國民經濟的關係》的出版①，作爲區位論産生的一個標誌。到 1909 年，又一位德國經濟學家阿爾弗雷德·韋伯（Alfred Weber）撰寫的《工業區位論》出版②，成就了德國農業、工業區位論之雙璧。再到 1932 年，極富探索精神的沃爾特·克里斯塔勒（Walter Christaller）在德國埃爾蘭根大學完成博士學位論文《德國南部的中心地》，其副標題 "關於具有城市職能的聚落的分佈和發展規律的經濟學—地理學考察" ③，更清楚地表達了這篇論文的研究性質和方向，足見德意志民族在探索事物發展規律方面所抱有的興趣和素養。

　　較早將區位論引入中國的人士，留英學者任美鍔先生是其中一位，系在他提出的 "建

---

*　作者簡介：侯甬堅（1958—），男，陝西扶風人，陝西師範大學西北歷史環境與經濟社會發展研究院教授。

① 今見北京商務印書館 "漢譯世界學術名著叢書" 中的約翰·馮·杜能所著《孤立國同農業和國民經濟的關係》（吳衡康譯，1986 年版），系由 1826 年原版（第一卷）、1850 年續寫部分（第二卷）所組成，參閱吳易風《評杜能的〈孤立國〉》，見該書中譯本卷首，第 4 頁。

② 《譯者前言》叙述 1909 年出版時書名爲《工業區位論純理論》，見阿爾弗雷德·韋伯：《工業區位論》，李剛劍、陳志人、張英保譯，北京：商務印書館 "漢譯世界學術名著叢書" 之一，2011 年版，第 1 頁。

③ 張大衛：《克裏斯塔勒與中心地理論》，見 "漢譯世界學術名著叢書" 本，沃爾特·克裏斯塔勒：《德國中心地原理》 "代序"，常正文、王興中等譯，北京：商務印書館 2010 年版，第 Ⅶ 頁。

設地理"裏面予以介紹和運用①。1942 年 2 月 18 日,在重慶出版發行的《大公報》上,留英地理學者沙學浚發表《地位價值》一文②,涉及一國之首都的位置價值問題,具有一定的區位論色彩。1946 年 5 月 5 日,當國民政府遷回南京之前,學界和社會上曾有過非常激烈的選建都城問題的討論③。當年 12 月 10 日,倪志書在《中央日報》上發表的《中國古都區位論》一文,先從歷史地理角度分析中國歷史上五大古都之利弊,然後認爲當下的中國,設立南京(首都)、西安(陪都)、北平(陪都)三都較合理,理由是在中國歷史上,凡屬真正統一全國的王朝,其首都均在以此三都爲頂點的等邊三角形之上,否則其國勢頗多偏安之嫌,不能相互顧及,向社會各界提供了採用區位論思想做出的分析結論。

若就德國區位論思想產生的時代背景而言,的確是在現代資本主義經濟生產過程中,爲闡發生產要素佈局特徵和追求有效利潤目的而做出的經濟學分析,那麼,這樣具有濃郁經濟地理色彩的理論可否或如何在古代國都選址過程中加以運用和認識,還是需要在一個相對規範的研究框架中展開和進行。

1984 年 9 月,中國大百科全書地理學卷内的《人文地理學》分册應社會各界之急需,破例率先安排面世,給學人們帶來了一個意外和警醒,其中的"政治地理學"條目之下排列着"行政區劃"、"領土"、"地緣政治學"三個辭條,卻無"國都"或"首都"這樣的辭條④,在相當程度上反映了國都研究資料的缺乏,更深層次的原因則是現實中的國都研究遠不如歷史上的國都研究方便易行。

本著學術探討的目的,本文謹以漢至唐時期長安都城的政治地理過程爲例證,做一次區位論指導下的嘗試性研究,甚望得到有識者的指教。

---

① 任美鍔(1934～2008),浙江寧波人。1934 年畢業於中央大學地理系,1939 年獲英國格拉斯哥大學博士學位。1939～1942 年在浙江大學任教,在抗戰艱苦條件中寫作著作,1946 年在重慶的商務印書館出版《建設地理新論》,裏面介紹了韋伯的工業區位理論和杜能的農業區位理論。參見《任美鍔地理論文選》,北京:商務印書館 1991 年版,第 35 頁。

② 據作者注記,原載於《大公報·戰國》上的文章題目爲《地位價值》,後來收入沙學浚自著《地理學論文集》(臺北:商務印書館 1972 年版)之首篇,改動文章題目爲《位置價值》,文中的表述也一律改爲"位置價值",這反映了作者對"位置"這一概念的重新認識。

③ 當時出版的書籍有張君俊著《戰後首都之研究》,國都研究會版 1944 年;獨立出版社資料室編《建都問題論集(附歷代建都議)》,獨立出版社 1944 年版。

④ 中國大百科全書總編輯委員會《地理學》編輯委員會人文地理學編寫組、中國大百科全書出版社編輯部編:《中國大百科全書·地理學·人文地理學》,北京/上海:中國大百科全書出版社 1984 年版,第 208—212 頁。"政治地理學"、"地緣政治學"辭條系由人文地理學家、南京師範大學地理系李旭旦教授撰寫,"行政區劃"、"領土"辭條系由上海辭書出版社趙書文編輯撰寫。

一、將區位論引入古代都城研究中的前提條件

但凡區位論思想者展開分析工作的一個基本前提，是需要預先做出一個假設條件，那就是將研究場所假定爲一個內部均一的地理表面。如果不是這樣做，用於展開種種生產活動的場所——將是充滿差異性的地表形態，不利於開展具有理論推導意義上的專門分析。再就是社會生產活動本身，如果不是按照較爲理想的狀態和模式展開，面對"政出多頭"、紛繁複雜的經濟行爲及其表現，勢將難以得到運用數學原理那樣的一般性分析結果。這樣一種旨在尋求經濟活動規律的研究路徑，應當理解爲近代科學產生之後在闡釋複雜自然事物演變過程中，運用技術方法所推導出來的一種有效工作方式。

1826年出版的德國經濟學家杜能著作——《孤立國同農業和國民經濟的關係》一書，第一章題爲"孤立國的形成"，其第一節即爲"假設條件"部分，所包含的全部論述文字如下[①]：

> 今假設有一個巨大的城市，坐落在沃野平原的中央，那裏沒有可以通航的自然水流和人工運河。這一平原的土地肥力完全均等，各處都適宜於耕作。離城市最遠的平原四周，是未經開墾的荒野。那裏與外界完全隔絕，我把它稱作孤立國。
>
> 這一平原除一個大城市外，沒有別的市鎮，亦即是，這個城市必須供應全境一切人工產品，而城市的食品則完全仰給於四周的土地。
>
> 供應整個國家所需的金屬和食鹽的礦山和鹽場，假設就在中央城市附近。我們所寫的這個城市是唯一的一個城市，後文中我們直接稱它爲城市。

這一段文字假設的內容很多，首先是與外界處於完全隔絕狀態的平原，然後是一個被限定存在的"巨大的城市"，以及由城市向全境供應人工製品、全境向城市供應食品的理想運輸方式，與農業有別、卻爲"整個國家所需的金屬和食鹽的礦山和鹽場"被假設在了城市附近，而全境的人口在文字中則被隱含在全境的土地上，分佈會很均匀。——這就是"孤立國"的形象特徵，其設計者爲杜能。

在韋伯撰寫的《工業區位論》著作中，第二章題目是"簡化問題的假設"，第一節的題目爲"原料基地、消費基地和勞動力基地的假設"，裏面這樣論述：

---

① 〔德〕約翰·馮·杜能：《孤立國同農業和國民經濟的關係》，吳衡康譯，北京：商務印書館1986年版，第19頁。

……我們假設，通過我們的分析過程，某些事實確實存在並獨立於分析過程。對這種孤立的事實有了理解之後，我們將全面引入因果機制，即著手研究較爲透徹的孤立資料，分析資料產生的變化。

在這種方法基礎上和在下列限制性的假設下，進一步分析工業指向。

1. 我們假設原料的地理基礎是給定的。……

2. 消費層圈的地理屬性暫時也看成是給定的現象。……

3. 最後，我們不涉及工業勞動力基地的流動。……

其他假設和簡化將因需要隨時退出，但伴隨我們的所有假設只是爲了尋求捷徑。只有剛才提到的三個簡化問題的假設貫穿全文，且構成我們純理論建立的根源。①

工業相比農業，占地和受自然因素的影響減少了，所涉及的事項卻多而複雜，原料、生產和銷售三大基本要件牽扯了更多的社會要素，人員、原料和產品的流動加大了整個社會的攪動狀態，若與杜能創立農業區位論的情形相比，韋伯創立工業區位論的技巧卻更成熟了，因之做出的是“簡化問題的假設”，指導着他本人展開卓有成效的工業區位論的論證分析。

在前人不斷深化探討的基礎上，20世紀30年代的克里斯塔勒孜孜以求，終於對“具有城市職能的聚落的分佈和發展規律”做出了獨到的研究結果，在論證中他對“中心地理論”的六邊形體系給出了解析幾何學爲依據的完滿解釋：

……如果一個地區由一個完全均等的中心地網路提供服務，從而使這類中心地的存在既不太多也不太少，也不存在未供應到的部分，那麼，相鄰的中心地必定相互等距分佈，並且只有當這些中心地位於由六個等邊三角形構成的六邊形頂點時，才會出現這種情形。……②

被克氏觀察到的“完全均等的中心地”，實爲六邊形體系存在的基礎，一旦被作爲模式認識以後，對於實際工作就會有非常明顯的指導作用。對此，一個極爲清楚簡潔的評價意見就是：“中心地理論提供了一套綜合方法去理解人類居住的空間組織，尤其是商品

---

① 〔德〕阿爾弗雷德・韋伯：《工業區位論》，李剛劍等譯，北京：商務印書館2011年版，第53—55頁。
② 〔德〕沃爾特・克里斯塔勒：《德國中心地原理》，常正文等譯，北京：商務印書館2010年版，第89頁。

和服務消費的場所"①。這套空間組織原本就是存在的,結果卻被自然地理的差異性和紛繁的社會現象所籠罩,在地圖上和地面上都不容易察覺出來,幸而有克氏的獨到眼光而被辨識出來,可見區位論學説在觀察和解釋社會現象方面所具有的獨到之處。

那麼,究竟什麼是區位論呢? 按照區位論的詞義來源,在德文中爲"location",英文中爲"location Theory",即定位置、場所之意,日文中譯爲"立地論",中文則譯爲"區位論"。隨着人們的認識加深,早已給出了有關"區位論"的定義,其中之一爲:"區位論(location Theory)或稱區位經濟學、地理區位論,是關於人類活動、特別是經濟活動空間組織優化的學問"②。作爲區位論的核心內容,這個定義表達得很清楚,即地球表面展開的各種人類活動都可以應用區位論思想和方法。

如前所述,區位論思想者展開分析工作的一個基本前提,是需要預先做出一個假設條件,那就是將研究場所假定爲一個內部均一的地理表面。在中國古代典籍中有無這樣的思想表露呢? 有的,先秦時期裏問世的《尚書·禹貢》著作中,就有五服區域的劃分,這被研究者稱之爲"五服結構"③。《禹貢》原文云:

五百里甸服:百里賦納總,二百里納銍,三百里納秸服,四百里粟,五百里米。
五百里侯服:百里采,二百里男邦,三百里諸侯。
五百里綏服:三百里揆文教,二百里奮武衛。
五百里要服:三百里夷,二百里蔡。
五百里荒服:三百里蠻,二百里流。

五服結構圖是以"王城"爲中心④,按照甸服、侯服、綏服、要服、荒服順序呈正方形層層環繞着"王城",每一服一邊的地面寬度爲五百里,東西或南北貫通均爲千里(不計"王城"面積),此圖形故而有"四面方五千里"之謂。本文判斷此種五服結構圖包含有多個區位論特徵:

(1)通過假設方式,進行整體規劃,展現出國家管理和治理模型。以"王城"爲中心,

---

① 伊莉莎白·伯恩斯:《蜂窩狀的正六邊形結構:中心地理論》,收入蘇珊·漢森編:《改變世界的十大地理思想》,肖平等譯,北京:商務印書館 2009 年版,第 186—209 頁。
② 楊吾揚:《區位論原理——産業、城市和區域的區位經濟分析》"緒論",蘭州:甘肅人民出版社 1989 年版,第 1 頁。
③ 王小紅:《宋代〈禹貢〉學研究》,長春:吉林人民出版社 2011 年版,第 94—103 頁。
④ 對於這個政治中心的表達,《史記·夏本紀》司馬遷的用語是"令天子之國以外五百里甸服……",《集解》引孔安國語爲"爲天子服治田,去王城面五百里內";《漢書·地理志》引述《禹貢》,師古注曰:"規方千里,最近王城者爲甸服。"均斷定五服所圍繞的是一個政治中心。

五服的劃分整齊劃一、功能清楚、地面寬度相等，實際生活中并没有這樣理想的情況，只能是撰述者通過假設的方式産生。這樣的結果，表明其假設前提爲四面的地理條件均一，也包括《孤立國》所述的"土地肥力完全均等"這樣的内容。

（2）首先劃出專供"王城"所需物質的農業地帶。甸服爲第一個方形圈層，清人胡渭《禹貢錐指》所釋："五千里之内，皆供王事，故通謂之服，而甸服則主爲天子治田出穀者也"①。甸服之内的五個帶（每帶寬度一百里），規劃由近及遠分别爲"王城"提供收割下來的莊稼（禾，人畜皆用）、禾之穗（供人食用）、禾之秸（牲畜飼用）、粟（穀子）、米（稻穀），考慮到了受路程和運輸能力因素影響的成本及效益問題。

（3）供給"王城"農業地帶之外其他功能地帶的劃分，共同構成國家職能的運作空間。甸服之外的侯服、綏服、要服、荒服，雖非"王城"糧食、飼料等物質的供應地，卻是國家力量的組成部分，國家安全的政治保障，這些地方分别爲諸王男爵食采、諸侯享國的地帶，掌管教化、警戒防禦的地帶，邊遠蠻夷居住及遷移的地帶，還有流放犯人的地方。

五服制度及其結構圖有其現實生活中的依據或來源，這套圖式本身卻是一個假設模型，而且是圍繞着政治中心——"王城"來假設的，説明這一點的意義在於，中國古代歷史上的政治實踐活動很早就開始了，内涵也相當豐富，曾被許多很有見識的人所關注，並加以概括總結書寫和遺留給後世。《禹貢》的著作時代及作者的問題②，説法較多，採用戰國時代成書這一較晚的説法，時限已比較接近秦統一全國這一重大歷史事件了。

二、第一步：如何在全國選擇穩妥的建都區域

在政治地理學中，國都對於一個國家而言，因爲是政治中樞所在地，是向全國發號施令的地方，其重要性就異常顯著，這種重要性自然是貫穿於國家歷史之始終，無論何時，都具有牽一髮而動全身的作用和敏感性。

對於大多數國家來説，選建國都甚至是同這個國家的建立同時進行的。如果這個國家所擁有的疆域範圍廣大，就意味着國都選建過程當有極爲豐富的内容；如果這個國家的面積並不大，也並不因此而缺乏選建國都方面的實際内容。

然而，選建都城之事項屬於軍國大計，在政權建立伊始開始考慮的這件事，基本上都是有關人士在秘密進行，對外諱莫如深。因此之故，其過程在文獻中被記錄下來的内容

---

① 胡渭著、鄒逸麟整理：《禹貢錐指》卷19，上海：上海古籍出版社1996年版，第665頁。
② 參閲王小紅《宋代〈禹貢〉學研究》第二章第一節"《禹貢》成書論"，第39—47頁；劉起釪《〈禹貢〉作者》，譚其驤主編《中國歷代地理學家評傳》第一卷，濟南：山東教育出版社1990年版，第1—6頁。

偏少，研究者也就難以擁有較爲直接的資料，這是一個基本事實，而且時代越早這種情況越明顯，在研究中需要另闢蹊徑，予以通解。

事實上，在積累已相當豐厚的中國古都研究領域，與區位論有關的研究，時常總是圍繞着國都選建過程和内容展開的，應該説這是由區位論的性質所決定的。對於現代地理學和經濟學來説，區位論是關於人類活動、特別是經濟活動空間組織優化的學問，但這些人類活動總會有一個什麽時候開始的問題潛藏於其中，歷史學者來考慮它時，就會自覺地追根溯源，將它從歷史深處發掘出來，做法是依照歷史過程將它盡可能地復原展示出來，並做出歷史地理學或古都學的分析判斷。於是，這裏也就基本表明了何以國都選建的問題，會是有關國都的歷史政治地理研究的一條重要考察路綫之緣由。

1986 年，筆者在陝西師範大學歷史系工作時，曾收到北京市社會科學院歷史研究所惠寄的會議邀請函，通知考慮撰文參加當年冬季在杭州舉行的中國古都學會年會，至會期召開時，筆者便將剛撰寫好的《中國古都選址的基本原則》一文托人捎至杭州會場（一捆百份油印稿），兩年後方收到了正式出版的會議論文集①。

筆者撰寫《中國古都選址的基本原則》一文的初衷是重在歸納，因而全文歸納出了區域中心地、内制外拓、故地人和、因地制宜四個原則。在區域中心地原則一節的論述中，是將中國古代"擇天下之中而立國"的思想與克氏的中心地學説（Central Place Theory）相向而論，認爲古代中國的區域中心地思想初級且理想，另外在次級區域的都城選址中亦可得到實現②。

由於一直在西安生活和工作的緣故，在史念海先生所倡導的古都學學術研究活動中，筆者主要以長安都城作爲觀察和研究對象。至 2000 年 11 月，爲《陝西歷史博物館館刊》撰寫的《定都關中：國都的區域空間權衡》一文發表③，由於持有將國都定位看作是一種區域空間現象，將區位論、博弈論引入歷史政治地理中的國都定位研究之中的看法，因而在思考中試圖走出"就都城論都城"的形式，進入更大的思考空間。

該文從西漢王朝擇都之始立論，分析漢初關西、關東和楚越三大地區並列形勢下，關

---

① 侯甬堅：《中國古都選址的基本原則》，中國古都學會編《中國古都研究》第 4 輯，杭州：浙江人民出版社 1989 年版，第 37—53 頁。撰寫此文時參考的區位論資料主要是《中國大百科全書·地理學·人文地理》"中心地學説"辭條，北京／上海：中國大百科全書出版社 1984 年版，第 187—191 頁。該文在接受審閱期間，曾得到北京市社會科學院歷史研究所徐丹俍同學的指點和幫助，在此謹致謝忱。

② 有助於説明這一點的論著，爲龔勝生所著《論我國"天下之中"的歷史源流》（《華中師範大學學報》（人文社會科學版）1994 年第 1 期，第 93—97 頁），該文又收入作者所著《天人集：歷史地理學論集》一書（北京：中國社會科學出版社 2009 年版，第 210—218 頁），書中作者爲各部分增加了標題。

③ 侯甬堅：《定都關中：國都的區域空間權衡》，《陝西歷史博物館館刊》第 7 輯，2000 年，第 144—151 頁。又收入《歷史地理學探索》第二集，北京：中國社會科學出版社 2004 年版，第 365—381 頁。

中在更大範圍內擁有的區位優勢,當時劉邦君臣系從全國多個關鍵區域中權衡後定都關中,是基於全國的區域格局所做的高超的空間權衡。按照政治地理的框架內容,國都定位後存在着對內安全、對外發展兩種空間指向,考察漢唐歷史的結果表明,關中可謂中國古代建都史上區域空間權衡之極選。

關於國都選擇的步驟,該文論述爲:"這種先在全國範圍內確定某一區域(地區),再從中確定都址的做法,集中表明國都定位屬於一種區域空間現象,是一種基於當時的區域格局所做的高超的空間權衡"。對於一個新王朝的定都過程,一般著作的論述都比較簡略,如《中國歷史綱要》對漢初的介紹,"公元前 202 年,劉邦稱帝(即漢高祖),建立起歷史上著名的漢王朝。初都洛陽,旋遷長安"[①],即剛剛從戰火中走出來的軍事集團,急於選擇一地作爲都址,一旦選定就成爲歷史事實,多不詢問其中還有基於全盤格局的細緻而周密的政治地理演進過程,這就影響到人們的思考習慣。

關中一詞在文獻裏的出現,據史念海先生《古代的關中》一文[②],較早是在《戰國策·秦策四》。這一條史料名爲"頃襄王二十年"(前 342),記楚人黃歇遊説秦昭王的事蹟,最後的表態是如果聽從了他的"善楚"之策,秦國一旦東向,就會出現"韓必爲關中之候"、"魏亦關內候矣"的情況[③]。這裏所説的關中,可以説是秦國的一種指代了。而後關中一詞的使用在逐漸增多,如《史記·秦始皇本紀》中的"關中大索二十日"、"關中計宮三百,關外四百餘"等,至秦末二世亡,其兄子公子嬰被立爲秦王,子嬰曾説"吾聞趙高乃與楚約,滅秦宗室而王關中"。至於秦末農民起義之後的楚漢戰爭[④],天下更是風起雲湧,戰事不絶,連續五年,待漢王劉邦戰勝項羽集團後,方才有所安寧。

正是在漢王五年(前 202)正月甲午,劉邦"即皇帝位氾水之陽",確定"都洛陽,諸侯皆臣屬",至五月,"高祖欲長都洛陽,齊人劉敬説,及留侯勸上入都關中,高祖是日駕,入都關中",情形可謂急轉直下。至"六月,大赦天下"[⑤],國事初定。婁敬(劉敬)、張良向高祖建言中,説盡了放棄洛陽、選建關中的理由,地區用詞有秦地、秦中和關中,皆不及具體地點(都址),最清楚地顯示了選建國都的第一個步驟就是先選擇一個穩妥的建都區域,這符合秦統一後疆域廣大、各區域的區位優勢不盡一致的事實。關中一詞有廣義、

① 尚鉞主編:《中國歷史綱要》,北京:人民出版社 1980 年第 2 版,第 47 頁。
② 史念海:《古代的關中》,見《河山集》,北京:三聯書店 1963 年版,第 28 頁。
③ 〔西漢〕劉向集録:《戰國策·秦策四》(上),上海:上海古籍出版社 1985 年第 2 版,第 256 頁。"關中之候"或"關內候"之"候",南宋鮑彪、姚宏本子均解釋"爲秦察諸侯動靜也",值得注意。
④ 有關楚漢戰爭的圖件,可參閲郭沫若主編:《中國史稿地圖集》上冊,"楚漢戰爭(前 205—前 202)",北京:地圖出版社 1979 年版,第 27—28 頁;程光裕、徐聖謨主編,張其昀監修:《中國歷史地圖》下冊,"楚漢紛爭圖",臺北:中國文化大學出版部 1984 年版,第 97—98 頁。
⑤ 〔西漢〕司馬遷:《史記》卷 8《高祖本紀》,第 379—381 頁。

狹義兩種用法，這裏使用的是狹義的用法，如同司馬遷在《史記·貨殖列傳》裏所云："關中自汧、雍以東至於河、華"。具體所指的是渭河下游平原的範圍，後世習稱爲關中平原。

這樣著眼於全國可控地域選擇出來穩妥的建都區域，之後再在該區域內確定都址的做法，可以概括爲"兩步走"的操作方式。西漢初期漢高祖君臣的擇都實踐，在歷史上第一次較爲清晰地展現了這一過程。對於這種實踐活動，筆者於 2007 年曾做過一次歸納，具體表述爲[①]：

一個王朝的疆域範圍有大有小，只要是擇都，無論其版圖大小，都有一定的選法。從選建都城的步驟來說，是分爲"兩步走"：第一步是先在全國有效控制範圍內選擇最合適的區域；第二步是在選定的區域內再來確定都城位置（實際上是某一地點）。第一步屬於戰略選擇，體現的是國都定位的空間權衡能力；第二步爲綜合性的技術選擇，體現的是因地制宜的判別技藝。排比擇優，是其中最主要的博弈要領。

在國都選擇的政治地理實踐中做出的上述歸納，理應看作是古代區位論思想的一種表現，這樣的基於當時歷史條件下的政治地理實踐活動及其表徵，是否在西漢之後，乃至近現代歷史上和世界歷史上也是這樣，值得予以關注和探究。

近讀沙學浚先生於 20 世紀 30 年代發表的另一篇文章《中國之中樞區域與首都》，針對當時條件下國民政府的選建國都問題，發表了非常清楚的看法："本文根據歷史與地理兩個因素，確定新首都應在何區域，再就國策與力源兩個因素，確定新首都應在何都市"。對於"力源"一詞，作者還專門解釋道："力源（Basis）借用自克勞什茲之《戰爭論》一書，在本文裏表示一國或一個政治勢力的首都之選定，主要著眼於力量策源地所在之區域。首都建於該區之中央或其不遠的附近，不但感到安全，而且便於接應與運用"[②]。這裏提出的"力量策源地所在之區域"，正是本文這一部分所述的"穩妥的建都區域"；這是所指出的"力量策源地"，自然屬於中國人文地理學家頗具學術意味的一種新表達。對此，我們若執意於"力量"一詞內涵的分解，則會有人力、物力、財力和武力各項產生，若對國都的政治主導因素予以充分的辨析，則會在行政力之後再識別出決策力這兩種相關而有別的機體素質，若對國都所在的地理位置加以參詳，則會有地利方面的因素時隱時現，如若對一國之都之不足之處實施積極的補救，則會有分項的或綜合的建設力體現出來，這

---

① 侯甬堅：《周秦漢隋唐之間：都城的選建與超越》，《唐都學刊》第 23 卷第 2 期，2007 年，第 1—5 頁。

② 沙學浚：《中國之中樞區域與首都》，原載《大公報·星期》1943 年 12 月 19 日，後收入《地理學論文集》，臺北：商務印書館 1972 年版，第 136 頁。時隔 70 年來審視"力源"一詞的表達，自然顯得不太習慣。當時所譯的克勞什茲即克勞塞維茨，克勞塞維茨《戰爭論》新譯本對此作出的"主要的精神力量"表述，當然更容易理解一些。至於沙學浚先生將"力源"一項置於第二個步驟來考慮，還是讓人難於理解，因爲這本身屬於第一個步驟的內容。

種建設力持續不斷地堅持,才會産生使全國上下矚目和效法的首善之區。

三、第二步: 如何在建都區域内確定合適的都址

在闡述選建國都的第一步之後,有時會感覺到第二步難以細述,主要原因在於資料缺乏。以西漢史實爲例,上述《史記·高祖本紀》記載"高祖是日駕,入都關中"内容,車馬人衆先到達渭北之櫟陽,就有了建都渭河南岸長安的消息,文獻資料中卻並没有在關中地區如何選定長安這一地點的信息,僅知這裏有秦朝的一個離宮(興樂宮),長安爲一個鄉名,後人對此所做的解釋就很多了①。

據《三輔黄圖》記載,漢朝政府是在秦興樂宮基礎上建立了長樂宮,"高皇帝始居櫟陽,七年長樂宮成,徙居長安城"②。從此例可以透視秦咸陽、漢長安之關係。若往前提出秦始皇夜出逢盗蘭池之事③,《正義》引《秦記》的記述是:"始皇都長安,引渭水爲池,築爲蓬、瀛,刻石爲鯨,長二百丈",意即這裏就是始皇逢盗之處,但"始皇都長安"的表述,反映長安作爲秦朝一處小地名(鄉聚),不僅就在咸陽旁,而且還是有一些人知道的。

最具有參考價值的信息資料只能是秦國、秦朝和秦漢之際的政治地理内容,及劉邦集團對於關中地區山川及週邊形勢的認識水準。還是漢王五年五月間,楚漢戰爭已經基本過去,劉邦在洛陽南宮擺下酒宴,讓列侯諸將直言,"吾所以有天下者何? 項羽之所以失天下者何? "④ 這反映出劉邦是把項羽作爲自己最主要的對手,而不是剛剛滅亡年頭不多的秦朝。但是,秦始皇的時代離漢初並不遠,秦始皇的形象和作爲還在散發着最大的影響,欲以確立新建王朝的長謀遠慮和穩固江山,還必須參考秦朝遺留下來的諸多遺産。秦始皇立都咸陽,他的軍隊一批批從關中地區出發,逐一剪滅山東六國的史實,留在人們腦海中的印象太深了,比秦始皇年齡僅小三歲的劉邦,是把秦朝不事分封的做法當作最主要的教訓加以汲取,他的統治集團則把秦國許多制度給繼承下來。在都城選擇方面,劉邦聽取的劉敬、張良等人的建言關中之策,是積秦朝統一和治理天下的經驗教訓而成,事關重大,故而迅即將都城選在了秦地關中,將都址確定在靠近秦都咸陽的東南方向的秦朝興樂宮位置上,經過高祖、吕后、惠帝幾個時期的營建,終於建立起了西漢一代名

① 參閱佐藤武敏《長安》(日本近藤出版社 1971 年版;高兵兵中譯本,西安:三秦出版社 2013 年版)、劉慶柱、李毓芳《漢長安城》(北京:文物出版社 2003 年版)、王社教《漢長安城》(西安:西安出版社 2009 年版);徐衛民《秦漢歷史文化研究》(北京:中國社會科學出版社 2010 年版)等論著。

② 陳直:《三輔黄圖校正》,西安:陝西人民出版社 1980 年版,第 33 頁。

③ 《史記》卷 6《秦始皇本紀》,第 251 頁。

④ 《史記》卷 8《高祖本紀》,第 380—381 頁。

都——長安城。

魏晉南北朝時期的長安城並非乏善可陳，都城史在這一動盪不寧的時代裏還在間斷延續之本身，就是一個可以集中考察的論題。長安城隨着這些朝代的政治生活、民族關係和社會關係有着一些緩慢的變化或改變，但都没有影響這個城址位置的變動，反映出長安城作爲都址存在的穩定性，更反映出這一個時代總的政治形勢和經濟格局也是處於一個大致穩定的時期。因此之故，581 年（開皇元年），就連隋文帝即位，也是在長安城的北周之臨光殿舉行的。

緊接着，文帝開皇二年（582），朝廷公佈了遷都詔令，告知臣民們已經建都七百多年的長安舊城行將被放棄，國都就近挪至龍首原南面新定的都址——大興城城址。由於朝廷官府正史文化的進步，當時又處於政局較爲穩定的時期，隋初的這次遷都活動就成了一個可以就近考察都城選址細節的機會，2011 年，筆者爲此撰寫了《隋初長安城政治生活片段——以遷都之舉爲中心》一文①。

該文依據隋文帝楊堅及參與商議官員的事蹟，還有隋代一些背景文獻，列出了曾經被提出甚或討論過的遷都理由，計有：（1）舊城自漢以來，"凋殘日久，屢爲戰場，舊經喪亂"，死人既多，陰魂不散，致使 "宮内多鬼妖"，已爲文帝所難以接受；（2）舊城 "台城制度" 狹小，居住混亂，"宮闕之間，並有人家"，不合制度禮儀，不符合新王朝的氣派；（3）舊城 "經今將八百歲，水皆鹹鹵，不甚宜人"，反映許多居民的實際利益；（4）渭河多沙，關東漕糧運輸不便，時常造成 "關內饑" 之恐慌，直接影響到統治者管理國家的根基，移都可以促進新漕渠的開鑿，保證漕運的通達。對於龍首原南麓新址的評價，遷都詔令的原話是 "龍首山川原秀麗，卉物滋阜，卜食相土，宜建都邑，定鼎之基永固，無窮之業在斯"。筆者總的看法是，隋初的各種因素形成了一種合力，促使着遷都政治活動的完成②。就遷都本身的過程而言，可以算是一次近距離、低成本、快節奏的政治運作，動作不算大，做得很成功。

隋初遷都後，從隋大興城到唐長安城，從 582 到 904 年（唐昭宗天復四年），龍首原南麓這一新的都址又使用了三百餘年之久，這期間的延續、維持和堅守，何其輝煌奪目而

① 侯甬堅：《隋初長安城政治生活片段——以遷都之舉爲中心》，刊北京大學中國古代史研究中心編《輿地、考古與史學新説——李孝聰教授榮休紀念論文集》，北京：中華書局 2012 年版，第 431—442 頁。
② 對於隋初之遷都，妹尾達彦所撰《漢長安故城與隋唐長安城》一文（北京大學中國古代史研究中心編《輿地、考古與史學新説——李孝聰教授榮休紀念論文集》，第 272—286 頁），介紹了一種值得注意的學術觀點。即隋朝建國時，突厥乘中原王朝發生爭執分裂之機，屢次入侵黃土高原，形成緊迫的軍事形勢，"讓人不得不認爲是隋文帝放棄以前的舊長安城内的宮殿區，而在舊長安向東南擴展的丘陵地帶僅用了 9 個月的短暫時間建造了強化防禦機能的新都城的第一大要因"（見第 273 頁）。

又舉步艱難,乃長安都城史上極其重要的篇章,還需要付出更多的力量加以研究分析。

四、第三步:採取有效方式彌補上述都址之不足

西漢初年,劉邦集團定都原秦國鄉邑長安後,在這裏面臨的一個極爲嚴重的問題——當地人口數量太少,不敷使用。對此,《漢書·劉敬傳》傳主說得很清楚,"今陛下雖都關中,實少人……"修建長安城的勞力,是靠徵集"長安六百里內"十多萬人,經過好多年分批勞作,才逐漸建起了城牆城門和宮殿。

接續秦朝的統治權力後,新興西漢王朝的政治抱負逐漸增強。在實行"强幹弱枝"策略(《漢書·劉敬傳》謂之"强本弱末")中而展開的移民活動,計有强制遷移關東或更大範圍的貴族和富商到關中居住、採用減少或免除賦稅的方式吸引外地人到關中居住、利用都城的政治優勢吸引官員到關中居住等多種途徑,針對不同性質的人群,採用不同的徙入方式,而特殊政策所起的吸引和調控作用,尤爲引人注目。1980年代,葛劍雄所做西漢"關中的人口遷移"專題研究,認爲關中人口增長的方式,主要是依靠"徙陵縣"途徑,從關東徙入關中的人口,累計數近30萬,到了西漢末年,在關中的關東移民後裔已有約121.6萬人了[1]。前期以人口的機械增長方式爲主,至後期則收到了自然增殖的效果。而在此之前的佐藤武敏先生的研究,已經將以長安城爲中心的人煙稠密和繁榮起來的地方,稱之爲圍繞着長安城的都市圈、衛星城了,並稱讚西漢都城爲"大長安"。

漢初,漢高祖劉邦曾發出"安得猛士兮守四方"之感慨,擔憂軍隊數量不足,而隨着徙入人口的不斷增長,軍隊數量也得到很大的補充,在長安城周邊建立了"南北軍之屯"。南軍擔任的是未央宮、長樂宮等宮殿的防禦,北軍擔任的是整個都城的防守,武帝時曾將二萬人的南軍減爲一萬人[2],隨着政權的穩定性增強,西漢王朝此時可以說已經度過了難關。至於更大範圍的防禦佈局,也是與國都長安的位置和空間關係至爲相關的。

武帝元朔二年(前127)夏季,"又徙郡國豪傑及訾三百萬以上於茂陵"[3],這種做法不僅將富商人群徙入關中陵縣,而且將他們的錢財也考慮進來了,這是非常重要的爲國家政治中心增長財富的方式。

任何一種區位論都是在假設條件下,去建立自己的理論架構的。在客觀的自然地理條件下和現實社會中,是不會廣泛存在地理表面形態相當均一的情形,因而對於千差萬

---

[1] 葛劍雄:《西漢人口地理》,北京:人民出版社1986年版,第131—163頁。
[2] 佐藤武敏:《長安》,高兵兵譯,第57—61頁。
[3] 〔東漢〕班固:《漢書》卷6《武帝紀》,第170頁。

別的自然地理差異性,所造成的地理條件之種種不同,每一時代就不得不依靠人力去給予改善或彌補。由於時代不同而存在的生產力、生產技術和水準上的差異,各個時代的人們去改善和彌補自然條件上的不足,所採取的做法也會有不同,有時還會相去甚遠。對於歷史上所選擇的建都區域,也就是沙學浚先生提出的"力量策源地",本文將其分解爲國都建設中極爲重要的人力、物力、財力和武力諸條件,再就是行政力和其基礎上產生的決策力,及最終所體現的分項的或綜合的建設力,皆是每一個時代致力和可以有所作爲的地方,上述西漢朝廷的諸多做法和結果,僅僅是一個可以用作證明的簡例。

五、結論:國都區位論的建構要領

國都區位論的研究,遠遠不限於本文所論述到的內容,也不應該似本文總以國都位置的選擇及其移動爲主線,而應當似《禹貢》五服結構圖、多種區位論圖式那樣,對歷史上一個個朝代的都城及其利害關係密切的諸多要素,在地域上有一個清晰的地理圖式那樣的鋪展,可惜的是本文目前尚未能達到這一預設的目標。

筆者以爲,通過精彩的歷史人物故事和一系列事件,可以看到國都研究領域內曾經有過的政治地理過程,看到區位論內容在地域上的呈現,甚至可以看到區位論的思想。越是懷有這樣的目標,可能越是要專心致志地考察將區位論引入古代都城研究中的前提條件,以國都爲中心,必然會兼及多方面,審視文獻資料中可能透露出的一點點細節,直至將這樣的細節連貫起來,構成國都區位論的整體性輪廓。

"如何在一個確定的區域內尋找到最佳位置",這是探討區位論思想的出發點。依據筆者已有的研究文本,兼以長安都城的政治地理實踐爲例證,本文仍舊認爲古代條件下王朝選建都城的步驟,第一步是在全國選擇穩妥的建都區域(如本文述及的關中地區),第二步是在建都區域內確定合適的都址(如本文述及的長安),第三步是採取多種有效方式彌補上述都址之不足,如建立行政管理體系[①]、軍事防禦體系、遷移民衆、運輸漕糧等。而以立都時限和都址穩定程度判別選址之得失,則是後世對前代政治地理展開評價的基本路線。無論是就此繼續探討,還是另闢蹊徑,也只有不懈地堅持和努力,才能對國都區位論產生更富有價值的創見。

---

① 2007 年 8 月 2 日,周振鶴先生在爲將要出版的《體國經野之道——中國行政區劃沿革》簡體字本撰寫《自序》時述及於此,他說:"當然如果能加上對首都與行政中心的論述會更加全面,但篇幅上已經不允許。"(周振鶴《自序》,參閱《體國經野之道——中國行政區劃沿革》,上海:上海書店出版社 2009 年版,第 2 頁),表明作者對此有着清楚的考慮。

隋唐長安城研究中史籍與考古研究存在的問題

李健超[*]

摘　要

建於 582 年的隋唐長安城，平面面積達 84 平方公里。宏偉的規模、棋盤式格局和特徵鮮明的城市功能分區，是中國封建時代城市規劃建設的典範，是中世紀全世界最繁華的國際大都會。但在 904 年，遭到人爲嚴重毀棄，殘存地面之上的遺迹寥寥無幾。20 世紀，隨着城市的更新、改造、擴展，隋唐兩代長安的文物古迹更寥若晨星。因此對隋唐長安城的歷史地理研究，主要依據長安地志和考古發掘研究的成果。然而史籍記載和流傳過程中有許多錯誤，而考古發掘研究中又有一些失誤。因此，必須釐正史籍記載中和考古研究中的問題，才能爲隋唐長安城歷史地理研究開拓出坦途。

關鍵詞

隋唐長安城　西安　通化門　清明渠

隋文帝開皇二年（582）於關中平原龍首原東南營造大興城，面積達 84 平方公里，由宮城、皇城、外郭城組成，唐代改大興城名長安城，是世界歷史上空前的國際大都會。到唐昭宗元祐元年（904）這座千門萬户、歷時 323 年的宏偉城市遭人爲毁棄。殘存的皇城作爲五代、宋、元中國西北地區的地方行政城市，明初以唐長安皇城爲基礎擴建爲明清西安城。隋唐長安城的宮殿、官署、城牆、城門、街道、水渠、宅第、寺觀尚殘存遺址和遺跡。20 世紀 50 年代開始，隨着國民經濟建設的發展，城區的拓展和改造，除零星矗立在隋唐長安城遺址的大雁塔、小雁塔和個别佛寺、道觀外，其他遺存大多蕩然無存。因此，對隋唐長安城的城址選建、規劃、設計、建築等進行研究或復原，就只能依據史籍的記載和地下考古發掘報告的研究成果。然而研究的實踐過程中發現史籍記載中，有些錯誤或"張冠李戴"。而現代考古發掘報告中也有一些並非史跡的真面目。本文針對〔宋〕宋敏求撰

───────────
* **作者簡介：**李健超（1933—），男，河南洛陽人，西北大學西北歷史研究所教授。

著的《長安志》等史籍和考古發掘報告中興慶宮的興慶池的形狀；城市三大水利工程之一的清明渠流路；通化門遺址的位置、唐玄宗貞順武皇后敬陵位置等，進行釐正和説明。

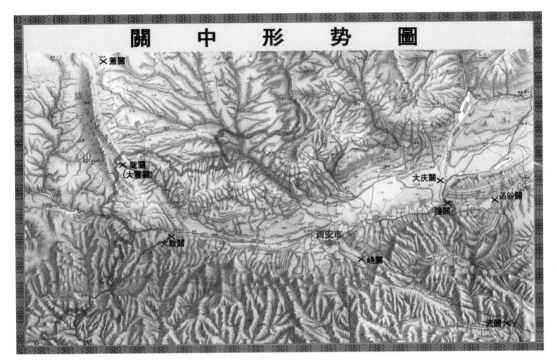

圖 1　關中形勢圖

一、《長安志》記載隋唐長安城的史實有誤

宋神宗熙寧九年（1076），宋敏求撰著《長安志》二十卷，是依據唐中葉著名史學家韋述的《兩京新記》，又博采群書，網羅舊聞，"窮傳記諸子鈔類之語，絶編斷簡，靡不總萃隱括而究極之"[①]，補綴而成。其中第七至第十卷，以四卷篇幅對唐皇城、京城作了詳細而具體的記述。該書歷來頗受稱道[②]。然而撰者在引用典籍時未能精審，有不少錯誤。再加以長期輾轉抄録，魯魚亥豕在所難免。

① 趙彥若：《長安志·序》。
② 《四庫全書總目》："此志精博宏瞻，舊都遺事，借以獲傳，實非他地志所能及也。"周中孚《鄭堂讀書記·補遺十二》："無不綱舉目張，典而有體，瞻而不蕪。"王鳴盛在《新校正長安志·序》中也説："宋代此編，網條明晰，瞻而不穢，可云具體。"

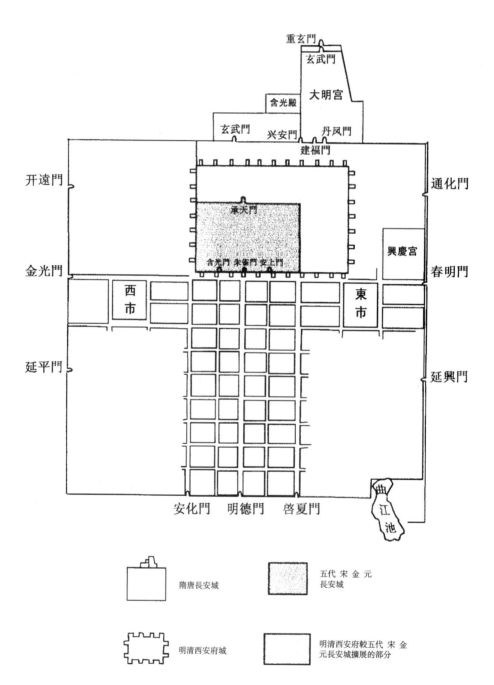

圖 2　明清西安府與隋、唐、五代、宋、金、元長安城位置關係圖

1. 長寧公主宅在崇仁坊

《長安志》崇仁坊南門之西禮會院下注：“本長寧公主宅。公主及駙馬楊慎交，奏割宅向西（應爲東）一半，官市爲禮會院，每公主、郡、縣主出降，皆就此院成禮。”又在崇仁坊西南隅元真觀下注：“半以東本尚書左僕射申國公高士廉宅，西北隅，本左金吾衛，神龍元年並爲長寧公主第，東有山池別院，即舊東陽公主亭子，韋庶人敗，公主隨夫爲外官，遂奏請爲景龍觀……天寶十二載，改爲元真觀。”以上所記崇仁坊南門之西的禮會院和西南隅的元真觀，在唐中宗神龍年間都是中宗第四女長寧公主的宅第。但《長安志》又在靖恭坊西北隅駙馬都尉楊慎交宅下，畢沅注：“唐長寧公主嫁楊慎交。《新唐書·長寧公主傳》取西京高士廉第、左金吾衛故營合爲宅。右屬都城，左頰大道，作三重樓以憑觀，築山浚池，帝及后數臨幸，置酒賦詩。又並坊西隙地廣鞠場。”那麼長寧公主宅第究竟在崇仁坊還是在靖恭坊？還是這兩個坊中都有長寧公主第？可是崇仁坊元真觀下說明長寧公主第原爲高士廉和左金吾衛地，而在靖恭坊駙馬都尉楊慎交宅下又引《新唐書·長寧公主傳》說長寧公主下嫁楊慎交，公主取西京高士廉及左金吾衛故營合爲宅。右屬都城，左頰大道……？哪裏有那麼湊巧，偏偏在崇仁坊和靖恭坊都有高士廉的宅第和左金吾衛的故營而並爲長寧公主宅第呢？即便是在這兩個坊中都有高士廉的宅第，而左金吾衛故營決不可能地處離皇城很遠的靖恭坊。因此，長安公主宅第決不可能在這兩個坊中都有。

記述唐代長安城坊里內容最早而且較詳的是唐韋述的《兩京新記》（《兩京記》）。《太平御覽》卷一八〇引韋述《兩京記》：“崇仁坊西南隅，長寧公主宅，既承恩，盛加雕飾，朱樓綺閣，一時勝絕。又有山池別院，山谷虧蔽，勢若自然，中宗與韋庶人數遊此第，留連彌日，賦詩飲宴，上官昭容操翰於亭子柱上寫之。韋氏敗，公主隨夫爲外官，初欲出賣，木石當兩千萬，山池別館，仍不爲數，遂奏爲觀，請以中宗號爲名。詞人名士競入遊賞。”宋敏求《長安志》卷八崇仁坊元真觀下注：“半以東，本尚書左僕射申國公高士廉宅，西北隅，本左金吾衛。神龍元年並爲長寧公主第。東有山池別院。”《長安志》記述元真觀半以東之地與《新唐書·長寧公主傳》同。將《新唐書·長寧公主傳》的內容又誤置於靖恭坊楊慎交宅下。可是《長安志》關於靖恭坊西北隅駙馬都尉楊慎交宅下注：“宅南隔街有司農卿韋玢宅。”《新唐書》云“長寧公主嫁楊慎交”。清乾隆四十九年畢沅校正《長安志》靖恭坊中僅記有楊慎交宅。據上所述，唐長寧公主宅在崇仁坊南門之西直至西南隅，而不在靖恭坊[①]。

---

① 見京洛著《長樂公主宅在唐長安崇仁坊》，載《中國歷史地理論叢》1996 年第 3 輯。

2. 太平公主在長安城共有三處宅第

太平公主在長安城究竟有幾處宅第?《長安志》記載有四,分別在興道坊、平康坊、興寧坊和醴泉坊。但將這些坊中太平公主宅第的有關記述進行比較,發現平康坊和興寧坊指的應是一處宅院,不應該分處兩坊。

《長安志》記述平康坊與興寧坊的太平公主宅第内容如下:

平康坊:萬安觀,天寶七載永穆公主出家,舍宅置觀。其地西南隅本梁國公姚元崇宅,次東即太平公主宅,其後敕賜安西都護郭虔瓘,後悉並爲觀。

興寧坊:西南隅開府儀同三司姚元崇宅,屋宇並官所造,其東本太平公主宅,後賜安西都護郭虔瓘。華封觀,天寶六載驃騎將軍高力士舍宅置觀。

《長安志》在這兩個坊中所述的太平公主宅第,有三點完全相同,一是太平公主宅在姚崇(元崇)宅東;二是姚崇宅在坊西南隅;三是太平公主宅後敕賜郭虔瓘。

《長安志》於興寧坊西南隅載有開府儀同三司姚崇宅,平康坊西南隅則是國子祭酒韋澄宅、蘭陵公主宅、孔穎達宅。雖然該書記載平康坊萬安觀爲天寶七載永穆公主出家舍宅置觀,並且把原爲太平公主宅、後賜給郭虔瓘的宅第都並爲觀,而太平公主宅在西南隅姚崇宅東。但該書卻偏偏沒有在平康坊給姚崇宅留下位置,這決不是疏忽,而是平康坊本來就沒有姚崇宅,因此平康坊也就沒有太平公主宅。

傳世唐長安城坊里圖最早的是吕大防於宋神宗元豐三年(1080)編制的《長安圖》,圖上清晰地繪上興寧坊西南隅姚崇宅,但在平康坊卻沒有萬安觀,也沒有姚崇宅和太平公主宅。

歷史文獻記載興寧坊有姚崇宅,而西安出土的唐人墓志又爲興寧坊永穆公主宅提供了無可辯駁的證據。據《古志石華續編》所載,京兆府涇陽縣主簿王支阝,貞元十九年八月九日,終於萬年縣興寧里永穆觀之北院,閏十月十七日,葬於萬年縣滻川鄉先塋之側。據王支阝墓志銘文所載,其曾祖王同皎尚定安長公主,即唐中宗第二女。祖王繇,尚永穆公主,即唐玄宗長女。父王訓,娶嗣紀王鐵誠之季女。王支阝夫人是嗣澤王溰之長女,嗣澤王潤之姊(潤爲溰子)[①]。王訓墓志出土於西安東郊田家灣(《雍州金石記》),這裏正是唐代的滻川鄉。王支阝卒於興寧坊之永穆觀北院,該院無疑是永穆公主宅第,天寶七載舍宅置永穆觀。在此,必須明確指出,興寧坊的永穆觀,才是永穆公主出家前的宅第。

---

① 〔宋〕歐陽修、宋祁:《新唐書》卷81《三宗諸子》"高宗子澤王上金之孫溰"條,中華書局1975年版。

3. 長安道德坊開元觀的内容是東都洛陽開元觀

《長安志》記述道德坊開元觀。"（開元觀）本隋秦王浩宅，武后朝置永昌縣，神龍元年縣廢，遂爲長寧公主宅。景雲元年置道士觀，開元五年，金仙公主居之，改爲女冠觀，十年改爲開元觀。"《長安志》撰於宋神宗熙寧九年（1076），在此前二十四年即宋仁宗皇祐四年（1052），宋敏求已撰成《河南志》二十卷。至今我們所見到的《元河南志》大體上還保存宋《河南志》的有關記載。《元河南志》：道德坊"本曰道訓，北至洛水。隋有秦王浩宅，唐永昌中析河南、洛陽二縣立永昌縣，治此坊之東南隅，神龍元年省併，一坊爲長寧公主宅及鞠場。景龍女道士觀，南北居半坊之地，金仙公主處焉。"永昌縣是從河南、洛陽二縣分出來的一個縣。《舊唐書·地理志》河南府河南縣記載："垂拱四年，分河南、洛陽置永昌縣，治於都内之道德坊。永昌元年改河南爲合宮縣，神龍元年復爲河南縣，廢永昌縣。"（《新唐書》所記與此大致相同）從河南、洛陽兩縣分出來的永昌縣治所，怎麼會跑到八百里之西的長安呢？永昌縣廢後爲長寧公主宅，後又爲金仙公主居住的開元觀，其沿革是很清晰的。1974年出土於陝西蒲城縣三合鄉武家村的《大唐故金仙長公主志石銘並序》："暨主上嗣升大寶，仁先友愛，進封長公主加實賦一千四百户焉。仍於京都雙建道館。館台北闕，接笙歌於洛濱；珠閣西臨，聆簫曲於秦野。……以壬申之年建午之月十日辛巳薨於洛陽之開元觀。"壬申之年建午之月爲開元二十年五月。丙子之年（開元二十四年）七月四日，陪葬於唐睿宗橋陵。金仙公主志石銘中"館臺北闕，接笙歌於洛濱"正是《河南志》所述洛陽道德坊"北至洛水"的生動地理寫照。金仙公主墓志中還有"京都雙建道館"，京指長安，都指洛陽，即長安和洛陽都建有開元觀。關於長安的開元觀史料可證："申元之者，不知何許人。遊名山博采方術，得内修度世之道。唐明皇開元中，召入上都開元觀"（《道藏·洞真部·記傳類·歷世真仙體道通鑑》專三十六申元之）。唐元稹《蛅蟖》詩："梨笑清都月（京開元觀多梨花蜂）。"楊憑《長安百夜開元觀》："霓裳下晚煙，留客杏花前。遍問人寰事，新從洞府天。長松皆掃月，老鶴不知年。爲説蓬瀛事，雲濤幾處連。"（《全唐詩》卷二八九）

4. 道德尼寺

隋唐京師休祥坊東南隅有萬善尼寺，寺西昭成尼寺。關於昭成尼寺的沿革變遷，《長安志》云："隋大業元年，元德太子爲尼善惠、元懿立爲慈和寺，永徽元年廢崇德坊之道德寺，乃移額及尼於此寺。先天二年又爲昭成皇后追福，改爲昭成寺。"《長安志》對於崇德坊西南隅的原道德寺是這樣記載的："（崇聖寺）有東西二門。西門，本濟度尼寺，隋秦孝王俊舍宅所立。東門本道德尼寺，隋時立，至貞觀二十三年徙濟度寺於安業坊之修善寺,以其所爲靈寶寺,盡度太宗嬪御爲尼以處之。徙道德寺額於嘉祥坊之太原寺,以其所爲崇聖宮,以爲太宗別廟,儀鳳二年並爲崇聖僧寺。"那麽《長安志》記述的道德寺搬遷後的新址就出現問題,同一時間,同一個寺院,道德寺一移於休祥坊的慈和寺,一移於嘉祥坊之太原寺。然而長安無嘉祥坊,太原寺是在休祥坊。如果《長安志》所説嘉祥坊是休祥坊之誤,那麽太原寺本爲侍中楊仁恭宅,咸亨元年以武后外氏故宅立爲太原寺,垂拱三年改爲魏國寺,載初元年又改爲崇福寺。從史料記載看與從崇德坊移來的道德寺相關。那麽究竟道德寺遷移後的軌跡如何? 1950 年在西安市西郊梁家莊出土的《大唐京師道德寺故大禪師之碑》爲解開此迷提供了實物證據。碑文所載:"大業元年,有詔令二閣梨爲太子戒師……敕於京邑弘德里爲立道德道場……初以太宗升遐,天經京立,乃於弘德坊置崇聖宮,尼衆北移休祥里,即今之道德寺是也……"此碑文與《長安志》所記昭成尼寺的變遷相符。崇德坊原名弘德坊,神龍初改。休祥坊在長安朱雀門西第四街,街西從北第二坊,崇德坊在朱雀門西第二街,街西從北第四坊,崇德坊在休祥坊東南。故碑文稱道德寺"尼衆北移休祥里"。這不僅證明道德寺確實北移到休祥坊,填補了慈和寺於太宗升遐後改爲道德寺的確切年代,即唐貞觀二十三年(649),從而也否定了《長安志》關於道德寺徙"嘉祥坊之太原寺"之説[①]。

5. 金城坊西南隅没有"思后園",也没有"會昌寺"

《長安志》卷一〇,於金城坊中前後兩次出現"西南隅"。其一是:"西南隅匡道府即思后園";另一是:"西南隅會昌寺"。在該書中這是一個絕無僅有的特殊整合。究竟西南隅是思后園抑或是會昌寺?要麽兩者同處西南隅,一東一西,或一南一北;要麽兩者之中必有一誤。實際上金城坊西南隅既没有思后園,也没有會昌寺。思后園在金城坊西北隅,會昌寺在金城坊南門之西。唐韋述的《兩京新記》殘第三卷金城坊西南隅記載會昌寺。那麽《長安志》中西南隅的思后園根據從何而來呢?思后園是漢孝武帝衛皇后的陵園。衛皇后字子夫,是西漢大將軍衛青的姐姐,曾爲平陽公主的歌女,漢武帝納入宮,不久又立爲皇后,生三女一子,子即戾太子劉據。因劉據遭巫蠱之禍,衛皇后被武帝没收其"皇后璽綬"自殺,葬於長安城南的桐柏亭附近。漢宣帝即位後,將其祖母衛皇后改葬於長安城覆盎門外南北大道之東。覆盎門又稱杜門,杜門南直對古杜城,故又稱杜門外大道東,追衛皇后爲"思后",子夫年輕時爲歌女,所以又遷徙"倡優雜伎千人"於陵園。"隱王母之非命,縱聲樂以娛神"(《文選》卷一〇潘安仁《西征賦》)。思后園因遷倡優雜伎

---

① 樊波:《唐道德寺碑考述》,西安碑林博物館編《碑林集刊》(五),陝西人民美術出版社 1999 年版,第 79—84 頁。

千人，故又稱"千人聚"（《水經注》卷十九，誤以爲戾園。以倡優千人樂思后園廟，故亦曰"千鄉"）。思后園在漢長安城杜門外大道以東。唐顏師古注《漢書》："葬在杜門外大道東，以倡優雜伎千人樂其園，故號千人聚。其地在今長安城內金城坊西北隅是。"（《漢書·外戚傳上》）由此看來《長安志》將思后園置於金城坊西南隅是錯誤的，應爲金城坊西北隅。

思后園在金城坊的西北隅，金城坊西南隅就應該是會昌寺了。《兩京新記》所記應該是無誤的。其實，唐武德元年（618）於金城坊建造的會昌寺，原本是隋海陵王賀若誼的宅第，也不在金城坊西南隅。《法苑珠林》卷四六記載一件神鬼故事："唐雍州長安縣高法眼，是隋代僕射高潁之玄孫。至龍朔三年正月二十五日，向中臺參選，日午還家，舍在義寧坊東南隅，向街開門，化度寺東即是高家。欲出子城西順義門，城內逢兩騎馬逐後。既出城已，漸近逼之。出城門外，道北是普光寺。一人語騎馬人云：汝走捉普光寺門，勿令此人入寺，恐難捉得。此人依語，馳走守門。法眼怕不得入寺，便向西走，復至西街金城坊南門。道西有會昌寺。復加四馬騎，更語前二乘馬人云：急守會昌寺門。此人依語，走捉寺門。法眼怕急，便語乘馬人云：汝是何人？敢逼於我。乘馬人云：王遣我來取汝。法眼語云：何王遣來？乘馬人云：閻羅王遣來。法眼既聞閻羅王使來，審知是鬼。"唐道宣《集神州塔寺感通錄》（宋磧砂藏經第464冊）中所記一則高表仁之孫，乘馬從順義門出遇鬼追趕，與此應是一件事，記述略有不同。

高法眼行徑與追趕者，沿途所經城門、坊里、道路、寺院完全是唐長安城的真實情況。高法眼去中臺參選，中臺就是尚書省，唐龍朔二年及長壽初皆稱尚書省爲中臺。唐尚書省在今西安市西大街以北鐘樓至北廣濟街之間，鼓樓應當是尚書省的"都堂"，順義門即唐皇城西門，即今西安城西門。出順義門道北是頒政坊，頒政坊南門之東是唐貞觀五年（631）太子承乾所立的普光寺，後改爲中興寺，又改龍興寺。再向西道北是金城坊，金城坊南門道西是唐武德元年（618）所立會昌寺。會昌寺不在金城坊西南隅。因此，唐韋述《兩京新記》所記會昌寺在金城坊西南隅，亦誤。

唐代傳奇小說如《霍小玉傳》、《李娃傳》、《東城老父傳》、《宣室志》及宗教著述等記載了許多仙鬼靈怪的奇異故事，雜有宗教迷信的神鬼妖怪，但所記長安城內坊市、街道、寺觀、達官貴人宅第等都是寫實的。這是研究唐長安風貌極其寶貴的史料，其中不僅保存了許多歷史異聞和民間傳說，對於了解當時的社會風貌，有重要參考價值，而且這些傳奇故事大多有頭有尾，結構完整，情節委婉曲折，語言明快，有很高的藝術價值。

6. 妙勝尼寺

唐長安城醴泉坊西南隅有三洞女冠觀,觀北妙勝尼寺。《兩京新記》殘第三卷"妙勝尼寺"條:"開皇三年周平原公主所立。"而宋敏求《長安志》關於"妙勝尼寺"條則爲:"開皇二年周靜帝皇后平原公主所立。"那麼,妙勝尼寺究竟是周平原公主所立,還是周靜帝皇后所立?周靜帝的皇后是不是平原公主呢?是隋文帝開皇三年所立,還是開皇二年所立?

周靜帝皇后是司馬令姬。《周書》卷九《皇后》:"靜帝司馬皇后名令姬,柱國榮陽公消難之女。大象元年二月,宣帝傳位於帝。七月,爲帝納爲皇后……二年九月,隋文帝以后父擁衆奔陳,廢后爲庶人。後嫁爲隋司隸刺史李丹妻,於今尚存。"《北史》卷一四《列傳二・后妃下》靜帝司馬皇后所記內容與《周書》所記大致相同,也點明"貞觀初猶存"。據《周書・靜帝紀》所載:大象二年(580)八月庚辰,后父司馬消難擁衆奔陳,九月壬辰,廢皇后司馬氏爲庶人。大象三年(581)改爲大定元年,二月甲子,隋王楊堅稱帝,周靜帝遜於別宮。開皇元年(實即大象三年,大定元年)五月壬申,靜帝崩,時年九歲。這説明周靜帝從大象二年五月登上皇帝位時只有八歲,一年以後即死去。當時如果司馬皇后令姬的年齡與周靜帝相當或差不了幾歲,那麼到貞觀初,或者説到貞觀十年(636)《周書》完成時,司馬令姬大約是六十多歲。史書記載周靜帝這個只有八九歲的小皇帝僅有一個皇后,即司馬消難之女——司馬令姬。

《長安志》載妙勝尼寺是"周靜帝皇后平原公主所立"。周平原公主絕不是周靜帝皇后,北周平原公主是周太祖文皇帝宇文泰的女兒。《周書》卷三〇《于翼傳》:"于翼字文若,太師、燕公謹之子。美風儀,有識度。年十一,尚太祖女平原公主。大統十六年,進爵郡公。"大統十六年是公元五五零年。魏恭帝元年(554)于翼隨其父于謹破江陵時已立下戰功,如果他當時是二十歲,於隋文帝開皇三年(583)死時大約五十歲。周平原公主史書未載其生卒年月,隋開皇三年也應是五十歲左右。周平原公主不可能是周靜帝的皇后:一、年齡上看,五十的人怎麼會是八九歲小皇帝的皇后;二、從血緣關系上看,周的公主怎麼能是周皇帝的皇后?三、從輩份上看,平原公主是周靜帝的姑奶奶。

妙勝尼寺爲周平原公主所立,是符合當時的社會風尚的。韋述《兩京新記》所載休祥坊東南隅萬善尼寺:"周宣帝大象二年立,開皇二年度周氏皇后嬪御以下千餘人爲尼以處之也。"這是一處安置北周皇后和妃子的集體處所。周宣帝崩後,陳、元、尉遲三皇后已出家爲尼,爲宣帝追福。開皇二年時,周在世的皇后,除隋文帝楊堅的女兒周宣帝天元皇后楊麗華外,還有孝閔帝皇后元胡摩,出居里第,大業十二年殂;周武帝李皇后娥姿,也於隋文帝開皇元年爲尼;周武帝皇后阿史那氏,突厥木桿可汗俟斤之女武德皇后(武成皇后),開皇二年殂,隋文帝召有司備禮與周武帝合葬孝陵(陵已被盜);周宣帝朱皇后滿月,隋開皇元年也出俗爲尼。周武帝李皇后娥姿和周宣帝朱皇后滿月是否都在萬善尼寺,因史料缺載,不得而知。但從 1957 年在今西安城玉祥門外發現的隋李靜訓墓,從墓志中得知李靜訓的外祖母就是隋文帝之女楊麗華,是北周宣帝的皇后。李靜訓死後葬入萬善尼寺,這說明萬善尼寺確爲北周皇后在隋時生活和居住的地方。北周的皇后和嬪妃都在萬善尼寺居住,那麼當隋開皇三年,周平原公主爲駙馬于翼追福立妙勝尼寺就不足爲奇了。所載長安醴泉坊妙勝尼寺"開皇二年周靜帝皇后平原公主所立"是錯誤的,應是"隋開皇三年,周平原公主所立"。

7. 異僧萬迴宅與烈士臺

《長安志》卷拾於醴泉坊載:"東南隅太平公宅,公主死後,没官爲陝王府,宅北有異僧方迴宅,太平公主爲造宅之","烈士臺世傳安金藏之居"。

《新唐書·五行志》記述:"長安初,醴泉坊太平公主第,井水溢流。"(《文獻通考》卷二九七亦載此事)太平公主宅北有無異僧方迴宅?按《續高僧傳》與《宋高僧傳》所載唐代僧人,均無方迴其人,方迴應是萬迴之誤。萬迴被人稱爲"神僧",他的預言多靈驗。《太平廣記》卷九二"萬迴"條記述:萬迴,閿鄉人,俗姓張,迴生而愚。其兄戍役安西(今新疆庫車),忽一日,萬迴朝往夕歸,告父母曰"兄平善"。弘農(閿鄉屬弘農郡)抵安西,蓋萬餘里,以其萬里迴,故號曰萬迴也。……太平公主爲造宅於己宅之右,景雲中,卒於此宅。(《太平廣記》引自《談賓錄》及《兩京記》)這則記載沒有說明太平公主爲萬迴所造宅在什麼坊,然而《宋高僧傳》卷一八《唐虢州閿鄉萬迴傳》則有明確的記載:釋萬迴,俗姓張氏,虢州閿鄉人也。……太平公主爲造宅於懷遠坊中,與主宅前後爾。……迴宅坊中井皆鹹苦,唯此井(指萬迴宅堂前所掘之井)甘美……。既然萬迴傳所記萬迴宅在懷遠坊,爲什麼《長安志》將萬迴宅記在醴泉坊呢?《景德傳燈錄》卷二七《萬迴法雲公》:"(萬迴)景雲二年辛亥十二月八日,師卒於長安醴泉里,壽八十。"景雲二年爲 771 年。又《佛祖歷代通載》卷一二:"丁未,改景隆(龍),(神僧萬迴)……示寂於長安醴泉里,壽七十四矣。"景龍元年爲 707 年。兩書所記萬迴示寂時間雖異,但均說明萬迴卒於醴泉里。

烈士臺是世傳安金藏之居,在醴泉坊里,疑有誤。安金藏《新唐書》卷一九一有傳。1981 年洛陽龍門東山北麓出土《唐故陸(六)胡州大首領安君墓志》[①],志載,安菩字薩,其先安國大首領。麟德元年十一月七日,卒於長安金城坊之私第。安菩是安金藏之父,

---

① 趙振華、朱亮,《洛陽龍門唐安菩夫婦墓》,載《中原文物》1982 年第 3 期,第 21—26 頁。

其宅第在醴泉坊之北的金城坊，金城坊應爲安金藏之居[①]。

8. 褒義寺與宣化尼寺

隋唐京師朱雀門西的第四街，從北第七嘉會坊西南隅有褒義寺，從北第八永平坊東門之北有宣化尼寺。《長安志》記述："（褒義寺）本隋太保、吳武公尉遲剛宅。初剛兄迴置妙象寺於故都城中，移都後，剛舍宅立寺，名褒義，材木皆舊寺者"。"（宣化尼寺）隋開皇五年，周昌樂公主及駙馬都尉王安舍宅所立"。《長安志》是據韋述《兩京新記》卷三，個別字有改動，也因襲個別錯字[②]。

尉遲綱卒於北周武帝天和四年（569），這距楊堅代周建立隋朝還有十一年，因此尉遲綱不能稱"隋太保、吳武公"，應當是"周太保、吳武公"。而嘉會坊褒義寺也不可能是尉遲綱的宅第，綱死後十二年，隋文帝開皇二年（582）才從長安舊城（漢長安城）東南建大興城。宣化尼寺的建寺人昌樂公主是北周文帝宇文泰的姐姐。《周書》《北史》尉遲迴、尉遲綱傳都有明確的記載。十九世紀咸陽國際機場出土的尉遲綱子尉遲運墓志也明確記載："祖俟兜，贈賜持節、太傅、柱國、大將軍、長樂定公……尚太祖文皇帝姊昌樂長穆公主……"宇文泰生於507年，昌樂公主至少比宇文泰大一歲，假如是生於506年，到隋文帝開皇五年（585），也是八十歲的老人了。而尉遲安是昌樂公主的二兒子尉遲綱的第三子（《北史》稱第二子）尉遲運之弟，即昌樂公主的孫子，據《北史》卷六二《尉遲綱傳》，"第二子安以嫡嗣，大象末，位柱國。入隋，歷鴻臚卿、左衛大將軍"。待隋文帝移建新都，這位大將軍在新都永平坊東門之北擁有宅第，到隋開皇五年時這位年已八十的昌樂公主與孫子尉遲安舍宅而立宣化尼寺。因此《長安志》宣化尼寺"隋開皇五年，周昌樂公主及駙馬都尉王安舍宅所"，是不正確的。

9. 長安城懷真坊正名

長安朱雀街西第二街，從北第五坊"懷真坊"。唐韋述《兩京新記》、新舊《唐書》，宋宋敏求《長安志》卷九、卷十二均作"懷真坊"，但到清乾隆四十九年畢沅校正《長安志》後，又歷經學者岑仲勉、楊鴻年的研究，認定"懷真坊"應是"懷貞坊"。以後清徐松《唐兩京城坊考》，清王森文《漢唐都城圖》、1996年史念海師主編的《西安歷史地圖集》均

[①] 唐人在長安城中有兩處或兩處以上的宅第者不乏其人。安金藏是否在醴泉坊也有宅第？除《長安志》外，尚未發現證據。安氏父子均生活在開元、天寶年間，韋述《兩京新記》未載其事跡與宅第。

[②] 《兩京新記》關於褒義寺的記載，"本隋太保、吳武公尉遲剛宅（剛應爲綱），初剛兄迴置妙象寺於故都城中，移都後，剛舍宅復立於此，改名褒義寺。其殿堂□宇，並故都舊寺之林木"。宣化尼寺"隋開皇五年，周昌樂公主及駙馬都尉尉遲安舍宅立"。

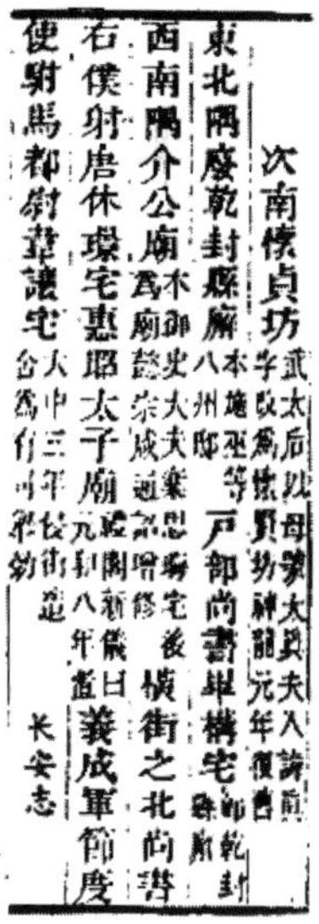
次南懷貞坊
東北隅廢乾封縣廨
西南隅介公廟
右僕射唐休璟宅惠昭太子廟
使駙馬都尉韋讓宅
長安志

清乾隆四十九年畢沅校正《長安志》

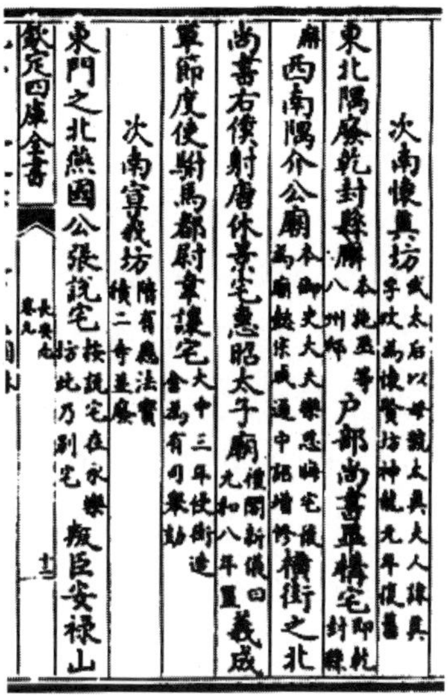
次南懷真坊
東北隅廢乾封縣廨
廟西南隅介公廟
尚書右僕射唐休景宅惠昭太子廟
軍節度使駙馬都尉韋讓宅
次南宣義坊
東門之北燕國公張說宅
欽定四庫全書

清文淵閣本《四庫全書》《長安志》

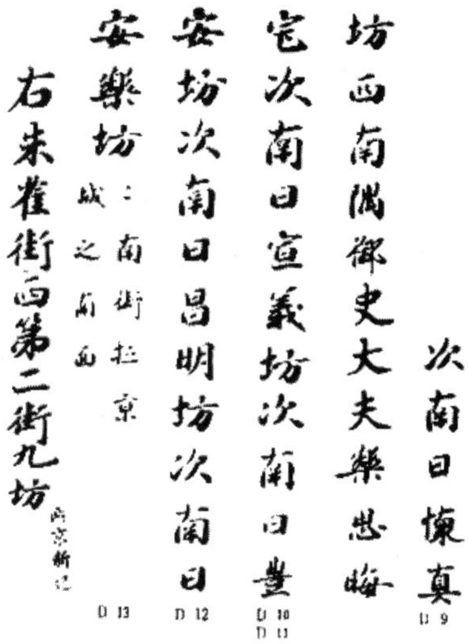
次南曰懷真
坊西南隅御史大夫樂思晦
宅次南曰宣義坊次南曰豊
安坊次南曰昌明坊次南曰
安樂坊
右朱雀街西第二街九坊

唐韋述《兩京新記》殘第三卷

圖3 《兩京新記》、《長安志》掃描圖

將“懷真坊”標爲“懷貞坊”。

在清畢沅校正《長安志》之前，文淵閣本四庫全書（清乾隆四十六年）《長安志》懷真坊，所載唐名人宅第和廟：樂思晦宅、畢構宅、唐休景宅、惠昭太子廟、韋讓宅等五處。樂思晦宅爲《兩京新記》所載。畢構在東都、西京均有宅第，《河南志》與《長安志》均有記述。唐璿，字休景，《全唐文》卷二五七蘇頲《右僕射太子少師唐璿神道碑》記述延和元年（712）七月戊子薨於長安懷真里第。惠昭太子廟，《唐會要》卷十九寶曆二年（826）二月，太常奏惠昭太子廟在懷真坊。韋讓宅，《唐會要》卷二六“大中三年（849）六月，義成軍節度使韋讓於懷真坊西南角亭子西侵街造房九間”。《舊唐書》卷十八下，大中三年六月，“御史臺奏：義成軍節度使韋讓於懷真坊侵街造房九間，已令毀拆訖。”這三處宅第和惠昭太子廟，史書記載的非常明確是懷真坊，而不是懷貞坊。

撰者至今收集到近年考古發掘出土的唐人墓志中，有陳子綽、蕭懷舉、樊浮生、崔藏之、韋慎名、渤海郡夫人高氏等六方墓志，他們生前皆居於懷真坊。也未見過一方墓主生前居於懷貞坊的唐人墓志，因此可以斷定，自畢沅校正《長安志》誤改懷真爲懷貞，爾後的所有出版有關唐長安著述和地圖，均訛誤懷真坊爲懷貞坊[①]。

① 參閱楊軍凱《隋唐長安城懷真坊坊名考》，載《唐研究》第十七卷，北京大學出版社2011年版，第515—519頁。楊軍凱同志認爲是清·徐松誤改懷真坊名。

二、近現代考古發掘研究中的錯誤與問題

1. 關於唐玄宗貞順武皇后敬陵的問題

唐玄宗李隆基在位時先後有三位皇后。王皇后廢爲庶人。按唐帝陵制度,帝后同陵,謂之合葬。元獻楊皇后與唐玄宗合葬泰陵(在今陝西蒲城縣),那麼貞順武皇后葬於何處?

貞順武皇后於開元初,先後生懷安王敏和壽王琩、咸宜公主等四子三女。《舊唐書》卷一〇七《玄宗諸子》記載,懷安王敏是玄宗第十五子,天寶十三載,改葬京城南,祔其母敬陵。敬陵在長安城南什麼地方? 唐代史籍未記述具體地理位置,宋敏求《長安志》卷十一 萬年縣 "唐明皇貞順武皇后敬陵,在縣東四十里。"[①]萬年縣治在長安城宣陽坊,縣東四十里已達驪山西麓,顯然方位與在京師南相違。元代長安人駱天驤實地考察漢唐長安故地後,所撰《類編長安志》卷之六:"唐明皇貞順武皇后敬陵在縣東四十里少陵原長勝坊,明皇御書碑猶存。"又在卷之十 "《唐貞順皇后武氏碑》玄宗御製御書八分字,太子亨題額。……天寶十三年立。在龐留村南長勝坊冢墓前。"還有《唐咸宜公主碑》,咸宜公主是唐玄宗第十八女,貞順武皇后生。該碑和有關敬陵的石碑已無下落,一九五八年第十期《文物參考資料》刊載陝西省文物管理委員會的《西安南郊龐留村的唐墓》一文,墓主是唐玄宗第十八子李琩的第六女清源縣主。咸宜公主和清源縣主爲何埋葬於此? 假如當時陝西考古工作者能利用手抄本《類編長安志》(陝西省文管會有手抄本)有關敬陵碑的記載,觀察到龐留村貞順皇后武氏的女兒、孫女們的葬地應是武氏的敬陵。很可惜敬陵沒有得到應有的重視與保護,二零零三年敬陵武皇后的石槨被盜墓分子販賣到美國。

2. 長安城通化門遺址的誤定

隋唐長安城東、西、南三面各三門,共九個門,東面三門中最北的是通化門。二十世紀五十年代,陝西省文物管理委員會曾對長安城的外郭城、興慶宮、大明宮、曲江池和芙蓉園,做了實地探測。在其《唐長安城地基初步探測》一文中關於通化門的位置是這樣論述的:"沿春明門向北2110米處爲通化門,在今之火電公司東南角。一九五四年火電公司修建樓房時,發現水渠遺跡。……據清理水渠資料看,我們可以肯定它的具體位置,當在水渠南岸。"該文又在龍首渠條中說:"一九五四年三月,唐東郭城南距春明門2100米處,火電公司修建大樓,發現渠水道及涵洞……。據其位置及渠旁出土的其他現象看,

---

① 宋敏求《長安志》文淵閣本《四庫全書》,上海古籍出版社1993年版《洛陽伽藍記外七種》。

此二洞當爲龍首渠南支,即通通化門、興慶宮,由皇城入太極宮的入口處。"這兩段文字,自相矛盾。既然《探測》者已經發現此門,並肯定了它的"具體位置,當在水渠南岸",那麼爲什麼龍首渠南距春明門只 2100 米,而通化門反而南距春明門 2110 米呢? 這豈不是通化門反而在龍首渠之北了嗎?

按唐長安城的平面布局,通化門向西有條大街,西至皇城東面的延喜門。這條大街之北,還有南北兩列,東西共八個坊。鄰近通化門之北的二坊是十六王宅和興寧坊,興寧坊南臨通化門大街。

陝西省考古研究所一九八六年六月四日在西安市長樂西路四十號院內發現隋代舍利墓,墓志稱:"大隋開皇九年歲星是在東井次皇龍八大口十月口口口口十一日,於興寧坊清禪寺主人德……"[①]

《長安志》興寧坊下"南門之東清禪寺"宋呂大防石刻唐長安城圖上,清晰的顯示清禪寺在興寧坊南門內之東。既然通化門大街之北的興寧坊的南界還在今長樂西路之南,那麼興寧坊南臨的通化門大街的通化門遺址怎麼會在今長樂西路以北的電力公司院內(20世紀 50 年代的電力公司,今爲陝西省電力建設總公司)。唐長安通化門遺址應在今長樂西路陝西省電力建設總公司之南,長樂西路以南,南距春明門既不是 2100 米,也不是 2110 米,而是 1900 米處 (約在長樂西路南 100 米,東距金花北路 180 米處)。

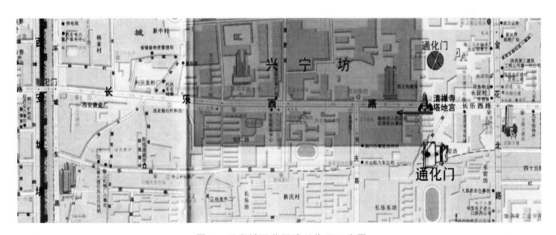

圖 4　長安城通化門遺址位置示意圖

---

① 《西安東郊隋舍利墓清理簡報》,《考古與文物》1988 年第 1 期。從清禪寺出土文物結合《續高僧傳·慧冑傳》,有學者認爲該舍利墓應是清禪寺佛塔地宮 (李愛民《隋唐西京寺觀叢考》,《中國歷史地理論叢》2011 年第 2 輯)。

3.興慶池圖與考古研究之誤

隋唐長安城毀棄後，興慶宮亦成爲廢墟。但龍池（興慶池）並未乾涸，根據歷史文獻記載，唐以後歷五代、宋、元四百多年間，興慶宮遺址處於西安城東南郊，仍然是京兆府和奉元城的重要遊樂場所。

元駱天驤撰《類編長安志》卷之三"興慶池"條新説曰："興慶宮，經巢寇、五代，至宋埋滅盡淨，惟有一池。至金國張金紫於池北修衆樂堂、流杯亭，以爲賓客遊宴之所，刻畫樓船，上巳、重九，京城仕女，修禊宴燕，歲以爲常。正大辛卯東遷後，遂爲陸田。兵後，爲瓜區、蔬圃。庚子歲，復以龍首渠水灌之，鯽魚復生，舊説有千歲魚子，信不誣矣。"《類編長安志》卷之六"龍首渠"條。又《類編長安志》卷之八"雁塔影"條新説曰："龍池兵後水涸，爲民田、瓜區、蔬圃十餘年。庚子、辛丑歲（元成宗大德四、五年即1300—1301）始引龍首渠水灌池，許人占修酒館。至壬寅（元成宗大德六年即1302）池水泓澄，四無映帶，唯見雁塔影倒於池中，遊觀者無數，酒壚爲之一空。"

元代人在興慶池禊褉宴遊，陝西周至（盩厔）縣祖庵所存的元順帝元統三年（1335）建立的《皇元孫真人道行碑》"癸卯冬十二月（元成宗大德七年冬十二月），安西王妃大宴興慶池"。由此可知，唐興慶宮中之興慶池在後世曾幾度繁華，成爲文人學士和長安仕女的修禊宴燕的場所，甚至連寒冬臘月還有安西王妃大宴興慶池。

興慶池的乾涸當在明代。因池系人工開鑿，水源來自滻河，由渠道引水。明代無引水入池，所以龍池也就乾涸了，但遺留至二十世紀中葉的興慶池，雖然經過唐以後至今一千多年的風雨所侵、人力所毀，但總的輪廓無太大的變化。《唐長安興慶宮發掘記》"有關興慶宮的各圖，以《陝西通志》的興慶宮圖，與發掘的情況相符"。因循舊圖舊説證明歷代繪揫的興慶池範圍和形狀均與實際情況不符。從1993年測繪的萬分之一西京地形圖上，按等高綫勾繪出興慶池形狀與歷代繪出興慶池的圖形，以及

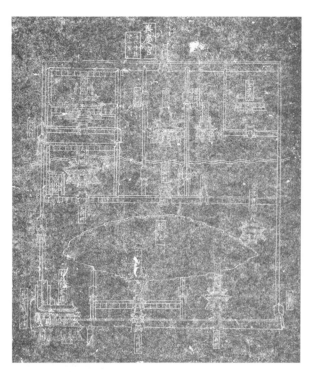

圖5 宋興慶宮平面圖

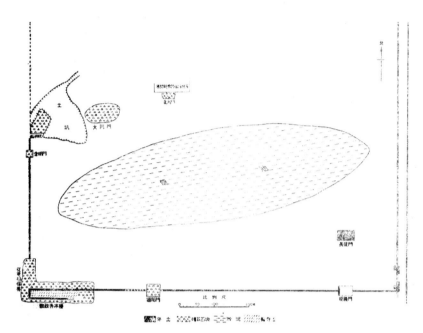

圖 6　唐‧興慶宮探測平面圖

陝西省文物管理委員會《唐長安城地基初步探測》,《考古學報》1959 年

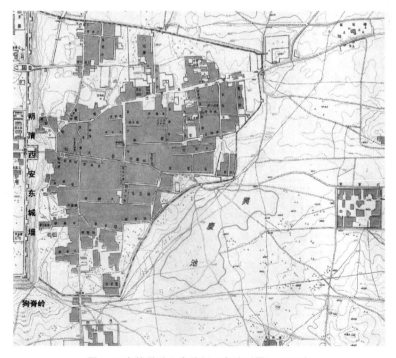

圖 7　西京籌備委員會繪制西京地形圖　1933 年

二十世紀五十年代對興慶池的考古鑽探並不相同。

《類編長安志》還提供了有關石碑的遷移地點,卷之十《石刻》《宋興慶池褉宴詩碑》:"慶曆十五年建,在衆樂堂前。大元至元十三年,安西教官移在文廟,背面刻重修廟記。""《大元京兆府重修文宣王廟記》,中書省左右司郎中徐剡撰,府學教授駱天驤書並篆額,至元十三年正月建。"今宋碑與元碑藏西安碑林。但《類編長安志》二零零六年點校本錯漏字很多,宋碑不是慶曆十五年,因爲宋仁宗慶曆只有八年,原文是"慶曆壬午"即慶曆二年。元碑原文是《大元國京兆府重修宣聖廟記》。至元十三年九月,不是至元十三年正月建。

4. 誤定臨皋驛地望

從長安的開遠門西去,第一個驛站是臨皋驛,具體地理位置,史籍雖有記載,但不準確,也無留下遺址、遺存。著名的唐代交通史學家嚴耕望先生,關於臨皋驛的記述 :"由長安都亭驛西北行出開遠門十八里,蓋由中渭橋渡渭水,又二里至臨皋驛,爲京城西行第一驛,故公私送迎多宴餞於此。"又西經三橋 (今有三橋鎮,嚴先生注)、望賢宮至咸陽縣 (今縣東五里) 置陶化驛,去臨皋驛二十里。(《唐兩京館驛考》,載《唐史研究叢稿》,1969 年)。後來嚴先生對臨皋驛的地點有所更正,但仍有誤。嚴先生足跡未至華北、西北,他據《元和郡縣圖志》和《太平寰宇記》兩書中所載咸陽距京兆府的距離,"正東,微南至府四十里",《長安志》亦云咸陽縣郭去府 (京兆府) 四十里。"臨皋驛在縣東南二十里"。史志記載咸陽縣郭與長安京兆府的距離是正確的,嚴耕望先生誤爲咸陽縣郭距唐長安城四十里,因此他將臨皋驛誤定在開遠門外渭河以北二十里之遥,繞了一個圈,二渡渭河,湊夠了四十里。實際唐咸陽縣城距唐長安城只有三十里。爲什麼史籍記述是四十里? 是指咸陽縣郭距離京兆府廨是四十里。京兆府廨在長安城光德坊東南隅,即今友誼西路邊家村西南,京兆府距唐長安城西面最北的開遠門尚有十里餘。唐長安縣廨在長安城長壽坊,今西安蔣家寨村北。唐韋述《兩京新記》記載"去府六里";萬年縣廨在長安城宣陽坊,即今西安市和平門外李家村附近,宋敏求《長安志》亦記"去府七里"。同處於唐長安城內的萬年縣廨距京兆府七里,長安縣廨距京兆府是六里,那麼咸陽縣郭至京兆府也應是四十里。近幾十年來,西安郊區出土了許多唐人墓志,涉及臨皋驛的所在大多沒有具體地理位置,其中內侍省宮闈局丞杜玄禮墓志稱:"開元七年歲次庚申,於京城西開遠門外七里臨皋驛前,予修磚堂塔一所……"開元十五年杜玄禮與夫人黃氏就葬在這座磚堂塔下。唐長安開遠門遺址就在今西安市大土門村。由於考古工作者沒有將杜玄禮墓志出土地點記錄在案,但從交通路綫走向推論,應在大土門村西北 (唐開遠門) 棗園村西北,東南距開遠門 3.5 公里。

嚴耕望先生研究唐代中國交通史,功勛卓著。臨皋驛地望之誤,"實則淩雲之才,不可以寸朽爲病也"。

5. 清明渠流路之誤

清明渠是隋唐長安城初建時開鑿的三大水利工程之一,引用城南的潏水入城,縈迴曲流於坊、市、官署、寺觀、宮苑間,以供長安城西部、中部地區的供水和環境綠化。清明渠在城內的流路,地方志和歷史地圖均有記載和展現。宋敏求《長安志》卷十 大安坊下記述清明渠於大安坊"南街,又屈而東流,至安樂坊之西南隅,屈而北流安樂、昌明、豐安、宣義、懷真、崇德、興化、通義、太平九坊之西,又此流經布政坊之東,在金吾衛之東南,屈而東南流入皇城……又北流入宮城"。清嘉慶十一年(1080),王森文親自對漢唐長安進行履勘,他所編繪的《漢唐都城圖》明確標出從大安坊至太平坊清明渠的流路,均在該九坊之坊牆之內(東)。唐末至今一千多年來,風雨所侵,人力所毀,清明渠遺址在地面之上大都堙塞。19 世紀 50 年代以來,隋唐清明渠遺址、遺跡時有暴露。特別是 2001 年12 月,西北大學校園因建校舍,開挖地基,發現清明渠渠道遺址 359.45 米,後來校方利用清明渠渠道鋪設供暖設施,渠道遺址全部被破壞。校園內 359.45 米渠道南高北低,比降爲 1/525,渠水由南北流[①]。西北大學校園是隋唐太平坊。結合先後在清明渠沿綫三門口村以東 200 米處,即是長安安化門緊西北清明渠入城(安化門是長安城南面三個門的西門,有三個門道,今錯誤改名'山門口村'),西安西何家村(長安興化坊)北也探出清明渠遺址。這兩處清明渠遺址與西北大學校園發現的清明渠遺址,南北是一條綫路,而且均在流徑的坊牆之內(東),由此可見史念海先生主編的《西安歷史地圖集》清明渠繪制在大安坊至太平坊之西坊牆外,需要改繪[②]。

爲什麼隋唐清明渠在太平坊(今西北大學校園)西北隅不徑直向北流入皇城,反而又西北流經布政坊繞了一大圈,又東南入皇城呢?原因是渠道必須沿等高綫遞減的規律。西北大學校園海拔是 408 米,與太平坊北鄰的皇城,即今西安城的西南隅海拔高程 404 米左右,由 408 米到 404 米落差太大,從太平坊繞向西北布政坊,由布政坊東南再入皇城,正是沿 408 米等高綫遞減的流路。

---

① 李健超《隋唐長安清明渠》,載《漢唐兩京及絲綢之路歷史地理論集》,三秦出版社 2007 年版,第 72—89 頁。
② 《西安歷史地圖集》,《唐長安城園林、池沼、井泉分布圖》,西安地圖出版社 1996 年版,第 92—93 頁。

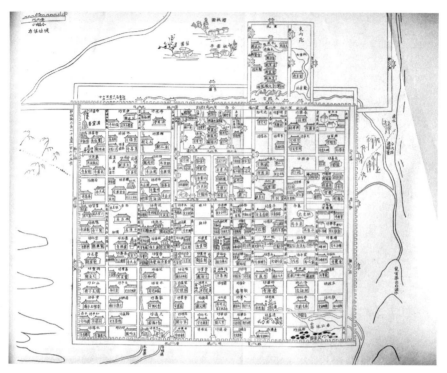

圖 8 〔清〕王森文《漢唐都城圖》唐城部分（摹本）

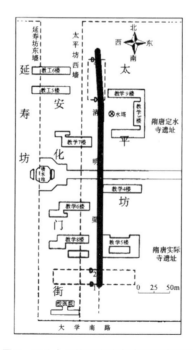

圖 9 西北大學校園內隋唐清明渠遺址圖

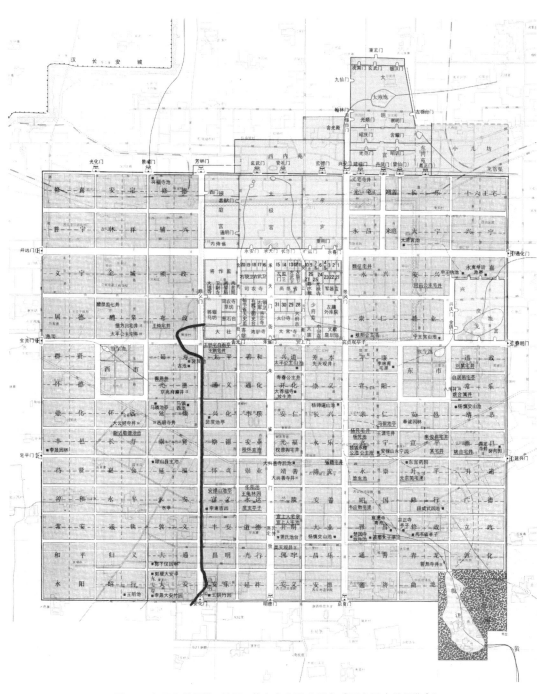

圖 10　唐長安城園林、池沼、井泉分布圖（選自《西安歷史地圖集》）

大明宮丹鳳門功能研究

杜文玉[*]

摘　要

　　丹鳳門爲唐大明宮正南門，在有唐時期的國家禮制方面有着重要意義。本文根據近年來的考古發掘和大量傳世文獻資料，系統論述了丹鳳門的建築特徵，及其在專供皇帝通行、頒佈大赦、宣佈改元、頒佈制敕與舉行宴會等方面的重要功能，努力重現這一建築在大唐時代的輝煌歷史。

關鍵詞

　　大明宮　丹鳳門　功能　禮制

　　丹鳳門是唐大明宮的正南門，其西爲建福門、興安門，其東爲望仙門、延政門，處在正中的位置，建於唐高宗龍朔二年（662）。丹鳳門不是一座單純出入宮廷的門式建築物，在國家禮制方面具有十分重要的意義，主要作用表現在皇帝登基、大赦、改元、宴見等方面。這些活動有的屬於外朝朝會，有的屬於禮儀方面的活動。關於丹鳳門功能的研究，至今尚未見到系統的成果出現，本文只是一個初步的研究，敬請方家指正。

一、概　　説

　　丹鳳門遺址在今西安市新城區二馬路與自强東路之間的革新街南口。爲了搞清其遺址的確切位置和基本情況，以便加以保護，考古部門曾多次對其進行過發掘。

　　早在 1957 至 1959 年對唐長安城進行大規模考古勘探時就已經確定，殘存的遺址爲一東西長 49.6 米、南北寬 29 米、高 2 米餘的土丘，上面占壓有現代房屋建築[②]。1961 年，唐大明宮遺址被國務院公佈爲全國第一批重點文物保護單位，丹鳳門遺址作爲大明宮的一部

---

* **作者簡介**：杜文玉（1951—），男，陝西渭南人，陝西師範大學歷史文化學院教授。

② 陝西省文物管理委員會：《唐長安城地基初步探測》，《考古學報》1958 年第 3 期，第 79—90 頁。中國科學院考古研究所：《唐長安大明宮》，北京：科學出版社 1959 年版，第 15—16 頁。

分，也得到了較有效的保護。幾十年來，其所在的土丘仍然大致保持原樣，沒有被毀壞。

2005 年 6 至 7 月，西安市政府爲實施大明宮含元殿御道保護工程，投巨資傾力遷移了含元殿御道範圍內的所有住戶以及學校、醫院和工廠等單位，並全部拆除了有關的建築物，涉及的區域長約 620 米、寬 400 米。這一工程爲丹鳳門遺址的全面發掘創造了極爲有利的條件。2005 年 9 月至 2006 年 1 月，爲配合西安市實施大明宮含元殿御道保護工程，中國社會科學院考古研究所西安唐城隊對丹鳳門遺址進行了全面發掘，取得了重要的考古成果，基本情況如下：

20 世紀五六十年代對丹鳳門基址進行發掘時，初步鑽探爲 3 個門道。這與文獻記載的情況不符，此次發掘擴大了發掘的範圍，共布探方 20 個，總計發掘面積達 7525 平方米。發掘結果表明，丹鳳門址是用黃土夯築而成，由東、西墩台和 5 個門道、4 道隔牆，以及東、西兩側的城牆和馬道組成。其中，門址西部的 3 個門道、隔牆、墩台以及城牆和馬道保存狀況較好；而東起第二門道之東半部以東的各部分則破壞嚴重，僅剩下最底部的夯土基礎。在墩台和馬道邊緣還發現部分包磚遺跡。整個門址基座東西長 74.5 米、南北寬 33 米、保存高度爲 2 米，唐代地面以下的基槽深 2.2 米。門向爲北偏東 1°20″，恰與含元殿中軸線的方向一致。

這次發掘的結果就與文獻記載完全一致了。之所以出現上次發掘的情況，一是發掘範圍較小，二是因爲西側 3 個門道的保存情況較好，而東起第一門道已經破壞無存，東起第二門道也僅存西半部分的緣故。從現存的門道遺跡，以及東部夯土基礎的輪廓與西部夯土基座的形狀和大小均相對應等現象判斷，這 5 個門道的形制及大小相同，淨寬皆爲 8.5 米（如果按兩側夯土隔牆之間的距離計算，則寬達 9.4 米）、南北進深爲 33 米（地表殘存部分最多爲 24 米）。所有門道內現存地面皆呈紅色，未發現一般門道面上常見的車轍、鋪磚或鋪石等痕跡。鑒於現存地面被燒成紅色，其上還覆蓋有一層紅黑夾雜的燒灰堆積，故推測當時門道內或有可能鋪有木地板，後被火焚毀[①]。

門址墩台的東、西兩邊均連接有夯土城牆，應爲大明宮的南宮牆。根據文獻記載和考古勘探結果，此城牆同時也是隋代大興城和唐長安城北城牆的東段部分，也就是説，大明宮的南宮牆是沿用已有的城牆，並不是新築的[②]。

---

① 以上均見中國社科院考古研究所西安唐城隊：《西安市唐長安城大明丹鳳門遺址的發掘》，《考古》2006 年第 7 期，第 39—49 頁。

② 宋代吕大防繪製的《長安城圖》石刻表明，大明宮的南牆與長安城的外郭城牆東段是一體的，考古勘探結果也證實了這一點，具體材料可參見陝西省文物管理委員會：〈唐長安城地基初步探測〉之圖 8 "唐長安城探測復原圖"，《考古學報》1958 年第 3 期；中國科學院考古研究所：《唐長安大明宮》圖 1 至圖 3，第 10、16 頁，北京：科學出版社 1959 年版。

在國家批准建設大明宮遺址公園以後,2010年1月,在丹鳳門原遺址上建成了丹鳳門及門樓,仍然保持了5個門洞的規制。這實際上是一座遺址保護性的建築物,採取了三層全鋼架結構,等於給遺址本身安裝了一個保護罩,相當於一座丹鳳門遺址博物館。在對遺址保護的同時,也可供遊人參觀和進行考古研究。其外觀色彩全部爲淡棕黃色,城台外表爲城磚紋理,城牆外表爲夯土牆紋理,古色古香,既體現了皇家宮門的形制、尺度和建築特徵,又使得建築物頗具雕塑感。由於丹鳳門在大明宮諸宮門中規格最高,故被譽爲盛唐第一門。

關於丹鳳門名稱,出自於《詩·大雅·卷阿》:"鳳凰鳴矣,于彼高岡。梧桐生矣,于彼朝陽。"周文王曾見鳳凰鳴於岐山,認爲這是吉兆,預示着周室將興。唐朝之所以將大明宮正門命名爲丹鳳門,是出自於《春秋演禮圖》的説法,所謂"鳳爲火精,在天爲朱雀。"又據《春秋元命苞》的説法:"火離爲鳳。"漢代以前稱朱雀爲鳳鳥。因此,丹鳳即朱雀,與玄武相對。中國古代把周天恒星劃分爲二十八宿,又把二十八宿分爲四宮,即東蒼龍、西白虎、南朱雀、北玄武。朱雀屬火,色赤。"因此,很多叫作朱雀的地名都指南面"①。

丹鳳門的名稱自確定以來,至唐肅宗至德三載正月(758)改爲明鳳門,"尋並卻如故"②。從史籍記載看,直到唐代宗寶應元年(762)時,仍然稱明鳳門③,説明丹鳳門的名稱至少使用了5年時間,此後再也沒有發生過變化。

衆所周知,唐朝的朝會分爲三類,即外朝、中朝與內朝。在大明宮未建成前,唐朝的外朝在太極宮承天門舉行,大明宮建成後,則移至這裏舉行。舉行外朝活動的場所,主要在含元殿,但是丹鳳門也是舉行外朝的場所之一。爲什麽丹鳳門也是舉行外朝朝會的場所呢?這還要從三朝朝會的淵源説起。據現有文獻記載,三朝之制源於西周,所謂"周有三朝:一曰燕朝,在路門之內,王國宗人嘉事之朝也,太宰、小臣掌焉;一曰治朝,在路門之外,王日聽治之朝也,宰夫、司士掌焉;一曰外朝,在庫門之外,詢萬民聽政之朝也,小司寇、朝士掌焉"④。其中外朝設在庫門之門,其內容主要包括三項,宋人林之奇的《尚書全解》卷一八《盤庚上》云:"司寇掌外朝之政,以致萬民而詢焉,一曰詢國危,二曰詢國遷。盤庚蓋將遷都,而謀於民,故使臣民皆至於外庭也。"這裏所謂的"民",就是先

---

① 李英:《大明宮外宮牆諸宮門名稱考》,《絲綢之路》2010年第24期,第40頁。
② 王溥:《唐會要》卷八六《城郭》,上海:上海古籍出版社2006年版,第1877頁。但是文淵閣四庫全書本卻記載爲至德三載正月二十七日,從其他諸書記載看,至德二載十二月時仍稱丹鳳門,説明文淵閣本的記載是正確的。
③ 王應麟:《玉海》卷144《含元殿大閲》:"代宗寶應元年九月壬寅,大閲明鳳門街。"南京:江蘇古籍出版社1988年版,第2670頁。
④ 葉時:《禮經會元》卷1下《朝儀》,文淵閣四庫全書,台北:臺灣商務印書館1983年版,第92冊,第39頁。

秦時期的"國人",他們都是擁有一定參政權力的社會階層。凡國家有重大事情,皆要徵詢其意見,比如上面所提到兩類情況,即國家發生危及其安全的大事,或者遷移國都,其王都要派人徵詢其意見。另一項内容林之奇漏而未述,另據宋人魏了翁所撰的《尚書要義》卷一一《洪範》云:"《周禮》小司寇掌外朝之政,以致萬民而詢焉。一曰詢國危,二曰詢國遷,三曰詢立君,是有大疑而詢衆也。"又增加了一項徵詢國人的内容,即擁立新君,也要徵詢國人的意見。這是上古時期制度的規定,其實在西周時期還增加了一項内容,即"外朝所在,朝覲四方諸侯之所"①。這就是後世在舉行外朝時接受外國及諸族使者朝覲之濫觴。

自從三朝朝會制度確定以後,爲歷代所沿襲,只是内容主要變成了接受外國及四方諸侯朝覲的禮儀性活動。由於上古時期的外朝朝會在庫門外舉行,而庫門即宫室之外門,所以歷代大都在皇宫正門外舉行,這就是將太極宫承天門作爲舉行外朝活動的場所的根本原因。可是大明宫舉行三朝朝會的場所與太極宫相比發生了較大變化,主要就是把外朝朝會移到了含元殿舉行,這樣就不符合古制了,於是便把丹鳳門也拉了進來,作爲舉行外朝朝會的場所之一。關於唐朝外朝朝會舉行的時間,是指每年元日與冬至的大朝會,其他時間即使在含元殿或者丹鳳門舉行的禮儀性活動也不能算外朝朝會②。

還有一點需要説明,即在元日和冬至大朝會上,往往還會有其他一些活動的内容,比如改元、大赦、大饗等。不過以上活動,如不在元日和冬至大朝會上進行,而是在其他時間舉行,則不能算外朝朝會的内容。此外,在丹鳳門還會舉行一些其他方面的禮儀活動,雖不屬於外朝朝會的範圍,但卻是丹鳳門的功能之一,因此也在本文的論述範圍之内。

二、專供皇帝通行之門

丹鳳門是供皇帝專門出入的通道,平時緊閉不開,百官及其他人員出入大明宫,通常在建福門,有時也在望仙門。關於這個問題,史籍中有大量的記載,如唐軍擊敗安史叛軍,收復長安,又從成都迎回太上皇李隆基,至德二載(757)十二月,唐肅宗"引玄宗自開遠門至丹鳳門,連棚夾道,兵馬旗幟昭曜都邑,耆老綑黄垂泣蹈舞,皆曰:'不圖今日天下再安,復睹二聖。'都人士女觀者萬億計。繇丹鳳門入大明宫,内外文武百僚先俟於含

---

① 許謙:《讀書叢説》卷 6《康王之誥》,文淵閣四庫全書,上海:上海古籍出版社 1987 年版。
② 以上參見杜文玉:《唐大明宫含元殿與外朝朝會制度》,《唐史論叢》第 15 輯,西安:陝西師範大學出版總社有限公司,2012 年,第 1—25 頁。

元殿前,以班序立,玄宗御殿。"[1]此外,唐人詩云:"文武千官歲仗兵,萬方同軌奏升平。上皇一御含元殿,丹鳳門開白日明。"[2]説明這年元日時,太上皇又一次自丹鳳門進入含元殿,主持了元日百官朝賀。丹鳳門改名明鳳門後,皇帝出入亦是如此,如"肅宗乾元三年春正月丁丑,將有事於九宮之神,兼行籍田禮。自明鳳門出,至通化門,釋輅而入壇,行宿齋于宫。"[3]

皇帝自丹鳳門出入乃是唐朝制度的規定,另據記載:"元和元年十二月,禮儀使高郢奏:《六典》:'凡駕行幸,有夜警晨嚴之制。……其行事畢後,南郊回,請准禮依時刻三嚴,太廟宿其後不嚴。及南郊回,於明德門裏鼓吹,引駕至丹鳳門。"[4]爲什麽引駕至丹鳳門呢?因爲皇帝是要從此門入宫的。可見皇帝從丹鳳門出入,乃是唐朝禮制的規定。胡三省也説:"唐之郊廟皆在都城之南,人主有事郊廟,若非自丹鳳門出,必由承天門出。"[5]正因爲如此,所以唐人詩曰:"丹鳳樓門把火開,先排法駕出蓬萊。棚前走馬人傳語,天子南郊一宿回。"[6]這是描寫皇帝出入丹鳳門前往南郊祭天的場景。再如唐昭宗被大宦官劉季述等廢黜,天復元年(901)正月,丞相崔胤與禁軍將領孫德昭等聯合,剷除亂党後,"丞相崔胤奉迎御丹鳳樓,率百辟待罪"[7]。昭宗被廢後,囚居於少陽院,而少陽院本來就在大明宫中,皇帝復位後,爲什麽不迎奉入含元殿或宣政、紫宸等殿,而要使其御臨丹鳳門樓呢?原因就在於這裏是昭示天下最好的場所。按照唐制,此時皇帝坐在門樓之上,當打開丹鳳門時,宰相率百官只能待罪於樓下,然後宣佈赦宥無罪。昭宗從丹鳳門再走這麽一遭,表示其又回到了大明宫,又成爲至高無上的皇帝,昭示的是一種象徵意義。

在丹鳳門與含元殿之間有御道相連,宋敏求《長安志》卷六載:含元殿"南去丹鳳門40餘步,中無間隔"。然《唐六典》、《太平御覽》卷四四引辛氏《三秦記》以及《玉海》、《唐兩京城坊考》、乾隆《西安府志》等書,均載其南距丹鳳門400餘步。説明這條御道實長400餘步,專門供皇帝行走,百官只能從御道兩邊的道路行走。此外,丹鳳門南面還開闢了寬闊的丹鳳門大街,寬120步,約合176米,是長安城中最寬的南北向大街[8]。由於這條大街頗爲寬闊,所以就成爲丹鳳門前舉行各種典禮的很好場所,如舉行大赦典禮、表演百戲等。

---

[1] 王欽若:《册府元龜》卷27《帝王部·孝德》,北京:中華書局1960年版,第298頁。

[2] 彭定求等:《全唐詩》卷511張祜二《元日仗》,北京:中華書局1960年版,第5838頁。

[3] 王溥:《唐會要》卷10下《籍田》,第292頁。

[4] 王溥:《唐會要》卷18《緣廟裁制下》,第422—423頁。

[5] 司馬光:《資治通鑑》卷237唐憲宗元和二年十一月條胡注,北京:中華書局1956年版,第7767頁

[6] 紀有功著,王仲鏞校箋:《唐詩紀事校箋》卷44王建《宮詞》,成都:巴蜀書社1989年版,第1196頁。

[7] 薛居正:《舊五代史》卷15《孫德昭傳》,北京:中華書局1976年版,第212頁。

[8] 中國社會科學院考古研究所西安唐城隊:《西安市唐長安城大明宫丹鳳門遺址的發掘》,載《唐大明宫遺址考古發現與研究》,北京:文物出版社2007年版,第188頁。原文説此街爲唐長安城中南北向的最寬的大街。

三、頒佈大赦的場所

在皇宮正門頒佈大赦是歷代王朝的一貫做法，據杜佑《通典》記載，至遲在北齊時已在閶闔門舉行這種典禮了。《隋書》卷二五《刑法志》亦載：北齊之制，"赦日，則武庫令設金雞及鼓於閶闔門外之右，勒集囚徒於闕前，撾鼓千聲，釋枷鎖焉。"杜佑曰："大唐令曰：'赦日，武庫令設金雞及鼓於宮城門外之右，勒集囚徒於闕前，撾鼓千聲訖，宣制，放其赦書，頒諸州用絹寫行下'"①。所以大赦之典必須在宮門前舉行。關於這一點，胡三省指出："唐初，天子居西內，肆赦率御承天門樓。自高宗以後，天子居東內，肆赦率御丹鳳門樓。"②肆赦，本意是指對因過失而非故意犯罪者的赦宥。因爲大赦對十惡之罪也不赦免，所以肆赦如果赦宥範圍是全國性的，與大赦並無本質的區別。

大明宮丹鳳門舉行大赦典禮表

時　　間	大赦原因	資料出處
肅宗至德二載（757）十二月	收復京師	《舊唐書》卷一〇③
肅宗乾元元年（758）二月	原因不詳	《玉海》卷六七
肅宗乾元元年（758）四月	郊廟祭祀	《册府元龜》卷八〇
肅宗乾元三年（760）四月	改元上元	《册府元龜》卷八八
肅宗上元二年（761）建卯月	改當年十一月爲歲首	《太平御覽》卷一一二
代宗寶應元年（762）五月	皇帝即位	《太平御覽》卷一一二
德宗大曆十四年（779）六月	皇帝即位	《册府元龜》卷八九
德宗建中元年（780）正月	改元建中，郊廟祭祀	《舊唐書》卷一二
德宗興元元年（784）正月	改元興元	《資治通鑑》卷二二九
德宗興元元年（784）七月	平定叛亂	《册府元龜》卷八九④
德宗貞元四年（788）正月	京師地震	《唐會要》卷四二
德宗貞元四年（788）五月	朔日受朝賀	《册府元龜》卷一〇七

① 杜佑：《通典》169《刑典七》，北京：中華書局1988年版，第4386頁。
② 司馬光：《資治通鑑》卷249唐宣宗大中十二年二月條胡注，第8190頁。
③ 王欽若《册府元龜》卷80《帝王部·慶賜二》載：至德二載"十二月戊午，帝御丹鳳門，大赦天下。"（第938頁）大誤，因爲唐肅宗至德二載十月丁卯才回到長安，如何能在前一年就在丹鳳門舉行大赦典禮？故上引《舊唐書》所記更爲可靠。
④ 上引《册府元龜》卷89沒有記載大赦原因，另據《資治通鑑》卷231記載：這年七月德宗因朱泚、李懷光之亂平定返回長安，大赦，卻沒有記載在何處頒佈大赦，綜合兩書記載，可以得出以上結論。

續　表

時　間	大赦原因	資料出處
德宗貞元六年（790）十一月	南郊大典	《唐會要》卷九下
德宗貞元九年（793）十一月	南郊大典	《册府元龜》卷八九
順宗永貞元年（805）二月	皇帝即位	《順宗實録》卷二
憲宗元和元年（806）正月	新帝即位，次年元日朝賀	《册府元龜》卷八九
憲宗元和二年（807）正月	郊廟祭祀	《唐會要》卷一〇上
憲宗元和三年（808）正月	皇帝受尊號	《舊唐書》卷一四
憲宗元和十三年（818）正月	元日受朝賀	《册府元龜》卷一〇七
穆宗元和十五年（820）二月	皇帝即位	《舊唐書》卷一六
穆宗長慶元年（821）正月	南郊大典，改元	《舊唐書》卷一六
穆宗長慶元年（821）七月	皇帝受尊號	《舊唐書》卷一六
敬宗長慶四年（824）三月	皇帝即位	《册府元龜》卷一〇八
敬宗寶曆元年（825）正月	南郊大典，改元	《唐會要》卷九下
敬宗寶曆元年（825）四月	皇帝受尊號	《舊唐書》卷一七上
文宗太和元年（827）二月	改元太和	《太平御覽》卷一一五
文宗太和三年（829）十一月	南郊大典	《舊唐書》卷一七上
武宗會昌元年（841）正月	南郊大典，改元會昌	《唐會要》卷九下
武宗會昌二年（842）四月	皇帝受尊號	《樊川集》卷一一
宣宗大中元年（847）正月	郊廟祭祀，改元	《舊唐書》卷一八下
懿宗咸通元年（860）十一月	郊廟祭祀，改元	《唐會要》卷九下
懿宗咸通四年（863）正月	南郊大典	《唐會要》卷九下
僖宗乾符元年（874）十一月	宗廟祭祀，改元	《舊唐書》卷一九下

　　從上表的統計來看，自唐肅宗以來的皇帝一般均在丹鳳門舉行大赦之典禮，並非從唐高宗時開始在鳳丹門舉行。之所以出現這一情況，根本原因就在於，雖然唐高宗自大明宮建成以來就移居之，但在其統治後期多居於洛陽。至於武則天則以洛陽爲神都，其統治晚期才回到長安，僅僅住了兩年，便又返回洛陽。因此，在高宗、武則天統治時期極少在丹鳳門舉行典禮活動。神龍元年（705），武則天垮臺後，唐中宗自洛陽返回長安，並没有住在大明宮，而是住在太極宮。正因爲如此，當中宗女安樂公主與武延秀結婚時，"帝御承天門，大赦，因賜民酺三日"①。唐睿宗也住在太極宮，景雲元年（710），即位時，"御承天門樓，大

---

① 歐陽修等：《新唐書》卷83《中宗八女傳》，北京：中華書局1975年版，第3655頁。

赦天下，常赦所不免並原之。”唐玄宗即位之初，也住在太極宮，先天二年（713）七月，誅殺太平公主之党後，“兵部尚書郭元振從上御承天門樓，大赦天下，自大辟罪已下，無輕重咸赦除之。”①玄宗後來移居於興慶宮，重大典禮仍多在太極宮舉行，皇帝真正在大明宮長期居住是從唐肅宗時開始的，此後唐朝諸帝舉行大赦典禮便多在丹鳳門舉行了，上表所統計的情況也可證明這一點。

不過唐朝諸帝舉行大赦典禮並非專在承天門或丹鳳門，唐高宗與武則天就多次在明堂舉行過，唐中宗在太極殿、唐玄宗在興慶宮勤政樓、唐代宗與德宗在含元殿、唐文宗和僖宗在宣政殿、唐昭宗分別在武德殿和長樂門均舉行過此類活動②。尤其唐昭宗多次在太極宮武德殿舉行大赦典禮，僅在文德元年（888）二月，因即位改元，在承天門舉行過一次大赦。他在天復元年正月恢復帝位時，在丹鳳門樓召見群臣，卻於當年三月，跑到長樂門舉行大赦，説明唐朝禮制到了其統治末期已是混亂不堪了。之所以這樣説，因爲對大明宮而言，含元殿與丹鳳門均爲舉行外朝的場所③，故在含元殿舉行大赦尚能説得過去，明堂爲布政之所，也可以舉行此類活動，在其他諸處舉行大赦則明顯不符合禮制。

在唐代大赦是一種非常隆重的典禮，除了豎金雞④、擊鼓，召集囚徒當面宣佈大赦制書外，還要派使者前往全國各地頒送赦書。如憲宗元和三年大赦時，“知樞密中使劉光琦黨庇同類，奏准舊例，散差中使，走馬往諸道送赦書。所貴疾速，意欲庇假其類，使至諸道受納財賂。”⑤既稱“奏准舊例”，可見這是一貫的做法，只是此次派出的使者爲宦官而已。按照唐制，大赦的制書應使用黃麻紙書寫，但從上引杜佑的説法看，頒送到各地的赦書則是用絹書寫的。此外，舉行大赦也是一種花費頗大的典禮活動，如唐宣宗大中十二年二月，“上欲御樓肆赦，令狐綯曰：‘御樓所費甚廣，事須有名；且赦不可數。’上不悦，曰：‘遣朕於何得名！’慎由曰：‘陛下未建儲宮，四海屬望。若舉此禮，雖郊祀亦可，況於御樓！’”證明凡頒佈赦書，皇帝必須親臨丹鳳門樓或承天門樓，而且還得事出有名，所以宰相崔慎由才建議宣宗早立太子，以便以此爲名，舉行大赦之典。那麼爲什麼説花費頗巨呢？胡三省説：“唐制：凡御樓肆赦，六軍十二衛皆有恩賚，故云所費甚廣。劉溫叟曰：故事，非

① 以上均見劉昫：《舊唐書》卷7《睿宗紀》，北京：中華書局1975年版，第162頁，同書卷八《玄宗紀上》也記載登承天門樓頒佈制書之事，卻未明確説是否大赦。

② 以上均見王欽若：《册府元龜》卷15《帝王部·年號》，第175—177頁。

③ 司馬光：《資治通鑑》卷173陳宣帝太建十一年正月條胡三省注曰：“以唐大明宮丹鳳門、太極宮承天門皆爲唐之外朝。”參見杜文玉：《唐大明宮含元殿與外朝朝會制度》，《唐史論叢》第15輯，西安：陝西師範大學出版總社有限公司2012年版，第1—25頁。

④ 參見于賡哲、吕博：《中古放赦文化的象徵——金雞考略》，《陝西師範大學學報》2010年第3期，第102—109頁。

⑤ 蔣偕：《李相國論事集》卷一《論請驛遞赦書狀》，文淵閣四庫全書，上海：上海古籍出版社1987年版，第446册，第211—212頁。

肆大眚不御樓,軍庶皆有恩給。"①

四、宣佈改元的場所

在唐後期丹鳳門樓還是皇帝舉行改元大典的重要場所。不過唐朝改元並没有固定的場所,唐前期多在承天門、太極殿舉行,明堂與興慶宫勤政樓也舉辦過此類活動。唐後期除了丹鳳門外,含元殿、宣政殿也是舉辦改元大典的場所,甚至在太極宫武德殿、長樂門都舉行過改元之典②。但是在丹鳳門樓舉行改元的次數明顯多於其他場所,尤其是自唐肅宗以來,大量的此類活動都在丹鳳門舉行。之所以多在這裏舉行,是因爲改元典禮本來就屬於外朝活動的内容,而丹鳳門就是舉行外朝活動的場所,所以在這裏舉行改元典禮順理成章。

從文獻記載的情況看,凡在丹鳳門舉行的改元活動,多是在皇帝舉行祭祀典禮之後,回宫後再在當日駕御丹鳳門樓舉行的。此類祭祀活動大體可分爲南郊圜丘祭天大典,如"寶曆元年正月乙巳朔。辛亥,親祀昊天上帝於南郊,禮畢,御丹鳳樓,大赦改元。"③"會昌元年正月辛巳,有事於郊廟,禮畢,御丹鳳樓,大赦改元。"④此外,皇帝在太廟舉行祭祀活動後,也會在丹鳳門舉行改元典禮的。如乾符元年十一月庚寅,"上有事於宗廟,禮畢,御丹鳳門,大赦,改元爲乾符"⑤。類似的記載還很多,就不一一列舉了。不過皇帝舉行郊廟之禮後,往往會宣佈大赦,但不一定都會改元,如果要改元,則多在丹鳳門舉行,所以說丹鳳門樓是唐後期舉行改元典禮的重要場所則並不爲過。

五、觀戲與大閲

丹鳳門樓前的大街長 1500 米,寬 176 米,除了太極宫前横街外,它算是長安城中最寬的大街了。正因爲如此,所以有唐一代也在這裏舉行一些盛大的活動,觀戲便是其中一種。如元和十五年(820)正月,唐穆宗即皇帝位。"二月丁丑,大赦。賜文武官階、爵、高年粟帛。二王后、三恪、文宣公、嗣王、公主、縣主、武德配饗及第一等功臣家予一子官。

① 司馬光:《資治通鑑》卷 249 宣宗大中十二年二月條及胡注,第 8190—8191 頁。
② 據王欽若:《册府元龜》卷 15《帝王部·年號》載:唐昭宗先後四次在武德殿,一次在太極宫長樂門宣佈改元,第 177 頁。
③ 王溥:《唐會要》卷 9 下《鑾駕還宫》,第 228 頁。
④ 王溥:《唐會要》卷 9 下《鑾駕還宫》,第 229 頁。
⑤ 劉昫:《舊唐書》卷 19 下《僖宗紀》,第 692 頁。

放没掖庭者。幸丹鳳門觀俳优"①。在唐代舉行俳优百戲表演的場所没有一定之規,大明宮的含元殿、宣和殿、麟德殿、永安殿、銀台門,此外,太極宮玄武門、皇城安福門、興慶宮勤政樓等處,皆舉行過此類表演,丹鳳門只不過是其中之一罷了。

唐朝偶而也在丹鳳門大街舉行大閱典禮,如"寶應元年九月壬寅,大閱明鳳門街。"②所謂"大閱",即檢閱軍隊的操練,也就是舉行講武之禮。唐制:"仲冬之月,講武於都外。前期十有一日,所司奏請講武,兵部承詔,遂命將帥簡軍士"云云③。但是在特殊情況下,亦在其他場所舉行此禮,肅宗就曾在含元殿庭就舉行過此類活動。此次代宗在九月份舉行此禮,且選在丹鳳門街舉行,是因爲唐朝即將對安史叛軍發動大規模的攻勢,且又從回紇借了軍隊,爲了顯示朝廷軍威和表示平叛的決心,故選在這一時機舉行了這場活動。

六、頒制與宴會

唐朝皇帝頒佈重要的制敕,通常都對頒佈的場所有所選擇。如唐玄宗天寶十五載(756),安禄山叛軍攻破潼關,玄宗御興慶宮勤政樓,下制親征。除了重大軍國之務頒制時要選擇重要的場所外,凡皇帝下制大赦天下時,也要對場所有所選擇,並舉行隆重的典禮。丹鳳門樓便是皇帝頒佈重要制敕的場所之一,如天寶八載(749),哥舒翰從吐蕃手中攻下石堡城後,"獻功於朝。帝御丹鳳樓會群臣,下制褒獎"④。之所以選在丹鳳樓頒制褒獎,亦有向天下宣揚大唐軍威的意思。再如至德二載(757)十月壬申,"上御丹鳳門,下制:'士庶受賊官禄,爲賊用者,令三司條件聞奏;其因戰被虜,或所居密近,因與賊往來者,皆聽自首除罪;其子女爲賊所汙者,勿問。'"⑤此次在丹鳳門樓頒制,是因爲唐軍擊敗叛軍,收復京師,故必須找一處重要的場所,隆重頒制,以宣示天下。類似這樣的事例還可以再找出若干,這就説明凡是重大制敕,尤其與軍事有關的,便選擇丹鳳樓作爲頒佈的場所,因爲其畢竟是舉行外朝朝會的場所之一,地位十分重要。

唐代舉辦宮廷宴會的場所很多,諸殿閣及門樓都可成爲這樣的場所,其中也包括丹鳳門樓在内。從史書記載的情況看,以唐玄宗開元時期舉辦的最多。如開元七年(719),"御丹鳳樓,宴九姓同羅及契丹,各賜物一百段,小妻主友三十段"。次年十一月己巳,"御

---

① 歐陽修等:《新唐書》卷8《穆宗紀》,第222頁。又據《舊唐書》卷16《穆宗紀》載:"陳俳优百戲於丹鳳門内"。(第476頁)
② 王應麟:《玉海》卷144《含元殿大閱》,第2670頁。
③ 蕭嵩等:《大唐開元禮》卷85《軍禮·皇帝講武》,北京:民族出版社2000年版,第408頁。
④ 王欽若:《册府元龜》卷434《將帥部·獻捷》,第5158頁。
⑤ 司馬光:《資治通鑑》卷第220肅宗至德元年十月條,第7161頁。

丹鳳樓,宴九姓蕃安等,設九部樂"①。開元九年九月丁巳,"御丹鳳樓,宴突厥首領"②。開元十八年(730),"突騎施遣使入貢,上宴之於丹鳳樓,突厥使者預焉。二使爭長,突厥曰:'突騎施小國,本突厥之臣,不可居我上。'突騎施曰:'今日之宴,爲我設也,我不可以居其下。'上乃命設東、西幕,突厥在東,突騎施在西"③。以上史料顯示在這裏宴見者均爲諸國、諸族使者。其實在這裏宴見本朝諸將、群臣也是有的,如開元九年四月,上"御丹鳳樓,宴平胡節將王晙、郭知運、王智方、高崇、謝知信等,四品以上清官及供奉官陪宴"④。唐後期雖然不排除在丹鳳門樓舉行此類活動,但是更多的還是在宮内諸殿閣舉辦。

① 王欽若:《冊府元龜》卷110《帝王部·宴享二》,第1308頁。
② 劉昫:《舊唐書》卷8《玄宗紀上》,第182頁。
③ 司馬光:《資治通鑑》卷213唐玄宗開元十八年十二月,第6911頁。
④ 王欽若:《冊府元龜》卷110《帝王部·宴享二》,第1309頁。

不睹皇居壯，安知天子尊

——唐長安城外郭城諸門的地位及功能

韓　香[*]

摘　要

　　本文通過鉤稽相關史料，探討了唐都長安外郭城四面十二城門的功能及地位。作者指出：北面諸門因在官城之西，接漢長安故城，主要是僅供皇族、貴族、官員等出入，不作爲庶民交通的出入口；南面諸門，一方面因有皇家重要祭壇分佈，地位較高，又因靠近終南山，是京都學子習業山林、士庶競相置業的好去處；東西諸門是唐長安城的對外來往與行人的主要出入口，相對南北諸門來説，要繁華得多。唐代中後期後，上述諸門的功能都趨於開放，呈現出熱鬧繁華的景象。

關鍵詞

　　唐長安城　外郭城　城門

　　唐代的都城長安，既是當時首善之區，也是整個東亞地區文明的中心，吸引了各方人士前來，同時也相應地承載着龐大的流動人口出入與國家各項活動開展的使命與任務，這其中城門的地位與功能不可忽視，而唐長安外郭城門作爲溝通城内城外聯繫的重要通道和樞紐，尤其值得關注。

　　唐代長安城的外城門分佈在長安外郭城的東西南北四周，每面各有三座城門。北面三門：東芳林門，中景曜門，西光化門[①]；南面三門：東啓夏門，中明德門，西安化門；西面三門：北開遠門，中金光門，南延平門；東面三門：北通化門，中春明門，南延興門。因長安城外郭城東西較長，南北較短，呈矩形格局，加之修建者的理念與佈局特色，及市民出入的方便及需要，其外郭城諸門也各具功能，地位也並不相同，尤其在中晚唐時期，外郭城諸門趨向繁榮與開放。

---

*　**作者簡介：** 韓香（1969—），女，新疆烏魯木齊人，陝西師範大學中國西部邊疆研究院教授。

①　北面應有四座城門，三座在官城以西，另一座在官城以東，只是通往禁苑的北門，後面成爲大明宮的南面五門之一。這裏北面三門主要指官城以西三門。

一、北面諸門：漢家陵闕映黃昏

唐長安城的北門也即唐禁苑之南面，北面三門（芳林、景曜、光化[①]）皆在宮城之西。因東近皇宮，北向禁苑，西接長安故城，非普通人出入之處。《長安志》卷六載“禁苑在宮城之北，東西二十七里，南北三十三里。東接灞水，西接長安故城，南連京城，北枕渭水……南面三門，中曰景曜門，東曰芳林門，西曰光化門”[②]。程大昌《雍錄》云“禁苑廣矣，西面全包漢之都城，東抵灞水，其西南兩面攙出太極宮前，與承天門相齊；承天門之西面排立三門，皆禁苑之門也，曰光化，曰芳林，曰景曜，皆南向”[③]。可知這三座城門均爲禁苑城門，主要是僅供皇族、貴族、官員等出入，不作爲庶民交通的出入口。

北面三門中，光化門的政治功能要強一些。高宗永徽元年（650）五月寶王吐蕃贊府薨，帝舉哀於光化門，遣右武侯將軍鮮于濟齎璽書往吊祭之[④]。武宗會昌三年（843），嫁與回鶻的太和公主自蕃還京，武宗“詔左右神策各出軍二百人，及太常儀仗鹵簿，從長樂驛迎公主入城。其日，改封定安大長公主，罷太和公主府。宰臣及文武百寮於章敬寺門立班候參。參畢，太和公主便赴太廟（皇城安上門內道東，即皇城東南隅），謁憲宗穆宗二室，回從光化門入內”。[⑤]

另外長安外郭城光化門“西北出趣長安故城（漢故城）”，[⑥]即漢長安城遺址。其西北隅的修祥、金城、修真、普寧四坊便因靠近故漢城，至唐代仍保留漢代廟、園、陵、苑遺址九所，被稱之爲是漢代的遺址區，故這些坊內的住户較少。至於其他近北諸坊，也因離宮城較近，住户也不會太多。《唐會要》云武宗會昌五年（845）因百官私建家廟，擔心外郭城“近北諸坊，漸逼宮闕”，因而規定“天門街左右諸坊，不許置廟”。[⑦]

光化門北有梨園。據《雍錄》載：“梨園，在光化門北”。[⑧] 不過皇室勳貴與文武百官等多從芳林門入集梨園。《舊唐書·中宗紀》載中宗景龍四年（710）二月庚戌，“令中書門下供奉官五品已上、文武三品已上並諸學士等，自芳林門入集於梨園毬場，分朋

---

① 《隋書》卷29《地理志》記隋大興城北面有“光化一門”，北京：中華書局1997年版，第209頁。唐代在外郭城北面芳林、光化二門中間新開一座景曜門。

② 〔宋〕宋敏求撰：《長安志》卷6《唐宮室》，〔清〕畢沅校正，臺灣：成文出版社1970年版，第133—134頁。

③ 〔宋〕程大昌撰：《雍錄》卷3，黃永年點校，北京：中華書局2002年版，第49頁。

④ 《冊府元龜》卷974，外臣部，褒異一，北京：中華書局1960年版，第11443頁。

⑤ 《唐會要》卷6，雜錄條，上海：上海古籍出版社1991年版，第90頁。

⑥ 《長安志》卷7《唐京城》，第158頁。

⑦ 《唐會要》卷19《百官家廟》，第453頁。

⑧ 《雍錄》卷9，第197頁。

拔河，帝與皇后、公主親往觀之"①。 梨園是唐代皇室貴族及官員學士的遊玩、競技及聚會場所，芳林門、光化門是宮廷成員及官吏們出入梨園的必經通道。另外，芳林門等也是出入宮廷的通道及遊樂場所。《太平御覽》記景龍四年正月八日立春，"上命侍臣自芳林門經苑東度入仗，至望春宮迎春。内出彩花樹，人賜一枝"②。憲宗元和三年（808）四月甲寅，"（上）御芳林門，張樂設百戲"③。

《雍錄》云"唐大内有三苑，西内苑也，東内苑也，禁苑也，三者皆在兩宫之北，而有分別……（三苑）地廣而居要，故唐世平定内外禍難，多於苑中用兵也"④。因而唐長安郭城的北面三門作爲禁苑的南門，也常常成爲宮廷爭鬥出入口。如《舊唐書・高士廉傳》云在玄武門事變中，"及將誅隱太子，士廉與其甥長孫無忌並預密謀。六月四日，士廉率吏卒釋系囚，授以兵甲，馳至芳林門，備與太宗合勢。太宗升春宫，拜太子右庶子"⑤。

雖然外郭城北面三門一般不會對庶民開放，倒是芳林諸門等常常成爲皇室與居於附近諸坊的佛寺高僧來往的通道口。如修德坊的興福寺，原名弘福寺，太宗爲穆皇后追福立，神龍元年改爲興福寺，位於修德坊（里）的西北隅，太宗時期便設有官府支持的大型譯場，也有由皇家支持的講經活動，曾廣詔天下名僧居之。玄奘從西域回來，便在此寺西北禪院翻譯佛經。⑥該寺離芳林門很近，大概皇家與寺内高僧交往常從此門出入。後玄奘移居大慈恩寺，爲上座。顯慶元年（656），唐高宗撰成《大慈恩寺碑》，玄奘率寺僧及京城僧尼至芳林門迎取。據載："（四月）十四日旦，方乃引發，幢旛等次第成列，從芳林門至慈恩寺，三十里間，爛然盈滿。帝等安福門樓望之甚悦，京都士女觀者百餘萬人"⑦。

中晚唐後，寺院逐漸成爲大衆文化場所，在寺院中俗講非常流行，德宗憲宗時，曾頒詔允許俗講，皇室也熱衷於此。《册府元龜》載"（憲宗元和）十二年四月，命右神策軍護軍中尉第五守進，以衆二千築夾城，自雲韶門、芳林門，西至修德里，以通於興福寺。又置新市於芳林門南"⑧。憲宗沿郭城北壁修築了自雲韶門過芳林門西通修德坊興福寺的夾城，大概是爲了方便參與觀經及俗講等。如在敬宗寶曆二年（826）六月已卯，"上幸興

---

① 《舊唐書》卷7《中宗紀》，第149頁。《資治通鑑》亦載此事，見卷209唐睿宗景雲元年正月庚戌，第6639—6640頁。

② 《太平御覽》卷20《時序部五》，春分條，第99頁上欄。

③ 《册府元龜》卷111《帝王部》，宴享三，第1316頁上欄。

④ 《雍錄》卷9《唐三苑説》，第195—196頁。

⑤ 《舊唐書》卷65《高士廉傳》，2442頁。

⑥ 〔唐〕慧立、彦悰：《大慈恩寺三藏法師傳》卷7載："（玄奘法師）以貞觀十九年二月六日，奉敕於弘福寺翻譯聖教要文，凡六百五十七部"，北京：中華書局1983年版，第147頁。

⑦ 〔唐〕慧立、彦悰：《大慈恩寺三藏法師傳》卷9，第189頁。

⑧ 《册府元龜》卷14《帝王部》，都邑二，第160頁下欄；《唐會要》卷30亦載："（元和）十二年四月，詔右神策軍。以衆二千築夾城，自雲昭門過芳林門，西至修德里，以通於興福佛寺"，雜記條，第562頁。

福寺,觀沙門文漵俗講"①。

　　與此同時,北面三門不對庶民開放情況也有所改變。前引《册府元龜》載"置新市於芳林門南",此新市爲何? 史載不詳。憲宗在築夾城同時,在門南置新市,顯然應與佛寺有很大聯繫。《長安志》卷七《唐京城》芳林門條畢沅注曰:"隋曰華林門,北入苑。元和十三年(818),西市百姓於芳林門置無遮僧齋。"②《册府元龜》亦云元和"十三年四月甲寅幸興福寺,賜絹三百疋。辛酉,西市百姓於芳林門爲無遮僧齋,命中使以香施之"③,可知這個新市與一些重要的佛事活動有關。史籍中所提到的無遮僧齋大會是佛教舉行的一種廣結善緣,不分貴賤、僧俗、智愚、善惡都一律平等對待的大齋會,場面比較宏大。雖然這個新市大概並非貿易場所,但既有西市百姓參與,可知芳林門及週邊等已漸向庶民開放。唐末有"芳林十哲"④,謂自此門入交中貴(宦官)也,可知此處也是士人求官入仕的通道。北面諸門在唐代中後期逐漸開放並開始世俗化。

二、南面諸門:皇家威儀照寰丘

　　唐長安城皇城南面有三座城門:東安上門、中朱雀門、西含光門。外郭城南面也有三座城門:東啓夏門、中明德門、西安化門。朱雀門和明德門相對,中間是朱雀街,這是外郭城南北向最寬街道。

　　唐長安城的南面,居民相對稀少。當初隋文帝創建大興城,"以京城南面闊遠,恐竟虛耗,乃使諸子並於南郭立第"⑤。然而至唐時,情況並無大的改觀。特別是靠近南面城牆的各坊,地處偏遠,居民稀疏,比較空曠,有時且成爲耕田。《長安志》載:"自朱雀門南第六橫街以南率無居人第宅……"注曰:"自興善寺以南四坊,東西盡郭率無第宅,雖時有居者,煙火不接,耕墾種植,阡陌相連。"⑥該地區俗稱"圍外"⑦。儘管如此,唐長安外

① 《資治通鑑》卷243,第7850頁。
② 《長安志》卷7《唐京城》"開明坊"條,第157頁。
③ 《册府元龜》卷52《帝王部》,崇釋氏二,第578頁下欄。
④ 〔五代〕王定保撰《唐摭言》卷9載:"咸通中自雲翔輩凡十人,今所記者有八,皆交通中貴,號'芳林十哲'。芳林,門名,由此入內故也。"上海:上海古籍出版社1978年版,第101頁。
⑤ 〔清〕徐松撰,李健超增訂:《增訂唐兩京城坊考》(修訂本)卷4《歸義坊》,西安:三秦出版社2006年版,第243頁。
⑥ 《長安志》卷7《唐京城》,第164頁。
⑦ 李德裕:《奉宣今日以後百官不得於京城置廟狀》云:"伏以朱雀門至明德門,凡有九坊,其長興坊是皇城南第三坊,便有朝官私廟,實則逼近宮闈。自威遠軍向南三坊,俗稱圍外,地至閑僻,人鮮經過,於此置廟,無所妨礙。臣等商量,今日以後,皇城南六坊內不得起私廟;其朱雀街緣是南郊御路,至明德門夾街兩面坊及曲江側近,亦不得置;餘圍外深僻坊,並無所禁。"見《全唐文》卷706,北京:中華書局1983年版,第7245頁下欄。

郭城南面三門的地位仍至關重要。其中明德門是長安外郭城之正門，而且隋唐時期皇家重要祭壇就在南面。

明德門作爲長安城外郭城的正南門，北對皇城正門朱雀門和宮城正門承天門，南出抵終南山八十里，是長安城中三座最大的城門之一。明德門和朱雀門之間有長達5公里餘，寬大150米的寬大街道，是唐長安城最主要的南北幹道[1]，也是外郭城南北向最寬街道，明德門遺址在今西安市南郊楊家村南。1972年10月至1973年1月，中國科學院考古研究所西安工作隊對明德門遺址進行了發掘。據考古探測得知：其地下堆積層有大量的磚瓦和紅燒土，可知明德門是被火燒後廢棄的，共有五個門道[2]。除明德門之外，唐長安城的東南西三面還有八個城門，這八個城門均爲三個門道，惟明德門是五個，因爲它是長安城的正門之故。

明德門始建於隋開皇二年，唐永徽年間重建。據《册府元龜》載高宗永徽三年（652）"十月修築京師羅城，和雇雍州四萬一千人，三十日功畢，九門仍各施觀，明德門一觀至五門"[3]。五個門道建築形式相同，各門道中的門檻上有車轍的溝槽，有四個車轍，一個門道可以兩車並行。但五個門道中只有東西兩端的兩個門道有車轍，有的車轍是從中間三個門道的前面繞至兩端的門道通行的，發掘者認爲其兩端的二門爲車馬出入通行的，其次二門爲出入通行的，中間門道很可能是專供皇帝每年南郊"郊祀"和其他出行時通行的[4]。辛德勇先生結合含光門的發掘情況認爲：長安城凡有三個或五個門道的城門，都是中間一個具有特殊用途，很少行車，一般出入均經由兩端的兩座城門通過。明德門中間三門平常也都閉置不開，不應當有兩座專門行人的門道。但皇帝御道也只能佔用中間一個門道，那麼其餘兩個門道大概就只能是留待在舉行祀天大典等重要活動時，通行貴臣重戚的車馬了[5]，筆者同意這個看法。另外從發掘出土的大量磚瓦和粉面彩繪磚，證明歷史文獻上記載明德門是有城門樓的[6]。據史載高宗永徽五年（654）十一月十一日"和雇雍州夫四萬一千人，修京羅城郭，九門各施觀，明德觀正門，以工部尚書閻立德爲始"[7]。可知此門樓高大宏偉，聳立在長安城中軸綫上，通向150公尺寬的朱雀門街，使長安城更爲壯麗。

---

① 傅熹年：《唐長安明德門原狀的探討》，《考古》1977年第6期，第409頁。
② 中國科學院考古研究所：《唐長安城明德門遺址發掘簡報》，《考古》1974年第1期，第33—34頁。
③ 《册府元龜》卷14《帝王部》，都邑二，第156頁上欄。
④ 中國科學院考古研究所：《唐長安城明德門遺址發掘簡報》，第39頁。
⑤ 辛德勇：《隋唐兩京叢考》，西安：三秦出版社2006年版，第14—15頁。
⑥ 中國科學院考古研究所：《唐長安城明德門遺址發掘簡報》，第39頁。
⑦ 《唐會要》卷86，城郭條，第1876頁。

　　既然明德門作爲長安外郭城之正門，其所通南門之郊外往往是舉行祀天大典之處，朱雀門街乃是君主躬臨此祭的所經之路。《全唐文》載李德裕奏狀云"今令（百官）城外置廟，稍異禮文，書於史策，必虧聖政……臣等商量……其朱雀街緣是南郊御路，至明德門，夾街兩面坊及曲江側近，亦不得置（廟）。餘圍外深僻坊，並無所禁"①。因而經朱雀大街至明德門是皇家御路，明德門的地位也至關重要。

　　那麼南郊的重要祭壇在哪裏呢？

　　《長安志》載："南郊壇、百神壇、靈星壇以上並在縣南十五里啓夏門外"②。又云"黃帝壇、百神壇、赤帝壇以上並在縣南一十里安化門外"③。《大唐郊祀錄》卷五載五郊壇的黃郊壇"在安化門外一里半道西……廣四丈、高五尺"；赤郊壇"在明德門外道西二里……廣四丈，高七尺……立夏之日，祀赤帝赤熛怒於南郊壇（赤郊），季夏土王日，祀黃帝含樞紐於南郊（黃郊）"④，這裏的黃郊壇、赤郊壇大概就是指黃帝壇、赤帝壇。

　　但南郊最重要的祭壇則是圜丘，也即南郊壇。自魏晉至隋唐，在南郊寰丘的祭天活動是王朝最重要的禮儀活動。

　　明德門東爲啓夏門，遺址在今西安植物園西南。啓夏門外西南二里有寰丘、太一、靈星三壇。宋代時，百神、靈星二壇已毀，唯寰丘獨存⑤。這是南郊最重要的祭壇。1999年考古工作者對寰丘進行科學發掘，其結構與文獻記載大體吻合。

　　圜丘位於陝西師範大學南操場西側，西南距陝西廣播電視發射塔650米，在唐明德門遺址以東950米，約合唐代的二里，與文獻記載相符。圜丘遺址高出現代地面8米，經考古發掘，唐圜丘的基本形制是四層圓壇，第一層（最下層）圓壇面徑約54米，第二層面徑約40米，第三層面徑約29米，第四層(頂層）面徑約20米。各層高1.5—2.3米不等，每層圓壇都設有十二陛（即上臺的階道)，均勻地分佈在圓壇四周呈十二層分佈，午陛（即南階）比其餘十一陛寬，是皇帝登壇的階道。全壇是素土夯築而成，無磚石包砌痕跡，臺壁和臺面均用黃泥抹平，其上再抹一層摻和了穀殼和秸稈的白灰面，外觀爲潔白的壇體。發掘揭露出來的圜丘與文獻記載大體吻合，但在具體尺寸上有出入。

　　唐圜丘始建於隋文帝時，《隋書·禮儀志》載："高祖受命，欲新制度。乃命國子祭酒

---

① 《全唐文》卷706李德裕：《奉宣今日以後百官不得於京城置廟狀》，第7245頁下欄。
② 《長安志》卷11《萬年》，第256頁。
③ 《長安志》卷12《長安》，第283頁。
④ 〔唐〕王涇撰：《大唐郊祀錄》卷5，上海古籍出版社藏民國四年張氏刻適園叢書本，第309—310頁。
⑤ 〔宋〕張禮撰：《遊城南記》載：北宋元祐元年（1086）張禮"出啓夏門，覓南郊、百神、靈星三壇"，注云："三壇在門（啓夏門）外西南二里。百神、靈星二壇頗毀，二寰丘特完"，史念海、曹爾琴校注，西安：三秦出版社2006年版，第87頁。

辛彦之議定祀典。爲圜丘於國之南，太陽門外道東二里……祀昊天上帝於其上，以太祖武元皇帝配"①。

唐代自高祖武德時遂成定制。《資治通鑑》貞觀二年（628），十一月，辛酉，上祀圜丘。注曰：武德元年，制每歲冬至，祀昊天上帝於圜丘，以景帝配②。《唐會要》亦載："武德初，定令：每歲冬至，祀昊天上帝於圜丘，以景帝配。其壇在京城明德門外道東二里。壇制四成，各高八尺一寸，下成廣二十丈，再成廣十五丈，三成廣十丈，四成廣五丈。每祀則昊天上帝及配帝設位於平座，藉用槀秸，器用陶匏。五方上帝、日月、内官、中官、外官及衆星，並皆從祀。"③ 唐之明德門即隋代的太陽門。此外每歲正月的祈穀之禮，每歲孟夏行雩之禮也在圜丘舉行④。每歲正月的祈穀之禮，皇帝也親自參加。元和元年（806），禮制，皇帝駕幸圜丘祈穀，"及南郊回，於明德門裏鼓吹，引駕至丹鳳門"⑤。

據史載自唐高祖到唐昭宗近三百年有十九位皇帝在這個圜丘上進行過祭天活動⑥。其規格之高，非一般祭壇可比。其中皇家的祭天大典，即是從太極宮太極殿出發，經過宮城南門承天門，沿承天門街至朱雀大街，出明德門至寰丘。可以説自太極殿（後爲大明宮宣政殿）向南延伸的連接承天門—朱雀門—明德門這條南北大街，是當時王朝禮儀的軸綫⑦。明德門是通往圜丘的祭天之路出口，地位至關重要。

因祭天等是隋唐王朝禮儀中最重要的部分，參加者往往是上至皇帝，下至文武百官、外國使節等，場面頗爲宏達。而普通百姓是沒有機會接近圜丘的，因此隋唐文學作品中有關圜丘的描述較少⑧。徐彦伯在參加了長安二年（703）武則天在長安城圜丘進行的祀天活動後，作《南郊賦》云："煌煌靈臺，告成功兮。我君孝享，亞坤宮兮"⑨ 等，這是爲數不多的關於唐代前期的關於圜丘祭祀的描述。唐代後期圜丘祭祀大典有賴日本留學長安僧人圓仁的記載，圓仁在日記裏簡要記載了武宗會昌元年（841）正月八日南郊祭祀情景，"早朝出城，幸南郊壇，壇在明德門前。諸衛及左右軍廿萬衆相隨。諸奇異事，不可勝計"⑩。

① 《隋書》卷6《禮儀志一》，第116頁。
② 《資治通鑑》卷193，太宗貞觀二年十一月辛酉，第6059頁。
③ 《唐會要》卷9，雜郊議上，第167頁；《舊唐書》卷21《禮儀志》，第820頁。
④ 《大唐郊祀録》，第303—304頁。
⑤ 《唐會要》卷18，"原廟裁制下"條，第423頁。
⑥ 安家瑤、李春林：《陝西西安唐長安城圜丘遺址的發掘》，《考古》2000年第7期，第46頁。
⑦ 〔日〕妹尾達彦著：《長安的都市計畫》，高兵兵譯，西安：三秦出版社2012年版，第146頁。
⑧ 安家瑤：《唐長安城的寰丘及其源流》，中國社科院考古所編：《21世紀中國考古學與世界考古學》，北京：中國大百科全書出版社2002年版，第509—510頁。
⑨ 《全唐文》，卷267，第2715頁下欄。
⑩ 〔日〕圓仁撰：《入唐求法尋禮行記》卷3，顧承甫、何泉達點校，上海古籍出版社1986年版，第147頁。

　　鑒於此，長安城南面三門中，明德門做爲長安城正門，更多出於禮儀的需要和王朝的象徵，關於庶民出入的記載並不多。

　　不過儘管南面荒僻，人煙稀少，但南面正對終南山，其山谷平原與長安城郭相接，是京師士庶遊賞玩樂避暑之勝處，更是達官顯貴建莊園別業的首選，同時終南山也是修行隱居之所，所以南面的啓夏門、安化門也是士庶貴宦經常出入之處。

　　明德門東爲啓夏門，從啓夏門可直趨終南山及南郊。《太平廣記》記載"唐開元中，有吳人陸生，貢明經舉在京。貧無僕從，常早就識，自駕其驢。驢忽驚躍，斷轡而走。生追之，出啓夏門，直至終南山下，見一徑，登山，甚熟……"①。又有"趙操者，唐相國憬之孽子也，性疏狂不慎，相國屢加教戒，終莫改悔。有過懼罪，因盜小吏之驢，攜私錢二緡，竄於旗亭下。不日錢盡，遂南出啓夏門，恣意縱驢，從其所往。俄屆南山，漸入深遠，猿鳥一徑，非畜乘所歷"②。《太平廣記》雖爲筆記小說，故事情節多爲虛構，但某些故事發生的場景、地點應是真實的。由此可知啓夏門是唐人出長安城前往終南山的重要出口。

　　明德門西爲安化門，也是從城南及南郊出入京城的地方，其位置在今西安南郊北山門口村以東約200米，東距明德門1360米處。該處尚有殘存於地面大小不等之夯土兩堆，其東西42.5米，南北10米，面積425平方米，有寬度爲7.2米之門洞三個③。今地面遺址全部破壞。安化門爲南牆之西門，其北遙對城北禁苑之芳林門，清明渠流經安化門向北流入皇城、宮城。

　　《太平廣記》載元和中，有"鳳翔節度李聽，從子琯，任金吾參軍。自永寧里出遊，及安化門外，乃遇一車子，通以銀裝，頗極鮮麗，駕以白牛，從二女奴，皆乘白馬，衣服皆素，而姿容婉媚……"④可知安化門也是出城之重要出口。

　　鑒於長安城南面與終南山相連。因而南城外成了達官貴人置宅建業首選。唐代中後期，京城許多達官貴人置別業於城南，使得城南平原也熱鬧起來。唐長安城著名的韋杜家族（京兆韋氏、杜氏）別業就在長安南郊。其中韋曲在明德門外，韋後家在此，蓋皇子陂之西也。所謂"城南韋杜，去天尺五"⑤者也。杜曲在啓夏門外，向西即少陵原也。杜甫詩曰："杜曲花光濃似酒"⑥。杜曲、韋曲在長安城南樊川北岸高地，距終南山僅20里。宋人張禮《遊城南記》引《關中記》曰："終南、太乙左右三百里內爲福地"⑦。

---

① 《太平廣記》卷72《陸生》，北京：中華書局1986年版，第448頁。

② 《太平廣記》卷73《趙操》，第459頁。

③ 陝西省文物管理委員會：《唐長安城地基初步探測》，《考古學報》1958年第3期。

④ 《太平廣記》卷458《李黃》，第3752頁。

⑤ 《全唐詩》卷876《杜甫引俚語》，中華書局1985年版，第9931頁。

⑥ 《雍錄》卷7，第157頁。

⑦ 張禮：《遊城南記》，第131頁。

關於韋杜家族等置別業情況，《全唐文》收張九齡《韋司馬別業集序》云："杜城南曲，斯近郊之美者，背原面川，前峙太一，清渠修竹；左并宜春，山巒下連，溪氣中絕，此皆韋公之有也。"[①] 可知此別業在長安城南郊杜城南曲一帶。唐代著名的邊塞詩人岑參有《宿蒲關東店憶杜陵別業》、《過酒泉憶杜陵別業》[②]，可知杜陵別業在當時長安還是比較有名的。唐代詩人詠樊川別業、終南別業的詩也有不少[③]，可看出這一帶還是比較熱鬧的。

唐代尤其中葉以後，逐漸盛行習業山林寺院之風尚。當時人務詩賦以取進士，故擇山林寺院之勝地，以爲習業之所，學成後出而應試以取仕宦。其中在長安終南及南郊地區爲集中[④]。李商隱《安平公詩》就有"明朝騎馬出城外，送我習業南山阿"[⑤] 之句。南面諸門在唐後期也呈熱鬧趨勢，士庶出入較爲頻繁。

南面三門中，明德門使用率並不高，作爲一種皇權的象徵，更多具有一種象徵性，而非實用性。啓夏門、安化門一方面是從京城進入終南山的通道，一方面也是士庶南郊遊玩出入口，唐代中後期趨於熱鬧與繁華，其中啓夏門的使用率更高一些。但南面三門畢竟處於南郊非繁華之地，並不是長安對外交往的主要出入口，因而唐長安城的對外來往與行人的出入主要集中在東西城門。

三、西面諸門：金光門內好逐利

唐長安城西面諸門，北開遠門，中金光門，南延平門。這是隋唐長安對外交往及城內外居民的主要出入口。

開遠門爲西牆之北門，與皇城之西牆北門安福門相對。其遺址被今西安市大土門村所占壓，因該村房屋毗連，無法鑽探[⑥]。連接開遠門及皇城安福門的街道爲城北輔興、普寧等坊的南街，當時也因連通二門而變得繁華。因與皇城相連，所以唐代皇家及朝廷的重大行動多由此門出。

《魏鄭公諫錄》記魏徵去世後的情況云："公葬日，敕京官文武九品以上及計吏並送

---

① 《全唐文》卷 290，第 2948 頁下欄。
② 《全唐詩》卷 199、卷 200，第 2061—2062 頁，2090 頁。
③ 如《全唐詩》卷 544 有項斯《春日題李中丞樊川別墅》、劉得仁《夏日樊川別業即事》；卷 238 有錢起《晚出青門望終南別業》；卷 253 有薛據《出青門往南山下別業》；卷 280 有盧綸：《落第後歸終南別業》及《秋晚山中別業詩》等。參見李浩：《唐代園林別業考論》，西安：西北大學出版社 1998 年版，第 151—200 頁。
④ 嚴耕望：《唐人習業山林寺院之風尚》，見氏著：《唐史研究叢稿》，香港：新亞研究所 1969 年版，第 377—378 頁，第 417 頁。
⑤ 《全唐詩》卷 541，第 6254 頁。
⑥ 陝西省文物管理委員會：《唐長安城地基初步探測》，《考古學報》1958 年第 3 期。

至開遠門外。太宗幸苑西樓望哭盡哀,令晉王宣敕祭之。"①

天寶九載（750），安西節度使高仙芝奏石國王蕃禮有虧,請討之。"其王約降,仙芝使部送。去開遠門數十里,負約,以王爲俘,獻於闕,斬之。自後西域皆怨之"②。其後便爆發著名的"怛羅斯之戰"。"安史之亂"後,玄宗（上皇）返京後與肅宗的第一次大朝會就是在含元殿舉行,當時自開遠門至丹鳳門,"旗幟燭天,彩棚夾道,士庶舞忭"③。

唐代宗廣德二年（764）十一月乙未,"（僕固）懷恩與蕃軍自潰,京師解嚴。丁未,（郭）子儀自涇陽入覲,詔宰臣百僚迎之於開遠門,上御安福寺待之。"④ 涇陽在長安西北,故郭子儀平叛歸來,自開遠門入朝覲見。又大曆八年（773）八月辛未,幽州節度使朱泚弟朱滔率五千騎來朝,請河西防秋,"詔千騎迓於國門,許自皇城南面出開遠門,赴涇州行營"⑤。代宗親自"置酒開遠門餞之"⑥。文宗大和九年（835）,鄭注爲鳳翔節度使,將之鎮,出開遠門⑦。

唐懿宗崇佛,曾自法門寺迎佛骨至京。咸通十四年（874）庚午,"詔兩街僧於鳳翔法門寺迎佛骨,是日天雨黃土遍地。四月八日,佛骨至京,自開遠門達安福門,彩棚夾道,念佛之音震地。上登安福門迎禮之。迎入内道場三日,出於京城諸寺"⑧。

唐僖宗廣明元年（880）十二月三日,黃巢起義軍攻下潼關,直抵灞上,"僖宗夜自開遠門出,趨駱谷,諸王官屬相次奔命,觀軍容使田令孜、王若儔收合禁軍扈從。四日,賊至昭應,金吾大將軍張直率在京兩班迎賊灞上。五日,賊陷京城"⑨。

上述朝廷在開遠門的重大行動主要和一些西向活動有關,同時也可以看出開遠門在西面諸門中地位的重要。

開遠門有時也成爲與西土聯繫與武功的象徵。史載開元初,"上留心理道,革去弊訛。不六、七年間,天下大理,河清海晏,物殷俗阜,安西諸國悉平爲郡縣。置開遠門,亘地萬餘里。入河湟之賦税,滿右藏;東納河北諸道租庸,充滿左藏。財寶山積,不可勝計"⑩,"天

① 陳尚君輯校:《全唐詩補編·全唐詩續拾》卷二,太宗皇帝李世民:《魏徵皇帝葬日登凌煙閣賦七言詩》條索引唐王方慶撰《魏鄭公諫録》,北京:中華書局 1992 年版,第 662 頁。
② 《唐會要》卷 99,石國條,第 2102 頁。
③ 《舊唐書》卷 10《肅宗紀》,第 249 頁。
④ 《舊唐書》卷 11《代宗紀》,第 276—277 頁。
⑤ 《舊唐書》卷 11《代宗紀》,第 302 頁。
⑥ 《舊唐書》卷 143《朱滔傳》,第 3896 頁。
⑦ 《新唐書》卷 34《五行一》,北京:中華書局 1975 年版,第 884 頁。
⑧ 《舊唐書》卷 19 上《懿宗紀》,第 683 頁。
⑨ 《舊唐書》卷 200 下《黃巢傳》,第 5393 頁。
⑩ 〔宋〕王讜撰:《唐語林校證》（上）,卷 3,周勳初校證,北京:中華書局 1997 年版,第 309 頁。

寶中，承平歲久，自開遠門至藩界一萬二千里，居人滿野，桑麻如織"①。故朝廷在開遠門外作振旅亭，並立堠。《唐會要》記天寶八載（749）"五月十八日，於開遠門外作振旅亭，以待兵回"②。

關於開遠門外立堠，唐人詩歌中有不少記載。元稹《西涼伎》云："一朝燕賊亂中國，河湟没盡空遺丘。開遠門前萬里堠（記里程的土堆），今來蹙到行原州。"注曰："平時開遠門外立堠云：去安西九千九百里，以示戎人不爲萬里行，其就盈故矣。"③ 又："涼州陷來四十年，河隴侵將七千里。平時安西萬里疆，今日邊防在鳳翔。"注曰："平時，開遠門外立堠，云。去安西九千九百里，以示戎人不爲萬里行，其實就盈數也。今蕃漢使往來，悉在隴州交易也。"④可知在安史之亂前，在開遠門外置振旅亭、立堠，以示唐武功之强盛及收復西土的功績。故云"開遠門揭候，坐收西極之舊封"⑤。

當然，開遠門也非王室、官員的專用通道，也是庶民出入之處。同時因開遠門與皇城安福門相對，這一帶也相應比較熱鬧。城北輔興、普寧等坊的南街，當時也因連通二門而變繁華。《長安志》卷一〇《輔興坊》載該坊"東南隅金仙女冠觀，西南隅玉貞女冠觀。"畢沅注："此二觀南街，東當皇城之安福門，西出城之開遠門，車馬往來，實爲繁會。"⑥

唐筆記小説中有不少關於開遠門的記載：

有丞相竇易直，"德宗幸奉天日，公方舉進士，亦隨駕而西。乘一蹇驢，至開遠門，人稠路隘，其扉將闔，公懼勢不可進。聞一人叱驢，兼搥其後，得疾馳而入"⑦。

"咸通丁亥歲，隴西李夷遇爲邠州從事，有僕曰李約……願捷善行，故常令郵書入京。其年秋七月……李約自京還邠，早行數坊，鼓始絶，倦憩古槐下……餘光尚明……（迨）時及開遠門，東方明矣"⑧。

唐昭宗景福二年（892），孫定"下第遊京，西出開遠門，醉中走筆寄儲詩曰："行行血淚灑塵襟，事逐東流渭水深。愁跨蹇驢風尚緊，靜投孤店日初沈。一枝猶掛東堂夢，千里空馳北巷心。明日悲歌又前去，滿城煙樹噪春禽。"⑨

可知開遠門爲唐長安城西的出入口。主要是爲西行及西來的人士服務，皇室的一些西

① 〔唐〕鄭處誨撰：《明皇雜錄輯佚》，田廷柱點校，北京：中華書局1997年版，第66頁。
② 《唐會要》卷72，軍雜錄條，第1539頁。《舊唐書》亦記玄宗天寶八載五月辛巳，"於開遠門外作振旅亭，見《舊唐書》卷9《玄宗本紀下》，第223頁。
③ 《全唐詩》卷419，第4616頁。
④ 《全唐詩》卷427，第4701—4702頁。
⑤ 《全唐文》卷453韋皋《破吐蕃露布》，第4628頁下欄。
⑥ 《長安志》卷10《唐京城》"輔興坊"條，第228頁。
⑦ 《因話錄》卷6，羽部，《筆記小説大觀》第1冊，揚州：江蘇廣陵古籍刻印社1983年版，第101—102頁。
⑧ 《太平廣記》卷366《李約》，第2908頁。
⑨ 《唐摭言》卷10，第108頁。

向的重大行動,也主要從此門出入,其地位相對比較重要。

朱雀門外橫街往東可達外郭城之金光門,往西達春明門。金光門爲西牆之中門,與東牆之春明門相對,漕渠穿過此門入城,並在西市之街置潭,以貯木材。金光門,"西出趣昆明池"①,由此門西出可至昆明池,昆明池在今民航機場西。

金光門遺址在西城牆自北向南 3300 米李家村西北 300 米處,有殘留地面高約 3 米,直徑約 10 米之夯土墩遺跡一堆,東西 11 米,南北 37.5 米,面積 412.5 平方米。有寬度 5.2 米的門洞三個,門洞上部及周圍,堆積有大量瓦片、磚塊、白灰渣、紅燒土及木灰等遺物②。

漕渠爲京兆尹韓朝宗分渭水入自金光門,又置潭於西市之街以貯材木。其年(天寶二載),"京兆尹韓朝宗,分渭水入自金光門,置潭於西市之西街,以貯材木"③。《舊唐書》亦載"京兆尹韓朝宗又分渭水入自金光門,置潭於西市之兩衔,以貯材木"④。

金光門作爲西面諸門之中門,使用率也是比較高的:

代宗大曆六年(771)正月,回紇於鴻臚寺擅出坊市,掠人子女,所在官奪返,毆怒,以三百騎犯金光門、朱雀門,是日,皇城諸門盡閉,上使中使劉清潭宣慰,乃止⑤。

文宗太和七年(833)其年十二月,中使田全操、劉行深巡邊回,走馬入金光門。從者訛言兵(黃巢起義軍)至,百官朝退,倉惶駭散,有不及束帶、韉而乘者⑥。

初,黃巢求廣州,願罷兵,攜欲寵高駢,使有功,不聽賊。因又易置關東諸節度,賊乘之,陷東都。令孜急,歸罪攜,奉帝西幸,步出金光門,至咸陽沙野,軍十餘騎呼曰:"巢爲陛下除奸臣,乘興今西,秦中父老何望? 願還宮。"令孜叱之,以羽林騎馳斬,即以羽林白馬載帝,晝夜馳,舍駱谷。時陳敬瑄方節度西川,令孜兄也,故請帝幸蜀⑦。

金光門更是廣大庶民出入之處:

蕭宗至德二載(757),(杜)甫自京金光門出間道歸鳳翔,乾元初,從左拾遺移華州掾,與親故別,因出此門,有悲往事,故吟道"此道昔歸順,西郊胡正繁。至今殘破膽,猶有未招魂。近侍歸京邑,移官遠至尊。無才日衰老,駐馬望千門。"⑧

金光門因有漕渠穿過此門入城,並在西市之街置潭,以貯木材。故長安城西有漕店,

① 《長安志》卷7《唐京城》,畢沅注,第157頁。
② 《唐長安城地基初步探測》。
③ 《唐會要》卷87,第1894頁。
④ 《舊唐書》卷9《玄宗紀下》,第216頁。
⑤ 《舊唐書》卷195《回紇傳》,第5207頁。
⑥ 《舊唐書》卷172《李石傳》,第4484頁。
⑦ 《新唐書》卷208《田令孜傳》,第5885頁。
⑧ 《全唐詩》卷225,第2414頁。

大概在城西漕渠旁之地①，也就是金光門附近。貞觀十九年（645）春正月，玄奘法師取經回到長安，曾"宿於漕上"，後"自漕而入，舍都亭驛，其從若雲"②。可知玄奘是自金光門入長安城的。

另外，金光門離西市較近，它既是許多西來人士的必經之所，也是廣大商人及胡商出入的盈利之地。《國史異纂》載："有婆羅門僧七人，入自金光門，至西市酒肆，登樓，命取酒一石，持椀飲之，須臾酒盡，復添一石。使者登樓，宣敕曰：'今請師等至宮。'胡僧相顧而笑曰：'必李淳風小兒言我也。'"③

鑒於史籍的局限性，關於胡商等出入金光門的記載並不多，但既是"商賈所湊，多歸西市"④，從這裏入西市十分便捷，應是西來商人及胡商等的主要出入地。因而金光門附近也存在很多商機。《太平廣記》云：唐太常寺卿裴明禮於金光門市不毛之地。裴明禮，河東人，善於理生，收人間所棄物，積而鬻之，以此家產巨萬。又於金光門外，市不毛地。多瓦礫，非善價者。乃於地際豎標，懸以筐，中者輒酬以錢，十百僅一二中。未洽浹，地中瓦礫盡矣。乃舍諸牧羊者，糞即積。預聚雜果核，具黎牛以耕之。歲餘滋茂，連車而鬻，所收復致巨萬⑤。

延平門爲西牆之南門，與東牆之延興門遙對。郭城南部的豐邑、居德諸坊南街均西出通延平門⑥。其址在金光門南2320米，其東西爲15米，南北爲39.2米，面積568平方米。有寬度6.7米之門洞三個，其形狀及遺物堆積情況除與金光門相同外，並探有石柱礎⑦。延平門遺址2005年正式考古發掘。其遺址位於現在高新區唐延路與灃惠南路之間的綠化帶北段，西安唐城考古隊對遺址的發掘表明，其南北長約43米，東西進深20米，面積800餘平方米。在延平門基址上發現了三個門道，每處門道寬約4.8米，在門道兩邊沒有發現礎石。連接城牆的南門墩、北門墩與中間兩個門墩相比，向城外延長了4.5米。西安唐城考古隊專家分析認爲，延伸部分可能是伸出來的闕樓地基或城門樓平臺地基。在門址南邊內城發現了一條寬1.5米的踏道基址，踏道是專門爲登城而修築的。另外，遺址內還出土了少量的建築殘件，有筒瓦、板瓦、蓮花瓦當等。考古工作者還揭露出部分唐代地

① 程鴻詔：《唐兩京城坊校考補記》所引《異聞錄》，見李健超：《增訂唐兩京城坊考》（修訂本），西安：三秦出版社2006年版，第41頁。《太平廣記》記載"貞觀中，長安城西漕店人，葬父母，凶具甚華"，《太平廣記》卷328《漕店人》，第2602頁。

② 〔唐〕慧立、彥悰：《大慈恩寺三藏法師傳》，卷5，卷6，第125—126頁。

③ 〔唐〕劉餗撰：《隋唐嘉話·補遺》引《國史異纂》，程彥中點校，北京：中華書局1997年版，第59頁。

④ 金澤文庫本《兩京新記》，西市條，見辛德勇：《兩京新記輯校》，西安：三秦出版社2006年版，第49頁。

⑤ 《太平廣記》卷243《裴明禮》，第1874頁。

⑥ 《長安志》卷10《唐京城》"豐邑坊"條，畢沅注"南街西出通延平門"，第247頁；"居德坊"條，畢沅注："南街西出通金光門"，第245頁。

⑦ 《唐長安城地基初步探測》。

面以及殘留的唐代包砌磚,磚身留有工匠手印①。

關於延平門的記載主要在唐中晚期。如德宗時,曾在延平門與吐蕃會盟。(德宗)"建中末,與吐蕃會盟於延平門,欲重其誠信,特令告廟"②。

延平門有高齋亭子。《全唐詩》卷一一〇張謂《延平門高齋亭子應岐王教》吟道:"花源藥嶼鳳城西,翠幕紗窗鶯亂啼。昨夜葡萄初上架,今朝楊柳半垂堤。片片仙雲來渡水,雙雙燕子共銜泥。請語東風催後騎,並將歌舞向前溪。"③

延平門外一帶也是西郊的墓葬區,比起開遠門、金光門來説,相對比較荒僻。

名將李光弼薨,"代宗遣中官開府魚朝恩吊問其母於私第,又命京兆尹第五琦監護喪事。十一月,葬於三原,詔宰臣百官祖送於延平門外"④。

筆記小説中關於延平門的記載多與神仙鬼怪有關。《太平廣記》載"太和四年(830)十二月,勝業里有司門令史辛察者,爲鬼所追,"……遂與黃衫(鬼)俱詣其門,門即閉關矣。察扣之……曰:'有客要相顧,載錢至延平門外'。"⑤

《太平廣記·李娃傳》記"(鄭生即入娃宅)久之日暮,鼓聲四動,(娃母)姥訪其居遠近。生紿之曰:'在延平門外數里。'冀其遠而見留也。姥曰:'鼓已發矣,當速歸,無犯禁'"。⑥可知延平門外還是比較荒遠偏僻的,是長安人傳統的墓葬區。因而靠近延平門的豐邑坊,由此也多經營與喪葬業有關的服務。《長安志》豐邑坊條畢沅注曰:"南街西出通延平門,此坊多假賃方相輔車送喪之具。"⑦

總之,唐長安城西邊三門,主要是從西邊出入長安之通道。開遠門的政治地位要重要一些,金光門則是西入長安的主要通道,尤其是離西市較近,是廣大庶民、百姓、商胡等出入之處,其使用率是比較高的,唐代中後期尤其繁榮。延平門則靠南,較爲僻遠,其地位不及開遠門,使用率更不及金光門。

四、東面諸門:"春明門外即天涯"

學界一般認爲,長安城東面之三門:通化、春明、延興,從史料上來看,以通化門出入

---

① http://www.chinanews.com/news/2005/2005-04-02/26/558231.shtml.

② 《舊唐書》卷196下《吐蕃傳下》,第5263頁。

③ 《全唐詩》卷110,第1131頁。

④ 《舊唐書》卷110《李光弼傳》,第3311頁。

⑤ 《太平廣記》卷385《辛察》,第3073頁。

⑥ 《太平廣記》卷484《李娃傳》,第3986頁。

⑦ 《長安志》卷10《唐京城》"豐邑坊"條,第247頁。

最爲頻繁，春明門次之，再次爲延興門。此言雖無誤，但並不確切。尤其是對於通化門及春明門而言。

通化門[①]爲長安城東牆之北門，也即外郭城東面從北數第一門，與皇城之延喜門相對，龍首渠之西渠流經此門入城。1954年在西安火電公司東南角修建樓房時發現水渠遺址，當時對水渠作了清理，`並在水渠南發現通化門遺址殘部一角[②]。

通化門位與興寧、永嘉二坊之間。是長安城東北區的東出之門。它之所以受到大家的重視，在於其政治地位大於其交通地位。因爲長安城東北隅近大明宮及皇城和宮城，多官宦、皇戚貴族之宅第，故官方的迎來送往多取通化門。而且通化門門東七里爲長樂坡，坡上就是著名的長樂驛。長樂驛爲長安城外首發之地，京師東行主幹驛道第一驛，潼關、武關、蒲津關三道之總道口。故京城內的公私送迎筵餞皆集於此[③]。從某種程度上來看，長安城東面的官方的送迎皆出通化門，從皇帝到百官皆如此。

負有重大使命的官員出入京城（大官出鎮），皇帝往往在通化門迎送：中宗景龍三年（709）八月，"親送朔方軍總管、韓國公張仁亶於通化門外，上制序賦詩"[④]。憲宗元和三年（808）九月，宰相李吉甫出鎮揚州，被拜檢校兵部尚書，兼中書侍郎、平章事，充淮南節度使，上御通化門樓餞之[⑤]。憲宗元和四年（809）十月，"吐突承璀軍發京師，上御通化門勞遣之"[⑥]。元和十二年（817）八月，"裴度發赴行營，敕神策軍三百人衛從，上御通化門勞遣之"[⑦]。穆宗長慶初年（821），李光顏將討鎮、冀，赴鎮日，宰相百僚以故事送別於章敬寺，穆宗御通化門臨送之，賜錦彩、銀器、良馬、玉帶等物[⑧]。一般大官出行，皇帝往往送於通化門，百官公卿則至長樂驛餞行，而勳臣及外族首領等東至，也是百官在長樂驛迎接，再經通化門入城。

高級官員的離任送別等也都在此送行。中書侍郎李義琰後改葬父母，使舅氏移其舊塋，高宗知而怒曰："豈以身在樞要，凌蔑外家，此人不可更知政事。"義琰聞而不自安，以足疾上疏乞骸骨，乃授銀青光祿大夫，聽致仕。乃將歸東都田里，公卿已下祖餞於通化門外，時人以比漢之二疏[⑨]。張九齡曾撰《通化門送別》一詩，云："屢別容華改，長愁意

① 通化門在至德三年（758）改名達禮門。達禮門也非"三年而玄、蕭晏駕復舊名也"。而直至廣德二年代宗還上御達禮門。達禮門行用六、七年時間。辛德勇：《隋唐兩京叢考》，第12—13頁。
② 陝西省文物管理委員會：《唐長安城地基初步探測》，第83頁。
③ 王靜：《城門與都市——以唐長安通化門爲主》，《唐研究》第15卷，北京：北京大學出版社2009年版，第42頁。
④ 《舊唐書》卷7《中宗本紀》，第148頁；
⑤ 《舊唐書》卷148《李吉甫傳》，第3994頁。
⑥ 《舊唐書》卷14上《憲宗本紀上》，第429頁。
⑦ 《舊唐書》卷15《憲宗本紀下》，第460頁。
⑧ 《舊唐書》卷161《李光顏傳》，第4222頁。
⑨ 《舊唐書》卷81《李義琰傳》，第2757頁。

緒微。義將私愛隔,情與故人歸。薄宦無時賞,勞生有事機。離魂今夕夢,先繞舊林飛。"①
張九齡爲開元朝宰相,其送別之詩,也是帶有政治使命的意味。王建《贈華州鄭大夫》云:
"此官出入鳳池頭,通化門前第一州。"②

皇室出殯、公主外嫁也多走通化門。貞元十五年(799)十月,順宗之子文敬太子源薨,
"其年十二月,葬於昭應,有陵無號。發引之日,百官送於通化門外,列位哭送。是日風雪
寒甚,近歲未有"③。穆宗長慶元年(821)秋七月,太和長公主發赴回紇,"穆宗御通化門
左个臨送,使百僚章敬寺前立班,儀衛甚盛,士女傾城觀焉"④。後回鶻國亂,大和公主返
歸長安,亦從通化門入。日僧圓仁記會昌三年(843)二月廿五日,"和蕃公主入城,百司
及三千兵馬出城外,迎入通化門,入內得對。敕令安置南內院。是大和公主,大和天子爲
和回鶻國,嫁與回鶻王。今緣彼國王法崩,兵馬亂起,公主逃歸本國"⑤。

通化門旁附近多爲車坊。《太平廣記》引《集異記》載:"上都通化門長店,多是車
工之所居也。廣備其財,募人集車,輪轅輻轂,皆有定價。"⑥大概是爲出行乘車之人提供
方便。

東牆之中門爲春明門,當門外有漢太子太傅蕭望之墓。其西與金光門遥對,經此門
過道政坊便至東市,其地約在今興慶宮東南角以東處。居東城牆自南向北4600米處,今
緯十街偏北地方,西距緯十街起點處約1320米,東距經五路十字口約340米。清理了一
個門洞,是該門的登城處之建築的一邊⑦。

相對於通化門來説,春明門更多則是庶民百姓及一般官吏出入的地方。春明門本在
興慶坊與道政坊之間,但開元間興慶坊改爲宮,城外百姓及行客入城,多自春明門進入道
政坊。1955年,陝西省文物管理委員會在春明門進行初步探測,此門據探是一個門洞,
按位置當在興慶宮內。開元十四年(726)及二十年兩次擴建興慶宮,使該門南移無疑,
因而門洞減少爲一個,也是可以置信的⑧。而且道政坊臨近東市,東市又臨近崇仁坊、平康
坊。這幾處都是長安城東邊繁華地帶。《長安志》云東市"南北居二坊之地",畢沅注:"北
街當皇城南之大街,東出春明門。"⑨而興慶坊則"南街東出春明門"⑩。因而春明門是城外

---

① 《全唐詩》卷48,第586頁。
② 《全唐詩》卷300,第3418頁。
③ 《舊唐書》卷150《文敬太子源傳》,第4045頁。
④ 《舊唐書》卷195《回紇傳》,5211頁。
⑤ 《入唐求法尋禮行記》卷3,第160頁。
⑥ 《太平廣記》卷84《奚樂山》,第541頁。
⑦ 《唐長安城地基初步探測》。
⑧ 見陝西省文物管理委員會:《唐長安城地基初步探測》,《考古學報》1958年第3期,第83頁。
⑨ 《長安志》卷8《唐京城》"東市"條,第198頁。
⑩ 《長安志》卷9《唐京城》"興慶坊"條畢沅注,第208頁。

居民進城購物，外地行客、選人、趕考之人入城的一個重要入口。而庶民及一般官吏等的東行，朋友之間的送別也多經春明門而出行。如史載：

憲宗元和中（806—820），潁川陳洪祖攜友人出春明門，"見竹柏森然，香煙聞於道。下馬觀昌於塔下，聽其言，忘日之暮。宿鴻祖於齋舍，話身之出處，皆有條貫，遂及王制"①。《太平廣記》中記載至德中有調選得同州督郵者，姓崔，忘名字，輕騎赴任。出春明門，見一青袍人乘馬出，亦不知其姓字，因相揖偕行②。

唐人詩歌中也多有描寫春明門送別之句。如劉禹錫《和令狐相公別牡丹》："平章宅裏一欄花，臨到開時不在家。莫道兩京非遠別，春明門外即天涯"③。張籍《贈別王侍御赴任陝州司馬》："京城在處閒人少，唯共君行並馬蹄。更和詩篇名最出，時傾杯酒戶常齊。同趨闕下聽鐘漏，獨向軍前聞鼓鼙。今日春明門外別，更無因得到街西。"④元稹《西歸絕句十二首》中云："只去長安六日期，多應及得杏花時。春明門外誰相待，不夢閒人夢酒卮。"⑤

白居易《村中留李三固言宿》："平生早遊宦，不道無親故。如我與君心，相知應有數。春明門前別，金氏陂中遇。村酒兩三杯，相留寒日暮。勿嫌村酒薄，聊酌論心素。請君少踟躕，系馬門前樹。明年身若健，便擬江湖去。他日縱相思，知君無覓處。後會既茫茫，今宵君且住。"⑥其另一首《送張山人歸嵩陽》云："長安古來名利地，空手無金行路難。朝遊九城陌，肥馬輕車欺殺客。暮宿五侯門，殘茶冷酒愁殺人。春明門，門前便是嵩山路。幸有雲泉容此身，明日辭君且歸去。"⑦

唐人趕考失意，或求官選舉失敗，也多是由春明門東歸。如李山甫《下第出春明門》："曾和秋雨驅愁入，卻向春風領恨回。深謝灞陵堤畔柳，與人頭上拂塵埃。"⑧李群玉《請告出春明門》："本不將心掛名利，亦無情意在樊籠。鹿裘藜杖且歸去，富貴榮華春夢中。"⑨

春明門也是胡人及外地僧侶等出入之處。《太平廣記》載："馮翊嚴生者，家於漢南。嘗遊岷山，得一物，其狀若彈丸，色黑而大，有光，視之潔徹，若輕冰焉……其後生遊長安，乃於春明門逢一胡人，叩焉而言："衣橐中有奇寶，願有得一見。"生

---

① 陳鴻祖：《東城老父傳》，《全唐文》卷720，第7414頁。
② （唐）牛僧孺編：《玄怪錄》卷三《南纘》，中華書局1982年版，第71頁。
③ 《全唐詩》卷365，第4123頁。
④ 《全唐詩》卷385，第4341頁。
⑤ 《全唐詩》卷414，第4583頁。
⑥ 《全唐詩》卷429，第4733—4734頁。
⑦ 《全唐詩》卷435，第4811—4812頁。
⑧ 《全唐詩》卷643，第7375頁。
⑨ 《全唐詩》卷570，第6610頁。

即以"彈珠"示之。胡人捧之而喜曰："此天下之奇貨也,願以三十萬爲價。"生曰："此寶安所用乎?而君厚其價如是哉!"胡人曰："我,西國人。此乃吾國之至寶,國人謂之'清水珠',若置於濁水,泠然洞徹矣……"胡人即命注濁水於缶,以珠投之,俄而其水澹然清瑩,纖毫可辨。生於是以珠與胡,獲其厚價而去①。西來胡人一般多走金光門,但兩京胡商極爲活躍,且春明門臨近東市,故而有不少胡商出入。

日本僧人圓仁來長安時,也是選擇春明門入城。開成五年(840)八月十九日,"西行十里,到長安城東章敬寺前歇。寺在城東通化門外。從通化門外南行三里許,到春明門外鎮國寺西禪院宿……廿二日午前,山陵使回來,從通化門入。齋後,出鎮國寺,入春明門,到大興善寺西禪院宿②。圓仁歸國時,也是與友人於春明門外拜別,"楊卿使及李侍御不肯歸去,相送到長樂坡頭,去城五里一店裏,一夜同宿語話"③。春明門路東北與通化門大路相合,二路合處有石橋④。所以從春明門出行,也往往是轉向東北至東出長安的首驛——長樂驛,再向東去,由此可前往東都或襄陽等地。

像這以上這類例子是很多的,由此可看出,在長安東面三門中,通化門更多是朝廷官方迎來送往之處,百姓自由出入的記載並不多。而春明門則是庶民百姓及一般官吏、遊僧、趕考舉子、胡人等自由出入之處,其繁華更甚於通化門,也更具有生活氣息。其臨近諸坊,也因此而得以繁榮,像道政坊的旅館、酒樓很多等便與此有關。

大抵長安東出有南北兩道,北道出通化門,經長樂驛、滋水驛至昭應縣,向潼關、東都;南道出延興門或春明門至大寧驛(或即城東驛),經故驛、五松驛至藍田縣,向武關、鄧、襄。但赴昭應亦可取太寧驛道,赴藍田可取長樂、滋水驛道⑤。其中通化門及春明門作用要大一些,而春明門更是廣大庶民及文人官吏所選擇之處。

南延興門爲長安城東牆之南門,即春明門向南 2260 米處爲延興門,在今鐵爐廟村南。其東西 21 米,南北 42 米,面積 882 平方米,爲寬度 6 米的三個門洞的建築物⑥。

延興門外靠近少陵原,大概爲城東墓葬區。咸通十二年(871)春正月辛酉,"葬衛國公主於少陵原。……上與郭淑妃御延興門哭送"⑦。《太平廣記》載有"盧佩妻乘馬出延

---

① 《太平廣記》卷 402《嚴生》,第 2242 頁。
② 《入唐求法巡禮記校注》卷 3,第 140 頁。
③ 《入唐求法巡禮記校注》卷 4,第 186 頁。
④ 辛德勇:《隋唐時期長安附近的陸路交通——漢唐長安交通地理研究之二》,見氏著:《古代交通與地理文獻研究》,北京:中華書局 1996 年版,第 144 頁。
⑤ 嚴耕望:《唐兩京館驛考》,《唐史研究叢稿》,第 293 頁。
⑥ 《唐長安城地基初步探測》。
⑦ 《舊唐書》卷 19《懿宗紀》,第 677 頁。《唐會要》卷 6,雜錄條,第 86 頁。

興門，至城東墓田中。一旦，伺其將出，佩即潛往窺之。見乘馬出延興門，馬行空中。佩驚問行者，皆不見。佩又隨至城東墓田中，巫者陳設酒肴，瀝酒祭地，即見婦人下馬，就接而飲之"①。

不過延興門外也並非如延平門般荒僻，一方面其靠近新昌坊②，處於樂遊原上，地勢高敞，是遊人登高賞玩之處。另一方面該地風景優美，其東南隅是長安城著名的風景區，即曲江風景區，是長安平時及節日遊人最多的地方③。故延興門外是多是遊人出入之處，節日時尤其熱鬧。如韋莊《延興門外作》曰："芳草五陵道，美人金犢車。綠奔穿內水，紅落過牆花。馬足倦遊客，鳥聲歡酒家。王孫歸去晚，宮樹欲棲鴉。"④

節日裏這裏更是車水馬龍。"每歲寒食，薦餳粥雞球等，又薦雷子車。至清明尚食，內園官小兒於殿前鑽火，先得火者進上，賜絹三疋，碗一口。都人並在延興門看人出城灑掃，車馬喧闐。新進士則於月燈閣置打球之宴，或賜宰臣以下酴醾酒"⑤。宋陳元靚所著《歲時廣記》亦提到："清明都人並在延興門看人出城灑掃，車馬喧闐，修鼍具。"⑥

雖然如此，南面的延興門，因處於城南地區，本身居民稀少，《長安志》云城南側四行坊里"率無居人第宅"，畢沅注："雖時有居者，煙火不接，耕墾種植，阡陌相連。"⑦唐中後期雖有發展，但繁華遠不及城北，故延興門的地位顯然是不能和通化門及春明門相比的。

結　語

唐代長安外郭城諸門，因修建者的理念及分佈格局的不同而各具功能。北面諸門皆在宮城之西，東近皇宮，北向禁苑，西接長安故城，主要是僅供皇族、貴族、官員等出入，不作爲庶民交通的出入口。至唐中後期情況有所改變，漸向庶民開放。南面諸門，一方面因有皇家重要祭壇分佈，地位較高，一方面靠近終南山，是京都學子習業山林、士庶競相置業的好去處，所以後期相對比較熱鬧，其中明德門作爲南門之正門，地位最高。東西諸門是唐長安城的對外來往與行人的主要出入口，相對南北諸門來說，要熱鬧繁華得多。開遠門和通化門均與宮城相連，皇家的重大行動及官員的出使等，大多選擇此二門，政治

① 《太平廣記》卷 306《盧佩》，第 2426 頁。
② 《長安志》卷 9《唐京城》"新昌坊"條，畢沅注："南街東出延興門。"第 213 頁。
③ 武伯倫：《唐長安東南隅》（下），《文博》1984 年第 3 期，第 35 頁。
④ 《全唐詩》卷 695，第 7995 頁。
⑤ 〔宋〕錢易撰：《南部新書》乙，黃壽成點校，中華書局 2002 年版，第 21 頁。
⑥ 〔宋〕陳元靚：《歲時廣記》卷 17，張智主編：《中國風土志叢刊》第 7 冊，揚州：廣陵書社 2003 年版。
⑦ 《長安志》卷 7《唐京城》"開明坊"條，第 164 頁。

地位較高。而金光門與春明門，則是廣大庶民的主要出入口，二門與長安東西兩市相連而接近，也是廣大商人與胡商出入之地。至於延平門與延興門，因處於南部，又靠近城東西墓葬區，相對比較清靜，延興門周邊風景優美，是京都士庶樂於遊玩之處，但此二門的使用率不及開遠門與通化門及金光門與春明門。但無論如何，唐代中後期，作爲長安的東西出入口，東西城門的作用日趨開放，呈現出一派熱鬧繁華的景象。

絲綢之路起點唐長安城的三大標識

周偉洲 *

摘 要

　　本文論證絲綢之路起點的唐長安城內，大明宮是唐代的政治中樞及起點，西市是中外經濟貿易的中心和起點，而長安西面開遠門，則是中外交往和絲綢之路行程的起點；並認爲唐大明宮、西市和開遠門，應是絲綢之路起點長安城的三大標識。

關鍵詞

　　唐長安城　大明宮　西市　開遠門　標識

　　2013 年 2 月由中國和哈薩克斯坦、吉爾吉斯斯坦三國以 "絲綢之路·起始段和天山廊道的路網" 的名稱，向聯合國教科文組織世界遺產委員會正式提交了 "申遺" 的文本。2014 年 6 月 22 日在卡塔爾首都多哈舉行的聯合國教科文組織第 38 屆世界遺產大會上，由三國聯合申報的 "絲綢之路：長安—天山廊道的路網" 申遺成功，正式列入《世界遺產名録》。此正式名稱的改動，是國際古跡遺址理事會的專家在前期評估時，就提出 "起始段" 的表述存在問題，建議改名。因此，在聯合國教科文組織世界遺產委員會最後審定時改名爲 "絲綢之路：長安—天山廊道的路網"。這可能更符合絲綢之路的歷史事實。因爲絲綢之路的正式開闢、興盛及鼎盛時期是在中國的西漢和唐代的統一多民族國家建立時期，而西漢、唐代的國都在長安，是名副其實的絲綢之路的起點，也是其終點。

　　作爲絲綢之路鼎盛時期起點的唐代長安城內，是否有作爲起點標識性的處所？過去人們普遍認爲，這一處所就是唐長安外郭城西邊三個城門北面的開遠門，此地是離開長安城的標誌，也是中西方的絕大部分通貢使團、胡商及胡人等往來必經的一處標誌性建築。著名的 "絲綢之路群雕"，就大致屹立於該地，象徵着絲綢之路上的胡人商隊由此處開始出發或返國時的情景。然而，至 21 世紀初，由於唐西市遺址的再次發掘及開發，有

---

* 　作者簡介：周偉洲（1940—），男，廣東開平人，陝西師範大學中國西部邊疆研究院教授。

學者又提出，唐代西市"是隋唐絲綢之路的起點和世界貿易中心"的看法，並得到國際上一些學者的贊同[1]。這一觀點，筆者曾提出質疑，並與一些學者討論過這一問題。在筆者 2008 年所撰《萬國來朝歲 五服遠朝王》一文最後，提出："唐代的中外交往和絲綢之路起點和中心在長安。而大明宮則是京師長安內的政治中樞及起點；西市是中外經濟貿易的中心和起點；而長安西面開遠門，則是中外交往和絲綢之路行程的起點"[2]。即是説，唐長安城的大明宮、西市和開遠門，是唐代絲綢之路起點長安的三個重要標識。

一、唐代絲綢之路政治中樞和起點——大明宮

唐代長安宮城有"三大內"，即大內（西內）太極宮殿群、北內（東內）大明宮殿群和南內興慶宮殿群。大明宮初建於唐貞觀八年（634），名永安宮，後改爲大明宮。龍朔二年（662）唐高宗再次大規模擴建，並移居於此。以後，大明宮就成爲朝會和接見外國使臣、四夷首領的政治中心。其地據龍首原，宮殿巍峨高聳，四周有宮城牆及門，控制都城制高地段，平面呈一南寬北窄的楔形，面積約 3.3 至 3.7 平方公里。宮前有五門，中爲丹鳳門，向北中軸綫上，依次爲含元殿、宣政殿、紫宸殿，兩殿左鄰延英殿，後接太液池；池左爲麟德殿，池北接北邊三門中間的玄武門（見圖 1）。自 1957 年至今中國社會科學院考古研究所對大明宮先後進行了多次考古發掘，收穫頗豐[3]。

從貞觀八年至乾寧三年（634—896），二百多年間，大明宮成爲唐朝歷代皇帝處理政務、朝會大典、頒發詔諭及接見外國貢使等的重要場所；其建築之宏偉、壯麗，佈局之嚴謹、巧妙，在長安宮城中超過太極宮和興慶宮。而作爲唐帝國政治中樞的大明宮諸多政治功能中，皇帝接見、宴請周邊地區少數民族及國外一些民族首領或使臣，是其中重要的政治活動之一，也是其作爲絲綢之路政治中樞和起點的重要體現。

按照中國古代傳統的政治制度和民族觀，將凡是周邊地區少數民族及國外一些民族、國家，一律視之爲臣屬於天朝的臣民，稱之爲"四夷"；其國主、首領或派遣來的使臣至京師，則稱之爲"朝貢"或"朝獻"。這種政治觀和制度源於先秦時期的"服事制"，也

[1] 見胡戟主編《西市寶典》（陝西師範大學出版社 2009 年版）扉頁《西市記》及日本前首相村山富市 2008 年 4 月題詞"絹の道の出發點"，國際古跡遺址理事會官員蜜雪兒佩賽特、郭旃等 2008 年 11 月題詞："大唐西市是絲綢之路的起點，它不僅是中國的，也是世界的。大唐西市博物館爲中國文化遺產保護提供了一個成功的範例。"

[2] 文載《中國文化遺產》2009 年第 4 期，第 56—61 頁。

[3] 龔國強：《1957—2009：半個世紀的大明宮考古與考古人》，《中國文化遺產》2009 年第 4 期，以及相關的大明宮發掘報告、簡報等。因非本文論述主題，故不贅述。

就是在王畿、諸侯國等華夏族之外，衆多的周邊民族或國家被名之爲"要服"、"荒服"，他們要向華夏天子每歲朝貢，承認天子的統治地位[1]。事實上，凡來朝貢、朝獻的民族或國家，大部分的確在政治上不同程度是附屬於當時中國封建王朝的，他們的朝貢有政治依附關係的性質。但是，也有一部分距中國遥遠的外國遣使，他們與當時的中國封建王朝並没有政治上的臣屬關係，其朝貢實質上屬於一種貿易和文化交流的性質。

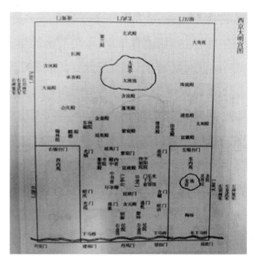

圖1　西京大明宫圖（徐松《唐兩京城坊考》）

　　唐朝歷太宗"貞觀之治"和玄宗"開元之治"，國力昌盛，經濟繁榮，吸引周邊民族及亞洲、歐洲等國紛紛與唐朝建立了友好關係，朝貢、朝獻即是最正式最重要的交往之一，也是唐代絲綢之路政治交往的集中體現。《册府元龜》卷九七〇至九七二《外臣部》朝貢二至五，詳細記載了各國朝貢的情況。如至京師長安"朝貢"的外國，在今歐洲的有拂菻國（又稱"大秦"），即當時歐洲强國東羅馬帝國；在今西亞、中亞的波斯薩珊王朝（今伊朗等地）；興起於阿拉伯半島的大食國，即阿拉伯帝國，唐代稱之爲白衣大食（即倭馬亞王朝，611—750）和黑衣大食（阿拔斯王朝，750—1258）；在今中亞地區的"昭武九姓"諸國，即康國、安國、曹國、米國、石國、何國、火尋國、史國、戊地國，他們多爲商業民族，唐代"胡商"多指其國；居於中亞阿姆河南的的吐火羅國、挹怛國（即嚈噠）、謝颶國、帆延國；居於帕米爾高原的大小勃律國、識匿國、俱密國、護密國、骨咄等國，均時有遣使入唐朝貢[2]。

　　在今南亞地區的印度，唐代以前分裂爲東、西、南、北、中五天竺國，後中天竺併其餘四國。但不久，又分裂。五國先後均有遣使入唐者。印度南的師子國（今斯里蘭卡）及印度北邊的罽賓國（今克什米爾），西邊的尼婆羅國（今尼泊爾）等，也都不時遣使入唐朝貢。在今東南亞地區，唐代稱爲"南海"的諸國，見於記載的朝貢情況，有鄰近唐安南都護府的林邑國（環王國，在今越南中南部），真臘國（今柬埔寨等地），訶陵國（闍婆，今印尼爪哇），室利佛逝（今印尼蘇門答臘占碑），墮和羅國（在今緬甸那沙林至泰國湄南河下游），盤盤國（在今泰國索叻他尼灣），驃國（今緬甸北部），陁洹國（在今馬來半

---

① 關於服事制，可參見周偉洲《儒家思想與中國傳統民族觀》，《民族研究》1995年6期。
② 參見《册府元龜》卷970—972《外臣部》朝貢3—5，第11395—11426頁。

島北部），丹丹國（在今馬來西亞吉蘭丹）、參半國（在今老撾西北）等①。

此外，在唐朝東面的日本及朝鮮半島的高麗、新羅、百濟三國，與唐朝關係更爲密切。其中，日本遣唐使和新羅遣使次數最多。

以上大致是屬於中外關係範疇的外國朝貢情況，還有被唐朝同樣視爲"四夷"或荒服的周邊的民族或政權，屬中國古代民族關係的範疇，如東北的靺鞨、契丹、奚、霫、失韋、渤海；北方的鐵勒諸族，東、西突厥、薛延陀、回鶻、黠戛斯、沙陀等；西北方的西域高昌、龜兹、焉耆、疏勒、于闐，以及吐谷渾、党項等；西南方的吐蕃、南詔等國。他們在唐代統稱爲西域胡人或"蕃"，蕃主或其派遣使者赴京師長安朝貢，史籍記載頗多，不一一例舉。

唐朝沿以前歷代傳統朝貢體制，設有專門接待朝貢蕃主、使臣的機構——鴻臚寺及尚書省禮部下屬之"主客郎中"，並制定了有關朝貢的一系列制度，以及主要國使、蕃主住鴻臚客館後，怎樣迎勞、宴請、接受表章等禮儀②。然而，其中最重要、最隆重的儀式，是唐朝皇帝親自接見和宴請朝貢使臣、蕃主。這是集中體現唐帝國與朝貢諸國或民族政治關係的象徵儀式。這種儀式進行的場所，即是大明宫内的主殿含元殿，它與殿外的丹鳳門一道爲舉行"外朝"的地方。每歲至元正、冬至，皇帝舉行大朝會，各國使臣、蕃王也齊集含元殿，朝覲天子，盛況空前。唐朝詩人張莒《元日望含元殿御扇開合》（大曆十三年吏部試）詩云："萬國來朝歲，千年覲聖君。"③詩人崔立之《南至隔仗望含元殿香爐》詩亦云："千官望長至，萬國拜含元。"④大詩人王維《和賈舍人早朝大明宫之作》亦云："九天閶闔開宫殿，萬國衣冠拜冕旒。"⑤所謂"萬國"是形容朝貢各國數量之多，朝貢蕃主及使臣規定"服其國服"，故有"萬國衣冠"之説；冕旒，即皇帝所戴冠冕，此處指唐天子。正、冬含元殿大朝會，有諸蕃國各獻方物，"列爲庭實"⑥；往往還舉行宴會，伴以樂舞百戲。鄭錫《正月一日含元殿觀百獸率舞賦》詩云："開彤庭執玉帛者萬國，發金奏韻簫韶而九成。祥風應律，慶雲夾日，華夷會同，車書混一。"⑦

除大明宫含元殿外，皇帝有時也在大明宫宣政殿、麟德殿、紫宸殿、延英殿等處，接見或宴請朝貢諸國使臣、蕃王。如貞觀二十年（646），唐太宗在大明宫芳蘭殿（紫蘭殿）

---

① 周偉洲：《唐朝與南海諸國通貢關係研究》，《中國史研究》2002 年第 3 期。
② 《通典》卷 131 引《開元禮纂》。
③ 彭定求等編：《全唐詩》卷 281，北京：中華書局 2003 年版，第 3193 頁
④ 《全唐詩》卷 374，第 3882 頁。
⑤ 《全唐詩》卷 128，第 1296 頁。
⑥ 《唐會要》卷 24《受朝賀》，上海：上海古籍出版社 1991 年版，第 534 頁。
⑦ 董誥等編：《全唐文》卷 405。

宴請回紇等鐵勒諸部首領[①]；至德元年（756），肅宗於宣政殿接見回紇葉護等[②]；貞元十年（794）三月，德宗於麟德殿接見南詔使，"賜賚甚厚"[③]。唐代尚宮宋若憲《奉和御制麟德殿宴百官》詩云："端拱承休命，時清荷聖皇。四聰聞受諫，五服遠朝王"[④]。詩人盧綸《奉和聖制麟德殿宴百僚》詩也有"蠻夷陪作位，犀象舞成行"之句[⑤]。

最後，還值得提及的是，大明宮內宣政殿前還設置了門下省、中書省和御史台等機構。在中書省屬下設有"四方館"，通事舍人主之，掌職是接待四方使客[⑥]。御史台也不時審理在長安居住胡人及其他民族的案件。即是說，大明宮內有些機構也有接待和管理外國和周邊民族一些事務的職能。

唐代外國及周邊諸民族政權至唐京師長安的朝貢、朝獻，主要是一種政治關係的體現，同時，也具有經濟和文化交往的性質和意義[⑦]。

總之，大明宮作爲唐代的政治中樞，由皇帝親自接見、宴請朝貢諸國使臣、蕃主的大朝會隆重儀式，表明了大明宮在有唐一代中外和與周邊民族政治關係中最高的、不可替代的地位和作用，也即是最能體現絲綢之路政治中樞和起點的地位和作用。

如今唐代大明宮遺址得到很好的保護和利用，陝西省自上世紀90年代末探索和實施大遺址保護管理的新思路，即大遺址保護與當地經濟社會發展、與當地群衆生活水準提高、與當地城市基本建設、與當地環境改善的四個結合；並制定了大明宮遺址保護與利用的新的理念運作模式；在大明宮遺址上建立了"大明宮遺址公園"。這一新的遺址保護的理念和實踐，2014年6月多哈舉行的聯合國教科文組織第38屆世界遺產大會上，由三國聯合申報的"絲綢之路：長安—天山廊道的路網"申遺成功。其中陝西省七處遺產中就有"唐大明宮遺址"，說明陝西省大遺址保護的新理念和實踐得到了國際認可。

二、唐代絲綢之路經貿中心和起點——西市

大唐西安，原系隋代大興城"利人市"，唐朝建立後，改大興城爲長安城，改利人市爲"西市"，仍占兩坊之地，位於長安城宮城西南，屬長安縣，與"東市"（屬萬年縣）相對（見

---

① 《資治通鑒》卷198，貞觀二十年十二月庚辰，北京：中華書局，1982年版，第6242頁。
② 《唐會要》卷98《回紇》，第2071頁。
③ 《唐會要》卷99《南詔蠻》，第2093頁。
④ 《全唐詩》卷7，第68頁。
⑤ 《全唐詩》卷276，第3138頁。
⑥ 見《資治通鑒》卷206，神功元年六月甲午及胡注，第6521—6522頁。
⑦ 詳細內容參見周偉洲《萬國來朝歲 五服遠朝王》，《中國文化遺產》2009年第4期，第56—61頁。

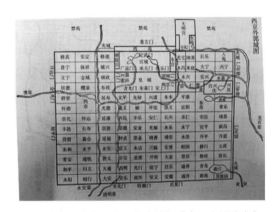

圖 2　東市西市位置圖（摘自徐松《唐兩京城坊考》）

圖 2）。唐龍朔之後，西市繁華超過東市，故又有"金市"之稱①。關於大唐西市的研究及考古發掘報告等論著甚多，下面僅從絲綢之路中西方經濟貿易的角度，對西市的地位和作用作一簡述。

首先，大唐西市除集中一批唐朝商人之外，主要從西域（狹義西域，指今新疆地區）、中亞昭武九姓諸國、波斯、南亞及北方突厥、回紇（回鶻）諸地區的商人（唐代泛稱爲"胡商"）或歌舞伎人等，經絲綢之路輾轉到京師長安（除朝貢使團由官方接待之外），大都聚居生活並從事各種行業貿易之地。宋敏求《長安志》卷八《唐京城二》記："萬年縣户口減於長安，公卿以下民止多在朱雀街東，第宅所占勳貴，由是商賈所湊所多歸西市"。徐松《唐兩京城坊考》卷四《西京》亦記："長安縣所領四萬餘户，比萬年爲多，浮寄流寓，不可勝記。"《資治通鑑》卷二三二，唐貞元三年七月。曾記，"李泌知胡客留長安者，或四十餘年，皆有妻子，買田宅，舉質取利，安居不歸，命檢括胡客有田宅者，停其給。幾得四千人……"僅有田宅者四千人，無田宅者，或居西市一般胡商、胡人當數量更多，他們又稱爲"西市胡"。

從文獻所記，西市内與東市一樣，至少市内貨財有二百二十行，"四面立邸，四方珍奇，皆所積集"②。内有波斯邸、胡姬酒肆、衣肆、韉轡行、秤行、寶家店、張家樓（食店）、麩行、絹行、賣飲子家（藥店）、賣卜、錦行里、西市北店、肉行、魚肆、櫃坊（爲商人存放錢財）、凶肆、寄附（當鋪）、帛肆③，以及宴席、舉貸（放高利貸）④等等。唐代筆記小説、詩詞中，也多記有西市胡人、胡伎和胡商的故事和事蹟。如西市商人竇乂常周濟西市胡人米亮，因米亮回報，得爲巨富的故事⑤。又如落魄無業的杜子春，遇長安老道士，道士約其到"西市波斯邸"，取三百萬錢與之的故事⑥。另有唐代琵琶高手康昆侖在東、西市祈雨，與西市鬥聲樂，敗於西市一女郎（實爲僧人段善本）之下，遂拜其爲師的故事⑦。貞觀中，有"西

---

① 見吳融《春詞》，《全唐詩》卷 684；崔顥《渭城少年行》，《全唐詩》卷 130 等。

② 宋敏求：《長安志》卷 8《唐京城二》"東市"條。

③ 以上引證見李健超《增訂唐兩京城坊考》（修訂本），西安：三秦出版社 2006 年版，第 230—234 頁。

④ 見《太平廣記》卷 496《吳湊》條；《資治通鑑》卷 232，唐貞元三年七月，第 7493 頁。

⑤ 《太平廣記》卷 243《竇乂》條。

⑥ 牛僧孺：《玄怪錄》卷 1《杜子春》條。

⑦ 《太平御覽》卷 585《樂部二一》琵琶條。

市胡"入盜金城坊被獲事①。唐代大詩人李白《少年行三首》中有"五陵少年金市東,銀鞍白馬度春風。落花踏盡遊何處,笑入胡姬酒肆中";②白居易《效陶潛體詩十六首》中,也有"西市鬻金珠"之句等③。

從西市考古發掘的資料看,發掘的十字街、圓形建築、暗排水道、磚瓦等建築及材料;出土的三彩胡人頭、玻璃器原料、佛龕、佛像座、陶瓷器、銅秤、銅尺、開元通寶錢幣、石獅、骨器、水晶等④,反映出西市當時商貿繁華景象,與文獻記載大致是吻合的。

僅從上述的部分歷史事實可知,有唐一代,西市爲京師長安,乃至於全國中西貿易的中心,聚居的胡人、胡商不遠萬里於此居住生活、貿易,往返於絲綢之路上,獲利無數。這正是大唐西市作爲絲綢之路經貿中心和起點的集中體現。

其次,西市交通便利,鄰近坊里有諸多胡寺,爲西市胡商宗教活動場所。大唐西市位於長安城西外郭三城門咐近,與通往西域道路較近。永安渠經市之東,連通漕渠、渭水,水路便利,又解決西市用水問題。

西市北鄰的醴泉坊,據徐松《兩京城坊考》卷四《西京》醴泉坊條記"十字街之東,舊波斯胡寺"下注:"儀鳳二年波斯王畢路斯奏請于比置波斯寺","西門之南,祆祠";還有妙勝尼寺、救度寺(佛寺)⑤。醴泉坊東鄰布政坊,據上引《兩京城坊考》卷四《西京》布政坊條記"西南隅,胡祆祠"下原注:"武德四年立,西域胡祆,神佛經所謂摩醯首羅也。祠內有薩寶府官,主祠祆神,亦以胡祝充其職。"程鴻詔《校補記》又記有"波斯胡寺"下注記:"本在醴泉坊,景龍中移此坊西南隅。"中亞胡商或波斯商胡大多信仰祆教,又名拜火教、瑣羅亞斯德教。因西市留居大量胡人、胡商,他們需要進行自己的宗教生活,故鄰近坊里有祆祠、胡寺,且唐朝沿北周以來慣例,於胡人聚居之地設立"薩保府"之類的機構進行管理⑥。

交通的便利及鄰近坊里胡商宗教活動場所,即是保證西市工商業繁榮的條件,也是體現西市爲西方胡商至長安城起居與西返,往來貿易的標識之一。

再次,大唐西市內,設有西市局(隸太府寺)、市署(市令署)、平準局(《長安志》卷

① 徐松:《增訂兩京城坊考》卷4《西京》金城坊條。
② 《全唐詩》卷24,第323頁。
③ 《全唐詩》卷429,第4724頁。
④ 胡戟主編《西市寶典》第二部分"西市遺址出土文物",第81—108頁;中國考古研究所有關西市歷次發掘報告及簡報等。
⑤ 李健超《增訂唐兩京城坊考》(修訂本),第228、230頁。
⑥ 參見羅豐:《薩保:一個唐朝惟一外來官職的再考察》,《唐研究》第4卷,北京:北京大學出版社1998年版。

一〇西市條作"平準署")[1]、常平倉、市庫[2]等管理西市的機構。

市署,據《唐六典》卷二〇《太府寺兩京諸市署》記:"京都諸市令,掌百族交易之事,丞爲之貳。凡建標立候,陳肆辨物,以二物(秤、斗)平市,以三賈(精爲上賈,次爲中賈,粗爲下賈)均市。凡與官交易及懸平贓物,並用中賈。其造弓矢、長刀,官爲立樣,仍題工人姓名,然後聽鬻之。諸器物亦如之。以偽濫之物交易者没官,短狹不中量者還主……凡市以日午擊鼓三百聲,而衆以會,日入前七刻,擊鉦三百聲,而衆以散"。可見市署對市的管理還是十分嚴格有序的。

同書卷二〇《平準署》(平準局)條也記:"平準署,令二人,從七品下","平準令,掌供官市易之事(即官府平準物價,貴則賣之,賤則買之,則富商大賈無所牟大利),丞爲之貳。凡百司不在用之物,則以時出貨。其没官物者,亦如之"。

常平倉,據《舊唐書》卷四《高宗紀上》記:永徽六年(655)八月己酉,"先是大雨,道路不通,京師米價暴貴,出倉粟糶之,京師東西二市置常平倉"。即是説,永徽六年八月開始在西市設立"常平倉",此倉是爲了平抑京師糧價而設立的倉貯。

又1970年西安何家村出土的窖藏金銀器中,有十二塊墨書"東市庫"字跡的銀餅,有學者認爲,此應爲唐東市所設庫房名,西市當亦有"西市庫",兩庫銀餅可能即平准之物,或官營邸店之稅錢,最後易爲銀,鑄成銀餅[3]。

唐朝對西市的嚴格有序的管理,不僅是西市長期商貿繁榮的保證,而且也是西市作爲絲綢之路經貿中心和起點的重要表徵之一。

大唐西市遺址的保護與開發也取得了令人矚目的成就。大唐西市博物館的建立及再現唐西市風貌和絲綢之路的總體規劃的實施,舉行各種學術及絲綢之路相關活動等等,使大唐西市煥發出新的活力。

三、唐代絲綢之路行程的起點——開遠門

開遠門,原爲隋大興城外郭西面北門,名安遠門。唐改爲開遠門。唐長安城西外郭城有三門,"北開遠門,中金光門,南延平門"[4]。開遠門東正對着宮城的西門安福門,向東南約兩坊之地即西市;宮城內上至帝王,下至一般官史、使臣,西市的胡商,均由此門向西走絲

---

① 見徐松《增訂兩京城坊考》卷4《西京》西市條。
② 周偉洲《西安等地出土唐代銀鋌、銀餅和銀板研究》,載其《漢唐氣象——長安遺珍與漢唐文明》,北京:中國社會科學出版社2013年版,第119頁。
③ 周偉洲《西安等地出土唐代銀鋌、銀餅和銀板研究》,載其《漢唐氣象——長安遺珍與漢唐文明》,第119頁。
④ 見徐松《增訂兩京城坊考》卷2《西京》外郭城條。

綢之路的主幹道至河西、西域，再經胡商輾轉將絲綢
等商品銷往中亞、南亞、歐洲等地。（見圖 3）

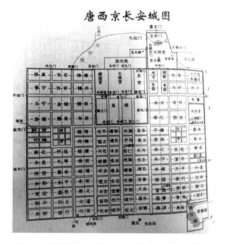

圖 3　開遠門、西市、大明宮位置圖（摘自李健超《增訂兩京城坊考》）

　　開遠門作爲絲綢之路行程的最主要的標誌，是立於門前的路標——"萬里堠"。唐代大詩人元稹《西涼伎》詩，有"開遠門前萬里堠"之句[1]。堠，即中國古代作爲記載里程的標誌。宋代錢易《南部新書》己集有一則記載："平時開遠門外立堠，云西去安西（即安西都護府治所龜兹，今新疆庫車）九千九百里，以示戍（一作"戎"）人不爲萬里之行。"[2]此所謂的"萬里堠"，應是開遠門爲西行起點之明證。

　　其次，從長安城出發西行的驛站來看，西行起點，即絲綢之路幹綫起點的兩個驛站，正好在開遠門東、西兩側：東側驛站爲西"都亭驛"（另有東都亭驛，在曲江池之北），在長安城內，程大昌《雍錄》卷八記此驛"在朱雀街西，近鴻臚寺"。又《資治通鑑》卷二六〇唐乾寧二年胡注："都亭驛在朱雀門外西街含光門北來第二坊。"兩説大致相近。此驛多爲百官西行第一個大驛站。玄奘西行求法返長安城至此驛時，朝廷"列衆禮謁"[3]。

　　出開遠門西則第一驛站爲"臨臯驛"，關於此驛位置學者研究甚多，如嚴耕望考證此驛"在京師長安城西牆北來第一門開遠門外約十里，蓋濱臨謂水，當中渭處……以其爲京師西出主幹驛道之第一驛"[4]。又李健超引新出土的《大唐朝儀郎行內侍省宮闈局丞上柱國公士杜君墓誌》，內記墓主於"開元七年歲次庚申，於京城西開遠門外七里臨臯驛前，予修磚塔一所"；考證臨臯驛在開遠門外（西）七里[5]。此説是。開遠門內外兩個西行的驛站，也證明開遠門爲西行絲綢之路行程之起點。

　　開遠門遺址在今西安大土門村，村房屋毗連，占壓遺址，至今未鑽探和發掘。

　　總之，我以爲漢唐絲綢之路的起點只有長安城一處，長安城內大明宮、西市和開遠門應稱作絲綢之路起點的三大"標識"更爲妥當。

① 《全唐詩》卷 419，第 4616 頁。
② 錢易：《南部新書》己集，黃壽成點校，北京：中華書局 2006 年版。
③ 《續高僧傳》卷 4《玄奘傳》。
④ 嚴耕望：《唐代交通圖考》第一卷京都關內區，臺北：中研院歷史語言研究所發行，1985 年，第 5—6 頁。
⑤ 李健超《唐長安臨臯驛》，《考古與文物》1984 年第 3 期。

【中外歷史專題研究】

先秦中國與古代希臘

趙世超[*]

摘 要

先秦中國和古代希臘俱經歷了軸心文明時期,但二者文化發展的路徑和走向卻大相徑庭。本文從地理環境、產業結構、勞動組合方式及政治、經濟制度相關特徵等方面,詳細論析了先秦中國與古代希臘兩種文化走向的地理和歷史原因,進而指出中國文化演進的努力方向。

關鍵詞

中國 古希臘 制度 文化

先秦中國和古代希臘都出現了亞斯貝斯所謂的軸心期文明,産生了影響深遠的原創文化,具有强烈的可比性。值此長安學國際學術研討會召開之際,我在總結前人及同行所作比較研究的基礎上,寫下這篇看似與會議主旨無關、實則密切相關的文字,以供各位參考,並敬請批評指正。

一

要論對中國歷史發展進程的影響,莫過於喜瑪拉雅山的隆起。8800 多米的高峰擋住了西南印度洋上的暖濕氣流,使中國中西部變成了乾旱半乾旱氣候,東側近地的風力也因"狹管效應"而更加强勁。北方蒙新地區的碎屑物質都被裹挾起來,向南吹送。最終,當地只剩下了不能攜帶的礫石。由於隨風力遞減,體積和比重較大的顆粒會最先落下,於是,自蒙、新至於秦嶺,就出現了石漠、沙漠、黄土由北而南依次排列的自然景觀。

如此説來,黄土本是一批被風搬運得最遠的物質,直到受秦嶺阻隔,才大致吹不動了。這就意味着它必然具有兩個最基本的優點——細和輕。糰粒結構細微,故土質疏鬆,易於

---

* **作者簡介:**趙世超(1946—),男,河南南陽人,陝西師範大學歷史文化學院教授。

墾耕。而輕的原因則是其中所包含的腐殖質成份多，土壤有自我加肥能力；含磷量也偏高，含水性能好。加之乾旱半乾旱所造成的草灌及蒿類植物分佈廣泛，砍伐起來較爲省力，遠非南方熱帶雨林所能比。所以，先民選取耐旱的作物粟作爲種子，在黃土地帶較早地發展了原始農業，過上了村落定居生活，形成了長期穩定使用的邑和邑群，並以此爲基礎，產生了古代文明。

那麼，能否認爲中國的先民得天獨厚？否。恰恰相反，他們在向大自然進軍時，所面臨的環境是複雜的，所遇到的困難是超乎想像的。

從地勢看，當時能夠墾殖的僅限於高平的原和原下近水的隰，特別是黃河支流上的小盆地，如渭水河谷、伊洛河河谷、汾水河谷和泰山丘陵下的"汶陽之田"等，山林川澤還是人們無法進入的禁地，而這些不利於農作的區域可能遠大於宜農區。如：河濟之間的兗州，被稱爲陷泥地、渥地；黃河在廣袤的華北"播爲九河"，實際呈漫流狀態；據譚其驤統計，到了春秋時期，僅鴻溝、潁汝以東，濟泗以西，長淮以北，大河以南，仍有較大湖泊 140 多個①。類似的區域顯然不適於人類居住，故早期遺址的發現也不集中。從土壤來看，多水或濕度過大的爛泥地被稱爲塗泥，肯定不利於耕種，故《禹貢》列荆州塗泥爲下中，揚州塗泥爲下下。而海濱、湖畔和河流交匯處的碟形窪地又易泛鹹，古籍說"冀州白壤"，又說青州"海濱廣斥"，指的就是這種極難治理的鹽鹹地。不適合耕種的可能還有堅硬的壚土。真正的好地只有排在上上的黃壤和一種叫做墳的暗土。乾旱半乾旱氣候使黃土地帶不像多雨的南方那樣林木茂盛，但林地的分佈卻遠較今日爲多，這不僅帶來了土地始辟時砍伐的難度，而且爲野生動物的生存和繁育提供了場所。徐中舒先生早年寫《殷人服象及象的南遷》，說：殷、周象尚在黃河流域，春秋已遷到長江流域，秦時已遷到嶺南，故於嶺南置象郡。證以《左傳》定公四年楚昭王"使執燧象，以奔吳師"等等，可知徐先生的看法是一個完全正確的判斷。除了象，見於記載的還有犀、兕、虎、豹、豺、狼、野豬、麋鹿等，它們都可以在中原地區自由往來，狼奔豕突。綜上可知，先秦時期的自然環境既原始，又險惡。

不僅如此，給人們帶來巨大威脅的還有災害。"中國位於世界最大的大陸——歐亞大陸的東南部，瀕臨世界最大的海洋——太平洋。由於海陸之間的熱力差異而造成季風氣候特別顯著"，所以，"中國是世界上季風最爲顯著的國家之一"②。由此造成的中國氣候既具有強烈的大陸性，又具有變化的劇烈性和複雜性。其表現是降水集中，洪澇多發，在漫長的缺雨期，大片內陸地區又有旱魔肆虐。與之相伴，還會有風災、雹災、霜災、雪災、凍

---

① 譚其驤：《黃河與運河的變遷》，《地理知識》1955 年 8 月號。
② 林之光：《中國的氣候及其極值》，商務印書館 1996 年版，第 4—5 頁。

災,以及蝗災時時來襲。在地質方面,漂移的幾大板塊在中國交接,又造成地震相對集中。可以肯定,中國是一個多災的國家。據蕭國亮《皇權與中國社會經濟》一書統計:"自西周至清末約 3000 年間,共發生大災荒 5168 次,平均每年發生 1.723 次。"[1]

在環境險惡、災害頻發的情況下,人們拿什麼向自然開戰? 過去曾有人認爲殷和西周已使用鐵器,現在不這樣講了。一般說來,鐵器出現於春秋,到戰國開始普遍化,連農具也用鐵製了。所以,《孟子》書中就有了"鐵耕"一詞。可以斷言,戰國以後才是"鐵耕"時代,以前不是。會不會大量使用青銅農具呢? 可能性也不大。最根本的原因是銅的豐度低,只有百分之 0.007;而鐵卻是百分之 4.75,是銅的 800 倍。由此就造成一個最基本的客觀事實,即銅的冶煉雖爲時較早,但卻難於普及,而人們一旦掌握了冶鐵技術,鐵器就可以迅速應用到各個生產領域。所以,殷周雖是青銅時代,銅金屬卻主要用於鑄造兵器、禮器及少量手工工具,從一些典型遺址的遺物和遺跡來看,農業中所用的仍是木、骨、石、蚌器,只不過較之原始社會加工得更好而已。恩格斯說:"青銅可以製造有用的工具和武器,但並不能排擠掉石器,這一點,只有鐵才能做到。"[2]中國的情況正是此論的最好佐證。只是到了春秋、戰國期間,隨着禮樂制度的崩壞,青銅生產脫出爲禮器製造服務的舊軌道,開始朝實用化方向發展,在一些銅錫礦藏較豐富的地區,如東南和西南,青銅農具的數量才局部有所增加。生產工具落後充分反映,文明初期的生產力水準還很低下。

上述情況對先秦社會的影響極爲深刻。首先,在向自然進軍的過程中,由於能力微弱,個人就象蜜蜂離不開蜂房一樣離不開一個更大的集體——族,不僅以土地私有爲前提的個體家庭在文明初始時沒有產生,甚至連勞動也是集體進行的。"一個家族就是一個生產隊"。直到戰國,才出現了認爲"公作則遲,分地則速"[3]、主張"農分田而耕"[4]的理論,一些國家推出了"民有二男以上不分異者倍其賦"的强制分家政策[5],而"五口之家"、"八口之家"、"數口之家"及"一夫挾五口治田百畝"的記錄和"夫婦"、"匹夫"、"匹夫匹婦"之類的語詞也紛紛見之於載籍,個體勞動和個體家庭終於普遍化,個人首次獲得了獨立發展的有限機遇。其次,農業種植與漁獵經濟不同,起碼經過一年才能看到結果,必須深謀遠慮;戰勝諸種不虞之災更須憑藉經驗。因此,中國的尊老傳統源遠流長,發展到極致,則易造成故步自封,抑卑幼以奉尊長,事事處處由族中老人、家長說了算。其三,對家族集體和對家長的天然依賴,加上災害的普遍性、危害性及不可預測性,會讓人產生恐懼心

---

① 蕭國亮:《皇權與中國社會經濟》,新華出版社 1991 年版。
② 恩格斯:《家庭、私有制和国家的起源》,人民出版社 1972 年版,第 158 页。
③ 《呂氏春秋·審分》。
④ 《荀子·王霸》。
⑤ 《史记·商君列传》。

理,並逐漸累積,上升爲恐懼人格,從而達到崇拜權威、甘心服從的程度①。正是以此爲基礎,家長由生產的組織者、領導者,變成了家族財產及妻妾子女人身的支配者,個人則變成了家長的僕從。其四,既然個體勞動和個體家庭尚未蘊育成熟,編戶齊民制度便無由產生,族就不僅是生產單位、生活單位,更是政治經濟單位和社會組織單位。統治與被統治的關係是族與族的關係。在統治者的族内,大宗支配小宗。在不同族之間,則憑甥舅關係以資聯絡,或建立仿族組織,形成假血緣關係。統治與剝削並不針對個人,而是針對家族集體。可叫做"以大家達厥庶民及厥臣"②。最後,連所謂的"國",也不過是家的擴大。"王室"本意是王之家室,公室即公之家室,現在都轉化成了公共權力機關。王、公的子弟或親信分掌各種職事,已類似於擔任公職,但卻沒有脱去"有事弟子服其勞"的私人性質。所以,任職者皆自稱是"克奔走於公家"、"克奔走於王家"。總而言之,族的影響隨處可見,仍發揮着支配作用。這種血緣關係並未讓位於地緣關係和政治關係的文明社會,充其量只能算是一種早期文明。對當時的國家,過去有人叫做早熟的國家,所謂早熟,在一定意義上也可理解爲"早產"。只有血緣聯繫逐步被排擠,這個"早產兒"才變得正常了。然而,早期社會所形成的文化卻積澱下來,影響歷史發展的走勢,甚至成爲難以祛除的痼疾。

二

希臘位於巴爾幹半島的南部,海岸綫長達 15000 公里,具有港口多、島嶼多的特點;在海上航行,前後左右都有可以望見的島嶼指示航程。同時,地中海是陸間海,潮汐變化小,相對平靜。利於航海的條件,世界上任何一個地區都無法與之相比。

希臘也是個多山的國家,品都斯山、奧林匹斯山和其他小山、丘陵、港灣、地峽,將全境分成相對獨立的小單元。平原面積不超過 20%,土地多含石塊、砂礫,相對較爲貧瘠。地中海式氣候使降雨集中在秋冬,夏季雨量極少。

與地理和土壤條件相關,糧食作物僅有越冬且根系發達的大麥和小麥,橄欖、葡萄也因根須可以深深紮入地下而具有種植傳統。據推斷,公元前 4 世紀時,雅典城邦"僅有 1/4 至 1/5 的穀物是本地產的",不足部分全靠從外部輸入。主要來自意大利、西西里、埃

① 此處參見任不寐《災變論——中國人的流離飄蕩與救贖》,(香港)國際福音證主協會,2010 年,第 139 頁。
② 《尚書·梓材》。

及①。

希臘人穿的是毛織物和亞麻織物，但本地羊毛不夠用，需從呂底亞、夫利基亞和黑海沿岸進口。亞麻原料全靠小亞細亞、埃及供應。另外，雖然"希臘本土有銀、鐵、銅礦"，卻"都産得很少"，冶金所需原料多來自腓尼基、塞浦路斯（銅）、小亞細亞（鐵）和歐洲市場（錫）。

要進口就得拿自己的産品去換，即以出口的形式來支付。古希臘輸出的産品主要有橄欖油、葡萄酒、陶器、金屬細工、奢侈品、武器。

這就等於説，希臘人致力於手工業、商業，完全是生計所需，不得不然。優越的航海條件只是爲貿易的發展提供了便利而已。於是就形成了古希臘經濟上的三元結構：不甚發達的農業、發達的手工業、極爲活躍的商業，尤其是海外貿易。三者相互影響、相互促進。與中國古代以農立國的情況形成鮮明對照。

不過，希臘城邦制度及城邦文化的出現既有經濟方面的原因，更是歷史演變的結果。因而，我們還得粗略回顧一下希臘史。

以前研究希臘歷史，主要依靠荷馬史詩《伊利亞特》《奧德賽》和希西阿德的《神譜》及《勞動與時令》等詩作，還有長期搜羅起來的碑銘和文物。在19世紀的疑古空氣中，詩被看作文學作品或無法證實的傳説。故著名英國希臘史家格羅特乾脆把希臘的信史時代定在有碑銘可據的第一屆奧林匹克大會，即前776年，此前都歸入傳説時代。恩格斯的《家庭、私有制和國家的起源》在言及希臘時，也只從提秀斯王講起，其用意與格羅特相近。

但是，從19世紀末到20世紀，在克里特島，發掘了克諾索斯古城，找到了宏大的宮殿、壁畫、精美的陶瓶、人像及刻有綫形文字的粘土版。在邁錫尼，發掘了被認爲是阿伽門農都城的古城址，傳説中的特洛伊古城也被發掘出來了。這不僅使史詩中的某些記錄得到證實，而且把古希臘的歷史大大提前。

克里特文明開始於公元前3000年，極盛於公元前1600年，公元前14世紀，克里特文明衰落了，邁錫尼文明又興盛起來。邁錫尼文化第一期的創造者來自克里特島，似乎也處在克里特王朝的控制之下。但在公元前13世紀中期，亞該亞人登上了歷史的前臺，他們從北方南下，不僅佔領了邁錫尼，而且控制了克里特和整個南部希臘，還渡海攻打過埃及、巴勒斯坦，向東北進攻小亞細亞的特洛伊。此次戰役就是荷馬史詩的主題。根據《伊

---

① M. Cary, P L Oxon. *The Geographic Background of Greek and Roman History*, Oxford University Press,1950. 轉引自李學智《古典文明中的環境差異與政治體制類型——先秦中國與古希臘雅典之比較》，《天津師範大學學報》（社會科學版）2013年第2期。

利亞特》中的船舶目録，戰役的統帥阿伽門農有自己直接指揮的軍隊，同時他又是亞該亞人的"萬民之王"，總共有二十幾個國家的船舶和軍隊隨他遠征。

可是，特洛伊戰爭之後，約在公元前 12 世紀時，隨着多里安人和其他北方民族所掀起的新的南遷浪潮，邁錫尼王朝也急劇衰落了。多里安人的到來，破壞了各地的交通聯繫，佔領了邁錫尼王國所在的地區，即伯羅奔尼撒半島東北部的阿爾哥斯地區，焚毀了邁錫尼、梯林斯、科林斯城和著名港口科臘古，邁錫尼舊壤被一塊一塊割裂開來，建立起多里安人諸邦，希臘集團化整合的進程被打斷，凌駕於諸小國之上的最高王權——萬民之王，從此消失，再也恢復不起來了。從多里安人征服到公元前八世紀，約三四百年，考古發掘證明，這一階段沒有豪華的建築，沒有精美的工藝品，陶器的裝飾也從富麗的瓶繪退化爲樸素的幾何圖案。故西方史家稱之爲黑暗時代。

多里安人的入侵除了使希臘本土在政治上碎片化和在文化上進入黑暗時代外，更大大推進了早已存在的海外殖民。邁錫尼諸邦舊民除屈從和避往山區外，多選擇奔向海島和海外。小亞細亞沿岸，早在邁錫尼時代，在戰勝特洛伊的基礎上，就建有希臘人的移民城邦，加之亞洲內陸能夠控制這一地區的赫梯王國此時已經衰落，波斯帝國尚未興起，出現權力真空，所以就成爲遷徙者的首選之區。希臘人不僅採取"分裂繁殖"的辦法，在這裏建立殖民城市，安定二、三代之後，自己又成爲母邦，派遣其成員再到鄰近甚至更遠的地方去建立新邦，而且利用小亞細亞地處歐亞結合部的有利條件，使以手工業和商業爲主的經濟部門迅速得到發展。同時也使古希臘文化重新復蘇，使小亞細亞取代本土成爲希臘文化的中心。一般認爲，荷馬史詩即寫成於公元前九世紀的小亞細亞，然後才傳入希臘本土。在此期間，小亞細亞還出現過其他一些著名的詩人和哲人。

跨海遷移造成了不同族類的大混合。大家抱着到異鄉尋夢的願望會聚於港口，一艘大船或一個船隊所裝載的可能是來自不同地方的人，船一滿立即出發，與茫茫大平原上整個血緣家族的男女老幼連同裝在牛車上的家什雜物一起，緩緩移動，隨行隨止的中國式遷徙，完全不同。這種遷徙使以血緣爲基礎的原始社會制度立即萎縮，人和人的關係簡化爲在洋流風波中"同舟共濟"的夥伴關係。同時，蒙在某些人身上的神聖外衣也被徹底剝去，他同自己同乘一條船來，吃喝拉撒、七情六欲，與衆無異。既無家族作後盾，又無君權神授作憑藉，王權便失去了存在的基礎。所以，小亞細亞諸殖民城邦，即使存在過王政，也很快被貴族政體取代了。通常的情況是：外來的希臘人構成貴族，統治和剝削本地人。議事會是城邦管理的中心，採取合議制議決大事，並發展出一套貴族階級內部的民主慣例，積累成較爲完整的規章制度。這些規章制度就是法律、法典的源頭。從貴族個人意志不能超越規章或法典之上來看，城邦貴族政體雖是少數人的專制，但卻已經是法治,而不是人治,更不是一個人的專制①。這與先秦中國把族規變爲國家制度、把王公的言行當作人人必須恪守的法式相比,也很不一樣。

小亞細亞城邦與母邦之間聯繫緊密,小亞細亞新的政體模式和經濟、文化的繁榮速迅回傳,産生强大的反推力。於是,在小亞細亞快速發展的刺激和影響下,希臘本土也發生了重大變化。首先,以血緣家族和君權神授爲依據的王政紛紛讓位於以規章制度爲基礎的貴族政體。希臘本土王政消失的過程在公元前 8 世紀前後基本完成,湯因比認爲,取代王政的貴族政體正是從小亞細亞傳佈過來的。其次,城邦間的海上貿易迅速使希臘本土的自然經濟轉化爲貨幣經濟,由於貿易可以滿足糧食和原料的需要,所以,工商業生産迅速擴大,農業中經濟作物的種植面積增加,油、酒及手工製品大量出口。其三,工商業的繁榮使非貴族出身的自由民可以因善於經營而成爲暴發户,但政權卻掌握在貴族手裏,新富人與舊貴族的矛盾更加突出;守舊的土地貴族在商品貨幣的刺激下,加重剥削,普通勞動者與貴族的矛盾也更加突出;移民又造成了勞動人手不足,勞動力價值的提高使下層人擺脱受壓迫地位的願望空前强烈。階級力量對比與政治權力分配相脱節,社會矛盾激化,常常引發群衆騷動。最後,面對社會動盪,希臘各邦普遍依靠强有力的僭主,通過改革和立法,來調整社會關係。在没有産生僭主的地方,則推出一個"民選調解官"充當立法者。僭主帶有一個人專制的性質,但僭政都很短暫。僭政結束了,僭主的立法卻保留下來,並直接催生了希臘城邦民主制。

希臘各邦政制演進的道路大同小異,雅典最爲典型。而在雅典抛棄王政、經由貴族政體、邁向民主政體的過程中,梭倫和克利斯提尼的改革起了關鍵作用,必須予以提及。

公元前 594 年,在可能出現平民暴動的嚴峻形勢下,梭倫被推爲首席執政官,推行改革和立法。梭倫改革的内容很多,如頒佈"解負令",廢除債務奴隸制,允許外邦人獲得雅典公民權,禁止對包括奴隸在内的他人施以暴力傷害等等;這裏只介紹他對政體的改造。

貴族政治權力掌握在貴族議事會手里,是否屬於貴族,則取決於血統。爲了打破舊貴族對權力的壟斷,調整階級關係,梭倫把改造現行議事機構和決策辦法作爲重要目標。第一,廢除貴族血緣世襲,開始以財産多寡確定身份資格。將雅典公民分爲四級。即:富農(收入約合五百麥斗,一麥斗合 52.3 公升,顧準稱之爲五百斗級)、騎士(收入約合三百麥斗,養得起馬,可以應徵作騎士)、中農(收入約合二百麥斗,顧準稱爲雙牛級,可作重裝步兵)、貧民(可作輕裝步兵,或擔負軍中雜役)。四級之人都有權參加公民大會。第二,創立四百人會議和陪審法庭。四百人會議負責爲公民大會準備議程,預審將提交

---

① 此段論述根據顧準:《希臘城邦制度——讀希臘史筆記》第三章《海外殖民城市是城邦制度的發源之地》,中國社會科學出版社 1982 年版。

公民大會通過的決議，取代了貴族議事會的職能。雅典原有四個部落，四百人會議從每個部落選出一百人組成，凡前三等級之人都有資格當選。陪審法庭審查將送法官處理的任何訴訟案件，對法官已判決的案件，陪審員仍可提出起訴。陪審法庭成員也由選舉產生，四個等級的人都可當選。第三，充分發揮公民大會的作用。執政官、司庫、執行法庭判決者（共 11 人）等，都由公民大會選出，戰爭、媾和等國家大事提交公民大會議決。

可以看出，梭倫改革已用引入財產資格的辦法削弱了舊貴族，打破了氏族血緣關係對社會的束縛，同時，又通過擴大參政權、選舉權和被選舉權，向主權在民邁進了一步。

克利斯提尼改革發生在公元前 509 或前 508 年。最主要的作法是：第一，根據地區原則重劃阿提卡的基層組織。把全阿提卡分爲三個區，即雅典衛城及其近郊、内陸中央地帶和沿海區。每個區再分爲十部分，名爲三分區。三個區域内的各一個三分區合起來，組成一個部落。各部落之人居地並不毗連，只在公民大會表決期間才集合起來，是一種人爲的編組。這樣做的好處是，用十個地區部落取代了原來的四個血緣性原始部落，進一步破壞了氏族聯繫和氏族傳統，使族長的勢力喪失無餘；同時也打破了雅典山居派、平原派和海濱派的界綫，使黨派競爭失去憑藉，減少了僭主復辟的可能。三分區下的基層單位是"自治村社"，在鄉下是村落，在城市是街區。男子十八歲時由民選的村長登記入兵役和公民名册，從此有了保衛城邦的義務，也有了出席公民大會和參加審判的權利。二十歲時，他就成了正式的全權公民。總之，改革後他是按地區實現自己的權利和義務。第二，克利斯提尼用五百人會議代替了梭倫的四百人會議。由每個新部落各選出五十人組成，部落内代表人數按社區大小分配。選舉的辦法是抽籤，每個公民一生中都有機會成爲議事會成員。議事會再選出議長委員會，共五十人。這五十人分成十組，每組五人，輪流各主持日常政務 35、36 天。在議事會的一年任期内，每個議事會成員都有機會成爲主持政務的五議長之一。另外，每個部落選出一個將軍，統率從本部落徵集的公民軍。將軍們組成十將軍委員會，負責統率全軍。第三，陶片放逐法。每年春季，召開非常公民大會，口頭表決是否實行陶片放逐。如果有人危害了公民自由和城邦利益，就可能被確定爲候選對象。然後再召集第二次公民大會，用在陶片或貝殼上寫下名字的辦法進行最終確認。多數人投票認爲有罪的人，必須離開雅典，爲期十年，但財產不没收，期滿回來，他以前的一切權利隨之恢復。

克利斯提尼在梭倫改革的基礎上向前跨越，已發展到了"主權在民"和"輪番爲治"。這一根本性的變革雖不完善，如奴隸、婦女没有公民權和公民中的男性普通勞動者會因忙於生計而與城邦政治相疏離等等，但卻使多數雅典公民的自主意識和潛能得到充分發揮。克利斯提尼改革後不久，就爆發了希波戰爭。是雅典，而不是別的城邦，在抵抗外族入侵中真正起了主導作用,取得了像馬拉松戰役、薩拉米海戰等多次輝煌的勝利。戰後雅典在經濟實力上超過了米利都、科林斯,在軍事實力上超過了斯巴達。它不僅被提洛同盟參盟各國奉爲盟主,事實上已成爲全希臘的楷模。雅典式的城邦民主制度,特別是"主權在民"和"輪番爲治"原則,作爲各邦效法的榜樣流傳開來。

再說說小亞細亞。各種矛盾的交集也催生過這裏的僭主政治,但到公元前七世紀,在赫梯王國衰落很久之後,呂底亞王國興起了,繼而則是更加强大的波斯帝國滅掉呂底亞,控制小亞細亞。這一地區希臘各殖民城邦的僭主爲了自保和對付內部的民主派,紛紛投靠外敵,變成了波斯的"兒皇帝",從而使改革的進程被打斷。所以,希臘世界的中心雖一度轉到了小亞細亞,但很快又轉回到本土。應該說,是雅典的政治制度成了希臘城邦民主制的典型,而不是小亞細亞。實現貴族政體向民主政體偉大轉變的舞臺在本土,不在海外。

文化是對生活的看法、態度及所取的方式。一旦形成,就可能走向固定化,並產生長久的影響。雅典城邦民主制和城邦文化始於梭倫改革,完善於克利斯提尼,推廣於全希臘,被柏拉圖、亞里斯多德上升爲理論。後來雖發生了馬其頓的亞歷山大和羅馬的征服,但城邦的相對獨立性和城邦制度的基本內容卻都保留了下來,還爲羅馬效仿和繼承。正因爲這樣,學術界一致把希臘城邦民主制和希臘文化看做西方政治和西方文化之根。

三

歷史比較的魅力無窮。看到差異,承認差異,才能既"各美其美",又"美人之美",最後實現"美美與共,世界大同"①。

先秦中國文化與古代希臘文化的區別,前人論之甚悉。擇其犖犖大者,即有數端尤需加以關注,如:希臘已有城邦民主,並且實現了"主權在民"和"輪番爲治";而先秦中國卻止步於"民本",只盼國君仁慈,爲民作主,從未打算讓人民自己當家作主。希臘城邦法致力於維護城邦利益和公民權益,從梭倫開始,即已禁止對包括奴隸在內的他人施以暴力傷害;而先秦中國的立法前提卻是"普天之下,莫非王土;率土之濱,莫非王臣",因而向來都以維護天子、權貴及家長的絕對統治權爲宗旨,法律只是防止盜賊和各種犯上作亂行爲的工具,對冒犯尊親者的懲罰也特別殘酷。由於貿易需協商,手工憑技巧,故希臘看重規則的建立,看重個人權利,講公民平等;先秦中國卻只重親親尊尊,只講忠孝

---

① 費孝通:《人的研究在中國》,天津人民出版社 1993 年版,第 10 頁。

和等級服從。在古希臘,技術性較强的手工勞動和造船、航海爲等閒常事,較多積累了點、綫、方、圓、體積、容積、速度等方面的知識,幾何學、物理學出現早,發育快;先秦中國以農立國,需要觀象授時,收取賦稅,需要計量,天文學、數學較有傳統。希臘公民經常集會,有發言權,可進行辯論,邏輯學發達;先秦中國一切聽憑家主或長上安排,個人没有説話的份兒,提倡"訥於言,敏於行",照吩咐做就行了,邏輯學被窒息,流行"象思維",凡事只求差不多、大概齊。如此等等,不一而足,雖未可許爲定論,然亦庶或近之。

至於産生差别的原因,既應到地理環境、産業結構、勞動組合方式中去探尋,又應深入研究兩種政治、經濟制度的的特徵及催生這些制度的諸多歷史事變。就中國而言,需要正視的問題主要是:農業經濟長期延續;血緣聯繫未被地域關係完全取代;權力崇拜與人身依附共生;專制主義、政教合一、愚昧迷信禁錮思想;人的主體意識嚴重缺失。反思出真知,出自信。盲目美化過去,其本質是向後看,只有堅持改革開放,才是向前看。我們所要建設的社會主義新文化既應是民族的、科學的、大衆的,又應面向世界,面向現代化,面向未來。要真正提升全民族的文化競爭力,除發展經濟、改善産業結構和政治結構、重視教育、提高人的素質外,關鍵還是要請"德先生"和"賽先生",扎實持久地進行屢屢被打斷的思想啓蒙。

從出土金文資料看西周都城——豐鎬兩京的族群

張懋鎔[*]

摘　要

　　本文主要利用金文資料梳理居住在豐鎬兩京的族群，大致可分爲姬姓族群與庶姓族群兩部分。掌控這裏的主人是周王以及其他姬周貴族如邢叔、蔡侯、召仲、單伯、唐仲、荀侯等。庶姓族群則有蘇、許、鄧等國族以及戈族、𤔲、𤔲、𤔲等東方大族。結合考古發掘資料來看，當時居住在豐鎬兩京的族群來自四面八方，人口繁多，以至於用地情況十分緊張。還有非常住人口，如諸侯要定期來京城朝覲周王。這一切説明在西周的三個都城中，豐鎬兩京的地位最爲尊崇。

關鍵詞

　　金文　西周　豐鎬　族群

　　西安是中國歷史上十三個王朝建都所在地。第一個在此建都的王朝是西周王朝，當時都城的名字，一個叫豐京，爲周文王所建，一個叫鎬京，爲周武王所建。《詩經·大雅·文王之聲》記載了這個重要歷史事件："文王受命，有此武功。既伐於崇，作邑於豐。……考卜維王，宅是鎬京，維龜正之，武王成之。"顯然，豐鎬兩京無論在對於中國古代都城歷史的研究，還是對於西安歷史的研究，都具有重要意義。可是，由於年代久遠，破壞嚴重，豐鎬兩京的現存情況不容樂觀。所幸的是，半個多世紀來的考古發掘，加上以不同形式出土的文物，讓我們看到了豐鎬兩京的方方面面[①]。以往的研究成果豐碩，本文擬在前人與同行研究的基礎上，主要利用青銅器及其銘文資料對豐鎬兩京的族群情況做一點探討。

一、姬姓族群

　　在談這個問題之前，簡括地介紹一下我們對於豐鎬兩京地域概念的基本認識，因爲

---

* 　**作者簡介**：張懋鎔（1948—），男，江蘇蘇州人，陝西師範大學歷史文化學院教授。

① 　岳連建等：《豐鎬遺址範圍及地下遺存分佈勘察報告》，陝西省考古研究院年度報告，2013 年。

關於這一點學術界是有分歧意見的。豐鎬兩京是西周都城,位置在長安縣,這是没有問題的。但是在西周金文中,還出現一個文獻上没有的都城名——葊京,關於它的認識,幾百年來學術界爭論不休,吴大澂主張葊京即鎬京,郭沫若認爲葊京是豐京[①]。近年來也有學者指出葊京根本不在長安,而是在周原劉家村一帶[②]。對於本文而言,葊京不論是鎬京,還是豐京,都在豐鎬遺址範圍内,暫且可以不去深究,但是如果葊京在岐山與扶風交界處的周原,離長安還很遠,則不能不作理論。我們認爲葊京就是豐京,在長安縣[③],理由很多,試舉兩條證據:

1、葊京距離鎬京很近:

西周早期青銅器士上盉銘曰:"唯王大祓于宗周,出館葊京年,在五月既望辛酉。"(《商周》14792[④])周王在宗周(即鎬京)舉行祓祭,接着出居葊京,可見葊京離鎬京不遠。《麥尊》銘曰:"雩若二月,侯見於宗周,無述(尤)。逌(會)王客(格)葊京乿祀……。"(《商周》11820)邢侯二月在宗周(即鎬京)覲見周王,時逢周王來到葊京舉行乿祀,顯示葊京與鎬京相距很近。

2、1992年長安區申店鄉徐家寨出土吴虎鼎(《商周》02446),銘文記載周宣王十八年歲末將原本吴盉的土田分給吴虎時,特别强調這片土田的四至:"厥北疆涵人衆疆,厥東疆官人衆疆,厥南疆畢人衆疆,厥西疆葊姜衆疆。"值得注意的是吴虎土田的西界與葊姜的土田相連接。吴虎鼎出土於長安縣的徐家寨,吴虎的土田就在這附近,既然與葊姜的土田爲鄰,説明葊姜就居住在這裏。葊姜如同京姜,是姜氏女子嫁於葊氏者,葊氏是因居住在葊地而得名,可見這個葊地就在豐鎬遺址範圍内,不可能跑到很遠的周原地區。

另外根據出土金文資料來看(見《豐鎬地區出土青銅器銘文一覽表》),村落有灃西馬王鎮的張家坡村、馬王村、大原村、新旺村,灃東斗門鎮的花園村、普渡村、下泉村,東大鄉的郭北村、馬橋村,五星鄉的兆元坡、北張村、河迪村,高橋鄉的馬務村,引鎮的孫岩村,而以灃西馬王鎮、灃東斗門鎮出土青銅器最多、最集中,結合考古發掘出土的其他遺存、遺物,這兩個鎮正是豐鎬兩京的中心地區。

那麽在豐鎬地區居住的是什麽樣的族群呢?豐鎬兩京的族群大致可分爲姬姓族群與庶姓族群兩部分。周王朝的統治者是姬周貴族,不用説,掌控這裏的主人是包括周王在内的姬周貴族。關於周王在豐鎬兩京的活動情況,已有很多文章談及,這裏不再贅述。

① 王震:《西周王都研究》,陝西師範大學博士論文,2009年。
② 盧連成:《西周豐鎬兩京考》,《中國歷史地理論叢》1988年第3期。
③ 張懋鎔:《鎬京新考》,《古文字與青銅器論集》(第一輯),北京:科學出版社2002年版,第163頁。
④ 吴鎮烽:《商周青銅器銘文暨圖像集成》,上海:上海古籍出版社2012年版,簡稱《商周》,下同。

主要談談封邑在豐鎬兩京以及與豐鎬兩京有關的姬姓貴族,如邢叔、蔡侯、召仲、單伯、唐仲、荀侯等。

目前來看,居住在豐鎬兩京規模最大的姬周貴族是邢叔家族。從 1956 年開始,在長安張家坡西周墓地,迄今已發掘墓葬千餘座,邢叔家族墓地是張家坡西周墓地的一部分。邢叔家族墓地的特點是:首先墓葬的級別很高,有雙墓道的大墓一座(M157),單墓道的大墓三座(M152、M168、M170),還有一些較大的豎穴土坑墓和馬坑、車馬坑。第二,墓地規模大,在這幾座大墓周圍分佈 300 多座大小不等的墓葬,大部分墓葬排列比較整齊而且密集,罕見打破關係,這應是《周禮》所説的族墓地。第三,根據出土的邢鼎、邢叔鼎、邢叔方彝、邢叔采鐘、邢叔飲壺,知道這裏是邢叔的家族墓地,並結合墓葬及其他出土物品,可知這裏居住着好幾代邢叔,時間在西周中期[①]。

有雙墓道的大墓,除了邢叔墓地,只見於河南浚縣辛村的衛侯及夫人墓、北京琉璃河的燕侯墓。按説西周時期的晉侯也很有身份,可是山西翼城晉侯墓地未見雙墓道的大墓,可見居住在豐京的邢叔地位之高,是王朝的重臣。《左傳》:"凡、蔣、邢、茅、胙、祭,周公之胤也。"邢國是周公第四子的封國,封地在今邢臺,按照周制,長子就封國,次子如邢叔在王朝任職,可見邢叔家族與周王室的密切關係。

在長安出土的這件蔡侯鼎,殊可注意,因爲這是年代最早的幾件蔡侯青銅器中的一件。據《史記·管蔡世家》記載周武王克商之後,封其弟蔡叔度於蔡,輔佐紂的兒子武庚禄父治理殷遺民,可見蔡國的第一代國君深受武王器重。這件蔡侯鼎的年代爲西周晚期,大約在厲宣時期,此時的蔡侯當是蔡武侯、夷侯、釐侯中的一位。蔡侯鼎在長安出土,表明此時蔡國與周王朝聯繫密切。

召仲鬲的主人是包括召公在内的召氏家族的成員,清宮曾藏有一件召仲卣(《商周》13201),年代在西周早期,可見召仲一支源遠流長。按照周禮,作爲召公次子的召仲一支可能居住地在豐鎬一帶。召氏家族的青銅器很多,如洛陽出土的召伯虎盨(《商周》05518),山東壽張梁山出土的召公太保鼎、簋等,可見終西周一世,召氏家族一直是王朝的重臣。

單伯原父鬲的主人是單伯,出土與傳世的單氏家族青銅器很多,有西周中期的單伯昊生鐘(《商周》15265),有西周晚期的 9 件單叔鬲(《商周》02957-65,2003 年陝西眉縣楊家村出土)。單伯在西周中期曾是五位執政大臣之一,單旟爲司馬(見裘衛盉,《商周》14800),單伯也曾爲司徒(見揚簋,《商周》05350),從逨盤銘文來看(《商周》14543),

---

① 中國社會科學院考古研究所編著:《張家坡西周墓地》第一章及第三章第一節,北京:中國大百科全書出版社 1999 年版。

從周初到幽王，單氏家族一直在朝廷擔任要職。

西周時期的唐國青銅器不多，除了這件唐仲鼎，還有西周晚期的唐姬簋蓋，銘曰："唐姬作稻嬇媵簋，稻嬇其萬年子子孫孫永寶用。"（《商周》04901）還有同是西周晚期的唐仲多壺（《商周》12179），這個唐國是姬姓，來自湖北隨州，與山西翼城的祁姓唐國無關。唐姬爲其女兒稻嬇作媵器，可見她丈夫是嬇姓。李學勤先生指出："嬇是金文中罕有的不見於傳世文獻的女姓之一。"[1]傳世還有稻嬇簋蓋 3 件（《商周》04834-36），實際至少應有 4 件，由此也可説明主人有較高的社會地位。從金文資料來看，唐仲鼎出在豐鎬兩京的墓葬中，表明遠在湖北的唐國也與西周王朝有一定的聯繫。

周成王時，荀國被封於今山西新絳縣東北，春秋早期被晉國所滅。存世的荀侯的青銅器很少，除了荀侯盤還有荀侯稽匜（《商周》14937）、荀侯戈（《商周》16749），在這 3件荀侯青銅器中，荀侯盤是最早的一件（在西周中晚期之交）。荀侯稽匜在 1974 年出土於山西聞喜縣上郭村，證明那裏是春秋早期荀國的所在地。這件荀侯盤銘曰："荀侯作叔姬媵盤，其永寶用饗。"荀侯將第三個女兒嫁到京城來，夫家可能就是這個青銅器窖藏的主人。

二、庶姓族群

對於同姓貴族來説，周王朝自然會格外關照，而作爲庶姓貴族來説，則需要採用各種手段來加强與王朝的聯繫。蘇衛改鼎有 4 件，器主是蘇國族的一位成員。蘇氏家族來頭不小，他們的祖先蘇公在周武王時就是一位朝廷重臣。《尚書·立政》曰："周公若曰：太史！司寇蘇公，式敬爾由獄，以長我王國。"這位蘇公名忿生，武王時任司寇一職，主管刑獄，因克敬職守，受到周公讚譽。可見蘇是一個歷史久遠的封國。但是祖宗的福蔭並尚不能延續子子孫孫，後代尚需努力。譬如蘇氏家族的青銅器有西周晚期的蘇公盤（《商周》14404）、蘇公簋（《商周》04596）（注 8）[2]蘇公盤系蘇公爲嫁於晉國的女兒所作媵器，蘇公簋系蘇公爲嫁於周王的女兒所作媵器，作爲政治的婚姻，蘇公不僅嫁女於晉國，還嫁女於周王，可謂用心良苦。豐鎬兩京出土蘇衛改鼎，是否蘇氏家族爲交接王朝而做的努力，恐怕也不能排除。

許國是周初所封的姜姓諸侯國，位於今河南許昌、鄢陵、臨潁一帶，爵位是男爵。許男鼎銘曰："許男作成姜桓母媵尊鼎，子子孫孫永寶用。"這是許國國君爲嫁女兒所作的

① 李學勤：《叔多父盤與"洪範"》，《中國古代文明研究》，上海：華東師範大學出版社 2005 年版，第 104 頁。

② 張懋鎔：《蘇公盤鑒賞》，《古文字與青銅器論集》（第三輯），北京：科學出版社 2010 年版，第 69—71 頁。

媵器，器既然出在馬王村青銅器窖藏中，夫家自然是馬王村的一位貴族，這是許國與王畿來往的一個明證。許氏家族在西周晚期就有人在王朝做官（見許叀鼎，《商周》02478），許叀鼎高 54.2 釐米，可見主人地位不凡。還有一件許姬鬲（《商周》02778），也是許、姬通婚的證據。

豐鎬出土的鄧國青銅器不少，除了井叔墓地出土的鄧仲尊、鄧仲尊蓋外，西安大白楊廢品倉庫還揀選到一件鄧公鼎（《商周》01554），年代在西周中期，與上述鄧國青銅器的年代相近，鑒於井叔墓地被盜嚴重，這件鄧公鼎也很有可能出自井叔墓地。西周時期，鄧國與周王朝往來密切，有一件西周早期的盂爵，銘曰："唯王初祓于成周，王命盂寧鄧伯，賓貝，用作父寶尊彝。"（《商周》08585）周王第一次在成周祭祀，就專門派遣盂作爲使者去慰問鄧伯，可見周王室對鄧國的重視程度。井叔墓地出土的鄧仲尊造型奇特，紋飾精美，是一件青銅器精品，在所有鄧國青銅器中，這是藝術和鑄造水準最高的一件，它出現在西周都城，具體原因雖不清楚，但它的出現，本身就表示鄧國與周王朝關係非同一般。鄧國的青銅器不僅出在豐鎬兩京，在盩厔縣還出土過西周晚期的鄧孟壺（《商周》12304），器高 56.4 釐米，是所見鄧國青銅器中最高大者，在武功還出土過西周晚期的鄧伯氏鼎（《商周》02192），可見從西周早期到晚期，鄧國與周王朝往來不斷，鄧國貴族多有在王畿地區居住者。

如何判斷居住在豐鎬的是庶姓貴族，一是依據文獻記載，譬如上述的蘇、許、鄧等國族。二是根據族徽來判斷，凡是綴有族徽文字的青銅器上，一般來説，它的主人不是姬周貴族[1]。

豐鎬青銅器的特點之一是青銅器的來源十分複雜，銘文中出現了很多不同形狀的族徽文字，共有 51 種族徽：[illegible]、[illegible]、亞欠、魚、寧戈册、弓[illegible]、木、亞[illegible]、[illegible][illegible]、亞束、[illegible]、[illegible]、[illegible]、豕、亞高、箙、天、山、叡、叙、隶、鳥、雔、茀、卯、耒、丙、[illegible]、[illegible]、馬、羊、子羽、[illegible]、馬馬、蟲、史、[illegible]、元、戈、[illegible]、天鮴、劦、[illegible]、弓、申、受、目目口、[illegible]、北單戈、幸、[illegible]，族徽文字的種類僅次於安陽殷墟和寶雞地區。關於這些族徽銅器的來源，有學者根據文獻記載，提出"分器"説。《尚書·序》云："武王既勝殷，邦諸侯，班宗彝，作《分器》。"《史記·周本紀》也談到：武王既勝殷，"封諸侯，班宗彝，作《分殷之器》。"是説周武王克殷之後，將商人的器物分給有功之臣，所以在西周早期的周人墓葬中會有一些商人的青銅器[2]。總的

① 張懋鎔：《周人不用族徽説》，《古文字與青銅器論集》（第一輯），北京：科學出版社 2002 年版，第 223—230 頁。《再論"周人不用族徽説"》，《古文字與青銅器論集》（第三輯），北京：科學出版社 2010 年版，第 27—30 頁。

② 黄銘崇：《從考古發現看西周墓葬的"分器"現象與西周時代禮器制度的類型與階段》，臺北：《中央研究院歷史語言研究所集刊》第 83 本第 4 分册，2012 年，第 607 頁。

來説，這個説法是有道理的，問題是不能擴大化，將西周早期甚至中晚期墓葬中的殷人以及後裔的器物都説成是"分器"的結果，只有那些可以確定爲商代晚期的青銅器纔有可能屬於被分賜的青銅器。

譬如像𤮎鼎、魚父癸鼎、亞𠦪鼎、亞𦆠鼎、𤔲𤔲鼎、歸𠭯進鼎（2 件，族徽"亞束"）、歸𠭯𤭯（族徽"亞束"）、𤰞簋（2 件）、𤔲父乙簋、𤔲父辛簋、舄父癸簋、亢簋（族徽"亞高"）、天爵、山爵、木爵、臥爵、𢦏爵、𤰞爵、𤔲丁爵、𢁇爵、卿父丁爵、𤮎父丁爵、未父己爵、旅父己爵、丙父己爵、亞𤮎父乙爵、馬爵、歸爵、卿爵（族徽羊）、寶爵（族徽"子𦀗"）、𤔲父丁觚、𤰞父己觚、馬馬觶、史祖己觶、𤮎父丁觶、歸𠭯進壺（族徽"亞束"）、戈父辛尊、𤔲父辛尊、81 𤮎父丁尊、雞尊（族徽"天冊"）、𤔲父丙壺、弓父庚壺、歸𠭯壺（族徽"亞束"）、𤔲父乙卣、𤰞父丁卣、申父庚卣、受父辛卣蓋、𤮎父辛卣（蓋上有族徽"丙"）、史卣（器身有族徽"𤰞"）、𤔲父丁卣、辟卣（族徽𤰞）、雞卣（族徽"天冊"）、僕麻卣（族徽"北單戈"）、𤮎父乙盂等大部分青銅器的時代不是在商末，而是在西周早期，是商王朝滅亡後製作的。更有像禽鼎（2 件，族徽"亞束"）、魚簋、臭簋（族徽"旅"）、莿祖辛爵、茄壺、口方彝（族徽幸），未罍、縈罍（族徽"戈"）、𥧑方彝（族徽"幸"）、𤮎冊鼎（2 件）、𤮎壺這樣的青銅器，年代已晚到西周中期甚至晚期，不屬於"分器"之列，由此可以證明它們的主人，可能從西周早期直至西周晚期一直居住在豐鎬地區。

最明顯的例子是 1981 年斗門鎮花園村 M17 和 M15 出土的青銅器。N17 出土禽鼎（2 件，族徽"亞束"）、歸𠭯進鼎（2 件，族徽"亞束"）、歸𠭯𤭯（族徽"亞束"）、歸爵、歸𠭯進壺、歸𠭯壺等器，墓主人是歸𠭯進，歸是族氏，𠭯進是名字。這些青銅器多綴有族徽"亞束"，因此墓主人當是殷遺民。M15 出土戎帆尊、戎帆卣、麇父卣，雖然情況不如 M17 明朗，但經與 M17 相比，共同性很多，所以 M15 與 M17 一樣，屬於殷遺民墓葬。這樣的殷遺民墓葬應該不少，只是由於破壞嚴重，即使有少量青銅器留存下來，但已脱離原來的埋藏環境，不知道它們與遺存的關係了。據韓巍博士統計，在豐鎬地區發掘的 923 座墓葬中，腰坑墓有 258 座，占 27.9%，其中西周早期有腰坑墓 87 座，占同期墓葬的 47.0%，接近一半。目前考古界傾向於認爲西周早期腰坑墓的主人是殷遺民，換言之，居住在豐鎬地區的殷遺民接近總數的一半[1]。

三、幾點認識

通過對以上豐鎬兩京族群的探討，似可得出如下結論：

---

[1] 韓巍：《西周墓葬的殉人與殉牲》，碩士學位論文，北京大學考古文博學院，2004 年，第 5 頁。

1、像邢叔家族墓地這樣規模大且等級高的墓地,在另一處王畿之地——周原遺址尚未有。並且這裏還駐紮着專門保衛京城的軍隊——豐師(見豐師當盧),這也體現出在西周的三個都城中,宗周(豐鎬兩京)的地位最爲尊崇。

2、像蔡侯、荀侯、許男、鄧仲、蘇衛改、唐仲這些諸侯國的國君或者高級貴族的青銅器爲何出在豐鎬兩京,除了某些是出於聯姻的緣故,還有與當時的禮制有關。諸侯要定期來京城朝覲周王,如《逸周書·王會》所描述的那樣。這種現象在岐周與成周很少見,有助於説明宗周(豐鎬兩京)的特殊性。

3、結合考古發掘資料來看,當時居住在豐鎬兩京的族群很多。有一則金文資料或許能説明問題。吳虎鼎銘曰:"唯十又八年十又三月既生霸丙戌,王在周康宫夷宫,導入右吳虎,王命膳夫豐生、司工雍毅申屬王命:付吳𥐝舊疆付吳虎。"是説在周宣王十八年歲末,王將原本吳𥐝的土田分給吳虎,這就是這篇金文的中心内容。從中可以窺見當時土田很少,没有新的土田可以分配,周王只能將吳虎的同族吳𥐝的土田重新分給吳虎。從一個側面反映了豐鎬兩京的人口繁多。

4、從族徽文字分析,居住在豐鎬的庶姓貴族很多,其中就有像戈族、🔯、🔯、🔯等東方大族。戈族是商周時期一個源遠流長的國族,商代晚期的戈器就很多,進入西周以後,戈器依然不少,甚至在晚期還能見到,總計 250 件左右。戈族的器物多次在長安豐鎬遺址、寶雞戴家灣墓地、強國墓地出土,表明戈族在關中具有較大的影響力。🔯族也是一個大族,有青銅器 250 件左右,年代從商代中期一直延續到西周中期。出土地點十分廣泛。其器物在陝西長安縣張家坡、灃西鄉,鳳翔縣田家莊,寶雞戴家灣、強國墓地均有出土。🔯族是個大族,青銅器在 200 件以上。商代晚期主要居住在安陽殷墟,殷商滅亡後,部分成員臣服於周王朝。有的在燕國等諸侯國擔任職官,有的就生活在京城豐鎬。🔯族青銅器有100 多件,商代晚期主要居住在山西靈石,進入西周以後,多居住在豐鎬兩京地區,一些成員在朝廷供職。這些都體現出周王朝對於殷遺民所採取的懷柔政策①。

最後需要説明一點:表格中縱向第一欄編號 176-209 所謂《長安》乃清人劉喜海《長安獲古編》的簡稱,是書所收青銅器未必都是長安出土,但也不能肯定哪些不是長安出土的,這些資料若不加以利用,甚爲可惜,但又證據不足,只能做個參考,所以本文據此得出的一些結論,有很多推測的成分,希望讀者理解個中原委。

---

① 何景成:《商周青銅器族氏銘文研究》第二章,齊魯書社 2009 年版。

豐鎬地區出土青銅器銘文一覽表

序號	出土地點	出土時間	器名	時代	出處
1	馬王鎮張家坡 M106.3	1961 年	木祖辛父丙鼎	商晚	《商周》01355
2	馬王鎮張家坡 M106.6	1961 年	亞[illegible]父乙爵	周早	《商周》08371
3	馬王鎮張家坡 M106.4	1961 年	[illegible]父乙觚	周早	《商周》09701
4	馬王鎮張家坡 M106.7	1961 年	父戊觶	周早	《商周》10252
5	馬王鎮張家坡 M106.5	1961 年	父乙尊	周早	《商周》11254
6	馬王鎮張家坡 M1.7	1964 年	豫侯鼎	周早	《商周》01951
7	馬王鎮張家坡 78M1.1	1978 年	米甗	周中	《商周》03226
8	馬王鎮張家坡 M1.1-4	1964 年	叔專父盨	周晚	《商周》05657-60
9	馬王鎮張家坡 M87.1	1967 年	作寶彝鼎	周早	《商周》01033
10	馬王鎮張家坡 M87.4	1967 年	[illegible]父丁卣	周早	《商周》12955
11	馬王鎮張家坡 M87.5	1967 年	[illegible]父辛尊	周早	《商周》11381
12	馬王鎮張家坡 M87.7-8	1967 年	山爵	周早	《商周》06910-11
13	馬王鎮張家坡 M2.5	1979-1981 年	父辛爵	周早	《商周》07620
14	馬王鎮張家坡 M2.6	1979-1981 年	[illegible]父丁觶	周早	《商周》10436
15	馬王鎮張家坡 M183.2	1983-1986 年	孟狂父簋	周中	《商周》04359
16	馬王鎮張家坡 M183.3	1983-1986 年	孟員甗	周中	《商周》03348
17	馬王鎮張家坡 M183.4	1983-1986 年	孟員鼎	周中	《商周》02186
18	馬王鎮張家坡 M183.5	1983-1986 年	伯唐父鼎	周早	《商周》02449
19	馬王鎮張家坡 M183.13	1983-1986 年	父乙爵	周早	《商周》07607
20	馬王鎮張家坡 M284.1	1983-1986 年	咸鼎	周中	《商周》01714
21	馬王鎮張家坡 M284.2	1983-1986 年	咸簋	周中	《商周》04422
22	馬王鎮張家坡 M163.36	1984 年	[illegible]父丁尊	周早	《商周》11481
23	馬王鎮張家坡 M163.33	1984 年	鄧仲尊	周早	《商周》11598
24	馬王鎮張家坡 M163.43	1984 年	鄧仲尊蓋	周早	《商周》11599
25	馬王鎮張家坡 M163.38	1984 年	叜父辛卣蓋	周早	《商周》12856
26	馬王鎮張家坡 M163.34-35	1984 年	邢叔采鐘	周中	《商周》15290-91
27	馬王鎮張家坡 M152.36、28、41	1984 年	達盨蓋	周中	《商周》05661-63
28	馬王鎮張家坡 M152.51	1985 年	邢鼎	周中	《商周》00289
29	馬王鎮張家坡 M152.15	1985 年	邢叔鼎	周中	《商周》01078
30	馬王鎮張家坡 M28.3	1967 年	馬馬觶	周早	《商周》10119
31	馬王鎮張家坡 M54.2	1967 年	[illegible]鼎	周早	《商周》00277
32	馬王鎮張家坡 M16.2	1967 年	天爵	周早	《商周》06908
33	馬王鎮張家坡 M80.1	1967 年	[illegible]爵	周早	《商周》06968
34	馬王鎮張家坡 M85.6	1967 年	父丁爵	周早	《商周》07597
35	馬王鎮張家坡灃河毛 紡廠灃毛 M1.1	1983 年	斧鼎	周早	《商周》00595
36	馬王鎮張家坡 M257.1	1983-1986 年	伯鼎	周早	《商周》01005

續 表

序號	出土地點	出土時間	器名	時代	出處
37	馬王鎮張家坡 M51.1	1983-1986 年	齊姜鼎	周中	《商周》01615
38	馬王鎮張家坡 M319.1	1983-1986 年	唐仲鼎	周晚	《商周》01452
39	馬王鎮張家坡 M253.1	1983-1986 年	兢覵甗	周中	《商周》03360
40	馬王鎮張家坡 M315.1	1983-1986 年	作寶尊彝簋	周早	《商周》04100
41	馬王鎮張家坡 M285.2	1983-1986 年	憲仲簋	周中	《商周》04303
42	馬王鎮張家坡 M199.20	1983-1986 年	豐人戈	周中	《商周》16498
43	馬王鎮張家坡 M165.14	1985 年	邢叔飲壺	周中	《商周》10859
44	馬王鎮張家坡 M170.54	1985 年	邢叔方彝	周早	《商周》13521
45	馬王鎮張家坡 87M1.1	1987 年	卿爵	周早	《商周》08517
46	馬王鎮張家坡窖藏 11-14 號	1961 年	伯梁父簋	周晚	《商周》04753-56
47	馬王鎮張家坡窖藏 15-18 號	1961 年	伯喜簋	周中	《商周》04956-59
48	馬王鎮張家坡窖藏 1-3 號	1961 年	孟簋	周早	《商周》05174-76
49	馬王鎮張家坡窖藏 8-10 號	1961 年	五年師旋簋	周晚	《商周》05248—50
50	馬王鎮張家坡窖藏 4-7 號	1961 年	元年師旋簋	周晚	《商周》05331
51	馬王鎮張家坡窖藏 25-32 號	1961 年	伯庸父鬲	周中	《商周》02831-38
52	馬王鎮張家坡窖藏 33-34 號	1961 年	伯壺	周早	《商周》12109-10
53	馬王鎮張家坡窖藏 36 號	1961 年	伯百父盤	周晚	《商周》14399
54	馬王鎮張家坡窖藏 35 號	1961 年	荀侯盤	周中	《商周》14419
55	馬王鎮張家坡窖藏 38 號	1961 年	伯百父盉	周晚	《商周》14743
56	馬王鎮張家坡窖藏 37 號	1961 年	伯庸父盉	周晚	《商周》14761
57	馬王鎮馬王村	1963 年	[illegible]鼎	商晚	《商周》00306
58	馬王鎮馬王村	1963 年	[illegible]爵	商晚	《商周》06878
59	馬王鎮馬王村	1963 年	肃爵	周早	《商周》07672
60	馬王鎮馬王村	1969 年	溓姬爵	周早	《商周》08426
61	馬王鎮馬王村窖藏	1967 年	秝壺	周中	《商周》11979-80
62	馬王鎮馬王村窖藏 1 號	1973 年	載鼎	周中	《商周》01812
63	馬王鎮馬王村窖藏 3 號	1973 年	衛鼎	周中	《商周》02206
64	馬王鎮馬王村窖藏 7-8 號	1973 年	衛簋	周中	《商周》05238-41
65	馬王鎮馬王村窖藏 9-10 號	1973 年	是婁簋	周中	《商周》04773-74
66	馬王鎮馬王村窖藏 12 號	1973 年	姞[illegible]母匜	周晚	《商周》14862
67	馬王鎮馬王村窖藏	1967 年	末罍	周中	《商周》13734
68	馬王鎮馬王村窖藏	1973 年	中甗	周中	《商周》03283
69	馬王鎮馬王村窖藏	1977 年	許男鼎	周晚	《商周》02076
70	馬王鎮馬王村墓葬	1961 年	臭簋	周中	《商周》04868
71	馬王鎮新旺村	1976 年	寧戈壺	周晚	《商周》12018
72	馬王鎮新旺村	1980 年	史惠鼎	周晚	《商周》02304
73	馬王鎮新旺村	1980 年	史惠簋	周晚	《商周》04776

續　表

序號	出土地點	出土時間	器名	時代	出處
74	馬王鎮新旺村	1985 年	僕麻卣	周早	《商周》13309
75	馬王鎮新旺村		戈父辛尊	周早	《商周》11379
76	馬王鎮新旺村窖藏	1967 年	逦盂	周晚	《商周》06228
77	馬王鎮新旺村窖藏	1982 年	𤳳鼎	周早	《商周》01701
78	馬王鎮新旺村窖藏	1981 年	冊鼎	周晚	《商周》01083
79	馬王鎮新旺村窖藏	1984 年	冊鼎	周晚	《商周》01084-86
80	馬王鎮灃西銅網廠	1976 年	伯鼎	周早	《商周》00994
81	馬王鎮灃西銅網廠	1976 年	雞尊	周早	《商周》11748
82	馬王鎮灃西銅網廠	1985 年	辟卣	周早	《商周》13192
83	馬王鎮灃西銅網廠窖藏	1976 年	觹父癸簋	周早	《商周》03844
84	馬王鎮灃西銅網廠窖藏	1976 年	雞卣	周早	《商周》13277
85	馬王鎮灃西毛紡廠		伯簋	周早	《商周》03869
86	馬王鎮灃西毛紡廠	1982 年	父乙尊	周早	《商周》11258
87	馬王鎮大原村	1965 年	父癸尊	周早	《商周》11269
88	馬王鎮大原村	1965 年	子黃尊	商晚	《商周》11797
89	馬王鎮大原村	1965 年	史卣	周早	《商周》12953
90	馬王鎮大原村	1976 年	𤠔父乙簋	周早	《商周》03770
91	馬王鎮大原村	1984 年	師孤父鼎	周中	《商周》01651
92	馬王鎮大原村	1989 年	伯簋	周早	《商周》03868
93	馬王鎮大原村 M315.1	1984 年	作寶尊彝簋	周早	《商周》04096
94	馬王鎮大原村 M304.2	1984 年	亥伯壺	周中	《商周》12405
95	馬王鎮大原村 M304.21	1984 年	義盃蓋	周中	《商周》14794
96	馬王鎮大原村		𤠔父乙卣	周早	《商周》12844
97	馬王鎮大原村		作寶尊彝尊	周早	《商周》11524
98	馬王鎮灃河鐵路橋西頭 M15.5	1984-85 年	父乙爵	周早	《商周》07584
99	馬王鎮車馬坑	1971 年	豐師當盧	周早	《商周》19088-89
100	馬王鎮三大隊	1980 年	叹爵	周早	《商周》06942
101	馬王鎮馬王乳品廠 M4.2	1997 年	末父己爵	周早	《商周》08172
102	馬王鎮張家村		𦫼父丙壺	周早	《商周》12063
103	馬王鎮灃西工程配件廠		父戊卣	周早	《商周》12735
104	馬王鎮灃西工程配件廠		𢦔父丁卣	周早	《商周》12850
105	馬王鎮窖藏		太師小子簋	周晚	《商周》05123-25
106	馬王鎮	1972 年	似瓢	商晚	《商周》
107	馬王鎮	1974 年	叔頜父鼎	周晚	《商周》02278
108	馬王鎮		𤠔父丁爵	周早	《商周》08159
109	馬王鎮	1977 年	𤼈冊瓢	商晚	《商周》09422

序號	出土地點	出土時間	器名	時代	出處
110	馬王鎮	1975年	申父庚卣	周早	《商周》12854
111	馬王鎮	1976年	🙏父辛卣	周早	《商周》12858
112	馬王鎮	1980年	🙏簋	周早	《商周》03508
113	馬王鎮	20世紀90年代	奴爵	周早	《商周》06943
114	傳馬王鎮出土	1980年入藏	蠱乙觶	商晚	《商周》10196
115	馬王鎮		祖丁爵	周早	《商周》07566
116	斗門鎮花園村 M15.13	1981年	禽鼎	周中	《商周》02047
117	斗門鎮花園村 M15.18	1981年	廌父卣	周早	《商周》13229
118	斗門鎮花園村 M15.19	1981年	戎帆尊	周早	《商周》11682
119	斗門鎮花園村 M15.20	1981年	廌父尊	周早	《商周》11716
120	斗門鎮花園村 M15.21	1981年	歸爵	周早	《商周》08476
121	斗門鎮花園村 M17.2	1981年	禽鼎	周中	《商周》01904
122	斗門鎮花園村 M17.5	1981年	伯鼎	周早	《商周》˙00995
123	斗門鎮花園村 M17.35，M15.4、14	1981年	歸戎臦進鼎	周早	《商周》02337-39
124	斗門鎮花園村 M17.37	1981年	伯姜鼎	周中	《商周》02445
125	斗門鎮花園村 M17.20	1981年	歸戎甗	周早	《商周》03370
126	斗門鎮花園村 M17.11	1981年	鴻叔簋	周早	《商周》04866-67
127	斗門鎮花園村 M17.38	1981年	歸戎臦進飲壺	周早	《商周》10860
128	斗門鎮花園村 M17.14	1981年	作尊彝尊	周早	《商周》11412
129	斗門鎮花園村 M17.43	1981年	歸戎臦壺	周早	《商周》12256
130	斗門鎮花園村 M17.39	1981年	作尊彝卣	周早	《商周》12875
131	斗門鎮花園村 M17.42	1981年	公盤	周早	《商周》14369
132	斗門鎮花園村 M17.40	1981年	公盉	周早	《商周》14715
133	斗門鎮普渡村無量廟 M2.24	1953年	叔鼎	周中	《商周》01260
134	斗門鎮普渡村無量廟 M2.23	1953年	🙏父辛簋	周早	《商周》03831
135	斗門鎮普渡村長由墓	1954年	寶甗	周中	《商周》03158
136	斗門鎮普渡村長由墓	1954年	母辛觚	周早	《商周》09770
137	斗門鎮普渡村墓葬	1954年	作寶鼎	周中	《商周》01024
138	斗門鎮普渡村墓葬	1954年	長由盤	周早	《商周》14353
139	斗門鎮普渡村墓葬	1954年	長由盉	周中	《商周》14796
140	斗門鎮普渡村 M2.28	1951年	柿祖辛爵	周早	《商周》08086-87
141	斗門鎮普渡村 M14.1	1981年	更鼎	周中	《商周》01288
142	斗門鎮普渡村墓葬	1954年	長由簋	周中	《商周》04347
143	斗門鎮普渡村墓葬	1954年	長由簋蓋	周中	《商周》04348
144	斗門鎮普渡村墓葬	1954年	伯廩爵	周早	《商周》07675
145	斗門鎮普渡村墓葬	1954年	伯廩父卣	周早	《商周》13298
146	斗門鎮普渡村墓葬	1954年	縈罍	周中	《商周》13822

續　表

序號	出土地點	出土時間	器名	時代	出處
147	斗門鎮下泉村	1980 年	多友鼎	周晚	《商周》02500
148	申店鄉徐家寨黑河引水工程	1992 年	吳虎鼎	周晚	《商周》02446
149	東大鄉郭北村	1999 年	后母樂甗	周早	《商周》03272
150	五星鄉	1998 年	亞羽鼎	周早	《商周》01500
151	五星鄉兆元坡	1957 年	輔師嫠簋	周中	《商周》05337
152	五星鄉北張村	1973 年	木爵	周早	《商周》06912
153	五星鄉河迪村墓葬	1978 年	卿父丁爵	周早	《商周》08126
154	高橋鄉馬務村	1973 年	母已爵	周早	《商周》07647
155	引鎮孫岩村墓葬	1986 年	父癸觶	商晚	《商周》10173
156	引鎮	1975 年	史祖乙觶	周早	《商周》10398
157	普渡村鎬京故址	1943 年	呂季姜壺	周晚	《商周》12283-84
158	王曲鎮臧家莊		盇父簋	周中	《商周》04645
159	王曲鎮臧家莊	1969 年	羽丁爵	周早	《商周》07654
160	馬橋村	1959 年	网簋	周早	《商周》03507
161	據傳出自豐鎬一帶		有司簡簋蓋	周晚	《商周》05104
162	據傳出自豐鎬一帶		仲殷盨蓋	周晚	《商周》05579
163	豐鎬遺址		网爵	商晚	《商周》06867
164	長安	1964 年入藏	寶爵	周早	《商周》08556
165	長安	1964 年入藏	羽父丁瓠	周早	《商周》09693
166	長安	1964 年入藏	祖壬尊	周早	《商周》11251
167	分域 12.1：長安		王人甗輔甗	周中	《商周》03350
168	攗古錄：見於長安		弓魚鼎	商晚	《商周》01171
169	攗古錄：見於長安		叔虎父鼎	周中	《商周》01788
170	攗古錄：見於長安		蔡侯鼎	周晚	《商周》01943
171	攗古錄：見於長安		叔荓父鼎	周晚	《商周》02030
172	攗古錄：見於長安		羽父乙尊	商晚	《商周》11304
173	攗古錄：見於長安		效尊	周早	《商周》11809
174	攗古錄：見於長安		昊生殘鐘	周晚	《商周》15287-88
175	長安 1.2		魚父癸鼎	周早	《商周》00939
176	長安 1.3	道光年間	揚方鼎	周早	《商周》01068
177	長安 1.4		若母鼎	周早	《商周》01858
178	長安 1.6		師湯父鼎	周中	《商周》02431
179	長安 1.7		師器父鼎	周中	《商周》02355
180	長安 1.8		蘇衛改鼎	周晚	《商周》01872
181	長安 1.9		季悆鼎	周晚	《商周》01875
182	長安 1.10		孟淠父鼎	周晚	《商周》01654
183	長安 1.24		單伯原父鬲	周晚	《商周》03007

續 表

序號	出土地點	出土時間	器名	時代	出處
184	長安 1.25		召仲鬲	周晚	《商周》02911
185	長安 1.26		商婦甗	商晚	《商周》03241
186	長安 1.15		豢父辛簋	商晚	《商周》03999
187	長安 1.16		亢簋	周早	《商周》04511
188	長安 1.22		仲五父簋蓋	周晚	《商周》04632
189	長安 1.36		[illegible]父戊爵	商晚	《商周》08329
190	長安 1.37		鳥父癸爵	商晚	《商周》07937
191	長安 1.38		雔父癸爵	商晚	《商周》07939
192	長安 1.35		旅父已爵	周早	《商周》08175
193	長安 1.39		丙父已爵	周早	《商周》08185
194	長安 1.34		作乙公爵	周早	《商周》08270
195	長安 1.33		馬爵	周早	《商周》08432
196	長安 1.32		達爵	周早	《商周》08514
197	長安 1.31		麋婦觚	商晚	《商周》09854
198	長安 1.42		父丁觶	商晚	《商周》10163
199	長安 1.40		婦[illegible]觶	商晚	《商周》10527
200	長安 1.30		元斝	商晚	《商周》10883
201	長安 1.21		弓父庚壺	周早	《商周》112074
202	長安 1.20		小臣兒壺	商晚	《商周》12258
203	長安 1.19		叀卣	周早	《商周》13173
204	長安 1.17		效卣	周早	《商周》13346
205	長安 1.13		匽方彝	周中	《商周》13529
206	長安 1.27		[illegible]父乙盉	周早	《商周》14655
207	長安 1.28		[illegible]王盉	周中	《商周》14723
208	長安 1.29		伯正父匜	周晚	《商周》14922
209	岩窟:出自長安		作父辛觚	周早	《商周》09825
210	長安出土		魚簋	周中	《商周》03578-79
211	周金:得於長安		善鼎	周中	《商周》02487
212	薛氏:長安水中	宣和年間	字簋	周晚	《商周》03589
213	傳長安出土		伯庸父盉	周晚	《商周》14783

注:

《商周》,《商周青銅器銘文暨圖像集成》簡稱。

《分域》,《金文分域編》簡稱。

《攈古録》,《攈古録金文》簡稱。

《長安》,《長安獲古編》簡稱。

《岩窟》,《岩窟吉金圖録》簡稱。

《周金》,《周金文存》簡稱。

《薛氏》,《歷代鐘鼎彝器款識》簡稱。

"地方"觀念起源的天文觀察背景

蔣 瑞[*]

摘 要

天圓地方是周秦漢唐間最流行的知識信仰之一。這個"地方"是建立在"四方"之上的。在對日月東升西落的視運動的觀察中，先産生了東西方和東西邊的觀念，然後在觀察上中天時的太陽和日影的過程中，南北方和南北邊得以萌芽，最後在測日影的活動中，纔逐漸明確了南北方和南北邊，使四方以及地方得以最終形成。對於四象等其他恒星的觀察，則可在一定程度上有助於地方觀念的形成和鞏固。而從天文觀察與方位判斷的關係來看，從測影活動的發展來看，從史前建築所寓含的四方知識來看，尤其是從陝西石峁遺址等史前祭壇所寓含的天圓地方思想來看，地方觀念應該就是起源於上述天文觀察的途徑，其起源的時間當不晚於新石器時代晚期。

關鍵詞

地方 四方 起源 天文觀察 新石器時代晚期

"天圓地方"，是中國古代一種古老的宇宙觀，也是周秦漢唐間最流行的知識信仰之一。其最早可信的記録見於《周髀算經》卷上商高答周公問："環矩以爲圓，合矩以爲方。方屬地，圓屬天，天圓地方。"[①]《莊子·說劍》："上法圓天以順三光，下法方地以順四時，中和民意以安四鄉。"[②]以及《淮南子·天文訓》"天道曰圓，地道曰方"、"天圓地方，道在中央"[③]等。然而究此觀念的産生，天或可爲"圓"，地卻無從爲"方"，何來"地方"的說法？原來，此間一直藏着一個秘密：地方觀念並非來源於"地"，卻是起源於"天"。

---

[*] 作者簡介：蔣瑞（1963—），男，湖南辰溪人，湖州師範學院文學院副教授。

[①] 無名氏：《周髀算經》卷上（商高答周公問部分），北京：文物出版社影印上海圖書館藏南宋嘉定六年本，1980年，第9頁。
[②] 王先謙：《莊子集解》，北京：中華書局1987年版，第272頁。
[③] 劉文典：《淮南鴻烈集解》，北京：中華書局1989年版，第80、107頁。

一、相關研究的進展

跟地方觀念起源有密切關係的,是研究以天圓地方爲主旨的蓋天學説的形成,以及天圓地方思想在古遺址或古器物上的體現。

近年較早從天文考古的角度關注這類問題的,有馮時先生。在充分研究了河南濮陽西水坡 45 號墓地的形制之後,經仔細計算復原,馮先生認爲,中國古人以首、以南屬天,該墓墓穴南部爲圓形,北部爲方形,象徵天圓地方,意味着蓋天宇宙觀的形成。[①②③] 同時馮先生贊成遼寧牛河梁紅山文化中的積石塚也體現了天圓地方的意識[④]。

直接並集中論及地方觀念的起源,並爲地方觀念的起源指出具體途徑的,有劉沛林先生和王勝利先生。

劉先生在《天圓地方説考辨》中,認爲上古先民從田地、領地的方形,發展出了大地方形的認識[⑤]。

王先生在《“天圓地方”觀探源》中注意到較後的古人因爲意識到地不可能是方的,因而曲解“天圓地方”的“地”字和“方”字,認爲上古的“地方”確應作地爲方形解釋,認爲“天圓地方”是由先民對“天動地靜”現象(暗含有圓易動而方易靜的意識)的觀察判斷而來;同時王先生也注意到遼寧東山嘴和牛河梁紅山文化中的方、圓形積石塚,以及河南濮陽西水坡 45 號墓地,推測先民在五六千年前即可由思考“天動地靜”而産生“天圓地方”的觀念[⑥]。

劉沛林先生的長文從田地、領地的方形,推測古人受此啓發,得出地方的認識,頗具創意。但是,一則自然條件下方形田地並不常見(作爲制度的井田出現較晚);二則即使是普通方形的田地,也很難想像可以不通過某種中介而發展出地方的認識,畢竟再大的田地比起大地來都太過渺小。以小概大也不合一般推理的做法。所以這個説法的可信度不大。

王勝利先生的説法則更有啓發的意義。中國古人對於天地運動的關注,確要超過今天一般的民衆。然而思考“天動地靜”而生天圓地方之説,一方面比較籠統,一方面方圓與動靜也沒有必然的聯繫,因而與地方觀念的起源也較難構成直接的關係。

① 馮時:《河南濮陽西水坡 45 號墓的天文學研究》,《文物》1990 年第 3 期,第 52—60 轉 69 頁。
② 馮時:《星漢流年——中國天文考古録》,成都:四川教育出版社 1996 年版,第 143—154 頁,又第 212—213 頁。
③ 馮時:《天文考古學與上古宇宙觀》,《濮陽職業技術學院學報》2010 年第 4 期,第 1—11 頁。
④ 馮時:《河南濮陽西水坡 45 號墓的天文學研究》,《文物》1990 年第 3 期,第 60 頁。
⑤ 劉沛林:《天圓地方説考辨》,《衡陽師專學報》(社會科學版)1992 年第 2 期,第 80—89 頁。
⑥ 王勝利:《“天圓地方”觀探源》,《江漢考古》2003 年第 11 期,第 75—79 頁。

可見,對於地方觀念的起源,於今仍有進一步探討的必要。

二、地方觀念起源的途徑

作爲觀念世界中一種虛擬存在的"地方",我們没必要證實它,也不可能證實它。然而作爲一種古老的宇宙觀和一種流傳甚廣的知識信仰,探討它可能的來源,仍是有意義的事情。

從概念起源的邏輯上看,既言"地方",則必先有"方"的概念。此"方"即王勝利先生等強調的"四方",即東西南北四方,四方的起源是地方起源的前提條件。因此探討地方觀念的起源,不能不先從四方開始。

然而與四方不同的是,地方不僅有四個方向,更有四個邊界;四方是人們認識世界所必然導致的知識體系,而地方實際上祇是人們觀念世界中的一個誤會。從四方到地方,也許需要較長時間的醞釀,也許祇需一念之轉。關鍵在於四方是如何有邊的,以及這些邊產生於什麼時候。

《淮南子》成書於漢初。《莊子·説劍》或非莊子本人所作,其要亦爲先秦文獻。《周髀算經》卷上商高與周公問答的部分,其成書時間學界公認在《周髀算經》中最早,甚至有可能是在西周時期①②。

而文獻所見四方的起源更爲古老。甲骨文不僅有東西南北四方的名稱,而且有關於四方風名、神名的明確記載③。所以探討四方的起源以及地方的起源,理應著眼於商周以前。

在商周以前的觀察條件下,一般地表對天的目視觀察,天確似圓形。所以"天圓"似可認爲是有目測的"依據"的。可是登高視地,地亦如圓形(以觀察者自身爲圓心的平面圓,並非方形)——即今人所謂"地平圈"。然而,由於大地的無垠,地平圈是隨着觀察點的變動而變動的,先民此前對於大地輪廓爲圓形的認識,很快就會被他另外的觀察所否定——地不可能是"圓"的。

事實上,僅憑對大地本身的直接觀察,大地的形狀是不可知的。既不可能從地平圈推知大地爲圓形,也不可能從地平圈推知大地爲方形,更不可能從地平圈內更爲局部的地形,甚至生活中某些器物的形狀,去推測大地爲方形。所以一般地看,地方似乎就祇能

① 陳尊嬀:《中國天文學史》(第 1 册),上海:上海人民出版社 1980 年版,第 109 頁。
② 曲安京:《〈周髀算經〉新議》,西安:陝西人民出版社 2002 年版,第 8 頁。
③ 胡厚宣:《甲骨文四方風名考證》,《甲骨學商史論叢初集》(外一種)(上),石家莊:河北教育出版社 2002 年版,第 265—276 頁。

來源於其他地外觀察的途徑,即天文觀察。而實際上,從四方的起源到地方的起源,也正是天文觀察起了決定性的作用:

(一)察日月

大家知道,四方最早是起源於東西二方的[①②]。對於日月視運動的觀察,包括日視運動和年視運動,使東西二方得以最先產生。這既可説是專家學者的看法,也可説是普通百姓的感受。

其實人類自誕生起,就與日月星辰爲伴。清代的顧炎武曾説:"三代以上,人人皆知天文。"[③]爲了生活、生產的方便,人們需要確定時間、方位和季節,例如每天作息對於時間的依賴,採集、狩獵、遠足等對於方位和季節的依賴,以及原始農業對播種時令的依賴,在没有計時和定方位工具的情況下,天文觀察是必不可少的。

《周易·系辭上傳》謂:"縣象著名,莫大乎日月。"[④]太陽、月亮等天空中耀眼的星球,伴隨着先民每天的生活,就不可避免地成爲先民首要觀察的對象。

據《山海經·大荒東經》記載,日月所出的山有"大言"、"合虚"、"明星"、"鞠陵於天(東極、離瞀)"、"猗天蘇門"、"壑明俊疾"六座[⑤]。而《山海經·大荒西經》記載日月所入之山也有六座:"豐沮玉門"、"龍山"、"日月山"、"鏊鏖巨"、"常陽之山"、"大荒之山"[⑥]。完全是一出對一入的關係。正如天文史家鄭文光先生所説:"説明古人對不同季節不同月份太陽出山入山時在不同的方位,已經有了十分清晰的認識。"[⑦]

近年考古發現的陶寺文化中期(前2100年左右)構造精密的天文觀象臺,更證明先民觀察日出月出以確定時令的活動,甚至可以達到非常精緻的程度[⑧]。

完全可以認爲,遠古先民在能夠準確地測定正東、正西以前,僅憑對日月出入方位的觀察,就能形成大致的東西方觀念。現代彝族人民甚至還直接把東方方位叫做日出之處(彝語"布都"),把西方方位叫做日落之處("布借")[⑨]。就是根據太陽出入命名東西二方

---

① 盧央、邵望平:《考古遺存中所反映的史前天文知識》,中國社會科學院考古研究所編:《中國古代天文文物論集》,北京:文物出版社1989年版,第1—16頁。

② 江林昌:《甲骨文四方風與古代宇宙觀》,《殷都學刊》1997年第3期,第21—25頁。

③ 顧炎武:《天文》,黄汝成編:《日知録集釋》卷30,長沙:嶽麓書社1994年版,第1049頁。

④ 阮元校刻:《十三經注疏》,北京:中華書局1980年版,第82頁。

⑤ 袁珂:《山海經校注》,成都:巴蜀書社1993年版,第392、397、399、401、410、411頁。

⑥ 袁珂:《山海經校注》,第453、457、459、464、468、472頁。

⑦ 鄭文光:《中國天文學源流》,北京:科學出版社1979年版,第51—52頁。

⑧ 武家璧、陳美東、劉次沅:《陶寺觀象臺遺址的天文功能與年代》,《中國科學》2008年第8期,第1265—1272頁。

⑨ 盧央:《彝族星占學》,昆明:雲南人民出版社1989年版,第53頁。

的證明。

那麽顯然也就容易據此引導出邊際的觀念，因爲在視覺上太陽顯然是從地外出、入的，這就足以推測出地有東、西兩個"邊"，稍後或同時，由方位上的二方順勢就可得出地有二邊的"認識"。

東西方和大地東西邊的認識就由此產生了。這是四方、地方認識中最容易的一步。下一步對太陽視運動的進一步觀察，尤其是對太陽年視運動的進一步觀察，就可能滋生出南北方向的認識。

太陽每天正午到達最高點即"上中天"的時候，是很容易引起先民注意的；甚至由於作息的需要，還是很多勞作的先民必須注意的。商代甲骨文把這個時刻稱作"中日"①。中日之日之所在，就是正南方。

甲骨文還有一個"昃"字，是表達一天裏太陽到達最高點以後開始偏斜下沉以後的時段的，即過午時分②。也可説明先民對於上中天太陽的關注。傳世文獻《周易·豐卦·彖傳》所説"日中則昃，月盈則食"③，已似當時流行的熟語。

因爲容易引起人們注意，這纔有"中日"和"昃"這樣的專門名詞。對於太陽上中天那邊的方向的認識，也沒有比這一點更具有標誌的意義了。南方的意識當可由此萌芽。

對於正南方的長期的重視，還使得後世形成一個天文觀察的傳統，就是中國古代先民觀察日躔和判斷季節時令，除了直接觀察上中天的太陽和上中天時的日影之外，還往往選取昏、旦時分（日沒後不久和日出前不久）南中天的星宿作爲觀察的基準，以至於產生了"昏中"、"旦中"、"昏旦中星"之類的專有名詞。

並且由於習慣於對於正午太陽的關注，也必定能注意到這時陽光在其他物體上的投影，對這時影子的觀察，也可以引導出朦朧的北方的認識，因爲正午時候的日影，都是指向正北的。

經過不需要太多的幾年的對於正午時分的太陽和日影的觀察，先民就會發現，太陽除了每天作東西運動外，還在每年作南北運動：即在南北回歸綫之間來回移動。這對於南北方觀念的形成也很有幫助。

相對於每年來説，冬至這一天太陽移到最南端，如《左傳·僖公五年》説："春，王正月，辛亥朔，日南至。"杜預注："周正月，今十一月。冬至之日，日南極。"④那麽在觀察者的

① 徐中舒主編：《甲骨文字典》，成都：四川辭書出版社 1989 年版，第 23 頁。
② 徐中舒主編：《甲骨文字典》，第 720—723 頁。
③ 阮元校刻：《十三經注疏》，第 67 頁。
④ 阮元校刻：《十三經注疏》，第 1794 頁。

心目中它不能夠再往南了,這在以地球爲本位的先民看來,因爲太陽是隨着大地運動的,想必這應該也就對應着大地的南端了吧。於是可能滋生出南邊的意識。

不過相對於日月的升落而導致對東西方和東西邊認識的清晰來説,南北方和南邊的認識,要模糊很多。能夠使南北方和南北邊意識變得相對清晰的,並最終據以建立起四方以及地方觀念的,還要等待另一項活動的增多,就是測日影。

(二)測日影

世界各原始民族普遍存在測日影活動。通過測日影以確定方向、時間、季節,以方便人們的生活、生産。

以中國大部分地區都處於北緯 23.5°(北回歸綫)以北的地位,每天正午太陽的投影正指北方,而每年夏至日日影最短,冬至日日影最長,每天正午和每年夏至、冬至,都是測定南北方的非常好的標誌性時節。

文獻常見"日中之景"、"日至之景"的説法。"日中之景"指一天中正午時的日影,可知測影是經常有意選擇正午的。"日至之景"指夏至日或冬至日日影,可知測影是一項經常性的工作——因爲一般要確定二至大約在哪幾天比較容易,而要準確地認定在哪天,無疑需要連續的跟蹤觀察,祇有對連續測量的結果作比較,纔能確定哪天日影最長、最短。

這樣中國大部分地區,每個晴天的正午都有指向正北方的日影。在測影標杆的指示下,南北方向非常清晰、實在。在測影人的工作平面上,南北方向簡直就是一條非常清晰、明確的影綫。如果説,僅憑此前自然觀察對於南北方向的認識還可能比較模糊的話,那麽現在在測影人的心目中,它卻再清晰不過了。兩者結合起來,對於南北方向的認識就更加鞏固,而隨着測影活動的增多,關於南北方向的知識也就會隨之傳播開來。

同時在長期的測影活動中,從冬至到夏至,太陽由最南端移到最北端,而且移動到最北端的時候,在視覺上正處在觀察者的頭頂,面對自"南極"向正北而來的太陽,面對夏至日總是固定的日影長度(相對於同樣長度的立杆來説),測影人也會站在地球本位的角度去想像,這個日影的長度可能是與大地南向一半的長度對應的,身後北向的則是另一半,於是他在得出南北方向認識之後,得出了大地存在南北邊的"認識"。

《周禮·地官·大司徒》正好就有這種思想遺留的痕跡:"以土圭之法測土深、正日景,以求地中。日南則景短,多暑;日北則景長,多寒;日東則景夕,多風;日西則景朝,多陰。日至之景,尺有五寸,謂之地中:天地之所合也,四時之所交也,風雨之所會也,陰陽之所和也。"[1]

---

[1] 阮元校刻:《十三經注疏》,第 704 頁。

據東漢鄭玄之注,所謂"測土深"就是測量大地南北東西的長度,"求地中"就是測定大地的中心點。對此鄭玄甚至還給出了明確的數值:"凡日景於地,千里而差一寸","景尺有五寸者,南戴日下萬五仟里,地與星辰四游升降於三萬里之中,是以半之得地之中也"[1]。在《禮記·月令》題解唐孔穎達之疏還引到鄭玄注《考靈耀》的話:"地蓋厚三萬里",又說"地則中央正平"[2]。其實這些話裏最關鍵的數字仍是夏至日影一尺五寸、往南對應大地一萬五仟里。大地廣深三萬里實際上是根據一萬五仟里推出來的,"地中"就在離南北東西四邊一萬五仟里處。

可證正是測影人將日影的長度與大地一半的長度對應起來的。因爲鄭玄雖然博學多聞,卻並非專業的測影人,他能説得這樣具體,祇能説明這種知識已由行業內傳到行業外了,而這肯定也是歷代傳承、修整的結果。

先秦至漢,本是"天圓地方"最流行的年代。《周禮》大司徒領導的團隊通過測日影以求土深、以求地中的做法,實際上已包含了地方認識的前提:大地的廣深是一定的,地中就在離南北東西四邊等距之處,這樣纔能夠去"求"。儘管其中好些説法與現代科學不符,我們重視的是它所反映出的地方觀念。《周禮》傳爲周初文獻,後世雖多有疑慮,其要亦當爲先秦文獻。然其有關測影和地方的思想當有更古的來源,因爲測影的傳統,實可自遠古始。

所以至此我們可以肯定,地方觀念的建立,會是一個很長的過程。先有東西方和東西邊的觀念,然後出現南北方和南北邊的模糊的認識,最後在測日影的活動中,纔逐漸明確了四方以及地方。

(三)察恒星

有助於導致四方和地方觀念的形成和鞏固的另一種途徑,是察恒星,即觀察太陽之外的恒星,主要有"四象"和北極星、北斗星群等。

中國古代先民很早就將天空星座按分區、擬形來認識,發展出"四象"説(又稱"四陸"、"四宮"等),即東方青龍、北方玄武、西方白虎、南方朱雀。四象定型以後各包含七個星座(即二十八宿之四分)。

四象最初也是由東西二象開始的[3]。這表明四象的起源一開始就是與方位聯繫在一起的。一般認爲,先民由觀察參、商等星團而首先確立二象,然後進一步發展出四象。四象

---

① 阮元校刻:《十三經注疏》,第 704 頁。
② 阮元校刻:《十三經注疏》,第 1352 頁。
③ 潘鼐:《中國恒星觀測史》,上海:學林出版社 1989 年版,第 38 頁。

與地面的四方相對應,具有明顯的指示四方的功用。

四象之外,北極星和北斗星群也是黑夜裏指示方向的好標誌。北極星是最接近天球北極的恒星,北斗則是圍繞天球北極旋轉的,由於兩者位置比較靠近(視覺上),既可以互相指示所在(取決於當時它們的亮度),同時又都是指示真天球北極的最好的標誌星。

對於一般人來說,如果北方在白天可能還比較模糊,那麼夜晚它就非常清晰了。白天、黑夜的觀察結合起來,四方的觀念就可更加鞏固。

在中國古人的意識中,人權天授、天人合一,天與地一直具有不可分割的聯繫。考慮到世界各民族普遍具有利用天上的星宿指示地面方位的習慣,而中國先民尤其具有將天上的星宿區域與地面的行政區域相對應的習慣,例如分野、主星等觀念的普遍存在,使得天上的四方與地上的四方足以互相影響,則可以在一定程度上有助於地方觀念的形成和鞏固。這使得察恒星也因此而成爲可以導致地方觀念產生的一種輔助性的途徑。

當然現在我們知道,依靠目視觀察並非不能導致對地球真實形狀的認識。在發生月食這樣的特定的時候,尤其是月全食的時候,地球在月球上的投影正好是圓形。然而在沒有徹底弄清地、日、月在太空中的位置關係以前,要引起這樣的思路是極爲困難的。否則,"天圓地方"的觀念也就無從產生了。

三、地方觀念起源的時間

從以上的論述可知,地方的觀念是與四方的觀念相先後而產生的。則從四方觀念起源的時間,或能大致推斷出地方觀念起源的時間;同時通過對相關問題的探索,也可以進一步説明地方觀念起源的途徑。

(一)從天文觀察與方位判斷的關係來看

由於星球方位是隨着時令的遷移而有規律地變化的,這使得原始民族的天文觀察,從一開始就是與方位和時令聯繫在一起的。探討世界範圍内技術發展的《技術史》的作者就説:"所有的原始文明都注意到每年不同的季節可以看到不同的星座。"[①]

目前通過考古可知中國最早的星象記錄,在新石器時代早期。在浙江蕭山距今

---

① 〔英〕查理斯·辛格(Charles Slinger)等:《技術史》第 1 卷,王前、孫希忠主譯,上海:上海科技教育出版社 2004 年版,第 543 頁。

7000—8000 年左右的跨湖桥遺址的彩陶殘片上，發現了多個太陽紋[1]。其紋以同心圓爲中心，環周佈施射綫，著白色厚彩，形象地描繪了太陽發光的情景。到了新石器時代中期的仰韶文化時期，發現的太陽及星辰紋飾就更多一些。

年代稍前的河南汝州洪山廟遺址的彩陶，發現了太陽、月亮紋。"洪山廟 M1 出土的W91：1 號缸所繪的太陽和月亮，是仰韶文化時期最具有特色的太陽、月亮圖案"[2]。

"天象中日月星辰的轉換，早已引起先民們的重視。河南地區目前發現年代最早的太陽、月亮紋則是汝州洪山廟 W91 上繪的太陽、月亮紋了。在 W91 號缸上，太陽以紅彩繪出，鮮艷奪目，月亮用白彩畫就，黑彩鑲邊，皎潔無比，二者相對，是人們觀察太陽、月亮的見證。"[3]

稍後的鄭州大河村仰韶文化第三期彩陶上，發現了太陽紋、日暈紋和六角星紋圖案[4]。天文史家潘鼐先生當時曾據大河村的太陽紋等判斷它們是"我國最早的天文星象圖"[5]。

説明天文觀察在新石器時代的普遍，以至於成爲彩陶繪畫的常見題材。應該説，很多時候這種觀察是帶有現實目的的。前文所引《山海經》記載的對日月出没之山東西方位的觀察，就是與季節的判斷聯繫在一起[6]。

當原始農業出現以後，在必須決定作物播種時節的要求下，與方位時令相聯的更爲專業的天文觀察就出現了，中國古籍稱爲"曆象授時"。曆象授時的主要內容就是辨別四方天象以決定四時節點。

據《國語·楚語下》記載，到了傳説中的顓頊時代，顓頊"乃命南正重司天以屬神，命火正黎司地以屬民"[7]，已出現了"南正重"、"火正黎"這樣的專職天文官[8]。而這樣的天文職官之所以叫做"南正"，正表明我們有重視南方的傳統。因爲南方的測定，與東西南北和春夏秋冬的判定有特殊的關係[9]。

稍後到了《尚書·堯典》"曆象日月星辰，敬授人時"的帝堯時代[10]，更爲專業的觀察——觀察地點分別選在東、南、西、北四方，二分時日影與正東西方向重合，初昏時於正

---

[1] 浙江省文物考古研究所、蕭山博物館：《跨湖桥》，北京：文物出版社 2004 年版，第 62 頁。
[2] 河南省文物考古研究所：《汝州洪山廟》，鄭州：中州古籍出版社 1995 年版，第 73 頁。
[3] 河南省文物考古研究所：《河南史前彩陶》，鄭州：河南美術出版社 1996 年版，第 43 頁。
[4] 鄭州市文物考古研究所：《鄭州大河村》（上），北京：科學出版社 2001 年版，第 191—192 頁。
[5] 潘鼐：《中國恒星觀測史》，第 1 頁。
[6] 鄭文光：《中國天文學源流》，第 51—52 頁。
[7] 上海師範大學古籍整理研究所校點：《國語》，上海：上海古籍出版社 1988 年版，第 562—563 頁。
[8] 蔣瑞：《先秦陰陽理論起源考略》，碩士學位論文，湖北大學古籍研究所，2000 年，第 23 頁。
[9] 鄭文光：《中國天文學源流》，第 28 頁。
[10] 阮元校刻：《十三經注疏》，第 119 頁。

南方對"鳥、火、虛、昂"四星("四仲中星")的觀察,更至少從以上三個不同方面表明了四季的確定與方向的確定的不可分割的關係[1]。

這可以説明遠古先民既有與方位判斷緊密相聯的天文觀察的需要,也有這種觀察的習慣。所以從理論上推,四方的起源當十分古老。

1987 年,河南考古發現了距今 6000 年左右的河南濮陽西水坡 45 號墓。其墓主頭南足北,東側有蚌塑之龍,西側有蚌塑之虎,足下北側還有兩根人脛骨連接一個蚌塑三角形圖案[2]。四方對應的關係是如此確定,使人很容易聯想到青龍、白虎。李學勤先生和馮時先生據此都認爲當時已有四象或至少四象中的兩象[3][4],其蚌塑三角或爲帝星(李學勤説),人脛骨與蚌塑三角合在一起或爲北斗之斗及杓(馮時説)。

按文獻所載,上古先民觀察星象,確以東西二象爲多,學界一般也都認爲四象首先起源於東西二象,所以若説當時已有四方,並非沒有可能。退一步説,當時至少已有東西二方的認識,如伊世同先生所説:"北斗的發現使 45 號墓室天文圖不再成爲爭論話題","從季節上看,當時大概把一年分爲春秋兩季;從方位上看,當時已能分清東(朝——原注)與西(夕——原注);更由於北斗呈現,則南北和冬夏也將逐漸齊全。"[5]

除此之外,分野、主星觀念的起源也非常古老。分野、主星概念提出的前提裏,就已包含方位的考慮,例如以東方之星配東方之國等。

馮時先生考察分野觀念的起源,認爲"分野觀念""在遠古時代已具雛形","來源於一種最原始的恒星建時方法,通過對新石器時代有關天文遺跡的分析,這種方法在當時顯然已經基本形成"[6]。

而據《左傳·昭公元年》記載:"昔高辛氏有二子,伯曰閼伯,季曰實沈。居於曠林,不相能也。日尋干戈,以相征討。後帝不臧,遷閼伯于商丘,主辰,商人是因,故辰爲商星。遷實沈于大夏,主參,唐人是因,以服事夏商。"[7]則主星觀念的起源也有可能在夏商以前。

這些都可以説明,四方很可能在新石器時代晚期以前就已存在,則地方觀念在新石器時代就可能具備起源的基礎。

---

① 蔣瑞:《先秦陰陽理論起源考略》,第 25—29 頁。
② 濮陽市文物管理委員會、濮陽市博物館及文物隊:《濮陽西水坡遺址發掘簡報》,《中原文物》1988 年第 1 期,第 1—6 轉 22 頁。
③ 李學勤:《西水坡"龍虎墓"與四象的起源》,李學勤:《走出疑古時代》,瀋陽:遼寧大學出版社 1997 年版,第 142—149 頁(按:該文最初發表在《中國社會科學院研究生院學報》1988 年第 5 期,後收入本書)。
④ 馮時:《河南濮陽西水坡 45 號墓的天文學研究》,《文物》1990 年第 3 期,第 52—60 轉 69 頁。
⑤ 伊世同:《北斗祭——對濮陽西水坡 45 號墓貝塑天文圖的再思考》,《中原文物》1996 年第 2 期,第 22—31 頁。
⑥ 馮時:《中國天文考古學》,北京:社會科學文獻出版社 2001 年版,第 76 頁。
⑦ 阮元校刻:《十三經注疏》,第 2023 頁。

（二）從測影活動的發展來看

陽光下地面上的樹木、山岩和各種人工建築的影子，一定會吸引先民注意的。對於日影的觀察，既可以指示時間，也可以指示方位。

自然日影因爲容易受到週邊地形和週邊物體的影響，爲了獲得更好的觀測體驗，先民是很容易從觀察自然日影中發展出立杆測影的。太陽下隨便立一根杆，就可見到影子。如果選擇在某個平面前立杆測影，效果就會更好。這就是原始的測影了。

現代中國四川涼山地區美姑縣的彝族畢摩阿克甲兹，在自家房子西牆外立一根杆，他先將一年中重要的農時節令的影長位置刻畫在牆上做好記號，以後就根據影長到達相應的刻綫位置種植玉米等，獲得了好收成①。阿克甲兹觀測的是太陽在自家西牆上的投影，更多原始先民的做法是在地平面上立杆，在地平面上觀測。

如《技術史》的作者就説："文字發明以前的人可用的第三種天文觀測是對影子的觀察。如果把一根棍子垂直插進地裏做成一個日晷，任意給定的一天中影子的最短長度是很容易觀測到的。"②該書並列舉現代婆羅洲的迪雅克人和文字發明以前的秘魯人都曾使用過這樣的技藝爲證。

立杆之後就是我們所熟知的立表測影。中國至遲在商代，已經有了立表測影的活動。商代甲骨文已發現有確切表達測影活動的文字，如 "臬"、" | "、" ‖ "（按，象雙表之形）、"立中" 等；並且從甲骨文 "癸（✕）"、"直（ ）" 等字來看，當時已掌握了周代以後慣用的以水測定地平和以繩懸重以定垂直的方法，表明其測影活動已能達到相當的精確度③。

從技術的角度看，能夠提高測量精度的，主要不在於表和杆的區分，而在於地平的程度和表杆垂直的程度。商代所使用的以水平地和以繩懸重的方法，從《周禮·考工記·匠人》"匠人建國，水地以縣，置槷以縣，視以景"（按，"槷" 通 "臬"，即測影之杆）來看④，就是後世長期繼承使用的方法。可見商代的測影水平確已達到相當的高度，則前此的技術積累亦當有較高的水準。

大家知道，在地球人口最稠密的中緯度地區（包括南北兩半球），觀測一年中正午南北日影最短、最長可以確定兩至，觀測一年中晨昏東西日影的重合可以確定兩分。因爲兩至時太陽移到南北回歸的極點，兩分時太陽正好從正東西升落。發現了這個規律，就

① 陳久金、盧央、劉堯漢：《彝族天文學史》，昆明：雲南人民出版社 1984 年版，第 116—117 頁。
② 〔英〕查理斯·辛格（Charles Slinger）等：《技術史》第 1 卷，第 75 頁。
③ 温少峰、袁庭棟：《殷墟卜辭研究——科學技術篇》，成都：四川省社會科學院出版社 1983 年版，第 9—27 頁。
④ 阮元校刻：《十三經注疏》，第 927 頁。

表明先民離精確地測定四方不遠了。而這一切，祇需要立杆測影就能做到。

由此可以推測，根據日影判斷分至，在史前就有可能。所以馮時先生認爲："大約八千年前，人們顯然已達到了能夠測定分至的水平。"[①]從技術上講，這完全沒有問題。因爲即使史前不懂得以水平地和以繩懸重的方法，通過肉眼找一塊相對的平地和把表杆樹得比較垂直，從而逐漸發現一年中日影短長、重合的規律，也不是太難的事情。

然而更重要的是，測影精度的提高，對於精確地測定方位和分至節氣，甚至制曆，意義重大，而對於大致地判斷四方和萌生地方意識來説，則並不是必不可少的。因爲東西方和東西邊本沒有太大的問題，能夠確定南北方，並能根據日影定長推測大地存在南北邊，就足夠了。而這在無須精確地測定四方以前就能做到。所以從測影活動的發展來看，至少在商代以前，就已能夠對地方觀念建立所需的方位認知提供技術支援。

（三）從史前建築所寓含的四方知識來看

受地理位置和季風風向的影響，中國先民營造居室城池，爲了避風、採風、採光和出入的便利等，是很注意朝向的。

如《詩·鄘風·定之方中》就説："定之方中，作于楚宮。揆之以日，作于楚室。"毛《傳》注："定，營室也。方中，昏正四方。""揆，度也。度日出日入，以知東西。南視定，北准極，以正南北。"孔疏："東西南北皆既正，方乃爲宮室。"[②]

在這樣的背景下，考古發現的史前建築的朝向，是有可能反映先民掌握四方知識的情況的。盧央、邵望平先生已經從新石器時代的墓葬朝向和房屋門向等對此做出過考察，認爲當時可能已經出現了四方甚至八方的概念[③]，我們擬主要從新石器時代的城址方面做些補充。

到目前爲止，中國發現的最早的古城，是距今 6000 年前湖南澧縣的城頭山城址[④]。該城址外形略呈圓形（外圓直徑 325 米，面積約 8 萬平方米），"保存有東—西、南—北相對的四個缺口，雖因歷史取土或造田皆有所拓寬，但從其位置和結構看，當是城門。城門未築在正方位的軸綫上，西門爲西偏北 4°，南門爲南偏西 13°，北門則北偏東 13°，東門

---

① 馮時：《中國天文考古學》，第 198 頁。
② 阮元校刻：《十三經注疏》，第 515 頁。
③ 盧央、邵望平：《考古遺存中所反映的史前天文知識》，中國社會科學院考古研究所編：《中國古代天文文物論集》，第 1—16 頁。
④ 湖南省文物考古研究所：《湖南省考古工作五十年》，文物出版社編：《新中國考古五十年》，北京：文物出版社 1999 年版，第 295—311 頁。

爲東偏南 4°"①。四個城門的東西、南北分別沿中心點嚴格對稱,東、西門向與正東西祇差 4°,這樣精確的分佈關係,在這樣大型城址的建設中,如果沒有事先對方位的比較精確地測量,是很難做到的。可見城頭山先民應已掌握四方的知識。

距今 4000 年左右的屬於新石器時代晚期的河南王城崗遺址和平糧台遺址反映的史前先民的四方知識,就更加明確。

河南登封王城崗龍山文化二期的城址,有東西並列的兩座。東城的西牆就是西城的東牆。東城的南城牆與西城牆相交處的角度爲 88°,近乎直角。東城方向爲北偏東 15°。西城的西牆的方向爲北偏西 5°,它與南牆相交處的角度爲 90°,直角相接。西城的西城牆與北城牆相交處的角度爲 89°,也近似直角相接。整個西城呈每邊長約 90 多米的正方形,城內面積近 10000 平方米②。

平糧臺城址也呈正方形,長寬各 185 米,城內面積 3.4 萬多平方米,方向爲北偏東 6°。如包括城垣及外側附加部分,面積達 5 萬多平方米③。

嚴文明先生曾評論説:"全城成正方形,座北朝南,方向爲磁北偏東 6 度,幾乎與子午綫重合。南門較大,爲正門,設於南牆正中;北門甚小,又略偏西,當爲後門。這種格局顯然是精心規劃的,它所體現的方正對稱的思想一直影響到中國古代城市幾千年的發展,成爲中國城市的一大特色。"④馬世之先生在考察了若干中國史前古城之後也認爲平糧臺城址(與石家河城址)是"經過統一規劃的"⑤。

王城崗與平糧臺的城址都接近正南北排列,南北牆與東西牆的交角是 90°或很接近 90°,尤其是王城崗的西城和平糧臺城址的走向,其南北、東西幾乎與經、緯綫重合。從發掘報告可知,沒有地形和其他的因素要求這些城址必須如此排列,則其正南北東西的取向,應該是人爲的。

據此可以認爲,當時測定四方的能力,已達到相當精確的程度。則可以肯定,到新石器時代晚期,人們已完全具備建立地方觀念所需的方位基礎。

(四)從史前祭壇所寓含的天圓地方思想來看

① 湖南省文物考古研究所、湖南省澧縣文物管理所:《澧縣城頭山屈家嶺文化城址調查與試掘》,《文物》1993 年第 12 期,第 21—30 頁。
② 河南省文物研究所、中國歷史博物館考古部:《登封王城崗與陽城》,北京:文物出版社 1992 年版,第 28—31 頁。
③ 河南省文物研究所、周口地區文化局文物科:《河南淮陽平糧台龍山文化城址試掘簡報》,《文物》1983 年第 3 期,第 21—36 頁。
④ 白壽彝總主編:《中國通史》第 2 卷《遠古時代》,上海:上海人民出版社 1994 年版,第 319—320 頁。
⑤ 馬世之:《中國史前古城》,武漢:湖北教育出版社 2003 年版,第 205 頁。

更爲難得的是,部分史前祭壇建築遺址的本身,可能就已寓含了天圓地方的思想。

屬於新石器時代晚期偏早的遼寧牛河梁遺址的積石塚,其塚附近往往有祭壇分佈,塚和祭壇的形狀或方或圓,或方與圓結合在一起,報告者認爲當時人或已具備方圓觀念或即天圓地方觀念[①]。馮時、王勝利等先生先後也對此表示同意。我們認爲,作爲往往以祭祀天地爲主要目的的祭壇,其旁邊附屬的方圓形建築,若没有特殊的涵義,是不大可能的;若説它寄寓了天圓地方的思想,是非常合理的推測,儘管牛河梁積石塚表現得可能還不是十分明顯。

而越是到了較後的時期,這種思想的表現似乎就越明顯。先是在内蒙古包頭市東郊大青山南麓莎木佳新石器時代晚期遺址,發現了一組形制"頗爲特殊"的建築遺址[②]。遺址由三座"圓形土丘"組成,作南北中軸排列,由北向南依次漸小,彼此間隔 1 米左右。靠北的土丘高 1.2 米,繞土丘基部和腰部各砌有一個方形石圈,四角均呈弧形。基部石圈見方爲 7.4 米,腰部石圈見方爲 3.3 米。土丘頂部還平鋪一層石塊。中間位置的土丘高 0.8 米,沿土丘基部砌有一個長方形石圈,東西 3.8 米,南北 3 米,四角呈弧形。靠南的土丘略高出地面,繞土丘基部砌有一個圓形石圈,直徑 1.5 米。中間土丘的頂部,並且還發現兩件磨制石斧,斧身平臥,大部分埋在土中。

《中國古代建築史》第一卷《原始社會夏商周秦漢建築》的作者認爲該處遺址"有可能表現了古人最早的'天圓地方'思想"[③]。我們認爲,該遺址最北的土丘有三層,底部和中間爲方形,頂部平鋪的一層石塊呈圓形,下方上圓,很可能寓含了"天圓地方"的思想;而三座土丘中最北的、中間的土丘都是方形或投影爲方形,最南的土丘卻是圓形,正好與以南屬天的信仰相合,也可能寓含了"天圓地方"的思想。所以該遺址可能是寓含了二環的"天圓地方"思想。

而從最近的報導得知,號稱"史前中國第一大城"的陝西神木縣石峁遺址在近日又有了新的發現[④]。石峁城址的年代與同屬新石器時代晚期的良渚城址和陶寺城址相近,但是規模要大於後二者。除過去發現的大型城址和若干民居、陶器、玉器外,近日於城址外城東南方向叫樊莊子的地方,發現了用於祭祀的祭壇。祭壇上下共三層,自上而下分別爲圓丘形土築遺跡和一小一大兩層方臺形石構基址,最底的石構基址邊長約 90 米,整體高度距現地表超過 8 米。祭壇週邊並且發現了數座祭祀坑,面積 3—5 平方米,最深的一

① 朝陽市文化局、遼寧省文物考古研究所:《牛河梁遺址》,北京:學苑出版社 2004 年版,第 27 頁。
② 包頭市文物管理所:《内蒙古大青山西段新石器時代遺址》,《考古》1986 年第 6 期,第 485—496 頁。
③ 劉敘傑主編:《中國古代建築史》第 1 卷《原始社會夏商周秦漢建築》,北京:中國建築工業出版社 2003 年版,第 88 頁。
④ 敬澤昊:《曲裏拐彎的石峁城牆内首次發現祭壇遺址》,(陝西)《神木報》2014 年 3 月 9 日,第 32 版。

座距地表深約 3 米。

　　大城配祭壇,與後世的築城思想完全一致。以上圓下方的祭壇祭祀天地,其所寓含的天圓地方思想,應該説是非常明顯了。由於該祭壇旁邊明確布列有祭祀坑,石峁遺址的祭壇屬性無可懷疑。

　　以此回顧牛河梁和莎木佳遺址的方圓型祭壇建築,其表現出的一致性使我們相信,當時天圓地方的思想,至少在遼寧、内蒙古和陝西一帶,已經有了一定範圍的傳佈。

　　綜合以上的論述,我們認爲,地方觀念就是在四方的基礎上起源於天文觀察的途徑,其起源的時間當不晚於新石器時代晚期。

從終南山隱逸現象看隱士涵義的古今變化

蔣　波[*]

摘　要

　　引起社會廣泛關注的當代終南山隱逸現象，爲我們理解古今隱士文化提供了參照。古代隱士是"學而優則仕"背景下出現的一個概念，"隱"與"仕"相對而言。古代隱士的涵義亦有一個流變過程，先秦秦漢注重非仕即隱的身份特徵，魏晉之後"仕"與"隱"的界綫逐漸淡化，轉而強調隱士的生活情趣、內心狀態。因此，終南山等地當代隱士的身份雖然與古代隱士有所不同，但他們遠離喧囂、獨守寧靜的追求，在精神層面上與古代尤其是魏晉之後的隱士具有相通之處。這是今天人們仍稱終南山修行者爲"隱士"、並且肯定他們的一個重要原因。古今隱士涵義的異中有同，反映了隱逸文化的傳承。

關鍵詞

　　終南山　隱士　涵義　轉化　傳承

　　士人歸隱現象以及由此形成的隱逸文化，曾被認爲我國古代社會的一大"特產"，也是傳統文化的重要組成部分[①]。近幾年來，隨着新聞媒體對陝西終南山一帶隱居現象的連續報導，隱逸文化再度成爲社會關注的一個焦點。人們發現終南山不僅"隱士"眾多，而且類型多樣：他們當中既有隱居多年的畫家、修道者，亦有一些暫時隱居、過若干年又融入繁華都市的，還有週一至週五上班，週末選擇到此隱逸的。

　　不過大家在討論古代隱士與終南山隱士相似性、延續性的同時，並沒注意到他們之間的差異——若將古代隱士概念做一梳理，並與當代"隱士"進行對比，我們會發現二者

*　　**作者簡介**：蔣波（1979— ），男，湖南雙牌人，湘潭大學歷史系講師，主要從事先秦秦漢史及隱逸文化研究。
　　基金項目：湖南省教育廳資助科研優秀青年項目"漢魏時期的隱士政策研究"（編號"13B125"）階段性成果。
①　民國學者蔣星德在爲其堂弟蔣星煜《中國隱士與中國文化》一書所作的序言中，認爲隱士是"中國社會的特產"，見蔣星煜：《中國隱士與中國文化·初版序言》，上海：上海人民出版社2009年版，第3頁。梁漱溟先生則指出："中國隱士與中國的文化卻有相當關係……我們今取它爲第十四特徵而研究之。"梁漱溟：《中國文化要義》，上海：上海人民出版社2005年版，第24頁。

同中有異，異中有同。因此，弄清古代隱士名義的流變，有利於我們瞭解古代隱士文化本身，也有利於全面考察終南山獨特的隱居現象。

一、上古時期的隱士概念

古代社會的歸隱現象由來已久。撇開《莊子》等作品虛構的傳說時代的隱士不談，至遲在商朝末年就出現了有信史可考的隱者，如佯狂爲奴、隱遁鄉間的箕子。《論語》等經傳不僅提到箕子，且將他與商末以身殉國的比干相提並論，同稱爲商朝的"三仁"："微子去之，箕子爲之奴，比干諫而死。孔子曰：'殷有三仁焉。'"①再如不食周粟的伯夷、叔齊兄弟；分別在東海之濱、渭水岸邊隱居過的姜太公等②，都是早期隱士的例子。

誠然，歸隱成爲一種較爲普遍的社會行爲，並由此引起諸子討論，是春秋戰國時期的事。而且，士階層崛起、獨立於這一時期，只有在這一階段或之後，隱士才具備"士"的身份特徵。因此，古代所謂隱士之"士"，不是"士"字源意義上的成年男子、"武士"或低級貴族③，而是具備一定文化素養，有相當見識的人。他們屬於古代士階層中的一個亞階層，或者說是其中比較特殊的一個群體。關於這一點，《南齊書・高逸傳》有很好的界定："（隱士）含貞養素，文以藝業。不然，與樵者之在山，何殊別哉？"④

那麼，何爲隱士之"隱"？它在古代也有特定涵義，是與"出"、"仕"相對而言的一個概念，《周易・系辭上》説："君子之道，或出或處，或默或語。"《孟子・萬章下》也説："可以處而處，可以仕而仕。"均與"出"、"仕"相對而言，大致相當於"不仕"。那麼，士人不仕爲何就被稱爲"隱"？這是士階層形成之際就被規範了的。春秋戰國的歷史巨變與社會分層，使得商周世卿世禄制被打破，原本被貴族壟斷的職官向社會各階層洞開大門，於是士人紛紛入世干政。從此，士人自覺不自覺地將"出仕"作爲自我理想實現的最好方式，其中儒家對這一點特別强調，認爲"出仕"乃士人的必然義務，《論語・子張》曰："學而優則仕。"《論語・衛靈公》説："學也，禄在其中矣。"《孟子・滕文公下》有一段對話，也可看出這一追求：

① 《論語譯注》，楊伯峻譯注，北京：中華書局1980年版，第192頁。
② 姜太公的兩次隱居，有文獻可證，《史記・齊太公世家》曰："吕尚處士，隱海濱。"是其第一次隱居。《戰國策・秦三》記："臣聞始時吕尚之遇文王也，身爲漁父而釣於渭陽之濱耳。"則是第二次隱居。
③ 關於"士"的本義，目前學界看法不一，主要有楊樹達的成年男子説、顧頡剛的武士説、余英時的低級貴族説等，分別參見楊樹達：《積微居小學述林》卷3《釋士》，北京：中華書局1983年版，第72頁；顧頡剛：《史林雜識初編》，北京：中華書局1963年版，第85—91頁；余英時：《士與中國文化》，上海：上海人民出版社1987年版，第6、9頁。
④ 蕭子顯：《南齊書》卷54《高逸傳》，北京：中華書局1972年版，第925—926頁。

周霄問曰："古之君子仕乎？"孟子曰："仕。《傳》曰：'孔子三月無君，則皇皇如也，出疆必載質。'公明儀曰：'古之人三月無君，則吊。'""三月無君則吊，不以急乎？"曰："士之失位也，猶諸侯之失國家也。"①

自此之後，"士"與"仕"緊密相聯，"士之仕也，猶農夫之耕也"、"學以居位曰士"。有能力有機會出仕卻因故不仕，便被稱爲"隱"。至於隱的時間長短，則沒有絕對界定，可以先仕後隱，也可以先隱後仕，甚至先仕後隱再仕。但是有一點比較明確，即不論隱居的時間多長，士人歸隱這一階段與"仕"無緣，甚至涇渭分明。

隱士的上述身份特徵，到了秦漢仍然如此。東方朔的事蹟便是一個很好的佐證。生活於漢武帝時代的東方朔，早年有着強烈的功名觀念，積極入仕，爲此不惜吹噓自己學富五車、無所不知。後來東方朔雖然被擢升爲官，但始終没得到重用，因此遭到周圍人嘲笑。爲掩蓋内心的尷尬與失落，東方朔用"隱"來辯解，"如朔等，所謂避世於朝廷間者也。古之人，乃避世於深山中。"又説："宫殿中可以避世全身，何必深山之中，蒿廬之下。"②不過，東方朔自我慰藉的言行並没得到他人認可，因爲他所説的避世、隱居不能成立，仕於朝而自稱隱士豈非自相矛盾？所以揚雄激烈批判東方朔的行爲，"君子謂之不恭"③。至於東漢後期社會上出現少數沽名釣譽的假隱士，更是爲人所不齒，"飾虛矜僞，誑世耀名，辭細即巨，終爲利動"④。

可見，在先秦秦漢即隱士概念最初出現、定型的階段，隱士與出仕者相對而言。他們屬於古代士人階層中的一個特殊群體，本身具備一定文化素養、有機會或有條件出仕，卻因爲各種原因選擇了不仕或暫時不仕。

二、隱士涵義的歷史變遷

由前所述，隱士是士人尤其是儒家注重出仕背景下形成的概念。但是，隱士的涵義並非一成不變，秦漢之後因具體情況的變化而不斷變動。總體來説，"隱"仍與"仕"相對而言，但原來那種隱、仕之間的絕緣關係，秦漢之後逐漸淡化。

魏晉南北朝向來被認爲古代隱士文化的黄金時代，不僅因爲這個階段隱士類型多樣，也與歸隱形式日益複雜有關。一個突出表現是人們開始有意無意模糊仕、隱的界綫。如

① 《孟子譯注》，楊伯峻譯注，北京：中華書局 2005 年版，第 142 頁。
② 《史記》卷 126《滑稽列傳》褚少孫補記，第 3205 頁。
③ 揚雄：《法言》卷 11《淵騫》，汪榮寶義疏、陳仲夫點校，北京：中華書局 1987 年版，第 484 頁。
④ 應劭：《風俗通義校注》卷 3《愆禮》，王利器校注，北京：中華書局 1981 年版，第 157 頁。

有人質疑山濤："山濤吾所不解，吏非吏，隱非隱。"①可見，山濤本人"亦吏亦隱"。魏晉南北朝類似山濤者，比比可見。雁門人周續之隱居廬山，常出入朝廷，別人責問他："身爲處士，時踐王庭，何也？"他答道："心馳魏闕者，以江湖爲桎梏；情致兩忘者，市朝亦岩穴耳。"②再如鄧粲，也在仕、隱之間跳脫，"隱之爲道，朝亦可隱，市亦可隱。隱初在我，不在於物"③。有意識地模糊仕、隱的行爲，在士人群體中不僅多見，且開始得到人們認可，《抱朴子·釋滯篇》曰："古人多得道而匡世，修之於朝隱，蓋有餘力故也。何必修於山林，盡廢生民之事，然後乃成乎？"晉王康琚《反招隱》一詩甚至寫道："小隱隱陵藪，大隱隱朝市。"公開將隱於"朝市"歸之於隱逸，且是"大隱"。這種狀況與西漢東方朔所遭遇的批判相比，天差地別。

上述變化的出現，原因當然是多方面的。一者，魏晉玄學大盛，部分士人反儒家"在其位謀其政"之道而行之，在其位並不謀其政，"居官無官官之事，處事無事事之心"④。第二，魏晉南北朝王朝頻繁更迭，社會黑暗，如果像嵇康那樣"無道則隱"，公然以不仕的行爲反抗時世的混亂，動輒會有殺身之禍，"魏晉之際，天下多故，名士少有全者"⑤。因此有人乾脆出仕，而又無所作爲，以此全身。第三，不排除部分隱士爲了生存，"亦吏亦隱"，因爲亂世中文人謀生並不容易，出仕至少可以保證衣食無憂。總之，魏晉南北朝的"亦吏亦隱"現象，有着特定的思想、社會背景，也是士人在物質生活、避亂全身、精神獨立之間的一種妥協與折中。古代士人的這種兩難選擇，李澤厚先生曾形象地概括爲"矛盾雙重性"，"既關心政治、熱中（衷）仕途而又不得不退出和躲避它這樣一種矛盾雙重性"⑥。

正因爲上述矛盾所在，魏晉南北朝看似從容的"亦吏亦隱"，其實充滿了苦悶、無奈、壓抑。也正因如此，即使將"亦吏亦隱"視作歸隱方式，其境界遠不如陶淵明"不爲五斗米折腰"的徹底退出，以及歸園田居、悠然見南山那樣來得真實、瀟灑與自然。所以，陶淵明更爲人們推崇，被譽爲"古今隱逸詩人之宗"⑦。

時入隋唐，瀟灑與苦悶雜錯的士人隱逸體驗有所嬗變。這一時期，我國封建社會走向極盛，士人的自由空間遠勝於魏晉南北朝，不少士人繼續追求邊仕邊隱的生活，並在魏晉"亦吏亦隱"的基礎上明確提出了"吏隱"的概念。而且與魏晉南北朝相比，隋唐對"吏

① 房玄齡等：《晉書》卷56《孫綽傳》，北京：中華書局1974年版，第1544頁。
② 志磐法師：《東林十八高賢傳》，《續藏經》第135冊，臺北：新文豐出版公司1995年版，第14頁。
③ 《晉書》卷82《鄧粲傳》，第2151頁。
④ 《晉書》卷75《劉惔傳》，第1992頁。
⑤ 《晉書》卷49《阮籍傳》，第1360頁。
⑥ 李澤厚：《美的歷程》，北京：文物出版社1981年版，第153頁。
⑦ 鐘嶸：《詩品》，北京：中華書局1998年版，第66頁。

隱”的認識更爲深入，譬如詩人白居易在原來“大隱”、“小隱”的基礎上提出了“大隱”、“中隱”、“小隱”三個層次，“中隱”最佳，“大隱住朝市，小隱入丘樊。丘樊太冷落，朝市太囂喧。不如作中隱，隱在留司官。”因爲隱於朝，沒有自己的天地，很難有隱逸之樂；隱於山林或鄉間，難免凍餒之苦，因此最好的選擇莫過於“隱在留司官”，這樣一舉兩得，“不勞心與力，又免饑與寒。終歲無公事，隨月有俸錢。君若好登臨，城南有秋山。君若愛遊蕩，城東有春園。”①

　　誠然，隋唐隱士群體中亦有上古時期那種單純的“小隱”，不過遠不如“吏隱”受歡迎，以至於“吏隱”成了唐代文人經常歌詠的對象。杜甫《東津送韋諷攝閬州錄事》：“聞説江山好，憐君吏隱兼。寵行舟遠泛，怯別酒頻添。”吳筠《同劉主簿承介建昌江泛舟作》：“吾友從吏隱，和光心杳然。鳴琴正多暇，嘯侶浮清川。”白居易《郡西亭偶詠》：“莫遣是非分作界，須教吏隱合爲心。”韓翃《寄武陵李少府》：“小縣春山口，公孫吏隱時。楚歌催晚醉，蠻語入新詩。”由所引諸詩中的“閬州錄事”、“主簿”、“郡西”、“少府”等官名或地名可知，唐代士人已與魏晉有較大不同，他們更傾向於地方小官式的“吏隱”，而不是朝廷、地方皆可的“亦吏亦隱”。與此同時，“吏隱”不再是迫不得已的行爲，而是士人們的主動選擇。在鬧市外修數棟小屋、亭榭，公務之餘與同好們享受飲酒、琴瑟、吟詩等“逸”趣，是他們樂此不疲的事情。由此也可知，隋唐的“吏隱”很看重“逸”的因素。

　　宋元、明清時期，“吏隱”風氣仍十分流行，大詩人蘇軾都説：“古之君子，不必仕，不必不仕。必仕則忘其身，必不仕則忘其君。”②他推崇的“不必仕，不必不仕”，即介於仕、隱之間的吏隱。蘇東坡以爲，這種“開門而出仕，則跬步市朝之上；閉門而歸隱，則俯仰山林之下”的生活，最爲愜意。不過，這一時期還有另一趨勢，即有人開始跨越仕、不仕之間的中間地帶，將“仕”等同於“隱”，宋人程俱《北山小集》卷三三《承奉郎致仕楊君墓銘》云：“吳郡有二老焉，或仕，或不仕，皆隱者也。”隋唐在“隱”前還冠以“吏”字，現在幾乎不談兩者兼得，直接認爲“仕”、“不仕”都是隱。這種觀點，反映了“隱士”概念的進一步泛化。

　　綜上，雖然在古代“隱”概念的存在以士人“重仕”爲前提，但從魏晉開始仕、隱之間的壁壘分野逐漸被打破，隱士的身份特徵已經模糊、淡化。人們更看重內在的、精神的“心隱”，而不是“身隱”。

---

① 白居易：《中隱》，《全唐詩》（增訂本），中華書局編輯部點校，北京：中華書局1999年版，第5011頁。
② 蘇軾：《靈壁張氏園亭記》，《蘇軾文集》，孔凡禮點校，北京：中華書局1986年版，第369頁。

三、終南山與隱士的現代轉化

如果按照古代隱士的認定標準,近代、現代社會顯然不存在真正意義上的隱士。一方面封建專制業已瓦解,讀書人奉"學而優則仕"爲圭臬的社會土壤不復存在。另一方面,隨着生産力的發展和工業文明的進步,社會分工越來越細,讀書人也可相應地劃分爲不同類型,既有傳統意義上的"文化人",亦有技術型的知識份子;他們當中有從政的,有從事教育、媒體工作的,有經營商業的,也有專注某技術行業的。總之,出仕不再是實現個人價值的最主要途徑。

不過,當今不少人仍習慣用"隱士"一詞來描述周圍的隱居者,如前面提到的終南山隱士。那麽,以終南山爲代表的現代隱士與古代隱士有何異同? 有必要考察一下現代隱士的身份。

首先需要指出,並非近幾年人們才開始關注終南山的隱士文化。早在二十多年前,終南山隱居現象已引起外界注意——從上世紀 80 年代末開始,美國漢學家比爾·波特到我國西北地方做了幾次"尋隱之旅",並寫成《空谷幽蘭:尋訪現代中國隱士》一書。書中通過實地採訪,記録下以終南山爲主的當代"隱士"群,"親身探訪隱居在終南山等地的中國現代隱士,引出了中國隱逸文化及其傳統的産生和發展的歷史"①。

作者長途跋涉的目的,起初想弄清現代中國是否還存在隱居現象,"當臺灣有人告訴我中國大陸不但沒有人修行,隱士傳統也不復存在時,我決定親自去弄個明白。不久之後,我發現隱士傳統不僅存在得很好,而且是中國社會很有活力的部分,我覺得必須把這個情況介紹給西方人。"從這段話可以看出,國人與比爾·波特對隱士的理解明顯不同,國人認爲傳統的隱士"不復存在",而比爾·波特認爲"存在得很好"。之所以如此,很大程度上是中西"隱士"概念上的差異所致。西方語境中的隱士主要指修行者,比如美國學者法朗士的《隱士:透視孤獨》一書中討論的隱士,主要就是宗教修行者,包括埃及沙漠、俄羅斯森林、印度荒原上的獨自隱修者②。"天下修道,終南爲冠",漢學家比爾·波特接觸到這些修道者,進而認爲我國歸隱傳統"存在得很好"就並不奇怪了。而在我國古代,如前所言,隱士主要指隱居的傳統讀書人,他們的身份是"士"或者"文人",這類人隨着封建社會的結束而消失。

然而,即使中西隱士概念不同,對於比爾·波特的上述論斷,國人某種程度上又十分認可,所以《空谷幽蘭》一書自 2001 年翻譯成中文後引起強烈反響,一版再版。它表明

---

① 比爾·波特:《空谷幽蘭:尋訪現代中國隱士》,明潔譯,北京:民族出版社 2001 年版,第 1 頁。
② 法朗士:《隱士:透視孤獨》,梁永安譯,上海:華東師範大學出版社 2010 年版。

中西差異並没影響到比爾・波特與國人之間的共鳴。個中緣由，我們認爲有兩方面的因素，第一，既然“隱”是一個歷史概念，既然古代隱士不復存在，借用西方隱士具體所指，將終南山等地修行者視作隱士無可無不可。第二，更重要的是，現代隱士與古代隱士並不缺乏共性，比如他們都追求清静自然、遠離或暫時遠離喧囂等。比爾・波特後來也注意到這一點，所以《空谷幽蘭》再版時，他没有强調“隱士”、歸隱傳統本身，而是注重歸隱行爲展現出的精神形態，“我希望它能像鼓勵西方讀者那樣，鼓勵中國讀者追尋並找到生活中‘獨處’的樂趣——不是離群索居，而是因爲更深的覺悟和仁慈，與大家更爲和諧地共處。”①

此外，現代終南山隱士除修道者之外，還有一批讀書人、企業家。他們由於現代生活的壓力、疲憊或失意，暫時幽居終南山，用隱逸的方式緩解快節奏所帶來的各種不適。這些人同樣不是古代仕、隱關係下的隱士，但他們的生活方式以及安逸追求，與魏晉之後古代隱士們的“吏隱”、“心隱”具有高度一致性：不是永久的隱居，只是短暫小憩，用以平復現實生活造成的心理失衡，達到自我調適的目的。在喧囂中尋找寧静，恐怕古今中外很多人都“心嚮往之”，正如法國作家蒙田所説：“我們是需要妻子、兒女、財産，尤其需要盡可能好的身體，但不能執著到影響我們幸福的地步。我們要保留一個完全屬於我們自己的自由空間，猶如店鋪的後間，建立起我們真正的自由，和最最重要的隱逸和清静。”②

四、結　語

綜前所述，終南山等地的現代隱士所指較之古代有了很大不同，不是“仕”、隱選擇背景下的概念；他們有別於大衆的生活狀態、精神實踐，又與古代、西方隱士不爲外物所役、不爲外物所累的精神具有高度一致性。這是當今社會廣泛關注終南山隱居現象，繼續使用“隱士”名稱，並給予肯定的一個重要原因。終南山隱士與古代隱士的差異與共性，以及社會各界對他們的關注與肯定，某種程度上反映了古代隱士文化在今天的傳承。所以，在快節奏、過度物欲化的現代社會裏，我們並不提倡隱逸行爲，但不妨有點隱士精神。

---

① 該書再版時由南海出版公司出版。比爾・波特：《空谷幽蘭：尋訪現代中國隱士》，明潔譯，海口：南海出版公司 2009 年版，第 7 頁。
② 蒙田：《蒙田隨筆全集》（上），麗珍等譯，南京：譯林出版社 1996 年版，第 271 頁。

秦 "武關" 變遷與楚 "長城" 防綫

王學理[*]

摘　要

　　隨着春秋戰國時期秦楚關係的變化、軍事力量的消長、版圖的盈縮，"武關" 關址屢有變更。而楚國的禦秦長城，更是這段凝固了歷史的指示器。漢唐時期的 "武關"，不僅位置確定不移，而且性質與作用也與前不同。鑒於歷來學術界對秦 "武關" 與楚 "長城" 問題的糾纏不清，本文通過縷析，力圖劃出二者變化的端倪。

關鍵詞

　　少習山　武關　商於之地　石牆　方城　丹陽大戰　咸陽

一、"少習" 並非 "關"，只是 "武關道" 上的一座險山

　　在很多人的引述裏，都説 "武關" 是春秋時期的 "少習關"。但翻閱古籍資料，並無 "少習關" 這一説。

　　《左傳》哀公四年（前 491）記楚人擊敗 "蠻氏" 後，"蠻子赤" 逃到晉國的 "陰地"（今陝西洛南縣東，河南熊耳山以北、黃河以南、嵩山以西地區）。楚派人對陰地的命大夫 "士蔑" 以威脅的口吻説："晉楚有盟，好惡同之。若將不廢，寡君之願也。不然，將通于 '少習' 以聽命。" 楊伯峻注説："少習山在今商縣東一百八十五里，山下即武關"[①]。這就是説，楚國若打通少習山就可以同秦國聯盟，東取陰地，北渡黃河，可直逼晉都。在這裏，少習山顯然是秦、楚通道上的一道障礙，但並不是 "關隘"。同樣，《括地志》説 "故武關在商州商洛縣東九十里。春秋時少習也"，也没有説它就是 "關"。只有在引杜預的話時，才説 "少習，商縣武關也"[②]，但這只能理解爲，武關屬少習之地。因爲《水經·丹水注》就有 "丹

---

* 　作者簡介：王學理（1934—），男，陝西蒲城縣人，陝西省考古研究院研究員，西北大學文化遺産學院兼職教授。
① 　楊伯峻：《春秋左傳注》，中華書局 1981 年版，第 1627 頁。
② 　李泰等：《括地志》，中華書局 1980 年版，第 201 頁。

水自商縣東南流注,歷少習,出武關"的話,這也正好説明"山"與"關"二者的關係。

"少習山"在什麼地方,即以前引文獻而言,有説"在今商縣東一百八十五里",或説"在商州商洛縣東九十里"。一些注家都把秦的商縣與隋的商洛縣解釋在今陝西商洛市東南的商洛鎮。實際上,秦漢時期的商縣在今丹鳳縣(1949年6月設立)所在的龍駒寨西北2.5公里的古城村,且有商鞅封邑的考古資料爲憑①。由丹鳳縣向東南沿312國道,行35公里,即是"武關"遺址。少習山在今武關村之北,村南有白岩山、筆架山,武關河由少習山北面流來,貼山東流,武關就坐落在河的凸岸上。

1996年在丹鳳縣古商邑探測出100座小型楚墓,時代在春秋中期到戰國中期②。再由墓葬排列整齊、並無疊壓或打破關係看,足見楚國長時間據有丹江上游的今陝西商洛、安康一帶廣闊的地域,而商邑还屬於楚的領土。公元前632年(楚成王四十年、秦穆王二十八年),晉、楚"城濮之战"以楚的失敗告終,令尹子玉自杀,司馬子西(斗宜申)貶为"商公"(《左传》文公十年)。那麼,偏南的少習山還處於楚的"商邑"之内,绝不是秦、楚的界山,更不是關隘。

當然,它形勢的險要,一旦通過即可同秦直接接觸。

二、戰國時期秦、楚的關防推向"商於之地"的南緣

經過商鞅變法,秦國雄心勃勃,向外擴土。衛鞅破魏有功,被封於"商",説明秦國的南界已經擴展到秦嶺之南,張儀"獻商於之地六百里"給楚的許諾就是很好的證明。而且蘇秦南游楚國,曾警告惠王:"大王不縱親,秦必起兩軍,一軍出武關,一軍下黔中,則鄢郢動矣。"(《史記·蘇秦列傳》)很顯然,在丹水左岸的商於地南緣因同楚國相接,秦在自己一側設立了武關。

秦惠文王更元十三年(楚懷王十七年,前312),秦、楚"戰于丹陽,楚師大敗。斬甲士八萬,虜屈匄及列侯、執珪七十餘人,遂取漢中郡。楚王悉發國内兵以復襲秦,戰于藍田,楚師大敗。……割兩城以請平于秦"(《資治通鑑》卷三)。在商洛地區丹水之陽的拉鋸戰,楚國失去了漢中地六百里,秦還取得了楚上庸(今湖北竹山)六縣,使秦國的關中和巴、蜀相接,排除了楚對秦本土的威脅,反倒開拓了一條可直達南陽、經襄樊、逼近郢都的通路。

《晉太康地志》:"武關當冠軍西。""冠軍"是西漢設立的縣,治所設在今河南鄧州市西北。鄧州當時是楚的"穰"邑,既與秦的邊界相接,而秦設"武關"也不會在新佔領區

① 陝西省考古研究所等:《丹鳳古城楚墓》,三秦出版社2006年版。
② 陝西省考古研究所等:《丹鳳古城楚墓》,三秦出版社2006年版。

內很遠的地方。作爲邊防要塞,武關關址就勢必選在丹水之陽的險隘之處。《史記·秦始皇本紀》裴駰《集解》引應劭曰:"武關,秦南關,通南陽。"文穎曰:"武關在析西百七十里弘農界。"武關確實是秦的"南關",同析(今河南西峽縣)也呈東西向。那麽,《中國歷史地圖集》標出的武關在今陝西和河南兩省交界處丹江之左,應該説没有大錯①。具體地點,當在今陝西商南縣的湘河鎮一帶。梳洗樓、老湘河街、廟溝街和金花灣處於丹江兩岸,這裏有集中的仰韶、龍山到商周時期的文化遺存。特別是位於丹江兩岸二級臺地上的梳洗樓和老湘河街,其商、周文化層堆積厚度有 0.5—1.5 米,遺址面積達到 5480 平方米②。可見古人在此活動時間長久,其地理位置的重要當與後來武關的設立有關。

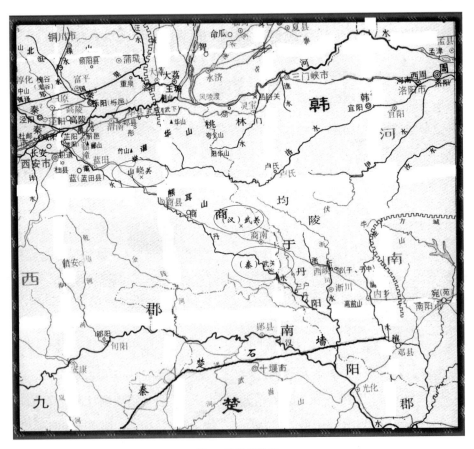

圖 1　秦武關位置

從秦都咸陽出發,向東南行,經藍田嶢關,出武關,直去南陽,是一條關中通往長江

---

① 《中國歷史地圖集》,中國地圖出版社 1975 年版,第一册第 39—40 頁。
② 商洛地區考古調查組:《丹江上游考古調查簡報》,《考古與文物》1981 年第 3 期。

流域的 "武關大道"。秦始皇統一中國後,築 "馳道",其中 "南盡吳楚",就是對武關道的更築與拓寬。長期來,好多學者没有從時間上加以區别,總以爲戰國時的秦武關在丹鳳。我們認爲此武關非彼武關。商南的丹陽武關位於遠離秦本土,這無論從時間順序上、當時政治形勢上,或是秦人的意識上,都有大量的歷史事實可以作爲支撑。

例一:從丹陽到藍田的兩次大戰中,楚師大敗,失掉了漢中地。不料第二年(前311),秦惠王又提出用 "武關之外易黔中地" 的要求(《資治通鑑》卷三)。胡三省注: "武關之外,蓋秦丹、析、商於之地。" 試想想:既然秦設置的 "漢中郡" 已經同 "商於之地" 連成一大片,如果武關還在今陝西丹鳳的 "商",若要從秦地的漢中掏出 "商於之地"(今陝西丹鳳、商南,河南西峽、淅川一帶)又怎麽可能呢? 所以,這時的武關只能在今秦、豫交界處的丹江北岸,而不會在别的什麽地方。

例二:秦昭王九年(前298),秦伐楚,取八城。第二年(前299)秦昭王藉口作爲人質的楚太子橫殺死了大夫有私而逃亡,又爲質於齊,實際是在破壞秦、楚的姻親關係。於是,提出願與楚王 "會武關,面相約,結盟而去"(《史記·楚世家》)。楚懷王信以爲真而入秦, "秦王令一將軍詐爲王,伏兵武關,楚王至則閉關劫之,與俱西,至咸陽,朝章臺,如藩臣禮",最後客死於秦(《資治通鑑》卷三、四)。正因爲武關接近楚的邊界,楚王才願赴會。如果遠在今丹鳳那個武關,楚王胆敢又願意長驅直入嗎?

例三:孟嘗君爲秦相,見疑而囚。雖被釋放,如果武關不設在商於之地南緣的秦楚邊界,即使他脱關而逃,豈能在秦境的長途奔命中而不被追殺?

諸多歷史事實都説明秦國武關在今陝西境内的丹江下游,截止目前之所以未有堅固雄偉的關城遺址的發現,可能同秦人具有積極外拓的意識與秦國軍事進展順利有關。

三、楚防秦的北界長城(石牆)

(一)修建長城的背景與邊城經地

戰國中後期,秦、楚兩個大國的軍事較量,對彼此國力與命運的走向都是個關鍵的時期。公元前312年,秦、楚戰於丹陽與藍田,楚國慘遭失敗,元氣大傷。雖然 "黄棘會盟"(今河南新野縣北)後,秦把上庸地還給了楚,雙方也結成姻親,關係稍微緩和。但公元前301年楚在同齊、韓、魏三國的 "垂沙之役" 中失敗,丢掉了宛葉以北的土地,秦還借機略取了重丘(今河南泌陽東北);次年,楚將軍景缺被殺,折軍二萬;公元前299年,楚敗於秦,失掉八城。隨之楚懷王又被劫持到了咸陽,還丢掉了性命。楚國在昏君楚懷王時期由盛而衰,完全失去了抗秦的能力與勇氣。公元前298年,秦在要楚 "割巫、黔中之郡" 而 "不可得"

的情況下，加之得知太子橫継立爲王（即楚頃襄王），於是"發兵出武關攻楚，大敗楚軍，斬首五萬，取析（又名"白羽"，今河南西峽縣西）十五城而去"（《史記・楚世家》）。

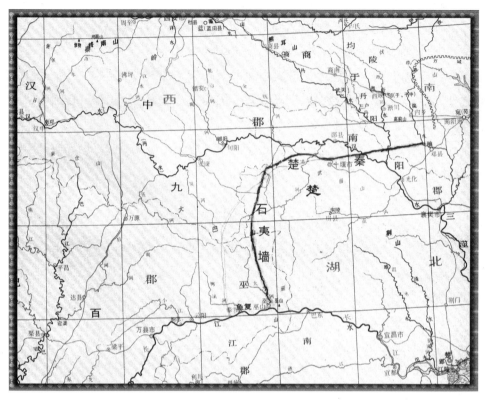

圖2　楚石牆走向

　　面對咄咄逼人的秦國，連連失地的楚國不得不承認既成的事實，利用"匹夫有怨，尚有報萬乘"的情緒，自恃楚地"方五千里，帶甲百萬，猶足以踴躍中野（中原）"的實力，不甘"坐而受困"（《史記・楚世家》），在謀求與齊、韓聯合抗秦，在秦、楚關係時好時壞的同時，楚頃襄王憑藉着原有的雄厚實力，還能夠派莊蹻循沅江入滇，開拓西南，侵佔巴子國嘉陵江下游以西的土地，擴大地盤，力圖東山再起。起碼在公元前279年秦白起"拔我西陵（今湖北宜昌市西北）"之前，將近二十年的時間裏，既然秦、楚關係相對緩和，從而提供了有利的外部環境，再加之楚國還有足夠的能力，也只能在這段時間裏於北部邊境上築起一道防秦南侵的長城作爲屏障。因爲在這之後，接連發生郢都陷落、夷陵（今湖北宜昌市）先王墓被燒、巫黔被佔，淪落到"楚襄王兵散，遂不復戰"的地步，既無還手之力，何談築城守邊？

　　至此，我們可以說陝、鄂鄰界的這條長城（石牆），約築於楚頃襄王二年到十九年之間（前297—前280）。

　　楚防秦的長城位於楚國的西北邊境，雖是"防秦"的邊牆，實際也就成了戰國後期秦、楚的分界綫，故可以稱之爲"秦楚長城"。以今陝西旬陽東南的銅錢關鎮爲中心，向南沿湖北竹山、竹溪縣（明成化十二年，即1476年析竹山縣地置）邊界，過陝西平利、鎮坪縣，穿大巴山與巫山峽谷，抵重慶市奉節縣長江岸邊的捍關；向東，沿陝西白河縣與湖北竹山縣邊界，穿鄖縣北境，沿漢水南岸地，過十堰市、丹江口市，抵達今河南鄧州市，同原先中原的"楚方城"相接。那麼，由這"秦楚長城"的經地可以看出，大巴山南及巫山、東連漢水下游水域的自然地理，就構成爲一道楚國防秦的弧形天然屏障。就是這道人造的邊牆，在楚國人看來是軍事防禦體系的一種加强。

（二）野外調查資料

　　經考古調查，這段楚長城多處於崇山峻嶺之中，修築時多用塊石壘砌，就稱之爲"石牆"（湖北人稱爲"邊牆"或"墻城"）。在陝西境内存留的遺跡有如下一些：

圖3　白河石牆

　　▲白河縣段石牆遺址——東起卡子鎮竹山，沿陝西白河與湖北竹山交界處的山梁向西，到宋家鎮毛家灣西同旬陽的石牆相接，斷斷續續，全長80公里。牆體用毛石或塊石、條石砌築，殘高0.5～5米，牆基寬1～5米。部分牆段上存有門、箭樓、箭垛和射孔。沿途保留的石牆遺址有竹山、東溝垴、大南溝、女兒尖、界嶺、晏家扒、小界嶺、韓家山、

三元寨等處,其中竹山、韓家山石牆遺址各長約 15 公里。個別牆段的陝西一側,還有同石牆平行的石牆,一些學者認爲同清嘉慶年間在白河、旬陽的白蓮教活動有關[1];

　　▲旬陽縣段石牆遺址——東接白河石牆遺址,沿陝鄂交界的山梁修築（多數段與湖北竹山縣交界）,向西南至銅錢關鎮李家灣,南入平利縣,全長約 30 公里。牆體材料、構築方法與時代下限的斷定,有如白河石牆。屬縣級文物保護單位[2];

　　▲平利縣段長城遺址——北自旬陽縣銅錢關鎮,向南沿陝西平利縣與湖北竹溪縣邊界的山嶺,到達竹溪縣鄂坪鄉梓桐埡。這段長城依山就勢,或石砌或土夯,時斷時續,在

關埡新建築

石牆遺址

圖 4　平利關埡

平利縣境内未見調查報導。但竹溪縣還保留有石牆與堡寨,如龍壩鄉平安村的"鐵桶寨石牆遺址"（現存石壘城垣長 1500 米、寬 1.2 米,高 1.5 米 ~ 2 米）,中峰鎮佛臺片蒿子壩村的"火龍埡石牆遺址"、蔣家堰鎮蔓荆溝村的"王家溝石牆遺址"（現存石牆長 500 米、高 2.5 米、寬 2 米,南北兩端各有城樓和城門）、"擂鼓臺寨址"、關埡村六組"山堡寨寨址"、

① 國家文物局主編《中國文物地圖集·陝西分册》,西安地圖出版社 1998 年版,下册文第 110 頁,上册圖 334 ~ 335 頁。
② 國家文物局主編《中國文物地圖集·陝西分册》,下册文第 1096 頁,上册圖 332 ~ 333 頁。

秋溝村“祖師尖寨址”、“秋溝埡石牆遺址”、高一村七里寨山頂“七里寨石牆遺址”、蒿子村“松樹尖石牆遺址”、秋溝村“柳林埡石牆遺址”、鄂坪鄉堰青村“梓桐埡石牆遺址”等等。在平利縣長安鎮東南的張家店和竹溪縣蔣家堰鎮西的關埡子村之間，馬鞍山梁上有“關埡子關址”，平面呈長方形，周長500米，面積約2000平方米。圍牆系夯築，殘高1.5～3米，基寬2～4米。關址內外散佈有素面泥質灰陶片、清花瓷片、布紋瓦片，牆體有明顯分層，顯系明清建築。但城的底基，時間可能更早①。

　　▲鎮坪縣段——由平利縣關埡子南下，直抵今鎮坪縣東南隅的雞心嶺。

　　石築邊城作爲楚國防禦秦國的軍事最前綫，其東段從陝西白河平頂山向東，止於河南鄧州。在這一地段有走向的文字記載與傳説，所見的野外資料也較爲零碎。2009年4月1日，湖北省長城資源調查工作正式啓動。截至2010年4月，已經進行了三個階段的田野考古調查。第一階段主要調查區域爲竹溪、房縣、鄖西、鄖縣。第二階段調查了竹山縣及荆州、南漳等地。第三階段主要調查區域爲丹江口市和十堰市。經調查，鄂、陝間的“楚長城”分佈在湖北省竹溪縣、竹山縣、鄖西縣、鄖縣、丹江口市到河南省淅川縣之間，其中竹溪、竹山與陝西的平利、旬陽、白河等縣臨界共用。這條長城綿延數百公里，由斷斷續續的石牆或土牆、衆多的山寨、天然的山體構成。在此，除過竹溪、竹山外，所見材料有如下一些：

　　▲十堰市牛頭山森林公園裏的楚長城遺址，有6公里長的石牆一段；

　　▲1994年冬，長江委、中國社會科學院、湖北省考古所等組成的“南水北調考古調查工作隊”，會集來自北京、河南、湖北等地的專家學者40多人，奔赴丹江水庫庫區進行了考古調查，在均縣鎮關門岩至蒿坪鎮温家坪沿庫區邊沿一帶發現古墓達3200多座。在這千座楚墓的附近，從均縣鎮關門岩村水牛坡到北太山廟等處，4公里長的水中，當庫水消落時，還見有夯土城牆，有可能就是楚丹陽城。

　　▲2000年，多見有“丹江庫區驚現楚長城”的報導，湖北電視臺2004年9月也説：丹江口市涼水河鎮的一段“楚國時期的長城，大約長40米，高3至4米，距今已有2200多年的歷史，長城依山勢蜿蜒曲折，高低隱現，牆體均爲自然石塊乾壘構建，厚實堅固，在長城周圍散落着大量的磨刀和旗杆石等。涼水河鎮寨山村的古寨山與武當山隔江相望，是古代陝西至襄陽古道、河南淅川水路的通道和漢水中上游的重要碼頭。”《續輯均州志》引《文獻通考》：“戰國時，謂之均陵，有古塞城，楚築以備秦。”《輿地志》：“古寨山，在武當山北，楚築以備秦。”《太平寰宇記》記武當縣有“古寨山，在今縣北。戰國時楚築

---

①　國家文物局主編《中國文物地圖集·陝西分册》，西安地圖出版社1998年版，下册文第1119頁，上册圖336～337頁。

圖5　十堰市石牆

以備秦,今城所據之。山峻險,按今名大寨山是也"。現存寨城爲石築的橢圓形城垣,依山就勢,周長544米,高4米,基寬1.3米。原設有東、西、南、北四座城門,門洞寬2.1米,均由方青石壘成。

　　▲丹江口習家店鎮青塘村有古寨城遺址,當地人稱爲"邊牆"或"墻城",是土石建築。2008年8月18日《湖北日報》報導:李征康經過兩年的考察,認定村北分佈在五個山頭上的五虎寨,就是楚國古寨城。他根據《通典》記載:"武當山北有古寨城,戰國時,楚國築以備秦。據山爲城,高峻險削。"另外,在《太平寰宇記》和《湖北省建制沿革》上也有同樣的記載。他推論武當山漢江以北的習家店,就是楚國的前綫。

　　▲河南鄧州杏山發現一處楚長城遺址,位於南水北調渠首源頭丹江口水庫附近的杏山山區,在數個山頭間蜿蜒延伸交匯,形成平面近似圓形狀的大山寨,總長度約30公里,牆體寬度在2.3(底)~1米(頂)之間,現存

圖6　丹江口石牆

殘高在 0.1 ~ 2.6 米之間，由山體自然的青毛石片（塊）乾砌而成。石城、石屋、石牆和烽火臺大多保存較好，構成了較爲完整的防禦體系。在整個遺址中，已知的大型山寨有三處，分佈在朱連山、嚴山、大山山頂。小型山寨或關堡遺跡約有六十處。另外，在朱連山山寨東側還發現有練兵場遺址，面積近十萬平方米。

秦楚長城在陝西鎮坪縣以下、抵重慶市奉節縣的一段，未見有田野資料的報導。

（三）幾個問題的辨正

（1）如果楚先在河南境內築起"方城"，在於防禦齊、韓、魏南侵的話，但隨後來自西北的軍事壓力——秦，更是楚國存亡的最大威脅。因爲經過丹陽、藍田大戰，楚國原先由勃勃外向的態勢一變而成積極的防守。時空關係也給楚頃襄王提供了在西北邊境加強軍事前沿的機遇，那麼，借大巴山與漢水之勢作第一道防綫（週邊），在內側築起一道邊牆，起自今陝西平利，東經旬陽（含湖北竹溪）、白河（含湖北竹山）、湖北鄖縣、十堰、丹江口，到達河南鄧州，則是被文物遺存證實了的歷史存在。至於邊牆自陝西鎮坪以下至於重慶奉節的一段，雖則還没有野外資料的佐證，但巴地成了秦國的後院①，使楚國只有憑藉長江天險於巫山設防也就在情理之中。所以，楚國在西北邊界上築起事實上的"秦楚長城"對郢都的防衛作用，應當得到確認。

（2）固然在春秋戰國時代，鄂西北存在過很多古方國，有人懷疑"秦楚長城"是古庸國（湖北竹山縣東有上庸故城）或麇國（今陝西白河縣東南）②的城邑或邊城，也不是没有根據。因爲庸國有"方城"，有別於中原的"楚方城"③。據高士奇《地名考略》說："今竹山縣東四十五里有方城，山上平坦，四面險固，山南有城周十餘里，即春秋時'庸方城'。"常識告訴人們："方城"和"邊牆"的形狀畢竟是不相同的，二者是閉合體還是單邊，一望便知。當然，"庸方城"後來被楚利用，轉化爲邊城沿綫的堡寨，也不是不可能。但今從長條的石牆上還顯示不出什麼地層證據，而且時空關係也没有留出庸、麇二國構

---

① 《華陽國志·蜀志》："蜀王別封弟葭萌于漢中，號苴侯，命其邑曰葭萌焉。苴侯與巴王爲好，巴與蜀仇，故蜀王怒，伐苴侯。苴侯奔巴，求救于秦。"這事發生在秦惠文更元九年（前 316），即《史記·秦本紀》說的"司馬錯伐蜀，滅之"。實際上是蜀王先在葭萌（今四川昭化一帶），與張儀、司馬錯、都尉墨率領的秦軍決戰，失敗後逃到武陽（故城在今四川彭山縣東），爲秦軍所殺。同年十月，張儀等揮師東向，順利地佔領了巴，也俘虜了巴王。

② 《春秋左傳》文公十一年（前 616）楚"潘崇複伐麇，至於錫穴"。錫穴當是麇國的都城，《一統志》說在今陝西白河縣東，《方輿紀要》說在今湖北鄖縣西北百八十里。實際二者都是據《水經注》而言，地望應該相同。

③ 《春秋左傳》文公十六年（前 611）：楚"使廬戢梨侵庸，及于庸方城"。

圖 7　非楚石牆

築長城的餘地。因爲庸、麇二國在公元前611 年在楚、秦、巴三方合力的攻擊下亡了國[①]，因而此説只能是"懷疑論"的一種推測。

（3）在"秦楚長城"的地段上，有更多的證據揭示出具有"明清邊牆"建築的屬性。多處發現的關、牆、敵臺、甕城、營房、烽火臺、敵臺及山寨，多具明清時期的特徵，況且也得到地方志書與傳言的印證。清嘉慶元年（1796），白蓮教起義軍佔領了竹山縣城。多次進入白河境内，活動於南部及西部邊界。凡教軍過境、活動的地方，富户遷逃，平民或躲避或入夥，使清廷官軍及地方官員驚恐不已。白河知縣嚴一青除"勸令民間自備口糧，自行團練"之外，便沿縣南與竹山縣交界的東界嶺（黃龍洞至鄖縣木瓜溝堖）、南界嶺（黃龍洞至子母樹埡）、西界嶺（與旬陽縣交界的五條嶺）修築了三道邊牆。《旬陽縣志》載："據初步分析，旬陽石長城遺跡大致可分三類：與白河縣接界地區時代較晚的部分，明顯系清嘉慶五年（1800）白河知縣嚴一青爲防禦白蓮教起義軍入境而築的'界牆'。時代較早的部分，疑爲清初李自成餘部郝摇旗、李來亨等在鄖陽西部山區擁立'韓王'，堅持抗清時所築；時代最早的部分，有可能爲戰國中期以後，楚國爲遏止秦國、確保上庸而築……"[②]。至今，在漢江邊的旬陽蜀河鎮還能看到一些石堡的遺跡。事實上，鄂陝邊界上類似的石牆在十堰其他地方也還有很多。鄖縣鮑峽鎮雲蓋寺遺址周圍環繞着一兩公里長的石頭牆，有些段落還有垛口；張灣區在文物普查時發現，柏林鎮白馬山頂的有金鞍寨遺址，寨牆依據山勢用石頭砌築而成，牆體高 2—4 米，厚在 1.5 米左右，全長 1000 米。據考證，此山寨建於宋代，明朝在山上壘石造"鞍"，清朝咸豐四年（1845），又重加修整。另外，丹江口市涼水河鎮的一段所謂"楚國時期的長城"、寨山村的古寨山寨城、丹江口習家店鎮青塘村的五虎寨、河南鄧州杏山的大山寨等等也絕不是"秦楚長城"的遺跡。

儘管鄂陝邊界諸多的城、牆、關、寨並非楚防秦的邊牆，但不能一概否定它的歷史價

---

① 《春秋左傳》文公十六年（前 611）："楚大饑……庸人帥群蠻以叛楚，麇人率百濮聚於選（今湖北枝江縣境），將伐楚。……秦人、巴人從楚師，群蠻從楚子盟，遂滅庸"。既然楚莊王滅了庸，僅過了 15 天"百濮乃罷"，彈丸小國的麇豈能獨存？

② 《陝南發現楚長城遺跡》，《人民日報》1983 年 2 月 22 日頭版引《旬陽縣志》（中國和平出版社 1996 年版）。

值。我們的責任應當是：從時代上、屬性與作用上給予區别，其中有無沿用、改造、擴建的成分。作爲歷史的産物，其選址在大巴山及其餘脈，旁依漢水之濱，就無聲地給出了一個信號，映顯着秦楚防守與爭鬥的一段歷程。

（四）在贊同鄂陝邊界存有邊牆的認識基礎上，有人提出它就是"楚方城"的西段，或説是自河南泌陽到達奉節的"北境長城"可長達兩千餘公里。這顯然有着概念上的混淆。

四、防秦"石牆"並非楚"方城"

史籍中所言的"方城"有二，一是"庸方城"，《春秋左傳》文公十六年（前611）"使廬戢黎侵庸及庸方城"，《括地志》："方城，房州竹山縣東南四十一里"；二是"楚方城"，《漢書·地理志》和《後漢書·郡國志》都説葉（楚葉公邑，今河南葉縣）"有長城號曰方城"。《括地志》也説"故長城在鄧州内鄉縣東七十五里，南入穰縣（今鄧州市），北連翼望山，無土之處累石以固"。由此可知，兩個"方城"是一西一東。前者是庸國的防衛建築，隨楚莊王三年（前611）滅庸而爲楚所有；後者在中州地帶，爲戰國後期楚國所建立。我以爲"秦楚長城"——石牆，既不是"庸方城"，也不是"楚方城"，更不是"楚方城"的西段或其延伸。但後世學者往往把兩者放在一起談問題，結果是糾纏不清、莫衷一是。

"秦楚長城"——石牆與"楚方城"不可混同，其區别之點在於以下諸端：

第一、地望不同
楚在西北境所築的邊牆，起自陝西平利，東向旬陽、白河，沿湖北竹溪、竹山北界，過鄖縣、十堰、丹江口，到達河南鄧州；西段自平利往南，過鎮坪，直下重慶奉節。這條邊牆主要是藉大巴山的險峻，漢水的防護，堵住西段跨水越山的幾條通道，集中把守與對付自武關通南陽盆地的大道。

《史記·越王勾踐世家·索引》："楚適諸夏，路出方城。"也就是説，位於今河南的楚北方城，處於楚國通往北方中原各諸侯國的"夏路"上，這裏西北的伏牛山、東南的桐柏山對於南陽盆地形成環抱之勢，位置具有戰略意義。

第二、形制有别
楚西北境的邊城，只是一道弧形的牆，而楚方城則不同。

位於河南境内的楚長城遺存，較爲複雜，並不是單一的綫路。可分爲西綫、北綫和東綫三部分，整體輪廓呈南北向的"∩"形。除北面南召至魯山兩縣間是單一綫路外，東綫和西綫又各有内綫和外綫,因而東西兩綫形成四條綫路。西牆北起今内鄉縣北境的翼望山,沿湍河東岸東南行,經鎮平縣西界,南抵鄧州(古穰);北牆不見詳載,可以斷定是從内鄉翼望山向東,沿伏牛山東端南側,因層巒疊嶂的屏藩作用,過南召、魯山縣,至葉縣;東牆自葉縣南下舞鋼市,到達泌陽縣。經調查,總長度約 800 公里,其中位於南召縣板山坪鎮南的周家寨楚長城遺存,全長 20 多公里,牆體均爲自然石塊乾壘構建,除少部分坍塌外,基本完好。葉縣夏李鄉高樓山以東及方城縣楊樓鄉的楚長城,綿延幾十公里,主要是人工修築的牆體。舞鋼境内的楚長城是山險和人工修築的結合體。泌陽境内的楚長城則是以山險爲主,由關堡或城址扼守古道、關口結合的防禦形式。

第三、建造時間有先後

楚拒秦的西北長城(石牆)修建時間,據前所述,在公元前 312 年秦楚丹陽大戰之後,當楚頃襄王元年至二十年(前 298—前 279)之間。

對楚方城建造的時間,學者意見並不一致,有說在春秋中葉[1],有說在"懷襄之際"[2],有的主張東城在楚文王時期(前 689—前 677),西城建於戰國時期(前 475—前 221)[3]。但這些都有細究的必要。

古代中外的城市因性質與作用的不同,就有好多種。除"築城以衛君,造郭以守民"(《吳越春秋》)的都城之外,還有縣邑類政治都會、商業城邦等。至於邊城則有着明確的軍事性質,其主要作用在於"守"。那麼,顧名思義,楚"方城"既是城,卻大到跨越今天的七八個縣。它既無南牆又外無城池,正處在楚國的北境,其帶有軍事守備的作用是顯而易見的。若從楚國國力與軍事史來考慮,春秋時期積極向外拓疆,莊王八年(前 606)曾"觀兵于周郊"、飲馬黃河,還想問鼎中原,這時不可能築"方城"以自限。靈王三年(前 538)曾會盟諸侯於本土的申(今河南南陽市北),也不可能在北部修築防禦性的長城。這幾代楚王雄心勃勃,軍力強盛,這時既不會產生"守備"的思 想基礎,諸侯畏憚不敢同楚抗衡的態勢,當然也不存在築"方城"的外部條件。固然"方城"一詞早就出現在《左傳》僖公四年(前 656),楚使屈完曾對齊桓公說"楚國方城以爲城,漢水以爲池"。在文公三年、襄公十六年以及《國語·吳語》中也多次提到過楚方城,以致後來好多學者把這"方城"當成了"楚長城"。實際上,"方城"是因山而名的楚之邊邑。《水經注》卷三十一《潕水》:"水出黃城山,東北逕方城,《郡國志》曰:葉縣有方城。郭仲産曰:苦菜(黃城)於東之間,

① 羅哲文:《長城》,北京出版社 1982 年版。
② 王國良:《中國長城沿革考》,商務印書館 1928 年版;張維華:《中國長城建制考》上編,中華書局 1979 年版。
③ 尚景熙:《楚方城及其與楚國軍事關係》,《中原文物》1992 年第 2 期。

有小城名方城，東臨溪水。尋此城致號之由，當因山以表名也。"《汝水》也説："楚盛周衰，控霸南土，欲爭强中國，多築列城於北方，以逼華夏，故號此城爲萬城，或作方字。" 很明顯，楚國正當 "爭强中國" 之時，在北方前綫多築邑寨（"列城"），而葉縣的 "方城" 只是其中之一。所以，葉縣的方城絶不是楚國北境防禦守備的長城。

但是，戰國時期形勢發生了根本性的變化。作爲 "春秋五霸" 之一的楚莊王時代不再，這時的諸侯國不但能夠遏制楚國北侵的勢頭，還不時地向南奪地與之爭鋒。不但 "三家分晉" 後的韓、魏，在楚北境構成直接威脅，而且由商鞅變法强盛起來的秦國也在 "丹陽大戰" 之後步步進逼。那麼，楚國是如何應對三面來敵呢？

人們知道，中原諸侯侵楚，從悼王二年（前 400）"三晉來伐楚" 就拉開了序幕。接後，就是連連失地[1]。楚國感到北境來自三晉的軍事壓力不可小覷，於是，學習齊、趙、魏築邊城禦敵以自保的想法便油然而生，隨之則變爲實際行動[2]。具體到修建的時間，見到最早的材料是楚懷王三十年（前 299），齊、魏、韓 "共攻楚方城"（《史記·秦本紀》），説明在這一年之前楚國已經建造了方城。只有在懷王六年（前 323），"楚使柱國昭陽將兵而攻魏，破之於襄陵（今河南睢縣），得八邑"，總算是在反擊戰中取得了一次大勝。那麼，大約是從這個時候起，楚國就開始了建造北邊長城的工程[3]。起先也許是對諸寨邑（"列城"）的連接，隨之繼續修建，跨越數縣，從而形成了護衛郢都的週邊工事——方城。

至此，我們就可看出，楚北方城由原來的前綫軍事據點發展成一道 "∩" 形長城，時間發生在戰國後期的楚懷王時期，起自公元前 323 年築西牆，可能在公元前 292 年秦 "攻楚，取宛"（《史記·秦本紀》）之前的楚頃襄王時期。修築楚方城的整體時間，稍早於西北面防秦的長城——石牆。我們應該看到，這二者都是楚國衰敗自保的産物，可統稱之爲 "楚長城"。但西北邊境防禦秦的長城——石牆從時間、地理位置、形制和防禦對象上看，絶對不是楚方城。

---

① 戰國時期，促使築方城的伐楚奪地戰爭，據《史記·楚世家》載，有悼王二年（前 400）"三晉來伐楚，至乘丘（魏地，今山東巨野縣西南）而還"；十一年（前 391）"三晉伐楚，敗我大梁（魏地，今河南開封市）、榆關（開封市西）"；肅王四年（前 377 年）"蜀伐楚，取茲方。於是，楚爲扞關以距之。十年，魏取我魯陽（今河南魯山縣）"；威王十一年（前 329）"魏聞楚喪，伐楚，取我徑山（今河南新鄭市西南）"；懷王十七年（前 312），韓、魏乘 "丹陽大戰" 中楚敗的機會，"南襲楚，至於鄧（今河南漯河市附近）"。
② 楚築方城之前，最早築長城的國家如下：
　　齊宣公四十八年前（前 455—前 408）有長城。鸋羌鐘銘："丞辟韓宗敀遝征秦退齊，入叴"，所述爲姜齊時事。《竹書紀年》、《水經注》、《齊記》所載田齊築長城，那是對姜齊長城的續修。
　　趙成侯六年（前 369）"中山築長城"（《史記·趙世家》）。
　　秦孝西元年（前 361）"魏築長城，自鄭濱洛以北有上郡"（《史記·秦本紀》）。
　　趙肅侯十七年（前 333）"圍魏黄，不克，築長城"（《史記·趙世家》）。
③ 張卓遠：《淺論楚方城》，刊於楚文化研究會：《楚文化研究論集》，河南人民出版社 1994 年版，第四集第 268 頁。

五、秦漢"武關"位移，但也絶不是"關中"的四塞之一

（一）漢代的商南"武關"

戰國時，秦在商於地南緣的"丹江川道"上設立武關，作爲進攻的前哨據點、退守的鎖鑰。據《史記·秦本紀》，孝公二十二年（公元前340年）"封鞅爲列侯，號商君"。只有《商君列傳》才明確説，"秦封之于於、商十五邑"。而商鞅在封地的作爲，史書並没有記載，我在《楚世家》中只找到"秦封衛鞅于商，南侵楚"的一句話。如果聯繫蘇秦對楚威王説秦軍"出武關"、"下黔中"的話，就可斷言：秦武關爲商鞅所建，時間約在公元前340—前338年，地當今陝西商南縣湘河鎮一帶。

公元前221年，秦始皇統一中國之後，武關的守護作用就不是很大了，但這時並没有廢除。秦始皇有兩次南巡（二十八年和三十七年）、劉邦入關滅秦、漢初周亞夫平叛都是經過武關的。《史記·秦始皇本紀·集解》引文穎的話："武關在析（縣）西百七十里弘農界。"文穎是東漢末年南陽人，對家鄉的掌故是非常熟悉的，其所言的"析西"和"百七十里"同今河南西峽與陝西商南湘河的方向、距離均相吻合。

但是，秦武關到漢代發生了位移。這對唐代注家來説，只知道有變化卻弄不清原委，

丹鳳石牆遺址

武關新城

圖8　丹鳳武關今築與石牆

因而往往把方位和里程説得很亂。如在《史記·曹相國世家》和《淮南衡山列傳》中引《括地志》説:"故武關在商州商洛縣東九十里。春秋時少習,商縣武關也。"同樣是張守節的《正義》,在《史記·蘇秦列傳》引作"商阪即商山也,在商洛縣南一里,亦曰楚山,武關在焉"。商洛縣是隋開皇四年(584)改商縣而來,治所在今陝西商洛市商州區東南。如果説武關由此東去九十里,顯然就落到了蟒嶺上去。又一個矛盾的例子是,《史記·高祖本紀·索隱》引《太康地理志》:"武關當冠軍縣西,嶢關在武關西也。"冠軍縣是西漢元朔六年(前123)分穰縣、宛縣而設,治所在今河南鄧州市西北。如果説"武關當冠軍縣西",正好是秦武關的所在地。但要説"嶢關在武關西",那就不對了。原因是秦嶢關在今陝西商洛市商州區西北牧護關(又名"牧虎關"、"藍田關")鎮,接近今藍田縣界,武關顯然不可能放在秦嶺上。

後世文摘記載,説漢代把武關設在商南,這可能由於傳抄的原因,因而發生了錯位。據《括地志》説,故武關"在商州商洛縣東九十里。春秋時少習也。杜預云:少習,商縣武關也。"少習有山,有武關,在商縣東南九十里,可見"商洛縣東"應是"商洛縣東南"。《後漢書·郡國志》"商故屬弘農",注引"杜預曰:少習,縣東之武關",説明晉人已經知道"少習"就是"武關"的所在。

"商縣武關"一詞中的商縣,不是隋唐時的商洛縣,也絶不是今陝西由商縣改成的商洛市商州區。而是在它東南30公里的丹鳳縣古城村,因爲這裏有秦商鞅的封邑——"商"故城遺址的發現。由於丹鳳縣是1949年由商縣、山陽、雒南(今洛南)三縣析置而成,駐地位於龍駒寨。由此向東南35公里的武關鎮的武關河北岸,就有武關遺址。那裏北有少習山,南有白岩山、筆架山,關城就坐落在峽谷間武關河東去的一處高地上。

位於丹鳳縣武關鎮的考古發現,爲漢武關的存在提供了有力的證據。據《中國文物地圖集·陝西分册》下册記載武關城遺址:"位於長坪公路之南,東、南、西三面臨武關河。關城平面呈長方形,面積約4萬平方米。牆體夯築,尚存部分東、西牆,殘高6.5米,寬2.5米,夯層厚10釐米。……城內發現漢代雲紋瓦當、文字瓦當、五角形陶水管道、繩紋瓦等。關城內外還多次暴露漢代墓葬、窰址。"[1]特別是,在武關城址發現有"武侯"、"千秋萬歲"及"武"字瓦當,就很明確地表明丹鳳武關古城就是漢代"武關侯"守護武關的駐屯地點[2]。

(二)"關中"釋義與嶢關的軍事地位

丹鳳武關,長期來被認爲是"關中"的四塞之一。看來,這説法也很難成立。

---

① 國家文物局主編《中國文物地圖集·陝西分册》,西安地圖出版社1998年版,文第1187頁。

② 王子今:《"武侯"瓦當與戰國秦漢武上道交通》,《文博》2013年第6期。

　　自戰國以來"關中"一詞早在流行，《戰國策·秦策四》載：黃歇對秦昭王説："王襟以山東之險，帶以河曲之利，韓必爲關中之候。"這是"關中"最早的文獻記載，時間約當戰國晚期。《史記·項羽本紀》："人或説項王曰：'關中阻山河四塞，地肥饒，可都以霸'。"《集解》引徐廣曰："東函谷，南武關，西散關，北蕭關。"《資治通鑑》胡三省注沿用四關的説法，但作"西有隴關，東有函谷關，南有武關，北有臨晉關，西南有散關"。唐人所言的關更多，《史記·蘇秦列傳》中載蘇秦對秦惠文王説："秦四塞之國，被山帶河，東有關河，西有漢中，南有巴蜀，北有代馬，此天府也。"張守節在《正義》中説成是"東有黃河，有函谷、蒲津、龍門、合河等關；南山及武關、嶢關；西有大隴山及隴山關、大震、烏蘭等關……。"兩關之間謂之"關中"的，見有晉潘岳《關中記》，他認爲東自函關，西至隴關。但也有函谷關和散關之間的説法。對"關中"雖有兩關、四關、五關的解釋，反映着實有廣義與狹義的兩種。但通常指的還是四關之間的廣闊地域，便把秦國籠統地稱之爲"四塞之國"[①]。從此，"關中"一詞流傳至今。但隨時間的變化，"關中"的所指也不盡相同。

　　函谷關設在今河南靈寶縣東北，當崤山與潼津之間，深險如函，扼控中原通關中的大道；大散關處在今陝西寶雞市西南 26 公里的秦嶺嶺脊北坡大散嶺上。兩山夾峙，處秦嶺之分水嶺上，"陳倉道"（亦稱"故道"）從中通過，是扼秦、蜀交通之要隘。在觀音堂南 2.5 公里的南坡平臺上，關址猶存；蕭關處於涇水上源河谷通往關中腹地的"回中道"上，從六盤山到南段的"隴山"（又名"隴坻"、"隴阪"），嶺高谷深，向爲陝、甘的要衝。其中除隴關（又名"大震關"，位於今陝西隴縣西北的隴山老爺嶺上）關址較爲固定之外，蕭關就有寧夏固原市原州區南到涇源縣瓦亭之間、甘肅環縣北二里的長城上兩説。至於武關的位置，秦漢並不在一地。

　　被四面關隘要塞護衛的中間地帶，經黃土沉積和渭河及其支流沖積而成兩萬平方公里的"渭河盆地"（也稱"關中盆地"、"關中平原"），就是所謂的"關中"。在進出關中的幾條孔道，也都是以四關（或五關）爲鎖鑰的。關中正因爲是秦國的本土，是秦人發展的根據地，又是秦王朝的首都所在，所以漢晉以來關外人把關中又稱之爲"秦中"（《史記·高祖本紀》）。

　　因爲秦武關地處秦嶺之南、丹江中游，固然重要，但不直接扼守關中。即使漢武關遷到了漢江上游的峽口——今丹鳳武關鎮，但距關中依然偏遠。從保衛京師安全而言，武關、蕭關只能是遠距離上的第一道防綫。實際上，沿武關道上溯，遇到的"嶢關"，才是關中的南大門。所以，嶢關的軍事地位之重要性應當引起人們足夠的重視。我們知道，歷史

---

① 《戰國策·齊策四》："四面有山關之固，故曰四塞之國。"

上的多次戰爭都是發生在嶢關之外，一旦嶢關失守，處於關中心臟地位的京師就岌岌可危。劉邦率軍攻破武關之後，直逼關中。"子嬰誅滅趙高，遣將將兵距嶢關。……沛公引兵繞嶢關，逾蕡山，擊秦軍，大破之藍田南"（《漢書·高祖紀》）。配合攻秦的，還有曹參、周勃等 "破武關、嶢關，取之，前攻秦軍藍田南，又夜襲其北，秦軍大破，遂至咸陽，滅秦。"（《史記·曹相國世家》《絳侯周勃世家》）漢初，周勃成爲 "嶢關守"（《史記·高祖功臣侯者年表》）。王莽末年，鄧曄、于匡起兵南陽，攻下析、丹水、武關，自稱 "輔漢左將軍"，只有同李松攻入關中之後，才能降城略地、孤立咸陽。

嶢關位於今陝西藍田縣東南，又名 "藍田關"。過去學者注釋嶢關時，多指 "武關之西"，不確，應爲 "武關之西北"。前據嶢嶺，後靠蕡山，地形險要，是秦漢至隋唐時期京師東南防守的第二道門户。因此，要説關中守有四塞的話，商州嶢關當是其一，而丹鳳武關則不具備此條件。

六、丹鳳石牆是漢 "武關" 的週邊防綫

張在明先生受邀編輯的《中國文物地圖集·陝西分冊下》對陝西丹鳳縣四道嶺石牆遺址有如下的描述：

位於丹鳳與商南交界處的四道嶺山脊上，南北走向。現存片石砌築石牆，殘長約 200 米，寬 1.5 米。内側（西側）殘高 1.2—1.5 米，外側（東側）石牆下部塹山，高 3—8 米。石牆南端有内夯土、外片石包砌的圓臺兩座。其一底徑約 30 米，殘高 2 米餘；其二底徑約 45 米，殘高約 3 米。近旁曾出土秦漢時期的銅鏃等。石牆中部的山坳處殘留門道遺跡。石牆内側有小廟一座、明代殘碑一通。關於石牆的年代，一説爲戰國，屬秦楚界地武關東側的外圍屏牆；一説建於明、清之際[1]。

當地學者與一些新聞記者，都樂於稱這段石牆爲 "秦楚分界牆"。丹鳳縣人民政府於 1987 年 7 月 15 日立有 "丹鳳縣重點文物保護單位" 碑，標明 "秦楚分界牆"，時代屬於 "戰國"。看來是大有疑問的：

第一、春秋時期，秦楚以秦嶺爲南北分界綫。戰國時期，秦封商鞅於商，已據丹江上游。丹陽大戰之後，把兩國的邊界已向南推進到漢水的中下游，巴山以北基本上爲秦所有。那麼，這遠離楚界，又 "呈南北走向" 的四道嶺石牆，怎麼能成爲 "秦楚分界牆" 呢？

第二、此石牆 "内側（西側）殘高 1.2—1.5 米，外側（東側）石牆下部塹山，高 3—8 米"，

---

[1] 國家文物局主編《中國文物地圖集·陝西分冊》，西安地圖出版社 1998 年版，下冊文第 1188 頁。

正是"城塹河濱"形式。地當武關以東 2.5 公里處,其西側平緩,東側峭立,説明它爲武關防禦而設,應同武關屬於一體工程。

正如本文前述,此武關爲漢代設立,其東側的南北石牆只能是"武關"的週邊防綫。

風俗與風俗史研究

——以秦漢風俗爲主心[①]

彭　卫[*]

摘　要

　　風俗與風俗史爲史學研究的重要領域。隨着年鑒學派的推動，西方的風俗史研究呈現出新的氣象。本文系統回顧西方和傳統中國的風俗與風俗史相關概念及研究動向，並在此基礎上對風俗和風俗史的内涵進行了新的界定。以《史記》和《漢書》爲主要依據，文章重點分析了中國秦漢時期風俗區的劃分及其歷史背景，進而指出風俗和風俗史研究理想的途徑與方法。

關鍵詞

　　風俗　風俗史　歷史　方法

一、概　念

　　風俗是一個富有彈性的龐大的歷史現象，它幾乎涵蓋了日常生活的所有方面，並將影響延伸到日常生活之外的其他方面。由此，作爲研究物件的風俗史同樣是一個龐雜且邊緣不甚明晰的領域：廣闊的研究物件，複雜瑣細的生活細節，與其他研究領域的交集，使得風俗史不僅容易引起人們的"誤解"，更重要的是這些"誤解"都有自己的理由，因而也就顯示出了各自立場的某些合理性。

　　近代以來風俗史的成長與文化史的發展密不可分。以著述《風俗論》而影響一個時代的法國啓蒙運動思想家伏爾泰（1694—1778）在他另一部重要著作《路易十四時代》中點明了他對風俗史的界定：

　　這部著作決非多次戰役單純的記述，而是一部人類風尚習俗的歷史。……這部論作旨在撇開浩如煙海的細枝末節，對這些劇烈變革的主要特徵進行描述，讓人只看到重大

---

*　**作者簡介：**彭衛（1959—　），男，陝西涇陽人，中國社會科學院歷史研究所研究員。

①　本文是《插圖本中國風俗通史》秦漢卷緒論。該書將於 2015 年由上海文藝出版社出版。

事件，並且在可能的情況下，看到導致這些事件的精神[1]。

在伏爾泰所處的時代，歷史學所關注的物件集中在政治和軍事方面。伏爾泰提出了研究人類風俗習尚，以及在其背後所包含的民族精神，是衝破傳統史學的最早的呼聲。其後，以布克哈特（Jacob Christoph Burckhardt）、丹納（Hippolyte Adolphe Taine）等人爲代表的一批研究者致力於文化史建設，提出"精神的氣候"即風俗習慣與時代精神，與"自然界的氣候起着同樣的作用"[2]。從而爲歷史研究打開了一條寬闊的學術道路。

早期的風俗史研究物件較爲寬泛，如前面提到的伏爾泰所強調的風俗史可以説就是人類的精神活動史。在隨後的研究中，風俗史概念開始縮小，19世紀中期牛津大學首位欽定歷史學教授沃恩（H. Vaughn）所開列的研究清單包括制度、法律、風俗、傳統、愛好、信仰、宗教、節日、禮儀等内容[3]，顯然，他所理解的風俗史與伏爾泰有了很大不同。再往後，關於風俗的界定人言言殊。這種研究背景使得學者們關於風俗史的理解出現了較大的差異。

需要注意的另一個傾向是，在風俗和風俗史由泛化轉向細化的同時，用宏觀的眼光對待風俗史也在延續和發展，法國年鑒學派是其中的代表。作爲一個並不完全統一的學術流派，年鑒學派經歷了從社會史、經濟史到文化史的演變途徑。年鑒學派風俗史研究的基本特點是，在切入點上，將風俗與社會和文化結構密切相連；在研究方法上，注重社會學、心理學和人類學的理念。年鑒學派創始人之一的布洛克（Marc Bloch）在《封建社會》一書中，就關注了風俗習尚、信仰對歐洲封建社會的影響。他明確提出如果要想深入瞭解一個時代制度是如何形成的，就必須將這個制度與同時代的精神和風尚聯繫在一起。他注重文化的群體特徵，注重日常生活和習俗，這種研究理念對後來的研究者產生了重要影響[4]。

中國的傳統史學始終將風俗放置在重要位置上，這與中國古代國家重視風俗對政治生活和社會生活的影響直接相關。秦漢以前，齊同風俗和保持風俗的延續即是國家管理者關注的重點。《管子》和《荀子》集中表達了春秋戰國時代關於風俗政治和社會位置的主流觀念。在它們看來"變易風俗"必然會導致百姓成爲無法控制的"不牧之民"[5]，而"廣教化，美風俗，兼覆而調一之"、"全道德，一天下"則是"辟公之事"和"天王之

---

① 〔法〕伏爾泰（Voltaire）：《路易十四時代》，吳模信譯，北京：商務印書館1982年版，第269頁。
② 〔法〕丹納（Hippolyte Adolphe Taine）：《藝術哲學》，傅雷譯，北京：人民文學出版社1963年版，第34頁。
③ 何兆武、陳啓能主編：《當代西方史學理論》，北京：中國社會科學出版社1996年版，第22—23頁。
④ 何兆武、陳啓能主編：《當代西方史學理論》，第510—511頁。
⑤ 《管子・法法》。黎翔鳳：《管子校注》卷6，北京：中華書局2004年版，第296頁。

事"①。只有"風俗美",才能"以守則固,以征則強,居則有名,動則有功"②。因此,風俗既是國家命脈之所在,也是國家政令得以實施的基本路徑。在這些陳述中,可以明確地看到,"風俗"具有政治性和文化性的涵義,而不是僅限於日常生活内容中的習俗。對風俗的這種理解延及後世。顧炎武《日知録》卷十三有"周末風俗"、"兩漢風俗"和"宋世風俗"條,所論内容是這三個時代的政治、社會和文化的氣象和風尚。例如在"周末風俗"條中他寫道:"蓋自春秋之後,至東京而其風俗稍復乎古。吾是以知光武明章,果有變齊至魯之功,而惜其未純乎道也! 自斯以降,則宋慶曆元祐之間爲優矣。嗟乎,論世而不考其風俗,無以明人主之功,餘之所以斥周末而進東京,亦《春秋》之意也。"③這種廣義的"風俗",實際上描述的是一個時代的社會面貌,它的意義在於試圖通過確認這個時代政治、思想、文化以及社會風尚的特徵,構建起歷史的流變脈絡和發展走向。

中國古代對風俗的理解還有另一個傳統,這就是將風俗定位於風土人情,即風俗的範圍包括一個地區的地理環境、人們生存的基本方式,以及性格和精神面貌④。《史記·貨殖列傳》和《漢書·地理志》班氏所輯漢成帝時朱贛考察的各地狀況即是如此。在漢代以後正史的《地理志》所述"風俗"中也保持了這個傳統。在這個框架中,"風俗"包含了人們賴以生存的自然背景、生活方式和民風三個綫索。這種狹義的"風俗",提取的是人們的生存方式的形成過程,以及在生存方式中所顯示出的民風和民情。

在中國古代著述中,這兩個傳統有時並存。幾乎所有的方志都有風俗的位置,除去那些專列《風俗志》或《風俗記》的方志外,一些方志將"風俗"系於"政事"或"禮樂"之中,如明嘉靖《維揚志》、明崇禎《嘉興縣志》、清康熙《上猶縣志》;⑤而更多的方志則將"風俗"置於"地理"、"地輿"或"疆域"部分。這種設計,反映了先秦秦漢兩種風俗模式對後世的深遠影響,也顯示出在後來史家眼中這兩種模式的影響力的些微差異。

近代以來中國學術界對風俗史的考察始於 20 世紀初到 20 世紀 30 年代,其時一批斷代和通貫性著作相繼問世⑥。由於受到西方學術理念的影響,這些著作表現出了本土學問與外來學問之間的博弈和平衡,最終西方的"民俗"(folklore)概念大體上成爲"風俗"

---

① 《荀子·王制》。王先謙:《荀子集解》卷5,北京:中華書局 1988 年版,第 170—171 頁。

② 《荀子·王霸》。王先謙:《荀子集解》卷7,第 229 頁。

③ 陳垣校注:《日知録校注》,合肥:安徽大學出版社 2007 年版,第 716 頁。

④ 《漢書》卷 28 下《地理志下》云:"凡民函五常之性,而其剛柔緩急,音聲不同,系水土之風氣,故謂之'風';好惡取捨,動靜亡常,隨君上之情欲,故謂之'俗'。"(北京:中華書局 1962 年版,第 1609 頁)

⑤ 嘉靖《維揚志》卷 31《禮樂志·風俗》。《天一閣藏明代方志選刊》,上海:上海古籍出版社 1963 年版。崇禎《嘉興縣志》卷 15《政事·里俗》。康熙《上猶縣志》卷 5《禮樂志·風俗》。均見《日本藏中國罕見地方志叢刊》,北京:書目文獻出版社 1991 年版。

⑥ 代表著作包括張亮采《中國風俗史》(上海:商務印書館 1915 年版)、瞿宣穎《漢代風俗制度史前編》(北平:廣業書社 1928 年版)、尚秉和《歷代社會風俗事物考》(上海:商務印書館 1938 年版)。

的同義詞,風俗史的研究也因此被限定在衣食住行和社會習尚方面。對"風俗"的這種定位也成爲此後相當長一段時間的主流觀念。

從某種程度上説,學術史和思想史的變遷是概念的變化,即新的概念不斷出現,一些舊的概念逐漸消失,而某些原有的概念的含義可能也發生了改變。不同時代特定的局面和形勢是這種變化的原因所在。在西方"風俗"和"風俗史"概念演進的路徑中,它們伴隨着傳統史學的批判和對史學價值的反思而出現。在完成了其使命之後,一方面注重風俗史的細化,風俗史因而成爲了一個有着獨立品格的研究領域;另一方面風俗史仍然是整體史學的重要組成部分,成爲解釋一個時代社會結構和社會變遷的重要知識資源。在中國,作爲政治理論形態中的"風俗"和作爲史學研究的"風俗"和"風俗史"既有相合之處,也有不小的差異。無論是將"風俗"理解爲政治、社會和文化氣象和習尚,還是將"風俗"理解爲自然環境、生存方式和精神面貌,都是具有明顯的中國傳統特色的表達。也正是因爲如此,有的研究者試圖將這個意義上的"風俗"作爲研究中國歷史的特有概念①。我們注意到,無論是中國兩個傳統的"風俗"概念,還是西方"民俗"概念,存在着某些相合的地方,這就是"風俗"是一種文化現象,它與人們的精神世界、生活態度和價值取向密切關聯。這應當是"風俗"的核心部分。

然而"風俗"又不止是一種文化現象。風俗的形成是多方面因素共同作用的結果。其中,自然環境提供了生存方式的基本背景。在這個背景下,不同地區人群以各自特有的生活方式延續着自己的血脈,産生和發展了屬於自己的社會組織,形成了穩定的生活觀念體系。

在今天的學術分類中,廣義的"風俗"已經被思想史、文化史和學術史所分割。儘管其中的某些内容依然屬於狹義的"風俗"範疇,儘管研究風俗史仍然需要考察和瞭解一個時代的基本面貌,但現代的學科分工決定了廣義的"風俗"只是一個歷史性的概念。在《中國風俗通史·秦漢卷》導言中,我們是這樣界定研究物件的:"風俗大致包括兩個部分,其核心内容是人們在對待外部環境以及交往中所呈現的普遍行爲方式和精神世界,作爲其外延部分則是構成這種行爲方式和精神世界基礎的自然與人文環境。所謂'普遍行爲'意味着風俗是一種群體方式,所謂'精神世界'則是指任何一種風俗都具有精神基礎或心理憑藉。由此我們可以在邏輯上將風俗史研究物件與諸如社會史或生活史等相近領域區分開來。"②這裏需要補充的是,風俗的形成和變化,與一個時代人們的生存方式和社會組織方式密切相關,從某種意義上説,這兩種因素是風俗形成與變化的基本原因。

---

① 〔日〕岸本美緒:《"風俗"與歷史觀》,《新史學》第 13 卷第 3 期,2002 年 9 月。
② 彭衛、楊振紅:《中國風俗通史·秦漢卷》,上海:上海文藝出版社 2002 年版,第 2 頁。

如果不瞭解這些方面，對風俗的深入研究便無從談起。因此，所有日常生活的内容，都應納入風俗史的視野之中。

二、時　代

歷史長河變動不居，而其間迸發出的任何一場大變局都會爲歷史的進程帶來決定性影響。

由春秋到戰國，中國古代的社會秩序和國家形態發生了根本性的轉變。這個歷史的大趨勢如同巨浪一般以無可阻擋的勢頭滾滾向前，最終在秦漢時期完成了歷史的定格。

秦漢帝國在中國歷史上最重大的意義首先表現爲皇權的確立，這是與以往完全不同的國家形態。皇權具有至高無上的政治地位，它通過中央政府、地方郡縣鄉機構對全國實行中央集權的控制。它通過賦税和徭役制度將民衆束縛在國家體制之中。在生活秩序方面，與國家控制相背離的所有因素都受到限制，政治身份上的等級性在生活中得到確認。

作爲大一統中央集權帝國早期的秦漢時代，風俗與政治的關係體現了國家意志。在商周時代的王制社會中，没有人否認不同地區的風俗存在的合理性。《詩經》十五國風顯示了人們對各地風俗差異的認可。這種情狀與當時的"封建"制度密切相關：受到商王和周王分封的方國和諸侯國保持着自己的在政治上的獨立性，從而也就使得它們所控制地區的經濟和社會各方面都保有自己的合法性。隨着秦漢大一統王朝的建立，這種情形發生了改變。

與三代不同，大一統的王朝需要統一的風俗。這一點在戰國後期儒家代表性人物荀子的筆下即有明確表達。在荀子看來，"風俗以一"是"政令以定"結果，如果"有離俗不順其上"，就會導致"百姓莫不敦惡，莫不毒孽"的惡果①。漢代主流政治觀念繼承了荀子的理念，對齊同風俗的訴求不斷增強。它強調統治者應致力於風俗的一致性，認爲取消風俗的區域差異有助於保證國家穩定，而風俗的多樣化則必然瓦解統治基礎。終軍指出："夫天命初定，萬事草創，及臻六合同風，九州共貫，必待明聖潤色，祖業傳於無窮。"②王吉寫道："《春秋》所以大一統者，六合同風，九州共貫也。"而"百里不同風，千里不同俗，户異政，人殊服"就會造成"詐僞萌生，刑罰亡極，質樸日銷，恩愛寖薄"③。平帝時，王莽爲粉飾太平，遣風俗使者八人分行郡國覽觀風俗，編造"天下風俗齊同"

---

① 《荀子·議兵》。王先謙：《荀子集解》卷10，第286頁。
② 《漢書》卷64下《終軍傳》。第2816頁。
③ 《漢書》卷72《王吉傳》。第3063頁。

謊言①,則是這種觀念的一次政治實踐。

然而,國家意志的訴求與現實存在着巨大的溝壑。在秦漢帝國廣袤的疆域内,不同地區延續並保持者前代形成的風俗習尚。司馬遷和班固先後在《史記・貨殖列傳》和《漢書・地理志》中對漢代各地民風作了細緻的記録,將漢帝國劃分了十個較大的文化風俗區域②。

(1)秦風俗區。班固所説的秦地指的是戰國末年秦完成對六國征服前秦的故土,"自弘農故關以西,京兆、扶風、馮翊、北地、上郡、西河、安定、天水、隴西,南有巴、蜀、廣、漢、犍爲、武都,西有金城、武威、張掖、酒泉、敦煌,又西南有牂柯、越寯、益州,皆宜屬焉"。即以今陝西關中爲核心,包括陝西、甘肅、四川絶大部分地區。其面積約占漢朝疆域的三分之一,人口約占總數的十分之三③。司馬遷筆下的秦地雖有些模糊,但玩其文義,主要是指關中地區。在自然地理和文化地理上,這個狹義的秦地自然更爲確切。按照馬、班的描述,民風淳樸是關中地區的傳統風尚,但隨着西漢建國後不斷把原居於其他地區的高官、富人和豪强遷往諸帝之陵,導致這裏的民風發生了重大變化,所謂"五方雜厝,風俗不純"。其中三種力量成爲關中地區具有代表性的群體:"其世家則好禮文,富人則商賈爲利,豪傑則遊俠通姦。"根據司馬遷的觀察,西漢中期的關中,逐利求富是關中居民的重要價值觀念,所謂"其民益玩巧而事末"④——這與商鞅變法以及秦統一全國後的關中民風著實發生了不小的變化。

(2)西北風俗區。班固劃分的廣義秦文化區還有關中地區向西和北延伸的北地、上郡、安定、西河、天水、隴西、武威(今陝西北部及甘肅),以及向南延伸的巴蜀地區。司馬遷説北地等地"與關中同俗"⑤,班固則更多地描寫了兩個地區之間的差異:北地等地因地接邊塞,民風强悍質樸,崇尚武力,"以射獵爲先","不耻寇盗","以材力爲官,名將多出焉"。

(3)巴蜀風俗區。巴蜀有江水沃野、山林竹木,盛産各種瓜果蔬菜,"民食稻魚,無凶年憂,俗不愁苦"。生活的富足,也造成這裏喜好享樂,柔弱怯儒、輕佻狹隘的的民風。

(4)魏風俗區。包括河東(今山西西南部)與河内(今河南北部)。其中,河東土地平坦,

---

① 《漢書》卷 12《平帝紀》,第 359 頁;《漢書》卷 99 上《王莽傳上》,第 4071 頁。
② 司馬遷在《史記》中没有説明其地域分類的依據,從《史記》的撰述過程看,這種分類應當是他對官方檔案記録和其遊歷的概括。班固的分類系據西漢成帝時人朱贛的報告爲依據。見《漢書》卷 28 下《地理志下》。因篇幅緣故,此節徵引文獻凡不出注者均見該書。
③ 《史記》卷 129《貨殖列傳》,北京:中華書局,1959 年,第 3262 頁。
④ 《史記》卷 129《貨殖列傳》,第 3261 頁。
⑤ 《史記》卷 129《貨殖列傳》,第 3262 頁。

雖有鹽鐵之利，普通百姓卻生活節儉。河内是商代舊都，這裏民風剛强，人們蔑視禮義，喜好分家，豪族大姓縱横鄉里。

（5）周風俗區。周是東周王室故地所在。這裏具有濃厚的商業氣息，人們貴財賤義，高富下貧，喜好經商賺錢，卻不願仕宦爲官。

（6）韓風俗區。這個區域包括今河南新鄭、淮陽、南陽、潁川等地區。其中，新鄭是先秦鄭國故土，承襲了前代"溱與洧，方涣涣兮。士與女，方秉蘭兮"①的男女交往鬆弛的民風。淮陽是先秦陳國的故地，淮陽人也承襲了祖先重視祭祀鬼神的習俗。南陽、潁川是夏禹故土，民風原本樸實。但自秦把"不軌之民"遷到這裏之後，人們開始崇尚奢侈生活方式，崇尚勇力，被稱爲"藏匿難制禦"，是漢代不易管理的地區。

（7）趙、燕文化區。這個區域包括今河北、遼寧、朝鮮北部及除河東以外的山西地區。其中趙和中山國故地，"地薄人衆"，成年男子"相聚遊戲，悲歌慷慨，起則椎剽掘塚，作奸巧，多弄物，爲倡優"；而女性則"彈弦跕躧，游媚富貴，遍諸侯之後宮"。邯鄲是著名都會，風俗雜駁，民風"大率精急，高氣勢，輕爲奸"。太原、上黨地區居住春秋戰國的晉公族子孫，他們"以詐力相傾，務矜誇功名，報仇過直，嫁取送死奢靡"，"號爲難治"；而因人衆地狹，普通人家"纖儉習事"。長城沿邊一帶民風剽悍，他們或"任俠"，"不事農商"②；或"好氣爲奸，不事農商"。燕地居民"雕悍少慮"③，"敢於急人"。朝鮮半島北部民風淳樸，"民終不相盜，無門户之閉，婦人貞信不淫辟"。

（8）齊魯風俗區。齊在今山東東北部，從周王朝開始，這裏就是華夏著名的文化地區。至漢代，此處仍是當時的學術主流——經學的重鎮，人們"好經學，矜功名"。齊人性情舒緩，司馬遷説齊人聰慧，好議論，有大國之風④。班固則批評齊人"誇奢朋黨，言與行繆，虛詐不情"。由於有魚、鹽的地利和手工業的發達，齊人生活頗爲奢靡，在穿著上常領潮流，"號爲冠帶衣履天下"。魯位於今山東西南，人們好學一如齊人，"俗好儒，備於禮，故其民齪齪"⑤。所異者是節儉吝嗇，善於作生意，司馬遷在《史記·貨殖列傳》中感慨魯人"好賈趨利"甚於周人。魯地薛縣民風較爲特殊。與這個地區民風迥異。司馬遷在遊歷薛縣後評論説："其俗，閭里率多暴桀子弟，與鄒魯殊。問其故，曰：'孟嘗君招致天下任俠，奸

① 《詩經·鄭風·溱洧》。高亨：《詩經今注》，北京：中華書局1980年版，第126頁。
② 《史記》卷129《貨殖列傳》，第3263頁。
③ 《史記》卷129《貨殖列傳》。《索隱》云："言如雕性之捷捍也。"（第3265頁）《漢書》卷28下《地理志下》作"愚悍少慮"（第1657頁），微有不同。
④ 《史記》卷129《貨殖列傳》，第3265頁。
⑤ 《史記》卷129《貨殖列傳》，第3266頁。

人入薛中蓋六萬餘家矣。'世之傳孟嘗君好客自喜,名不虛矣。"①由於孟嘗君任俠招客,薛縣居民成分發生了改變,因此也帶來了風尚的變化。

(9)宋風俗區。這個區域跨今山東、河南、江蘇交界,這裏民風質樸,"重厚多君子,好稼穡;雖無山川之饒,能惡衣食,致其蓄藏"②。與宋相鄰的沛地是漢室龍興之處,這裏"地薄民貧",人情褊狹自負。

(10)衛風俗區。這個區域在今河北、河南之間,這裏民風強悍,崇勇尚俠,司馬遷較早地注意到這個現象,班固將之歸因於先秦時勇士子路、夏育在這裏活動的影響。當地居民生活奢靡,"嫁取送死過度"。

(11)楚文化區。司馬遷把長江流域大部分地區和長江以南的所有地區都稱之爲楚,將楚劃分爲西楚、東楚和南楚,這大約反映了西漢中前期人的看法。班固所説的楚文化區相當《史記》中的西楚和南楚,包括今湖北、湖南、漢中及河南東南的汝南。這裏"有江漢川澤山林之饒",火耕水耨是其耕作方式,魚稻是居民的常食。因取食便利,人們"不憂凍餓",但也没有巨富之家。信巫鬼是秦漢時期各地共有的習俗,而這一俗信在楚地表現得尤爲明顯。楚人情性急躁,外方人對他們有"沐猴而冠"的評説③。

(12)吳越文化區。這裏屬於司馬遷所説的東楚,包括今江蘇和安徽南部,以及浙江、江西,其地連接楚地,物產、生活習慣和民風也與楚人大體相同。由於受到先秦時吳越君主崇尚武力的影響,百姓"好用劍,輕死易發",民風頗爲強悍。

(13)粤文化區,這個區域包括今兩廣和越南北部。《史記·貨殖列傳》和《漢書·地理志》只描述了這個地區的自然風貌、特有物產和著裝特點,没有對這裏的民風進行説明。這可能與當時史家對這個地區民俗瞭解有限有關。

周振鶴將這些敘述概括爲塞上塞外、黄河中下游、淮漢以南三大風俗區域,塞上等16個准風俗區域,以及西北等15個亞風俗區域④。這是今人對漢代人區域觀的系統歸納。我們應當看到的一個重要跡象是,《史記》和《漢書》是以戰國故地作爲風俗區域的地理界限,這與後代正史如《隋書·地理志》以雍、梁、豫、冀、青、徐、揚、荆作爲文化風俗空間分野有很大不同。馬、班的模式注重的是歷史的延續,即春秋戰國以來在王制背景下

① 《史記》卷75《孟嘗君傳》"太史公曰",第2364頁。
② 《史記》卷129《貨殖列傳》,第3266頁。
③ 《史記》卷7《項羽本紀》:有人勸項羽定都長安,項羽"思欲東歸,曰:'富貴不歸故鄉,如衣繡夜行,誰知之者!'説者曰:'人言楚人沐猴而冠耳,果然'"。又,《漢書》卷35《荆燕吳傳》:"孝文時,吳太子入見,得侍皇太子飲博。吳太子師傅皆楚人,輕悍,又素驕。博爭道,不恭,皇太子引博局提吳太子,殺之。"(第1904頁)《漢書》卷78《蕭望之傳》云:"後(鄭)朋行傾邪,(蕭)望之絶不與通。朋與大司農史李宫俱待詔,堪獨白宫爲黄門郎。朋,楚士,怨恨"。顔師古注引蘇林曰:"楚人脆急也。"(第3286頁)這類故事可爲《貨殖列傳》爲注。
④ 周振鶴:《秦漢風俗地理區劃淺議》,《歷史地理》第13輯,上海人民出版社,1996年。

所形成的風俗圈,這也是漢代人的普遍認知,例如在揚雄《方言》中我們就看到了相同的情形。而《隋書》以《禹貢》九州説爲藍本,其書寫方式立足於大一統帝國實行的郡縣體制,與今天人們以省市爲地理單位,描述民風的不同地域特徵相類。

馬、班在對風俗的描述語言上是高度概括並具有某種決斷論的傾向,即將一個地區的民風作爲整體性的定斷。不過,我們還應當注意到他們在敘述中所呈現出的一定程度的模糊在結論方面的克制。司馬遷在述及邯鄲民俗時指出:"邯鄲亦漳、河之間一都會也。北通燕、涿,南有鄭、衛。鄭、衛俗與趙相類,然近梁、魯,微重而矜節。"①文中的"微"字顯示的是司馬遷的觀察能力和實録的品格。

馬、班生活在帝制時代,他們何以仍以此前的空間分域作爲風俗的分佈經緯?我們認爲,這並不是馬、班的政治態度偏離了大一統中央集權政體,而是作爲歷史學家,他們注重的是對實況的敘述,他們更看重的是早先時代的政治因素和社會因素對他們所處時代民風的影響。在《史》、《漢》中,這種"歷史性理解"的情懷屢屢可見。司馬遷在談到各地風俗時,多將民風形成與前代聯繫在一起,如述關中云:"關中自汧、雍以東至河、華,膏壤沃野千里。自虞夏之貢以爲上田,而公劉適邠,大王、王季在岐,文王作豐,武王治鎬,故其民猶有先王之遺風,好稼穡,殖五穀,地重,重爲邪。"②述中山云:"中山地薄人衆,猶有沙丘紂淫地餘民,民俗懁急,仰機利而食"③;述野王云:"野王好氣任俠,衛之風也";④述宋云:"舜漁於雷澤,湯止於亳。其俗猶有先王遺風,重厚多君子";⑤述潁川、南陽云:"潁川、南陽,夏人之居也。夏人政尚忠朴,猶有先王之遺風,潁川敦愿"⑥。《漢書·地理志》也沿用了這種敘述風格。如前面所論及的,春秋戰國以來所形成的諸國風俗在漢代依然穩固地存在着,從而顯示了一個時代風俗與國體和國家政治主張並不完全重合的複雜關係,顯示了民間秩序與國家秩序的差別,顯示了一個時代的風俗習尚在"變"與"不變"中糾葛和合流。事實上,《漢書·地理志》關於各"國"民風的資料,就是國家行爲的結果,因而也在一定程度上表明了國家意志的某些值得咀嚼的傾向。從這個意義上説,《史》、《漢》對漢代各地民風的陳述是比較可靠的資料,它們從整體上顯示了那個時代中國境内不同地區社會風尚的差異,是一部濃縮的漢帝國民俗指南。

① 《史記》卷129《貨殖列傳》,第3264頁。
② 《史記》卷129《貨殖列傳》,第3261頁。
③ 《史記》卷129《貨殖列傳》,第3263頁。
④ 《史記》卷129《貨殖列傳》,第3264頁。
⑤ 《史記》卷129《貨殖列傳》,第3266頁。
⑥ 《史記》卷129《貨殖列傳》,第3269頁。

三、方 法

據我們的觀察,目前國內介入風俗史的研究群體包括民俗學界和史學界。民俗學家對風俗的觀察和探討起步更早,他們對風俗史的梳理做出了具有創新性的重要學術貢獻。由於學術背景的不同,這兩個群體在研究旨趣相似的同時,似乎也表現出了某些差異。在此,我們願陳述我們關於風俗史研究的方法的不成熟思考。

第一,歷史是一個整體,我們對歷史所作的政治、經濟、思想文化、風俗民情等的區分,只代表着我們將歷史作出邏輯劃分的主觀意向,並不就是人類歷史的本身。歷史的進程錯綜複雜,各種因素通常糾纏在一起,並以其合力共同影響着歷史的進程。因此,對風俗史的研究只是觀照歷史的一個視角,它並不意味着我們只將自己的注意力壓縮在這個範圍之中。中國現代民俗學的奠基者之一鐘敬文提出民俗學的基礎應是"社會學與社會學史,以及文化學與文化學史"[1],這是一個很好的意見。在這個方法論的基礎上,我們認爲風俗或民俗史的觀察背景似乎可以更加廣泛,影響歷史進程的各種因素我們都應有所瞻顧。這就是說,我們思考的物件固然是歷史上風俗的各種表現,但我們認識的背景卻是人類歷史的整個過程。這種研究框架可能會向我們提供對風俗形成和發展以及所產生的歷史影響的更爲深入的認識。

第二,歷史不是靜止的,此前的"歷史"是"當下"存在的源頭,而"當下"的存在又成爲將來走向的因素。每一個研究者都有自己特定的研究斷代,由於精力和才具所限,對於絕大多數人來說,通貫古今這能是一種奢望。但並不妨礙我們將載記的目光投向與所研究的時代相關聯的那些歲月。這就是說,我們應避免將歷史上的風俗作爲一種靜態的物件,而應努力地以長時段的研究觀察風俗的形成和變化。

第三,歷史上和今天的風俗都是以各種具體的和細緻而微的現象而呈現,由於這個特殊因素,使得以往風俗史研究出現了一些值得思考的薄弱環節,這就是研究工作在一定程度上流入了碎片化和空洞化,缺少問題意識。就前者來說,有的風俗史研究只是著力於歷史上風俗細節的描述和勾勒,對這些細節在一個時代風俗體系以及人的歷史活動中所產生的影響關注有限。就後者而言,有的風俗史研究只是將某些歷史具象冠以"風俗"或"民俗"之名,諸如出行風俗、服飾風俗、飲食風俗等等,其述則欠缺分析,其論則流於表層。這兩種形不同實相類的表現,都妨礙了風俗史的研究的深化。因此,風俗史的研究應當是以重建往昔風俗具象爲基礎,以解釋風俗形成和走向爲歸依,以風俗史與其

[1] 鐘敬文主編:《中國民俗史》(6卷本)總序《中國民俗史與民俗學史》,北京:人民出版社2008年版。該序見各卷卷首,引文見各卷卷首第5頁。

他專門史相結合爲旨趣，使風俗史具有更大的學術活力。

第四，歷史研究的一個重要目的是將真實的歷史知識傳達給公衆，並且能夠引發公衆在閱讀中獲得愉悦和智慧。風俗史是歷史學分支中讓公衆最感興趣的領域之一，風俗史的研究者應當將公衆的需要作爲重要的參照背景。洗煉和平實的語言，豐富多彩的歷史圖像，風俗歷史的整體顯示，都會使風俗史更加貼近大衆。

這是本書努力的目標。

從寫本到刻本：唐宋之際《史記》傳本的變遷

張宗品*

摘　要

　　有唐五代之際，雕版肇興，大量典籍開始由寫本轉爲刻本。《史記》的初次刊印在北宋淳化五年（994），此後景德年間有所校正，至景祐年間再刊刻新本。由於當時典籍刊印多由官方主導，故對文本多有校正。與此前寫本相校，刻本在卷次、篇題、行格、字體、提行、異字、書寫符號乃至正文等方面皆有所不同。隨着刻本的流播與寫本的消亡，我們對寫本的文獻特徵遂多不明晰。以《史記》爲個案，我們也不難窺見其他典籍在寫刻轉變之際的文本變遷情況。

關鍵詞

　　《史記》寫本　刻本　變遷

　　關於中國印刷術的起源問題，學界已有較爲充分的探討①，傳統典籍的初刻時間，也大致有文可徵②。不少中國學者論及中國印刷術的起源及其意義的時候，其視角和觀點多

---

*　　**作者簡介**：張宗品（1979—），男，安徽霍邱人，陝西師範大學歷史文化學院講師。

　　基金項目：國家社科基金西部項目“《史記》寫本文獻及其傳寫與閱讀研究”（編號“15XTQ002”）階段性成果。

①　相關討論可參見張秀民：《中國印刷術的起源及其影響》第一章，北京：人民出版社 1990 年版；劉国钧、郑如斯訂補：《中國書史簡編》第四章，北京：書目文獻出版社 1982 年版；屈萬里、昌彼得合著，潘美月訂補：《圖書版本學要略》卷二，臺北：中國文化大學出版部 1986 年版；曹之：《中國印刷術起源》第一章，武汉：武汉大學出版社 1994 年版；（日）島田翰：《汉籍善本考》卷二，北京：北京圖書館出版社影日本明治七年排印本，2003 年版；（日）桑原騭藏：《カーター氏著支那に於ける印刷の起源》，《史林》第 11 卷 1 號，大正十五年（1926）1 月；（美）卡特：《中國印刷術的發明和它的西傳》第 2 編，北京：商务印書館 1957 年版。又日本學者神田喜一郎：《關於中國印刷術的起源》（《日本學士院紀要》34—2，1976 年。該文又收入《續東洋學說林》，《神田喜一郎全集》Ⅱ）認爲中國的印刷術起源 7 世紀後半葉，尾崎康氏認同這一説法。見（日）尾崎康著，陳捷譯：《以正史爲中心的宋元版研究》序，北京：北京大學出版社 1993 年版，第 1 頁。在具體實物方面，鄧文寬的研究已表明現存有明確紀年的印刷品爲唐文宗大和八年（834）具注曆，見鄧文寬《敦煌三篇具注曆日佚文校考》，載《敦煌研究》2000 年第 3 期，第 108—112 頁。另有學者認爲唐穆宗長慶四年（825）元稹《白氏長慶集序》所載時人將元白詩“繕寫模勒”作爲中國已有雕印典籍的時間，對關於元白詩“模勒”問題，伯希和（Pelliot）、卡特（T.F.Carter）、向達等已辨其非，詳見辛德勇《唐人模勒元白詩非雕版印説》，載《歷史研究》2007 年第 6 期，第 36—54 頁。新近關於中國印刷術起源的系統檢討參見辛德勇：《論中國書籍雕版印刷技術產生的社會原因及其時間》，《中國典籍與文化論叢》第 16 輯，南京：鳳凰出版社，2014 年。

②　〔宋〕葉夢得撰、宇文紹奕考異：《石林燕語》卷 8，北京：中華書局 1984 年版，第 116 頁。

易受到西方學者的左右。歐美學者多關注印刷術對歐洲思想文化的影響①，比如他們認爲古騰堡的印刷術催生了路德的《新約》，甚至促進了耶穌教的興盛②。但在古代中國，雕版印刷的思想意義，並没有這樣明顯③。

有唐五代之際，雕版肇興，大量書籍開始由寫本轉爲刻本。與西方印刷品重視傳播不同，中國古代官方主持的典籍刊印，其規範文本，宣揚教化的意義要更大於流布。正如宋人所言："至五代，官始用墨版摹六經，誠欲一其文字，使學者不惑。"④此外，我們考察宋初刊印的典籍種類和順序也會明白這一點：最先刊刻的都是流播極廣的常見典籍，並按照其"重要性"以經、史、子、集爲序依次刊行，其中尤以經部書爲多。在那些主張刊印經籍的官員看來，雕版的其意義與漢唐以來的石經相似。當然，唐代私人摹印的佛經、日曆等印刷品更在於流通牟利。

封建統治階層十分重視控制印本的内容性質，對於不合朝廷利益的印刷品都要禁絶，歐陽修即主張禁止書鋪隨意刊刻文字。他在宋仁宗至和二年（1055）《論雕印文字札子》中提出禁毁"妄行刊定文集"的理由有二：一是刊行文字中不能有爲敵國所知的内容；二是其中也有非後學所需或不足師法的内容⑤。相關處罰也十分嚴厲，如有違犯，不僅書版禁毁，犯事人員的家財及貨賣之人並有懲治。反過來看，一般著作的刊印，在一定意義上也就意味著其文字被官方認可。

一、刻本時代與《史記》的文本規範

作爲一種官方文本，《史記》的初次刊刻在北宋淳化五年（994），與其一併雕印的還

---

① 〔美〕達恩頓（Robert Darnton）著，葉桐、顧杭譯：《啓蒙運動的生意》（*The Business Of Enlightenment：A Publishing History of the Encyclopédie 1775—1800*），北京：三聯書店 2005 年版。

② Elizabeth L. Eisenstein , *The Printing Revolution in Early Europe*, Cambridge,University Press,1983. 轉引自《清水茂漢學論集》，（日）清水茂著，蔡毅譯《清水茂漢學論集》，北京：中華書局 2003 年版，第 88—99 頁。原載《東方學會創立五十周年紀念東方學論集》，日本東方學會，1997 年，第 34 頁。

③ 印刷術只是一種利於傳播工具，因爲其傳播至歐洲的時間恰逢其新思想的醖釀期，故能風雲際會。可以想見，如果印刷術誕生於清末民初，它在中國思想史上應該也可以留下濃墨重彩的一筆。

④ 〔宋〕程俱撰、張福祥校證《麟臺故事校證》卷 2 中，北京：中華書局 2000 年版，第 290 頁。

⑤ "臣伏見朝廷累有指揮禁止雕印文字，非不嚴切，而近日雕板尤多，蓋毋不曾條約書鋪販賣之人。臣竊見京城近有雕印文集二十卷，名爲《宋文》者，多是當今論議時政之言。其首篇是富弼往年謝官表，其間陳北虜事宜甚多，詳其語言，不可流布。而雕印之人不知事體，竊恐流布漸廣，傳入虜中，大於朝廷不便。及更有其餘文字，非後學所須，或不足爲人師法者，並在編集，有誤學徒。臣今欲乞明降指揮下開封府，訪求板本焚毁，及止絶書鋪，今後如有不經官司詳定，妄行雕印文集，並不得貨賣。許書鋪及諸色人陳告，支與賞錢貳佰貫文，以犯事人家財充。其雕板及貨賣之人並行嚴斷，所貴可以止絶者。取進止。"（宋）歐陽修著、李逸安點校：《歐陽修全集》卷 108，北京：中華書局 2001 年版，第 1637—1638 頁。

有《漢書》和《後漢書》①。這種刊印似乎表明在宋代初期還依然延續着唐代三史並稱的痕跡。《麟臺故事》卷二中"校讎"條載：

> 淳化五年七月，詔選官分校《史記》、前、後《漢書》。虞部員外郎崇文院檢討兼秘閣校理杜鎬、屯田員外郎秘閣校理舒雅、都官員外郎秘閣校理吳淑、膳部郎中直秘閣潘慎修校《史記》，度支郎中直秘閣朱昂再校；又命太常博士直昭文館陳充、國子博士史館檢討阮思道、著作佐郎直昭文館尹少連、著作佐郎直史館趙況、著作佐郎直集賢院趙安仁、將作監丞直史館孫何校前、後《漢書》。既畢，遣內侍裴愈齎本就杭州鏤版。②

《玉海》卷四十三《藝文》"淳化校三史"條，《宋會要輯稿·崇儒四》"勘書"條等俱有相似記載③。據此，《史記》有杜鎬、舒雅、吳淑、潘慎修校定，朱昂再校，校勘完畢之後即付杭州鏤版。又據《宋史·王禹偁傳》，王禹偁曾與"夏侯嘉正、羅處約、杜鎬表請同校三史書，多所釐正。"④則當時校定三史或有多人，史書所載僅是主要人員⑤。

《玉海》卷四三又載"咸平元年七月甲申賜諸王及輔臣新印三史。嘉祐六年八月庚申詔三館秘閣校理宋、齊、梁、陳、後魏、周、北齊七史，書有不全者訪求之"⑥。准此，至遲在宋真宗咸平元年（998）三史已經印好。此爲《史記》之初刻。

《史記》的再校定也在咸平（998—1003）年間。《麟臺故事》亦載北宋時期官方對《史記》版本的校改情況：

> 咸平中，真宗謂宰相曰："太宗崇尚文史，而三史版本，如聞當時校勘官未能精詳，尚有謬誤，當再加刊正。"乃命太常丞直史館陳堯佐、著作郎直史館周起、光祿寺丞直集賢院孫僅、丁遜覆校《史記》。尋而堯佐出知壽州，起任三司判官，又以著作佐郎直集賢院任隨領其事。景德元年正月校勘畢，任隨等上覆校《史記》並刊

---

① 張玉春：《〈史記〉版本研究》第四章《史記》北宋刻本研究"，北京：商務印書館 2001 年，第 106—165 頁；（日）尾崎康：《正史宋元版の研究》"序章"及"本章"部分，東京：汲古書院，1989 年，第 1—12、42—93 頁。
② 〔宋〕程俱撰、張福祥校證：《麟臺故事校證》卷 2 中，北京：中華書局 2000 年版，第 281 頁。
③ 〔宋〕王應麟：《玉海》卷 43《藝文》"淳化校三史"條，南京：江蘇古籍·上海書店 1987 年影浙江書局本，第 813 頁下；《宋會要輯稿·崇儒四》"勘書"條，今《宋會要輯稿》雖傳寫多有舛誤，而資料頗有他書未見者。〔清〕徐松輯《宋會要輯稿》，北京：中華書局 1957 年版，第 2230—2231 頁。
④ 〔元〕脫脫等撰：《宋史》卷 293，北京：中華書局 1977 年版，第 9794 頁。
⑤ 關於宋代館閣校勘的研究，以李更《宋代館閣校勘研究》一書最爲系統，《史記》部分參見《宋代館閣校勘研究》附錄"宋代館閣校書考"，南京：鳳凰出版社 2006 年版，第 249—250 頁。
⑥ 《玉海》卷 43，第 813 下—814 頁上。

誤文字五卷，詔賜帛有差。又命駕部員外郎直秘閣刁衎、右司諫直史館晁迥與丁遜覆校前、後《漢書》版本，迥知制誥，又以秘書丞直史館陳彭年同其事。至二年七月，衎等上言：“《漢書》歷代名賢競爲注釋，是非互出，得失相參，至有章句不同，名氏交錯，苟無依據，皆屬闕疑。其餘則博訪群書，徧觀諸本，儻非明白，安敢措辭！雖謝該通，粗無臆説。凡修改三百四十九，簽正三千餘字，録爲六卷以進。”賜衎等器帛有差。①

據此，真宗在咸平年間（998—1003）又命陳堯佐、任隨、周起、孫僅、丁遜覆校《史記》。至景德元年（1004）正月校勘畢，任隨等上覆校《史記》並刊誤文字五卷。蓋初校完工後隨即在杭州鏤版，賜予諸王及輔臣後，他們在閲讀中又發現不少訛誤。《宋會要輯稿》亦載此事，文句多同，於此下又云：“今之行者，止是淳化中定本，後雖再校，既已刻版，刊改殊少。”②可知任隨等所上覆校《史記》及刊誤改板較少，並没有形成新的版本。

《史記》之三校在宋仁宗景祐（1034—1038）年間：

> 景祐二年九月，詔翰林學士張觀等刊定《前漢書》、《孟子》下國子監頒行。議者以謂前代經史，皆以紙素傳寫，雖有舛誤，然尚可參讎。至五代，官始用墨版摹六經，誠欲一其文字，使學者不惑。至太宗朝，又摹印司馬遷、班固、范曄諸史，與六經皆傳，於是世之寫本悉不用。然墨版訛駁，初不是正，而後學者更無他本可以刊驗。會秘書丞余靖建言《前漢書》官本差舛，請行刊正，因詔靖及王洙盡取秘閣古本對校，逾年，乃上《漢書刊誤》三十卷。至是，改舊摹版以從新校。然猶有未盡者，而司馬遷、范曄史尤多脱略，惜其後不復有古本可正其舛謬者云。明年，以校勘《史記》、《漢書》官秘書丞余靖爲集賢校理，大理評事國子監直講王洙爲史館檢討，賜詳定官翰林學士張觀、知制誥李淑、宋祁器幣有差。③

這裏雖未明言校勘《史記》的情況，但據此前三史同校之例及余靖以校《史記》、《漢書》而獲封賞的記載，可知當時校印亦有《史記》。《崇文總目·正史類》載“新校史記一百三十卷”，原釋：“余靖等校正。”可爲旁證。又“《三史刊誤》四十五卷”下注云“余

---

① 《麟臺故事校證》卷 2 中，第 283—284 頁。
② 《宋會要輯稿》崇儒四之一“勘書”條，第 2230 頁下。
③ 《麟臺故事校證》卷 2 中，第 290 頁。

靖校《史記》”①，並其證。《玉海》卷四三“淳化校三史”條亦載：

> 淳化五年七月詔選官分校《史記》、前後《漢書》。杜鎬、舒雅、吳淑、潘謹修（今案，“慎”作“謹”，避宋諱）校《史記》，朱昂再校。……咸平中，以校勘未精，命陳堯佐等覆校《史記》，景德元年正月丙午任隨等上覆校《史記》刊誤文字五卷，賜帛。……（景祐元年）九月癸卯詔選官校正《史記》、前後《漢書》、《三國志》、《晉書》。二年九月壬辰詔翰林學士張觀刊定《前漢書》，下國子監頒行。秘書丞余靖請刊正《前漢書》，因詔靖盡取秘閣古本對校。踰年乃上《漢書刊誤》三十卷，至是盡改舊摹版。嘉祐六年八月校《梁》、《陳》等書鏤版，七年冬始集。八年七月《陳書》始校定。熙寧二年八月六日庚子進新校《漢書》（原注：《崇文目》：《三史刊誤》四十五卷）。②

由此，《史記》第三次校定始於景祐元年（1034）九月，至景祐三年（1036）始畢。校勘官有余靖、王洙，詳定官張觀、李淑、宋祁。所謂“至是，改舊摹版以從新校”，一方面説明《史記》此時有的新版本，另一方面也説明前咸平中覆校本《史記》未刊。而新版三史，可能在宋英宗熙寧二年（1069）始印畢。

北宋校勘的官本《史記》約有以上三次，而實際的刊本應該只有兩種，即淳化本和景祐刊定本，景德元年所上校本可能只在淳化本上略有修版。今存兩宋《史記》刊本多源於這兩個本子。據尾崎康氏的研究，現存正史中唯一的北宋本爲杏雨書屋藏六十九卷殘本《史記》，或即景祐、熙寧間校刻本③。淳化以後，《史記》由寫本進入刻本時代，其間的形制轉變我們將在下一節中具體討論。

---

① 〔宋〕王堯臣等編次、錢東垣等集釋：《崇文總目》，叢書集成初編據粵雅堂本影印，第44—45頁。
② 《玉海》卷43，第813下—814頁上。
③ 見尾崎康：《正史宋元版の研究》本章部分，東京：汲古書院，1989年，第46頁；終章之“《史記》”部分，第161—168頁。

附：北宋初期館閣校本《史記》刊定情況簡表：

校勘時間	人員	官職	覆校（詳定）	成果
淳化五年（994）七月	杜鎬	虞部員外郎、崇文院檢討兼秘閣校理	朱昂（度支郎中、直秘閣）	刻板於杭州
	舒雅	屯田員外郎、秘閣校理		
	吳淑	都官員外郎、秘閣校理		
	潘慎修	膳部郎中、直秘閣		
	王禹偁			
	夏侯嘉正			
	羅處約			
真宗咸平元年（998）至景德元年（1004）正月	陳堯佐	太常丞、直史館		校定新本錄差誤文字五卷刊改較少
	任隨	著作佐郎、直集賢院		
	周起	著作郎、直史館		
	孫僅	光禄寺丞、直集賢院		
	丁遜			
景祐元年至三年（1034—1036），熙寧（1069）上印本	余靖	秘書丞	張觀（翰林學士）	《史記》刊誤改舊板，從新校
	王洙	大理評事、國子監直講	李淑（知制誥）	
			宋祁（知制誥）	

　　官方主持刊印典籍，主要在於規範文本。因此，寫本到刻本的第一步是要參校諸多寫本，形成統一的定本。這一工作通常由三館士人完成①。宋初的校勘是嚴謹認真的，有着嚴格的運作程式，《麟臺故事》卷二中云：

　　　八年十二月，詔樞密使王欽若都大提舉抄寫校勘三館、秘閣書籍，翰林學士陳彭年副之。先是，十月丙午令吏部銓選幕職州縣官有文學者赴三館、秘閣校勘書籍。初，館閣書籍以其夏延火，多復闕略，故命購本抄寫。因命吏部取常選人狀，先試判三節，每節百五十字以上，仍擇可者，又送學士院試詩、賦、論，命入館校勘，凡三年改京朝官；亦有特命校勘者。京官校勘若三年，皆奏授校理。大理評事晁宗慤改官及校勘皆三年，遂令先轉官，後又一年與校理。自是校勘官遂皆四年授校理，自宗慤始也。

---

① 關於宋代館閣抄校典籍的經過，參見《宋史》卷 202《藝文志序》，第 5031—5034 頁。相關研究參見王國維：《五代兩宋監本考》卷中，《王國維遺書》本（11 冊），上海古籍出版社 1983 年據商務印書館 1940 年版影印；李更《宋代館閣校勘研究》，南京：鳳凰出版社 2006 年版。

　　時彭年又起請以直館、校理及吏部試中選人分爲校理、校勘官；又令翰林學士晁迥、李維、王曾、錢惟演，知制誥盛度、陳知微，於館閣、京朝官中各舉服勤文學者一人爲覆校勘官。迥等遂以左正言集賢校理宋綬、著作郎直集賢院徐奭、太子中允直集賢院麻溫其、著作佐郎集賢校理晏殊、大理評事崇文院檢討馮元充選。凡校勘官校畢，送覆校勘官覆校；既畢，送主判館閣官點檢詳校。復於兩制擇官一二人充覆點檢官，俟主判館閣官點檢詳校訖，復加點檢。皆有程課，以考其勤惰焉。①

朝廷根據校勘結果還有實際的獎懲。大中祥符九年（1016），王欽若、張複、祁暐，錢易、慎鏞等以校《道藏》有功，或升或獎②。天聖三年（1025），陳從易、聶冠卿、李昭遘等或降或免，"坐校勘太清樓書舛互故也"③。前揭參加《史記》校定的官員，即有因爲校勘有功而或賜帛加官以爲勸勉的。

　　雖然宋初的官方刻書校勘較爲精審，但《史記》最主要的文本内容從此深深地打上宋人的印記，我們基本是以宋人爲中介而認識此前的經典。正如尾崎康所云，一方面，宋版書尤其是北宋版的可貴也正在於此，而另一方面，這也是促成其他寫本的消失的一大原因④。當然，他也不忘提醒我們，正因爲這些寫本的消失，使得此後一千多年人們看到的古代典籍文本多是根據宋人的"思想、知識和感覺"決定的⑤。

　　雕版印刷對此後知識世界的影響也不容忽視，錢存訓認爲：

　　　　由印刷術所引起的文本的標準化，與所有手抄本中要出現的不可避免的訛誤適成對照。當然印本中也不能絕對避免出現差錯，然而付印前後可以反復校讀，印出後仍有差錯時還可以補發勘誤表，以便於再版時改正。早期印刷工的編輯功能所帶來的書籍形式的系統化程度是抄本辦不到的，它逐步使讀者養成一種系統思考的習慣，促使他們在分散的學術領域内組織知識。⑥

---

① 《麟臺故事校證》，第286—287頁。該段文字亦見諸《宋會要》卷四"崇儒四"之4—5；《續資治通鑑長編》卷85注及《皇宋事實類苑》卷31。
② 《麟臺故事校證》卷2中，第288頁。
③ 《麟臺故事校證》卷2中，第289頁。
④ 尾崎康認爲，古寫本的消失也正因爲這一點："在中國，唐鈔本逐漸消蹤匿跡，除了敦煌本之外，流傳至今的唐寫本可謂絶無僅有，其主要原因，我想恐怕就在於此。"同時，他還提醒我們："此外還有一個值得注意的問題是，擔當這些校勘、校訂工作的均爲當時的少壯官僚。不可否認，在校勘一千多年前的先秦典籍或二三百年前的唐人詩文時，究竟採取哪種異文，是根據宋人的思想、知識和感覺決定的。"尾崎康著，陳捷譯：《以正史爲中心的宋元版本研究》序，北京：北京大學出版社1993年版，第14頁。
⑤ 尾崎康：《以正史爲中心的宋元版本研究》序，第14頁。
⑥ 錢存訓：《紙和印刷術對世界文明的貢獻》，載王元化主編：《釋中國》第1卷，第592頁。

雕印之初，監本書籍校勘較爲嚴格，因此品質也有保證。作爲應試或朝廷宣佈的“正本”，受到一般讀者的推崇理所當然。但讀者需求的增加也讓商人看到了商機，雕印之風遂盛，州府也爭相刻書，乃至在經濟發達的地區湧現了很多書籍鋪。雖然所據底本較古，但這些機構缺乏高水準的校勘人員，而又急於售賣，其中舛訛可想而知①。比如麻沙本就是其中品質較差的一種，宋陸游在《老學庵筆記》也記載了本應用監本而用麻沙本致誤的例子②。一些學者甚至由此而對雕版印刷本身有所批評，葉夢得《石林燕語》卷八稱：

> 唐以前，凡書籍皆寫本，未有模印之法，人以藏書爲貴。人不多有，而藏者精於讎對，故往往皆有善本。學者亦傳錄之艱，故其誦讀亦精詳。五代時，馮道始奏請官鏤六經板印行。國朝淳化中，復以《史記》、前後《漢書》付有司模印，自是書籍刊鏤者益多，士大夫不復以藏書爲意。學者易於得書，其誦讀亦因滅裂，然板本初不是正，不無訛誤。世既一以板本爲正，而藏本日亡，其訛謬者遂不可正，甚可惜也。③

《麟臺故事》殘本卷二中亦載：

> 議者以爲前代經史，皆以紙素傳寫，雖有舛誤，然尚可參讎。至五代，官始用墨版摹印六經，誠欲一其文字，使學者不惑。至太宗朝，又摹印司馬遷、班固、范曄諸史，與六經皆傳，於是世之寫本悉不用。然墨版訛駁，初不是正，而後學者更無他本可以刊驗。④

寫本時代，有石經一其文字，當時針對的是書無定本，及有意賄改蘭臺漆書以合其私文的情況。在刻本大量出現之後，患無善本，其中的差異引人深思。

二、《史記》刻本的形態轉變與文本校正

《史記》從寫本時代進入刻本時代，不僅是文獻載體的變化，更體現在文本內容與形

---

① 關於宋本之誤，參見葉德輝《書林清話》之“宋刻書多訛舛”，“宋刻書字句不盡同古本”諸條；又蘇軾《仇池筆記》亦稱：“近世人輕以意改書，鄙淺之人，好惡多同，故從而和之者衆。遂使古書日就訛舛，深可忿疾。”參見蘇東坡著、孔凡禮點校：《仇池筆記》卷上，（《全宋筆記》第 1 編第 9 册），鄭州：大象出版社 2003 年版。

② 〔宋〕陸游撰、李劍雄等點校：《老學庵筆記》卷 7，北京：中華書局 1979 年版，第 94 頁。

③ 《石林燕語》卷 8，中華書局 1984 年版，第 116 頁。

④ 《麟臺故事校證》（殘本）卷 2 中，第 290 頁。

制諸方面。對於大多數典籍而言，刻本之前的文本形態已經難以查考，我們今天在推尊宋本的同時，也應對此有所警惕。就《史記》而言，我們今天還有幸能根據現存的一些古寫本以及古寫本系統的鈔本來探尋那些宋人所做的改變。我們也希望藉此能爲其他相似的文本可能存在的變遷提供一個參照物。

爲了便於説明問題，本文擬從行格、用字、書寫符號、異文等方面揭示刻本在文本規範方面所起到的作用。所用寫本約二十種[1]，與之比勘的是兩種宋刻本：一爲 1957 年仁壽本《史記》（舊稱景祐監本），此本據臺灣中研院史語所藏北宋末南宋初所刊十行本影印；一爲 1955 年文學古籍刊行社本《史記》（紹興杭州刊本），此據南宋初覆刊北宋一百三十卷本影印[2]。

（一）卷次和篇題

1. 卷次問題　在寫本時代，有些讀者在傳寫過程中也會擅自調整篇卷的次序，如今本《孟子荀卿列傳》爲列傳之第十四，而卷首《索隱》注云："按：《序傳》孟嘗君第十四，而此傳（今案，指《孟子荀卿列傳》）爲第十五，蓋後人差降之矣。"[3] 大概是傳抄者以爲戰國四公子的傳記應在一處，遂私自調整篇次，而不顧《太史公自序》所言篇序。又，《匈奴列傳》卷首《正義》云："此卷或有本次《平津侯》後，第五十二。今第五十者，先生舊本如此，劉伯莊《音》亦然。若先諸傳而次四夷，則《司馬》、《汲鄭》不合在此後也。"[4] 張守節依據張先生舊本，認爲讀者將四夷傳記放在一起並不妥當。

寫本與刻本卷次差異最大的是列傳起首幾卷的篇次部分。唐寫本卷次之異，南宋黃善夫刊本《史記・老子伯夷列傳》前小注已言之：

> 《正義》本老子、莊子、伯夷居列傳之首。《正義》曰：老子莊子，開元二十三年奉勅升爲列傳首，處夷齊上。然漢武帝之時，佛教未興，道教已設，道則禁惡，咸致正理。制禦邪人，未有佛教可導，故列老莊于申韓之上。令既佛道齊妙，興法乖流，理居列傳之首也。今依《正義》本。[5]

---

① 參見拙文《近百年來〈史記〉寫本研究述略》，載《古籍整理研究學刊》2014 年第 3 期。

② 兩本詳細的研究參見傅斯年：《北宋刊南宋補刊十行本史記集解跋》，載臺灣《中央研究院歷史語言研究所集刊》第 18 本，頁 488—493；勞榦：《北宋刊南宋補刊十行本史記集解後跋》，載臺灣《中央研究院歷史語言研究所集刊》第 18 本，第 497—502 頁；張玉春：《〈史記〉版本研究》第 4 章，第 106—165 頁；尾崎康：《正史宋元版的研究》，第 161—180 頁。

③ 《史記》卷 74，北京：中華書局，1982 年，第 2343 頁。

④ 《史記》卷 110，第 2879 頁。

⑤ 南宋黃善夫刊本《史記》卷 61，商務印書館縮印百衲本，第 729 頁下行 7—9。

此爲因皇帝勑令而改卷次之例，這種改變發生在唐玄宗開元二十三年（735）。當然，這也屬於當政者的政治性閱讀而改變文本的例子。

但在刻本時代，按照個人觀點改變篇次並不容易。今存刻本中列傳部分次序一般只有兩種。一是以舊稱景祐本的北宋末南宋刊十行本《史記》爲代表，列傳部分首爲"老子列傳第一上，史記六十一"（尾題"老子列傳第一"）；次"伯夷列傳第一下　史記六十二"（尾題"伯夷列傳第一"）；再次爲"管晏列傳第二　史記六十二"（尾題"管晏列傳第二"）；次爲"莊子韓非列傳第三，史記六十三"（尾題"莊子韓非列傳第三"）。此與南宋黃善夫刊本《史記·老子伯夷列傳》前小注所稱"監本老子與伯夷同傳第一，莊子與韓非同傳第三"之説一致[1]。吳曾《能改齋漫録》十三云：政和八年（1118），詔"《史記》老子傳升於列傳之首，自爲一帙。前漢古今表，敘列於上聖。其舊本並行改正。"[2] 准此，這種卷次存於北宋徽宗政和八年（1118）以後的監本系統中。

另一種爲以文學古籍刊行社影印之南宋初覆刊北宋本爲代表，列傳部分的前三卷的次序爲："伯夷列傳第一，史記六十一"，"管晏列傳第二，史記六十二"，"老子韓非列傳第三，史記六十三"。此與黃善夫本注所稱之"《索隱》本"次序同：

> 《索隱》本伯夷傳第一，老子、莊子、韓非同傳第三。《索隱》云：二人教跡全乖，不宜同傳，先賢已有成説，今則不可依循。宜令老子、尹喜、莊周爲同傳，其韓非可居《商君傳》末。[3]

這一次序也與《太史公自序》臚舉的篇次一致[4]。雖有北宋皇帝勑書，但在南宋初期，篇卷的釐定還是基本准照《太史公書》的原來次序。這也是刻本對寫本時代篇序的一種規範。此後千餘年來，雖然傳下的刻本不下六十餘種[5]，但以私意更改篇序的想像基本没有在版本中表現出來。對篇序的異議，至多也只能出現在學者的研究著作中[6]。

---

[1]　南宋黃善夫刊本《史記》卷 61，第 729 頁下行 4。
[2]　〔宋〕吳曾：《能改齋漫録》卷 13，上海：上海古籍出版社 1979 年版，第 385 頁。
[3]　南宋黃善夫刊本《史記》卷 61，第 729 頁下行 5—6。
[4]　據《太史公自序》，《史記》列傳部分的原來順序應爲："伯夷列傳第一"，"管晏列傳第二"，"老子韓非列傳第三"。見《史記》卷 130，第 3312—3313 頁。
[5]　見賀次君：《史記書録》，北京：商務印書館 1958 年版。
[6]　勞幹又言北宋刊南宋補刊之十行本此處爲補刊。關於篇序問題，勞幹在《北宋刊南宋補刊十行本史記集解後跋》中亦有概括："《史記》各本於《老子列傳》之處置，凡有三類，伯夷自爲列傳，老莊、韓非同傳，此《索隱》本也。老莊、伯夷同傳，韓非自爲列傳，此《正義》本也。老子、伯夷同傳，莊子與韓非同傳，此宋監本也。《索隱》本乃司馬遷之舊，《正義》本從唐玄宗開元十三年之勑令。而宋監本則從宋徽宗政和八年之勑令。"載臺灣《中央研究院歷史語言研究所集刊》第 18 本，第 499 頁。

今本卷次	尊唐勑令之《正義》本	索隱本	景祐本	南宋覆刊本	《太史公自序》及今本
卷六十一	老子、莊子、伯夷列傳第一,史記六十一	伯夷列傳第一,史記六十一	老子列傳第一上,史記六十一	伯夷列傳第一,史記六十一	伯夷列傳第一,史記六十一
			伯夷列傳第一下 史記六十二		
卷六十二	管晏列傳第二,史記六十二	管晏列傳第二,史記六十二	管晏列傳第二,史記六十二	管晏列傳第二,史記六十二	管晏列傳第二,史記六十二
卷六十三	韓非列傳第三,史記六十三	老子韓非列傳第三,史記六十三	莊子韓非列傳第三,史記六十三	老子韓非列傳第三,史記六十三	老子韓非列傳第三,史記六十三

通過上表我們不難發現,《正義》本和景祐本都是官定文本,列傳部分的次序與帝王勑書一致。但依准太史公原來次序的文本最終得到認可,似乎當朝也沒有再強行改變篇卷次序。經過初期短暫的動盪之後,《史記》篇序也最終在刻本時代確定下來。

2.篇題　古寫本的篇題基本是小題在上,大題在下,而且基本都有尾題:

篇卷	首尾題		大小題	
	古寫本	宋刊本	古寫本	宋刊本
卷九六《張丞相列傳》	卷首殘,僅存尾題,作"張丞相列傳第卅六,史記九十六"。	首尾題完具,作"張丞相列傳第三十六,史記九十六",但尾題皆僅有小題。	小題在上	略改數字寫法
卷九七《酈生陸賈列傳》	首、尾題同,作"酈生陸賈列傳第卅七,史記九十七"。	首尾題完具,首題作"酈生陸賈列傳第三十七,史記九十七",但尾題皆僅有小題。	小題在上	略改數字標記法
卷二九《河渠書》	卷首殘,僅存尾題作"河渠書第七 史記廿九"。	首尾題完具,首題作"河渠書卷第七,史記二十九",尾題無大題。	小題在上	同
卷三五《管蔡世家》	卷首殘,尾題"管蔡世家第五,史記"。	首尾題完具,首題作"管蔡世家第五,史記三十五",尾題無大題。	小題在上	文字略異
卷九《呂后本紀》	首題"呂后本紀第九,史記九",尾題"呂后本紀第九",無大題。	首題"呂后本紀第九,史記九",尾題"呂后本紀卷第九",無大題。	小題在上	同
卷十《孝文本紀》	首題"孝文本紀第十,史記十",尾題同。	首題與寫本同,尾題"史記卷第十"。	小題在上	文字略異
卷十一《孝景本紀》	首題"孝景本紀第十一,史記十一",卷末僅有小題。	首題與寫本同,尾題"史記卷第十一"。	小題在上	文字略異
山岸德平本《孝景本紀》	首、尾題並爲"孝景本紀第十一 史記十一"。			

續　表

篇卷	首尾題		大小題	
	古寫本	宋刊本	古寫本	宋刊本
卷二《夏本紀》	卷首題"夏本紀第二,史記二",尾題同。	首題"夏本紀第二",無大題;尾題同。	小題在上	文字略異
卷五《秦本紀》	首題"秦本紀第五,史記五",尾題有小題,無大題。	首題"秦本紀第五,史記五",尾題"秦本紀卷第五"。	小題在上	文字略異
		仁壽本首題同,尾題"秦本紀"三字。		
卷三《殷本紀》	首題"殷本紀第三,史記三",尾題同。	首題"殷本紀第三,史記三",尾題無大題。	小題在上	文字略異
卷四《周本紀》	卷首殘,尾題"周本紀第四,史記四"。	首題"周本紀第四,史記四",尾題"周本紀卷第四"	小題在上	文字略異
卷七九《范睢蔡澤列傳》（宮内廳本）	首題"范睢蔡澤列傳第十九,史記七十九",尾題並同。	首題與寫本同,尾題無大題。	小題在上	文字略異
卷八《高祖本紀》	首題"高祖本紀第八,史記八",尾題並同。	首題與寫本同,尾題"高祖本紀卷第八"。	小題在上	文字略異

通過上表可知：其一,《史記》古寫本一般每卷都有相同首題和尾題,其中尾題只有小題而没有大題的兩例。刻本基本尾題僅有小題,無大題。甚至首題也有僅存小題無大題的現象。相同的是二者都是小題在上。其二,刻本尾題中的大題基本標示"卷"數。相較寫本,刻本一般不大刻上尾題中的大題,卻熱衷標示卷數,這與文本載體形態的不同有關。寫本時代,抄寫書籍不易,有時會有一種書部份篇章流傳,甚至"單篇別行"。在這種情況下,首題和尾題的完具對讀者瞭解該篇的位置就顯得較爲重要。刻本時代,一般書籍都會裝訂完整,數卷甚至上十卷定爲一本。由於便於裝訂,散逸情況較少。故此,一書中的首題主要用以區别篇目,尾題也多用來表示一篇結束,對於標識該篇在一書中的位置的要求就不那麼重要。此外,由於寫本多是依次黏連在一起的長卷,一般不需要"版心"這種識别標誌。在刻本中,由於頁面之間相對獨立,標誌書卷乃至頁碼就顯得必要,於是版心也應運而生。就《史記》而言,北宋末南宋初刊本版心多爲《史記》大題加小類名,如"史世家"類似字樣,便於讀者翻檢查閲。這種新的版式的出現,也是《史記》載體形式的一個變化。

（二）行格

行格比對所用的寫本材料已在緒論部分有所交代,既有敦煌本也有日本古寫本,通過文獻特徵和文本內容的比勘，我們發現日藏《史記》古寫本與敦煌本類似而與宋刻本不同。我們認爲本文所用的日本《史記》古寫本源於中國的唐寫本（甚至更早），而不是宋刻本，因此我們將之與敦煌本作爲同一層次的材料。

《史記》寫本行格表：[①]

寫卷 / 時代	傳寫（藏）地	界欄	界欄形制	每行字數	字體
《滑稽列傳》 西漢宣帝後期（BC63-BC57）左右	敦煌（大英博物館）	簡牘	23.2cm/0.8cm	約40字	隸書
《李斯列傳》 北涼時期（397—439）	敦煌（俄羅斯國家圖書館）	烏絲欄	25.5cm/1.8cm	16至18字	介於隸書與魏碑之間
《張丞相列傳》《酈生陸賈列傳》 隋唐	石山寺藏	淡墨界欄	27.6cm/2.8cm	每紙20至22行，行14至16字，小注雙行，行18至20字	楷體有魏碑意味，精抄
《河渠書》 隋唐	石山寺藏	無界欄	紙高26cm	每行16至17字不等，小注雙行，行20至25字。	
《仲尼弟子列傳》 初唐	吐魯番（日本和德國）	無界欄，依背面界欄	不詳	行19至21字	行楷
《燕召公世家》《管蔡世家》《伯夷列傳》 唐	敦煌（今藏法國國家圖書館）	四周單邊，烏絲界欄	紙高28.6cm，界高21cm；天頭3.8cm，地腳4.1cm。	每紙19行，行15至17字，小注雙行，行22至23字	精抄小楷
《呂后本紀》《孝文本紀》、《孝景本紀》 1073年（當宋神宗熙寧六年）	日本大江家國寫本（今存日本東北大學圖書館）	四周有界欄，行間亦有界欄	界高約26.7cm，界寬約2.3cm至2.67cm	每行17至18字，小注雙行，行24至26字	日人楷書，字體瘦長
《孝景本紀》 1127年（當宋欽宗靖康二年）	日本寫本（今存日本實踐女子大學山岸文庫）	四周單邊，行間有界	界高23cm	每行14至15字，小注雙行，行21至23字	日人楷書，字體略扁
《夏本紀》《秦本紀》 平安末期，當南宋時（1127—1279）。	日本高山寺	四周單邊，行間有界，界高23.8釐米	界高23.8cm至24.5cm	每紙約21行，行15至17字，小注雙行，行23至26字	略扁
《秦本紀》 零簡	慶應義塾大學斯道文庫	烏絲欄	23.9cm/2.7cm	頁18行，正文滿行14至17字，小注雙行。	

---

① 此表內容參照附錄一、二的相關部分；爲便於比較，又附兩種宋刻本行格，刻本描述參見尾崎康《正史宋元版の研究》中《史記》部分，第161—180頁。

寫卷/時代		傳寫（藏）地	界欄	界欄形制	每行字數	字體
鐮倉（1185—1333年）初期寫本	《殷本紀》	日本東洋文庫附屬岩崎文庫	四周單邊，行間有墨欄	22.9 cm/ 2.5 cm	一紙22行，行11至16字，（多爲12、13），小注雙行，行21至23字	略扁
	《周本紀》		四周單邊，行間有界	23.3 cm/ 2.6 cm	每行12至15字，以十三四字爲多；注雙行，行21至23字不等	
《范睢蔡澤列傳》 鐮倉（1185—1333年）初期寫本		宮内廳書陵部	四周單邊行間有界	界高24.1 cm	每行十四五字，小注雙行，行18、19字。	字畫與高山寺所藏群類似
《高祖本紀》 江户（1603—1867）以前			天地單邊，行間無界	界高23.3 cm	每行十五六字，小注雙行，行二十五至二十七字不等。	字跡結體較方
北宋末南宋初刊本			左右雙邊、界欄、版心	版框22×14.7cm，行寬1.47cm	半葉10行，行19字，小注約27字	近歐體楷書
南宋初覆刊北宋本			左右雙邊、界欄、版心	版框22.1×14.7cm，行寬1.07cm。	半葉14行，行24至27字，小注32至39字	顏體歐體之間

通過比較上表臚列相關資訊，我們發現其版式變化基本有以下幾點：

其一，界欄。從紙寫本到刻本，其界欄依然大致承續着簡牘的書寫形制。在紙寫本的初期，界欄較簡牘的一般長度要略長，甚至一度達到26—28釐米。可能是由隸書到楷書演化過程中，人們在紙上作書字體略長及間距略大的緣故。到了隋唐後期，寫本的界欄基本與漢簡長度較爲一致，多爲22—23釐米。這些特徵在日本的古寫本中，也有體現。而且界欄長度變化一般只與時代有關，與寫本的個體差異關係不大。宋刻本的行款與後期寫本的長度基本一致。鑒於文本内容等因素的考慮，應是刻本承續了寫本的這些特徵，而不是相反。

其二，行數及字數。唐寫本及此前的古寫本基本都是每葉19至22行左右，宋刻本每半葉10行，那麼整葉也爲20行左右。可以判定是也承續了唐寫本的行款。唐寫本、日本平安古寫本每行字數16至20字之間，小注行23至26字，這與北宋末南宋初刊本字數基本相當。這些相似因素或因宋本初期多用蝴蝶裝，直接將卷子子本折疊可成[1]。而

---

[1] 此處爲周曉薇先生提示，在此謹申謝忱。

南宋初覆刊十行本行數和字數俱有增加，當是出於節約資源的考慮。

其三，刻本中小注雙行的形式基本也是繼承了唐寫本。説到雙行小注，我們不能不注意這樣一種情況：抄手在傳寫文獻的時候會因爲顧及雙行之間的對稱與整齊而增删字詞[①]。刻本在校刻過程中，或能發現此例而多加删正。因此刻本中小注與寫本中略有異同，尤其是句尾"也"一類虛詞常有減省。

其四，字體。從簡牘到刻本，我們發現《史記》傳寫字體經歷了隸書、介於隸書和魏碑之間、楷書、行楷等幾種樣態。現存寫本中以《伯夷列傳》字體最爲精美清勁，賀次君稱之爲唐鈔之冠[②]。刻本字體先是近於歐體，後在歐體和顔體之間，至南宋以後似乎以顔體爲主。在一定程度上，這些字體的整體變遷情況也能爲我們判定文獻的年代提供一種參照。

其五，提行。寫本與刻本的行格還有一個明顯的差别：某些句子和段落寫本提行而刻本没有提行另書。相關例證參見下表[③]：

篇目	與宋刻本行格之異	涉及内容
《燕召公世家》	每敍一公侯，皆提行另書[④]	頃侯、鄭侯、繆侯、宣侯、襄公、桓公、宣公、昭公。
《管蔡世家》	敍及公侯，多提行另書	莊侯、文侯、景侯、悼侯、昭侯、成侯、剌侯、桓公、隱公、莊公、德公、昭公、文公、宣公、成公、平公、聲公等
《吕后本紀》	每年皆跳行别書	
《孝文本紀》	每年皆跳行别書	
《孝景本紀》	每年皆跳行别書	
《殷本紀》	俱提行另書	帝中壬、大甲、大庚、盤庚等
《周本紀》	殘卷每帝基本提行另書	
《張丞相列傳》	每言一丞相必提行另書	

上表所列各卷中的相關内容，寫本皆提行另書而刻本多連書以節省版面。雖然在文本内容上没有差别，但如此一來則《太史公書》之形貌去古又遠。後人若不見古寫本，則宋刻本之前的行格無重見天日之時。而且提行與否，給讀者的閱讀體驗大有不同，不同的行格也蕴含着作者不同的寫作意圖。這種差别是我們今天所不能忽略的。

---

① 據張湧泉的研究，抄手補救雙行注文的情況，有"調整位置、删減字詞、增添字詞或符號"三類。關於這種寫本文獻特徵的更多例證，參見張湧泉：《古書雙行注文抄刻整齊化研究》，載《敦煌吐魯番研究》第12卷，上海古籍出版社2011年版，第279—302頁。

② 賀次君《史記書録》，第12頁。

③ 關於提行部分參看前揭張玉春《〈史記〉版本研究》相關内容。

④ 水澤利忠稱，《史記書録》謂鄭侯、繆侯、宣侯、桓侯、莊公均提行，實哀侯、桓侯、莊公未提行，甚確。見《史記書録》，第9頁；《史記會注考證校補》册8，第27頁。

（三）異字

刻本《史記》在文本規範方面一個重要體現是對寫本常用俗子、異體字的校改。最明顯的一點是數字標記法的不同，如"二十"、"三十"、"四十"，寫本俱作"廿"、"卅"、"卌"。刻本將這些單音節數位詞變成雙音節數位詞之後，不僅改變了《史記》早期傳本的字數，也進一步改變了《太史公書》的原貌——今存漢代簡牘中的數字標記法與古寫本同。以《秦始皇本紀》爲例，此紀宋刻本刊載諸多始皇詔書、刻石以上所列數字皆爲雙音詞，而今存的刻石數字皆爲單音詞，與古寫本同。在講求文字整飭與押韻的刻石中，單音詞和複音詞在朗讀中美感差別很大。如果今天只有宋刻本流傳下來，並且我們以爲這就是《太史公書》的早期樣貌，就不免厚誣古人了。

此外，這種異字有時還存留於古注之中。如《淮陰侯列傳》"以饗士大夫醳兵"下：

《集解》：《魏都賦》曰："肴醳順時。"劉逵曰："醳酒也。"《索隱》"劉氏依劉逵音。醳酒謂以酒食養兵士也。案：《史記》古"釋"字皆如此作，豈亦謂以酒食醳兵士，故字從酉乎？"[1]

今案，此"醳"字，寫本中多有，刻本多作"釋"。不過，我們也應注意到，宋刻本所改寫的異體字、俗字中，很多是不便於一般讀者認讀的俗字及由手寫而帶來的訛誤字，這些不規範的字體在那些民間寫本中更爲常見。不可否認，宋代館閣的校勘官在規範字體和用字習慣方面有着特殊貢獻，但《太史公書》的字體風貌我們卻再也無緣睹見了。

《史記》寫本各卷異體字舉例[2]：

卷名	寫刻異字
《河渠書》	"穿、漕、莊、騈、底、卌"等
《張丞相列傳》	"卅（三十）、埭（壩）、穿、薛、剛、劍"等
《酈生陸賈列傳》	"卅、儒、率、慢、殺、休、劍、剛、孺"等
《燕召公世家》	"煞（殺）、傾（頃）、厘、莊、卒、彘、割"等
《管蔡世家》	"武、斑、殺、曹、葬、强、亦"等；"廿、卅、卌"等數字標記法
《伯夷列傳》	"舊、辭、暴、最、操、亦、砥"等
《呂后本紀》	"弱、策、剛、殺、莊、亦"等
《孝文本紀》	"卅、卌"；"廟、桀、率、肉、備、葬"等
《夏本紀》	"鯀、殛、殺、莊、鼇、旅、砥、剛、率、桀、葬、鐵"等
高山寺藏《秦本紀》	"廿、卅、卌"；"殺、桀、葬、亦、莊、曹、害、怨、備、殛、率、孺、年"等
《殷本紀》	"曹、桀、率、割、殛、怨、葬、亦"等

---

[1] 《史記》卷 92，第 2618—2619 頁。

[2] 本表參考了水澤利忠《史記會注考證校補》之"史記之文獻學的研究"，見 水澤利忠：《史記之文獻學的研究》，《史記會注考證校補》册 8，附録部分，東京：史記會注考證校補刊行會，1957 年，第 33 頁。

續　表

卷名	寫刻異字
《周本紀》	"廿、卅、卌"；"殺、弱、旅、暴、休、策、班、薊、率、備、裸"等多異字。
斯道文庫《史記集解秦本紀》	"魚、奐、差、莊、匂"等多俗寫，又"二十"作"廿"
廳書陵部藏《史記集解范睢蔡澤列傳》	"溺、砥、害、旅、肉、廟、亦、殺、操、備、怨、率、其、孺、鐵"等，數字有"卅、卌"
書陵部《史記集解高祖本紀》	"葬、殺、怨、曹、莊、舊、亦、底、暴、操、帥、率、休"等多異寫俗字，數字多作"廿、卅、卌"等

（四）書寫符號

1. 省文符（連寫符號）。寫本中所有的重文皆用連寫符號，基本形式是在連寫的字下用兩點表示該字再一次出現[1]。如寫本中以"景：帝："表示"景帝景帝"四字。寫本中以兩字連寫居多，也有三字乃至四字都用連寫符號的。對於這種連寫符號我們在認讀中需要注意兩點：一是如何還原成文字，如"安：釐：王："我們不能讀成"安安釐釐王王"，而是"安釐王安釐王"。其二是這種連寫字的斷句問題。由於古書多無標點，因此對連寫字是否屬於同一句子的問題並沒有特別注明，這些都需要我們在還原文字時需要特別注意的。

省文符號在轉變爲刻本的過程中全部刪去，以省略的原文代之。這樣固然爲讀者閱讀提供了方便，規範了文本，但我們參照漢晉簡牘可知，省文符號是漢簡以降手寫載體的共有特徵，即《太史公書》原文極有可能用省文符號。刻本改變的是寫本甚至是西漢以來承續下來的《史記》古本的原來樣態。此外，在傳寫過程中，有些省文符號的使用難免有誤，一旦轉爲具體文字並以刻本形式固定下來，後來讀者很難發現這種錯誤。

省文符號的運用還牽涉到今本《史記》文句省略的情況。比如《秦始皇本紀》"樂遂斬衛令直將吏入行射郎宦者大驚或走或格"，應作"樂遂斬衛令，直將吏入，行射郎宦者，郎宦者大驚，或走或格"，此處省略的"郎宦者"三字即有可能是原有連文符而抄脱。再如"聞聲爭開門而待足下通行無所累"，應爲"聞聲爭開門而待足下，足下通行無所累"，省"足下"。《晉世家》"及期而往復見申生告之曰"，應作"及期而往，復見申生，申生告之曰"，省"申生"。《田單列傳》"所過城邑皆畔燕而歸田單兵日益多"，應作"所過城邑皆畔燕而歸田單，田單兵日益多"[2]。這些省略和常見的古文省略稍有不同，似有脱漏。

---

[1]　省文符號亦即重文符號，在敦煌文獻中有大量例證。可參見鄧文寬：《敦煌吐魯番文獻重文符號釋讀舉隅》，載《文獻》1994 年第 1 期，第 160—173 頁。

[2]　見《史記》書末所附"史記點校後記"，第 12—13 頁。

2. 倒文符。倒文符號多爲“乙”形，舊所謂乙正是也。如《管蔡世家》“太史公曰管蔡作亂”，“太史”寫本誤倒作“史太”，二字中間就畫有一極小倒文符。

3. 改字符。寫本改字多用黃色或紅色字塗寫，所謂丹鉛、雌黃是也。如敦煌寫本《伯夷列傳》即有塗黃與朱點，並有小字，前人或觀膠卷而無由得見①。塗黃或改全字，如第141行“孤竹君”，寫本“孤”字右部與“脈”字右部同，被黃筆改爲今字。“命之襄矣”，“襄”字被黃筆塗抹，正文當爲“衰”字。或改偏旁，如“值弘農”，“值”字左邊“人”旁被塗黃，而正文當做“直”。或加點表删字，如“仲尼最獨薦顏淵”，“最”字右側有一黃點，正爲當無“最”字，此當即所謂“點滅”也。或以黃筆補足正文，如“歲寒後別之”，脱“然”，有黃筆在“寒後”之間加“然”字。

寫本中還有一種常見的閱讀符號，即批注的朱點。如《伯夷列傳》中朱點有兩種情況：一表句讀，如“顏淵雖篤學附驥之尾而後行、顯巖穴之士”。案此處標點有誤，全文有十餘處標點而至少有三處有誤，可見當時點讀者之學養。或表示讀音，僅有一處，“由光義至高”，“由”字上角有一點。

（五）正文

寫本中不乏訛奪誤字，刻本校正了文字，便於閱讀，功不可没。但通過古寫本與宋刻本的比對，我們發現不少地方以寫本爲長，刻本將很多不誤之處誤改。由於這種改動似是而非，我們很難發現其中不當之處，若無古寫本的重新發現，我們可能一直還以宋人校刻的誤本爲不誤。相校刻本而言，這些古寫本畢竟尚屬少數，以此度之，刻本中實際誤文或許更多。古人校書，其校勘記録今多不存，刊刻時間越長、校改越多的文本，其距離原本可能就越遠。今略舉數卷異文爲例：

石山寺所藏集解本《史記》殘卷《張丞相列傳》卷末發論部分並無“太史公曰”四字。由於此本不避“民”諱及字體非唐代以後所慣用，可知寫本非《索隱》後之物。我們也可進一步推知唐以前善本中即無“太史公曰”，今本的這部分續補文字又經過後人的增删。

《管蔡世家》寫本中“故附之世家言”，下有“曹叔振鐸世家”六字，南宋本有“曹叔世家”四字，《索隱》本與此卷同，而張文虎删之，謂司馬貞亂之。此寫本出而小司馬得白②。此外，寫本另有一處與今本不同，諸家多未言之③。今本“曹遂絶嗣”下爲“太史

---

① 參張弓主編：《敦煌典籍與唐五代歷史文化》（上）李錦繡所撰“史地章”，第348—350頁。

② 張文虎：《校勘史記索隱正義札記》（下）北京：中華書局1977年版，第388頁。賀次君已言之。見《史記書録》，第11頁。

③ 水澤利忠但列異文，其餘諸家似未見異文，參《史記會注考證校補》册8，第27頁。

公曰余尋曹共公”一段,《索隱》稱“檢諸本或無此論”①。寫本正無此文,或即與小司馬所見當時之通行本爲同一系統的傳本。此本下又接“伯邑考其後不知封”至“故附之世家言”,蓋以文末無太史公讚語不合體例,故又將前文結語抄寫一過作結,今存“太史公曰”一段或爲後人補益。寫本的個性化與不穩定性可見一斑。

《伯夷列傳》與今本不同之處較多而以寫本勝。如“余悲夷齊之意”,今本作“余悲伯夷之意”而不言“叔齊”,與文意不合。“孤竹君之子也”文意已足,今本作“孤竹君之二子也”,“二”字或爲後人欄入。“叔齊亦不肯立而追之”,今本“追”作“逃”,伯夷已讓,叔齊又追伯夷,故能同歸西伯,作“追”是。“儻所謂天道耶非是耶”,較今本“儻所謂天道是耶非耶”,質問已非天道之是非,而是天道本身,語義更爲悲愴憤慨,足彰太史公筆力。

此外,刻本對寫本的校改還突出體現在“春秋筆法”上,如寫本“煞”字刻本或改作“殺”或改作“弑”。寫本《管蔡世家》“楚太子商臣煞其父成王代立”、“太子斑煞景侯而自立”、“靈侯煞其父”,刻本俱作“弑”②。《燕召公世家》中“周幽王亂,爲犬戎所殺”,今本“殺”作“弑”,賀次君以爲乃據《春秋經傳》竄改③。這種校訂是否符合《史記》原貌,還有一種旁證,即現存的單刻《索隱》本。如《秦楚之際月表》“其後乃放弑”,《索隱》本作“後乃放殺”,而注“殺音弑”。“殺”,《經典釋文》之《春秋公羊傳》“昭公”條注“殺”音“試”。梁玉繩稱:“《史記》‘弑’字多作‘殺’,音‘弑’。是殺即弑也,《世家》徐廣引此文直作‘弑’。《經典釋文》於殺、弑字皆音,辭繁不録,由‘弑’之作‘殺’者多也。後人盡改作‘弑’,徐氏蓋亦改而引之。”④《廣韻·黠韻》:“煞”,同“殺”,《鶡冠子·備和》:“比干、子胥好忠諫,而不知其主之煞也。”是“煞”與“殺”可通用。“殺”或“煞”何種情況下作“弑”則屬異文,與文本校勘者的認識裁斷有關。歐陽修仿《春秋》而編著《新五代史》已啓其端緒。其與梅聖俞書中云:“間中不曾作文字,祇整頓了《五代史》,成七十四卷。不敢多令人知,深思吾兄一看,如何可得極有義類? 須要好人商量。”⑤顧頡剛總結爲“兩相攻曰‘攻’,以大加小曰‘伐’,有衆曰‘討’,天子自往曰‘征’,自今視之可謂無聊,章學誠評之爲‘正是三家村學究技倆’。”⑥刻本的校勘正與歐陽修所處的時段相近,不知當時此風已然盛行。寫本中還有多少類似的異文,我們已不可確知,但寫本的出現足以讓我們對宋刻本保持警惕。

---

① 《史記》卷35《管蔡世家》,第1574頁。
② 《史記會注考證校補》第8册,第27—30頁。
③ 《史記書録》,第9頁。
④ 《史記志疑》卷8,第356頁。
⑤ 《歐陽修全集》卷149,書簡6,第2455頁。
⑥ 顧頡剛:《中國當代史學》,上海古籍出版社2006年版,第9頁。

（六）寫本所見注文與合注痕跡

現存最早的《史記》三家注的合刻本是南宋黃善夫刊本。但在高山寺所藏《殷本紀》集解中已開始摻入《索隱》①。該卷"是爲成湯"、"而色尚白"兩處無《集解》而有《索隱》文字，並題爲"貞曰"、"貞云"，分別爲 73 字和 38 字。賀次君稱此當爲"《集解》《索隱》合鈔最先之形式"②。對此，張玉春認爲僅此兩條，證據不足③。寫卷末署"建曆元年（1211）七月十五日受之同日即讀了"，故書寫年代可基本明確。另以書風、筆致上判斷，大致爲鐮倉初期（13 世紀初）應無問題。我們知道《史記》之《集解》《索隱》兩家注本，在南宋有乾道七年（1171）建安蔡夢弼本和淳熙三年（1176）桐川郡齋本，此後慶元二年（1196）有黃善夫三家注刻本④。兩家注和三家注初次合刻時間俱在此寫本之前。但根據該寫卷的文獻特徵，我們基本可以肯定其底本爲有唐以來的古寫本，而非刻本系統。

這兩條注文只能表明此卷傳寫者（至少是底本）曾對校過《史記索隱》，亦可見此卷底本寫於唐開元以後。清人輯釋本《崇文總目·正史類》著錄有"史記八十七卷"，小注云："原釋：唐陳伯宣注，因裴駰説有所未悉，頗增損焉。然多取司馬氏《索隱》以爲己説，今篇殘缺。"⑤ 則唐人取資《索隱》以補《集解》由來已久。在唐代甚至日本乃至中國北宋，讀者較爲認可的《史記》注本還是《集解》本，或會參照《索隱》，而《正義》無與焉。至南宋寧宗以後，《正義》才逐漸得到重視。

寫本時代亦多有批注因後來者的抄寫而闌入正文的現象。在主觀意願上，雖然刻本時代也多有刊刻者的校改底本的現象，但二者性質並不相同。寫本的注文闌入，抄寫者無意改動底本，無心之誤，易於明辨。抄寫者是出於最大程度上的忠實於底本之原貌。刻本是校勘家的有意改動，多能自圓其説，一旦底本不在，誤文難以辨識。其所"恢復"的，是文字立説之是非，而非底本之是非。在載體形制上，寫本的校改批注多在行間，注文或

---

① 賀次君在《日本〈史記會注考證〉增補〈史記正義〉的真偽問題》一文中已注意到這一層問題，載《文史》第 14 輯，1982 年，第 31—35 頁。三家注的相關討論，另參考程金造：《〈史記正義〉、〈索隱〉關係證》，《文史哲》1962 年第 6 期，第 28—36 頁；程金造：《汲古閣單本〈史記索隱〉的一些問題》，《文史》第 4 輯，中華書局，1965 年，第 151—160 頁。

② 《史記書録》，第 16—19 頁。

③ 《〈史記〉版本研究》"第五章"有辨，第 206—207 頁。

④ 《蘇軾文集》卷 53《與陳季常》6："欲借《易》家文字及《史記索隱》、《正義》。如許，告季常爲帶來。季常未嘗爲王公屈，今乃特欲爲我入州，州中士大夫聞之聲然，使不肖增重矣。不知果能命駕否？春甕但不惜，不須更爲遺恨也。"可見一來蘇軾在黃州時似乎並無三家注合刻，如有，蘇軾當知道。二者書多藏州府。《蘇軾文集》卷 53《尺牘》，北京：中華書局 1986 年版，第 1566 頁。

關於三家注合刻之始，參見賀次君《日本〈史記會注考證〉增補〈史記正義〉的真偽問題》，第 31 頁；寺岡龍含：《史記三家注合刻的時代和版本系統的考究》，《漢文學》，1979 年第 16 輯。張玉春：《〈史記〉版本研究》第五、六章，第 206—339 頁。

⑤ 《崇文總目》，叢書集成初編本，第 42 頁。

在卷背。抄寫時將批注於校改混同,因而就容易發生將之一并抄入正文的情況。由於刻本尤其是宋刻本的形制留出的空間多在天頭地腳,批注多在上下,翻刻之際,更不易產生注文闌入的現象。

三、餘論:寫本的消亡

宋代以降,《史記》的古寫本似乎已經從人們的視野中完全消失了。至少沒有像日本那樣,至今還留存有如此之多的《史記》古寫本。其主要原因,自然是刻本的興盛與傳播。《書林清話》"宋監本書許人自印並定價出售"條云:

> 宋時國子監板,例許士人納紙墨錢自印。凡官刻書,亦有定價出售。今北宋本《說文解字》後,有雍熙三年中書門下牒徐鉉等《新校定說文解字》。牒文有其書宜付史館,仍令國子監雕印板,依九經書例,許人納紙墨錢收贖等語。[①]

書籍刻板之後,摹印方便,理應傳播較廣。但初期刊版的主要是一些最常用的經史典籍,其他一般的書籍還是要以抄寫爲主。王明清《揮麈錄》一書就記載了南宋時期一些仕宦之家猶多轉錄圖書的情狀[②]。蘇軾(1037—1101)晚年作《李氏山房藏書記》,言老儒手抄《史記》、《漢書》的故事:

> 自秦、漢以來,作者益衆,紙與字畫日趨於簡便,而書益多,士莫不有,然學者益以苟簡,何哉?余猶及見老儒先生,自言其少時,欲求《史記》、《漢書》而不可得,幸而得之,皆手自書,日夜誦讀,唯恐不及。近歲市人轉相摹刻諸子百家之書,日傳萬紙,學者之於書,多且易致如此,其文詞學術,當倍蓰於昔人,而後生科舉之士,皆束書不觀,游談無根,此又何也?[③]

蘇軾基本生活於十一世紀,從其"余猶及見老儒先生,自言其少時"的話語,可以推斷出,這些"老儒先生"求之不易,手書《史記》、《漢書》的情形,應大略發生於仁宗朝。

---

① "宋監本書許人自印並定價出售"條詳列刻書用紙及書價,葉氏謂"可見宋時刻印工價之廉,而士大夫便益學者之心,信非俗吏所能企及矣。"《書林清話》卷6,北京:中華書局1957年版,第143—145頁。

② 〔宋〕王明清:《揮麈錄》,上海:中華書局上海編輯所,1961年。

③ 《李氏山房藏書記》,見孔凡禮點校:《蘇軾文集》卷11,第359頁。

而此時《史記》雖然已開始雕版，但播布不廣。而到了"近歲"的北宋後期，至少神宗（1068—1085）、哲宗（1086—1100）時期，書籍已然到了"市人轉相摹刻"，"日傳萬紙"的地步，學者藏書、觀書較爲便利。大約也正在這一時期，人們多以便利之故，羅致刻本，抄寫日稀。尤其是有了官方校定的監本之後，那些古寫本也漸漸不被人們重視。葉夢得《石林燕語》卷八云：

> 五代時，馮道始奏請官鏤六經板印行。國朝淳化中，復以《史記》、前後《漢書》付有司模印，自是書籍刊鏤者益多，士大夫不復以藏書爲意。學者易於得書，其誦讀亦因滅裂，然板本初不是正，不無訛誤。世既一以板本爲正，而藏本日亡，其訛謬者遂不可正，甚可惜也。①

《麟臺故事》殘本卷二中亦載因墨版摹印六經三史之後"世之寫本悉不用"，而刻本誤文"更無他本可以刊驗"的情形②，可與此互證。寫本淡出的原因大略如是。

在 10 世紀前後，《史記》始由寫本轉爲刻本。此後歷經校定、重刻，後世中國傳本竟多爲刻本，古寫本漸漸堙沒無聞。今天我們幸賴敦煌出土材料及東瀛所存略見古寫本之神采。經過比對，我們發現刻本對寫本改變不僅表現在載體形貌上，更進一步規範字體，刪去連寫符號及異體俗寫字，爲節省材料而略縮減了行格，並以宋人的觀念，而校正了文本。我們今天所見的《史記》，是宋人整理過的《史記》形貌。該書從寫本到刻本的變遷，也對讀者的知識接受和閱讀心態產生了一定影響。以《史記》爲參照，我們也不難推知有宋之前其他文獻的變遷狀況。

---

① 《石林燕語》卷 8，第 116 頁。
② 《麟臺故事校證》"殘本"卷 2 中，第 290 頁。

《史記》中的智者

侯海英[*]

摘 要

本文主要通過對《史記》中“智者”用例的梳理,司馬遷選取那些人物用“智者”一詞進行評價、智者的含義、《史記》中“智者”的特徵以及司馬遷對不同時代“智者”描述的區別,從中可知,三代時期的智者以道德爲標杆,春秋時期的智者順勢而爲,戰國智者個性鮮明,秦漢時期智者生氣勃勃。通過對《史記》中“智者”的研究,進一步明晰《史記》人物評價詞體系,對此一詞義研究的社會價值也做了説明。

關鍵詞

史記 智者 評價詞

司馬遷在《史記》中運用了大量的人物評價詞來涵蓋本質上有一定相類似性的人物,此種人物評價方法是《史記》寫作的一個特點。君子、長者、賢者、仁者、勇者、智者等等皆是。其原因不外乎兩點:其一,社會分層是人類社會發展的客觀事實,作爲史家的司馬遷敏鋭的把握,並準確表達出來。其二,司馬遷作爲史家,有强烈的建立社會規範,把社會人物歸類的心理預期和寫作動機。

本文選取“智者”作爲研究課題,司馬遷在《史記》中認爲那些人是“智者”? “智者”有哪些特徵? 他們在不同的時代表現如何? 智者研究有何意義? 筆者就此發表一些觀點,以求證於方家。

一、《史記》中的智者

中國古代政治家歷來重視謀略。歷代有作爲的統治者爲了實現其宏圖大志,要招賢

* **作者簡介**:侯海英(1969—),女,陝西西安人,陝西師範大學西北歷史環境與經濟社會發展研究院《中國歷史地理》編輯部主任,副編審。

納士，聽其治國方略，擇其善者而從之。因此，"智者"在中國古代政治中，一直是賢德君主孜孜以求的理想人物。可以說"智者"作為謀臣自三皇五帝時就出現，歷代都有傑出者。

司馬遷在《史記》如實記載歷史上存在的這批傑出人物，通過對"智者"個人品格、政治仕途及人生起伏經歷的描述，勾勒出其獨有的品質和性格。在司馬遷筆下，智者異於傳統，他們洞察時勢、籌計畫策以成事功，是時代的風雲人物；他們有執著的目標，堅定的意志和敏銳的洞察力，能超越世俗常態而直取本質；他們因時因勢而起，是時代的弄潮兒。"智者"引領着時代，時代造就了"智者"，"智者"因時代的不同帶有鮮明的特徵。司馬遷對智者的描述和取捨，帶有極大的主觀色彩，表達了自身的政治見解和抱負，值得我們研究和深思。

（一）智者的含義

從廣義上講，人類文明史上卓越人物都可稱為"智者"。"智者"一詞從人類文明源起時便被廣泛運用，並可從當時的各種典籍中尋找出端倪。其起源與長者基本相同。屬於"形容詞＋者"的用法，是指有智謀或智慧的一類人。

明君之道，使智者盡其慮①。

物之可備者，智者盡備之；可權者，盡權之。此智者所以寡患也②。

《管子》中謀略思想十分豐富。在這部著作中，舉凡經濟、政治、文化、教育、軍事、外交和個人修養、人際關係等各領域的智謀韜略，應有盡有，智者在其中反復出現。

智者善謀③。

智者盡其智，謀士盡其謀④。

但在孔子那裏，"智者"一詞卻有了其特殊的含義。《論語》中多次對"智者"有所定義。

君子之道者二，我無能焉。仁者不憂，智者不惑，勇者不懼⑤。（《論語·憲問》）

子曰："智者樂水，仁者樂山；智者動，仁者靜；智者樂，仁者壽。"⑥（《論語·雍也篇》）

在孔子看來，"仁"與"智"既有內涵上的差異，亦有等次上的差異。前者指向道德人格，後者指向具體事物的洞察以成就某種事功。這種與"仁者"、"勇者"有異的"智者"，我們稱之為是狹義的、特指的智者。因此，在早期經典中智者詞義基本定型。

---

① 韓非子：《韓非子·主道》，上海：上海古籍出版社1989年版，第11頁。
② 劉安：《淮南子·主術訓》，北京：中華書局1998年版，第700頁。
③ 管仲：《管子·霸言》，上海：上海古籍出版社1989年版，第87頁。
④ 管仲：《管子·山至數》，第209頁。
⑤ 《十三經注疏》整理委員會：《論語注疏·憲問》，北京：北京大學出版社2000年版，第223頁。
⑥ 《十三經注疏》整理委員會：《論語注疏·雍也》，北京：北京大學出版社2000年版，第87頁。

（二）《史記》中的"智者"用例

司馬遷在《史記》中對智者的描述，我們詳加考辨，大約有近百處，主要有以下幾種用法：

1. 用在文中人物的文章中：

如在《史記·魯仲連鄒陽列傳》中，照録魯仲連給燕將的信，勸説其放棄抵抗，多次提到"智者"應該做的事情，一反襯其行爲的不智。

吾聞之，智者不倍時而棄利，勇士不卻死而滅名，忠臣不先身而後君。

世主不臣，説士不載，故智者不再計，勇士不怯死①。

其他如《史記·司馬相如列傳》中的賦文中：

蓋明者遠見於未萌，而智者避危於無形②。

這種用法是照録古代典籍，司馬遷只是選取而未加改動，一方面説明在傳中人物所處的時代，"智者"一詞已被廣泛運用，同時，也可看出司馬遷選取時對文中觀點的讚賞和認同。

2. 用於文中人物的言辭中

《史記·仲尼弟子列傳》中，"智者"一詞仍舊出現在所描述人物的轉述中，照録了子貢勸説吴王的言辭：

夫勇者不避難，仁者不窮約，智者不失時，王者不絶世，以立其義。

《史記·商鞅列傳》中商鞅與當時秦國守舊勢力的辯論中，一再提到"智者"的選擇應該順勢而爲，拘泥於制度是愚蠢的：

智者作法，愚者制焉；賢者更禮，不肖者拘焉③。

《史記·趙世家》中李兑與肥義的對話：

仁者愛萬物而智者備禍於未形，不仁不智，何以爲國④？

以上的用例都與其他評價詞並用而暗含比較之意，説明在當時人看來，智者、勇者、仁者、王者等等評價詞同樣重要的常用詞，其進入人物言辭的現狀表明了"智者"一詞使用的廣泛性。

3. 用於對人物行爲的評價上

《史記》中大量的"智者"一詞還是用在對人物行爲的評價上，比如燕昭王伐宋，蘇

---

① 司馬遷著，韓兆琦主譯：《史記·魯仲連鄒陽列傳》，北京：中華書局 2008 年版，第 1664 頁。
② 司馬遷著，韓兆琦主譯：《史記·司馬相如列傳》，北京：中華書局 2008 年版，第 2392 頁。
③ 司馬遷著，韓兆琦主譯：《史記·商君列傳》，北京：中華書局 2008 年版，第 1398 頁。
④ 司馬遷著，韓兆琦主譯：《史記·趙世家》，第 976 頁。

代認爲："智者舉事，因禍爲福，轉敗爲功。夫去尊安而取危卑，智者不爲也。"①所以，勸説燕昭王連秦攻齊，獲得昭王的重用，並取得伐齊成功的偉業。

《留侯世家》中，張良用舉例的方式讓劉邦明白重新分封六國後裔的惡劣後果：

武王入殷，表商容之閭，釋箕子之拘，封比干之墓。今陛下能封聖人之墓，表賢者之閭，式智者之門乎？②

以上用例都是直接用在對當時人物的評價上，表達司馬遷對智者的推崇和認可。

4、司馬遷自己的言語和文章中

《史記》中"智者"的使用最有特點的是司馬遷在自己文章中和言語中的使用，可以從中體會到司馬遷對"智者"的讚賞和期盼：

布衣匹夫之人，不害於政，不妨百姓，取之於時而息財富，智者有采焉。作《貨殖列傳》③。(《太史公自序》)

然此可爲智者道，難爲俗人言也④。

仔細研究《史記》中"智者"的使用，我們可以看出司馬遷並沒有把"智者"作爲評價詞，"智者"一詞也未能像"長者"一樣固化，詞義有所變遷和延展，作爲固定的詞語流傳至今。這與智者的内涵和社會形成背景密切的相關。首先，"智者"雖來源於貴族集團，後雖隨著教育的下移而人物來源開始多樣化，但是，他自出現起，就一直作爲帝王等統治者的指導者存在，稀缺而卓然高立，不可能像"長者"一樣形成一個社會團體，其在政治層面顯現出歷史作用往往是獨立的。其次，"智者"作爲計謀的實施者，往往不符合中國文化中傳統的道德評價，正如"智者"陳平所言："我多陰謀，是道家之所禁。吾世即廢，亦已矣，終不能復起，以吾多陰禍也。"⑤"智者"不受世俗所稱道，往往其命運多牟。因此，《史記》中雖記録了大量"智者"，對"智者"的成長和業績詳加描述，司馬遷對"智者"的讚譽和期望滲透於字裏行間，但是，卻沒有用做評價詞而反復使用。對其所產生的社會作用雖極力讚賞但並未系統化論述，智者的作用更多的是獨立的。但這並非表示智者與時代無關，相反，智者因具有超越時代的智慧往往對時代具有引領作用，並在不同時代顯現不同特徵。

（三）《史記》中"智者"的特徵

① 司馬遷著，韓兆琦主譯：《史記·蘇秦列傳》，第 1436 頁。
② 司馬遷著，韓兆琦主譯：《史記·留侯世家》，第 1206 頁。
③ 司馬遷著，韓兆琦主譯：《史記·留侯世家》，第 1206 頁。
④ 韓兆琦編著：《史記箋證·報任安書》，南昌：江西人民出版社 2004 年版，第 6445 頁。
⑤ 司馬遷著，韓兆琦主譯：《史記·陳丞相世家》，第 1236 頁。

在司馬遷看來,智者是在社會政治生活中起重要作用的分子,那麽,在司馬遷的筆下,智者都具備那些人格特徵呢?

1. "智者"練就了堅韌的意志

蘇軾在《留侯論》中説:"古之所謂豪傑之士,必有過人之節。人情有所不能忍者,匹夫見辱,拔劍而起,挺身而鬥,此不足爲勇也。天下有大勇者,卒然臨之而不驚,無故加之而不怒。此其所挾持者甚大,而其志甚遠也。"司馬遷稱之爲"隱忍就功名",懂得大小去就。

張儀被人冤枉爲盜賊,無端"掠笞數百",仍能幽默地問妻子:"視吾舌尚在不?"還有衆所周知的韓信受"胯下之辱"等等,都是智者堅韌隱忍的精神在支撐着他們度過人生的困厄,並從中吸取昇華自己的力量。當然,"隱忍"絶非苟活,智者須臾未放棄自己所追求的人生大目標。有着這樣的大目標,即使一百次被擊倒,智者會第一百零一次站起來,撫平創傷,投入拼搏。

2. "智者"具備深刻的洞察能力

只有經歷了人生大苦難、大起落的人才能真正洞察人生世事。《史記》中記載的"智者"因爲洞察世事人心而能頻出奇計,"智者舉事,因禍爲福,轉敗爲功"(《史記·蘇秦列傳》)。智者依靠智慧改變事件發展軌跡的事例在《史記》中比比皆是。

《史記·留侯世家》中,當劉邦因封功臣而導致諸將爭持不下,以致將釀成變亂時,張良洞察到諸將心態,對劉邦分析諸將心態説:"陛下起布衣,以此屬取天下。今陛下爲天子,而所封皆蕭、曹故人所親愛,而所誅者皆生平之所仇怨。今軍吏計功,以天下不足遍封,此屬畏陛下不能盡封,恐又見疑平生過失之誅,故即相聚謀反耳。"[①]委婉諫阻了劉邦功成之後不計後果的任人唯親行爲,在分析世事人心的基礎上,爲劉邦找到了正確的對策:"緊急封雍齒(劉邦銜恨欲殺之功臣)以示群臣,群臣見雍齒封,則人人自堅矣。"留侯張良正是憑藉着對人情世故的洞悉,將新生的漢王朝從可能的動亂初萌中挽救出來。

3. "智者"能超越世俗常態,爲大計而犧牲小節

超越世俗常理往往是智者成爲智者的關鍵。超越正是來自於智者早期的坎坷屈辱的經歷。這種刻骨銘心的個體感受常常使他們能夠以懷疑的態度面對常態的社會秩序、社會價值,從而超越常態直取本質,達到認識的飛躍。如《史記·蘇秦列傳》中記載蘇秦與燕王關於"忠信"的論辯:

蘇秦曰:"臣聞忠信者,所以自爲也;進取者,所以爲人也。"……蘇秦曰:"孝如曾參,

---

① 司馬遷著,韓兆琦主譯:《史記·留侯世家》,第 1210 頁。

義不離其親一宿於外,王又安能使之步行千里而事弱燕之危王哉?廉如伯夷,義不爲孤竹君之嗣,不肯爲武王臣,不受封侯而餓死首陽山下。有廉如此,王又安能使之步行千里而行進取於齊哉?信如尾生,與女子期於梁下,女子不來,水至不去,抱柱而死。有信如此,王又安能使之步行千里卻齊之强兵哉?臣所謂以忠信得罪於上者也。"

蘇秦對於傳統道德範疇的議論並不在於其本身的理論意義,而在於其不爲世俗觀念所束縛的挑戰精神和超越意識。蘇秦正是從自身的坎坷經歷中,從對人情世故的洞察中超越了社會的常態價值,不拘泥於點滴之忠信,才能取得了"爲從約長,並相六國"的巨大事功,成爲時代的弄潮兒。

管仲的人生經歷也是頗爲當時的世俗社會所非議的,正因爲如此,他纔那樣感激鮑叔。但他之所以置非議於不顧,一方面是對社會有着異於常人的獨特見解,更多的是爲了更大事功目標的追求。

司馬遷重事功的態度使其對於智者頗多偏愛,對於智者人格多持肯定態度,甚至無視其行爲中的道德缺陷而禮讚其成就的巨大業績。《史記·蘇秦列傳》論贊中稱蘇秦:"夫蘇秦起閭閻,連六國從親,此其過人之者。吾故列其行事,次其時序,毋令獨蒙惡聲焉。"[1]在《史記·張儀列傳》中稱蘇秦、張儀:"要之,此兩人真傾危之士哉!"[2]但是,史家"不隱惡"的原則,司馬遷在記述中對其因小節而被非議的現狀做了客觀的描述。但同時,又通過他們之口,爲其進行了辯護。我們雖不能期望於兩千年前的司馬遷能突破社會已有的評價規範,理解智者所表現的"特立獨行",但是,司馬遷的記載確實爲我們理解"智者"的立體化的人生做了很好的解讀範本。

二、"智者"的時代特徵

智者才能發揮的程度及其個人命運,大都與社會時勢緊密相關。韓非子說:"上古競於道德,中古逐於智謀,當今爭於氣力。"[3]準確地概括了不同時代的特徵,不同社會背景下,也造就了"智者"不同的時代特徵。

1. 道德第一的三代"智者"

智慧是產生在知識和經驗之上的,因此,三代時期智者是當時社會的文化擁有者,大多是作爲王的輔佐者出現的。他們在成就"智者"榮光的同時,還以聖賢聲名而遺存後世。

---

① 司馬遷著,韓兆琦主譯:《史記·蘇秦列傳》,第 1440 頁。
② 司馬遷著,韓兆琦主譯:《史記·張儀列傳》,第 1472 頁。
③ 韓非子:《韓非子·五蠹》,第 153 頁。

在春秋以前,在社會的評價中,聖人是第一位的,賢人是第二位的,所以社會公論推崇的是聖賢人格,看重其道德表現。而智者人格在當時是不被看好的,往往還因帶有權詐而被人所詬病。因此,此一時期的"智者",往往披上道德的外衣,更看重遵守道德所帶來的名譽。堯舜禹雖智慧過人,但均是因德行而取得天下;至商時,"智者"伊尹助商湯取得天下,仍教以王道,"湯德至矣,及鳥獸"。帝太戊時的"智者"伊涉,仍舊把德行作爲第一要務的修養。周的建立中,作爲"智者"的周公旦作用巨大,他輔佐武王平定天下,建立統治制度,禮儀制度,並且在武王死後攝政六年。但是,成王長大後,他還政與王,獲得廣泛的讚譽,"夫天下稱誦周公,言其能論歌文武之德"①,成爲中國歷史上最完美的政治家。可見在當時情勢下,"智者"對社會給予自身的道德評價十分注重。所以説,三代時期的"智者"往往與聖賢比肩而立,在實現自身價值的同時,更注重道德的完善。

2. 順勢而爲的春秋"智者"

至春秋時期,"士"成爲當時社會重要的知識群體逐步獨立出來,由於戰爭頻繁,各國內政外交上矛盾重重,統治者爲了應付這種複雜的矛盾鬥爭,提高國力,不斷在國內進行改革和變法。"智者"作爲他們中的傑出者,開始走上政治舞臺,他們以智謀經營,而以道德治世,順勢而爲,實現自己的政治抱負,完成自身價值的實現。

以管仲、晏嬰爲代表。管仲的才智過人,但是命運曲折,當其主政齊國後,在政治運作上順勢而爲。司馬遷虛寫其業績:"管仲既用,任政於齊,齊桓公以霸,九合諸侯,一匡天下,管仲之謀也。"其行政特點爲:"論卑而易行。俗之所欲,因而予之;俗之所否,因而去之。"作爲春秋時代的"智者",管仲表現出的功利態度並不明顯。他提出了"四維不張,國乃滅亡"的重德理論,又有"下令如流水之原,令順民心"的重民政治舉措。可見,作爲特定時代的智者,管仲心中未嘗沒有後世智者那樣的挑戰激情和懷疑態度,但他終於只能順應當時仍占主導地位的重德、重民思潮,來謀求政治上的功業。

但是,世事難爲,這一時期的"智者"已很難如周公般成就完美人格,只能在道德缺陷下施展自己的智慧。所以,戰國的"智者"多數順勢而爲,順應時代實現自身的價值。所謂"智者不倍時而棄利"②(《史記・魯仲連鄒陽列傳》)即是對春秋"智者"的總結。

3. 個性鮮明的戰國"智者"

戰國時期處於劇烈的社會轉型中,隨着教育的擴大化,知識層的下移,士人發展成爲一個人數衆多且活躍的知識階層。他們自由流動,眼界開闊,情緒高昂,思想活躍,人格相對獨立,爲了實現自身的人生價值,積極參與各種社會活動,遊説奔走於各諸侯國之間。

---

① 韓兆琦編著:《史記箋證・太史公自序》,南昌:江西人民出版社 2004 年版,第 6347 頁。
② 司馬遷著,韓兆琦主譯:《史記・魯仲連鄒陽列傳》,第 1664 頁。

戰國智者的名字總是與其業績聯繫在一起的，是司馬遷所謂"不令己失時，立功名於天下"的人物。

他們多半來自社會下層，以其過人之智，緊緊抓住時代脈搏，他們的奮鬥與努力，更多地是爲自己而非爲道德。他們急功近利和爲成功不擇手段的態度決定了在其特定時代中即是其成功之源，亦是失敗之因。

造就戰國"智者"這一特性的原因其實與當時社會現實密切相關。戰國社會處於社會秩序混亂期，孔子言"禮崩樂壞"，周王朝所形成的社會秩序和道德規範被衝擊蕩盡，戰國"智者"的來源和社會地位發生了很大的變化。

首先，他們皆出身寒微，或爲"窮巷窟門桑户圈樞之士"（如蘇秦），或"家貧無以自資"（如范雎），或"貧乏不能自存"（如張儀）。其所處的社會階層顯然較春秋時代的智者更爲低下。他們所看重的首先是自己所從事的某項事業、某項活動是否成功，而並不在乎這項活動對誰有利，對誰有害。如《蘇秦列傳》的蘇秦可以在"連橫""合縱"兩大對立的政治謀略中任意轉變而略無愧色。當説趙成功，爲六國縱約長後，"恐秦之攻諸侯，敗約後負，念莫可使用于秦者"，居然設計刺激張儀去秦爲連橫之策來鞏固自己的地位。張儀、范雎本爲魏人，先後爲秦相，操"連橫"之術，將矛頭對準自己的父母之邦。後世多從道德層面指責戰國策士們反復無常，無立場、無信念，但在他們自己看來，他們所立身之本不是道德層面的救贖，而是功利層面的目標達成。他們推崇的依靠自身的智慧完成一種政治運作技巧，並以此來開展某種政治活動，藉以取得功名富貴，也就是實現了自身的價值。在戰國"智者"那裏，個人的功名得失必然會高於雇主的利益，故范雎爲秦相，爲保位而讒死武安君白起。

這樣的雇傭關係同時也決定了雇傭者的態度，所以，作爲被雇傭者雖號稱"智者"，但始終無法擺脱被利用的命運，是没有真正根基的政治工具。一方面，他們易於被毀傷。如蘇秦即被燕人指爲"左右賣國反復之臣"，最終被刺身亡。另一方面，智者既然作爲術士，可以自由選擇雇主，也就極易被其他術士所代替，終於喪失自己的地位。如張儀受挫於犀首，范雎終敗於蔡澤。故而他們的智慧雖能耀眼於一時，卻不能影響深遠，其遠離社會公認道德的行事風格，使其成爲中國歷史上特殊的、評價相差極大的一群人。

4. 生機勃勃的秦漢"智者"

與戰國智者相比較，秦漢時代的智者有了更爲良好的環境。經歷了戰國智者輩出的時代，可以説，正是這些出身卑微而充滿才智的人物造就了秦併六國。秦人重事功的求實精神和任人唯賢的用人政策是六國所無可比擬的。李斯的《諫逐客令》所舉自秦穆公以來的歷代君主對各國智者的重用，如蹇叔、由余、百里奚、丕豹、公孫支、商鞅、張儀等，這正是秦人優於六國的過人之處。

秦的巨大事功不僅使人們對既往的社會秩序失望,而且對一些傳統價值觀念也産生了懷疑。而智謀並非天生於諸侯之家得到廣泛的認可。《左傳》中的曹劌即有"肉食者鄙,未能遠謀"①的説法。至秦漢之際,這種信念更是深入人心,即令是爲人傭耕的農夫陳涉也懷有一飛沖天的"鴻鵠之志",在舉義之時提出"王侯將相寧有種乎"的響亮口號。在反秦浪潮蜂擁的楚漢戰爭期間,既有六國貴族之後如項羽叔侄等,但更多的是奮起於社會下層的才智之士,而劉邦本人就是其領袖人物。

在這樣的背景下,漢代"智者"不再如戰國"智者"那樣僅僅依靠智慧和權謀來追求富貴功名,而在精神本質上無所依傍,他們往往自覺的將自己的才智命運與新興的漢政權結合起來,有着明確的立場與政治追求。如留侯張良,本爲韓相之後,反秦起兵先與項伯交往甚深,後又爲韓王司徒,但他卻以過人之智認定沛公劉邦代表了天命攸歸。在劉漢王朝的重大轉折關頭,張良總是竭忠盡智,使漢王朝能夠始終貫徹着新時代精神。如諫分封,諫賞功,諫廢嫡。不僅使新興王朝充滿新的活力,也爲後世作出了楷模。

陳平有着與張良類似的經歷,但出身卑微。漢代"智者"如張良陳平之屬的尋尋覓覓,並非如戰國"智者"那樣尋找以售其術的雇主,而是要尋找可以安身立命、竭忠盡智的歸宿。在陳平(還有韓信)看來,背項奔劉,不僅僅是因一時的失意,而是看到了項羽集團的實質是不能擺脱氏族社會的傳統觀念:"其所任愛,非諸項即妻之昆弟。"在楚漢之爭中,劉邦得人之多遠非項羽及六國後裔可比,正是因爲劉邦本人及其核心集團本身都是來自於新興下層集團,而在這種勢力集團中每一個成員也都能有歸宿感和使命感,從而得以最大限度地發揮自己的聰明才智。智者的認可和支持是劉邦集團成功的關鍵,漢初布衣將相格局正是當時智者最期待的局面。只有在這種格局中,他們才有可能獲得地位,進入統治者階層。封建社會所謂的"風雲際會,君臣遇合"即指此也。後代的智者不停地試圖重復這一格局,實現自己抱負的同時,重新構建統治階層。只是這一目標在專制統治下變得越來越成爲幻想。這一問題的深入研究,可能是另外一個課題。

"智者"的崛起與漢王朝建立的巨大事功是密不可分的,正是由於秦漢"智者"所具有的高揚的責任感和噴薄的生命力,纔使得新興王朝煥發出巨大的能量和强大健康的活力,將中華民族有史以來的理性能量推到一個前所未有的高度,帶給我們一個朝氣蓬勃的漢王朝。司馬遷正是意識到這一點,纔在《史記》中擺脱了傳統道德價值觀念對人物評價的束縛,極大地張揚了"智者"在歷史發展中的巨大作用和重要地位。同樣也就肯

---

① 《十三經注疏》整理委員會:《春秋左傳正義·莊公十年》,北京:北京大學出版社 2000 年版,第 274 頁。

定了新興王朝、新的社會形態對發揮"智者"潛在力量的推動力。

三、"智者"研究的社會意義

司馬遷在《報任安書》中，仔細地説明了自己忍辱負重，完成《史記》的原因，最後説："然此可爲智者道，難爲俗人言也。"説明在司馬遷的心目中，只有"智者"纔能理解他所做的巨大的犧牲和成就。在司馬遷心中，"智者"佔據重要的地位。

需要指出的是，司馬遷同樣以其史家與文學家的深刻敏鋭意識"智者"與時代的關係，智者命運的不穩定是歷史的必然結果，其自身屈辱的經歷也使得他對"智者"在政治格局中的生存狀態心知肚明。

在君主專制條件下，政治決斷的特點是君主個人獨斷。君主擁有最高的權力，擁有對土地和臣民的最高支配權和佔有權，"智者"的地位與作用獨特。一方面，統治者需要他們的知識和謀略包括政治主張、軍事謀劃、外交才幹等作爲自己的統治的支撐；另一方面，"智者"的命運又掌握在當權者手中，其榮辱存亡都取決於君主的喜惡，"智者"的人生價值能否得到實現取決於他們，"明君"方有"良謀"，甚至"智者"的生死也往往操縱在君主手上。日益集權化的政治統治會束縛"智者"才幹的發揮，甚至扭曲"智者"的人格。

秦漢社會以新興的社會形態和社會組織方式出現，雖因廢棄氏族制而極大地解放了"智者"的才智潛能，使得他們能夠以平等的身份，主人翁的態度服務於社會，成就巨大事功。但他們締造出來的強大帝國在失去了原有的氏族血緣基礎之後，又不得不依賴於高度的集權專制來駕馭控制。專制的力量一經産生，便有了靈魂，終於也束縛、摧殘了它的締造者。"智者"作爲一種特殊的社會建設者，往往只能存在於社會動盪期，在社會趨於平穩之後，專制的集權往往會盡力擠壓"智者"的生存空間，限制"智者"智慧的發揮，對"智者"敏鋭的洞察力和影響力多加防範。因此，才有在專制加強時代，司馬遷這樣一位"智者"被閹割的悲慘命運。

司馬遷在《史記·陳丞相世家》最後評價陳平："常出奇計，救紛糾之難，振國家之患。及呂后時，事多故矣，然平竟自脱，定宗廟，以榮名終，稱賢相，豈不善始善終哉！非知謀孰能當此者乎？"陳平在天下初定後，以其全部才智周旋於上層爭權奪利的爭鬥之中，對國家大計幾無建樹，終僅以身免。對此司馬遷感慨良多。張良最終選擇了"願棄人間事，欲從赤松子遊"的退隱道路。蕭何畏功震主，不惜求田問舍，自汙以敗，尚不能免縲紲之苦。韓信之智長於軍事而短於政治，結果終不免兔死狗烹的命運。而作爲成長於漢承平時期的"智者",司馬遷自身的遭遇也印證了這種束縛。因此,司馬遷一方面通過《史記》來表達强烈的實現自身"智者"價值的願望,同時,在《史記》中用大量篇幅記載"智者"的人生軌跡和重要作用,表達了對"智者"的推崇和讚賞,對專制黑暗的鞭笞。

"智者"其實在某種程度代表着保持獨立思考的知識份子對社會、對歷史潮流的清醒認識,對人世間衆生的關懷和提醒。對專制王朝來説,這樣一種"智者"的存在,本身就是一種危險,因此,隨着專制集權的日漸加强,曾在中國社會活躍的"智者"也慢慢退出了歷史舞臺。後代的朝代更替,即便出現的"智者"往往也披上了宗教的外衣。因此,如同"長者"一樣,《史記》中的"智者"同樣也是特殊時代留給我們的財富,研究他們,可以帶我們打開一扇深入中國傳統社會模式的大門,使我們能更真實地理解中國古代專制時代的特質。

唐代三教講論的演進

張全民*

摘　要

　　唐代儒、道、釋獲得了巨大發展，三足鼎立的局面達到了高潮，並且通行以"三教"統稱三家。唐朝政府以儒學爲治國之道，儘管不同時期對於道、釋兩家的先後次序排列有異，但總的趨勢是在共佐王化的基礎上進行三教調和。有唐一代，朝廷屢次組織三教名流大德，公開講述論難，稱爲三教講論。高祖武德七年釋奠，在國學首開三教講論，此後漸成風氣。自德宗貞元十二年以後，固定在皇帝降誕日舉辦，並且多在大明宮麟德殿進行。三教講論呈現了三家之間的區別與矛盾，同時客觀上也爲三教的交流和融合提供了很好的機會，促進了儒、道、釋的相互吸收和融合，爲中國傳統文化三教合流奠定了基礎。

關鍵詞

　　三教講論　降誕日　麟德殿　三教調和

　　唐代文化恢宏博大，相容並包，儒、道、釋皆獲得了巨大發展，三足鼎立的局面達到了高潮。儒、道、釋三家並稱"三教"大致源於南北朝時期，至唐代，"三教"之名頻繁見諸於史籍。這裏的"教"僅是教化之意，和宗教的含義有一定的差距，並不一定把儒家看成一種宗教。唐朝政府以儒學爲治國之道，儘管不同時期對於道、釋兩家的先後次序排列有異，或有貶抑佛道乃至滅佛的舉措，但總的趨勢是在共佐王化的基礎上進行三教調和。

　　唐代朝廷舉辦的三教講論就是爲調和三教而舉辦的高規格的學術活動。有唐一代屢次組織三教名流大德，於釋奠、降誕日等節日舉辦，或因其他典禮、事由進行，在皇帝或太子前，公開講述論難，稱爲三教講論、三教論衡、三教談論或三教論議。本文將唐代三教講論活動加以梳理，從中可以看出唐代三教講論場所的變化以及三教發展融合的軌跡。

---

* 　作者簡介：張全民，西安市文物保護考古研究院研究館員。

一、國學釋奠與三教講論

三教講論肇端於北周武帝。據《周書》記載：天和三年（568）八月“癸酉,帝御大德殿,集百僚及沙門、道士等親講《禮記》”①。天和四年（569）二月“戊辰,帝御大德殿,集百僚、道士、沙門等,討論釋老義”②。建德二年（573）“十二月癸巳,集群臣及沙門、道士等,帝升高座,辨釋三教先後,以儒教爲先,道教爲次,佛教爲後”③。

唐代首創三教講論之制者爲高祖李淵。據《舊唐書·高祖本紀》記載：武德七年（624）二月,“丁巳,幸國子學,親臨釋奠”④。在《舊唐書·禮儀志》中亦有記載,且内容有所補充,但紀日有異：“丁酉,幸國子學,親臨釋奠。引道士、沙門有學業者,與博士雜相駁難,久之乃罷”⑤。

釋奠是中國古代祭祀先聖先師的禮儀,此日舉辦三教講論可見朝廷調解三教之善意。根據《唐六典》國子監條記載：“凡春、秋二分之月,上丁釋奠於先聖孔宣父,以先師顔回配,七十二弟子及先儒二十二賢從祀焉。……若與大祭祀相遇,則改用中丁。”⑥ 兩處文獻所記皆爲唐高祖親臨國子學釋奠之事,發生於武德七年,應爲二月（春分之月）上旬的丁日,或二月中旬的丁日。查閱武德七年二月干支紀日,二月上丁爲丁未（七日）,中丁爲丁巳（十七日）,由此可推此次釋奠禮於武德七年二月中丁進行,後者紀日有誤。

關於這次講論的主要人物及内容,《舊唐書·陸德明傳》有記載：“後高祖親臨釋奠,時徐文遠講《孝經》,沙門惠乘講《波若經》,道士劉進喜講《老子》,德明難此三人,各因宗指,隨端立義,衆皆爲之屈。”⑦

唐武德初依隋開皇制,爲國子學,隸太常寺。據《舊唐書》記載：“武德二年（619）,國子立周公、孔子廟。”⑧ 又據同書記載,武德二年詔書：“宜令有司於國子學立周公、孔子廟各一所,四時致祭。”⑨可知起初在國子學分別建有周公廟和孔子廟。貞觀元年（627）五月,又改國子學爲國子監。貞觀二年（628）於國學停享周公而獨立孔子廟⑩。龍朔二

---

① 《周書》卷5《武帝紀上》,北京:中華書局1971年版,第75頁。
② 《周書》卷5《武帝紀上》,第76頁。
③ 《周書》卷5《武帝紀上》,第83頁。
④ 《舊唐書》卷1《高祖紀》,北京:中華書局1975年版,第14頁。
⑤ 《舊唐書》卷24《禮儀志四》,第916頁。
⑥ 〔唐〕李林甫撰,陳仲夫校:《唐六典》卷21《國子監》,北京:中華書局1992年版,第557—558頁。
⑦ 《舊唐書》卷189上《陸德明傳》,第4945頁。
⑧ 《舊唐書》卷24《禮儀志四》,第916頁。
⑨ 《舊唐書》卷189上《儒學上》,第4940頁。
⑩ 《舊唐書》卷189上《儒學上》:“貞觀二年,停以周公爲先聖、始立孔子廟堂於國學。”第4941頁。

年（662）改爲司成館，咸亨元年（670）復稱國子監。光宅元年（684）改爲成均監，神龍元年（705）復爲國子監①。天寶九載（750），國子監增置廣文館②。"天寶中，國學增置廣文館，在國學西北隅，與安上門相對"③。唐文宗開成二年（837），監内太學刊刻石經告成④，史稱《開成石經》。

國子監位於唐長安城務本坊，務本坊爲唐長安城朱雀門街東第二街從北數的第一坊，北抵皇城南面。國子監占務本坊西部的半坊之地，國學之北即安上門。務本坊位置和西邊含光門外的太平坊相對稱⑤。

釋奠之日舉辦三教講論活動在唐代尚未形成定制。直至代宗永泰二年（766），又於二月和八月的釋奠日兩次重開三教講論。這兩次講論，儘管也有質問駁難，但京兆府供給飯食，而且後一次還有樂舞、百戲助興，顯得歡樂而融洽。據《舊唐書》記載："及二月朔上丁釋奠，蕭昕又奏：諸宰相元載、杜鴻漸、李抱玉及常參官、六軍軍將就國子學聽講論，賜錢五百貫。令京兆尹黎幹造食。集諸儒、道、僧，質問竟日。此禮久廢，一朝能舉。八月，國子學成祠堂、論堂、六館院及官吏所居廳宇，用錢四萬貫，拆曲江亭子瓦木助之。四日，釋奠，宰相、常參官、軍將盡會於講堂，京兆府置食，講論。軍容使魚朝恩説《易》，又於論堂畫《周易》鏡圖。自至德二載收兩京，唯元正含元殿受朝賀，設宮懸之樂，雖郊廟大祭，只有登歌樂，亦無文、武二舞。其時軍容使魚朝恩知監事，廟庭乃具宮懸之樂於講堂前，又有教坊樂府雜伎，竟日而罷。"⑥

二、弘文殿講論

唐太宗雖十分重視釋奠禮，但未曾留下親自主持三教講論之會的記載。太宗貞觀十二年（638），曾由皇太子召集諸人，在弘文殿舉行三教講論活動。

據唐京師西明寺釋氏所撰《集古今佛道論衡》記載：

貞觀十二年，皇太子集諸官臣及三教學士於弘文殿，開明佛法。紀國寺慧淨法師，預斯佳會。有令召淨開《法華經》。奉旨登座，如常序胤。道士蔡晃，講道論好，

① 《唐會要》卷66《國子監》，北京：中華書局，1955年，第1157頁。
② 《舊唐書》卷9《玄宗紀下》，第224頁。
③ 〔宋〕王讜撰，周勳初校：《唐語林校證》卷5，北京：中華書局1987年版，第459頁。
④ 《舊唐書》卷17下《文宗紀下》，第571頁。
⑤ 參見清徐松撰，李健超增訂：《增訂唐兩京城坊考》（修訂本），西安：三秦出版社2006年版，第55頁。
⑥ 《舊唐書》卷24《禮儀志四》，第923頁。

獨秀時英,下令遣與抗衡。晃即整容問曰:"《經》稱序品第一,未審序第何分?"淨曰:"如來入定徵瑞,放光現奇,動地雨花,假近開遠,爲破二之洪基,作明一之由漸,故爲序也。第者爲居,一者爲始,序最居先,故稱第一。"……晃曰:"言不領者,請爲重釋。"淨啟令曰:"昔有二人,一名蛇奴,道帝忘掃;一名身子,一聞千解。然則蛇奴再聞不悟,身子一唱千領,此非授道不明,但是納法非俊。"……有國子祭酒孔穎達者,心存道黨,潛扇斯玷,曰:"承聞佛家無諍,法師何以構斯?"……淨啟:"常聞君子不党,其知祭酒亦党乎?"皇儲怡然大笑,合坐歡躍,今日不徒法樂以至於斯。[①]

根據上述記載可知,此次講論由皇太子李承乾主持,參加者儒家以國子祭酒孔穎達爲代表,道家以蔡晃爲代表,佛教則以慧淨爲代表。關於這次講論的具體時間,據《釋氏通鑑》記載,在戊戌年(即貞觀十二年)八月[②],至於舉辦事由或屬於什麼節日不得而知。

此次講論地點設在太極宮的弘文殿,在門下省之東。唐太宗登基之後,於武德九年(626)九月在此聚集四部書二十餘萬卷,並於殿側置弘文館。"精選天下文學之士虞世南、褚亮、姚思廉、歐陽詢、蔡允恭、蕭德言等,以本官兼學士,令更日宿直,聽朝之隙,引入內殿,講論前言往行,商榷政事,或至夜分乃罷。"[③]

三、高宗、武則天時期的內殿講論

唐高宗時期,在長安和洛陽的兩京內殿,多次召集佛道兩家論對。例如顯慶五年(660)在洛陽宮中論對,《集古今佛道論衡》卷丁有詳細記載:

顯慶五年八月十八日,敕召僧靜泰、道士李榮,在洛宮中。帝問僧曰:"《老子化胡經》述化胡事,其事如何?可備詳其由緒。"……靜泰奏言:《老子》二篇,莊生內外,或以虛無爲主,或以自然爲宗,固與佛教有殊,然是一家恬素。降茲以外,制自下愚。靈寶創起,張陵吳時始盛;上清肇端,葛氏齊代方行。亦有鮑靜,謬作三皇

① 〔唐〕西明寺釋氏:《集古今佛道論衡》卷丙之《皇太子集三教學者詳論事第五》,見《大正新修大藏經》,第52冊,第383頁。
② 〔宋〕釋本覺:《釋氏通鑑》卷7,見《續大正新修大藏經》,第76冊。
③ 《資治通鑑》卷192,唐高祖武德九年九月條,第6023頁。

被誅，具明晉史。大唐貞觀之際，下詔普焚此《化胡經》者。泰據晉代雜録及裴子野《高僧傳》，皆云道士王浮，與沙門帛祖，對論每屈。浮遂取《漢書·西域傳》，擬爲《化胡經》《搜神記》《幽明録》等，亦云王浮造僞之過。"道士李榮云："静泰無知，浪爲援引。"榮據《化胡經》云：'老子化胡爲佛。'又《老子》序云：'西邁流沙'，此即化胡之事顯矣。"静泰奏言："李榮重引化胡，静泰前已指僞。縱令此經實録，由須歸佛大師。《化胡經》中老子云：'我師釋迦文，善入於泥洹。'又榮引《老子》經序，竟無西邁流沙之論，但云尹喜謂老子曰：'將隱乎據。'榮對詔不實，請付嚴科。又莊子云：'老聃死，秦失弔之。'又《西京雜記》云：'老子葬於槐里'，此並典誥良證。又道士諸經唯有莊老，餘皆僞誑，偷竊佛教，安置縱横。首尾蹈機，進退惟咎。假令榮經，改無歸佛之語。陛下秘閣，亦有道經，請對三觀學士，以定是非。即源真謬。"李榮云："道人亦浪譯經。據白馬將經，唯有《四十二章》，餘者並是道人僞作。近亦有玄奘，浪翻經論。"静泰奏言："李榮苟事往來，莫知史籍據。……無知祭酒，輒事毀譽。案榮之罪已合萬死。"①

儘管高宗時期未明確記載儒臣參加論對，但從上文"請對三觀學士，以定是非"來看，儒家實際上擔負着佛道雙方辯難爭勝的裁判。又據上文"無知祭酒，輒事毀譽"之言，似表明有儒臣參加。

武則天亦開三教講論。載初元年（689），武則天在洛陽大赦改元，用周正。"其年二月，則天又御明堂，大開三教。内史邢文偉講《孝經》，命侍臣及僧、道士等以次論議，日昃乃罷。"②這種形式與武德時期三教講論相類，體現出以儒學爲本，和合三教的宗旨。

四、降誕日與三教講論

唐代皇帝降誕日列入節慶始於玄宗開元十七年（729），據《舊唐書》記載："（開元十七年）八月癸亥，上以降誕日，宴百僚於花萼樓下。百僚表請以每年八月五日爲千秋節，王公已下獻鏡及承露囊，天下諸州咸令宴樂，休暇三日，仍編爲令，從之。"③

宋人《石林燕語》對於唐降誕日之節慶進行了很好的概括：

① 〔唐〕西明寺釋氏：《集古今佛道論衡》卷丁《今上在東都有洛邑僧静泰勅對道士李榮敘道事第五》，見《大正新修大藏經》，第52册，第391頁。
② 《舊唐書》卷22《禮儀志二》，第864頁。
③ 《舊唐書》卷8《玄宗紀上》，第193頁。

　　唐自明皇以誕日爲千秋節，其後肅宗爲地平天成節，至代宗，群臣請建天興節，不報。自是歷德、順、憲、穆、敬五帝，皆不爲節。文宗大和中，復置慶成節，故武宗爲慶陽節。終唐世，宣宗爲壽昌節，僖宗爲嘉會節，昭宗爲乾和節，中間惟懿宗不置。則唐世此禮亦不常，各系其時君耳。千秋節詔天下咸燕樂，有司休務三日；其餘凡建節，皆以爲例。穆宗雖不建節，而紫宸殿受百官稱賀，命婦光順門賀皇太后；及有麟德殿沙門、道士、儒官討論三教之制。①

　　降誕日普天同慶，除了宴樂、進貢、賞賜以外，還舉辦三教講論等文化活動。開元十八年（730），玄宗首開降誕日佛道論衡，地點在興慶宮的花萼樓。據《釋氏稽古略》記載：“帝御花萼樓，召釋道二教論義。法師道氤與道士尹謙對辯，謙義負。有旨編所論入藏，題曰《開元佛道論衡》。法師道氤，俗姓長孫，長安高陵人也。父容，殿中侍御史。母馬氏。開元十八年，於花萼樓對御，定二教優劣。氤雄論奮發，河傾海注。道士尹謙對答失次，理窟辭殫，論宗乖舛。帝再三嘆羨，賜絹五百匹，充法施。另集《對御論衡一本》，盛傳於代。②

　　玄宗亦首開降誕日三教講論之風。據《册府元龜》記載：開元二十三年（735）“八月癸巳，千秋節，命諸學士及僧、道講論三教同異”③。

　　肅宗降誕日曾於麟德殿開佛道講論。據《册府元龜》記載：上元二年（761）七月，“又詔御麟德殿觀僧道講論，頒賜有差”④。又據《日知錄》記載：“肅宗上元二年九月甲申，天成地平節，上於三殿置道場，以宮人爲佛、菩薩，力士爲金剛、神王，召大臣膜拜圍繞。自後相沿，以爲故事。命沙門、道士講論於麟德殿。”⑤

　　德宗貞元十二年（796）降誕日於麟德殿開三教講論，史書多載。據《舊唐書・德宗本紀》記載：“（貞元十二年四月）庚辰，上降誕日，命沙門、道士加文儒官討論三教，上大悦。”⑥關於儒、道、釋各家的參加人員，《舊唐書・韋渠牟傳》有載：“貞元十二年四月，德宗誕日，御麟德殿，召給事中徐岱、兵部郎中趙需、禮部郎中許孟容與渠牟及道士萬參成、沙門譚延等十二人，講論儒、道、釋三教。”⑦

① 〔宋〕葉夢得撰，宇文紹奕考異，侯忠義校：《石林燕語》卷4，北京：中華書局1984年版，第51—52頁。
② 〔元〕釋覺岸、〔明〕釋幻輪撰：《釋氏稽古略・續集》之《玄宗》，揚州：江蘇廣陵古籍刻印社影印，1992年，第309頁。
③ 《册府元龜》卷37《帝王部・頌德》，北京：中華書局1960年版，第414頁。
④ 《册府元龜》卷2《帝王部・誕聖》，第21—22頁。
⑤ 〔清〕顧炎武著，黄汝成集釋，欒保群、吕宗力校：《日知錄集釋》（全校本）卷14《聖節》，上海：上海古籍出版社2006年版，第836頁。
⑥ 《舊唐書》卷13《德宗紀下》，第383頁。
⑦ 《舊唐書》卷135《韋渠牟傳》，第3728頁。

此次三教講論影響巨大，不僅在於佛道講論的同時增加了儒官，還在於此後降誕日舉辦三教講論成爲一種風習。《唐會要》載："（貞元十二年）其年四月庚午，上降誕之日。近歲，常以此時會沙門道士於麟德殿講論。至是，兼召儒官，講論三教。"①

其後唐代關於降誕日三教講論的記載綿延不絶，有時誕日或僅舉行佛道論對。例如憲宗元和"九年（814）二月降誕日，御麟德殿，垂簾命沙門、道士三百五十人齋會於殿内。食畢，較論於高座，晡而罷。頒賜有差"②。又如唐敬宗於長慶四年（824）正月即位，同年於降誕日舉行佛道講論，同時還有内官、翰林學士等觀摩。據《册府元龜》記載："其日，帝御三殿，命浮圖道士講論，内官及翰林學士、諸軍士、駙馬皆從。既罷，賞賜有差。"③

敬宗寶曆二年（826）誕日舉辦三教講論。據《舊唐書》記載："寶曆二年（826）六月，敬宗降誕日，御三殿，特詔兵部侍郎丁公著、太常少卿陸亘與繁等三人抗浮圖道士講論。"④

文宗屢次於誕日在麟德殿舉辦三教講論或佛道講論，留下了諸多記載，兹按年代分述如下。

太和元年（827），文宗登基的第一年，誕日即舉辦三教講論。"文宗以元和四年（809）十月十日生。太和元年十月降誕日，召秘書監白居易等與僧惟應、道士趙常盈於麟德殿講論。賜錦綵有差。"⑤關於此次講論的人物以及論對，白居易在《三教論衡》一文有詳細記載，今録其開篇：

> 太和元年十月，皇帝降誕日，奉敕召入麟德殿内道場，對御三教談論。略録大端，不可具載。第一座，秘書監賜紫金魚袋白居易、安國寺賜紫引駕沙門義休、太清宮賜紫道士楊宏元。⑥

太和"二年（828）十月壬戌，以降誕日召吏部侍郎楊嗣復、吏部郎中崔戎等赴麟德殿講論。賜錦綵、銀器有差"⑦。

太和"四年（830）十月辛亥降誕日，命道士、僧徒講論於麟德殿"⑧。

---

① 《唐會要》卷29《節日》，第545頁。
② 《册府元龜》卷2《帝王部·誕聖》，第23頁。
③ 《册府元龜》卷2《帝王部·誕聖》，第23頁。
④ 《舊唐書》卷130《李泌傳》，第3624頁。
⑤ 《册府元龜》卷2《帝王部·誕聖》，第24頁。
⑥ 《全唐文》卷677，白居易《三教論衡》，北京：中華書局1983年版，第6921頁。
⑦ 《册府元龜》卷2《帝王部·誕聖》，第24頁。
⑧ 《册府元龜》卷2《帝王部·誕聖》，第24頁。

太和"五年（831）十月甲戌降誕日，命沙門、道士講論於麟德殿"①。

太和和七年（833）冬十月"壬辰，上降誕日，僧徒、道士講論於麟德殿"②。

武宗佞信道教，下詔毀佛。會昌元年（841）降誕日的佛道講論，只給道士賜紫，卻沒有僧徒的份。"六月十一日，今上降誕日。內裏設齋。兩街供奉大德及道士集談經，四對論議。二個道士賜紫，尺門大德總不得著。"③到了會昌四年（844）皇帝降誕日，只請道士，不請僧人④。

武宗不久被道徒所煉的"仙丹"毒死，宣宗即位，重開三教講論。據《宋高僧傳》記載："大中三年（849）誕節，詔諫議李貽孫、給事楊漢公，緇黃鼎列論義，大悦帝情。因奏天下廢寺基各敕重建，大興梵刹，玄有力焉。"⑤據此可知，李貽孫和楊漢公作爲儒教代表參加了三教講論，三教首座知玄作爲佛教代表，道教代表姓名未予記載。

據《唐玄濟先生墓誌銘》記載："宣宗皇帝臨御之元年，賜紫服象簡，以旌其道。仍奉詔與諫議大夫李貽孫及右街僧辯章爲三教講論。每入內殿，升御筵，窮聖教之指歸，對天顔而啓沃。俾緇徒望風而奔北，洪儒服義於指南。"⑥可知玄濟先生作爲玄門領袖參加誕日三教講論，與儒家代表李貽孫和佛教代表辯章於內殿辯論。

宣宗時期三教講論在皇帝誕辰日經常舉辦，這在上述墓誌銘的志文中有所反映，玄濟先生似乎多次參加了三教講論活動。《宋高僧傳》也記載了高僧玄暢在大中年間經常在降誕日進入內殿講論之事，謂"暢於大中中，凡遇誕辰，入內談論，即賜紫袈裟，充內外臨壇大德"⑦。

懿宗崇信佛教，留下了降誕日詔僧道赴麟德殿講論的記載。唐京兆大安國寺僧徹於咸通十一年（870）曾赴麟德殿參加佛道講論。據文獻記載："以十一月十四日延慶節，麟德殿召京城僧道赴內講論，爾日徹述皇猷，辭辯瀏亮，帝深稱許。而又恢張佛理，旁懾黃冠，可謂折衝異論者，當時號爲'法將'。帝悅，勅賜號曰'淨光大師'，咸通十一年也。"⑧

直到唐朝末期的昭宗時期，仍有僧道於降誕日於內殿談論的記載："龍紀元年（889年），聖誕敕兩街僧道入內殿談論。"⑨

---

① 《冊府元龜》卷 2《帝王部·誕聖》，第 24 頁。

② 《舊唐書》卷 17 下《文宗紀下》，第 552 頁。

③ 〔日〕圓仁撰，白化文、李鼎霞、許德楠校：《入唐求法巡禮行記》卷 3，石家莊：花山文藝出版社 2007 年版，第 388 頁。

④ 《入唐求法巡禮行記》卷 4，第 436 頁。

⑤ 〔宋〕贊寧：《宋高僧傳》（上）卷 6《唐彭州丹景山知玄傳》，北京：中華書局 1987 年版，第 131 頁。

⑥ 張全民：《〈唐玄濟先生墓誌銘〉與有關道教問題考略》，《唐史論叢》第 14 輯，第 230—231 頁。

⑦ 〔宋〕贊寧：《宋高僧傳》（上）卷 6《唐京兆福壽寺玄暢傳》，第 430 頁。

⑧ 〔宋〕贊寧：《宋高僧傳》（上）卷 6《唐京兆大安國寺僧徹傳》，第 133—134 頁。

⑨ 〔宋〕釋志磐撰：《佛祖統紀》卷 42《昭宗》，見《大正新修大藏經》，第 49 卷，第 389 頁。

　　自德宗貞元十二年以後，降誕日無論是召集三教講論，還是佛教講論，主要地點應在大明宮麟德殿。其中大多明確記載爲麟德殿，或只言內殿，並不確指，或以"三殿"指稱麟德殿。據北宋錢易《南部新書》記載：大明宮中有麟德殿，在仙居殿之西北。此殿三面，亦以三殿爲名①。

五、三教調和

　　總體來説，唐朝皇帝在儒家佔據主導地位的情況下，基本上採取調和三教的政策，佞佛或佞道的帝王僅爲個別。有唐人精闢地總結了三教之間的關係，謂："原夫權輿三教，鈐鍵九流，實開國、承家、修身之正術也。"②儒教是治國之道和維護道德關係之本，道、釋兩教爲維繫教化的修身之術，只不過由於李唐皇帝追尊老子爲宗，道教就具有了尊祖承家的意味。

　　唐高祖在武德七年釋奠禮之後頒佈詔書，稱"三教雖異，善歸一揆"③。指明三教儘管內容各異，但同歸於善的道理，爲三教的融合奠定了理論基礎。

　　高宗和武則天承襲了這一思想。顯慶三年（658），詔僧道同時上殿論衡，高宗先稱"佛道二教，同歸一善"④，平息佛道二教的矛盾，掌控論衡的大局。

　　開元二十三年，唐玄宗召集三教講論，張九齡上奏稱："至極之宗，理歸於一貫。"⑤唐玄宗答復："況會三歸一，初分漸頓，理皆共貫，使自求之。"⑥君臣皆表達了"三教同源"、"三教歸一"的理念。

　　在同一場講論之中，通過起初的激烈論對，最後或雙方握手言和，皆大歡喜。如關於貞元十二年麟德殿三教講論，有文獻這樣記載："初如矛戟，森然相向；後類江河，同歸於海。帝大悦，頒賜有差。"⑦

　　關於唐代三教講論的演進歷程，有學者明確指出："始以相互論難爲風尚，漸有由論難而爲調和融匯之發展。"⑧唐代安排在釋奠、誕日或其他節慶、典禮進行，借學術活動以助興，從中不難理解調和三教之深意。

---

① 〔宋〕錢易撰，黃壽成校：《南部新書》丙卷，北京：中華書局 2002 年版，第 36 頁。
② 《全唐文》卷 202，李鼎祚《周易集解序》，第 2042 頁。
③ 《全唐文》卷 3，高祖皇帝《賜學官冑子詔》，第 36 頁。
④ 〔宋〕釋本覺：《釋氏通鑑》卷 8，見《續大正新修大藏經》，第 76 冊。
⑤ 《全唐文》卷 289，張九齡《賀論三教狀》，第 2934 頁。
⑥ 《全唐文》卷 37，唐玄宗《答張九齡賀論三教批》，第 404 頁。
⑦ 《冊府元龜》卷 2《帝王部·誕聖》，第 24 頁。
⑧ 羅香林：《唐代三教講論考》，載《唐代研究論集》第 4 輯，臺北：新文豐出版公司 1991 年版，第 74 頁。

　　三教融合得到了朝廷的大力提倡。武則天時編纂《三教珠英》，參加者多爲一時之選。儒、釋、道兼習成爲唐代士人的趨勢，三教一詞得到了朝野上下的廣泛使用。朝廷從維護統治和道德觀念的立場出發，通過三教講論或佛道論衡，爲三教合流打下了基礎。

大唐公主衣食住行之住研究

郭海文[*] 趙文朵 李燉

摘 要

　　本文通過大量傳世文獻與考古資料,詳細考證了不同時期大唐公主的住宅區域,建築佈局,內部設施,外部環境和人文景觀,重現了大唐公主昔日生活的環境。在考察居住信息的同時,也描繪了在此種生活空間下的大唐公主日常生活圖景。

關鍵詞

　　大唐公主　住宅　設施　環境

　　衆所周知,住宅是人類賴以生存、發展、繁衍的物質空間。研究居住生活離不開建築。各種不同建築形式,不僅造就了人們居住活動的空間,而且影響着居住生活的面貌或習俗。"隋唐五代在建築上的成就,主要表現在城市建設和宗教建築上。其他如私人住宅中園林的興起、建築技術中建築構件定型化的趨勢等,也都是當時建築的特點。從城市入手,通過各種建築形式乃至家具、陳設等,來看看當時人居住生活的大小舞臺及其環境。"①

　　大唐公主婚後不是隨夫居,而是由朝廷另辟地方重新蓋新房,那麼,大唐公主新房設在哪裏? 房間如何佈置? 屋外的環境如何? 公主在房間裏除了完成必須的"内職"之外,她們還進行哪些"外職"的活動? 目前,對此研究的主要是黄正建的《唐代的衣食住行》以及蒙曼的《唐代長安的公主宅第》。但是,要尋找上述問題的答案,還需要對此進行更深入的研究。

一、大唐公主住宅考

　　唐制:"皇姑爲大長公主,正一品;姊妹爲長公主,女爲公主,皆視一品;皇太子女爲

* 　**作者簡介:**郭海文,(1966—),女,陝西西安人,陝西師範大學歷史文化學院副教授。
① 　黄正建:《唐代衣食住行》,北京:中華書局2013年版,第154頁。

郡主,從一品;親王女爲縣主,從二品。"①

"凡外命婦之制,皇之姑封大長公主,皇姊妹封長公主,皇女封公主,皆視正一品。"②

在父系社會裏,結婚通常意味着一個女人,必須離開她生長的家庭,搬進一個陌生的地方,去適應一個已經有既定生活習慣與規範的空間③。《白虎通》云:"嫁者,家也,婦人外成,以適人爲家。"④"至於公主下嫁之使男就女,贅婿之入居婦家,雖亦同居,卻係夫以婦之住所爲住所。"⑤

唐代公主出嫁前居住在皇宫、王府,出嫁後則由官府另辟新宅供公主居住。正如辛替否所言:"伏惟公主陛下之愛女,選賢良以嫁之,設官職以輔之,傾府庫以賜之,壯第觀以居之,廣池籞以嬉之,可謂之至重也,可謂之至憐也。"⑥

徐松的《兩京城坊考》及李健超先生的補注中對唐代長安城公主的住宅及她們所立道觀、寺院有詳細的記錄。這些記錄充分説明,唐代的公主住宅相當豪奢,有的公主甚至有多處住宅。

公主出嫁前之生活,一切由宮廷供給;出嫁後則賜以封户或封物充衣食之資,並有各類賞賜⑦。出嫁後之公主專設有公主邑司,下置令、丞、錄事各一人"公主邑司官,各掌主家財貨出入、田園征封之事,其制度皆隸宗正焉。"⑧

由國家出資建立的公主住宅便不僅僅是簡單的生活空間,而是體現着公主與皇帝、皇室與國家以及皇權與各種社會勢力、政治勢力的互動關係,因而在一定意義上具有政治空間的涵義⑨。公主住宅作爲國有資財,在公主死後由國家安排⑩。

(一)高祖

1、襄陽公主:根據襄陽公主駙馬竇誕的墓誌中的記載,竇誕"貞元廿二年二月寢疾,薨於輔興里第,春秋六十八"⑪。從此處可推斷出襄陽公主的住宅應位於輔興里。

---

① 〔宋〕歐陽修:《新唐書》卷46《百官一》,北京:中華書局1975年版,第1188頁。
② 〔後晉〕劉昫:《舊唐書》卷43《職官志》,北京:中華書局1975年版,第1821頁。
③ 畢恒達:《找尋空間的女人》,臺北:張老師文化事業股份有限公司1996年版,第59頁。
④ 〔清〕陳立撰、吳則虞點校:《白虎通疏證》,北京:中華書局1994年版,第491頁。
⑤ 陳顧遠:《中國婚姻史》,上海:上海文藝出版社1987年版,第193頁。
⑥ 〔後晉〕劉昫:《舊唐書》卷101《辛替否傳》,第3156頁。
⑦ 李斌城:《隋唐五代社會生活史》,北京:中國社會科學出版社1998年版,第195頁。
⑧ 〔唐〕李隆基撰(唐)李林甫注:《大唐六典》卷29《諸公主邑司》,西安:三秦出版社1991年版,第513頁。
⑨ 蒙曼:《唐代長安的公主宅第》,《唐研究》第9卷,北京:北京大學出版社2003年版,第215頁。
⑩ 蒙曼:《唐代長安的公主宅第》,《唐研究》第9卷,第215頁。
⑪ 周紹良、趙超主編:《唐代墓誌彙編續集》貞觀〇六一《大唐故光禄大夫工部尚書使持節都督荆州刺史駙馬都尉上柱國莘安公竇府君墓誌銘並序》,上海:上海古籍出版社2001年版,第43頁。

2、高密公主：根據《增訂唐兩京城坊考》記載，頒政坊有"工部尚書駙馬都尉紀國公段綸宅"①，段綸爲高密公主駙馬，故公主住宅理應在此。

3、長廣公主：長廣公主原爲桂陽公主，初嫁趙慈景。趙慈景死後，"崇義寺，在長壽坊。本隋延公于銓宅。武德三年。桂陽公主爲駙馬趙慈景所立。"②後二嫁楊師道。"長興坊，東北隅，侍中、駙馬都尉楊師道宅。"③

4、長沙公主："常樂里第。"④

5、安定公主：始封千金。觀德坊有景福寺，"本千金公主宅，垂拱中，自教業坊徙景福尼寺於此，會昌中廢。"⑤

6、長沙公主：始封萬春。《增訂唐兩京城坊考》記載，延康坊西南隅有"西明寺"，"武德中爲萬春公主宅。貞觀中賜以魏王泰，泰薨後，官市之。"⑥

7、南昌公主：高祖第十女。"崇義坊西南隅，太子左庶子、駙馬都尉蘇勗宅。後爲英王園，其池湫下，無人居。勗尚高祖女南昌公主。"⑦

（二）太宗

8、襄城公主：依據《新唐書》的記載，公主大婚在即，有司依例欲敕造公主府一座，公主辭曰："婦事舅姑如父母，異宮則定省闕。"⑧於是將駙馬蕭銳家的舊宅翻然一新。那麽蕭銳的宅第究竟位於何坊？《類編長安志》中有這樣一段記載："大薦福寺，在開化坊。寺院半以東，隋煬帝在藩舊宅。武德中，賜尚書左僕射蕭瑀而爲園。後瑀子銳尚襄城公主，詔別營主第，主辭以姑舅異居，有乖禮則，因固陳請，乃取園地以充主第。"⑨由此看來，襄城公主婚後的住所即是開化坊。

9、臨川公主：根據《大唐故臨川郡長公主墓誌並序》記載，休祥坊"南門之西，武三思宅"，"本駙馬周道務宅"⑩。周道務爲臨川公主駙馬都尉，是故臨川公主宅亦在休祥坊。

10、蘭陵公主：根據蘭陵公主墓誌記載："以顯慶三年八月□八日疾薨於雍州萬年縣

① 〔清〕徐松撰，李健超增訂：《增訂唐兩京城坊考》卷 4《西京》，西安：三秦出版社 2006 年版，第 192 頁。
② 〔宋〕王溥撰，牛繼清校證：《唐會要校證》卷 48《寺》，西安：三秦出版社 2012 年版，第 721 頁。
③ 〔清〕徐松撰，李健超增訂：《增訂唐兩京城坊考》卷 2《西京》，第 59 頁。
④ 〔清〕徐松撰，李健超增訂：《增訂唐兩京城坊考》卷 3《西京》，第 152 頁。
⑤ 〔清〕徐松撰，李健超增訂：《增訂唐兩京城坊考》卷 5《東京》，第 382 頁。
⑥ 〔清〕徐松撰，李健超增訂：《增訂唐兩京城坊考》卷 2《西京》，第 49 頁。
⑦ 〔清〕徐松撰，李健超增訂：《增訂唐兩京城坊考》卷 2《西京》，第 57 頁。
⑧ 〔宋〕歐陽修：《新唐書》卷 83《諸帝公主》，北京：中華書局 1975 年版，第 3645 頁。
⑨ 〔元〕駱天驤撰，黃永年點校：《類編長安四》卷 5《寺觀》，北京：中華書局 1990 年版，第 135 頁。
⑩ 〔清〕徐松撰、李健超增訂：《增訂唐兩京城坊考》卷 4《西京》，第 221 頁。

之平樂裏第。"①可知,公主的住宅在平樂坊。

11、東陽公主:下嫁高履行。依據《增訂唐兩京城坊考》記載,崇仁坊有"西南隅,玄真觀",此觀以東"有山池別院,即舊東陽公主亭子"②。據此推斷,東陽公主的宅第應在亭子不遠之處。

12、新城公主:據《大唐故新城長公主墓誌銘並序》:"薨於長安縣通軌坊南園。"③可知其住處在通軌坊。

總之,"唐高祖和太宗兩代公主的住宅大多位於長安城西的中北部與城南的中部,靠近作爲政治中心的太極宮與皇城。"④

(三)高宗

"武周建國更直接地導致了中宗、睿宗乃至玄宗初期政治局面的混亂,公主也成爲各種政治勢力角逐的工具。她們的宅第(府第)也因此具有了政治空間的性質⑤。

13、高安公主:《高安長公主神道碑》:高安長公主薨於長安永平裏第。⑥高安公主住宅在永平裏第。

14、太平公主:李健超先生在《增訂唐兩京城坊考》中記載太平公主的住宅共有四處,其一是在"萬年縣所領朱雀門街之東,從北第一興道坊。"⑦其二是在平康坊中萬安觀,"次東即太平公主宅"⑧其三是在興寧坊。⑨。其四是在禮泉坊⑩。但李健超先生(京洛爲李先生筆名)又指出,"平康坊和興寧坊應當爲一處宅院,不應該分處兩坊。"⑪ "興道坊位於城南,是此前唐代公主立宅的總體取向,興寧坊位於東城,體現了公主作爲李氏女的一面。禮泉坊在西城,是武氏勢力範圍,符合她作爲武氏勢力範圍,符合她作爲武氏之媳的身份。此外,興道坊緊靠皇城,興寧坊與禮泉坊靠近宮城,又表明太平公主非同尋常的政治參與性。這樣,太平公主的幾處住宅,就兼有了武則天心腹和李、武兩姓勢力聯接者的空間表

---

① 〔清〕董誥:《全唐文》卷153《大唐故蘭陵長公主碑》,北京:中華書局1983年版,第1564頁。
② 〔清〕徐松撰,李健超撰:《增訂唐兩京城坊考》卷3《西京》,第82頁。
③ 吳鋼主編,王京陽等點校:《全唐文補遺》第5輯,西安:三秦出版社1998年版,第127頁。
④ 蒙曼:《唐代長安的公主宅第》,《唐研究》第9卷,北京:北京大學出版社2003年版,第217頁。
⑤ 蒙曼:《唐代長安的公主宅第》,《唐研究》第9卷,北京:北京大學出版社2003年版,第218頁。
⑥ 〔清〕董誥:《全唐文》卷257《高安長公主神道碑》,北京:中華書局1983年版,第2607頁。
⑦ 〔清〕徐松撰,李健超增訂:《增訂唐兩京城坊考》卷2《西京》,第46頁。
⑧ 〔清〕徐松撰,李健超增訂:《增訂唐兩京城坊考》卷3《西京》,第87頁。
⑨ 〔清〕徐松撰,李健超增訂:《增訂唐兩京城坊考》卷3《西京》,第143頁。
⑩ 〔清〕徐松撰,李健超增訂:《增訂唐兩京城坊考》卷4《西京》,第227頁。
⑪ 京洛:《唐長安城太平公主宅第究竟有幾處》,《中國歷史地理論叢》1999年第1期,第181頁。

徵。"①

總之，此時期公主住宅呈現出的特點爲"立宅城西、城南的整體特色。"②

（四）中宗

15、新都公主：住處有二。其一在崇業坊。《增訂唐兩京城坊考》記載，崇業坊有福唐觀，"本新都公主宅。公主中宗長女，嫁武延輝。景雲元年，公主生子武仙官，出家爲道士，立爲觀。"③其二在延福坊。在"東南隅，玉芝觀。本越王貞宅。後乾封縣權治於此。又爲新都公主宅，施爲新都寺。"④

16、淮陽公主：根據公主墓誌——《大唐故淮陽公主墓誌銘並序》："以長安四年十月十六日，薨於洛陽永豐里之私第，春秋一十有九。"⑤可知，淮陽公主的住宅在洛陽城內的永豐坊。

17、宜城公主：《增訂唐兩京城坊考》記載，擇善坊有"宜城公主宅"，宜城公主本爲憲宗第五女，"雒陽第宅，多是武后、中宗時居東都所立，中葉以後，不得有公主宅。考中宗第二女曰宜城公主，降裴巽，'宣'蓋'宜'之誤也。"⑥是故，擇善坊當爲中宗女宜城公主宅。

18、定安公主宅在"道化坊"⑦。

19、長寧公主：住宅有三處。一是在崇仁坊，西南隅有玄真觀，"神龍元年，並爲長寧公主第"⑧。二是在惠訓坊，也有"長寧公主宅"⑨。三是在"道德坊東南隅"⑩。

20、永泰公主：《增訂唐兩京城坊考》記載："（長壽坊）南門之東，永壽寺。"此寺本爲延興寺，"神龍中，中宗爲永泰公主追福，改爲永壽寺。"⑪可見長壽坊的永壽寺並非爲永泰公主住宅。

21、安樂公主：《增訂唐兩京城坊考》記載，旌善坊有"寧王憲宅，本安樂公主宅"⑫。

---

① 蒙曼：《唐代長安的公主宅第》，《唐研究》第 9 卷，第 220 頁。
② 蒙曼：《唐代長安的公主宅第》，《唐研究》第 9 卷，第 218 頁。
③ 〔清〕徐松撰，李健超增訂：《增訂唐兩京城坊考》卷 4《東京》，第 171 頁。
④ 〔清〕徐松撰，李健超增訂：《增訂唐兩京城坊考》卷 4《東京》，第 215 頁。
⑤ 趙力光主編：《碑林博物館新藏墓誌彙編》一一三，北京：綫裝書局 2007 年版，第 291 頁。
⑥ 〔清〕徐松撰，李健超增訂：《增訂唐兩京城坊考》卷 5《東京》，第 316 頁。
⑦ 〔清〕徐松撰，李健超增訂：《增訂唐兩京城坊考》卷 5《東京》，第 312 頁。
⑧ 〔清〕徐松撰，李健超增訂：《增訂唐兩京城坊考》卷 2《西京》，第 2 頁。
⑨ 〔清〕徐松撰，李健超增訂：《增訂唐兩京城坊考》卷 5《東京》，第 306 頁。
⑩ 〔清〕徐松撰，李健超增訂：《增訂唐兩京城坊考》卷 5《東京》，第 316 頁。
⑪ 〔清〕徐松撰，李健超增訂：《增訂唐兩京城坊考》卷 4《西京》，第 238 頁。
⑫ 〔清〕徐松撰，李健超增訂：《增訂唐兩京城坊考》卷 5《東京》，第 298 頁。

此外，"（休祥坊）南門之西，武三思宅"。此宅本爲駙馬周道務宅，"神龍中，三思以子崇訓尚安樂公主，大加雕飾，三思誅後，主移於金城坊"①。可知公主的住宅在旌善坊以外，還有休祥坊和金城坊。最爲特別的一點是"最受中宗寵倖的安樂公主，甚至打破公主另建住宅的慣例，入住武氏一族中最有實力的武三思家中"②。

22、成安公主：《增訂唐兩京城坊考》記載，通義坊"西北隅，右羽林大將軍、邢國公李思訓宅。神龍中，又爲中宗女成安公主宅"③。成安公主另一處宅第在"延壽坊"④。

總之，中宗公主的住宅，以城西爲主。這一宅居分佈顯示出中宗朝對於公主政治能量的格外看重⑤。

（五）睿宗

23、代國公主宅在"修業坊"⑥。

24、涼國公主：涼國公主的住宅在其墓誌《涼國長公主神道碑》中説得很明白："開元二十八載八月辛巳，遇疾於京邸永嘉里第，享年三十八。"⑦由此看來，涼國公主的宅第位於永嘉坊。

25、薛國公主：《新唐書》云："始封清陽。下嫁王守一，守一誅，更嫁裴巽。"⑧《增訂唐兩京城坊考》記載，永嘉坊，"南門之東，蔡國公主宅。睿宗女，降王守一，後降裴巽。"⑨劉長卿有《九日蔡國公主樓》詩曰："主第人何在？重陽客暫尋。水餘龍鏡色，雲罷鳳簫音。暗牖藏昏曉，蒼苔換古今。晴山卷幔出，秋草閉門深。籬菊仍新吐，庭槐尚舊陰。年年畫梁燕，來去豈無心。"⑩若薛國公主就是蔡國公主，那麼她的住宅就在永嘉坊。

26、郳國公主：根據《郳國長公主神道碑》記載："開元十三年二月庚午，薨於河南縣之修業里，春秋三十有七。"⑪知公主住宅在修業坊，《增訂唐兩京城坊考》另載，郳國公

---

① 〔清〕徐松撰，李健超增訂：《增訂唐兩京城坊考》卷4《西京》，第221頁。
② 蒙曼：《唐代長安的公主宅第》，《唐研究》（第9卷），北京：北京大學出版社2003年版，第221頁。
③ 〔清〕徐松撰，李健超增訂：《增訂唐兩京城坊考》卷4《西京》，第177頁。
④ 〔清〕徐松撰，李健超增訂：《增訂唐兩京城坊考》卷4《西京》，西安：三秦出版社2006年版，第199頁。
⑤ 蒙曼：《唐代長安的公主宅第》，《唐研究》（第9卷），北京：北京大學出版社2003年版，第221頁。
⑥ 〔清〕徐松撰，李健超增訂：《增訂唐兩京城坊考》卷5《東京》，第298頁。
⑦ 〔清〕董誥：《全唐文》卷258《涼國長公主神道碑》，北京：中華書局1983年版，第2614頁。
⑧ 〔宋〕歐陽修：《新唐書》卷83《諸帝公主》，北京：中華書局1975年版，第3645頁。
⑨ 〔清〕徐松撰，李健超增訂：《增訂唐兩京城坊考》卷3《西京》，第147頁。
⑩ 楊世明校注：《劉長卿集編年校注》，北京：人民文學出版社1999年版，第515頁。
⑪ 〔唐〕張説著，熊飛校注：《張説集校注》卷21《碑》，北京：中華書局2013年版，第1016頁。

主有一宅在"安業坊","横街之北,鄶國公主宅"①。

從上可看出睿宗的在家公主都住在城東和城南。然而他還有兩個出家的女兒——金仙公主和玉真公主,這兩個公主修行的道觀都在輔興坊。東南隅,金仙女冠觀。西南隅,玉真女冠觀②。蒙曼認爲"二公主觀的建立,固然是利用城西武韋勢力消滅後留下的自然空間,但也不妨看做是出諸控制這一地區的需要"③。

(六)玄宗

27、永穆公主宅在"平康坊"。"十字街之北……萬安觀,天寶七載,永穆公主出家,舍宅置觀。"④另外,根據《古志石華續編》記載:"京兆府涇陽縣主簿王支卩,貞元十九年八月九日,終於萬年縣興寧里永穆觀之北院。"⑤據支卩墓誌記載,王支卩曾祖王同皎,尚定安長公主,即唐中宗第二女。祖王繇,尚永穆公主,即唐玄宗長女。父王訓,娶嗣紀王鐵誠之季女即博平郡主,乃"玄宗明皇帝之孫,故皇太子之女也。年二十九寵膺封號,乃伉儷於琅琊王公。公諱訓,母曰永穆公主,博平之姑子也……長子支卩,幼子鄒。"⑥王支卩夫人嗣澤王澠之長女,嗣澤王潤之姊。王支卩終於興寧坊之永穆觀北觀,是故"該觀無疑即永穆公主出家前的宅第"⑦。總之,永穆公主有平康坊和興寧坊兩處宅第。

28、常芬公主:根據常芬公主駙馬張去奢墓誌記載,"稟命不永,春秋六十,以天寶六載三月十二日,遘疾薨於京師之安業里第。"⑧可知,常芬公主的宅第位於安樂坊。

29、唐昌公主:唐昌公主下嫁薛鏽,後入道。唐昌公主有"唐昌觀,在安業坊"⑨。唐昌公主墓誌記載:"公主至德元年十二月廿一日終於崇化裏,春秋卅四。"⑩

30、衛國公主:始封建平,下嫁豆盧建。根據《增訂唐兩京城坊考》記載,勝業坊有"銀青光祿大夫太僕卿駙馬都尉中山郡開國公豆盧建宅"⑪。豆盧建爲衛國公主駙馬,此宅爲衛國公主之宅第。

---

① 〔清〕徐松撰,李健超增訂:《增訂唐兩京城坊考》卷4《西京》,第169頁。
② 〔清〕徐松撰,李健超增訂:《增訂唐兩京城坊考》卷4《西京》,第188頁。
③ 蒙曼:《唐代長安的公主宅第》,《唐研究》(第九卷),北京:北京大學出版社2003年版,第222頁。
④ 〔清〕徐松撰,李健超增訂:《增訂唐兩京城坊考》卷3《西京》,西安:三秦出版社2006年版,第87頁。
⑤ 《古志石華續編》。
⑥ 周紹良、趙超主編:《唐代墓誌彙編續集》建中○○一《唐故博平郡主隴西李氏墓誌銘並序》,上海:上海古籍出版社2001年版,第723頁。
⑦ 〔清〕徐松撰,李健超增訂:《增訂唐兩京城坊考》卷3《西京》,144頁。
⑧ 吳鋼主編:《全唐文補遺》第3輯,第68頁。
⑨ 〔元〕駱天驤撰,黃永年點校:《類編長安志》卷5《寺觀》,北京:中華書局1990年版,第146頁。
⑩ 《唐故唐昌公主墓誌銘並序》,張全民先生私藏墓誌銘。
⑪ 〔清〕徐松撰,李健超增訂:《增訂唐兩京城坊考》卷3《西京》,西安:三秦出版社2006年版,第126頁。

31、信成公主:下嫁獨孤明。根據《增訂唐兩京城坊考》記載,宣陽坊有"駙馬獨孤明宅"①,故公主宅第亦在此坊。

32、萬春公主:"次南安仁坊……萬春公主宅。"②

33、昌樂公主宅在"親仁坊"③。

34、齊國公主,始封興信。李健超先生《增訂唐兩京城坊考》記載,永崇坊東南隅有七太子廟,其西爲宗道觀。"本爲興信公主宅,賣與劍南節度使郭英乂,其後入官。"④可知,興信公主即齊國公主宅在永崇坊。

35、咸宜公主宅在"靖安坊"⑤。 觀在親仁坊。"西南隅,咸宜女冠觀。"⑥

36、太華公主:"崇仁坊"有"太華公主宅"⑦。

37、壽光公主:李健超先生在《增訂唐兩京城坊考》中並沒有記載。根據《大唐故壽光公主墓誌銘並序》記載:"(壽光公主)春秋廿有五,以天寶九年三月丁巳薨於靖恭里第。"⑧即可知公主居於靜恭坊。

總之,玄宗朝的政治中心在位於長安城東部的興慶宮,安史之亂後歷代皇帝都駐蹕長安城東北的大明宮,城東成爲皇權政治的中心。從玄宗的公主開始,住宅的佈局明顯地呈現出向城東中部繁華優美地區發展的態勢⑨。其次,東城的地勢較高,水質好,自然風光優美,更增加了這一地區的吸引力。從玄宗朝開始,城西住平民、城東住官貴的格局已經基本形成。公主身兼皇室成員與官僚內眷的雙重身份,追隨這一潮流乃是正常現象⑩。

(七)肅宗

38、和政公主:宅在"常樂坊"⑪緊鄰大明宮,與墓誌"薨於常樂坊之私第"⑫記載一致。

39、郯國公主:宅在宣陽坊。《郯國公主墓誌文》記載:"公主,貞元二年十月七日寢疾,

---

① 〔清〕徐松撰,李健超增訂:《增訂唐兩京城坊考》卷3《西京》,第91頁。
② 〔清〕徐松撰,李健超增訂:《增訂唐兩京城坊考》卷2《西京》,第49頁。
③ 〔清〕徐松撰,李健超增訂:《增訂唐兩京城坊考》卷3《西京》,第97頁。
④ 〔清〕徐松撰,李健超增訂:《增訂唐兩京城坊考》卷2《西京》,第104頁。
⑤ 〔清〕徐松撰,李健超增訂:《增訂唐兩京城坊考》卷2《西京》,第65頁。
⑥ 〔清〕徐松撰,李健超增訂:《增訂唐兩京城坊考》卷3《西京》,第96頁。
⑦ 〔清〕徐松撰,李健超增訂:《增訂唐兩京城坊考》卷2《西京》,第83頁。
⑧ 西安交通大學歷史博物館藏《大唐故壽光公主墓誌銘並序》。
⑨ 蒙曼:《唐代長安的公主宅第》,《唐研究》(第9卷),第223頁。
⑩ 蒙曼:《唐代長安的公主宅第》,《唐研究》(第9卷),第227頁。
⑪ 〔清〕徐松撰,李健超增訂:《增訂唐兩京城坊考》卷3《西京》,西安:三秦出版社2006年版,第150頁。
⑫ 〔清〕董誥:《全唐文》卷344《和政公主神道碑》,第3490頁。

薨於宣陽里之私第，享年五十八。"①可知，郯國公主住於宣陽坊。

40、紀國公主：公主墓誌記載："（紀國）以元和二年九月十二日，薨於長興之私第。"②可知公主住宅在長興坊。

（八）代宗

41、齊國昭懿公主：始封升平，下嫁郭曖。根據《增訂唐兩京城坊考》記載，宣陽坊東南隅有奉慈寺，爲"駙馬都尉郭曖宅"③，升平公主下嫁郭曖，此宅亦爲升平公主之宅第。

42、華陽公主：永崇坊東南隅有七太子廟，其西爲宗道觀。"本興信公主宅，賣與劍南節度使郭英乂，其後入官。大曆十二年，爲華陽公主追福，亦故曰華陽觀。"④

（九）德宗

43、魏國憲穆公主，始封義陽。"德宗第二女，降王士平，宅在昌化坊。"⑤

44、鄭國莊穆公主，始封義章。"德宗第三女，降張茂宗，賜第。"宅在"大寧坊"⑥。

45、宜都公主：根據宜都公主駙馬墓誌——《大唐故銀青光禄大夫行殿中次監駙馬都尉贈工部尚書河東柳府君墓誌銘並序》記載："二十年歲在甲申，秋八月二旬有一日，公終於永興里第，享年四十有五。"⑦

這幾個公主的住宅都在城東北三大區域内。

（十）順宗

46、漢陽公主：宅在"長興坊"⑧。

47、普安公主：《增訂唐兩京城坊考》記載，"永興坊"有"普安公主及夫鄭何宅"⑨。

---

① 文物研究所、陝西省古籍整理辦公室編：《新中國出土墓誌·陝西卷》第二冊，北京：文物出版社 2003 年版，第 163 頁。
② 吳鋼主編：《全唐文補遺》第 7 輯，第 81 頁。
③ 〔清〕徐松撰，李健超增訂：《增訂唐兩京城坊考》卷 3《西京》，第 91 頁。
④ 〔清〕徐松撰，李健超增訂：《增訂唐兩京城坊考》卷 3《西京》，第 104 頁。
⑤ 〔清〕徐松撰，李健超增訂：《增訂唐兩京城坊考》卷 3《西京》，第 119 頁。
⑥ 〔清〕徐松撰，李健超增訂：《增訂唐兩京城坊考》卷 3《西京》，第 114 頁。
⑦ 周紹良、趙超主編：《唐代墓誌彙編續集》貞元○七八《大唐故銀青光禄大夫行殿中次監駙馬都尉贈工部尚書河東柳府君墓誌銘並序》，第 791 頁。
⑧ 〔清〕徐松撰，李健超增訂：《增訂唐兩京城坊考》卷 2《西京》，第 60 頁。
⑨ 〔清〕徐松撰，李健超增訂：《增訂唐兩京城坊考》卷 3，第 80 頁。

（十一）憲宗

48、宣城公主:《增訂兩京城坊考》記載,宣城公主共有三處宅第,其一是"安興坊"①;其二是"永平坊"東南隅②;其三是"擇善坊"③。《增訂唐兩京城坊考》記載,擇善坊有"宣城公主宅",宣城公主本爲憲宗第五女,"雒陽第宅,多是武后、中宗時居東都所立,中葉以後,不得有公主宅。考中宗第二女曰宜城公主,降裴巽,'宣'蓋'宜'之誤也。"④是故,擇善坊當爲中宗女宜城公主宅,非宣城公主。所以宣城公主只有兩處宅第,即安興坊和永平坊。

49、鄭國温儀公主:始封汾陽,下嫁韋讓。根據《增訂唐兩京城坊考》記載,懷貞坊有"義成軍節度使、駙馬都尉韋讓宅"⑤。是故温儀公主的住宅在懷貞坊。

50、岐陽莊淑公主:根據《增訂唐兩京城坊考》記載,岐陽公主在"安興坊"⑥和"崇仁坊"⑦分別有宅第。公主在成婚後,"開第昌化里,疏龍首池爲沼。"⑧此外,據公主墓誌載"主外族因請願以尚父汾陽王大通里亭沼爲主別館"⑨。總之,岐陽公主共計有四處宅第,分別是安興坊、崇仁坊、昌化坊和大通坊。

51、萬壽公主:萬壽公主爲宣宗的長女,下嫁鄭顥。根據《增訂唐兩京城坊考》記載長興坊有"河南尹、駙馬都尉鄭顥宅"⑩。是故萬壽公主宅在長興坊。

52、齊國恭懷公主:始封西華,下嫁嚴祁。根據《增訂唐兩京城坊考》記載,親仁坊有"西華公主宅"⑪。齊國恭懷公主宅在親仁坊。

53、廣德公主:下嫁于琮。根據《增訂唐兩京城坊考》記載,長興坊有"同平章事、駙馬都尉于琮宅"⑫。此宅亦爲廣德公主宅。

（十二）懿宗

54、同昌公主:懿宗長女,始封同昌,下嫁宰相韋保衡。公主宅在"安興坊"⑬。

---

① 〔清〕徐松撰,李健超增訂:《增訂唐兩京城坊考》卷3,第119頁。
② 〔清〕徐松撰,李健超增訂:《增訂唐兩京城坊考》卷4《西京》,第240頁。
③ 〔清〕徐松撰,李健超增訂:《增訂唐兩京城坊考》卷5《西京》,第315頁。
④ 〔清〕徐松撰,李健超增訂:《增訂唐兩京城坊考》卷5《東京》,第316頁。
⑤ 〔清〕徐松撰,李健超增訂:《增訂唐兩京城坊考》卷4《西京》,第182頁。
⑥ 〔清〕徐松撰,李健超增訂:《增訂唐兩京城坊考》卷3《西京》,第119頁。
⑦ 〔清〕徐松撰、李健超增訂:《增訂唐兩京城坊考》卷3《西京》,第83頁。
⑧ 〔宋〕歐陽修:《新唐書》卷83《諸帝公主》,第3667頁。
⑨ 〔清〕董誥:《全唐文》卷756《唐岐陽公主墓誌銘》,第7838頁。
⑩ 〔清〕徐松撰,李健超增訂:《增訂唐兩京城坊考》,卷2《西京》,第60頁。
⑪ 〔清〕徐松撰,李健超增訂:《增訂唐兩京城坊考》卷3《西京》,第97頁。
⑫ 〔清〕徐松撰,李健超增訂:《增訂唐兩京城坊考》卷2《西京》,第60頁。
⑬ 〔清〕徐松撰,李健超增訂:《增訂唐兩京城坊考》卷3《西京》,第119頁。

　　總之，與玄宗諸公主一樣，這些公主的宅第都在長安城東部或南部。長安城的東中部和南部因此形成了幾個著名的公主區，如崇仁坊、親仁坊、長興坊等[①]。中晚唐部分公主立宅城東北部及其政治內涵。公主作爲皇帝的女兒，具有和高層政治天然的聯繫，永遠要充當皇帝與當時主要社會勢力和政治勢力之間的紐帶。即使在唐中後期，個別公主的政治能量也會在特定時期得到凸顯，反映在住宅上，就是她們居住在長安城東北部地區，靠近政治中樞大明宮，從而有別於一般公主立宅城東中部的原則。[②]

　　綜上所述，根據五十三位公主的宅居，我們可看到：第一，其中四十二位公主僅有一處宅院；八位公主有兩處宅院；有三處宅院的是分別太平公主、長寧公主以及安樂公主，而擁有三處宅院的長寧公主則因豪侈在歷史上落下罵名；有四處宅院的是岐陽莊淑公主。不僅如此，在這五十二位公主中，共有八位公主的宅第在東都洛陽，而這些公主多數爲中宗之女，這與當時唐代社會的政治制度有着密切的聯繫。

　　第二，長安城內的長興坊是居住公主最多的城坊。在唐代歷史上曾有五位公主的宅院立於此。其次，崇仁坊、親仁、宣陽、安興等四個坊居分別都有三位公主在此築宅。永興坊、休祥坊、興寧坊、永嘉坊、平康坊、常樂坊、安仁坊、永平坊、昌化坊、修業坊等十個坊，分別有兩位公主在此定居。輔興坊、頒政坊、長壽坊、觀德坊、延康坊、開化坊、平樂坊、興道坊、禮泉坊、崇業坊、永豐坊、擇善坊、道化坊、惠訓坊、道德坊、長壽坊、旌善坊、通義坊、延壽坊、安樂坊、安業坊、崇化坊、勝業坊、永崇坊、靖安坊、靜恭坊、永崇坊、大寧坊、懷貞坊和大通坊等三十一個坊，分別只有一個公主的家安於此。由此看來唐代公主居住得相對比較分散。

　　通過分析唐代公主的住宅情況，不論是對社會生活史，還是對政治制度史都是極爲有利的。

表一　唐代公主住宅簡表

序號	封號	父親	宅第	資料來源
1	襄陽公主	高祖	輔興坊	《續集》貞觀061
2	高密公主	高祖	頒政坊	《城坊考》第192頁
3	長廣公主	高祖	長壽坊、長興坊	《唐會要校正》第721頁
4	長沙公主	高祖	常樂坊	《城坊考》第152頁

① 蒙曼：《唐代長安的公主宅第》，《唐研究》（第9卷），第224頁。
② 蒙曼：《唐代長安的公主宅第》，《唐研究》（第9卷），北京：北京大學出版社2003年版，第227頁。

序號	封號	父親	宅第	資料來源
5	定安公主	高祖	觀德坊	《城坊考》第382頁
6	長沙公主	高祖	延康坊	《城坊考》第152頁
7	南昌公主	高祖	崇義坊	《城坊考》第57頁
8	襄城公主	太宗	開化坊	《類編長安志》第135頁
9	臨川公主	太宗	休祥坊	《城坊考》第221頁
10	蘭陵公主	太宗	平樂坊	《全唐文》第1564頁
11	東陽公主	太宗	崇仁坊	《城坊考》第82頁
12	新城公主	太宗	永平坊	《全唐文補遺》第五輯第127頁
13	高安公主	高宗	永平坊	《全唐文》第2607頁
14	太平公主	高宗	興道坊、平康坊或興寧坊、禮泉坊	《唐長安城太平公主宅第究竟有幾處》
15	新都公主	中宗	崇業坊 延福坊	《城坊考》第171、215頁
16	淮陽公主	中宗	永豐坊	《碑林博物館新藏墓誌彙編》第291頁。
17	宜城公主	中宗	擇善坊	《城坊考》第316頁
18	定安公主	中宗	道化坊	《城坊考》第312頁
19	長寧公主	中宗	崇仁坊、惠訓坊、道德坊	《城坊考》第2、306、316頁
20	永泰公主	中宗	長壽坊	《唐代長安城的公主宅第》
21	安樂公主	中宗	旌善坊、休祥坊、金城坊	《城坊考》第298、221頁
22	成安公主	中宗	通義坊、延壽坊	《城坊考》第177、199頁
23	代國公主	睿宗	修業坊	《城坊考》第298頁
24	涼國公主	睿宗	永嘉坊	《全唐文》第2614頁
25	薛國公主	睿宗	永嘉坊	《城坊考》第147頁
26	鄎國公主	睿宗	修業坊、安業坊	《張説文集》第1016頁；《城坊考》第169頁
27	永穆公主	玄宗	平康坊、興寧坊	《城坊考》第87、144頁
28	常芬公主	玄宗	安樂坊	《補遺》第三輯第68頁

續　表

序號	封號	父親	宅第	資料來源
29	唐昌公主	玄宗	安業坊 崇化里	《類編長安志》第146頁 公主墓誌銘
30	衛國公主	玄宗	勝業坊	《城坊考》第126頁
31	信成公主	玄宗	宣陽坊	《城坊考》第91頁
32	萬春公主	玄宗	安仁坊	《城坊考》第49頁
33	昌樂公主	玄宗	親仁坊	《城坊考》第97頁
34	齊國公主	玄宗	永崇坊	《城坊考》第104頁
35	咸宜公主	玄宗	靖安坊	《城坊考》第65、96頁
36	太華公主	玄宗	崇仁坊	《城坊考》第83頁
37	壽光公主	玄宗	靜恭坊	《大唐故壽光公主墓誌銘並序》
38	和政公主	肅宗	常樂坊	《城坊考》第50頁
39	郯國公主	肅宗	宣陽坊	《新中國出土墓誌·陝西卷》第163頁
40	紀國公主	肅宗	長興坊	《全唐文補遺》第七輯第81頁
41	齊國昭懿公主	代宗	宣陽坊	《城坊考》第91頁
42	華陽公主	代宗	永崇坊	《城坊考》第104頁
43	鄭國憲穆公主	德宗	昌化坊	《城坊考》第119頁
44	鄭國莊穆公主	德宗	大寧坊	《城坊考》第114頁
45	宜都公主	德宗	永興坊	《續集》貞元078
46	漢陽公主	順宗	長興坊	《城坊考》第60頁
47	普安公主	順宗	永興坊	《城坊考》第80頁
48	宣城公主	憲宗	安興坊、永平坊	《城坊考》第119、315頁
49	鄭國溫儀公主	憲宗	懷貞坊	《城坊考》第182頁

續　表

序號	封號	父親	宅第	資料來源
50	岐陽莊淑公主	憲宗	安興坊、安仁坊、大通坊、昌化坊	《城坊考》第119、83頁；《新唐書》第3667頁
51	萬壽公主	宣宗	長興坊	《唐代長安城的公主宅第》
52	齊國恭懷公主	宣宗	親仁坊	《城坊考》第97頁
53	廣德公主	宣宗	長興坊	《城坊考》第60頁
54	同昌公主	懿宗	安興坊	《城坊考》第119頁

二、大唐公主住宅的内部設施

內部設施主要分爲兩個部分：第一，結構。第二，屋內的擺設。

（一）結構：

唐代的建築是繼承歷史上各個朝代的建築風格特點而演化而來的。正如陳忠凱先生所説“唐人宅第的營繕，多受漢代的影響，尤其是南北朝時期傳統建築的影響。故多採用中軸綫左右對稱的庭院建築群，或中軸綫左右對稱、回廊式的庭院建築群。”[①]

1959 年陝西省西安中堡村唐墓出土有一套住宅模型就符合這一佈局。這套模型是一個狹長的四合院，“正中軸綫從南到北分別排列着大門、亭、中堂、後院、正寢；東西兩廂各有三處廊屋；後院中還有假山等。比這一模型所顯示的住宅稍稍複雜一些的就是有二個院子，前院橫長，主院方闊，四周均以廊屋環繞；前院與主院之間的門稱中門；大門和中門多有門樓；院側有馬廏，更複雜的住宅由多重院落組成，每一院落的基本結構仍不出四合院佈局，只是多了些園池亭臺”[②]。根據學者對敦煌文書所見唐宋之際敦煌民眾住房的研究，“當地一套宅院應包括堂、東西南房、廡舍、廚舍和院落，一般面積在 200 平方米左右，堂和東西房面積在 10—40 平方米之間，其他房屋面積多在 20 平方米以下，其中廚舍很大”[③]。“岐陽公主，賜第堂有四廡，續椽藻櫨，丹白其壁，派龍首水爲沼。主外族因請

---

① 陳忠凱：《略論唐人宅第之營繕》，《碑林集刊》第 8 期，西安：陝西人民美術出版社 2002 年版，第 133 頁。
② 李斌城：《隋唐五代社會生活史》，北京：中國社會科學出版社 1998 年版，第 124 頁。
③ 黃正建：《敦煌文書所見唐宋之際敦煌民眾住房面積考略》，《敦煌吐魯番研究》第 3 卷，北京：北京大學出版社 1998 年版，第 209 頁。

願以尚父汾陽王大通里亭沼爲主別館。當其時，隆貴顯榮，莫與爲比。"①"長寧公主，第成，府財幾竭。又取西京高士廉第、左金吾衛故營合爲宅，右屬都城，左頰大道，作三重樓以馮觀，築山浚池。帝及后數臨幸，置酒賦詩。又並坊西隙地廣鞠場。東都廢永昌縣，主丐其治爲府，以地瀕洛，築郛之，崇臺、蜚觀相聯屬。無慮費二十萬。魏王泰故第，東西盡一坊，潴沼三百畝，泰薨，以與民。至是，主丐得之，亭閣華詭抒西京。"②

除了房子的結構之外，"門前立戟，可顯示地位的高貴。"③戟架是很有特色的一種建築物裝飾品。朝廷規定，三品以上大官和王公貴戚可以在正門外面排列豎立一根根長戟。《新唐書》記載太宗長女襄城公主下嫁蕭銳時，"有司告營別第，辭曰：'婦事舅姑如父母，異宮則定省闕。'止葺故第，門列雙戟而已"。④

《朝野僉載》卷三記載"宗楚客造一新宅成，皆是文柏爲梁，沉香和紅粉以泥壁，開門則香氣蓬勃。磨文石爲階砌及地，著吉莫靴者，行則仰僕……太平公主就其宅看，歎曰：看他行坐處，我等虛生浪死"。公主最後是否仿效成功，史書並未記載。但我們從中也可看到貴族生活的豪奢。中宗時，韋后當政，其女長寧公主宅第兼并多所宅第、廳堂、庭院甚至金吾衛的官衙，構建自己的豪宅。長寧公主雖然不及其妹安樂公主有名，但也是中宗時期炙手可熱的人物。

史載"景龍觀：次南崇仁坊。西南隅，玄真觀。半以東，本尚書左僕射、申國公高士廉宅。西北隅，本左金吾衛。神龍元年（705），並爲長寧公主第。東有山池別院，即舊東陽公主亭子。韋庶人敗，公主隨夫爲外官，遂奏請爲景龍觀，仍以中宗年號爲名。初欲出賣，官估木石當二幹萬，山池仍不爲數。天寶十三載（754），改爲玄真觀。肅宗時，設百高座講。《名畫記》：'玄真觀有陳靜心、程雅畫'"。⑤

（二）屋內設施

這一時期的室內居住生活與前代相似，仍然是由於廳堂闊、需要張設一些遮蔽物以爲屏障或擋禦風寒。這些張設物主要有帳、幄、帷、屏、簾等。家具主要有牀榻、几案、櫥櫃等。

沒有資料表明公主家的裝備如何，但據"咸通九年，同昌公主出降，宅於廣化里，賜錢五百萬貫，仍罄內庫寶貨以實其宅，至於房櫳户牖，無不以珍異飾之"的記載，可以管窺公主家的擺設。

① 〔清〕董誥：《全唐文》卷756，北京：中華書局1983年版，第7838—7839頁。
② 〔宋〕歐陽修：《新唐書》卷83《諸帝公主》，北京：中華書局1975年版，第3653頁。
③ 黃正建：《唐代衣食住行》，北京：中華書局2013年版，第211頁。
④ 〔宋〕歐陽修：《新唐書》卷83《諸帝公主》，北京：中華書局1975年版，第3645頁。
⑤ 〔清〕徐松撰，李健超增訂：《增訂唐兩京城坊考》，西安：三秦出版社2006年版，第82頁。

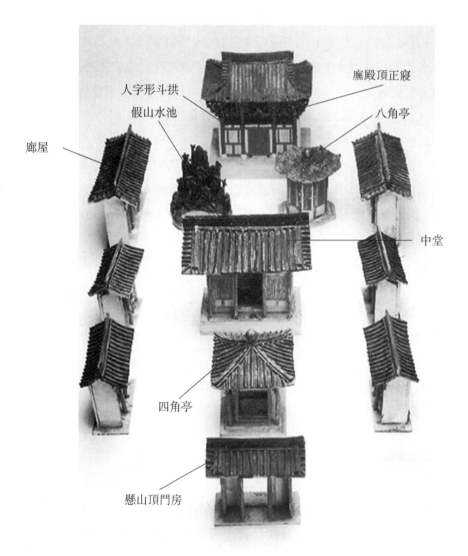

人字形斗拱

假山水池

廡殿頂正寢

八角亭

廊屋

中堂

四角亭

懸山頂門房

這套唐三彩民居是墓主人生前住房的模型。

説明：參考晚唐85窟的《窮子喻品》裏的四合院

1、廳内設施

（1）帳：帳有多種解釋，其中一種解釋爲："它被張設在室内即宮殿或廳堂中，起着保暖和遮蔽的作用。"[①]張易之爲母阿臧造七寶帳，金銀、珠玉、寶貝之類罔不畢萃，曠古以來，未曾聞見。鋪象牙牀，織犀角簟，羅貂之褥，蛩虻之氈，汾晉之龍須、河中之鳳翮以爲席[②]。同昌公主的嫁妝裏有"堂中設連珠之帳。連珠帳，續真珠爲之也"。

（2）簾：簾在這一時期也是室内張設中的必備物。簾的形制比較清楚，主要用在門上，也有用於窗前的[③]。公主的簾爲卻寒之簾，"卻寒簾，類玳瑁斑，有紫色，云卻寒之鳥骨所爲也。未知出於何國。"[④]

2、牀上用品

（1）牀：揚之水認爲："這一時代的家具中，最爲特殊的一類是所謂'牀'，換句話説，即牀的概念變得格外寬泛——凡上有面板、下有足撐者，不論置物、坐人，或用來睡卧，它似乎都可以名之曰牀。"[⑤]不妨以陝西三原唐李壽墓爲例。"墓葬年代爲貞觀五年，即西元631年。墓中置石槨，象徵墓主人生前的寢殿。石槨内壁滿佈綫刻畫，茵褥、隱囊、挾軾、筌蹄、胡牀；食牀、暖爐；棋局、雙陸局。"[⑥]唐時，唐明皇和楊貴妃曾賞賜安禄山"檀香牀。"[⑦]張易之爲母阿臧鋪"象牙牀"[⑧]。公主的牀更爲豪華、精貴。"咸通九年，同昌公主出降，宅於廣化里，賜錢五百萬貫……制水精、火齊、琉璃、玳瑁等牀，悉楷以金龜、銀鳖。"[⑨]楷，名詞，爲柱子下邊的墩子。動詞，支撐之意。楷牀龜即置於牀中下用以支牀之龜。

（2）席：公主房中設"犀簟、牙席"[⑩]。犀簟，犀牛皮做的席子。唐代詩人曹唐《小遊仙詩》之二一："月影悠悠秋樹明，露吹犀簟象牀輕。"[⑪]象牙的特點是硬而脆，用它來織席是很難想像的。唐代公主用的牙席到底是什麽樣子，因資料有限，我們很難覓到它的蹤跡，然而，在故宮博物院珍寶館，卻展出了一件稀世珍品——象牙席。這件象牙席，長216、寬

① 李斌城：《隋唐五代社會生活史》，北京：中國社會科學出版社1998年版，第133頁。
② 〔唐〕劉餗撰，袁憲校注，《朝野僉載》，西安：三秦出版社2004年版，第102頁。
③ 李斌城：《隋唐五代社會生活史》，第136頁。
④ 〔唐〕蘇鶚：《杜陽雜編》卷下，北京：中華書局1985年版，第26頁。
⑤ 揚之水：《唐宋時代的牀和桌》，《藝術設計研究》2012年（夏），北京：北京服裝學院出版社，第120頁。
⑥ 孫機：《唐·李壽墓石槨綫刻〈侍女圖〉、〈樂舞圖〉散記》，《中國聖火》，遼寧教育出版社1996年版，第205—212頁。
⑦ 〔唐〕段成式撰，方南生點校，《酉陽雜俎》，北京：中華書局1981年版，第3頁。
⑧ 〔唐〕劉餗撰，袁憲校注，《朝野僉載》，第102頁。
⑨ 〔唐〕蘇鶚：《杜陽雜編》卷下，第25頁。
⑩ 〔唐〕蘇鶚：《杜陽雜編》卷下，第25頁。
⑪ 〔清〕彭定求：《全唐詩》卷641《小遊仙詩》，北京：中華書局1960年版，第7347頁。

139 釐米，全由薄如竹篾、寬不足 0 .3 釐米的扁平象牙條編成，織紋是人字形，周邊用塗了黑漆的牙條織成三道花紋。這件珍品有如竹席，但更加光潔平滑，柔軟性很强，至今依然可以展卷自如，展出時，這張象牙席的一部分捲成圓筒。

（3）褥："龍闕鳳褥"[①]。闕，爲皮毛織品。不知"龍闕鳳褥"爲何物，前文所引李壽墓中所見也有"茵褥"一物。在白居易的類書《白孔六帖》裏，它是被放在《茵褥十（氈附）》。可見"龍闕鳳褥"是褥子的一種。有關專家認爲茵褥主要有兩種，一種是鋪在地上，類似現在的地毯。一種是鋪在榻等坐具上[②]。總而言之屬於室内的鋪設物。上官婉兒有詩云："横鋪豹皮褥，側帶鹿胎巾。"[③]

（4）被：同昌公主的嫁妝裏有"神絲繡被"。"神絲繡被，繡三千鴛鴦，仍間以奇花異葉，其精巧華麗絕比。其上綴以靈粟之珠，珠如粟粒，五色輝煥。又帶蠲忿犀、如意玉。其犀圓如彈丸，入土不朽爛；帶之，令人蠲忿怒。"[④]

（5）枕：枕爲日常生活必備品。高陽公主送給情人辯機和尚的有"金寶神枕"[⑤]，丹陽公主被柴紹之弟某"遣取的是鏤金函枕"[⑥]，最爲奇特的是韋皇后之妹"馮太和之妻號七姨信邪，信邪，見豹頭枕以辟邪，白澤枕以去魅，作伏熊枕以爲宜男。"[⑦]同昌公主的嫁妝裏"有鸕鷀枕、其枕以七寶合成，爲鸕鷀之狀。"[⑧]"如意玉枕，上有七孔，云通明之象也。"[⑨]

3、防雨、降温設備

史載："大中時，女王國貢龍油絹。形特異，與常繒不類。云以龍油浸絲織出，雨不能濡。又寶庫中有澄水帛，亦外國貢。以水蘸則寒氣蕭颯，暑月辟熱，則一堂之寒思挾纊。細布明薄可鑒，雲上傅龍涎，故消暑毒也。"[⑩]這種防雨、降温的設備，也出現在公主的家裏。

（1）幕："懿宗賜公主出降幕，廣三丈，長一百尺。輕亮，向空張之，紋如碧絲之貫赤珠。雖暴雨不濡濕，云以鮫人瑞香膏傅之，故爾。云得自鬼國。"[⑪]同昌公主出嫁的賬務單上也詳細地記載了這點："又有瑟瑟幕、紋布巾、火蠶綿、九玉釵。其幕色如瑟瑟，闊三丈，長一百尺，輕明虛薄，無以爲比。向空張之，則疏朗之紋如碧絲之貫真珠，雖大雨暴降不

① 〔唐〕蘇鶚：《杜陽雜編》卷下，北京：中華書局 1985 年版，第 25 頁。
② 李斌城：《隋唐五代社會生活史》，北京：中國社會科學出版社 1998 年版，第 137 頁。
③ 〔清〕彭定求：《全唐詩》卷 5《遊長寧公主流杯池二十五首》，北京：中華書局 1960 年版，第 63 頁。
④ 〔唐〕蘇鶚：《杜陽雜編》卷下，第 26 頁。
⑤ 〔宋〕歐陽修：《新唐書》卷 83《諸帝公主》，北京：中華書局 1975 年版，第 3648 頁。
⑥ 〔唐〕劉餗撰 袁憲校注《朝野僉載》，西安：三秦出版社 2004 年版，第 180 頁。
⑦ 〔唐〕劉餗撰 袁憲校注《朝野僉載》，第 156 頁。
⑧ 〔唐〕蘇鶚：《杜陽雜編》卷下，第 26 頁。
⑨ 〔唐〕蘇鶚：《杜陽雜編》卷下，第 26 頁。
⑩ 〔宋〕錢易著，梁太濟箋證，《南部新書溯源箋證》，上海：中西書局 2013 年版，第 388 頁。
⑪ 〔宋〕錢易著，梁太濟箋證，《南部新書溯源箋證》，第 387 頁。

能濕溺，云以鮫人瑞香膏傅之故也。"①羅隱《升平公主舊第》詩"兩輪水碨光明照，百尺鮫綃換好詩"②中的"百尺鮫綃"，説的就是這種防雨的"幕"。

（2）澄水帛。這是一種降温的設置。"暑氣將甚，公主命取澄水帛，以水蘸之，掛於南軒，良久滿座皆思挾纊。澄水帛長八九尺，似布而細，明薄可鑒，云其中有龍涎，故能消暑毒也。"③

4、照明設備

夜光珠："韋氏諸宗，好爲葉子戲，夜則公主以紅琉璃盤盛夜光珠，令僧祁捧之堂中，而光明如晝焉。"葉子戲"從門類、張數、花色及對牌義的解釋來看，葉子戲和橋牌都是非常相像的。"④公主打牌到深夜，用夜明珠來照亮，不失一個極好的選擇。

5、盥洗用具

（1）紋布巾："紋布巾即手巾也，潔白如雪，光軟特異，拭水不濡，用之彌年，不生垢膩。二物稱得之鬼谷國。"⑤

（2）火蠶綿："火蠶綿雲出炎洲，絮衣一襲用一兩，稍過度則焢蒸之氣不可近也。自兩漢至皇唐，公主出降之盛未之有也。"⑥

總之，因資料有限，筆者目前所能看到的公主的家居就是這些。唐代公主婚後都擁有"一間自己的屋子"，這屋子，不僅是皇帝"御批"的，而且竭盡豪華之勢。

---

① 〔唐〕蘇鶚：《杜陽雜編》卷下，北京：中華書局1985年版，第26頁。
② 〔清〕彭定求：《全唐詩》卷六六二《升平公主舊第》，北京：中華書局1960年版，第7587頁。
③ 〔唐〕蘇鶚：《杜陽雜編》卷下，第27頁。
④ 伊永文：《到中國古代去旅遊》，北京：中華書局2005年版，第53頁
⑤ 〔唐〕蘇鶚：《杜陽雜編》卷下，第26頁。
⑥ 〔唐〕蘇鶚：《杜陽雜編》卷下，第27頁。

屏風

多足几：
相當於今
天的桌子

胡牀：高姿
座椅

櫃

寢牀：睡覺用的，
帶四個脚，比今
天的牀要矮。

莫 23 南壁

说明：根據正倉院室内陳設的照片和敦煌壁畫來繪製，如果敦煌壁畫裏有更詳細的室内圖，也可以用。將軾和寢牀的使用都畫進去。

三、大唐公主莊園的外部環境

唐代公主的府第與山莊往往修建得非常豪華。據史料記載，太平公主除有多處府第外，還擁有面積廣大的莊園，其中的富麗繁華景象在文學作品中都有描繪。韓愈的《遊太平公主山莊》更是以回憶的方式寫出當時太平公主宅第的盛況："公主當年欲占春，故將臺榭壓城闉。欲知前面花多少，直到南山不屬人。"①景龍中，妃主家競爲奢侈，駙馬楊慎交、武崇訓，至油灑地以築球場。②《文苑英華》卷698辛替否《諫中宗置公主府官疏》："方大起寺舍，廣營第宅，伐木空山，不足充梁棟；運土塞路，不足充牆壁。"③安樂公主奪百姓莊園，造定昆池四十九里，直抵南山，擬昆明池。累石爲山，以象華嶽，引水爲澗，以象天津。飛閣步簷，斜橋磴道，衣以錦繡，畫以丹青，飾以金銀，瑩以珠玉。又爲九曲流杯池，作石蓮花臺，泉於臺中流出，窮天下之壯麗。悖逆之敗，配入司農，每日士女遊觀，車馬填噎。奉敕，輒到者官人解見任，凡人決一頓，乃止④。

長安東郊靠近大明宮、興慶宮的滻河、灞河流域的大片土地，多被皇族佔據，開闢園林池澤，供春秋遊賞、炎夏納涼之用。唐高宗之女太平公主、中宗之女長寧公主等都在城東有花木繁盛、臺榭輝映的園林莊園⑤。唐人有詩曰："平陽館外有仙家，沁水園中好物華。地出東郊迴日御，城臨南斗度雲車。"⑥"主第山門起灞川，宸遊風景入初年。"⑦

（一）奇石

奇石是一切園林的必備之物，構成園林一道絢麗的風景。計成的《園冶》裏專門有講"選石"的方法："取巧不但玲瓏，只宜單點；求堅還從古拙，堪用層堆。須先選質無紋，俟後依皴合掇。多紋恐損，無竅當懸。"⑧大唐公主的園林當然少不了這些經過千挑萬選的必備之物。安樂公主的山莊是"刻鳳蟠螭凌桂邸，穿池疊石寫蓬壺……遞石懸流平地起，危樓曲閣半天開"⑨。太平公主的南莊是"買地鋪金曾作埒，尋河取石舊支機"⑩。"還將

① 〔唐〕彭定求：《全唐詩》卷344《遊太平公主山莊》，北京：中華書局1960年版，第3854頁。
② 〔唐〕張鷟撰，袁憲校注：《隋唐嘉話》，西安：三秦出版社2004年版，第55頁。
③ 〔宋〕李昉《文苑英華》卷698《諫中宗置公主官疏》，北京：中華書局1966年版，第3603頁。
④ 〔唐〕劉餗撰，袁憲校注《朝野僉載》，西安：三秦出版社2004年版，第104頁。
⑤ 晏振樂：《巍巍長安》，北京：中國人民大學出版社1992年版，第191頁。
⑥ 〔清〕彭定求：《全唐詩》卷92《奉和初春幸太平公主南莊應制》，第997頁。
⑦ 〔清〕彭定求：《全唐詩》卷73《奉和初春幸太平公主南莊應制》，第804頁。
⑧ 〔明〕計成著，李世葵、劉金鵬編著：《園冶》，北京：中華書局2011年版，第177頁。
⑨ 〔清〕彭定求：《全唐詩》卷69《奉和初春幸太平公主南莊應制》，北京：中華書局1960年版，第773頁。
⑩ 〔清〕彭定求：《全唐詩》卷96《奉和初春幸太平公主南莊應制》，第1041頁。

石溜調琴曲，更取峰霞入酒杯"①。長寧公主的山莊爲"泉石多仙趣，岩壑寫奇形"②。往往花間逢彩石，時時竹裏見紅泉③。"石畫妝苔色，風梭織水文"④。

（二）趣水

石令人幽靜，水令人曠達。子曰："智者樂水，仁者樂山；智者動，仁者靜；智者樂，仁者壽。"⑤在中國傳統的園林設計中，水、石最不可或缺。公主的園林裏，水是必不可少的元素之一。從視覺上看，"庭養沖天鶴，溪流上漢查。"⑥從聽覺上看"谷靜泉逾響，山深日易斜。"⑦仰視（遠處看）"飛蘿半拂銀題影，瀑布環流玉砌陰。"⑧俯視（近處看）"紫岩妝閣透，青嶂妓樓懸。峰奪香爐巧，池偷明鏡圓。"⑨而在池沼飛泉上往往會架起浮橋："主第岩扃架鵲橋，天門閶闔降鸞鑣。"⑩"飛觀仰看雲外聳，浮橋直見海中移。"⑪"徑轉危峰逼，橋回缺岸妨。"⑫或者泛舟其中，怡然自得："今日還同犯牛斗，乘槎共逐海潮歸。"⑬"無路乘槎窺漢渚，徒知訪蜀就君平。"⑭"今朝扈蹕平陽館，不羨乘槎雲漢邊。"⑮"六龍齊軫御朝曦，雙鷁維舟下綠池。"⑯"灣路分遊畫舟轉，岸門相向碧亭開。"⑰當年安樂公主爲了造池，還掀起過軒然大波："昆明池者，漢孝武所穿，有蒲魚利，京師賴之。中宗朝，安樂公主請焉，帝曰：'前代已來，不以與人。不可。'主不悦，因大役人徒，別掘一池，號曰'定昆池'。既成，中宗往觀，令公卿賦詩。李黃門日知詩云：'但願暫思居者逸，無使時傳作者勞。'及睿宗即位，謂之曰：'當時朕亦不敢言，非卿中正，何能若是！'無何而遷侍中。"⑱可見園中有趣水，當爲公主園林一景。

---

① 〔清〕彭定求：《全唐詩》卷 61《奉和初春幸太平公主南莊應制》，第 723 頁。
② 〔清〕彭定求：《全唐詩》卷 5《遊長寧公主流杯池二十五首》，第 63 頁。
③ 〔清〕彭定求：《全唐詩》卷 73《奉和初春幸太平公主南莊應制》，第 804 頁。
④ 〔清〕彭定求：《全唐詩》卷 5《遊長寧公主流杯池二十五首》，第 63 頁。
⑤ 楊伯峻注譯：《論語譯注》《雍也第六》北京：中華書局 1980 年版，第 54 頁。
⑥ 〔清〕彭定求：《全唐詩》卷 127，《奉和聖制幸玉真公主山莊因題十韻之作應制》，第 1286 頁。
⑦ 〔清〕彭定求：《全唐詩》卷 127，《奉和聖制幸玉真公主山莊因題石壁十韻之作應制》，第 1286 頁。
⑧ 〔清〕彭定求：《全唐詩》卷 93《奉和初春幸太平公主南莊應制》，第 1004 頁。
⑨ 〔清〕彭定求：《全唐詩》卷 97《同李舍人冬日集安樂公主山池》，第 63 頁。
⑩ 〔清〕彭定求：《全唐詩》卷 91《奉和初春幸太平公主南莊應制》，第 987 頁。
⑪ 〔清〕彭定求：《全唐詩》卷 103《奉和初春幸太平公主南莊應制》，第 1089 頁。
⑫ 〔清〕彭定求：《全唐詩》卷 62《和韋承慶過義陽公主山池五首》，第 733 頁。
⑬ 〔清〕彭定求：《全唐詩》卷 115《奉和初春幸太平公主南莊應制》，北京：中華書局 1960 年版，第 1169 頁。
⑭ 〔清〕彭定求：《全唐詩》卷 69《奉和初春幸太平公主南莊應制》，第 774 頁。
⑮ 〔清〕彭定求：《全唐詩》卷 73《奉和初春幸太平公主南莊應制》，第 804 頁。
⑯ 〔清〕彭定求：《全唐詩》卷 103《奉和初春幸太平公主南莊應制》，第 1089 頁。
⑰ 〔清〕彭定求：《全唐詩》卷 104《奉和初春幸太平公主南莊應制》，第 1091 頁。
⑱ 〔唐〕張鷟撰，袁憲校注：《隋唐嘉話》，西安：三秦出版社，2004 年，第 56 頁。

（三）繁花

明代文震亨在《長物志》中對園裏的花花草草，做過這樣的闡釋："草木不可繁雜，隨處種植，使其四季更替，景色不斷。又如桃、李不可植於庭院，只宜遠望；紅梅、絳桃，只是林中點綴，不宜多植。梅花生於山中，將其中有苔蘚的移植到藥欄，最爲古雅。杏花花期不長，開花時節，風雨正多，僅可短暫觀賞。臘梅於冬季不可或缺，它就像豆棚、菜園，山家風味，常年不厭。然而定要專闢大片空地種植，使其自成一區；如在庭院種植，便失風雅。更有石墩木柱，搭架綁縛，人爲造型的，就更是惡俗不堪了。至於種植蘭草、菊花，古時各有其法，現今用以教授園丁、考核技藝，則是幽雅人士之要務。"①

《紅樓夢》裏林黛玉住瀟湘館是以竹子最盛，"鳳尾森森，龍吟細細，一片翠竹環繞"②。薛寶釵住蘅蕪苑，"卻見此處山石插天，異草盤環，那些奇藤仙葛，或如翠帶飄飄，或如金繩盤屈，或實若丹砂，或花如金桂，味芬氣馥，非花香之可比"③。那麼大唐公主的園林裏都有哪些植物呢？

1、竹：竹子的種植非常講究："種竹宜築土爲壟，環水爲溪。小橋斜渡，陟級而登，上留平臺，以供坐臥，科頭散髮，儼如萬竹林中人也。"④公主園林的竹子構成一道美麗的風景："竹館煙催暝，梅園雪娛春。"⑤"風泉韻繞幽林竹，雨霰光搖雜樹花。"⑥"鷺羽鳳簫參樂曲，荻園竹徑接帷陰。"⑦

2、菊花：菊花有很強的觀賞價值，《爾雅》中有對菊花的最早解釋："鞠，治蘠"⑧。《禮記·月令篇》中有"季秋之月……鞠有黃華"⑨記載。《山海經》亦說"女兒之山……其草多菊"⑩等。公主園林的菊花別有一番風采："菊浦香隨鸚鵡泛，簫樓韻逐鳳凰吟。"⑪

3、梅花："幽人花伴，梅實專房。"⑫公主深諳此理，所以，她們的園子裏哪裏能少得了梅花的點綴呢？"梅花寒待雪，桂葉晚留煙。興盡方投轄，金聲還復傳。"⑬"鬥雪梅先吐，

---

① 〔明〕文震亨著，《長物志》，北京：中華書局1985年版，第7頁。
② 〔清〕曹雪芹、高鶚著《紅樓夢》第26回，天津：天津古籍出版社1997年版，第314頁。
③ 〔清〕曹雪芹、高鶚著《紅樓夢》第17回，第199頁。
④ 〔明〕文震亨著，《長物志》，北京：中華書局1985年版，第14頁。
⑤ 〔清〕彭定求：《全唐詩》卷237《宴崔駙馬玉山別業》，北京：中華書局1960年版，第2645頁。
⑥ 〔清〕彭定求：《全唐詩》卷92《奉和初春幸太平公主南莊應制》，第997頁。
⑦ 〔清〕彭定求：《全唐詩》卷104《奉和初春幸太平公主南莊應制》，第1093頁。
⑧ 〔東晉〕郭璞注《爾雅》，北京：中華書局1985年版，第100頁。
⑨ 崔高維校點《禮記》，瀋陽：遼寧教育出版社2000年版，第57頁。
⑩ 李榮慶、馬敏校注《山海經》卷5，鄭州：中州古籍出版社2008年版，第148頁。
⑪ 〔清〕彭定求：《全唐詩》卷93《奉和初春幸太平公主南莊應制》，第1004頁。
⑫ 〔明〕文震亨著《長物志》，第9頁。
⑬ 〔清〕彭定求：《全唐詩》卷97《同李舍人冬日集安樂公主山池》，第1046頁。

驚風柳未舒。直愁斜日落,不畏酒尊虛。"①

4、杜若 芙蓉：杜若,《本草圖經》解釋爲"葉似薑,花赤色,根似高良薑而小辛味。子如豆蔲。二月、八月采根,暴幹用。"②《楚辭・九歌・湘君》："采芳洲兮杜若,將以遺兮下女。"③關於芙蓉,文震亨認爲："芙蓉宜植池岸,臨水爲佳,若他處植之,絕無豐致。"④所以,在公主的園子裏,杜若與芙蓉爭相輝映。"杜若幽庭草,芙蓉曲沼花。"⑤

5、蓮花：蓮花以其清新的姿態,受到歷代文人的喜歡。《詩經・陳風・澤陂》有這樣描寫蓮花的詩句"彼澤之陂,有蒲與荷。有美一人,傷如之何? 寤寐無爲,涕泗滂沱。"⑥在公主的園子裏,也有着荷花動人的身姿。"參差碧岫聳蓮花,潺湲綠水瑩金沙。"⑦園果嘗難遍,池蓮摘未稀。⑧

6、松、桂：明代文震亨認爲："松、柏古雖並稱,然最高貴者,必以松爲首。山松宜植土岡之上,龍鱗既成,濤聲相應,何減五株九裏哉?"⑨"叢桂開時,真稱香窟,宜辟地二畝,取各種並植,結亭其中,不得顏以'天香'、'小山'等語,更勿以他樹雜之。樹下地平如掌,潔不容唾,花落地,即取以充食品。"⑩在公主的園子裏,我們可以"攀藤招逸客,偃桂協幽情。水中看樹影,風裏聽松聲"⑪,也能"山室何爲貴,唯餘蘭桂熏"⑫,在聽覺和嗅覺都得到美的享受後,我們真願意"山林作伴,松桂爲鄰⑬。

7、薜蘿：薜荔和女蘿。兩者皆野生植物,常攀緣於山野林木或屋壁之上。《楚辭・九

① 〔清〕彭定求：《全唐詩》卷5《遊長寧公主流杯池二十五首》,第62頁。
② 〔宋〕蘇頌編撰；尚志鈞輯校《本草圖經》,合肥：安徽科學技術出版社1994年版,第142頁。
③ 〔宋〕洪興祖：《楚辭補注》,北京：中華書局1983年版,第83頁。
④ 〔明〕文震亨著《長物志》,第10頁。
⑤ 〔清〕彭定求：《全唐詩》卷62《和韋承慶過義陽公主山池五首》,第733頁。
⑥ 李學勤主編,十三經注疏整理委員會整理《〈十三經注疏〉整理本》,北京：北京大學出版社2000年版,第454頁。
⑦ 〔清〕彭定求：《全唐詩》卷5《遊長寧公主流杯池二十五首》,北京：中華書局1960年版,第63頁。
⑧ 〔清〕彭定求：《全唐詩》卷62《和韋承慶過義陽公主山池五首》,第733頁。
⑨ 〔明〕文震亨著《長物志》,北京：中華書局1985年版,第12—13頁。
⑩ 〔明〕文震亨著《長物志》,第13頁。
⑪ 〔清〕彭定求：《全唐詩》卷5《遊長寧公主流杯池二十五首》,北京：中華書局1999年版,第63頁。
⑫ 〔清〕彭定求：《全唐詩》卷5《遊長寧公主流杯池二十五首》,第63頁。
⑬ 〔清〕彭定求：《全唐詩》卷5《遊長寧公主流杯池二十五首》,第62頁。

歌·山鬼》:"若有人兮山之阿,被薜荔兮帶女蘿。"①在公主的園子裏:"晝引藤爲架,人將薜作衣。此真攀玩所,臨睨賞光輝。"②而且"霽曉氣清和,披襟賞薜蘿。玳瑁凝春色,琉璃漾水波。跂石聊長嘯,攀松乍短歌。除非物外者,誰就此經過"③。

（四）妙榭

明代計成園冶認爲:"花間隱榭,水際安亭,斯園林而得致者。"④《紅樓夢》中對藕香榭的描述爲:"原來這藕香榭蓋在池中,四面有窗,左右有曲廊可通,亦是跨水接岸,後面又有曲折竹橋。"……柱上挂一副對子:"芙蓉影破歸蘭槳,菱藕香深寫竹橋。"⑤由此可見,藕香榭是一個設計得頗爲精妙的建築群,這個建築群由水榭、小亭子、曲廊和曲折竹橋所共同構成,四面荷花盛開,不遠處岸上有兩棵桂花樹。在大唐公主的園林中,像藕香榭的妙榭隨處可見。太平公主南莊是"歷亂旌旗轉雲樹,參差臺樹入煙霄"⑥。長寧公主東莊是"水榭宜時陟,山樓向晚看"⑦。

從張籍的《崔駙馬養鶴》可看出,公主的園子裏,會有仙鶴舞動。"求得鶴來教翦翅,望仙臺下亦將行。"⑧

總之,華麗的公主園林在清溪碧水間映襯着,散發着陣陣幽香。難怪有詩人發出這樣的感慨:"幸願一生同草樹,年年歲歲樂於斯"⑨。

四、大唐公主住宅的"人文景觀"

公主因爲擁有了自己的房子,生活空間相對來説,大了一些。在絲竹管樂、觥籌交錯之間營造出了公主住宅的人文勝景。她們可以在自己的空間裏:

1、舉辦文學沙龍

前文在講到公主園林的外部景觀時,引用的史料多來自文臣參觀完園林後寫的詩歌。很多詩歌都是一組的。可見當初在公主的園林裏舉行過盛大的文藝沙龍,每個人都將自己的詩歌奉上前去,以表自己對公主及皇帝的衷心。史載:"升平公主宅即席,李端

---

① 〔宋〕洪興祖:《楚辭補注》北京:中華書局1983年版,第79頁。
② 〔清〕彭定求:《全唐詩》卷5《遊長寧公主流杯池二十五首》,第62頁。
③ 〔清〕彭定求:《全唐詩》卷5《遊長寧公主流杯池二十五首》,第62頁。
④ 〔明〕計成著,李世葵、劉金鵬編著:《園冶》,北京:中華書局2011年版,第66頁。
⑤ 曹雪芹、高鶚著:《紅樓夢》第83回,天津:天津古籍出版社1997年版,第459頁。
⑥ 〔清〕彭定求:《全唐詩》卷91《奉和初春幸太平公主南莊應制》,北京:中華書局1999年版,第987頁。
⑦ 〔清〕彭定求:《全唐詩》卷54《侍宴長寧公主東莊應制》,第662頁。
⑧ 〔清〕彭定求:《全唐詩》卷386《崔駙馬養鶴》,第4357頁。
⑨ 〔清〕彭定求:《全唐詩》卷103《奉和初春幸太平公主南莊應制》,第1089頁。

擅場。"①史實是這樣的:"李虞仲,字見之,趙郡人。祖震,大理丞。父端,登進士第,工詩。大曆中,與韓翃、錢起、盧綸等文詠唱和,馳名都下,號'大曆十才子'。時郭尚父少子曖尚代宗女升平公主,賢明有才思,尤喜詩人,而端等十人,多在曖之門下。每宴集賦詩,公主坐視簾中,詩之美者,賞百縑。"②可見公主不但是文藝沙龍的女主人,還承擔着"裁判員"的重任。

2、商量政治對策

作爲公主,天生就與政治有着密切聯繫。公主的屋子,成爲了她們和同僚商量政治對策的密室。

太平公主"所欲,上無不聽,自宰相以下,進退系其一言,其餘薦士驟歷清顯者,不可勝數。權傾人主,趨附其門者如市"③。"其宰相有七,四出其門"④。安樂公主"姝秀辯敏,后尤愛之。帝復位,光艷動天下,侯王柄臣多出其門。"⑤最重要的是"神龍時,(太平公主)與長寧、安樂、宜城、新都、安定、金城凡七公主,皆開府置官署,視親王"⑥。從而可看出,唐代公主不僅主内,而且在"内"裏,還要管理"外"的事情。

3、舉行文藝演出

根據前文,我們知道有些公主喜歡藝術,在藝術方面有很高的天賦。所以,在公主的屋子裏舉行文藝演出,那是再正常不過的事情了。有詩云:"流風入座飄歌扇,瀑水侵階濺舞衣。"⑦"手舞足蹈方無已,萬年千歲奉薰琴。"⑧"泉聲百處傳歌曲,樹影千重對舞行。"⑨"林間花雜平陽舞,谷裏鶯和弄玉簫。"⑩其實,在歌舞的背後,這些文臣抒發的是"自有神仙鳴鳳曲,並將歌舞報恩暉"⑪的感情。而公主的屋子起到的歌舞場的作用。

4、宴請賓客

尉遲偓《中朝故事》:"蓋以帝戚强盛,公主自置群僚,以至莊宅庫舉,盡多主吏,宅中各有院落,聚會不同。公主多親戚,聚宴或出盤遊,駙馬不得與之相見,凡出入間,婢

① 〔宋〕錢易著,梁太濟箋證:《南部新書溯源箋證》,上海:中西書局2013年版,第216頁。
② 〔後晉〕劉昫:《舊唐書》卷163,北京:中華書局1975年版,第4266頁。
③ 〔宋〕司馬光:《資治通鑑》卷209,北京:中華書局1975年版,第6651頁。
④ 〔唐〕劉肅:《大唐新語》卷9,北京:中華書局1984年版,第144頁。
⑤ 〔宋〕歐陽修:《新唐書》卷83《諸帝公主》,北京:中華書局1975年版,第3654頁。
⑥ 〔宋〕歐陽修:《新唐書》卷83《諸帝公主》,第3650頁。
⑦ 〔清〕彭定求:《全唐詩》卷115《奉和初春幸太平公主南莊應制》,北京:中華書局1960年版,第1169頁。
⑧ 〔清〕彭定求:《全唐詩》卷104《奉和幸安樂公主山莊應制》,第1093頁。
⑨ 〔清〕彭定求:《全唐詩》卷93《奉和幸安樂公主山莊應制》,第1010頁。
⑩ 〔清〕彭定求:《全唐詩》卷91《奉和初春幸太平公主南莊應制》,第987頁。
⑪ 〔清〕彭定求:《全唐詩》卷96《奉和初春幸太平公主南莊應制》,第1041頁。

僕不敢顧盼。公主則恣行所爲，往往數朝不一相見。"①《全唐詩》裏保留了多首公主大宴賓客的詩歌，讓我們依稀看到了當時熱鬧的場面。如張説《晦日詔宴永穆公主亭子賦得流字》："堂邑山林美，朝恩晦日遊。園亭含淑氣，竹樹繞春流。舞席千花妓，歌船五彩樓。群歡與王澤，歲歲滿皇州。"②《三月三日詔宴定昆池官莊賦得筵字》："鳳凰樓下對天泉，鸚鵡洲中匝管弦。舊識平陽佳麗地，今逢上巳盛明年。舟將水動千尋日，幕共林橫兩岸煙。不降玉人觀褉飲，誰令醉舞拂賓筵。"③吃的品種"御羹和石髓，香飯進胡麻"。④"玉泉移酒味，石髓換粳香"⑤。"自有金杯迎甲夜，還將綺席代陽春"。

在這種情境下，有些文臣們發出"宴遊成野客，形勝得仙家"⑥、"何須遠訪三山路，人今已到九仙家"⑦的感慨。

總之，公主住宅有政治因素的影響，屋裏擺設極盡豪華之事，園子裏充滿了鳥語花香，公主在屬於自己的房子裏從事著政治、文學的活動。

---

① 〔唐〕尉遲偓：《中朝故事》，北京：中華書局 1985 年版，第 5 頁。
② 〔唐〕張説著，熊飛校注：《張説集校注》，北京：中華書局 2013 年版，第 174 頁。
③ 〔清〕彭定求：《全唐詩》卷 87《夜宴安樂公主宅》，北京：中華書局 1960 年版，第 961 頁。
④ 〔清〕彭定求：《全唐詩》卷 127《奉和聖制幸玉真公主山莊因賜石壁十韻之作應制》，第 1286—1287 頁。
⑤ 〔清〕彭定求：《全唐詩》卷 62《和韋承慶過義陽公主山池五首》，第 733 頁。
⑥ 〔清〕彭定求：《全唐詩》卷 62《和韋承慶過義陽公主山池五首》，第 733 頁。
⑦ 〔清〕彭定求：《全唐詩》卷 5《遊長寧公主流杯池二十五首》，第 63 頁。

唐代京畿士族的城市化及其鄉里影響

——以京兆韋氏、杜氏爲例

徐 暢[*]

摘 要

中國傳統宗族的根基在於鄉村社會,而隋唐以降,由於選舉、科舉制度變更,舊鄉里的家族紛紛脫離原籍,湧入城市,這在環首都長安的京畿地區表現尤爲明顯。本文以京兆兩大姓韋氏、杜氏爲例,探討其在城鄉間的定位;認識到,儘管長安的吸引力輻射了原本生活在京畿鄉村中的士族家庭,使他們逐漸放棄昔日故園田宅,湧入城市,過着無根化的官僚生活,但他們並未忘卻舊山,依然通過墓誌郡望書寫、園林別業經營、歸葬地選擇等各種方式,與鄉村發生地緣、心理上的聯繫;在文化上,城市還未取得之於鄉村的優勢;而京城士族的經濟基礎,更在於郊外的園林別業經營。

關鍵詞

京畿、宗族、城市化、韋氏、杜氏

唐代首都長安及其附近區域,統稱京畿,在行政地理範圍内對應着雍州或京兆府轄區。對京畿區域社會的探討,當先從解析基層社會自身的組織形式與運行機制入手[①]。血緣、姓氏是將鄉里社會中個體民整合爲團體的最基礎形式,這樣形成的民衆生活基本單位稱爲宗族,在地緣上亦表現出同族同姓聚居。對京畿區域而言,雖然皇權的輻射力較强,宗族的活動亦稱繁茂。區域内的大姓,《氏族論》的作者柳芳以爲有"韋、裴、柳、薛、楊、杜"[②],《太平寰宇記》以京兆郡出韋、杜、扶、段、宋、田、黎、金八姓[③],而敦煌 S.2052《新集天下姓望氏族譜》(論者以爲代表唐後期的情況)[④] 記雍州京兆郡出四十姓:"車、杜、段、嚴、黎、宋、秦、鍾、雍、車(韋)、田、粟、於、米、冷、支、員、舒、扈、皮、昆、申屠、康、別、夫家、

---

[*] 作者簡介:徐暢(1986—),女,河南南陽人,現爲北京師範大學古籍與傳統文化研究院博士後研究人員。

[①] 牟發松曾嘗試對中國古代社會組織形式進行歸納,見氏著《漢唐歷史變遷中的社會與國家》之"傳統中國的社會在哪裏",上海人民出版社 2011 年版,第 109—143 頁。

[②] 《新唐書》卷 199《儒學・柳沖傳附柳芳傳》,中華書局 1975 年版,第 5673 頁。

[③] 《太平寰宇記》卷 25《關西道一・雍州一》,樂史撰,王文楚點校,中華書局 2007 年版,第 518 頁。

[④] 毛漢光以爲可能撰成於元和十五年至咸通十三年,見所撰《敦煌唐代氏族譜殘卷之商榷》,收入氏著《中國中古社會史論》,上海書店出版社 2002 年版,第 427—433 頁。

郜、豐、杼、史、倫、邢、金、公成、第五、宋、宜、狄、粟、計。"①其中皆提及京兆韋氏與杜氏。

毛漢光將京兆杜陵韋氏歸於自魏晉迄唐末綿延不絕的十姓十三家之首，而將杜氏歸於略遜的通世大族②。韋、杜二氏自西漢丞相韋玄成、御史大夫杜延年遷居杜陵始，便在長安城南一帶開始長達數世紀的繁衍生息，歷北朝、隋、唐，雖則政治、人事變易，都城屢次遷移，韋、杜後人"京兆杜陵"的郡望書寫卻穩定不移。隋唐長安城較漢、周長安城向東南方向遷移，城南的杜陵便又更接近於國家的政治中心，韋、杜族人在此聚居，年深日久，其姓氏嵌入了地名，形成了韋曲、杜曲、韋曲村、大韋村、北韋村、杜季村、杜光里、杜城村等聚落名稱。

討論唐代長安的韋、杜家族，必先對士族形態與門閥士族政治這一漢晉隋唐七百年間特有的歷史現象有歷時性的通盤理解。中國古代的大家族形態，不同階段各有其特點，東漢表現爲世家大族，魏晉南北朝表現爲武斷鄉曲，割據一方的豪强大族，隋唐以降，"罷中正，舉選不本鄉曲"，士族精英分子脫離鄉里，流入城市，致使"人不土著，萃處京畿"，而鄉村則"里閭無豪族，井邑無衣冠"③，毛漢光曾從中古十姓十三家八十三著房籍貫遷移的角度，討論了這一現象，指出具有地方性格的郡姓"新貫"於中央地區並依附中央的現象，爲"中央化"；由於脫離鄉里舊業，轉變爲純官僚而失去地方性，稱爲"官僚化"。以其爲中古士族最根本之特徵④。唯毛氏結論是依據地望不在兩京一帶的士族生活形態而得出的，而籍貫本在兩京的關中、河南士族，如京兆韋氏、杜氏，河南鄭氏，洛陽長孫氏、於氏、源氏等，在這股社會流動、區域政治文化變遷的浪潮中，又有怎樣的表現？

本文將以京兆韋氏、杜氏爲例，説明這一問題。以往關於二姓大族的研究頗多，但基本局限於利用新出的家族成員墓誌，考訂其郡望、房支、世系、婚宦，或略述其交遊，或討論起家族的文學表現、信仰⑤，對於最核心問題——這兩個世代通顯的大族如何順應魏晉

① 錄文參郝春文主編《英藏敦煌社會歷史文獻釋錄》第 9 卷，社會科學文獻出版社版，第 150—170 頁。
② 毛漢光《中國中古社會史論》第 3 篇《中古家族之變動》，第 57—60 頁。
③ 《通典》卷 17《選舉五》，中華書局 1988 年版，第 417 頁。
④ 毛漢光《從士族籍貫遷移看唐代士族之中央化》，收入氏著《中國中古社會史論》，第 234—333 頁。
⑤ 如矢野主税《韋氏研究》，《長崎大學學藝學部社會科學論叢》2，1961 年；又《韋氏研究》（二），《長崎大學學藝學部研究報告》臨時增刊號，1962 年；陳尊祥、郭生《唐韋幾墓誌考》，《文博》1994 年第 4 期，第 73 頁；黃利平《長安韋氏宗族述論》，《陝西歷史博物館館刊》（一），陝西人民教育出版社，1994 年 6 月，第 67—72 頁；張蘊《西安南郊畢原出土的韋氏墓誌初考——平齊公房和鄖公房成員》，《文博》1999 年第 6 期，第 64—70 頁；張蘊《關於西安南郊畢原出土的韋氏墓誌初考（三）——逍遥公房和李夫人墓誌》，《考古與文物》2000 年第 1 期，第 56—61 頁；張蘊《西安南郊畢原出土的韋氏墓誌考（二）：閬公房成員》，《考古與文物》2005 年第 3 期，第 84—90 頁。相關論著如呂卓民《長安韋杜家族》，西安出版社 2005 年版；李浩《唐代關中士族與文學（增訂本）》，中國社會科學出版社 2003 年版；王力平《中古杜氏諸郡望的歷史考察》，南開大學博士學位論文，2001 年；李睿《世襲、婚姻與佛教——唐代韋氏家族之研究》，北京大學碩士學位論文，2002 年。韋應物墓誌被發現後，對韋氏族人文學的探討又大量出現，如王偉《唐代京兆韋氏家族與文學研究》，西北大學博士學位論文，2009 年；胡可先《出土文獻與唐代韋氏文學家族研究》，《文學與文化》2011 年第 3 期，第 107—119 頁等。

隋唐間地方資源（官吏任用權、儒學文化、學校教育等），軍事力量高度中央化，舉國政治、經濟、文化向中心城市集中的歷史趨勢，調整家庭經營策略，保持家族在政治中心長安城，以及世居地、根據地所在——京畿鄉村的雙家形態的平衡，實現家族在仕宦、文學、經濟、產業等領域的縱深拓展，從而維持"蟬聯閥閱"①、"代襲軒裳"②的顯赫局面，學界較少直接論及，正是本文的努力方向。

一、韋、杜二姓的城市化：京畿士族"中央化"的表現

毛漢光氏所謂中古士族"中央化"的表述提出後③，韓昇等學者就有商榷意見，認爲士族的遷徙在不同時期呈現不同的特點，毛氏只考察了其向兩京（中央）集中的趨勢，但也有向地方轉移的情況，地方領袖的世家大族往往是先向區域内的核心城市遷移，尤其安史之亂後，京洛動盪，衆多士族選擇奔赴南方的城市，如成都、揚州等地，所以"中央化"應修正爲"城市化"，即鄉村向城市之移動，等於將毛氏全國彙集於兩京的一條主綫打散，分化爲若干區域，而每個區域内的邊緣向區域中心之聚攏。毛氏"中央化"過於粗綫條，"城市化"可以較好地描述在京畿範圍内氏族向政治中心匯合的趨勢④。

陳寅恪曾精闢指出："蓋唐代社會承南北朝之舊俗，通以二事評量人品之高下。此二事，一曰婚，二曰宦。凡婚而不娶名家女，與仕而不由清望官，俱爲社會所不齒。"⑤仕宦是中古士族維持其顯貴地位之最根本依憑，是否"居相位"，也被視爲家族盛衰的主要標志。韋、杜二氏尤以世代衣冠著稱，據統計，有唐一代高宗、武后、中宗、殤帝、睿宗、玄宗、順宗、憲宗、文宗、宣宗、懿宗、僖宗、昭宗十三朝，韋氏家族先後有 17 人出任宰相，幾乎覆蓋唐代三百年的歷史⑥，其中有 16 位帶進士第；而京兆杜氏在唐前中後期也分別有杜如晦、杜佑、杜黃裳等名相，統計不同時期以進士登科而入相者有 10 人之多⑦。這一方面顯示韋、杜家族在官僚士族經營中是最大的贏家，也説明二姓除保持門第優勢外，尤重文學修養，積極開拓科舉入仕之新途徑。

① 語出《趙肅夫人韋氏墓誌》，胡戟、榮新江主編《大唐西市博物館藏墓誌》，北京大學出版社 2012 年版，第 726 頁。
② 《韋輅墓誌》記："韋氏之先，源其遠乎。始，夏康封彭侯之子於豕韋，因以國爲氏。周漢晉魏已還，顯赫相望，家有侯伯，代襲軒裳，遂爲京兆冠族。"《大唐西市博物館藏墓誌》，第 950—951 頁。
③ 毛漢光《中國中古社會史論》，第 240—242、329—333 頁。
④ 韓昇《南北朝隋唐士族向城市的遷徙與社會變遷》，《歷史研究》2003 年第 4 期，第 50—67 頁。
⑤ 陳寅恪《元白詩箋證稿》之《讀鶯鶯傳》，三聯書店 2009 年版，第 116 頁。
⑥ 參照李睿之統計，《世系、婚姻與佛教——唐代韋氏家族之研究》，4 頁。
⑦ 韋、杜族人進士第人數參照毛漢光的統計，氏著《唐代大士族的進士第》，《中國中古社會史論》，第 340—341、345 頁。

韋、杜家族之所以能在仕宦、科舉與文化教育中取得驕人的成績,與其脱離鄉里,積極實現城市化的情況緊密相關。京兆韋氏、杜氏的祖居在長安城南的鄉村,儘管相距不遠,時人稱"灞陵南望,曲江左轉,登一級而鄂杜如近"[1],但首都長安卻有着無限的政治機遇,發達的科舉與官場政治、考試文化,爲仕進之首選,所以中晚唐文人官員總是感歎"春明門外即天涯"、"人生不合出京城"[2]。城居,既便利作爲中央官日常朝謁與政務的處理,便利與朝寮舊友、京邑士人的交遊,又便於子孫後人脱離鄉里村學的淺陋習氣,接受官方學校的教育,日後更順利地接受科舉文化,以進入官僚梯隊。事實上,入唐以後,韋、杜二族的著房著支大部分居住在城内的坊里,較少有人居住在城外,現據《唐兩京城坊考》及李健超、楊鴻年二人增訂[3],將韋、杜二族人在長安城内的宅第在唐長安城圖中表示如下:

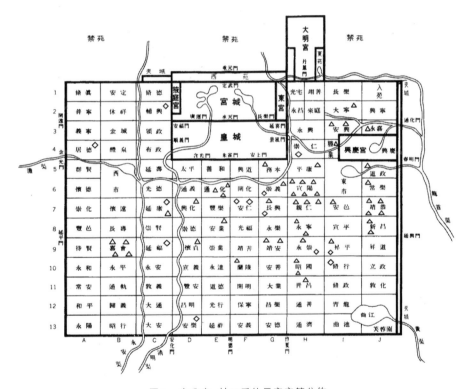

圖 1　京兆韋、杜二氏的長安宅第分佈

① 董誥等編《全唐文》卷 325 王維《洛陽鄭少府與兩省遺補宴韋司户南亭序》,中華書局 1983 年版,第 3295 頁。

② 分别出自劉禹錫《曹剛》、《和令狐相公别牡丹》,卞孝萱校訂《劉禹錫集》,中華書局 1990 年版,第 465、558 頁。關於唐代文人官員的長安城鄉觀念,筆者以白居易爲例進行了探討,拙文《盩厔縣尉白居易的長安城鄉生活體驗》,《人文雜誌》2014 年第 5 期,第 70—82 頁。

③ 徐松《唐兩京城坊考》,中華書局 1985 年版;李健超增訂《增訂唐兩京城坊考》(修訂本),三秦出版社 2006 年版;楊鴻年《隋唐兩京坊里譜》,上海古籍出版社 1999 年版。

　　本圖據平岡武夫主編《唐代的長安與洛陽·地圖》圖版三·第三圖《長安城圖》改制而成。原圖缺皇城南太平、興道二坊之間一坊名"善和"，今補。圖例：△韋氏宅，◇杜氏宅

　　每坊具體情況如下：

　　街東

　　安仁坊：杜佑、杜牧宅。蘭陵坊：韋待價宅。務本坊：韋鼎宅。崇義坊：韋堅、杜子休宅。長興坊：韋聿、杜鴻漸宅。靖安坊：韋元整、韋淨光嚴（司勳郎中楊氏夫人）宅。崇仁坊：杜悰宅。平康坊：韋澄宅。宣陽坊：韋嗣立、韋溫、韋巨源、韋叔夏、韋文恪、韋瑱宅。親仁坊：韋琨、韋公、韋洗宅。永寧坊：韋頊、韋端符宅。永崇坊：杜亞、韋抗宅。昭國坊：韋青、韋應物宅。晉昌坊：韋安石宅。大寧坊：韋承慶宅。安興坊：同昌公主與韋保衡宅、韋氏宅（直秘書省□）。勝業坊：韋德載宅。安邑坊：韋庸宅。升平坊：韋本立宅、杜行方宅。修行坊：杜從則宅。永嘉坊：韋元琰宅。道政坊：韋最宅。常樂坊：韋恂如宅。靖恭坊：韋玢、韋建、韋渠牟、韋元魯宅。新昌坊：韋端、韋希損宅。

　　街西

　　通化坊：韋武、韋暤（鄉貢進士）、韋師真宅。安業坊：韋府君及妻李掛（李景儉女）宅。興化坊：韋濟宅。懷貞坊：韋慎名宅。安樂坊：杜博義（處士）宅。輔興坊：杜公（子爲杜文章）宅。延康坊：韋豫、杜昭烈宅。延福坊：杜府君宅。嘉會坊：韋莊、韋諷、韋機、韋昊宅。居德坊：杜元徽宅。

　　從中可以直觀看出，韋、杜二族的宅第遍佈街西、東各坊，尤以街東爲多。杜氏家族資料有限，看不出太多規律，下以韋氏爲例：街東東市附近的安興、勝業、平康、宣陽、親仁、安邑、靖恭、常樂、靖安等坊，應即韋氏集居區域，尤其宣陽坊，一坊分佈韋氏六位官員之居所，分屬小逍遙公房、郿公房與平齊公房，而韋嗣立、巨源、韋溫皆爲皇親或宰相，可以想像諸韋在坊內比鄰而居的盛況。另如街西嘉會坊、街東靖恭坊，都有四位韋姓居住。唐世，官僚家族聚居於長安城內坊里，形成坊望，著名者如弘農楊氏越公房聚集而形成的靖恭楊家、修行楊家等[1]，嚴耕望氏又有"里望"之稱[2]，從這種角度，族人最多之宣陽也可呼爲京兆韋氏之坊望[3]。不過，由於里坊制的區隔，京兆韋氏在城內已很難保持鄉里全

---

[1] 楊氏爲長安盛門望族，累世同居，各以所居坊名爲號，有修行楊家、新昌楊家、靖恭楊家等分支，如徐松《兩京城坊考》卷3"（刑部尚書楊汝士）與其弟虞卿、漢公、魯士同居，號靖恭楊家，爲冠蓋盛遊"。李健超增訂《增訂唐兩京城坊考》（修訂本），三秦出版社2006年版，第155頁。

[2] 嚴耕望《唐僕尚丞郎表》，中華書局1986年版，第889頁。

[3] 梁太濟集中談論了唐人詩文、小說中出現的以所居坊爲稱謂之風習，以其興盛於中晚唐，最早在貞元年間已經出現，見所撰《中晚唐的稱坊望風習》，北京大學中國古代史研究中心編《鄧廣銘教授百年誕辰紀念論文集》，中華書局2008年版，第580—594頁。

族聚居的形式，其居住與生活，應多以小家或稱個體家庭爲單位[1]，屬於同一房支之後人，分居不同的坊，而一坊内亦雜居同族内不同房支。這是對韋、杜在城内居住區域的考察。

從其居住時間看，韋氏族人似已實現在坊里的世代居住。比如靖安坊的曹州刺史韋元整，據其妻《王婉墓誌》，元整卒後，開曜元年（681），王婉"終於明堂之靜安里第"[2]。而據其孫《韋晃墓誌》（祖元整、父績），開元十年（722），"終於京師靖安之里第"[3]，也就是説，韋家元整—績—晃三代一直居住在靖安里之私第，且注意到韋績爲韋元整與王婉六子之么，不大可能獨自繼承其父之住所，最有可能的情況是韋元整一大家在靖安坊實現了合族數代同居。又宣陽坊奉慈寺開元中爲虢國夫人楊氏宅，《明皇雜録》載：

　　貴妃姊虢國夫人，恩傾一時，大治第宅。棟宇之華盛，舉無與比。所居韋嗣立舊宅，韋氏諸子方午偃息於堂廡，忽見一婦人衣黄帔衫，降自步輦，有侍婢數十，笑語自若。謂韋氏諸子曰："聞此宅欲貨，其價幾何？"韋氏降階曰："先人舊廬，所未忍舍。"語未畢，有工人數百，發東西廂，撤其瓦木。韋氏諸子既不能制，乃率家童，挈其琴書，委于衢路，而自歎曰："不才無能，爲勢家所奪，古人之戒，將見於今日乎？"而與韋氏隙地十畝餘，其他一無所酬。[4]

韋嗣立官兵部尚書、封逍遙公，在中宗、韋后朝權傾一時，[5] 在宣陽坊營宅。玄宗時，家業豪宅爲當時權貴楊貴妃姊妹所覬覦，時韋嗣立後人，小逍遙公房諸韋在此居住已久，他們還牢記先人教誨，希望堅守祖宗產業，然而最終仍爲虢國所奪，"琴書委于衢路"，昔日大第僅換得"隙地十畝餘"。

又懿宗女同昌公主降韋保衡，於廣化坊營第，《杜陽雜編》載："（公主）一日大會韋氏之族於廣化里，玉饌俱列，暑氣特甚，公主命取澄水帛，以水蘸之，掛于南軒。"[6]可見平齊公房韋保衡一族集居廣化坊。京兆杜氏的情況與韋氏相似，不僅在城内世居，甚至連杜氏家廟，都改建在城内坊里，杜牧在元和末入京城求仕，尋找居所，"凡十徙其居，奔走

---

①　此點承侯旭東先生提示，他以爲宋以前的地方社會，以小型家庭爲日常生活基本單位，所謂宗族，很可能只是一種"想像的共同體"，這個"共同體"僅保有相似理念及祖先認同，而非在地緣上緊密聚居之實體。此備一説。

②　《大唐故曹州刺史韋府君夫人晉原郡君王氏墓誌銘並序》，吳鋼主編《全唐文補遺》第3輯，三秦出版社1996年版，第23頁。

③　《韋晃墓誌》，周紹良、趙超主編《唐代墓誌彙編續集》開元047，上海古籍出版社2001年版，第486頁。

④　唐鄭處誨撰，丁如明校點《明皇雜録》卷下，《唐五代筆記小説大觀》上册，上海古籍出版社2000年版，第964頁。

⑤　《舊唐書》卷88《韋思謙傳附嗣立》，中華書局1975年版，第2862—2863頁。

⑥　蘇鶚撰，陽羨生校點《杜陽雜編》卷下，《唐五代筆記小説大觀》，第1396頁。

困苦,無所容歸,於延福私廟支拄敧壞而處之"①。可知延福坊有杜氏家廟,且以其地同時爲入京的杜氏族人提供臨時寓所。又據葉夢得《石林燕語》記,中唐名相杜佑的家廟在曲江②。

韋、杜二姓由於仕宦的需要③,已經走出了城南舊鄉里,實現"城市化",在長安城內諸坊散居或聚居。

二、"鄉里有吾廬"④:韋杜家族對鄉村根基的維持

艾伯華(Wolfram Eberhard)曾經描述過縉紳家族典型的"雙家形態":

一個縉紳家族通常有一個鄉村家和一個城市家。鄉村家即家族田產所在,那裏居住一部分族人,管理經營其財產,如向佃農收租等,鄉村家是家庭經濟的支持骨幹⑤。

毛漢光以之譬喻中國中古世家大族的籍貫與遷居地之間的關係⑥,唐代京畿的韋、杜家族,也是這樣典型的雙家形態。一方面,從西漢起,家族世代居住於長安杜陵,在唐代,韋氏居住區以韋曲爲中心,跨萬年縣洪固、御宿、高平、義善諸鄉,而杜氏居住區以杜曲爲中心,跨萬年縣洪原、洪固、山北諸鄉,並形成了以韋、杜二姓命名的村落⑦;而另一方面,爲了尋求更好的出仕機會,實現家族在政治、文化中的領先地位,越來越多的韋、杜族人離開舊鄉里,遷居長安(杜氏族人亦有遷居洛陽的情況,這裏暫不討論),如韓昇所言"城市猶如巨大的吸盤,把鄉村社會的文化、政治精英源源不斷地吸引而去"。

"城市化"帶來仕宦榮耀、高官顯位的背後,卻是出仕者逐漸喪失其鄉村控制力,習慣於城市之安逸生活,與鄉里舊族因生活場景與追求的差異走向疏離,感情的隔膜並不是主要的,最嚴重的是城市士族失去了與鄉村宗族聯繫的紐帶,没有了鄉里的支持和依託,而逐漸失去影響地方社會的能力。北朝"那種世家大姓於動亂中率宗親、聚流民、築

① 《全唐文》卷 753 杜牧《上宰相求湖州第二啓》,第 7803 頁。
② 葉夢得《石林燕語》卷一記文潞公至和初"知長安,因得唐杜佑舊廟於曲江,猶是當時舊制,一堂四室,旁爲兩翼"。侯忠義點校,中華書局 1984 年版,第 15 頁。
③ 除了尋求仕宦之路的原因外,唐前期韋氏族人的入居長安城坊,應與中宗朝提高皇后韋氏的地位,扶植韋武勢力有很大關係,上舉韋嗣立族在宣陽坊的住居,就是例證。不過孫英剛指出,當時韋武主要成員集中居住在宫城以西諸坊,參看孫英剛《唐前期宫廷革命研究》,《唐研究》第 7 卷,北京大學出版社 2001 年版,第 263—288 頁。但從本文統計看,街西居住的韋氏不如街東,這可能與唐中期以後政治中心轉至大明宫,導致官員集居街東的趨勢有關。
④ 此語借自《全唐詩》卷 496 姚合《送朱餘慶及第後歸越》,第 5626 頁。
⑤ Wolfram Eberhard, *Conquerors and Rulers: Social Forces in Medieval China*, Leiden:Brill, 1965, pp.44—45.
⑥ 毛漢光《中國中古社會史論》第 3 篇《中古家族之變動》,第 55 頁。
⑦ 韋、杜二姓居住的鄉域,系筆者根據其墓誌記載,結合京畿鄉里考證所作之總結。

塢壁以割據一方的景觀已成舊夢"①,鄉村根據地的淪喪,肇始了魏晉隋唐士族政治社會的瓦解。從韋、杜家族而言,維持鄉村根基,不僅意味着象徵意義式地保有漢唐七百年間兩世家的話語、氣息與繁華,求得心理上、觀念上的"葉落歸根",也有實際的經濟利益,即艾伯華指出的"鄉村家是家庭經濟的支持骨幹",在鄉村置莊園田宅,經營産業,也爲力求仕宦的家族成員提供了可進可退的生存空間與財力支持。他們爲持續保有鄉村影響力,採取了很多措施,或者説自然而爲之的一些慣例性作法。

郡望書寫的穩定性

《新唐書·宰相世系表》記京兆韋氏定著九房,共有杜陵、京兆、襄陽、延陵四望②,據李睿研究,西眷平齊公房、東眷閬公房、東眷彭城公房、東眷逍遥公房、東眷郿公房、東眷大雍州房、東眷小雍州房、東眷鵾城公房、東眷駙馬房、南皮公房貫杜陵,而龍門公房郡望爲京兆。③ 綜觀唐代不同時期韋氏傳記及出土韋氏族人墓誌,不論其生活地點是在長安、洛陽,還是已遷居外州縣,不論其卒於何地,又甚至其葬地已不在長安祖塋,而由於先輩遷徙,有了新貫④,其人生印記中,最穩定的標誌就是郡望。"京兆杜陵人"、"京兆咸寧人"、"京兆萬年人"、"京兆長安人"……,墓誌中屢屢出現的這樣的表述,既是對韋氏家族所源的反復申説,又未嘗不是志主歷經人生風雨後,對其由來的一種自我認同。杜氏情況類似,自東漢以來支脈紛出,因仕宦、戰爭、災難等而播遷、流寓各地,但"京兆杜陵"的郡望未曾改變。

舊鄉里的居民

出土墓誌揭示的多是出仕求官而有聲名的韋、杜家族成員,爲官而遷居長安城内,是極常見的現象,因而總體上給人造成的印象是,當時居於城外舊鄉里的韋、杜族人甚少。但依據官員墓誌的抽樣,並不能以偏概全。貞元中(785—805),宰相杜佑曾在城南杜曲經營自己的別莊,所撰《杜城郊居王處士鑿山引泉記》描述了杜曲附近同姓聚居的情形:"每出國門,未嘗公服,導從輩悉令簡省,芻蕘者莫止唐突。及棲弊陋,時會親賓,野老衰宗,嗇夫遊徼。亦同列坐,或與銜杯,由是盡得歡心,庶將洽比鄉黨。其城曲墟落,緇黄

---

① 韓昇《南北朝隋唐士族向城市的遷徙與社會變遷》,第55、62頁。
② 《新唐書》卷74上《宰相世系表》,第3040—3055頁。
③ 李睿《世系、婚姻與佛教——唐代韋氏家族之研究》,第5—7頁。
④ 京兆韋氏也存在遷居後歸葬洛陽的情況,參馬建紅之梳理,所撰《隋唐關中士族向兩京的遷徙——以京兆韋氏爲中心的考察》,《南都學壇》2010年第2期,第39—41頁。

童艾,杜名杜氏,遍周川原。"① 杜曲有南杜、北杜之分,南杜又名杜固,位於潏水南岸,南倚神禾原;北杜即杜曲,在潏水北岸,北依少陵原,隔河相望,均爲諸杜居所。② 而上文曾言及,萬年縣樊川、鄠杜一帶尚有許多以韋、杜命名的村落,這些村應當主要是兩家内未出仕的普通民衆的聚居區。

墓誌中尚可以撿拾到一些居住在城南鄉曲的韋、杜族人。如《韋嘉娘墓誌》記其開元十年"遘疾終於萬年縣洪固鄉里第"。中央官員因需定時朝請,住在城南靖恭、新昌諸坊尚嫌偏遠,③ 不大可能居住在城外,但其家屬有郊居的情況,韋嘉娘在夫盧府君去世後歸還本家,卒於城南韋氏聚居區,洪固里第應是其父韋令儀在城外的宅第。④ 韋、杜官僚家族中的婦女、兒童都可能居住在鄉村,兒童在幼年時放養在舊鄉,長到一定年齡時再接入城内居住,也是爲了讓其加深對故鄉的心理認同。如晚唐韋氏族人韋莊,少年時在鄉里寄居,"多與鄰巷諸兒會戲","及廣明亂後,再經舊里,追思往中,但有遺蹤。因賦詩以記之",歷經黃巢戰亂,劫後餘生的韋莊以詩追憶了村童無憂無慮的遊戲生活:"昔爲童稚不知愁,竹馬閑乘繞縣遊。曾爲看花偷出郭,也因翹課暫登樓。招他邑客來還醉,才得先生去始休。""御溝西面朱門宅,記得當時好弟兄。曉傍柳陰騎竹馬,夜隈燈影弄先生。巡街趁蝶衣裳破,上屋探雛手腳輕。"同時也感歎舊遊"今日相逢俱老大,憂家憂國盡公卿"⑤,必然是諳盡城居與仕宦滋味。

城外別莊的經營

學界對長安城郊園林別墅的輯補工作持續進行,利用其研究成果⑥,考查韋、杜二姓人氏在城外所擁有的別莊,現將相關情況清單如下:

---

① 杜佑《杜城郊居王處士鑿山引泉記》,《全唐文》卷 477,第 6187 頁。
② 杜曲情況參照呂卓民《長安韋杜家族》,第 196—198 頁。
③ 白居易就記載了大雪天馬滑燭死,寒風破耳,鬢鬚生冰的情況下,還要由所居新昌坊經行十餘里至銀台門早朝的窘迫,《早朝賀雪寄陳山人》,朱金城《白居易集箋校》,上海古籍出版社 1988 年版,第 487 頁。
④ 胡戟、榮新江主編《大唐西市博物館藏墓誌》,第 445 頁。
⑤ 李昉《太平廣記》卷 175《韋莊》,中華書局 1961 年版,第 1306 頁。
⑥ 本表主要依據妹尾達彦《唐代長安近郊の官人別莊》,唐代史研究会編《中国都市の歴史的性格》,刀水書房,1988 年,第 125—136 頁;李浩《唐代園林別業考論》,西北大學出版社 1996 年版,第 151—196 頁;詹宗祐《隋唐時期終南山區研究》第 2 章 3 節《终南山的園林別業》,臺灣中國文化大學史學研究所博士學位論文,2003 年,第 140—150 頁;李浩《唐代杜氏在長安的居所》,《中華文史論叢》38 輯,上海古籍出版社,2006 年,第 272—286 頁,等文的統計成果,并有增補。

表 2　文獻所見韋、杜二氏的郊園別業

名稱	擁有人	地點	出處	備註
韋司馬別業		杜城南曲	《全唐文》二九〇張九齡《韋司馬別業集序》	
韋曲莊		韋曲	《全唐文》二二四宋之問《春遊宴兵部韋員外韋曲莊序》	
韋嗣立山莊（驪山別業、逍遥谷）	韋嗣立	驪山山麓	《舊唐書》卷八八本傳	
東山別業	韋給事韋恒（嗣立第二子）	驪山山麓	《全唐詩》卷一二六王維《韋給事山居》	或與韋嗣立東山別業爲一，此產業父子相繼。
韋侍郎山居	韋侍郎韋濟（韋嗣立第三子）	長安城東	《全唐詩》卷一二五王維《韋侍郎山居》	李浩以爲可能或即是韋嗣立驪山別業
韋司戶山亭院		長安東南	《全唐詩》卷二一二高適《宴韋司戶山亭院》；卷三二五王維《洛陽鄭少府與兩省遺捕宴韋司戶南亭序》	
灃上幽居	韋應物	長安郊外灃水東岸	《全唐詩》卷一九一韋應物《憶灃上幽居》	
城南別業	韋虛心	長安城南杜陵	《全唐詩》卷一二五王維《晦日遊大理韋卿城南別業四聲依次用各六韻》	韋卿，陶敏考證爲韋虛舟（《全唐詩人名考證》，101頁），陳鐵民考證爲韋虛心（《王維集校注》卷二）
城南別業	韋安石	城南	《太平廣記》卷三八九《韋安石》	
樊川別業	韋澳	城南樊川	《舊唐書》卷一五八本傳	
城南別墅	韋楚材	長安城東	《册府元龜》卷五二二《憲官部·譴讓》	
杜公池亭（杜城郊居、樊川別墅）	杜佑	長安城南神禾鄉朱陂，啓夏門南十有六里	《全唐詩》卷五三三許渾《朱坡故少保杜公池亭》，《全唐文》卷四七七杜佑《杜城郊居王處士鑿山引泉記》	又見《全唐文》卷四九四權德輿《司徒岐公杜城郊居記》，卷六一三武少儀《王處士鑿山引瀑記》。
杜相公別業	杜鴻漸	長安城南樊川	《全唐詩》卷二三七錢起《題樊川杜相公別業》	傅璇琮《唐代詩人叢考》以杜相公爲杜鴻漸，中華書局，1980年，439頁。

續　表

名稱	擁有人	地點	出處	備注
杜邠公林亭	杜悰	長安城南	《全唐詩》卷五七九温庭筠《題城南杜邠公林亭》	曾益《温飛卿詩集箋注》考證爲杜悰,上海古籍出版社,1980年,115頁。
杜舍人林亭		長安城南	《全唐詩續》卷一六錢起《題杜舍人林亭》	此詩原見元駱天驤《類編長安志》卷九《勝游·樊川范公五居》條所引
杜牧別業	杜牧	終南山下	《全唐文》卷七五二杜牧《上知己文章啓》言"有廬終南山下"。	
杜城別墅	杜式方	杜城	《舊唐書》卷一四七《杜佑傳》	

　　觀察韋、杜莊園在城外的位置,除逍遥公韋嗣及其後人的山莊別業置於驪山,而韋應物在長安城西(長安縣)灃水東岸有居處外,其餘可考證出地點的別莊,無一例外分佈在城南的韋、杜舊鄉里,或稱樊川,或稱杜陵,或稱韋曲、杜曲。以往學者的興趣止於從自然、人文環境的角度討論京郊園林別業集中分佈於城東灞滻和城南樊川、鄠杜的原因①。對於韋、杜二姓士族,在舊日鄉里、先人居所營建莊園產業,起碼有兩方面的特殊意義:第一,以此作爲城市化了的家族與鄉村宗族聯繫的紐帶,保持一種城鄉呼應,可進可退的生活情態,並告誡子孫,莫忘舊鄉,一草一木、一丘一壑,莫與他人,以此加強族内之認同感與凝聚力。杜佑杜城南郊居的營建,就是一個典型例證。《舊唐書·杜佑傳》載其:"請致仕,詔不許,但令三五日一入中書,平章政事。每入奏事,憲宗優禮之;不名,常呼司徒。佑城南樊川有佳林亭,卉木幽邃,佑每與公卿宴集其間,廣陳妓樂。諸子咸居朝列,當時貴盛,莫之與比。"②

　　杜佑官至宰相,常居城内之安仁坊,其諸子亦"咸居朝列",不在鄉村,他在仕途全盛的貞元中,已留意在家鄉經營產業,聘請處士王易簡規劃營建莊園:"公乃命僮使,具畚鍤,稽度力用,而請王生主之。生於是周相地形,幽尋水脈;目指頤諭,浚微導壅。穿或數仞,通如一源,寶岩腹渠,岩涓溜,集於澄潭,始旁決以淙瀉,復湧流而環曲。"③ "於是薙叢莽,呈修篁,級詰屈,步邐迆,竹徑窈窕,滕陰玲瓏,騰概益佳,應接不足,登陟忘

---

① 如妹尾达彦《唐代長安近郊の官人別莊》,第125—130頁;詹宗祐則認爲唐人別業都分佈於終南山淺山地带,交通便利處,亦便於交游,所撰《終南山的園林別業》,見《隋唐時期終南山區研究》,第145頁。
② 《舊唐書》卷147《杜佑傳》,第3981頁。
③ 《全唐文》卷613武少儀《王處士鑿山引瀑記》,第6187頁。

倦，達於高隅。……歲役春仲，成功秋暮"①，"乃開洞穴，以通泉脈，其流泠泠，或決或渟。激而杯行，瀑爲玉聲，初蒙於山下，終匯於池際。白波淪漣，繚以方塘，輕艫緩棹，沿洄上下"②。整理水路，修治道路，栽培植物，形成復合景觀，使身處其中，"終南之峻嶺，青翠可掬；樊川之清流，逶迤如帶"。年老致仕後，杜佑又選擇回到城南，在自營別業與公卿舊寮、文人雅士詩酒宴樂，同時反復申訴郊居之本意，"城南墟里，多以杜爲名，逮今郊居，不忘厥初"，"其城曲墟落，緇黃童艾，杜名杜氏，遍周川原。群情既用，光榮老夫，唯增祇懼"，以族長的身份，親自守護杜家鄉里，抵禦豪家侵奪，誡斥子孫："但履孝資忠，謹身奏法，無（疑）欽達節，克守素風，復何虞也？"③

與杜佑相似，杜黃裳於貞元末拜太子賓客，退居韋曲，其鄉里產業遭到朝裏皇親權貴的覬覦，但住在長安的最高統治者顯然已經默認韋、杜二族在城南的經營："時中人欲請其地賜公主，德宗曰：''城南杜氏鄉里，不可易。'"④ 韋澳在懿宗朝以秘書監分司東都，"上表求致仕"，"累上章辭疾，以松檟在秦川，求歸樊川別業，許之"⑤。值得注意的是，這種現象不僅在中晚唐，高宗時即有同樣的事例，曹王府典軍韋弘表晚年得到恩詔罷歸，"仍賜物百段，遂卜宇三秦，開田二頃……以儀鳳二年九月……終於冑貴里第"（《長安》，108—109頁），冑貴里在萬年縣洪固鄉。韋、杜二族的公卿官僚，在致仕罷歸後，大多會選擇葉落歸根，走出無根之城市，回到鄉村，這與陳寅恪所論以李棲筠家族爲代表的河北士族由於胡族之入侵，捨棄其累世產業，徙居異地，完全失去經濟來源乃至應有之社會地位的情況，恰形成反照⑥。

第二，通過經營產業，加強對宗族的整合控制，並爲城市化的士族提供經濟保障。在城市中位列公卿的韋、杜族人，回到鄉村，脱去官服，便成爲有着豐厚產業的莊園主。韋、杜官人經營鄉間別業，絕非僅僅爲了遊山玩水，怡悦性情，我們應注意莊園經濟史的研究向度⑦。首先，鄉里別業的購置需要花費相當資財，是一種類似投資的行爲，《宋高僧傳》記相地者釋泓師向韋安石推薦城南鳳棲原的土地，"異日韋尋前約方命駕次。韋公夫人曰：令公爲天子大臣，國師通陰陽術數，奈何潛游郭外而營生藏，非所宜也。遂止。"韋安石

① 《全唐文》卷477杜佑《杜城郊居王處士鑿山引泉記》，第4878頁。
② 《全唐文》卷494權德輿《司徒岐公杜城郊居記》，第5045頁。
③ 《全唐文》卷477杜佑《杜城郊居王處士鑿山引泉記》，第4879頁。
④ 《新唐書》卷169《杜黃裳傳》，第5141頁。
⑤ 《舊唐書》卷158《韋澳傳》，第4177頁。
⑥ 陳寅恪《論李棲筠自趙徙衛事》，氏著《金明館叢稿二編》，三聯書店，2009年，第7—8頁。
⑦ 關於莊園經濟與經營研究，日本學者較早留意，參考加藤繁《唐の莊園の性質び其の由來に就いて》，《東洋學報》7卷3號，1917年；《内莊宅使考》，《東洋學報》10卷2號，1920年；《唐宋時代の莊園の組織並に其の聚落としての發達に就きて》，《狩野教授還曆紀念支那學論叢》，弘文堂書房，1928年，均收入《中國經濟史考證》，吳傑譯，商務印書館1959年版，第167—225頁。

留心在城南置地產業,曾委託相地者占擇塋兆,在已有別業在城南情況下,再置業行爲被其妻制止,但將城南二十畝之地推薦給了弟韋滔①。其次,園林的興建、規劃,請專人指導,如上言杜氏園林聘請園藝家處士王易簡全程指導規劃。

再次,園林別業中常展開農林牧業等多種經營,莊園中當有大量的寄莊户、佃客從事生產勞動,莊園向佃户收取高額租賦,這應當是韋、杜兩大士族經濟根基之所在。張九齡《韋司馬別業集序》交待長安近郊 "背原面川,前崎太一,清渠修竹,左并宣春,山靄下連,谿氣中絕,此皆韋公之有也"②,宋之問《春遊宴兵部韋員外韋曲莊序》描述這座莊園里有 "萬株果樹,色雜雲霞;千畝竹林,氣含煙霧。激樊川而縈碧瀬,浸以成陂;望太乙而鄰少微,森然逼座","地高而珍物雖豐,理洞而清徹不雜"③,有落花、垂楊,物種十分豐富。杜佑的杜城郊居有亭台閑館,蓄養有魚鳥鶯雁,種植有竹藤,有園圃、水陸莊田。《司徒岐公郊居記》的作者權德輿本身也在昭應縣有別莊,其《拜昭陵過咸陽墅》詩,描繪了作爲地主,偶然來到自家莊園,見 "壟壟溝塍霧,漠漠桑柘煙。荒蹊没古木,精舍臨秋泉",受到莊客歡迎,"田夫競致辭,鄉耋爭來前。村盤既羅列,雞黍皆珍鮮。"④可爲韋、杜家族莊園之參照。莊園向佃户收取的租税遠高於租庸調制或兩税法下普通民户的賦税負擔,如德宗朝陸贄上奏:"今京畿之内,每田一畝,官税五升,而私家收租殆有畝至一石者,是二十倍於官税也。降及中等,租猶半之。夫土地王者之所有,耕稼農夫之所爲,而兼併之徒,居然受利。"⑤所謂的 "兼併之徒",自然是包括韋、杜二家在内的大土地所有者,唐代大田(粟)的畝產量大約在 1—1.5 石⑥,私家地主的田租幾爲田地所產之全部!可見家族興盛不衰的經濟後盾,仍在於對京畿地區勞動人民的科斂。

歸葬舊塋

陳寅恪在討論趙郡李氏時,曾有經典判斷:"吾國中古士人,其祖墳住宅及田產皆有連帶關係……故其家非萬不得已,決無捨棄其祖塋舊宅並與塋宅有關之田產,而他徙之理。"⑦京兆韋氏與杜氏作爲中古世家大族的典型代表,雖已在現居地上突破城南鄉里,實現城市化,但其身後歸葬祖塋的慣例,終唐一世也没有太大改變,這也是城市化的韋、

① 贊寧撰《宋高僧傳》卷 29,中華書局 1987 年版,第 721 頁。
② 《全唐文》卷 290,第 2948 頁。
③ 《全唐文》卷 241,第 2437 頁。
④ 《全唐詩》卷 320,第 3607 頁。
⑤ 《全唐文》卷 465 陸贄《均節賦税恤百姓六條》,第 4759 頁。
⑥ 參照胡戟估算,見所撰《唐代糧食畝產量——唐代農業經濟述論之一》,《西北大學學報》1980 年第 3 期,第 74—75 頁。
⑦ 陳寅恪《論李棲筠自趙徙衛事》,氏著《金明館叢稿二編》,第 2 頁。

杜後人與舊鄉里的聯繫紐帶之一。筆者嘗試對出土墓誌中京兆韋氏的葬地進行了全面排查，發現韋氏家族後人葬地，無一例外全在長安，據記載及考古發現，韋氏祖塋在萬年縣洪固鄉畢原上，對應爲今長安縣南北李村①，而杜氏家族主塋在萬年縣洪原鄉②，皆在其舊鄉里範圍內。

　　具體來説，韋氏的葬地分佈在大約三片區域，一是以萬年縣洪固鄉畢原爲中心，北起甯安鄉③，南至洪原鄉④、少陵鄉⑤，並包括御宿⑥、高平⑦、義善、⑧山北⑨總共七鄉在內的一條西北、東南走向的狹長地帶，這是韋氏家族的主墓葬區。二是長安縣的永壽鄉，韋氏族人多葬畢原上，但畢原跨長安、萬年兩縣，在長安縣境爲永壽鄉，永壽鄉下有大韋村，想亦有韋氏居住，故亦爲韋氏葬地⑩。永壽鄉以南的居安鄉，也有韋氏墓地，如《韋庸夫人王氏墓誌》載其元和七年"葬長安縣居安鄉清明里高陽原"⑪。唐居安鄉在今長安區郭杜鎮郭杜公社一帶，此地還發現有韋慎名、韋諷墓誌⑫，二人亦葬於高陽原上。三是萬年縣東界，義豐鄉銅人原及白鹿原一帶，目前所見葬於此區域的，多爲韋氏小逍遥公房成員，如韋淨光嚴以景雲二年"窆於萬年縣義豐鄉銅人原"⑬，韋承慶神龍二年⑭、韋濟天寶十三載"安

①　參考張蘊《西安南郊畢原出土的韋氏墓誌初考——平齊公房和郇公房成員》，第 64—70 頁。長安縣北里王村 1989 年出土八方韋氏墓誌，分別爲韋氏閬公房、逍遥官房、郇公房、平齊公房。

②　《唐工部尚書杜公長女墓誌銘》記志主開成五年"葬於萬年縣少陵原下洪源鄉主塋之隅故土也"，《唐代墓誌彙編續集》開成 026，第 941 頁。

③　《韋希損墓誌》載其開元八年"安厝于城東南曲池里"（《唐代墓誌彙編》開元 095，第 1219 頁），依《喪葬令》，唐人不得於城內及外郭城七里以內安葬，故此曲池里應在城外，萬年縣甯安鄉下有曲池里。

④　如《韋楚相墓誌》載其卒祔於萬年縣洪原鄉，趙君平、趙文成編《秦晉豫新出墓誌蒐佚》，北京圖書館出版社，2012 年，第 912 頁。

⑤　如《韋應墓誌》載其開成二年葬萬年縣少陵原少陵鄉臨川里，《秦晉豫新出墓誌蒐佚》，第 965 頁。

⑥　如韋瑱妻《魏國太夫人河東裴氏墓誌》記其景龍三年"窆於萬年縣御宿川大韋曲之舊塋"，御宿川在唐御宿鄉。《全唐文補遺》第 5 輯，三秦出版社，1998 年，第 297 頁。

⑦　如《唐韋羽及夫人崔成簡墓誌》記二人於元和十四年祔遷於萬年縣少陵原高平鄉夏侯村先府君之塋，《大唐西市博物館藏墓誌》，第 803 頁。

⑧　如《韋韞中墓誌》載其大和八年"遷窆於京兆府萬年縣義善鄉王斜村北原"，《大唐西市博物館藏墓誌》，第 854 頁。

⑨　如《韋紀及其妻長孫氏墓誌》載二人景雲二年葬萬年縣山北鄉神禾原，《秦晉豫新出墓誌蒐佚》，第 405 頁。

⑩　如《韋瓊墓誌》載其天寶十四在葬長安縣永壽鄉畢原，《唐文拾遺》卷 21 范朝《唐故武部常選韋府君墓誌銘並序》，第 10597—10598 頁。

⑪　西安市長安博物館編《長安新出墓誌》，文物出版社，2011 年，第 231 頁。

⑫　參考陝西省考古研究所、西安市文物保護考古所《唐長安南郊韋慎名墓清理簡報》，《考古與文物》2003 年第 6 期，第 26—43 頁；張蘊《西安南郊畢原出土的韋氏墓誌初考——平齊公房和郇公房成員》一文。

⑬　《全唐文補遺》第 2 輯，三秦出版社，1995 年，第 15 頁。

⑭　《全唐文補遺》第 3 輯，第 37 頁。

厝於銅人之原"①,另外出土於西安市東郊國棉五廠的韋昊夫婦墓誌②、韋恂如長女韋美美墓誌③,其葬地亦應在此範圍内④。

而京兆杜氏的葬地,李浩先生已作過梳理⑤,由於家族中許多房支已向洛陽遷移,故濮陽房、襄陽房、洹水房、安德房各有一支將葬地定於洛陽,而葬於長安的京兆等房,葬地集中在兩片區域,一是萬年縣洪原、洪固等鄉,韋曲、杜曲一帶,又稱少陵原、鳳棲原,這是杜氏最早的墓葬區;二是長安城北的高岡龍首原,跨萬年、長安兩縣,分別有家族成員葬於長安縣的龍首鄉和萬年縣的龍首鄉⑥。

對比韋氏和杜氏的情況,在唐"兩京制"和士族中央化的影響下,郡望在京兆地區的一些氏族的生活重心開始向東都轉移,杜氏即是例證。而韋氏的家族重心始終是在京城長安,無愧於京兆第一郡姓之譽。在京生活的韋、杜家族成員,無論生前事蹟如何,死後,其生身靈魂必返之於長安城南的鄉里,没有什麽比這更能説明舊居鄉村在韋杜家族成員心目中的基礎性、根本性地位了。

附記:感謝侯旭東、史睿先生對本文修改提出的寶貴意見。

2014 年 3 月初稿
2015 年 3 月改訂

---

① 《全唐文補遺》第 2 輯,第 25 頁。
② 王育龍、程蕊萍《陝西西安新出唐代墓誌銘五則》,《唐研究》第 7 卷,北京大學出版社 2001 年版,第 445—456 頁。
③ 呼林貴、侯甯彬、李恭《西安東郊唐韋美美墓發掘記》,《考古與文物》1992 年 5 期,第 58—63 頁。
④ 諸鄉位置及勾連而成的韋氏祖塋片區,可參考史念海主編《西安歷史地圖集》"唐長安縣、萬年縣鄉里分佈圖",西安地圖出版社 1996 年版,第 78 頁。
⑤ 李浩《唐代杜氏在長安的居所》第六部分"從房支考查杜氏的歸葬地",第 283—284 頁。
⑥ 此爲筆者依據李浩研究和新見墓誌材料的總結。

新見唐宰相裴冕之女尼釋然墓誌
——兼論唐代比丘尼家庭背景之影響 *

景亞鸝*

摘　要

　　鐘靈毓秀，地不愛寶。西安碑林新獲一方比丘尼墓誌，經研究志主尼釋然乃唐代宰相裴冕之女。高官之女不但幼年出家佛門，而且業績顯著，被京城僧衆舉爲臨壇大德。且行佛事地點相隨其父任職地域，卒後如願葬於本家曾祖奶同樣比丘尼的裴覺之家塋。本稿利用近年發現的唐比丘尼墓誌以及現存文獻資料，論證了出家之女，同樣孝敬本家已成唐時的一種風尚，以及比丘尼之任職極受家庭背景之影響。

關鍵詞

　　比丘尼　釋然　裴冕　孝敬本家　河東裴氏

　　西安碑林新藏一方唐代資敬寺尼釋然墓誌[①]，經研究，比丘尼釋然乃唐代大宰相裴冕之女。該方墓誌的問世，爲河東裴氏的研究領域以及唐代女性之佛教信仰增添了一份新資料，故特撰此文，以就教方家。志石高、寬均 47、厚 10.5 釐米。志蓋高、寬均 44、厚 7 釐米。志石四側及蓋題四周、四殺均飾團花紋。志文 22 行，滿行 20 字，楷書。蓋題"大唐故釋然師墓誌銘"，3 行，行 3 字，陰文楷書。墓誌録文如下：

　　資敬寺尼釋然墓誌銘并序

　　左拾遺程浩撰

　　有唐京師臨壇大德尼法号釋然，俗姓裴氏，贈司空公之孫，舊相左僕射、冀國公之女。天錫辯惠，悟於縅褓。有琴瑟之聲，耳不之聽；有錦繡之色，目不之悦；有珠玉之珍，手不之玩。年三歲，冀國先夫人異之，遂詣法雲寺唐和尚出家。掩綽約之容，授毗尼之律，不長繽髮，便加納衣。天寶中，復依止資敬寺理空律師受戒。誦《法華》也，演如來一音；

---

*　**作者簡介：**景亞鸝，女，陝西西安人，西安碑林博物館研究員。

*　西安市社會科學規劃基金課題（14T09）階段性成果。

① 尼釋然墓誌圖版見於《西安碑林博物館新藏墓誌續編》（下），陝西師範大學出版社 2014 年版，第 355 頁。

講《楞伽》也，入菩薩八地。言香而氣流甘露，目淨而光照青蓮。内磨惠心，外砥孝行。翼公翊聖鳳翔也，不離目前，啓道場於太白；誓師劍門也，不離膝下，敞禪室於峨眉。密窮秘藏，深入真要。永泰初，復歸長安。律儀風清，惠問泉塞，京城僧衆舉爲臨壇大德。張妙雲以潤物，指化城以諭道。人歸者，恐不得其門。春秋卅有五，永泰二年七月一日寢疾終於本寺。其月廿日安神於畢原，近魏國先祖夫人之塋，從志也。擁幢幡者，同學之表；儼繒經者，傳法之制。焚香導之，執緋送之。乃琢玄石，用昭淨行。銘曰：

禪悦住持，道場精進。發童子心，授如來印。義了三乘，道成一瞬。門開甘露，缽吐蓮花。墨傳世界，薪盡生涯。泉扃永閉，唯見袈裟。

一、考證志主之父爲唐宰相裴冕

依志文可知，志主俗姓裴氏，佛門法號釋然，其祖“司空公”，其父“舊相左僕射、冀國公。”司空公，乃唐時三公之一，正一品。志言“僕射”之職，始置於秦，漢因之。唐時“左右僕射各一員，從二品。龍朔二年，改爲左右匡政，光宅元年，改爲文昌左右相，開元元年，改爲左右丞相，天寶元年，復爲左右僕射。掌統理六官，綱紀庶務，以貳令之職。自不置令，僕射總判省事。御史糾劾不當，兼得彈之。”[1]唐左右僕射爲宰相之職，故志主釋然之父乃唐代宰相。志主唐代宗永泰二年（766）七月一日卒，志文言“春秋卅有五”，故知其生於唐玄宗開元十九年，即731年。以此年齡推知，其父任官時間應約在玄宗、肅宗、代宗朝。查閱兩《唐書》，此時間段裴姓宰相，唐玄宗朝有裴耀卿、裴光庭；肅宗朝有裴冕、裴遵慶；代宗朝有裴遵慶、裴冕。此四人中哪位可能是志主之父呢。再梳理相關史料，唐代冀國公共計三人，分別是竇希球、路嗣恭、裴冕。上述裴姓官員中，能符合“左僕射、冀國公”兩條件者似僅裴冕一人。再對志文及相關史實做進一步研究，以更加確定此結論的正確性。

梳理兩《唐書》，裴冕有如此的任職經歷。安史亂時，即天寶十五載六月，在安禄山等追殺下，玄宗幸蜀。李亨（肅宗）開元二十六年立爲皇太子，“時河西行軍司馬裴冕新授御史中丞赴闕，遇上（李亨）於平涼，亦勸上治兵於靈武以圖進取，上然之。”“七月辛酉，上至靈武”，太子之隨行裴冕、杜鴻漸等從容進曰：“今寇逆亂常，毒流函谷，主上倦勤大位，移幸蜀川。江山阻險，奏請路絶，宗社神器，須有所歸。萬姓顒顒，思崇明聖，天意人事，不可固違。伏願殿下順其樂推，以安社稷，王者之大孝也。”六次進言，肅宗終繼皇

---

[1] 《舊唐書》卷43《官職二》，北京：中華書局1975年版，第1816頁。

位，即“是月甲子，上即皇帝位於靈武”，“以御史中丞裴冕爲中書侍郎、同中書門下平章事”。肅宗至德二載三月，“以左相韋見素、平章事裴冕爲左右僕射，並罷知政事。……九月……上皇遣裴冕入京，啓告郊廟社稷”。“十二月……下制大赦。……右僕射裴冕冀國公，殿中監李輔國成國公，宗正卿李遵鄭國公，兼進封邑”。乾元二年“六月乙未朔，以右僕射裴冕爲御史大夫、成都尹，持節充劍南節度副大使、本道觀察使”①。從上述史事知曉，安史亂中，肅宗至德二載（757）十二月，裴冕官至“右僕射、冀國公”。和志主釋然之父的“左僕射、冀國公”仍有出入。此時志主年方二十六歲，正在弘法修行中。

再《舊唐書·裴冕傳》記載：“裴冕，河東人也，爲河東冠族。天寶初，以門蔭再遷渭南縣尉，以吏道聞。……肅宗移幸鳳翔，罷冕知政事，遷右僕射。兩京平，以功封冀國公，食實封五百户。……永泰元年……代宗求舊，拜冕兼御史大夫，充護山陵使。……數月，移澧州刺史，復徵爲左僕射”②。裴冕於代宗永泰元年（765）“復徵爲左僕射”，大曆四年（769）卒。根據志文，志主尼釋然卒於“永泰二年”（766），時志文所言其父職務的“舊相左僕射、冀國公”與兩《唐書》一致，墓誌與文獻得以印證。至此，志主之父是裴冕的結論基本没有異議。再者，《新唐書·忠義篇》還有補充，裴冕職務爲“尚書左僕射、同中書門下平章事、兼河南江淮副元帥、東都留守、冀國公”③。這裏還有一佐證，志文云：“其月廿日安神於畢原，近魏國先祖夫人之塋，從志也。”此處所言之魏國先祖夫人，正是裴冕家族一位篤信佛教的先輩裴覺，被唐中宗制贈爲“魏國夫人”④。上述所書，使我們更加堅定了志主釋然是唐宰相裴冕之女的結論。再者，墓誌撰者左拾遺程浩也頗爲知名，存藏於西安碑林的《馬璘新廟碑》，顔真卿書，程浩撰文，韓秀實書額。韓秀實，乃唐隸書名家韓擇木之子。並《夫子廟堂記碑》，程浩撰文，徐浩篆額，顔真卿書。薛仁貴之孫《薛嵩神道碑》，由程浩撰文，韓秀實書並題額。程浩能與顔真卿、韓秀實連袂撰碑，其地位可想而知，故此由他撰文的志主地位之重要也是顯而易見的。又《冀國公贈太尉裴冕碑》言“考長安丞，贈司空，諱紀”⑤。志主尼釋然之祖之“贈司空公”，與裴冕之父相同，又一佐證。行文至此，志主尼釋然之父是唐宰相裴冕應該是没有異議了。

裴冕之家族，還有一些出土文獻可以補充這支河東裴氏之記載，《裴冕神道碑》爲元載所撰。裴冕之侄孫《裴希顔墓誌》爲杜牧所撰⑥，杜牧爲裴家婿。還有裴冕孫女《武珍

---

① 《舊唐書》卷10《肅宗本紀》，第239—256頁。
② 《舊唐書》卷113《裴冕傳》，第3353頁。
③ 《新唐書》卷191《忠義篇》，北京：中華書局1975年版，第5518頁。
④ 西安碑林博物館編《西安碑林全集》，廣州：廣州經濟出版社、海天出版社1999年版，第2394頁。
⑤ 《冀國公贈太尉裴冕碑》《文苑英華》卷885，中華書局1966年版，第4665頁。
⑥ 《裴希顔墓誌》《文苑英華》第958卷，第5038頁。

夫人裴氏墓誌》①等，此方裴冕之女尼釋然墓誌，亦可再完善河東裴氏之歷史。

此支河東裴氏歷史上赫赫有名，有"與秦同祖"之説，其直接祖先是春秋時期秦桓公之子鍼②。河東裴氏產生於春秋，崛起於兩漢，發展於三國兩晉南北朝，鼎盛於隋唐，爾後代代相傳，綿延至今。且歷史上頗有影響，唐代著名文學家韓愈説："裴爲顯姓，入唐尤盛，支分族離，各爲大家。"③柳宗元也説："有鬱其馨，唯裴之卿。世服大僚，仍耀烈名。"④《新唐書·宰相世系表》首列裴氏，足顯河東裴氏在唐代政治舞臺上之地位。

歷史上對裴冕其人著墨頗多，天寶間，以門蔭入仕，任渭南尉。後因出衆，被京畿採訪使王鉷舉薦爲判官，後升爲殿中侍御史，深得王鉷賞識，"時論以公有不可奪之節"⑤。天寶十一載（752），王鉷因弟王焊受以牽連，被誣陷有謀逆犯上之罪而處死。因擔心受牽連，王鉷昔日故交僅裴冕一人獨自爲其殯葬。河西節度使哥舒翰爲之有感，任命裴冕爲行軍司馬。

裴冕在平定叛亂，擁立肅宗即位等方面立有功勞，史云："冕性忠勤，悉心奉公，稍得人心。然不識大體，以聚人曰財，乃下令賣官鬻爵，度尼僧道士，以儲積爲務。人不願者，科令就之，其價益賤，事轉爲弊。"不爲時人所贊同，以至於"肅宗移幸鳳翔，罷冕知政事，遷右僕射"⑥。此事史家有如此評論，"據此，則一得度牒，即可免丁錢，庇家產，因而影射包攬可知，此民所以趨之若鶩也。然國家售賣度牒，雖可得錢，而實暗虧丁錢之賦，則亦何所利哉？"⑦釋贊寧呼籲，不要再繼續此等弊事毀壞法門了。國家應急而出賣度牒之弊端可以顯現。

裴冕成都期間出任劍南西川節度使、右僕射，此時和杜甫交往甚密，杜甫在《酬高使君相贈》《鹿頭山》《狂夫》等詩文中有所反映⑧。大曆中，裴冕受到郭子儀的推薦。元載秉政時，"載頗德冕"，此時正值宰相杜鴻漸過世，"載舉冕代之"。受命之際，裴冕身體虛弱，謝恩時暈倒，元載替致謝詞。裴冕雖恪盡職守，卻興服食飲奢侈無度，且"嗜利"，這些都爲世人所不齒。就職不久即去世，享年六十七歲。"上悼之，輟朝三日，贈太尉，賻帛五百匹，粟五百石"，配享肅宗廟。

① 《武珍夫人裴氏墓誌》，周紹良：《唐代墓誌彙編》，上海：上海古籍出版社 1992 年版，第 1934 頁。
② 牵曉紅、周征松《河東裴氏及其族源》《山西師範大學學報》，1997 年第 1 期。
③ 韓愈《河南少尹裴君墓誌銘》，余冠英等主編《唐宋八大家全集》，北京：國際文化出版公司 1997 年版，第 221 頁。
④ 柳宗元《唐故萬年令裴府君墓碣》，余冠英等主編《唐宋八大家全集》，第 445 頁。
⑤ 董誥《全唐文》卷 369《冀國公贈太尉裴冕碑》，中華書局影印，1983 年，第 3745 頁。
⑥ 《舊唐書》卷 113《裴冕傳》，第 3354 頁。
⑦ 趙翼《廿二史記》，北京：中國書店 1987 年版，第 262 頁。
⑧ 周嘯天《杜甫與三任成都地方長官》，《古典文學知識》2010 年第 5 期。

二、志主尼釋然佛門成就及修行寺院

志主在佛門頗有成就,被舉爲臨壇大德。據記載,我國佛徒設壇受戒始於曹魏嘉平(249—254)年間。唐初律宗祖師道宣於長安弘化壇法,又開後世依律度僧之先河。安史亂時國需不濟,時右僕射裴冕請於大府各置戒壇廣度僧徒,賣官鬻度以充軍需[1]。代宗永泰年中,准律,敕京城置僧尼臨壇大德各十人,用以常式,"有闕即填",臨壇大德始於此[2]。裴冕之女尼釋然的臨壇大德之謂應該也是此時之產物吧。京城中以立臨壇大德十人爲常式,尼釋然之職應是在佛界有一定影響力才被京城僧衆推舉而爲,以常理來推測也應與其父之支持有一定關聯。

尼釋然的佛門歷程很是與衆不同,從小信奉佛法,擯棄色欲。屬於與生俱來、利根早植類。其繦褓之中就有悟感,三歲孩童時其母冀國夫人便送入寺院出家,師承法雲寺唐和尚,即接受毗尼之律,使其從小以完整的僧團制度規範言行。無獨有偶,唐宰相蕭瑀篤信佛教,其女"法樂,三歲出家長安濟度寺"[3]。尼釋然誦讀的《法華經》,也是唐代女性誦讀最多的佛典之一。《法華經》是天台宗依據的主要經典,深受僧人器重,稱爲"經中之王"。並認爲供奉、誦習、流通該經,就有無量的功德。《高僧傳》中講誦此經的人數最多,敦煌寫經裏也是所占比重最大[4]。唐時《法華經》亦深受世人尊奉,其中的典故還常常被唐代詩人賦於詩文,故此成就了《法華經》的社會傳播力[5]。天寶年間,志主又依止資敬寺理空律師受戒。"講《楞伽》也,入菩薩八地",志主宣講的《楞伽經》,不但是禪宗的重要典籍,同時也是法相宗的主要經典。唐時女性可以拜男性僧侶爲師,還可以參與相關的佛事法會,共同研討佛教經義。志主裴氏奉佛之路徑緊隨其父,裴冕護肅宗移幸鳳翔,又玄宗安史亂時逃至四川避難,志主也相應的在太白開啓道場,在峨眉敞建禪室。類似事件還有記載,唐宰相權德興之堂姑婆,"安史亂後,她和家人一起南渡,住錫於蘇州朱明寺"[6]。這一現象,大概是"出家比丘尼與其原來家族居住地的空間距離並不太遠"[7]之論的寫照吧,亦可體現比丘尼與本家的關係是何等的密切。永泰年間志主回歸長安時,被京城僧衆推舉爲臨壇大德,無奈三十五歲壽終資敬寺,安葬於長安畢原,"近魏國先祖夫

① 《舊唐書》卷 113《裴冕傳》,第 3353 頁。
② 李亞男《贊寧〈大宋僧史略〉研究》,華東師範大學碩士學位論文(2012)。
③ 李玉珍《唐代的比丘尼》,臺北:臺灣學生書局 1989 年版,第 53 頁。
④ 蘇士梅《從墓誌看佛教對唐代婦女生活的影響》,《史學月刊》2003 年第 5 期。
⑤ 崔峰《入傳・對話與突破》,西北大學博士學位論文,2013 年,第 226 頁。
⑥ 陳弱水《隱蔽的光景・唐代的婦女文化與家庭生活》。桂林:廣西師範大學出版社 2009 年版,第 136 頁。
⑦ 張梅雅《同行解脫之道——南北朝至唐代比丘尼與家族之關係》《文獻》,2012 年第 3 期。

人之塋",長眠于其曾祖奶裴覺之墓旁。其曾祖奶《大唐故魏國太夫人河東裴氏墓誌》存藏於西安碑林,裴覺"歸窆於萬年縣御宿川大韋曲之舊塋"[①]。《長安志》御宿川在萬年縣西南四十里。揚雄《羽獵賦序》曰,武帝開上林,東南至御宿川。《漢元後傳》夏遊御宿。師古曰:御宿苑在長安城南,今御宿川是也[②]。御宿鄉因川而名,與長安縣爲界,位於今西安市長安區南部至終南山一帶,志主即歸葬於此。

魏國夫人裴覺之夫《韋項墓誌》亦藏於西安碑林,其"合葬於魏國夫人之舊塋"[③]。據《裴覺墓誌》可知,其曾祖裴鴻智、祖裴師武、父裴懷昺。裴覺歸心釋氏並受戒,景龍三年(709)病故,唐中宗制贈其爲魏國夫人。裴覺之父裴懷昺和志主尼釋然高祖裴懷感是同堂兄弟。裴覺墓誌云,志主一心嚮往佛法,平時"食無重味,雖金玉滿堂,則施惠滋廣。遂歸心釋氏,不茹於葷,大厭苦集,都忘塵累,有高僧釋善福者,以慈攝應,忽振錫而來儀,夫人稽首禮足,因請受菩薩戒,乃發大誓願,願與三代諸佛同一道而詣真乘"[④],並取字寶真空,更增添了佛意。皈依佛門的釋然,卒後"從志",葬於"近魏國先祖夫人之塋"。隨其遺願與曾祖奶相伴,也體現了河東裴氏之家族觀念以及儒釋二教倡揚孝道的一致性。碑林存藏的另一位"臨壇大德"比丘尼超寂墓誌,志文云及"當寺大德照空,雖同學事師,如異姓骨肉……常願同塋"[⑤],尼超寂卒後如願葬於那位比丘尼的墓塔附近,"以慰平生","愛申久契"。此兩位"臨壇大德"之葬俗,該是世俗合葬文化流衍所及吧[⑥]。

志主"年三歲,……遂詣法雲寺唐和尚出家"。此寺亦爲法雲尼寺,位於唐長安城"宣平坊西南隅,隋開皇三年郿國公韋孝寬所立。初名法輪寺,睿宗在儲,改法雲寺。景龍二年,韋庶人改翊聖寺。景雲元年復舊。寺本隋太保、薛國長孫覽宅"[⑦]。"會昌六年改法雲寺爲唐安寺"[⑧]。

法雲寺留存唐尼碑誌頗多,《唐安寺外臨壇律大德比丘尼廣惠塔銘》,令狐專撰,大中十三年六月[⑨]。《唐安寺尼明空墓誌》,大和八年[⑩]。《唐法雲寺辯惠禪師神道志銘》,志載尼

① 西安碑林博物館編《西安碑林全集》《裴覺墓誌》,廣州:廣州經濟出版社、海天出版社1999年版,第2394頁。
② 宋敏求《長安志》卷11,臺北:成文出版社1970年版,第261頁。
③ 西安碑林博物館編《西安碑林全集》《韋項墓誌》,廣州經濟出版社、海天出版社1999年版,第2496頁。
④ 西安碑林博物館編《西安碑林全集》,第2394頁。
⑤ 西安碑林博物館編《西安碑林博物館新藏墓誌彙編》《超寂墓誌》,綫裝書局2007年版,第565頁。
⑥ 陳弱水《唐代的一夫多妻合葬與夫妻關係——從景雲二年〈楊府君夫人韋氏墓誌銘〉談起》,《中華文史論叢》2006年第1期。
⑦ 〔清〕徐松撰、張穆校補、方嚴點校《唐兩京城坊考》卷3,第78頁。
⑧ 《舊唐書》卷18下《宣宗本紀》,第615頁。
⑨ 〔清〕陸增祥編《八瓊室金石補正》卷75,《石刻史料新編》,1977年初版、1982年二版,臺北:新文豐出版公司印行,第5214頁。
⑩ 〔清〕毛鳳枝撰《關中金石文字存逸考》卷5,《石刻史料新編》(第二輯),新文豐出版公司印行,1979年,第10489頁。

辯惠，九歲時因祖母琅琊郡君王氏薨百日，齋度爲沙彌尼，十八受半戒，二十受具戒，後正名隸於西京法雲寺①。唐朝散郎前行同州韓城尉韓晤爲其姑撰並書的《唐故法雲寺內外臨壇律大德超寂墓誌》，大德字超寂，俗姓韓，揚州大都督府左司馬兼侍御史志清之長女，貞元十四年遘疾終於此寺，其年三月二十二日，歸葬萬年縣長樂鄉城東原。此墓誌1982年出土於西安市南郊新生機械廠，同年入藏西安碑林博物館②。《唐故法雲寺寺主尼大德曇簡墓誌》，大師俗姓韓，其先昌黎人。元和十一年七月四日示化於當寺舊院，門人弟子貞信等護柩於萬年縣長樂鄉先和尚雁塔之南五步。

法雲寺唐時頗爲知名，還有收納逆賊妻爲尼之事例，如元和十五年七月詔"許逆賊李師道妻魏氏爲尼，住法雲寺"。還記有"法雲寺律師遍照等凡數千人"參加了尼如願之葬禮之事③。該寺還發生了一些奇異現象，如"開成元年閏五月丙戌，烏集唐安寺，逾月方散"④。還有留存名家之墨蹟，如唐安寺，塔下尹琳、李真畫。北堂內西壁，朱審畫山水⑤。

志主"天寶中，復依止資敬寺理空律師受戒"。此資敬寺，位於唐長安城永樂坊內橫街之北。"隋開皇三年，大保、薛國公長孫覽爲父立"。按《舊唐書·元載傳》云，載得罪，女資敬寺尼真一收入掖庭⑥。德宗即位，召至別殿，告其父死。真一自投於地，左右皆斥之。德宗曰："焉有聞親之喪，責其哭踊？"⑦遂令扶出，聞者殞涕。《真化寺臨壇大德尼如願律師墓誌》云："資敬寺上座洪演，寺主孝因，律師真一遠塵。"⑧又《韓遊環傳》：李廣弘者，落髮爲僧，舍於資敬寺尼智因之室，以酒食結殿前射生將韓欽緒等，同謀爲逆⑨。《楚金禪師碑》云："資敬寺建法華塔比丘尼奔叱利等真白凡數萬人，悲化城之不住，痛寶所而長往。"⑩ 1995年西安市東郊灞橋區洪慶鎮田王村出土《資敬尼常清墓誌》。志載常清祖父馬晟，左司御率府參軍贈太子太保。父馬璘，扶風郡王贈司徒。尼常清大曆十四年九月四日遷化於當寺，越十月二十日葬於銅仁原⑪。尼釋然墓誌撰文者是程浩，尼常清之父馬璘之碑亦是程浩所撰，且兩尼同居資敬尼寺，想必裴、馬兩家都與程浩交往甚密，也不盡可知。

① 西安市長安博物館編《長安新出墓誌》《唐法雲寺辯惠禪師神道志銘》，文物出版社2011年版，第193頁。
② 西安碑林博物館編《西安碑林博物館新藏墓誌彙編》，《超寂墓誌》，綫裝書局2007年版，第565頁。
③ 〔清〕王昶著《金石萃編》卷100，《石刻史料新編》，新文豐出版公司印行，第1657頁。
④ 《舊唐書》卷17下《文宗本紀》，第565頁。
⑤ 〔唐〕張彥遠撰《歷代名畫記》卷第3，瀋陽：遼寧教育出版社2001年版，第32頁。
⑥ 《舊唐書》卷118《元載傳》，第3414頁。
⑦ 李肇《唐國史補》，上海：上海古籍出版社1983年版，第25頁。
⑧ 〔清〕王昶著《金石萃編》卷100，《石刻史料新編》，新文豐出版公司印行，第1657頁。
⑨ 〔清〕徐松撰、張穆校補，方嚴點校《唐兩京城坊考》卷2，中華書局1985年版，第44頁。
⑩ 李健超增訂《唐兩京城坊考》（修訂本），三秦出版社2006年版，第64頁。
⑪ 王育龍、程蕊萍《陝西西安新出唐代墓誌銘五則》《唐研究》第七卷，2001年，第450頁。

三、唐代比丘尼家庭背景之影響

梳理西安碑林存藏的十四方唐代比丘尼碑誌,其中亡尼六方,七品二個,九品四個,其餘八方或皇室或多爲士族家庭出身。透過碑林存藏的唐尼碑誌,印證了比丘尼與本家的密切關係以及所行佛事受到家庭極大影響這一現象。

景龍年間的《比丘尼法婉法師碑》,碑主法婉是皇親,爲中宗皇帝之三從姑、太祖景皇帝之玄孫女、隋故吳國公尉遲綱之外孫女。其父臨川公李德懋,官至宗正卿、兵部尚書。法婉法師十三歲出家,四十九歲卒,期間先後度家人二十一人以充師弟,此碑便是法婉姪女比丘尼仙悟迦毗等人所立。法婉皈依佛門,業績斐然,“早標淨業,夙彰道性……業淨填金,道精憑玉。貝葉遺響,蓮花捧足。”以至於“衆侶咸依,群生是務”①。其餘比丘尼多出身士族家庭,如唐貞元年間《陳瑢及妻范氏墓誌》,志主爲上柱國子潁川郡陳瑢,其長女是勝願寺比丘尼惠空。《新唐書》有云:“武德、貞觀世重資蔭,……四品孫、五品及上柱國子,補翊衛及率府勳衛。”②其父的“上柱國子”也應是資蔭之故吧。尼慧空“節行清顯,行實温恭”,母親去世,傷感異常,“每號天於白日”,並“期祔葬於青松”③,期盼葬於先塋之旁。雖出家爲尼,仍和本家關係密切可窺一斑。據《大唐甘露寺故尼真如塔銘》可知,尼真如卒於唐總章二年,葬於上元三年,其塔銘云:“曾祖伯雅,高昌獻文王。祖文泰,高昌光武王。父智湛,皇朝左驍衛大將軍、西州都督、上柱國、天山郡開國公。”其父麴智湛乃高昌國王麴文泰之子,“智湛,麟德中以左驍衛大將軍爲西州刺史,卒,贈涼州都督”④。尼真如之身世亦謂顯赫,並“總章二年爲亡父出家,即其年三月廿二日亡,上元三年三月十七日起塔於明堂樊川之原”。爲亡父祈冥福而出家爲尼,卻在當年三月亡故,其中之緣由不得而知,但爲父祈福而爲尼之舉,足顯孝行。《唐故法雲寺内外臨壇律大德超寂墓誌》,志主卒葬於貞元十四年,是揚州大都督府左司馬兼侍御史韓志清之長女。“歸依釋氏,六十年矣。……八歲入道授經,乃師同院辯姓和尚,依止當寺淨覺和尚。授誠聽讀,即安國寺大辯政律和尚也。從授大誠至於登壇,不求而大德衆信,緣業乃遠近輸誠。五十年間,三千子弟。至於鑄畫佛像,裝寫藏經,廣設文齋,捨入常往。大師每歲有之,不可具紀。以貞元十四年遘疾終於當寺院,時年六十九。”⑤《馬翌墓誌》有云:馬翌在唐玄宗、

① 西安碑林博物館編《西安碑林全集》卷8《比丘尼法婉法師碑》,廣州經濟出版社、海天出版社1999年版,第858頁。

② 《新唐書》卷49,北京:中華書局1975年版,第1279頁。

③ 《西安碑林博物館新藏墓誌彙編》《陳瑢及妻范氏墓誌》,綫裝書局2007年版,第611頁。

④ 《新唐書》卷221,中華書局1975年版,第6220頁。

⑤ 《西安碑林博物館新藏墓誌彙編》《超寂墓誌》,綫裝書局2007年版,第565頁。

肅宗朝爲官，官職爲扶風縣開國男内給事知省事上柱國等，食邑三百户①。馬翌之女歸真，也是一位比丘尼。父親去世，歸真"攀慕號絶，痛纏□□，生以色養，歿以□葬。"雖出家爲尼，仍能盡心孝敬，以至"色養"，親人去世悲痛欲絶，其與本家關係至密得以顯現。又貞元二十年《尼真如墓誌》載，志主乃"皇左散騎常侍濟之曾孫，左金吾大將軍翰之孫，京兆府參軍渝之第三女。"志主嬰疾而終，"歸葬於京兆之少陵原，祔先塋，禮也"②。此處之"先塋"，應是志主本家之先人墳塋。唐代比丘尼歸葬本家，代表着她在生命終極階段屬於本家。出家之女，歸葬於祖塋，并合乎禮法，滲透了出家女與本家之關係密切當是一種風尚。《尼那羅延墓誌》，志文曰"和上俗姓陳氏，諱岫先，封潁川郡君夫人。……夫人少小良家子，長於禁中，幼有淑德，而美令儀，采繁昭華，穠荷比秀"③。據此可認定志主前身份爲服務掖庭的宫人。由志主陳岫先年齡及卒年推算，其生於玄宗天寶十載（751），其父擔任通州長史，爲五品官，比丘尼那羅延也有官吏之本家背景。志文又言："至建中末，京邑騷擾，翠華南巡，夫人奉國璽以赴行在。"此事件爲發生於唐德宗建中四年（783）的"涇師之變"，奉命前往淮西討伐李希烈的涇原兵，不料在途經長安時因不滿犒賞粗薄而發動叛亂，德宗被迫逃亡奉天。此時宫人陳岫先臨時擔當"奉國璽"的重要職責，估計正因如此，才有了"乃選近臣有功勳者，適於監勾當右神策軍事、左監門衛將軍、知内侍省事、上柱國王公諱希遷"。陳岫先之身份從一介宫人轉爲宦官之妻，而且此宦官還頗爲知名。志文載陳岫先信佛在其夫王希遷卒後，"深信禪那，尤精念力，專潔道行，學悟真乘，遂偈無人之筌，將遣有漏之屣"④。據記載，唐德宗時宦官王希遷任右街大功德使職位，是右神策軍統領。此職爲監督佛寺建造、掌管僧尼籍等事務，很可能王希遷就是一位佛教信仰者，夫人受其影響才篤信佛法的。陳岫先以"元和十四年仲春如來真身將葬岐陽舊塔，……遂乃聞奏，請度爲尼。優詔允許，法號那羅延，隸萬善寺"。志主尼那羅延是在憲宗元和末年的唐代第五次開啓法門寺地宫迎奉佛骨時請度爲尼的。宦官之妻寡居後遁入佛門者雖爲鮮見，但亦不乏其例⑤。《隆國寺亡尼七品墓誌》，雖言及修行寺院，但未言家庭背景。再者就是本文主角志主尼釋然，其父是唐代知名宰相裴冕。

　　縱觀西安碑林存藏比丘尼墓誌，雖爲數有限，用統計學觀點加以點評還遠遠不足，但做一個案加以分析研究，可以爲目前的比丘尼資料增加一些新的考古文獻素材。

---

①　西安碑林博物館编《西安碑林博物館新藏墓誌續編》《馬翌墓誌》，陝西師範大學出版總社有限公司 2014 年版，第 353 頁。

②　《西安碑林博物館新藏墓誌續編》《尼真如墓誌》，第 443 頁。

③　《西安碑林博物館新藏墓誌續編》《尼那羅延墓誌》，第 618 頁。

④　《西安碑林博物館新藏墓誌續編》，《尼那羅延墓誌》，第 618 頁。

⑤　景亞鵬《唐代宦官奉佛思想探微——以西安碑林館藏墓誌爲例》，《陝西師範大學學報》，2010 年第 1 期。

　　除上述"不知何許人也"的亡尼家庭背景不明外，其餘比丘尼碑誌，一位爲皇族，另六位均是其父及祖上爲官者，多爲士族家庭出身①。除宦官之妻的那羅延是夫死後皈依佛門，其他五位均是身爲在家女就出家爲尼的，且其中的尼釋然三歲出家，尼超寂八歲入道授經，其皈依佛門受其本家之影響自不待言。此亦爲"出身士族家庭的女性是中原地區尼寺的主要來源"②之觀點增加了新資料。

　　郝春文通過對唐後期至宋初敦煌文書的研究，得出的"僧尼與家庭、家族互爲依存"，"出身於高門大族僧尼容易得到升遷"的結論③在敦煌之外亦具有普遍性。通過研讀碑林存藏比丘尼墓誌，其中尼釋然的宰相裴冕之女身份，職位升至"臨壇大德"。還有其父韓志清官爲"揚州大都督府左司馬兼侍御史"，女兒"法雲寺超寂"位爲"内外臨壇大德"。所接觸到的兩位高職比丘尼其父均爲高官，當不是巧合，應是補充郝文之結論的一個鮮明例證。同時，尼釋然和尼超寂墓誌對其祖上之世系亦有交代，還可同于郝文之"家中有'臨壇大德'應該也是值得自豪的事情"之事實。尼姑與和尚無差別地一體被稱爲"臨壇大德"，也可表明女尼在唐代是與男僧平等的④。更有直呼尼爲"和上"者，如本文涉及的宦官之妻尼那羅延就是一例。唐代僧、尼地位有平等的一面，究其原因，估計與有些尼姑出身高貴有關。此般比丘尼有不低社會地位的同時，且在一定程度上亦轉化爲她們在佛教中的地位了，表明在政治上唐代的比丘尼能與比丘一樣得到很高的禮遇。再者，本文言及的比丘尼，其終結歸葬本家，亦可呼應了"佛教是中國中古最具公共性的社會組織，屬於這種團體的尼僧，廣泛與本家保持密切聯繫的事實，再次確證了對血親關係的重視是中古文化最強大的力量之一"⑤。

　　通過梳理碑林存藏的比丘尼墓誌，可以窺見唐代佛教已滲透到人們的生活中，它的隆盛也從身邊的佛事信仰得以體現。當然唐宰相裴冕之女尼釋然，更是一個活生生的實例。

---

① 楊光輝《漢唐封爵制度》，北京：學苑出版社 2001 年版，第 228 頁。
② 姚平《唐代婦女的生命歷程》，上海：上海古籍出版社 2004 年版，第 234 頁。
③ 郝春文《唐後期五代宋初敦煌僧尼的社會生活》，北京：中國社會科學出版社 1998 年版，第 95 頁。
④ 嚴耀中《墓誌祭文中的唐代婦女佛教信仰》，《史學月刊》2003 年第 5 期。
⑤ 陳弱水《隱蔽的光景——唐代的婦女文化與家庭生活》，桂林：廣西師範大學出版社 2009 年版，第 138 頁。

唐代隴右道州縣變遷考

任大熙* 王雙懷

摘 要

隴右道爲唐代十道之一，因地處西陲，受多種因素影響，州縣變遷較爲頻繁。唐代隴右道行政機構的變化，主要表現爲州縣名稱的改變與治所的遷徙，州縣的改置、廢棄及其轄區的變化，以及羈縻府州的變遷等等。這些變化對唐代西部經濟社會曾産生過一定的影響。

關鍵詞

唐代 隴右 政區 變遷

在唐代 289 年間，各級行政機構都曾發生過一些變化，隴右道當然也不例外。史載，隴右道"蓋古雍、梁二州之境，漢天水、武都、隴西、金城、武威、張掖、酒泉、敦煌等郡，總爲鶉首分。爲州十九，都護府二，縣六十"[①]。由於隴右道地處西北邊陲，是許多民族雜居的地方，因而在行政設置方面頗有特色。除由州縣組織之外，還有都護府、都督府和大量的羈縻府州。這種情況與其他諸道是不大相同的。本文擬對唐代隴右道州縣的變遷情況略作考察，以就教於方家。

一、唐代隴道州縣名稱的改變與治所的遷徙

唐代隴右道所轄諸州的名稱在有唐一代曾發生過變化。全域性的變化主要有兩次：一次是天寶元年（742）改州爲郡，另一次是乾元元年（758）改郡爲州。這種情況與其他各道相似，没有必要一一贅述。除了這種統一的變化外，某些州縣還存在著名稱改變或治所遷徙的情況。

---

* **作者簡介**：任大熙，韓國慶北大學校歷史系教授；王雙懷（1961—），男，陝西銅川人，陝西師範大學歷史學院教授。

① 〔宋〕歐陽修、宋祁：《新唐書》卷 40《地理志》四，北京：中華書局 1975 年版，第 1039 頁。

1、州縣名稱的改變

州縣名稱的改變在一定程度上反映了州縣的變遷。據文獻記載，唐代隴右道某些州縣的名稱曾發生過變化。如唐高祖武德五年（622）改瓜州爲西沙州，貞觀七年（633）去"西"字，稱之爲"沙州"。渭州漳縣，天授二年（691）改爲武陽縣，神龍元年復爲漳縣。渭源縣在上元二年（675）改爲首陽縣，又於渭源縣故城分置渭源縣，儀鳳三年（678）將首陽縣併入渭源縣。蘭州五泉縣，咸亨二年（671），改爲金城縣，天寶元年（742）復稱五泉。金城縣，本名廣武縣，乾元二年更名金城縣。臨州安樂縣，在乾元以後改爲長樂縣。又如，武州的"福津縣"本名"覆津"，景福元年（892）更名爲福津[1]。涼州神鳥縣，證聖元年（694）改爲武威縣，神龍元年（705）二月復爲神鳥縣。番禾縣，天寶三載（744）三月改爲天寶縣。河州安昌縣，天寶元年（742）八月二十日改爲鳳林縣。廓州化隆縣，先天元年（712）改爲廣威縣。蘭州金城縣，天寶元年（742）八月二十四日改爲五泉縣。

2、州縣治所的遷徙

由於政區的變化及其他原因，唐代隴右道的某些州縣治所也曾有過遷徙。如秦州治上邽，開元二十二年因地震移治於成紀縣之敬親川。天寶元年改稱天水郡，還治上邽。乾元元年，復稱秦州[2]。秦州成紀縣，舊治小坑川，開元二十二年移治敬親川。芬州，武德元年（618）移於常芳城内，貞觀三年（629）移於芳州。神龍元年（705）廢爲常芬縣，隸疊州。洮州原治洮陽城，貞觀五年移治洪和城，其後復還治洮陽。

二、唐代隴右道州縣的改置、廢棄及其轄區的變化

唐代隴右道州縣的變遷不僅表現在某些州縣名稱的改變和治所的遷徙，而且表現在州縣的改置、廢棄和轄區的變化。在唐代289年間，隴右道曾出現過一些新的州縣，也曾有一些州縣被廢棄。由於州縣的改置、省併與調整，某些州縣的轄區也發生過變化。這種情況在兩《唐書·地理志》中都有所反映。

1、州縣的改置

兩《唐書·地理志》載，武德二年（619），平薛舉，隴右略定，置蘭州、疊州、文州、鄯州等州縣。武德三年，在伏羌縣設伏州。伊州本隋之伊吾郡，隋末爲"雜胡"所據，貞觀四年"歸化"，置西伊州，六年，去"西"字，稱爲伊州。西州本高昌國，貞觀十三年（639）

---

① 《新唐書》卷40《地理志》四，第1043頁。
② 〔後晉〕劉昫：《舊唐書》卷40《地理志》三，北京：中華書局1975年版，第1630頁。

平高昌，置西州都督府。貞觀二十年（646）西突厥葉護阿史那賀魯率衆內附，置庭州[①]、武州，大曆二年（767）五月十一日置，尋陷吐蕃，至大中三年七月，邠州節度使 張君緒奏收復蕭關，復置武州。沙州"天寶末，陷西戎。大中五年（851）七月，刺史張義潮遣兄義潭，將天寶隴西道圖經戶籍來獻，舉州歸順"[②]。縣的改置比州更多。如涼州嘉麟縣，神龍二年（706）三月二十五日置，景龍元年（707）廢，先天二年（713）復置。伊州納職縣，開元十五年（727）二月九日置。鄯州鄯城縣，儀鳳二年（677）置。沙州壽昌縣，武德二年置，永徽元年廢，乾封二年又置，建中初陷吐蕃[③]。武州清水縣，大中三年（849）八月，鳳翔節度使李玭收復，仍隸武州。肅州玉門縣，貞觀元年省併，其後復置，開元年間沒於吐蕃，因其地置玉門軍，天寶十四年廢軍爲縣[④]。

2、州縣的廢棄

由於種種原因，唐代隴右道也存在着某些州縣被廢棄的事實。如武德八年廢文州，又廢伏州。開元二十七年（739）四月十六日廢臨州爲洮州。秦州舊陷吐蕃，大中三年（849）二月割隸鳳翔。鄯州在上元二年（761）九月，"爲吐蕃所陷，遂廢"[⑤]。階州武都郡，本爲武州，因沒於吐蕃而廢，大曆二年復置爲行州，至咸通年間始得故地。

3、轄區的變化

由於州縣和改置與廢棄，唐代諸州的轄區範圍往往也隨之發生變化。如秦州在唐高祖武德二年領上邽、成紀、秦嶺、清水四縣。武德四年，分清水置邽州。六年，邽州廢，以清水來屬，恢復武德二年的格局。但武德八年，文、伏二州被廢，以隴城縣、伏羌來屬。武德九年於伏羌廢城置鹽泉縣。於是秦州轄縣由四個變爲六個。唐太宗貞觀元年，改鹽泉爲夷賓，二年省之，秦州轄縣又減爲五個。成州在武德元年領上祿、長道、潭水三縣。貞觀元年，以潭水隸宕州，又割廢康州之同谷縣來屬。雖然縣的數量相同，但轄區實際上已發生了很大的變化。安史之亂以後，隴右道轄區變化尤爲巨烈。《新唐書·地理志》載："自禄山之亂，河右暨西平、武都、合川、懷道等郡皆沒於吐蕃，寶應元年又陷秦、渭、洮、臨，廣德元年復陷河、蘭、岷、廓，貞元三年陷安西、北廷（庭），隴右州縣盡矣。大中後，吐蕃微弱，秦、武二州漸復故地，置官守。五年，張義潮以瓜、沙、伊、肅、鄯、甘、河、西、蘭、岷、廓十一州來歸，而宣、懿德微，不暇疆理，惟名存有司而已。"[⑥]

① 《舊唐書》卷40《地理志》三，第1645頁。
② 〔宋〕王溥：《唐會要》卷71《州縣改置》下，北京：中華書局1990年版，第1269頁。
③ 鄭炳林：《敦煌地理文書匯輯校注·壽昌縣地境》。蘭州：甘肅教育出版社1989年版，第60頁。
④ 《新唐書》卷40《地理志》四，第1046頁。
⑤ 《舊唐書》卷40《地理志》三，第1633頁。
⑥ 《新唐書》卷40《地理志》四，第1040頁。

4、州縣等第的變化

唐制：按户口多少定州縣等第。其規定如下："武德令：三萬户已上爲上州。永徽令：二萬户已上爲上州。至顯慶元年九月十二日敕：户滿三萬已上爲上州，二萬已上爲中州；先已定爲上州、中州者仍舊。至開元十八年三月十七日敕：太平時久，户口日殷，宜以四萬户已上爲上州，二萬五千户爲中州，不滿二萬户爲下州。其六雄十望州三輔等，及別敕同上州都督，及畿内州並同上州；緣邊州三萬户已上爲上州，二萬户已上爲中州；其親王任中州、下州刺史者，亦爲上州，王去任後，仍舊。武德令：户五千已上爲上縣，二千户已上爲中縣，一千户已上爲中下縣。至開元十八年三月七日，以六千户已上爲上縣，三千户已上爲中縣，不滿三千户爲中下縣。其赤畿望緊等縣，不限户數，並爲上縣。去京五百里内，並緣邊州縣，户五千已上爲上縣，二千已上爲中縣，一千已上爲中下縣。"[1]唐代隴右道人口較少，多下州，縣多中下縣，其等級升降變動較小。變化比較明顯的只有兩處：一處是新升都督府，沙州，永徽二年（651）五月升。一是新升中州，威州，大中三年（849）七月收復安樂州，改爲威州。

影響唐代隴右道州縣轄區變化的原因很多，但民族戰爭是其中重要的一個。唐蕃關係雖然以和好爲基點，但在和好的背後，常常存在着戰爭的危機。由於吐蕃强大之後，不斷向外擴張，與吐蕃相連的隴右道便成爲它進攻的主要目標。而唐王朝也認識到河隴地區的重要性，於是，雙方在河隴一帶爭奪相當激烈。據研究，從七世紀中葉到八世紀中葉的一百多年間，唐蕃雙方大體以青海東北部的黄河爲界。而在八世紀中葉到九世紀中葉的一百多年間，吐蕃將控制綫向東推移到六盤山及隴山一綫。《舊唐書》卷三八《地理志》一載："上元年後，河西、隴右州郡，悉陷吐蕃。大中、咸通之間，隴右遺黎，始以地圖歸國，又析置節度。"這個變化，曾導致隴右道的不少州縣發生變遷。

唐與吐蕃和戰無常，曾多次就邊界問題進行談判。開元二年（714）五月，吐蕃赤德祖贊在金城公主的斡旋下與唐使在河源（今青海西寧東南）舉行首次議界活動，雙方"正二國封疆，然後結盟"[2]，但這個盟約並未產生應有的約束力。不久，吐蕃就向蘭、渭等州發動進攻。開元十七年，唐軍攻下石城堡（今青海湟源縣南），吐蕃遣使求和。二十一年（733），雙方在赤嶺（今青海湟源縣西）第二次會盟立碑，表示："自今二國和好，無相侵暴"[3]。安史之亂以後，吐蕃又向西域、雲南、河隴大舉擴張，唐王朝窮於應付，雙方互有勝負。德宗建中四年（783），又在清水（今甘肅清水西）會盟議界。規定唐軍守界在"涇

① 《唐會要》卷70《量户口定州縣等第例》，第1231頁。
② 〔宋〕司馬光：《資治通鑑》卷211，開元二年五月條。北京：中華書局1956年版，第6699頁。
③ 《新唐書》卷216上《吐蕃傳上》，第6085頁。

州（今甘肅涇州）西至彈箏峽西口（今平涼縣西），隴州（今陝西隴縣）西至清水縣，鳳州（今陝西鳳縣）西至同谷縣（今甘肅成縣），暨劍南西山大渡河東爲漢界。"吐蕃守鎮"在蘭、渭、原、會，西至臨洮（今甘肅臨潭），東至成州（今甘肅成縣西），抵劍南西界磨些諸蠻，大渡水西南，爲蕃界。"①根據這個規定，吐蕃切斷了河西、西域通往長安的通道，並佔領了東自隴山西麓，西到臨洮的大片農業區。此後唐蕃間的戰爭仍時有發生。到穆宗時，雙方經過反覆磋商，於長慶元年（821）至二年實現了第四次議界會盟。盟誓稱："中夏見管，維唐是君，西裔一方，大蕃爲主。自今而後，屏去兵革，宿忿舊惡，廓焉消除，追崇舅甥，曩昔結援。"②重新審定了清水議界劃定的雙方管轄地段，沿賀蘭山脈南行分轄於唐與吐蕃。唐承認了吐蕃對河隴的佔領，吐蕃則保證不再侵擾唐之邊境。在此後的一百多年間，唐蕃和好，再無戰事發生。而此時的隴右道的州縣亦較穩定。

三、關於唐代隴右道的羈縻府州

唐代隴右道地域遼闊，政區複雜。除了按常規設置的州、縣以外，還存在着大量的羈縻府州。據《新唐書·地理志》記載，唐代隴右道有突厥州三，府二十七；回紇州三，府一；党項州七十三，府一，縣一；吐谷渾州一；四鎮都督府州三十四；河西內屬諸胡州十二，府二；西域府十六，州七十二③。由此可見，在七至九世紀，隴右西陲地區存在着大量的羈縻府州。而這些羈縻府州有些是設置在突厥、回紇等少數民族地區，有些則是設置更爲遙遠的中亞等地。雖然學術界已經有人對唐代隴右道的羈縻府州有所研究，但時至今日，仍有不少問題尚待研究。

從大量資料來看，唐代在隴右道設置羈縻府州並不是一刀切，而是根據各地區的地理環境、民族分佈，以及各民族的生產生活方式來靈活對待的。比如，在以遊牧爲主的突厥人活動的隴右西北地方和四鎮所轄區域，主要是設置都護府和都督府。其中北庭都護府所轄的都督府達二十多個。在半農半牧的回紇人活動區域，則採用都督府轄州的體制。其時松州都督府所轄的州縣達七八十個，有些州縣有版圖，有些州縣連版圖都沒有。在西域、河西地區，也是採用都護府轄都督府，都督府轄州的體制。如安西都護府管轄月支、大汗、條支、天馬、高附、修鮮、寫鳳、悅般州、奇沙州、姑墨州等十個都督府，每個都督府又管轄若干個州，如月支都督府領藍氏、大夏、漢核等二十五州。這種情況是與突厥地區

---

① 《舊唐書》卷 196 下《吐蕃傳下》，第 5247 頁。
② 《舊唐書》卷 196 下《吐蕃傳下》，第 5264 頁。
③ 《新唐書》卷 43 下《地理志七》下，第 1129—1135 頁。

很不相同的。

值得注意的是,同樣是都護府或都督府,其等級和管轄區域差別很大,甚至有都護府管轄都護府的情況。如安西都護府的管轄範圍涉及西鎮、河西內附諸胡生活區及廣袤的西域地區,比其他都護府要大得多。又如北庭都護府轄濛池、崑陵二都護府及匐延等二十多個都督府。在這種情況下,似乎有些小的都護府與都督府地位相等,但事實上還是有所區別的。羈縻府州本身較爲鬆散,加之隴右地區民族成份複雜,戰爭頻繁,因此羈縻府州的變化比其他州縣的變化更爲顯著。只是由於資料貧乏,我們現在已經很難窺其全豹了。

四、唐代隴右道州縣變遷表

上面對唐代隴右道州縣變遷的幾個問題進行了考察,茲據《舊唐書·地理志》、《新唐書·地理志》、《元和郡縣志》、《通典·州郡典》、《唐會要》、《唐六典》、《資治通鑑》、《太平寰宇記》及《括地志輯校》等文獻,將唐代隴右道州縣的變化情況清單如下,供大家參考。

爲了便於大家閱讀,現對本表結構略作説明:表中"州縣名"包括道名、州郡名和縣名。"地番號"是對該地的編號。本表依地望對隴右道州縣進行編碼。道用 1 位數,州郡用 3 位數,縣則用 4 位數。州的號碼前面是道號,縣的號碼前面則有道號和州號。如此,看到縣的號碼,即知其隸屬於何道何州。如"1012"是成紀縣的編碼,在這個編碼中,最高位元的"1"是隴右道的編號,接下來的"01"是秦州的編號,最後的"2"才是專指成紀縣。這個號碼表示成紀是隴右道秦州的第 2 個縣。"始 / 終年"指該州縣開始設置或結束的年代,年代不明者暫付闕如。"前地名〉〉後地名"旨在説明州縣名稱的變化。"等級"指唐王朝對該州縣排列的等第。至於"參考事項",則主要是説明州縣等級升降、名稱變化或興廢原因。由於羈縻府州資料缺乏,難以收集到齊備的資訊,暫不列入本表之中。

唐代隴右道州縣變遷表

州縣名 # 地番號	始 / 終年	前地名〉〉後地名	等級	參考事項
隴右道　　# 1		〉〉		
天水郡　# 101	27 ? —583	〉〉	州	
秦川郡　# 101	607—619	〉〉	州	
秦州　　# 101	619—742	〉〉	總管府	
天水郡　# 101	742—758	秦　〉〉	中都督府	
秦州　　# 101	758—763	天水郡〉〉	中都督府	陷西番

續 表

州縣名 # 地番號	始 / 終年	前地名 〉〉 後地名	等級	參考事項
上邽縣 ＃ 1011	605—	〉〉	上縣	
成紀縣 ＃ 1012	583—	〉〉	中縣	
當亭縣 ＃ 1013	4 魏—5 周	〉〉	縣	
黄瓜縣 ＃ 1013	5 周—606	〉〉	縣	
冀城縣 ＃ 1013	606—620	〉〉 10A1	縣	
伏羌縣 ＃ 1013	625—	〉〉	中縣	
河陽縣 ＃ 1014	583—586	〉〉	縣	
隴城縣 ＃ 1014	586—	〉〉	中縣	
清水縣 ＃ 1015	583—	〉〉	中下縣	
漢陽縣 ＃ 1016	552—583	〉〉	下縣	劍南
渭州 ＃ 102	530—607	〉〉	州	
隴西郡 ＃ 102	607—617	渭 〉〉	下州	
渭州 ＃ 102	618—763	隴西郡 〉〉 陷西蕃	下州	鐵官 / 鹽官
襄武縣 ＃ 1021	583—607	〉〉	上縣	
襄武縣 ＃ 1021	607—618	〉〉	上縣	
襄武縣 ＃ 1021	618—	〉〉	上縣	
隴西縣 ＃ 1022	588—	〉〉	上縣	
武陽縣 ＃ 1022	—906	〉〉	縣	
鄣縣 ＃ 1023	583—	〉〉	上縣	鹽井
渭源縣 ＃ 1024	583—	〉〉	上縣	
武都郡 ＃ 104	大—2	武 〉〉 階州	下州	没吐蕃廢
武都郡 ＃ 104	607—618	武 〉〉	下州	階州
武州 ＃ 104	618—	武都郡 〉〉	下州	階州
武都郡 ＃ 104	70？—1	階 〉〉 武州	下州	
武州 ＃ 104	767—	武都郡 〉〉 階州	下州	没吐蕃廢
階州 ＃ 104	892—	武都郡 〉〉 武州	下州	
武州 ＃ 104	—	武都郡 〉〉	下州	没吐蕃廢
武都郡 ＃ 104	—	武 〉〉	下州	没吐蕃廢
將利縣 ＃ 1041	583—	〉〉	中下縣	
覆津縣 ＃ 1042	583—	〉〉	中下縣	
福津縣 ＃ 1042	583—	〉〉	縣	
盤堤縣 ＃ 1043	583—	〉〉	中下縣	
長松縣 ＃ 1044	607—618	1044 〉〉	中下縣	劍南
洮州 ＃ 105	561—607	〉〉	下州	
臨洮郡 ＃ 105	607—619	桃 * 〉〉 臨州	下州	
洮州 ＃ 105	619—630	〉〉	下州	
淳州 ＃ 105	631—634	〉〉	下州	

州縣名＃地番號	始／終年	前地名〉〉後地名	等級	參考事項
洮州　　＃105	634—650	〉〉	下州	
洮州　　＃105	650—729	〉〉	下都督	
臨州　　＃105	732—739	桃 * 〉〉105？	下州	臨桃 * 郡
洮州　　＃105	739—763	臨桃 * 郡〉〉臨州	下州	陷於西蕃
美相縣　＃1051	58？—630	〉〉	中縣	
臨潭縣　＃1051	631—	〉〉	中縣	
美相縣　＃1052	630—	〉〉	中縣	寰宇記154
岷州　　＃106	583—607	〉〉	下州	
岷州　　＃106	607—618	〉〉	下州	
臨洮州　＃106	618—742	〉〉	下州	
和政郡　＃106	742—758	岷　〉〉	下州	
岷州　　＃106	758—762	和政郡〉〉	下州	陷於西蕃
溢樂縣　＃1061	583—618	〉〉	中下縣	
溢樂縣　＃1061	618—	〉〉	中下縣	
基城縣　＃1062	559—589	〉〉	中下縣	
基城縣　＃1062	618—712	〉〉	中下縣	
佑川縣　＃1062	712—	〉〉	中下縣	
同和縣　＃1063	561—578	〉〉	中下縣	
和政縣　＃1063	578—583	〉〉	中下縣	
和政縣　＃1063	583	〉〉	中下縣	
疊州　　＃107	577—605	〉〉	下州	
疊州　　＃107	619—622	〉〉	下州	陷於吐谷渾
疊州　　＃107	624—639	〉〉	下州	
疊州　　＃107	639—650	〉〉	都護府	
合川郡　＃107	742—758	疊　〉〉	下都督	
疊州　　＃107	758—	〉〉	下州	
疊州　　＃107	—	合川郡〉〉	下都督	
合川縣　＃1071	583—	〉〉	下縣	
恒香縣　＃1072	559—674	〉〉	中縣	没蕃
常芳縣　＃1072	705—	〉〉	中縣	合川縣治
常芬縣　＃1072	705—	〉〉	下縣	合川縣治
四會縣　＃1074	—	〉〉	中縣	
新會縣　＃107A	—	〉〉	中縣	
義寧縣　＃107B	—	〉〉	下縣	
宕州　　＃108	566—607	〉〉	下州	
宕昌郡　＃108	607—618	懷道郡〉〉宕	下州	
宕州　　＃108	618—742	〉〉	下州	

續　表

州縣名＃地番號		始／終年	前地名〉〉後地名	等級	參考事項
懷道郡	#108	742—758	宕　〉〉宕昌郡	下州	
宕州	#108	758—	懷道郡〉〉宕昌	下州	
懷道縣	#1081	566—583	〉〉	中下縣	
懷道縣	#1081	583—	〉〉	中下縣	
陽穀縣	#1082	570—583	〉〉	下縣	
陽穀縣	#1082	583—598	〉〉	下縣	
良恭縣	#1082	598—	〉〉	下縣	
陽穀縣	#1082	5周—570	〉〉	下縣	
枹罕郡	#109	607—619	安昌郡〉〉河	下州	
河州	#109	619—762	安昌郡〉〉枹罕郡	下州	陷於西蕃
安昌郡	#109	—	河　〉〉枹罕郡	下州	
枹罕縣	#1091	—	〉〉	中下縣	
大夏縣	#1092	583—	〉〉	中下縣	
鳳林縣	#1093	—676	〉〉	中下縣	
安鄉縣	#1093	676—742	〉〉	中下縣	
鳳林縣	#1093	742—	〉〉	中下縣	
米川縣	#1094	636—655	1123 〉〉	下縣	
伏州	#10A	620—625	〉〉	州	
伏羌縣	#10A1	620—625	1013 〉〉	縣	
清水郡	#10B	4魏—583	〉〉	州	
清水縣	#10B1	4魏—583	〉〉	縣	
略陽縣	#10C	5周—583	〉〉	州	
成紀縣	#10C1	5周—583	〉〉	縣	
芳州	#10D	572—606	〉〉	州	
芳州	#10D	618—675	〉〉	州	
常芬縣	#10D1	705—	〉〉	下縣	
恒香縣	#10D2	628—	〉〉	下縣	
丹嶺縣	#10D3	589—618	〉〉	下縣	党項諸羌
丹嶺縣	#10D3	618—	〉〉	下縣	
蘭州	#110	581—607	〉〉	下州	
金城郡	#110	607—619	〉〉	下州	
蘭州	#110	619—625	蘭　〉〉	下州	
蘭州	#110	625—656	金城郡〉〉	下都督	
蘭州	#110	656—	〉〉	下州	
金城縣	#1101	583—607	〉〉	中下縣	
五泉縣	#1101	607—	〉〉	中下縣	
廣武縣	#1102	583—606	〉〉	中下縣	

州縣名＃地番號	始／終年	前地名〉〉後地名	等級	參考事項
允吾縣　#1102	606—610	〉〉	中下縣	
會寧縣　#1102	610—620	〉〉	中下縣	
廣武縣　#1102	620—	〉〉	中下縣	
狄道縣　#1103	—4 晉	〉〉	下縣	
武始縣　#1103	4 晉—583	〉〉	下縣	
狄道縣　#1103	583—	〉〉	下縣	
西平郡　#111	607—619	〉〉	下都督	
鄯州　　#111	619—676	西平郡〉〉	下都督	
鄯州　　#111	677—762	〉〉	下都督	没於西蕃
西都縣　#1111	4 魏—583	〉〉	中縣	
西都縣　#1111	583—598	〉〉	中縣	
湟水縣　#1111	598—	〉〉	中縣	
龍支縣　#1112	—	〉〉	中縣	
鄯城縣　#1113	677—	〉〉	中縣	
廓州　　#112	—607	寧塞郡〉〉澆河郡	下州	
澆河郡　#112	607—619	寧塞郡〉〉廓	下州	
廓州　　#112	619—758	〉〉	下州	陷於西番
寧塞郡　#112	—	廓　〉〉澆河郡	下州	
廣威縣　#1121	526—636	〉〉	縣	
化隆縣　#1121	553—712	〉〉	下縣	
化城縣　#1121	712—	〉〉	下縣	
達化縣　#1122	—	〉〉	縣	
米川縣　#1123	655—	〉〉	下縣	
涼州　　#113	490？—557	〉〉	州	
涼州　　#113	557—607	〉〉	中都督	
武威郡　#113	607—619	涼　〉〉	中都督	
涼州　　#113	619—742	武威郡〉〉	中都督	河西節度使
武威郡　#113	742—758	〉〉	州	
涼州　　#113	758—764	〉〉	州	陷於西蕃
姑藏縣　#1131	—	〉〉	上縣	
姑藏縣　#1131	—	〉〉	上縣	鹽池
神烏縣　#1132	620—627	〉〉	上縣	
神烏縣　#1132	668—	〉〉	上縣	
蒼松縣　#1133	—583	〉〉	中縣	
永世縣　#1133	583—58？	〉〉	中縣	
昌松縣　#1133	58？—	〉〉	中縣	
永平縣　#1133	—	〉〉	中縣	

續　表

州縣名 # 地番號		始 / 終年	前地名 〉〉 後地名	等級	參考事項
永年縣	#1133	—	〉〉	中縣	
番禾縣	#1134	583—742	〉〉	中縣	
天寶縣	#1134	742—	〉〉	中下縣	
嘉麟縣	#1135	386—	〉〉	中下縣	
嘉麟縣	#1135	696—	〉〉	中下縣	
甘州	#114	553—607	〉〉	州	
張掖郡	#114	607—619	甘　〉〉	下州	
甘州	#114	619—765	張掖郡 〉〉	下州	陷於西蕃
永平縣	#1141	4 晉—583	〉〉	下縣	
酒泉縣	#1141	583—606	〉〉	縣	
張掖縣	#1141	606—	〉〉	下縣	鹽池
删丹縣	#1142	—	〉〉	中下縣	
酒泉郡	#115	525—583	肅　〉〉	下州	
肅州	#115	602—618	〉〉	下州	
肅州	#115	618—766	酒泉郡 〉〉	下州	陷於西蕃
福禄縣	#1151	—617	〉〉	中縣	
酒泉縣	#1151	617—	〉〉	中縣	
樂官縣	#1152	47？—58？	〉〉	中下縣	
福禄縣	#1152	619—	〉〉	中下縣	通典
禄福縣	#1152	—	〉〉	中下縣	
玉門縣	#1153	590—	〉〉	中下縣	
瓜州	#116	622—776	晉昌郡 〉〉	下都督	陷於西蕃
冥安縣	#1161	—584	〉〉	中下縣	
常樂縣	#1161	584—624	〉〉	中下縣	
晉昌縣	#1161	624—	〉〉	中下縣	
廣至縣	#1162	—583	〉〉	中下縣	
常樂縣	#1162	622—	〉〉	中下縣	
宜禾縣	#1163	5 魏—516	〉〉	中下縣	
沙州	#117	—	西沙州 〉〉 孤州	下州	敦煌郡
西沙州	#117	武—5—	瓜州 〉〉 沙州	中都督	
瓜州	#117	516—52？	燉煌郡 〉〉 沙州	中都督	西沙州
瓜州	#117	528—583	瓜州 〉〉 沙州	中都督	敦煌郡
義州	#117	52？—528	瓜州 〉〉 沙州	中都督	西沙州
燉煌郡	#117	583—61？	瓜　〉〉 西沙州	中都督	陷於西蕃
瓜州	#117	619—622	燉煌郡 〉〉 西沙州	中都督	沙州
沙州	#117	622—781	瓜州 〉〉 沙州	中都督	陷於西蕃
沙州	#117	651—781	瓜州 〉〉 沙州	中都督	升都督府

州縣名 # 地番號	始 / 終年	前地名 〉〉 後地名	等級	參考事項
鳴沙縣　#1171	56？—606	〉〉	上縣	
敦煌縣　#1171	606—	〉〉	上縣	鹽池
燉煌縣　#1171	—	〉〉	上縣	
龍勒縣　#1172	2漢—56？	〉〉	中下縣	
壽昌縣　#1172	619—	〉〉	中下縣	
西伊州　#118	—	伊吾郡 〉〉 伊州	下州	
西伊州　#118	—	伊吾郡 〉〉 伊州	下州	
伊吾郡　#118	—	西伊州 〉〉 伊州	下州	
伊吾郡　#118	貞—6	伊州 〉〉	下州	西伊州
伊吾郡　#118	貞—6—	伊 〉〉 西伊州	下州	
伊州　　#118	貞—6—	伊吾郡 〉〉 西伊州	下州	
伊吾郡　#118	610—61？	西伊州 〉〉 伊州	下州	
伊州　　#118	630—	伊吾郡 〉〉	下州	西伊州
伊吾州　#1181	630—	〉〉	下縣	
納職縣　#1182	630—	〉〉	下縣	陸鹽池
柔達縣　#1183	630—	〉〉	下縣	
西州　　#119	640—658	〉〉	州	
安西都督　#119	658—742	〉〉	都督府	
西州　　#119	742—791	交河郡 〉〉 金山都督	中都督	没於西蕃
交河郡　#119	—	西 〉〉 金山都督	中都督	
高昌縣　#1191	640—742	〉〉	上縣	
前庭縣　#1191	742—	〉〉	上縣	
柳中縣　#1192	640—	〉〉	中下縣	
交河縣　#1193	640—	〉〉	中下縣	
蒲昌縣　#1194	640—	〉〉	中下縣	
天山縣　#1195	640—	〉〉	上縣	
庭州　　#120	640—658	〉〉	下都督	北庭都護府
庭州　　#120	658—702	〉〉	下都督	北庭都護府
北庭都護　#120	702—733	庭州 〉〉	下都督	
北庭節度　#120	733—	〉〉	州	
蒲昌縣　#1201	640—702	〉〉	下縣	
金蒲縣　#1201	702—762	〉〉	下縣	
後庭縣　#1201	762—	〉〉	下縣	
金滿縣　#1201	—	〉〉	下縣	
輪台縣　#1202	702—	〉〉	下縣	
蒲類縣　#1203	640—713	〉〉	下縣	默啜所陷
蒲類縣　#1203	762—	〉〉	下縣	

續　表

州縣名 # 地番號	始 / 終年	前地名 〉〉 後地名	等級	參考事項
安西州　#121	—	〉〉	都督府	
臨州　#122	742—	〉〉	下都督	
狄道縣　#1221	742—	〉〉	下縣	
安樂縣　#1222	742—758	〉〉	下縣	
長樂縣　#1222	758—	〉〉	下縣	
州　#161	4 魏—587	〉〉	下州	劍南
扶州　#161	587—607	〉〉	下州	劍南
同昌郡　#161	607—618	〉〉	下州	劍南
扶州　#161	618—627	〉〉	下州	劍南
同昌縣　#1611	587—618	〉〉	中下縣	劍南
同昌縣　#1611	618—627	〉〉	中下縣	劍南
帖夷縣　#1612	583—587	〉〉	中下縣	劍南
帖夷縣　#1612	587—627	〉〉	中下縣	劍南
鉗川縣　#1613	583—587	〉〉	中下縣	劍南
鉗川縣　#1613	587—627	〉〉	中下縣	劍南
尚安縣　#1614	583—587	〉〉	中下縣	劍南
尚安縣　#1614	587—627	〉〉	中下縣	劍南
文州　#162	4 魏—606	〉〉	州	劍南
文州　#162	618—950	〉〉	州	劍南
陰平縣　#1621	2 晉—312	〉〉	中下縣	劍南
曲水縣　#1621	4 魏—583	〉〉	中下縣	劍南
曲水縣　#1621	583—	〉〉	中下縣	劍南
建昌縣　#1622	4 魏—598	〉〉	中下縣	劍南
長松縣　#1622	598—607	〉〉	中下縣	劍南
長松縣　#1622	618—	〉〉	中下縣	劍南
成州　#163	552—607	〉〉	下州	
成州　#163	618—789	〉〉	州	劍南
倉泉縣　#1631	561—583	〉〉	中縣	劍南
倉泉縣　#1631	583—607	〉〉	中縣	劍南
階陵縣　#1631	5 魏—561	〉〉	中縣	劍南
上禄縣　#1631	607—	〉〉	中縣	
漢陽縣　#1632	583—598	〉〉	下縣	劍南
長道縣　#1632	598—	〉〉	下縣	
同谷縣　#1633	627—	〉〉	中下縣	

最澄與陸淳——延曆遣唐使的相遇

渡邊信一郎[*]

摘　要

　　日本桓武天皇延曆年間派赴中國的第 17 次遣唐使團（804 年 5 月至 805 年 6 月）不僅將大量文物帶到日本，還促進了中日之間人員的交流。日本天台宗的開山祖師最澄即是使團中的一員。本文考察最澄在唐期間與當時的台州刺史，新式春秋學大儒陸淳在台州相遇的情形和相關背景，詳述此種交往對最澄佛學研修的影響。

關鍵詞

　　最澄　陸淳　遣唐使　天台宗　儒學

一

　　日本桓武天皇延曆年間派赴中國的第 17 次遣唐使團（804 年 5 月—805 年 6 月）不僅將大量文物帶到日本，還促進了中日之間人員的交流。其中最有名的事例之一就是空海（774—835）隨遣唐使入唐，在長安期間與青龍寺東塔院的惠果相識。後來空海把當時最新的佛教——密教系統地傳到日本，爲日本佛教的革新作出了極大的貢獻。另外，當時未入長安、而在天台山國清寺研習天台教義的最澄（767—822）的故事也很有名。最澄歸國後在平安京（京都）的鬼門之地比叡山興建延曆寺，作爲天台宗的開山祖，也爲日本佛教的革新作出了很大的貢獻。而同意最澄在天台山等地學法，並爲之頒發修行證明的正是當時的台州刺史陸淳（？—805）。陸淳所提倡的新式《春秋》學後來成爲經學革新的原動力，從台州回到長安後，陸淳和王叔文、柳宗元、劉禹錫等人活躍在長安的中央政界，是有名的改革派。可是改革在順宗病死、憲宗即位後遭遇宮廷政變，政治上宣告失敗。本文考察的正是新佛教和新儒學的兩位先驅人物在台州相遇的情景及其歷史背景。

* **作者簡介**：渡邊信一郎，日本京都府立大學名譽教授。

<h1 style="text-align:center">二</h1>

人的一生中會有無數次的相遇，相遇具有偶然性，有的相遇會對之後的人生產生重大的影響，有的相遇轉身過後便被忘記。有些相遇是命中注定的，在相遇的一剎那便會領悟其含義。但是，大多數的相遇只有在過去了一段時間後才能體會到個中的意義。歷史性的相遇也是如此，最澄和陸淳的邂逅就是一個很好的例子。眾所周知，最澄是日本天台宗的創始人，是奠定日本佛教基礎的關鍵人物。最澄在唐修得的佛教教義以及他帶回日本的佛經、法器，對其弘揚佛法，起到了非常重要的作用。804 年，他和後來成爲天台宗第一代住持的弟子義真等人一起作爲延曆遺唐使入唐，在唐朝八個月的時間裏，他到過台州天台山、越州龍興寺等地，學習了天台宗、密宗、禪宗、律宗大乘戒法等方面的佛法，後來又將 230 部 430 卷佛教經典及相關法器帶回日本[①]。有關最澄在唐的經歷，參見本文末所附《遣唐留學僧最澄之行歷》。

最澄在台州求法的六個月時間里，台州刺史陸淳給予了他很大的幫助。遺唐使要想在唐逗留、旅行，必須獲得當地行政長官刺史所頒發的公驗（居留許可證、旅行許可證），有時州刺史還會爲他們出具修行和學習的證明書。貞元二十年九月二十六日，最澄實現了他和陸淳之間的歷史性的相遇。最澄隨遺唐的第二艘船在明州登陸，隨後攜帶明州刺史九月十二日的公驗向台州進發，二十六日到達台州，並馬上謁見了台州刺史陸淳。有關兩人會面的情況，《台州相送詩》中台州司馬吳顗所寫的《送最澄上人還日本國敘》一文中有記載，該文的落款日期是貞元二十一年三月巳日（十三日）（見最澄《顯戒論緣起》卷上）。《台州相送詩》是最澄返回日本時九位台州人士寫給他的贈別詩的彙編[②]，不過，最澄隨後又去了越州，在龍興寺修行到五月，之後才隨遺唐使一起歸國。

《送最澄上人還日本國敘》這樣寫道：

以貞元二十年九月二十六日，臻□海郡，謁太守陸公，獻金十五兩、築紫斐 紙

---

① 最澄歸國後的留學報告書之一《進經疏等表一首》（最澄《顯戒論緣起》卷上所收）載："沙門最澄言，最澄聞，……最澄奉使求法，遠尋靈蹤，往登臺領，躬寫教跡。所獲經並疏及記等，總二百三十部四百六十卷。且見進經一十卷。名曰金字妙法蓮華經七卷，金子金剛般若經一卷，金子菩薩戒經一卷，金子觀無量壽經一卷，及天台智者大師靈應圖一張，天台大師禪鎮一頭，天台山香爐峰送樠及柏木文釋四枚，說法白角如意一柄。謹遣弟子經藏奉進。但聖鑒照明，二門圓滿，不任誠懇之至。奉表戰慄。謹言。延曆二十四年七月十五日沙門最澄上表。"
有關最澄的經歷和思想的研究很多，概括得比較好的有薗田香融的《最澄及其思想》（載日本思想體系 4《最澄》，岩波書店 1974 年）。最澄的著作，載日本思想體系 4《最澄》部分。
② 除了吳顗，寫詩送別的還有台州錄事參軍孟光、台·州臨海縣令毛渙、鄉貢進士崔暮、廣文館進士全濟時、天台沙門行滿、天台歸真弟子許蘭、天台僧幻夢、前國子館明經林暈等人。詩在此省略。

二百張、築紫筆二管、築紫墨四挺、刀子一、加斑組二、火鐵二、加大（火）石八、蘭木九、水精珠一貫。陸公精孔門之奧旨，蘊經國之宏才，清必冰囊，明逾霜月。以紙等九物，達於□庶使，返金於師。師譯言，請貨金貿紙，用書天台止觀。陸公從之。乃命大師門人之裔哲曰道邃，集工寫之，逾月而畢。

可見，謁見了陸淳的最澄一行將陸淳看作是儒學大儒，並向陸淳獻上了黃金15兩、築紫國的斐紙（雁皮紙）200張、築紫國的筆2管、築紫國的墨4挺、刀子1個、加斑的組紐2個、火鐵2個、加火石8個、蘭木9個、水精珠1串。陸淳收下了紙筆等九樣東西並將其轉贈給部下，但是把黃金還給了最澄。最澄通過翻譯，將黃金換成紙張，並請求陸淳允許他抄寫天台止觀。陸淳不僅同意了最澄的請求，還將天台宗第七祖道邃介紹給他，集衆抄寫一個多月後完成。

從現存陸淳給最澄出具的修行證明書——印記中也可一窺二人之間的關係[1]。該印記的落款日期是貞元二十一年（805）二月二十二日，對最澄的修行狀況作了如下證明：

> 向大唐台州天台山法隴寺、求得天台法華宗疏記等合一百二部二百四十卷。其目錄者，別有一卷也。即其台州此時陸淳之詞曰：最澄闍梨，形雖異域，性實同源。特稟生知，捐觸懸解。遠求天台妙旨，又遇龍象邃公，總萬行於一心，了殊途三觀。親乘秘密，理絕名言。猶慮他方學徒，不能信受。所請當州印記，安可不任爲憑。貞元二十一年二月二十日，朝議大夫使持節台州諸軍事守台州刺史上柱國淳給（《顯戒論緣起》卷上所收《台州求法略目録並陸淳詞一首》）

現存的幾個印記雖然在文字表現上有所不同，但其內容大致可歸納如下，即“最澄阿闍梨雖爲異國之人，但其本性實與中國人同源，其爲人明敏，受到出家人和世俗之人的敬仰。他精通中國文化，又師從有名的高僧。道邃法師“總萬行於一心，了殊途於三觀”，最澄跟隨道邃法師學習天台教義，從來不違背老師的教導。由於擔心日本國的學生不相

---

[1] 有關陸淳的印記，現存有幾件史料可供參考。其中《佛祖統紀》卷8《道邃傳》載“貞元二十一年，日本國最澄遠來求法，聽講受誨，晝夜不息，盡寫一宗論疏以歸。將行，詣郡庭白太守，求一言爲據。太守陸淳嘉其誠，即署之曰：最澄闍梨，身雖異域，性實同源。明敏之姿，道俗所敬。觀光於上國，復傳教於名賢。邃公法師，總萬法於一心，了殊途於三觀。而最澄親承秘密，不外筌蹄。猶慮他方學者，未能信受其說。所請印記，安可不從。澄既泛舸東還，指一山爲天台，創一刹爲傳教。化風盛播，學者日蕃，遂遙尊邃師爲始祖。日本傳教，實起於此。”雖然和其他史料相比有一些文字上的出入，但更容易理解，對最澄歸國後的弘法活動也有涉及，內容比較完善。

信最澄所傳之法，所以給最澄出具他要求的修行證明，以作憑證。

最澄和陸淳相遇之後的六個月的時間里，二人之間有過怎樣的交往？通過弟子義真兩人之間又有過怎樣的對話？今天的我們已經無從知曉。陸淳不僅把天台宗第七祖道邃法師介紹給最澄①，還雇人幫他抄寫佛經，而最澄也把陸淳看作是儒家大儒，可以説二人從一開始就很瞭解對方了。

三

如果按照文學史的時代區劃來分，陸淳應是中唐的儒家，同時也是政治家。他跟從啖助、趙匡學習儒學，集前人解《春秋》之大成，是儒學史上很有名的人物。啖、趙二人的著作今已亡佚，陸淳的著作，現存三種：《春秋集傳纂例》10卷、《春秋集傳辨疑》10卷及《春秋集傳微旨》3卷。

唐初之前的儒家經學，是以《五經正義》爲代表的訓詁學，本著"注不破經，疏不破注"的原則，將經文以及爲經書所作的第一次注釋——傳的文章視爲絶對，把對字句的闡釋作爲經學的終極目的。與訓詁學不同，陸淳等人的《春秋》學對《春秋經》《春秋公羊傳》、《春秋穀梁傳》《春秋左氏傳》等儒家經典的經文、傳文內容表示懷疑，開啓宋代理學"疑經"風氣之先河。

柳宗元師事陸淳，向他問學。陸淳死後，柳宗元作《陸文通先生墓表》（《唐柳先生集》卷九），文中他稱陸淳、啖助、趙匡等師友的《春秋》學"使庸人、小童，皆可積學以入聖人之道，傳聖人之教"，這和宋學的特點是一致的。"通過修行，人人皆可成爲聖人"（《近思録》卷二"伊川先生曰，學以至聖人之道也。聖人可學至"）這一觀點，簡單地説，就是推進經學的世俗化，使經學更有實用價值。雖然上面所述是柳宗元對《春秋》學的看法，但也由此可知，陸淳的學説確爲宋代理學之先驅②。

四

最澄歸國後，在所學經典、教義的基礎上，提倡《梵網經》所述的大乘戒（菩薩戒）

① 有關道邃的經歷及行跡，《顯戒論緣起》卷上所載天台沙門乾淑撰寫的《道邃和上行跡》（《天台傳法道邃和上行跡一首》）以及盧審則撰寫的《第七祖道邃和上道德述一首》可作爲參考，内容比《佛祖統紀》《宋高僧傳》中的《道邃傳》要豐富得多。

② 陸淳等人對《春秋》的批判以及宋學對其的繼承，請參考稻葉一郎著《中國史學史的研究》第三部第四章《劉知幾的經書批判與中唐的新儒學運動》（京都大學學術出版會，2006年）。

中"真俗一貫"、"凡聖通受"的觀念。也就是説，他認爲只有真俗一貫的大乘菩薩戒才是真正的佛教戒律，並從弘仁九年（818）開始向朝廷提出了總稱爲"山家學生式"的一系列希望設立大乘戒壇的條式，又於弘仁十一年（820）撰寫《顯戒論》，積極籌畫在比睿山新設大乘戒壇。

《山家學生式》中《天台法華宗年分度者回小向大式（四條式）》（弘仁十年（819）三月十五日）這樣講：

> 竊以菩薩國寶，載法華經。大乘利他，摩訶衍説。……國寶國利，非菩薩誰。佛道稱菩薩，俗道號君子。其戒廣大，真俗一貫。故法華經，列二種菩薩，文殊師利菩薩，彌勒菩薩等，皆出家菩薩。跋陀婆羅菩薩等五百菩薩，皆是在家菩薩。法華經中，具列二種人，以爲一類衆。不入比丘類，以爲其大數。

在這裏，最澄也表明了他無論真（聖，出家衆）還是俗（凡，在家衆）都應接受同一戒律即大乘菩薩戒這一"真俗一貫"的主張。換言之，就是在戒律層面上不分凡人和僧侶，從而推動佛教在世俗中的發展（同時也推動佛教以日本式的形式發展起來）。

最澄的"真俗一貫"、"凡聖通受"説與陸淳"使庸人、小童，皆可積學以入聖人之道"的理念是相通的，這種強調聖人與凡人連續性的主張，是否是因爲二人在台州的邂逅而產生的，我們現在已無從知曉。不過可以肯定的是，二人是在日本佛教和中國儒學即將發生重大轉變之時相遇的，這次相遇，不僅僅是他們兩個人的相遇，也是凡聖本性同一這一思想的一次邂逅，這也正是最澄與陸淳二人偶然相遇的浪漫之所在吧。

《遣唐留學生最澄在唐行歷》（根據《日本後紀》《顯戒論緣起》製成）

延曆二十三年（804）七月六日　隨遣唐使出發，最澄乘坐的是第二艘、空海乘坐第一艘遣唐使船。

貞元二十年八月十日　第一船在福州長溪縣登陸，十月三日到達福州，十一月三日選拔隊的二十三人向長安進發。十二月二十一日到達長樂驛站，二十三日入長安。

貞元二十年九月一日　第二船到達明州。同日第二船選拔隊二十七人從明州出發去長安。十一月十五日到達長安。最澄留在明州。

貞元二十年九月十二日　最澄、義真以及隨從丹福成一行從明州出發去台州（《大唐明州向台州天台山牒）。

貞元二十年九月二六日　到達台州，與陸淳會面（見《台州相送詩》，載《送最澄上人還日本國叙》）。其間五個月跟隨天台第七祖道邃學法。

貞元二十年十二月七日　義真於國清寺受具足戒（《大唐受具足戒僧義真戒牒》）。

貞元二十一年（805）二月二十二日　台州刺史陸淳發給最澄印記（《台州求法略目錄並陸淳詞一首》）。

貞元二十一年三月一日　台州刺史陸淳發給義真在國清寺受具足戒之證明公驗（大唐台州給僧義真公驗一首）。

貞元二十一年三月十二日　計畫返回日本，出發去明州。（《送最澄上人還日本國敍》）。

貞元二十一年四月六日　改變計畫，從明州到越州。（《大唐明州向越州府牒一首》）。之後一個多月在越州龍興寺、法華寺修行。

貞元二十一年四月八日　越州刺史鄭審則發給義真在國清寺受具足戒之證明公驗（大唐明州僧義真公驗並遣唐大使公驗一首，最澄申請公驗的日期是四月五日）。

貞元二十一年四月十八日　大唐泰嶽靈岩寺順曉阿闍梨在越州峰山頂道場向最澄傳授三部三昧耶戒（大唐泰嶽靈岩寺順曉阿闍梨付法文一首）。

貞元二十一年五月十五日　明州刺史鄭審則發給最澄印記（《越州求法略目錄並鄭審則詞一首》）。

貞元二十一年五月十八日　第一、第二艘船從明州出發歸國。

延曆二十四年六月五日　最澄隨遣唐使第一船在對馬下縣郡登陸，八日提交歸國後的報告書。

延曆二十四年六月十七日　遣唐使第二船到達肥前國松浦郡鹿島。

延曆二十四年七月十五日　上《進經疏等表一首》。

中國的都城建設與瓦磚製造

——以唐代以前的文字瓦爲中心

向井　佑介*

摘　要

文字瓦是指用戳印和刻劃等方法書寫文字的陶瓦。本文通過對戰國至隋唐期間都城遺址出土文字瓦的文字和紋飾的系統分析,探討了都城建設和瓦磚製造的勞動力等相關問題。

關鍵詞

文字瓦　都城　官署　營造　勞動力

前　言

本文研究的"文字瓦"是指用戳印和刻劃等方法書寫文字的陶瓦,瓦上面的文字又稱瓦文。中國的都城遺址有大量瓦磚等的建築材料出土,其中可以看到一些陶瓦上面刻有生產日期、製作官署和工匠姓名等文字。本文通過對都城遺址出土文字瓦的分析,對都城建設和瓦磚製造的勞動力進行探討。

一　"物勒工名"文字瓦的出現

中國最早出現的文字瓦(瓦文)就有表示營造官署和工匠姓名的印記。古代中國器物就有上面刻有製作官署和工匠姓名以明示其責任所在之處的,這種銘文的記載方法稱爲"物勒工名",戰國時期以後盛行。戰國時期燕國經營的燕下都遺址出土有印"左宮田左"、"右宮既"等字的筒瓦。"左宮"、"右宮"是指瓦工所屬的官署,"田左"、"既"是工人的名字[②]。

---

* **作者簡介**:向井　佑介,日本京都府立大學文學部歷史學科講師。

② 李學勤:《戰國題名概述(上)》,《文物》1959 年第 7 期,50—54 頁。江村治樹:《春秋戰國秦漢時代出土文字資料の研究》,東京:汲古書院,2000 年。

　　秦咸陽宮與始皇陵附近都發現過有印記的筒板瓦、陶器、陶俑等大量的遺物[1]。其中帶文字的瓦可分為三類：第一類印記了製造官署與工人姓名，除"左司空"、"大匠"、"寺工"等只有官名的印記之外，還有由官名和工名組成的"左司高瓦"、"右司空相"、"大匠工刷"等印記。第二類印記了地名與工人姓名，此印所記的工人籍貫不一，"安邑禄"、"宜陽工武"等工人籍貫在咸陽以外的地方，還有"咸陽工崖"等工人籍貫在首都咸陽。第三類印記了"庚"、"田"、"周"等一個字，可能為工人姓名。這三類之中，第一類印記了左右都司空、居室、寺工、都船等製造官署或者其屬官的名稱，其大部分的官名都與後來的漢長安中都官二十六詔獄有關[2]。可見秦漢時期營造事業與官營手工業的主要勞動力是監獄的刑徒。

　　西漢早期瓦的瓦當紋飾、製作技術、印記方法與文字內容等所有的因素都接近於秦瓦，所以漢初瓦的製造系統與管理制度應該是從秦國直接繼承的。但是漢瓦的陶文缺乏多樣性，秦代陶文所見的由地名和工名組成的印記已經基本上消滅了。漢長安城遺址與漢長陵陵園遺址出土了不少帶文字的筒板瓦，其中西漢早期的印記有"大匠"、"居室"等製造官署的名稱，之外還有由官名的簡稱和數字組成的"大廿五"、"宮卅一"、"工五十"等瓦文。"大"應該是大匠的略稱，"宮"可能是跟秦代陶文所記的"宮水"或者秦代封泥所見的"宮司空"有關，數字可能是瓦窯、作坊、工匠組織等的編號。

　　在南方地區，南越王都番禺（今廣東省廣州市）出土了不少有印記的瓦磚。南越宮苑遺址發現的瓦有"左官奴單"、"左官卒犁"、"右官"等印記[3]。可見"左官"和"右官"掌管製瓦事業，其勞動力是被徵發的"卒"和隸屬地位的"奴"。類似的瓦磚又出土於閩越王城的城村漢城（今福建省武夷山市）[4]。

　　戰國晚期到西漢早期的瓦都有製瓦官署與工人名字的印記，其印的平面為方形或者長方形，大部分都是長寬1—3釐米的小型印。戳印的位置都在筒瓦外面與板瓦內面。文字內容、印記方法、戳印位置等所有的因素來看，這一時期的文字瓦屬於同一系列。

① 袁仲一：《秦代陶文》，西安：三秦出版社1987年版。佐原康夫：《秦漢陶文考》，《古代文化》，第41卷第11號，1989年，1—16頁。
② 渡邊信一郎：《漢代國家の社會的勞動編成》，《殷周秦漢時代史の基本問題》，東京：汲古書院，2001年，361—391頁。
③ 南越王宮博物館籌建處，廣州市文物考古研究所：《南越宮苑遺址：1995、1997年考古發掘報告》，北京：文物出版社2008年版。
④ 福建博物院、福建閩越王城博物館編：《武夷山城村漢城遺址發掘報告》，福州：福建人民出版社，2004年。

二 漢魏時期製瓦管理制度的演變

到了西漢末年,長安地區再次出現了記載製瓦官署的文字瓦。漢長安城遺址出土的不少板瓦帶有"始建國三年保城都司空"(始建國四年＝公元 12 年)等西漢末期至莽新時期年號與營造官署的印記,此類印文基本上没有記載工匠個人的姓名。都司空是宗正的屬官,徵發詔獄的刑徒以承擔營造事業與製造器物。這類印記的形狀和戳印的位置與西漢早期以前的文字瓦不一樣。如上所述,戰國晚期到西漢早期的印記都是小型印,但是西漢末年出現邊長 10 釐米以上的大型印。西漢早期以前的印記一般在筒瓦外面和板瓦內面,西漢末期至莽新時期戳印的部位開始變化,之後筒板瓦的印記都在外面。需要注意的是,西漢時期長安地區筒瓦和板瓦的製作技術有了一個大的變化①,即圓筒狀瓦坯(瓦桶)的成形技術從泥條盤築法到桶模法的轉變。用桶模法成形的時候,在圓筒狀瓦坯內面不容易戳印,所以這種成形技術的發達可能促使了戳印位置的變化。

漢魏洛陽城南郊禮制建築遺址出土的東漢瓦有"南甄官瓦"、"官"等的印記②。東漢雒陽有前、後、中三甄官③,據此所在地點稱呼南甄官、東甄官等④。這些印記有印在筒瓦和板瓦外面的,也有印在板瓦內面的,戳印的位置無規律。

漢魏洛陽城遺址出土有人名上冠以"吏"、"師"字的瓦。從製作技術來看,有"吏"、"師"印的筒板瓦外面多抹光成素面,但仍殘留繩文痕跡,這樣的技術標誌着從漢瓦到北魏瓦的過渡。而且漢魏洛陽城南郊太學遺址出土了背面有戳印"師韓印"的雲紋瓦當,雲紋與外圈之間的三角形鋸齒紋帶是魏晉瓦當的紋飾特徵。在西晉時期要避景帝司馬師的諱"師",比如"京師"改爲"京都"⑤。瓦文中的"吏"應爲監督製瓦工程的官吏,"師"爲負責製瓦工程的工匠。其製造管理制度與有曹魏紀年的弩機銘文相符,所以"吏"、"師"印瓦可能是曹魏官營作坊的產品⑥。

① 谷豐信:《西晉以前の中國の造瓦技法について》,《考古學雜誌》第 69 卷第 3 號,1984 年,334—361 頁。
② 中國社會科學院考古研究所:《漢魏洛陽故城南郊禮制建築遺址:1962—1992 年考古發掘報告》,北京:文物出版社 2010 年版。
③ 《唐六典》卷 23《甄官署》,北京:中華書局 1992 年版,597 頁。
④ 濱口重國:《漢代の將作大匠と其の役徒》,《史學雜誌》第 47 編第 12 號,1936 年,1—4 頁。
⑤ 富岡謙藏:《日本出土の支那鏡》,《史林》第 1 卷第 4 號,1916 年,109—128 頁。
⑥ 向井佑介:《魏の洛陽城建設と文字瓦》,《待兼山考古學論集 Ⅱ》,豐中:大阪大學考古學研究室,2010 年,57—76 頁。向井佑介:《曹魏洛陽の宮城をめぐる近年の議論》,《史林》第 95 卷第 1 號,2012 年,247—266 頁。

三　北朝系統的文字瓦

　　北魏太和年間的平城地區出現了戳印和刻劃的文字瓦。平城太和 15 年（491）孝文帝創建的明堂遺址出土了大量的文字瓦，位於平城宮城内的操場城一號遺址也有類似的文字瓦[①]。北魏的文字瓦是跟複瓣蓮花紋瓦當、獸面紋瓦當、完整的磨光黑瓦（青棍瓦）等一起出現的新的因素[②]。瓦當紋飾的變化與青棍瓦的成立都伴隨着建築外觀的變化，這種外觀變化要求嚴格管理產品的品質，戳印和刻劃的文字都是爲了管理產品。北魏時期出現的文字瓦與曹魏以前的不同，戳印和刻劃的位置限於筒瓦的瓦唇外面與板瓦外面，文字基本上爲工匠的姓名。

　　5 世紀後葉在平城成立的新式瓦在遷都洛陽之後被繼承。在北魏洛陽宮城之南、銅駝街之東 1963 年發掘的一號房址出土有内容極其豐富的刻劃文字瓦[③]。瓦文是製瓦日期與主（瓦窰的主管人）、匠（掌握全面技術的製瓦工匠）、輪（製作圓筒狀瓦坯的工人）、削人（分割筒坯的工人）、昆人（打磨瓦面的工人）的姓名。發掘簡報將瓦文分爲四類，其中第一類是瓦坯完整後把製作日期、主管人的姓名、製作相關的工人姓名總括起來刻劃的，第二至第四類是輪、削人、昆人等各個工人把自己分擔的工程完成之後簽名的。

　　洛陽城一號房址的出土遺物文字瓦 911 塊（刻文 838 塊、印文 43 塊／板瓦 663 塊、筒瓦 248 塊）之外，還有蓮花紋瓦當 50 多件、獸面紋瓦當 15 件、菱形瓦釘 50 多件等。菱形瓦釘是插入複瓣蓮花紋瓦當筒瓦部分使用的，這種複瓣蓮花紋瓦當和菱形瓦釘都與遷洛之前平城地區所用的瓦完全相同，刻劃和戳印的瓦文也是從平城明堂和操場城一號遺址的瓦文繼承和發展過來的，所以洛陽一號房址的創建年代應該在遷洛之後不久的時期。一號房址平面近方形，夯築而成的南牆内壁殘長 13.7 米，北牆内壁長 11.8 米。從建築規模和瓦當數量來看，創建當初所用筒板瓦的大部分都帶刻文或印文，記載文字的比率極高，此瓦文的主要目的在於明示製作責任。

　　北魏分裂之後，其文字瓦由東魏、北齊王朝繼承。鄴城遺址出土了很多北朝戳印瓦，有"八楊大"、"四皇甫"等由數位和工人名字構成的印文。有人説此數字爲年月或月日，但是作坊或工人組織的編號這一解釋更妥當。印文都在筒瓦瓦唇外面與板瓦外面上部，可能是圓筒狀瓦坯還在桶模上的時候戳印的。各個印文有戳印人的個性，有的印文都向

① 山西省考古研究所、大同市考古研究所、大同市博物館、山西大學考古系：《大同操場城北魏建築遺址發掘報告》，《考古學報》2005 年第 4 期，485—511 頁。

② 向井佑介：《中國北朝における瓦生產の展開》，《史林》第 87 卷第 5 號，2004 年，1—40 頁。

③ 中國科學院考古研究所洛陽工作隊：《漢魏洛陽城一號房址和出土的瓦文》，《考古》1973 年第 4 期，209—492 頁。

右傾斜,有的印文都橫倒,可能爲製瓦工匠本人戳個人的印。

鄴城遺址出土的北朝戳印瓦還有列舉"軍主"、"作頭"、"匠"姓名的印文,另外還有"軍主某"、"某軍"的印文。軍主是南北朝時代軍制中可見的一種下級武官。鄴城出土的戳印瓦證明了,北朝時期是由軍主擔任製瓦的管理和工匠的監督。《隋書》百官志記載的北齊官制中,有掌諸營建的將作寺領軍主等下級武官[1]。可見,北齊時期將作寺掌管國家規模的營造事業,軍主等下級武官在其機構基層負責實際業務。

記載工匠姓名的戳印瓦繼續使用到唐代早期。隋代到初唐的戳印瓦磚的印文主要爲人名上冠以"匠"、"官匠"、"將作匠"字[2]。其戳印位置與北朝瓦相同,在筒瓦的瓦唇外面與板瓦外面。隋唐瓦的瓦當紋飾和製作技術都是從北朝瓦繼承的,可見,戳印方式也是北朝系統技術的一部分。從印文的内容來看,北朝至初唐戳印的主要目的都是製作管理,但是唐代瓦磚的印文強調"官匠"、"將作匠"的身份,這是與隋代以前的不同之處。

渤海上京龍泉府遺址與中京顯德府遺址(西古城)都出土了大量的戳印瓦[3]。其印文的大部分可能爲工匠的名字。戳印的位置與北朝隋唐戳印瓦相同,都在筒瓦的瓦唇外面和板瓦外面上部。渤海瓦的戳印方式和管理制度可能是唐朝的影響下成立的,可以説渤海戳印瓦是北朝系統的文字瓦。

結　語

(一)文字瓦的演變　從戳印方式和印文内容來看,戰國到漢初的戳印瓦同屬於一個系統。雖然西漢末期到魏晉時期使用了各種各樣的文字瓦,但是到了北朝隋唐時期再次使用了同一系列的文字瓦。這樣的演變過程與都城制度及其他文化的發展過程大概一致。

(二)文字瓦的目的　文字瓦並不是歷史上一直存在的,有的時候存在,有的時候不存在。文字瓦的使用限於大規模營建都城的時期,在秦始皇、漢高祖、王莽、曹魏明帝、北魏孝文帝、隋文帝和煬帝等皇帝的治世,都有都城的新建或大規模的改造。常置的官營作坊一般有勞動定員,當營建的規模超過官營作坊的供給能力的時候,就需要大量徵發勞動力。定員外工匠的大量徵發,引起了對勞動管理與品質管理的需求,於是,以生産

---

[1]　《隋書》卷27《百官志·後齊》:"將作寺,掌諸營建。大匠一人,丞四人。亦有功曹,主簿,録事員。若有營作,則立將、副將、長史、司馬、主簿、録事各一人。又領軍主、副、幢主、副等"(北京:中華書局1973年版,758頁)。

[2]　中國社會科學院考古研究所西安唐城工作隊:《唐大明宫含元殿遺址1995—1996年發掘報告》,《考古學報》1997年第3期,341—406頁。洛陽博物館:《洛陽隋唐宫城内的燒瓦窰》,《考古》1974年第4期,257—262頁。

[3]　吉林省文物考古研究所:《西古城:2000—2005年度渤海國中京顯德府故址田野考古報告》,北京:文物出版社2007年版。

管理爲目的的文字瓦的出現變成了必然。

（三）工匠的稱呼 戰國至漢代的製瓦工匠都稱“工”，他們稱名而不稱姓。三國時期出現“師”的印記，雖然當時弩機銘文中工匠的稱呼有“師”和“匠”的兩種，但是製瓦工匠只稱“師”。到了北朝時期，掌握製瓦技術的工匠稱呼變“師”爲“匠”。

（四）工匠的身份 袁仲一先生曾整理過秦始皇陵出土文字瓦的瓦文，將其分爲“中央官署製陶作坊類”、“徭役性官營製陶作坊類”、“市亭製陶作坊類”、“民營製陶作坊類”[1]。在本文提到的瓦文證明，秦漢時期製瓦作坊的勞動力有官營監獄的刑徒，東漢和北朝時期還有軍隊管理的製瓦事業。屬於官營作坊和民營作坊的工匠應該是掌握製瓦技術的總體，軍隊也有技術水準相當高的“軍匠”。但是以徭役（包括力役、軍役等）大量徵發的平民不一定有工藝技術，他們可能從事不需要技術的單純勞動。所以，“工”、“師”、“匠”等瓦文中出現的工匠只是總體勞動力的一部分。

---

① 袁仲一：《秦代陶文》，西安：三秦出版社 1987 年版。

中國記憶中的絲綢之路

葛承雍*

摘　要

　　絲綢之路爲古代歐亞大陸間長距離貿易的交通古道,始於長安止於羅馬。本文通過大量文獻與文物資料,從"商道和驛站","商人與貢使","運輸與工具","絲綢與織物","金銀與錢幣","玻璃類器皿","金銀類器物","宗教與傳播","語言與文書","藝術與歌舞","天文與醫學","動物與植物"等十二個方面探尋絲綢之路上東西方古代交流的歷史遺跡,以及凝結於其中的歷史記憶。文章進而指出,在絲綢之路交流史上,中國境内是一個以世界文明交匯爲坐標、以民族多元文化爲本位的地域;絲綢之路帶來的多元文明,也啓迪人類社會只有互動交流,融入整個文明世界,才能延綿不斷,並進入更高層級的文明時代。

關鍵詞

　　絲綢之路　記憶　長安　交流　文明

　　"絲綢之路"是古代歐亞大陸之間進行長距離貿易的交通古道,也是人類歷史上綫路式文明交流的臍帶,與世界歷史發展主軸密切相關,它以中國長安與意大利羅馬爲雙向起始點,横跨歐亞大陸東西萬里,猶如一條大動脈將古代中國、印度、波斯—阿拉伯、希臘—羅馬以及中亞和中古時代諸多文明聯繫在一起,溝通了歐亞大陸上草原遊牧民族與農業定居民族的交流,促成了多元文化的文明史決決發展。

　　探幽涉遠,滄桑巨變,絲綢之路的起止點一直是人們關注的焦點。

　　僅從起點説,西京長安還是東都洛陽,衆説紛紜,爭執不休。筆者始終不贊成"滿天星斗多個起點"的觀點,那樣會造成無中心的認識混亂[②],引起國際學術界質疑。歷史文獻開宗明義指出長安是通往西域的起點,唐代詩人元稹《西涼伎》寫道:"開遠門前萬里堠,

---

* **作者簡介**:葛承雍(1955—),國家文物局文物出版社總編,《文物》月刊主编,西北大學文化遺産學院教授。

② 葛承雍:《談漢唐絲綢之路的起點》,《華夏文化》1995年第1期。收入《唐韻胡音與外來文明》,中華書局2005年版,第36—42頁。

今韋蠻到行原州。"唐人《明皇雜録》説:"天寶中,承平歲久,自開遠門至藩界一萬二千里,居人滿野,桑麻如織。"《南部新書》:"平時開遠門外立堠,云西去安西九千九百里,以示戍人不畏萬里之行。"①《資治通鑑》記載唐天寶"是時中國強盛,自安遠門西盡唐境萬二千里,閭閻相望,桑麻翳野"。開遠門外烽堠是唐長安具體起點,安西大都護府在龜兹,這是載入史册的。洛陽、鄴城、大同以及韓國慶州、日本奈良、京都等等都是延伸點,它們在一個王朝或某一時段成爲中外交往的終點、起點或中轉點,但作爲絲路消費大城市遠不能和長安相比,儘管西方的奢侈品到達長安後,其中一部分還會分銷或賜予各地,造成全國風行的印象,實際上時間最長、影響最大、文物最多的還是長安。

在另一端最符合絲綢之路止點條件的城市是羅馬,羅馬帝國不僅有覆蓋歐亞非驛道網與波斯帝國交通網連成一體,而且只有在強大繁榮的羅馬才能夠找到絲綢足夠的市場和最大的主顧,羅馬有專門銷售絲綢的多斯克斯市場(Vicus Tuscus),公元前46年,愷撒將絲綢幕簾置於羅馬劇場坐席上使觀衆免遭陽光暴曬。此後羅馬人紛紛以穿絲綢爲時髦,而女人們穿著輕薄柔軟十分貼身又凸顯肌膚的衣服更體現華貴,絲綢成爲羅馬顯示身份的一種表現。2世紀後,絲綢也受到羅馬平民的喜愛,羅馬帝國對中國絲綢需求量越來越大②,絲織品成爲中國與羅馬相互交往的橋梁。

根據近年考古新收穫,中西古道溝通的東西方交流早在先秦時期就已存在,但是由於當時貿易路綫非常不穩定,民族部落之間的爭鬥和國家政權之間的變遷又非常頻繁,所以東西方交往時隱時現。甘肅靈臺白草坡西周墓葬、張家川馬家原戰國時期古墓群均出土一些玻璃製品以及西亞風格的金銀物品,證明早在公元前300年雙方就有了接觸。而公元前8世紀的斯基泰文化中的馬具、武器和動物紋已在歐亞草原上廣泛流傳,公元前4世紀又與西戎貿易商道交往,從而留下許多異域外來的遺物,包括戴尖頂帽的胡人形象③。

西漢張騫"鑿空西域"促進了與中亞各國互信與交往,他是第一個代表國家出使的使節,將原來不穩定的民間貿易路綫定型成爲政府官方積極利用的外交大通道。此後漢晉隋唐之間,它成爲承載着貫通中西物質和文化交流的古道。1877年德國地理學家、東方學家李希霍芬首次冠名爲"絲綢之路",德國東亞史專家赫爾曼與其他漢學家又進一步闡發,豐富了絲綢之路的内容,隨着一個世紀來考古文物的不斷出土,已經確立了國家對絲綢之路的鮮活記憶,並得到了全世界對它在歷史長河裏作用的肯定。

① 〔宋〕錢易:《南部新書》己卷,中華書局2002年版,第90頁。
② 楊共樂:《古代羅馬與中國的交往》,見《早期絲綢之路探微》,北京師範大學出版社2011年版,第64—66頁。
③ 王輝:《甘肅發現的兩周時期的'胡人'形象》,《考古與文物》2013年第6期。

一、商道與驛站

絲綢之路首先關注的是綫路問題，古代交通綫路最重要的標誌是驛站，橫跨歐亞大陸的綫路歷經 2000 多年的變化許多已成爲研究盲區。但是具有檔案性質的簡牘提供了漢代烽燧、驛站的資料。1974 年出土的甘肅居延里程簡和 1990 年出土的懸泉漢簡，列出 34 個地名，分別記録了 7 個路段所經過的縣、置之間的驛站里程[①]，清晰地描述了長安到敦煌的主幹道路綫與走向。從而使人們知道，中國境内分爲官方控制的主綫與遭遇戰亂或政權更迭時使用的輔綫，主綫從長安出發沿涇河河道到固原，通過靖遠、景泰、武威到張掖、酒泉、敦煌，輔綫則是從長安出發沿渭河河道經寶雞、天水、臨洮進入青海，最後從索爾果到若羌。並可經青海扁都口到張掖。

敦煌懸泉置位於河西走廊西端，是公元前 2 世紀至公元 3 世紀的國家驛站與郵驛樞紐，其遺址出土了 35000 多枚簡牘文書，記載驛站内常駐 400 餘人，官吏 82 人，常備驛馬 120 匹左右和 50 餘輛車，日接待過往使節、商人一千餘人。懸泉驛站從西漢昭帝時使用到魏晉時被廢棄，前後使用了 400 多年。唐代時又重新使用直到宋代徹底荒廢。懸泉出土漢簡保留了 300 多條與西域各國往來的記録，涉及樓蘭（鄯善）、于闐、大宛、疏勒、烏孫、龜兹、車師等 24 國，尤其是與罽賓、康居、大月氏、烏弋山離、祭越、均耆、披垣等中亞國家的關係，提供了絲綢之路上郵驛特殊見證的新材料[②]。

甘肅玉門關遺址、鎖陽城遺址都出土了與絲綢之路商貿活動關聯的文物。北宋《南部新書》乙卷記録唐代"西蕃諸國通唐使處，置銅魚雄雌相合十二隻，皆銘其國名第一至十二，雄者留内，雌者付本國"。外國境界"蕃中飛鳥使，中國之驛騎也"。由於胡商沿着絲綢之路驛站往來不斷，唐代長安附近滋水驛（長樂驛之東）大廳西壁上專門畫有胡人頭像，唐睿宗未即位時路過驛站題詩曰："喚出眼何用苦深藏，縮卻鼻何畏不聞香。"[③]調侃胡人深目高鼻的怪異容貌。2005 年發現的洛陽唐安國相王孺人唐氏壁畫墓，一組大型胡人牽駝載物匆匆趕路圖[④]，再次證實了當時驛道繁忙景象。

新疆托克遜縣阿拉溝被發掘的唐代烽燧遺址，出土文書記載烽、鋪、鎮、所、折衝府以及戍守將士姓名，反映當時唐軍一整套戍守系統能有效地控制與管理，保障着東西交通路綫的暢通。隋唐政治、經濟和文化的進步繁榮爲中外商貿主軸綫提供了穩定環境，

---

① 《居延漢簡·甲渠候關》上册第 174 頁上欄，下册圖版第 389 頁，中華書局 1994 年版。
② 張德芳、胡平生：《敦煌懸泉漢簡釋粹》，上海古籍出版社 2001 年版。
③ 〔宋〕錢易：《南部新書》戊卷，中華書局 2002 年版，第 72 頁。
④ 洛陽古代藝術博物館：《洛陽古代墓葬壁畫》下卷，圖十三，圖二十三，中州古籍出版社 2010 年版。

形成了敦煌至拂菻、西海（地中海）的北道，敦煌至波斯灣的中道，敦煌至婆羅門海（印度洋）的南道，比勘唐德宗貞元年間（785—805）宰相賈耽所撰《皇華四達記》與阿拉伯地理學家所記的呼羅珊大道，甚至能將唐朝安西（庫車）至阿拔斯首都巴格達的路程一站站計算出來。文獻與文物的互證，充分説明古代東西方由道路、驛站、綠洲城邦構成的交流網路一直延綿不斷。

二、商人與貢使

中亞綠洲的粟特人是活躍在絲綢之路上最顯著的商人，他們以“善賈”聞名，被譽爲“亞洲內陸的腓尼基人”。粟特人兼營半農半牧，很早就活動在東西貿易交通線上。由於漢代重農抑商，魏晉至隋唐之間又制約一些漢地商品隨意輸出，包括各種精緻的絲織品不得度邊關貿易，所以被稱爲“興胡”“興生胡”的粟特人就成爲轉販買賣的商人[①]，起到了操縱着國際貿易的中介作用。

被古人稱爲“華戎交會”的敦煌，至遲在 4 世紀初，就有來自康國的千人左右規模的商人及其眷屬、奴僕。《後漢書·孔奮傳》説“姑臧稱爲富邑，通貨羌胡，市日四合”。1907 年，斯坦因在敦煌西部古烽燧下發現的粟特語古信札，斷代爲 4 世紀初期，其中數封信內容是粟特商人從敦煌、姑臧（武威）向故國撒馬爾罕（康國）與布哈拉（安國）匯報經商的艱難情況[②]，並提到了黃金、麝香、胡椒、亞麻、羊毛織物等等商品。

漢唐時期商胡販客的貢使化，是當時習以爲常的歷史現象。粟特、波斯等國胡商通過“貢獻”禮品實現“賜予”的商品轉化，他們結成商侶積聚遠至拂菻的珍寶，然後絡繹不絕冒充“貢使”進入中國。《魏書·西域傳》記載 5 世紀中期粟特“其國商人先多詣涼土販貨”。唐初玄奘《大慈恩寺三藏法師傳》説：“涼州爲河西都會，襟帶西蕃、葱右諸國，商侶往來，無有停絕。”吐魯番出土文書有咸亨四年（673）“康國興生胡康烏破延”在西州賣駝的市契，以及另一興生胡康紇槎等向西州申請“將家口入京”的過所案卷。《大唐西域記》卷一記載碎葉（今吉爾吉斯斯坦境內）是一個“諸國商胡雜居”的商隊城市，西域商胡在此積聚珍寶轉運各地。歷史文獻和出土資料都證明武威、高昌、庫車、碎葉都是當時入貢的必經重鎮。

《洛陽伽藍記》卷三城南宣陽門條：“自葱嶺以西，至於大秦，百國千城，莫不歡附，

① 蔡鴻生：《唐代九姓胡與突厥文化》，中華書局，1998 年，第 36 頁。
② 辛姆斯·威廉姆斯：《粟特文古信札新刊本的進展》，見《粟特人在中國——歷史、考古、語言的新探索》，中華書局 2005 年版，第 72 頁。

商胡販客,日奔塞下,所謂近天地之區已"。商人都是成群結隊行止同步,《周書·吐谷渾傳》記載魏廢帝二年(533)北齊與吐谷渾通使貿易,遭到涼州刺史史寧胡襲擊,一次俘獲"其僕射乞伏觸板、將軍翟潘密、商胡二百四十人、駝騾六百頭、雜彩絲絹以萬計"。開元十年(722)一批人數達四百人的畢國商人從中國負貨歸來被大食督撫赦免。敦煌第45窟唐代觀音普門品壁畫描繪的"商胡遇盜",以及胡商膜拜菩薩圖,都具有以圖證史的價值。北朝隋唐墓葬中出土的背囊負包的胡商陶俑很多,但都是個體販客。尤其是近年來出土入華粟特人墓葬,山東青州北齊傅家、太原隋虞弘墓、西安北周安伽墓、史君墓、登封安備墓等等石棺浮雕畫,描繪了當時商人成群結隊、駱駝載物的往來場景,給人們提供了粟特商隊首領"薩保"活動的形象材料[1]。令人疑惑的是,4世紀到5世紀整個粟特本土藝術未見商人題材,甚至沒有一個表現商旅駝隊的文物出土,而在中國境內發現這麼多粟特商隊圖案,充分説明中古時期粟特商人對絲綢之路的貿易控制。

三、運輸與工具

首先是良馬。漢唐之間引進西域良馬是當時統治者倍感興趣的動議,漢朝打敗匈奴需要大宛汗血馬作爲種馬配備軍隊,漢武帝更喜歡"西極天馬"作爲自己騎乘寶駒;唐朝反擊突厥亦需要大量西域優種駿馬裝備騎兵,從唐太宗的"昭陵六駿"到唐玄宗的"照夜白",無不是最高統治者喜愛的坐騎。所以仿造良種駿馬形象的陶馬、三彩馬大量出現,栩栩如生,胡人馬夫手牽侍立幾乎固化爲模式,成爲陵墓中陪葬的重要藝術品。唐代繪畫中的駿馬嘶鳴欲動,西域于闐的"五花馬"常常是畫匠們表現的題材。可以説,絲綢之路與"良馬之路"緊密相連,絹馬貿易甚至是中唐之後長安中央政府與回鶻汗庭之間的經濟生命綫。

其次是駱駝。駱駝是絲綢之路上遙遠路途所負載重物的運輸工具,也是穿越茫茫沙漠戈壁的主力之舟,駝幫們由各色人物組成,既有貴人也有奴婢,既有使節也有商人,他們在東西交通綫上源源不斷地來回奔波。漢代墓葬出土的各類材質駱駝藝術品還是少量的,從北朝到隋唐的駱駝造型藝術品則是大量的,不僅有陶駱駝、三彩釉駱駝,還有冶鑄的金屬駱駝。駱駝的馱載物往往是東西方商品的縮影,主要有駝囊貨包、絲捆、長頸瓶、金銀盤、水囊、錢袋、織物、氈毯、帳篷支架以及乾肉等,在駝背上還出現活的小狗、猴子

---

[1] 榮新江:《薩保與薩薄:佛教石窟壁畫中的粟特商隊首領》,見《粟特人在中國——歷史、考古、語言的新探索》,中華書局,2005年,第49頁。《絲綢之路上的粟特商人與粟特文化》,見《西域中外文明交流的中轉站》,香港城市大學出版社2009年版,第75頁。

與懸掛死了的兔子、野雞等，最典型的特徵是以一束絲作爲駝隊運載的標誌，反映了絲綢之路上商人外出經商時的商品豐富情景[①]。至於駱駝背上還有琵琶樂器和胡漢樂隊的出現，吹奏演唱，雖有誇張，但還是漫漫路途上商人們邊行邊娛的生活寫照。

四、絲綢與織物

絲綢是連接東西方古代文明最重要的物品，公元前 1 世紀至 8 世紀形成了從産絲地中國到消費地羅馬的跨文明獨特鏈條，公元 2 世紀以前羅馬人衣料主要是動物纖維的羊毛和植物纖維的亞麻，所以織物毛粗麻硬，而中國絲綢輕柔飄逸、色澤多樣，作爲王公貴族享用的奢侈品成爲至尊之物，也成爲貿易首選之物。20 世紀 40 年代在俄羅斯戈爾諾阿勒泰地區巴澤雷克墓地發現的戰國鳳紋刺繡，説明早在秦漢之前絲綢就傳至外國。在羅馬東方行省帕爾米拉和羅馬克里米亞也出土發現漢綺，據説公元前 6 世紀歐洲哈爾斯塔文化凱爾特人的墓葬就發現中國絲綢[②]。希臘公元前 5 世紀雅典神廟命運女神像也都穿有蠶絲衣料，所以西方學者大膽推測春秋戰國時期中國絲綢通過中亞流入希臘。

漢唐時期紡織品發現主要集中在新疆、甘肅、青海、陝西、内蒙等境内，在吐魯番出土的庸調布或絹，上面寫明來自中原地區州縣，布絹紗綾羅錦綺縑等等反映了中原有規模的織作、色染，以及官營作坊生産。從魏晉到隋唐幾百年間，産品有大小博山、大小茱萸、大小交龍、大小明光、鳳凰錦、朱雀錦、韜紋錦等，隨着絲綢之路大量貿易的發展，異域的外來影響也極大改變了内地的藝術風格，出土的毛織物明顯帶有西方題材的圖案。高昌時期的雙獸對鳥紋錦、瑞獸紋錦、對獅紋錦、鳥獸樹木紋錦、胡王牽駝錦等各種圖案新穎、色彩絢麗。唐西州時期的緑紗地狩獵紋纈、狩獵印花絹、聯珠戴勝鹿紋錦等等精緻織品，皆是精彩紛呈，不僅顯示了當時紡織技術的高超水準，而且聯珠紋、豬頭紋、孔雀、獅子、駱駝、翼馬、胡商、騎士等西亞織造紋樣栩栩如生，胡人對飲、對舞、對戲的圖案極爲生動，反映了東西文化的交流影響[③]。

在絲綢之路"青海路""吐谷渾道"上，都蘭吐蕃墓出土北朝至中唐的絲綢品種非常豐富，既有占總數 85％中國産的織金錦、花綾、素綾、絣錦等，又有占 14％的中亞、西亞織錦，獨具異域風格的粟特錦和波斯錦圖案精美，並有一件 8 世紀中古波斯鉢羅婆文

① 《北齊東安王婁睿墓》，第 31 頁綫描圖，彩圖 16 駝隊圖，彩圖 129 陶臥駝，文物出版社 2006 年版。
② 林梅村：《絲綢之路十五講》，北京大學出版社 2006 年版，第 8—10 頁。
③ 《絲綢之路——漢唐織物》，文物出版社 1972 年版。

字錦①。尤其是紅地簇四珠日神錦,是中國境內所出日神錦中最典型的希臘題材,太陽神赫利奧斯在六匹帶翼神馬駕車下於空中賓士,聯珠紋又有薩珊波斯風格,還有中國文字"吉""昌",證明是中國產地綜合了各種文化因素的紋樣錦②。

五、金銀與錢幣

如果説"絲綢西輸"是震動西方世界貿易消費的大事,那麼"黃金東來"似乎没有引起中國王朝的巨大反響。公元初年古羅馬著名人物老普里尼(Pliny the Elder, 23—79)曾經記載羅馬帝國與東方貿易中支付了大量的黃金,因爲與東方國家貿易中交換貨物遠不如黃金貴重,羅馬人爲購進絲綢不得不付出東西方都能接受的黃金硬通貨。多年來,沿絲綢之路考古發現了許多波斯銀幣和羅馬金幣,但是西方學者多注意的是前蘇聯中亞共和國地區出土的一些金幣,自從 1953 年底在陝西咸陽隋獨孤羅墓出土東羅馬金幣後,經夏鼐先生考證爲拜占庭皇帝查士丁二世(566—578)時期金幣③,引起了海内外考古界關注,截止目前中國境内已經出土拜占庭金幣及仿製幣約爲 50 餘枚,它包括 6 世紀至 7 世紀初製作精美的拜占庭金幣(又稱索里得,Solidus),6 世紀中葉至 8 世紀中葉仿製的索里得,以及錢形金片。這些金幣絶大部分出土於墓葬,全部都在北方地區,寧夏固原北周田弘墓一次出土 5 枚拜占庭金幣,史氏家族墓地出土 4 枚仿製金幣④。雖然關於墓葬中出現東羅馬金幣的習俗還有不同看法,但是原產於地中海東岸的拜占庭金幣竟在萬里之遥的中國内地安身,不能不使人感到東西方交流的力量。

波斯薩珊銀幣除了在新疆地區集中出土外,還在陝西、甘肅、河南、山西等地都陸續發現,6 世紀甚至還在河西地區通用,在中國境内延續了 350 年左右,多是薩珊波斯卑路斯(Peroz459—484)以後至庫薩和二世(Chosroes Ⅱ,590—628)式樣⑤,説明北魏至隋唐時期波斯與中國往來非常密切。8 世紀後,阿拉伯金幣也傳入唐朝。

絲路貿易的擴大促使貿易交換的貨幣作用愈發重要,許多綠洲城邦政權自鑄貨幣,例如和闐"漢佉二體錢",造型上吸取漢五銖與希臘—貴霜錢幣特點,塑造馬紋或駝紋圖案,被稱爲和闐馬錢。還有古龜兹國鑄造的"漢龜二體錢",仿漢五銖圓形方孔,錢幣銘

---

① 許新國:《都蘭吐蕃墓發掘和研究》,見《7—8 世紀東亞地區歷史與考古論文集》,科學出版社 2001 年版,第 29 頁。
② 趙豊:《中國絲綢藝術史》,文物出版社 2005 年版,第 140 頁。
③ 夏鼐:《西安土門村唐墓出土的拜占庭金幣》,《考古》1961 年第 8 期。
④ 寧夏固原博物館編:《固原文物精品圖集》中册,寧夏人民出版社 2012 年版,第 164—166 頁,第 247—249 頁。
⑤ 夏鼐:《綜述中國出土的波斯薩珊銀幣》,《考古學報》1974 年第 1 期。

文用漢文與龜茲文合璧。

遺憾的是,古代中國没有流通外國貨幣的市場,中原人亦没有使用外國金幣的習慣,無論是羅馬金幣還是波斯銀幣,除了被皇家作爲珍稀物品收藏或是被達官貴人埋進墓葬作爲口含,估計大量可支付的金銀幣都被銷熔鑄造成賞玩的金銀器了,這不能不説是東西方交流中的一種理念的不同。

六、玻璃類器皿

公元前 11 世紀西周早期墓葬中就發現了人造彩珠、管,因而傳統觀點認爲中國很早就能燒制玻璃。但從玻璃成分上分析無論外觀或品質均有别於西方玻璃。在古代中國人眼里,精美的玻璃是一種出産在遥遠的貴重奢侈品,是上層貴族最喜歡的貿易品,所以草原之路或絲綢之路都以玻璃品作爲昂貴商品販賣,從西亞、中亞幾條綫路上都發現了羅馬、薩珊波斯、伊斯蘭等三種風格的玻璃器,貫穿東西方許多國家,因而也被稱爲"玻璃之路"[①]。

20 世紀 20 年代阿富汗喀布爾貝格拉姆遺址就出土了公元前 1 世紀貴霜帝國時期的玻璃器皿,還有腓尼基的玻璃器。實際上漢魏精美的玻璃製品均來自羅馬,玻璃業是羅馬帝國最主要手工業之一,廣州漢墓出土有我國最早的羅馬玻璃碗,洛陽東漢墓出土纏絲玻璃瓶屬於地中海沿岸常見的羅馬産品[②]。魏晉南北朝時人們已經充分認識玻璃器的藝術價值,西晉詩人潘尼《琉璃碗賦》讚頌清澈透明的玻璃爲寶物。遼寧北票北燕馮素弗墓出土 5 件玻璃器,其中鴨型玻璃器與 1—2 世紀地中海流行的鳥形玻璃器造型上相似。河北景縣北朝封氏墓出土 4 隻玻璃碗,其中一隻精緻的淡綠色波紋碗與黑海北岸 5 世紀羅馬遺址出土波紋玻璃器類似。

伊朗的薩珊玻璃在 3—7 世紀時期也大量進入中國,其凸起的凹球面在玻璃器上形成一個個小凹透鏡,很有磨花玻璃的特色。1988 年山西大同北魏墓出土外壁 35 個圓形凹面白玻璃碗異常精美,1983 年寧夏固原李賢墓出土的凹形球面玻璃碗,質地純淨,有晶瑩透徹之感。1970 年西安何家村唐代窖藏出土侈口直壁平底玻璃杯,也有 24 個凸圈。可見薩珊波斯玻璃器長期流傳,爲世人所愛。

8 世紀以後,西方玻璃生産中心轉向阿拉伯國家,工藝技巧又有新的發展,1987 年陝西扶風法門寺塔地宫出土的 17 件伊斯蘭玻璃器,是唐朝皇家用品,刻劃描金盤、塗釉彩

① 由水常雄:《玻璃傳來之路》(上、下),均見《東亞的古代文化》1988 秋·57 號、1989 冬·58 號。
② 安家瑶:《玻璃器史話》,社會科學文獻出版社 2011 年版,第 74 頁。

繪盤、纏絲貼花瓶、模吹印花筒形杯等，都是罕見的玻璃精品，被認爲産於伊朗高原的内沙布林①。1986 年内蒙古哲盟奈曼旗遼代陳國公主墓出土的 6 件伊斯蘭玻璃器，雖然生産於 10 世紀末至 11 世紀初，但帶長把手的高杯、刻花瓶、刻花玻璃盤以及花絲堆砌成把手的乳釘紋瓶，都是來自埃及、敘利亞或拜占庭的藝術珍品。

七、金銀類器物

與地中海沿岸和西亞、中亞相比，中國早期金銀器製作不是很發達，金銀器皿類出現較晚。雖然春秋戰國墓葬中出現了一些金飾品，但很少是獨立器物，而目前所知一批金器均是採用鑄造傳統工藝，與西方錘揲技術凸起浮雕紋樣不一樣。

漢代及早期輸入中國的金銀器主要有凸瓣紋銀器與水波紋銀器，這種錘揲技法源自古波斯阿契米德王朝，廣州西漢南越王墓出土的凸瓣紋銀盒，山東淄博西漢齊王墓隨葬坑銀盒，都是西亞波斯流行的裝飾手法。3—7 世紀的波斯薩珊王朝是金銀器興盛時代，傳入中國的金銀器陸續被考古發現，1981 年山西大同北魏封和突墓（504）出土薩珊銀盤，裝飾題材爲皇家狩獵者在蘆葦沼澤地執矛刺殺兩頭野豬②。近年刻有粟特文銘記的銀器不斷出土，西安鹿紋銀碗、内蒙猞猁紋銀盤、河北銀胡瓶均有波斯風格的紋飾③。與此同時，西方的金銀器也傳入中國，1988 年甘肅靖遠出土的希臘羅馬風格銀盤，周圍爲宙斯十二神，盤中間酒神巴卡斯持杖倚坐在雄獅背上，人物非常突出醒目。1983 年寧夏固原李賢墓（569）出土的銀壺瓶，瓶腹部錘揲出三組男女人物，表現的是希臘神話中帕里斯審判、掠奪海倫及回歸的故事，有人説屬於具有薩珊風格的中亞製品④，但考慮敦煌遺書 P.2613 號文書中稱爲"弗臨銀盞"，弗臨即拂菻，即來自羅馬拜占庭的銀盃，這就指明西方金銀器的輸入。

唐代是中國金銀器皿迅猛發展的時代，這與當時吸收外來文化有密切關係，西方的錘揲技術、半浮雕嵌貼技術等，都有啓發中國工匠學習的做法，所以不僅有外國的輸入品，還有中土仿製品，"胡漢交融"非常明顯。1970 年山西大同出土的海獸紋八曲銀洗，1975 年内蒙古敖漢旗出土胡人頭銀壺，都是薩珊波斯造型與紋飾。尤其是 1970 年西安何家村出土的唐代金銀器窖藏⑤，鎏金浮雕樂人八棱銀盃的西方藝術風格異常明確，而受

① 齊東方：《伊斯蘭玻璃與絲綢之路》，見《伊朗學在中國論文集》第三輯，北京大學出版社 2003 年版。
② 馬玉基：《大同市小站村花圪塔台北魏墓清理簡報》，《文物》1983 年第 8 期。
③ 孫機：《建國以來西方古器物在我國的發現與研究》，《仰觀集》，文物出版社 2012 年版，第 443 頁。
④ 羅豐：《北朝、隋唐時期的原州墓葬》，見《原州古墓集成》，文物出版社 1999 年版，第 19 頁。
⑤ 陝西歷史博物館：《花舞大唐春——何家村遺寶精粹》，文物出版社 2003 年版。

薩珊波斯—拜占庭式金銀器物形制的影響而製作的各種外來紋樣，例如海獸水波紋碗、鎏金雙獅紋碗、鎏金飛獅紋銀盒、雙翼馬首獨角神獸銀盒、靈芝角翼鹿銀盒、獨角異獸銀盒等等，頂部和底部中心均有猞猁、獅子、雙狐、角鹿、對雁、銜枝對孔雀等，周圍繞以麥穗紋圓框爲代表的"徽章式紋樣"，兼收了粟特、薩珊波斯、拜占庭的藝術風格。

八、宗教與傳播

綿延萬里的絲綢之路上，隨着商人、僧侶增多傳入中國的宗教分不同時期有佛教、景教、祆教、摩尼教等等。1989 年在阿富汗發現的阿育王法敕銘文證明阿育王時代佛教傳教綫路已經向中亞延伸，最早信仰佛教的西域胡人與印度南亞接壤，他們爲主導奉佛向外傳播，東漸傳入中原後也是以胡族爲僧侶。上世紀 20 年代漢魏故城遺址就出土佉盧文（貴霜帝國官方文字，被定名爲健陀羅語）題記井闌石，銘刻的題記記載着公元 179 至 190 年東漢末期佛教僧團在洛陽聚集受人敬重的狀況。1907 年敦煌出土粟特文信札第 2 號記錄了西晉末年"有一百名來自撒馬爾罕的粟特貴族，現居黎陽（今河南浚縣），他們遠離家鄉，孤獨在外。在□有四十二人"。雖然不知是否胡商，但聚落以西域禮俗會使奉佛胡人建立佛寺。梁釋僧祐《弘明集》卷十二記載晉人不奉佛事，"沙門徒衆，皆是諸胡"。所以早期佛教在中國的傳播，主要是在胡人聚居的市邑，高僧沙門也是外國人，而且他們與商人階層存在深刻聯繫[1]。佛教對中國的影響是多方面的，中國境內絲綢之路沿綫留下了諸多石窟與寺院遺址，深刻反映了南亞、中亞宗教文化的印痕。

祆教是公元前 6 世紀瑣羅亞斯德在波斯東部創立的善惡二元論宗教，後被定爲波斯國教，傳入中國稱爲祆教。4 世紀以後隨着入華粟特人增多和漢化，北魏時祆教已經在中土流傳，北齊時在各地設置"薩甫"官職管理祆教祭祀等活動。敦煌唐寫本殘卷《沙州伊州地志》記載了當地祆教繪有壁畫的寺廟。西安發現的北周安伽墓、史君墓[2]，山西太原發現的隋虞弘墓[3]，河南登封發現的隋安備墓[4]，都以淺浮雕刻繪了火壇以及人頭鳥身祭司點燃聖火的祭祀場景。

5 世紀在東羅馬帝國境內形成的基督教聶思脫里派，於 431 年在以弗所會議上被斥

---

[1] 季羨林：《商人與佛教》第 177—197 頁，見《季羨林文集》第 7 卷，江西教育出版社 1998 年版。

[2] 《西安北周安伽墓》圖版一五門額火壇，文物出版社，2003 年。《北周史君墓》祭司浮雕墓繪圖，文物出版社 2014 年版，第 88 頁。

[3] 《太原隋虞弘墓》槨座前壁浮雕下欄第三幅，文物出版社 2005 年版，第 134 頁。

[4] 葛承雍：《祆教聖火藝術的新發現——隋代安備墓文物新探》，《美術研究》2009 年第 3 期。《隋安備墓新出石刻圖像的粟特藝術》，《藝術史研究》第 12 輯，中山大學出版社 2010 年版。

爲異端後流亡波斯，貞觀九年（635）經中亞傳入唐長安，初稱大秦教或波斯教，後稱爲景教。20世紀初發現的敦煌文書中有漢文景教經典和10世紀前基督畫像，吐魯番也發現有敘利亞語、婆羅鉢語（中古波斯語）、粟特語和突厥語的福音書，景教寺院還殘存有宗教壁畫。除了最著名的建中二年（781）立於長安《大秦景教流行中國碑》，2006年又在洛陽發現了鐫刻十字架和景教經典的石頭經幢[1]。

波斯人摩尼於公元3世紀創始的摩尼教，糅合了瑣羅亞斯德教、基督教、佛教幾種説教。武周延載元年（694）摩尼教正式傳入中國，19世紀末至20世紀初摩尼教大量遺址遺物先後在吐魯番、敦煌以及歐亞其他地區出土，柏林博物館收藏的8—9世紀高昌回鶻舊址壁畫殘片和殘卷插圖，顯示了摩尼教善於借用各種形象來表達自己的教義，尤其是用日月象徵其追求的光明王國，戴著裝飾華麗高帽的摩尼像作爲頂禮膜拜的宣傳畫，也成爲透視摩尼教傳播的證據。1981年吐魯番柏孜克里克千佛洞發掘出用粟特文寫成的摩尼教經典寫本[2]，其中精美插圖已被國際學術界認可爲重要史料。

從波斯傳入的"三夷教"曾在中國流傳[3]，雖經唐朝廷打擊突然消失，但在中亞西域及各地仍存活演變，其殘跡遺痕和各種語言文獻的補正，使我們瞭解中西文化交流中宗教的影響之大，確是人類社會不可忽視的重要内容。

九、語言與文書

百餘年來絲綢之路沿綫出土的用各種不同語言和文字書寫的文獻，記錄了各種不同族群和不同文化相遇交流，也使古代世界通過語言資訊互相傳遞，僅就從目前吐魯番出土的文物來看，當時至少使用過18種文字、25種語言，多民族、多宗教的文化在這裏匯聚交融。19世紀末至20世紀初，西方考古探險家在新疆發現用吐火羅語與婆羅謎文約爲400年以前至1000年，從宗教文學作品到世俗文書涉及種種史地難題。4—10世紀的于闐語文獻，證實了説東伊朗語的塞人部族曾在和闐綠洲定居，建立了于闐王國。2—5世紀時，用佉盧文書寫的俗語成爲鄯善國的官方語言，和闐、尼雅、樓蘭、巴楚、庫車、吐魯番等古遺址都發現有佉盧文寫本及殘片[4]。

自漢代以來新疆歷代長期使用漢語，現存大量漢語文書、經卷、碑銘等均爲物證，還

---

[1] 葛承雍主編：《景教遺珍——洛陽新出景教經幢》，文物出版社2009年版。
[2] 柳洪亮主編：《吐魯番新出摩尼教文獻研究》彩色圖版，文物出版社2000年版。
[3] 林悟殊：《唐代三夷教的社會走向》，見《中古三夷教辨證》，中華書局2005年版。
[4] 徐文堪：《略論古代西域的語言和文字》，見《語言背後的歷史——西域古典語言學高峰論壇論文集》，上海古籍出版社2012年版，第229頁。

有漢語與其他語文合璧的文書，證明語言的雙向交流絕非虚言。7—8世紀吐蕃一度統治西域，大批藏文紙本文書存世，若羌、和闐還有數量頗多的吐蕃簡牘出土。説突厥語的回鶻人從9世紀中期分三支從蒙古高原西遷進入新疆，建立的高昌回鶻王國（約850—1250）留下了很多回鶻語文的書面文獻，不僅説明回鶻文成爲當時西域廣泛通行的語言之一，而且可知回鶻人當時掌握有多種語言文字。11世紀信仰伊斯蘭教的喀喇汗上層流行阿拉伯文，爲了減少民間使用的障礙，於是採用阿拉伯字母拼寫回鶻語形成維吾爾文，爲當地居民使用。

有些外來的語言曾在絲綢之路風行一時，西域寺院佛教經典多使用屬印度—雅利安語的梵語。往來於塔里木盆地各綠洲城邦的粟特人，他們已經商爲主，留下了屬東伊朗語的粟特語文獻，包括信件往來以及佛教、景教、摩尼教内容的文書。在高昌古遺址出土不少中古波斯語（缽羅婆語）和安息帕提亞語（Parthian）文書，以摩尼教文獻爲主。用希臘字母書寫的巴克特里亞語（Bactrian 大夏語）文獻也有發現。被稱爲"基督教圖書館"的近千件景教文獻在吐魯番盆地的葡萄溝出土，使用了粟特語、中古波斯語、敘利亞語等。甚至以希伯來文字書寫波斯語的文獻也有發現[1]。最近克孜爾石窟發現的古代龜兹語韻文題記，有被視爲短詩的文學作品。所以，中古時期來往於絲綢之路上商人、僧侶、居民、武士等等人物面臨着語言資訊接觸的多種影響，是研究多語言古代文獻的寶貴文化遺産。

十、藝術與歌舞

絲綢之路上各種藝術互爲交匯，門類繁多，一個世紀前由西方探險家在新疆、甘肅等地考古大發現，掠走了衆多藝術珍品，涉及石雕、彩陶、金銀銅器、壁畫、泥塑、木雕、木板畫等等，因而在海内外引起轟動。隨着中國學者對西域藝術研究的推動，察吾呼史前彩陶，康家石門子岩畫，草原動物紋樣，尼雅木雕藝術造型，草原突厥石人與鹿石，龜兹樂舞舍利盒等等出土文物都有了深入的探討[2]。

宗教石窟以佛教壁畫、彩塑爲代表，既有健陀羅的希臘風，也有世俗的漢風，"梵相胡式"和"西域樣式"深受外來藝術影響，于闐、龜兹、高昌、北庭、敦煌、麥積山、龍門等主要石窟寺院都留下了珍貴藝術遺産，從漢代到唐代壁畫的"遊絲描"、"鐵綫描"層

---

① 伊斯拉菲爾·玉蘇甫、安尼瓦爾·哈斯木：《新疆發現的古文字》，《絲路考古珍品》，上海譯文出版社1998年版。
② 周菁保：《絲綢之路藝術研究》，新疆人民出版社1994年版。仲高：《絲綢之路藝術研究》，新疆人民出版社2008年版。

出不窮,飛天的創新更是成爲天國的景象。即使吐蕃統治敦煌時期洞窟營建也有各國王子舉哀圖,反映了敦煌作爲絲路重鎮粟特藝術[①]。漢魏隋唐的墓葬壁畫隨着近年的不斷出土,已是異軍突起的藝術研究領域,著名的韋貴妃"胡人獻馬圖"、章懷太子"蕃客使節圖"、懿德太子"馴豹架鷹圖"等[②],以及"胡漢打馬球圖"、"胡人樂舞圖"等等都是反映中外文化交流的傑作(圖十九)。太原北齊婁睿墓出土壁畫"商旅駝運圖"、洛陽唐墓"胡商駝隊圖"都是絲綢之路上真實記錄。

張騫通西域後,沿絲綢之路進入中國的雜技幻人開闢了新的世界,史書記載了眩人、幻人表演的西域各種幻術,《魏略·西戎傳》記錄:大秦國"俗多奇幻,口中出火,自縛自解,跳十二丸,巧妙非常"。河南新野和山東嘉祥的漢代畫像磚上都有高鼻深目戴尖頂帽的胡人口吐火焰的形象。甘肅慶城唐穆泰墓出土的胡人雜戲俑,清晰地展現了當時的外來藝人表演狀況[③]。

西域樂舞對中國文化的影響非常廣泛,漢代傳入的《摩訶兜勒》和"胡角橫吹"促進漢樂府更造新聲,隋唐"胡樂新聲"越發融會,不僅有白明達、康昆侖、曹妙達、安叱奴、米嘉榮等昭武九姓世代樂工,而且最著名的龜兹樂從4世紀晚期傳入後涼、北魏後,在北方各地廣泛流行。隋代九部樂中有五部屬於西域樂,唐代十部樂中天竺、西涼、龜兹、安國、疏勒、高昌、康國等占了七部,蘇摩遮、獅子舞、胡騰舞、胡旋舞等西域舞蹈異常流行。敦煌壁畫中有大量樂舞伎藝術形象[④],寧夏出土的胡旋舞門石,西安出土胡旋舞壁畫,都從圖像、遺物、詩歌幾個角度印證了絲綢之路上曾流行的樂舞文化。

十一、天文與醫學

天文算學是絲綢之路上傳入中國最重要的科技成果之一,唐代曆法深受天竺瞿曇、矩摩羅、迦葉三家的影響,印度天文學家瞿曇羅、瞿曇悉達、瞿曇撰世代曾任司天監太史令,在唐司天臺工作一百多年。唐朝幾度修曆基本不脫離印度天文曆法,瞿曇羅於唐高宗時進《經緯曆法》9卷,武則天時又作《光宅曆》。特別是開元九年(718)瞿曇悉達譯出《九執曆》(九曜曆),對唐代以及後世天文曆算影響深遠[⑤]。《隋書·經籍志》著錄的印度天文類《婆羅門天文經》等及曆算類《婆羅門演算法》等甚至影響到民間占星術,

---

① 沙武田:《吐蕃統治時期敦煌石窟研究》,中國社會科學出版社2013年,第209頁。
② 《章懷太子墓壁畫》第42頁,《懿德太子墓壁畫》第31頁,文物出版社2002年版。
③ 慶陽市博物館、慶城縣博物館:《甘肅慶城唐代遊擊將軍穆泰墓》,《文物》2008年第3期。
④ 史葦湘:《敦煌歷史與莫高窟藝術研究》,甘肅教育出版社2002年版。
⑤ 薛克翹:《中國印度文化交流史》,"瞿曇家族的貢獻",昆侖出版社2007年版,第200頁。

胡名、波斯名、梵名的混合使用反映了天文曆算交流的廣闊天地。

1970 年西安何家村出土的唐代窖藏中，有丹砂、鐘乳石、紫石英、白石英、琥珀、頗黎（玻璃）、金屑、密陀僧、珊瑚等 9 種醫藥，多與貴族養生有關，但其中的舶來品説明當時外來藥物傳入與流行[①]。據美國學者謝弗研究，中古時代外來藥物在中國大量出現，印度傳入的質汗藥、乾陀木皮、郁金等，拂林傳入的底也迦，西亞傳入的胡桐樹脂、安息香等，波斯傳入的蘆薈、皂莢、胡黃連等，阿拉伯傳入的没藥、乳香、阿勃參等[②]。因而唐朝出現鄭虔《胡本草》、李珣《海藥本草》、印度《龍樹菩薩藥方》、《婆羅門藥方》等專門介紹外來醫藥著作，對隋唐“藥王”孫思邈産生過很大影響，當時“胡方”流傳東漸成爲一種傳奇[③]。

外來醫學中最著名的還有眼科醫術，杜環《經行記》記録大秦醫生善醫眼疾。唐高宗晚年“目不能視”，給他醫治眼疾的秦鶴鳴就是來自大秦的景教醫師[④]。《全唐文》卷七〇三記載太和四年（830）李德裕在成都時被南詔俘掠走“眼醫大秦僧一人”。給唐玄宗兄李憲療疾的僧崇一、爲鑒真和尚治療眼疾的“胡醫”，都是外來醫生。印度的外科手術治療在 5 世紀時已經相當成熟，眼科學《龍樹眼論》譯介傳入中國，介紹了 722 種醫治眼疾的方法，對唐代《治目方》影響很大，唐詩中有不少反映印度以金篦術治療白内障的讚美詩句，白居易《眼病》、劉禹錫《贈眼醫婆羅門僧》等都印證了印度醫師在華活動的軌跡。

十二、動物與植物

絲綢之路上外來貢品五光十色，有的雖不算商品貿易，但“異方寶貨”引人注目。史書記載中亞諸國多次進貢獅子、名馬、駱駝、名犬、鴕鳥、獵豹等等珍禽異獸，反映了特殊貢品的複雜性與多樣性。

漢唐之際狩獵廣泛流行於上層貴族階級，是身份、地位和榮譽的象徵之一，鷹隼獵豹猞猁等馴化動物幫助貴族狩獵成爲一項重要活動，我們在西安金鄉縣主墓出土的整套陶俑上可看到胡人獵師攜帶獵豹、手舉獵隼的形象[⑤]。張廣達先生提供了唐代貴族使用中亞

① 耿鑒庭：《西安南郊唐代窖藏裏的醫藥文物》，《文物》1972 年第 6 期。
② 謝弗著、吴玉貴譯：《唐代的外來文明》第 11 章藥物，中國社會科學出版社 1995 年版。
③ 陳明：《中古醫療與外來文化》第三章，北京大學出版社 2013 年版，第 224 頁。
④ 黄蘭蘭：《唐代秦鶴鳴爲景醫考》，《中山大學學報》2002 年第 5 期。
⑤ 西安市文物保護考古所：《唐金鄉縣主墓》圖版 75—80，文物出版社 2002 年版。

引入獵豹的文化傳播實例[①]。《舊唐書·西戎傳》記載唐武德七年（624）高昌王麴文泰貢獻一對雌雄高六寸、長尺餘的小狗，"性甚慧，能曳馬銜燭，云本出拂菻國。中國有拂菻狗，自此始也"。這種聰慧可愛的拂菻狗曾是希臘妓女和羅馬貴婦的寵物，引入唐朝後也倍受王公貴婦寵愛。1972 年吐魯番阿斯坦納唐代高昌古墓出土的黑色拂菻狗殘畫，描繪了兩個孩童抱狗嬉戲的場景。傳世的唐代周昉《簪花仕女圖》也描繪了拂菻狗在升平氣象下"拂地行"形象。蔡鴻生先生的《哈巴狗源流》解讀了這種西域引進新物種的演變[②]。

沿絲綢之路傳來的外來植物中，肉桂、胡椒、苜蓿、安石榴等奇花異果名目繁多，其中影響最大的是葡萄，《史記·大宛列傳》記載葡萄"漢使取其實來，於是天子始種苜蓿葡萄肥饒地。及天馬多，外國使來眾，則離宮別館盡種葡萄，苜蓿極望"。漢唐文物中有許多葡萄紋樣裝飾的精品，新疆民豐尼雅出土夾纈藍印花棉布上，有手持盛滿葡萄豐饒角的希臘女神；大同出土的北魏葡萄紋鎏金高足杯，北朝隋唐葡萄藤蔓紋飾石刻遍及各地，唐代的錦綾採用葡萄紋飾很普遍，海獸葡萄樣式銅鏡更是眾人皆知。其他像新疆營盤出土東漢石榴紋飾錦屬袍，唐代椰棗樹對獅紋錦，長沙窯流行的椰棗樹貼塑裝飾，都是西來植物深入中國的影響。

唐代海上貿易交通日益頻繁，宋代進入高潮，目前南海已出水的瓷器、石雕、銅錢等文物，時間涵蓋了南朝、唐、宋、元、明清，印證了早期文獻關於南海航路的記載。

在阿拉伯帝國阿拔斯朝（黑衣大食，750—1258）取代倭瑪亞王朝（白衣大食，661—750）之後，哈里發宣稱要展開貿易活動與遙遠的中國接觸。巴格達市場充滿了來自東方的貨物，阿拉伯學者賈希茲（al-Jahiz，776—868）編纂的《商務觀察》所列中國輸出到巴格達的有絲綢、瓷器、紙墨、馬鞍、劍、香料、麝香、貂皮、肉桂以及孔雀等等，絲綢中的高檔錦緞尤受歡迎。

盛唐天寶年間，廣州"江中有婆羅門、波斯、昆侖等船，不知其數；並載香藥、珍寶，積載如山。其舶深六、七丈。師子國、大石國、骨唐國、白蠻、赤蠻等往來居住，種類極多"[③]。波斯、阿拉伯商人從東南沿海深入長安，販賣香料、象牙、珠寶、藥材等，長沙窯瓷器一躍而上佔領了外銷市場的份額，1998 年在印尼海域發現的黑石號沉船，出水中國瓷器和金銀器多達 6 萬餘件。在印度、波斯灣、埃及等古港口都發現了中國的外銷瓷，是古代先民到達南海諸島以及轉手阿拉伯世界的明證，反映了當時海上貿易的多樣性。

---

① 張廣達：《唐代的獵豹——個文化傳播的實例》，《唐研究》第 7 卷，北京大學出版社 2001 年版。

② 蔡鴻生：《哈巴狗源流》，見《中外交流史事考述》，大象出版社 2007 年版，第 163 頁。

③ 真人元開撰、汪向榮校注：《唐大和上東征傳》，中華書局 1979 年版。

多年來，絲綢之路的經典形象早已留駐在各國人民的腦海中，在中國記憶中，從漢代以來"胡人"的外來民族形象已經遍及石刻、陶俑、壁畫、銅塑等等藝術品中[1]，一直到宋元仍不斷湧現[2]，大漠孤煙中駝鈴聲聲，長河落日下商旅嗚嗚，使我們不由想到唐朝詩人張籍《涼州詞》："邊城暮雨雁飛低，蘆筍初生漸欲齊。無數鈴聲遙過磧，應馱白練到安西。"[3]隨着絲路沿綫考古新發現不斷面世，提供和舉辦一次大型絲綢之路展覽無疑是非常必要的，人們可以從各類文物中體悟古代東西交通的交流，也從不同角度關注從歷史到現實的包容精神。

2014 年 6 月 22 日由中國、哈薩克斯坦和吉爾吉斯斯坦聯合申報的"絲綢之路：起始段和天山廊道的路網"被第 38 屆世界遺產大會宣佈列入世界遺產名録，但是 33 處遺産點（中國境内 22 處）遠遠不能代表整個絲綢之路沿綫所呈現的文明，例如波斯人既喜歡希臘的藝術創作，又引進中國的獨特技術，没有伊朗匯入絲綢之路文化遺産顯然有缺環。又例如土耳其是歐亞大陸交匯地區和絲綢之路重要節點，穿越時空缺少它的遺産聯合申報也不完善。作爲中外文明交流歷來是兩種趨勢：有衝突、矛盾、疑惑、拒絕；更多是學習、消化、融合、創新。前者以政治、民族爲主，後者以文化、生活爲主。

從更廣闊的背景看，在絲綢之路交流史上，中國境内無疑是一個以世界文明交匯爲坐標、以民族多元文化爲本位的地域，是一個文明共存之地。二千多年來，驛站網路暢通，商人積極轉輸，商品種類豐富，宗教信仰傳入，移民聚落增多，互通婚姻融化，可以説最初的商業世界早已變成了各民族文明延伸的長廊，經過碰撞、交鋒、包容最後走向融合、多彩，這是人類文明的基本框架和理想樣貌，人類一切文明都因交流互通而共融，因包容互鑒才有轉化發展的動力。

絲綢之路帶來的多元文明，啓迪人類世界只有互動交流，百川歸海，匯聚輻射，纔能延綿不斷，既融入整個文明世界，又進入更高的文明時代。

2014 年 9 月 1 日星期一初稿

---

① 鄭岩：《漢代藝術中的胡人形象》，《藝術史研究》第 1 輯，中山大學出版社，1999 年。
② 葛承雍：《元代出土胡人形象俑研究》，《文物》2014 年第 10 期。
③ 張籍：《涼州詞三首》，《全唐詩》卷 386，中華書局 1960 年版，第 4357 頁。

西京籌備委員會的古跡調查
——附談《西京附近各縣名勝古跡略圖》

劉　瑞*

提　要

　　西安是我國歷史最悠久的古都所在,名勝古跡甚多。"一·二八"事變後國民政府決定在西安建設陪都,名爲"西京",開展了較長時間的建設。在西京籌備委員會的各項事務中,因"文化關係國本",於是古跡調查成爲一項具有振奮民族精神的重要事業列入西京籌備委員會的工作之中。本文通過現存檔案資料,較粗略的梳理了西京籌備委員會的古跡調查過程,指出其古跡調查在時間上雖大體與西京籌備委員會的存在相始終,但最主要的古跡調查集中開展在全面抗戰發生之前。並初步揭示了中國社會科學院考古研究所藏《西京附近各縣名勝古跡略圖》的內容和價值,但限於條件,尚有若干與其相關的問題只能留待日後解決。

關鍵詞

　　西京籌備委員會　古跡調查　《西京附近各縣名勝古跡略圖》

　　今天陝西省省會所在地的西安,不僅是我國歷史最悠久的古都所在地,而且更是歷史上最著名朝代周秦漢唐的都城所在,"粤自成周而後,以迄秦、漢、唐,代建國都,是以名勝躅名從,甲於他省"[①]。正因於此,歷代學者對長安附近名勝史跡的考察與追尋一直興盛不衰,"凡夫城郭宮室之鉅麗,市井風物之阜繁,高山大川之奇麗而雄偉,其遺聞古跡流傳最多,故學士大夫每加收集。自《關中記》、《三輔黄圖》以下,如宋敏求《長安志》、呂大防《長安志圖》、程大昌《雍錄》、無名氏《華山記》、李好問《長安志圖》、伍福、馬理《陝西通志》、何景純《雍大記》、南軒《關中文獻志》之類,幾及數十家"[②]。這樣歷代學者通過開展大量文獻考索、或多或少的實地踏查後所形成的各種反映故都名勝的文字及圖像,就散見於各種專著、方志及論述之中,不僅對今天學者探古尋幽、舒揚古風有重要作用,

---

*　**作者簡介**:劉瑞,中國社會科學院考古研究所研究員。

①　畢沅:《奏進〈關中勝跡圖志〉原疏》,《關中勝跡圖志》,三秦出版社 2004 年版,第 3 頁。

②　紀昀、陸錫熊、孫士毅:《〈關中勝跡圖志〉四庫全書館臣案》,《關中勝跡圖志》,三秦出版社 2004 年版,第 4 頁。

而且對探尋古跡位置、開展考古工作也具有着較爲重要的指示作用。雖然多數的前人成果往往存在 "體例不同,未免純駁互見" 的問題①,而名勝圖更往往繪製的比例失當,但如將這些問題放在特定歷史環境中淡化並審慎鑒別、分析得失優劣,在去蕪存菁後,很多學術史上的重要問題或許在其中就可以揭示許多,焕然彰顯,成爲我們今天探幽訪勝的重要路標。

2011 年,中國社會科學院考古研究所與西安市文物保護考古所在原阿房宫考古隊的基礎上組建阿房宫與上林苑考古隊,開始對相關遺存開展考古工作。在各種文獻中均載上林廣大,非同尋常。如《漢書·揚雄列傳》載:"武帝廣開上林,南至宜春、鼎胡、御宿、昆吾,旁南山而西,至長揚、五柞,北繞黄山,瀕渭而東,周袤數百里。穿昆明象滇河,營建章、鳳闕、神明、駊娑,漸台、泰液象海水周流方丈、瀛洲、蓬萊。遊觀侈靡,窮妙極麗。" 東漢班固《西都賦》並指出上林苑 "繚以周牆,四百餘里",張衡《西京賦》也説 "上林禁苑,跨谷彌阜。東至鼎湖,邪界細柳。掩長楊而聯五柞,繞黄山而款牛首。繚垣綿聯,四百餘里。" 因此在過去没有發現任何上林苑垣牆的情況下,我們只能在比 "四百餘里" 的範圍更加廣闊的區域中尋找、確認一座座可能是上林苑建築的宮觀、池沼——這無疑是一項極具挑戰的工作。而要確認哪些遺存爲上林苑所屬,則充分收集和使用前人成果就成爲我們的必然選擇——我們也認識到前人工作既可能使我們事半功倍也可能使我們誤入歧途。這樣在進行阿房宫與上林苑考古地理資訊系統建設的過程中,我們就有針對性地收集起了一批與上林苑相關的西安勝跡圖,並在有關地圖中陸續發現了一些過去爲人所忽略的在學術史上有較大意義的問題。藉此機會,我想略微闡揚一下向來極少有人論及的西京籌備委員會古跡調查及其繪製印刷的《西京附近各縣名勝古跡略圖》,不當處望賢者校正。

一、西京籌備委員會的古跡調查

1932 年 1 月 28 日,日軍侵略上海。1 月 30 日,國民政府主席林森、行政院長汪兆銘通電 "決定移駐洛陽辦公"②。3 月,國民黨中常會決定以洛陽爲行都,而 "陪都之設定,在歷史地理及國家將來需要上,終以長安爲宜,請定名爲'西京',並由中央特派專員擔

---

① 紀昀、陸錫熊、孫士毅:《〈關中勝跡圖志〉四庫全書館臣案》,《關中勝跡圖志》,第 4 頁。
② 《國民政府移洛辦公宣言》(民國二十一年一月三十日),西安市檔案局、西安市檔案館,《籌建西京陪都檔案史料選輯》,西北大學出版社 1994 年版,第 2 頁。

二一、編纂西京指南

二〇、調查名勝古跡

十九、西北各方社會調查

十八、西北各省經濟調查

十七、農村經濟

任籌備"①。隨着西京籌備組織結構的陸續搭建,陪都建設的各項籌備工作日益展開。在西京籌備委員會開展工作前,即有劉姓委員提出"保存陝西古物"②,而在《西京籌備委員會工作大綱》所列的二十一項工作内容中,第二十項即爲"調查名勝古跡"③。

與此相應,在西京籌備委員會的組織機構中,秘書處下設有文物組,"主管保護發揚文物古跡文物等文化事業",科員"分別擔任撰擬、調查該管工作之推進","每週應將工作情形報告於業務會議"④。其調查"有關於社會文化者,有關於名勝古跡者,或以照相攝取其真跡;或以書面記述其要點,復以專志之足供參考者,則摘録之以備實際之調查……"。從目前公開可見的相關資料及西京籌備委員會的工作報告看,其開展的古跡調查工作大體有以下數項:

1. 據民國二十一年七月至二十二年六月的周年報告,在西京籌備委員會完成的八項"調查與編輯"工作中,與古跡調查相關者有"名勝古跡照片八十餘張、西京名勝古跡志"兩項⑤。

2. 民國二十一年六月二十四日陳光垚隨西京籌備委員會委員長張繼(溥泉)到西安赴任,"意欲調查陝西最近之一切情形,藉供籌備陪都之參考",張繼囑其"作一《西京古跡之調查》"⑥,之後其"就余個人數月來先後所抄零文八篇"及其他附録,合成《西京之

① 《國民黨中常會提議以洛陽爲行都、以長安爲陪都案》(民國二十一年三月),西安市檔案局、西安市檔案館,《籌建西京陪都檔案史料選輯》,西北大學出版社1994年版,第3頁。
② 《西京籌備委員會第一次談話會記録》(民國二十一年三月),西安市檔案局、西安市檔案館,《籌建西京陪都檔案史料選輯》,第151—153頁。
③ 《西京籌備委員會第一次談話會記録》(民國二十一年三月),西安市檔案局、西安市檔案館,《籌建西京陪都檔案史料選輯》,第151—153頁。
④ 《修正西京籌備委員會秘書處辦事規則》(民國三十二年八月),西安市檔案局、西安市檔案館,《籌建西京陪都檔案史料選輯》,西北大學出版社1994年版,第19—24頁。
⑤ 《西京籌備委員會成立周年報告》(節録),西安市檔案局、西安市檔案館,《籌建西京陪都檔案史料選輯》,西北大學出版社1994年版,第154—163頁。
⑥ 陳光垚,《西京之現狀》,西京籌備委員會民國二十二年十一月版。

現狀》,其中第二篇即爲"西安之名勝古跡"。該篇分省城内、東門外、南門外、西門外、北門外等五個區域,將西安古跡略微記述"共六十八項","然各項中多有一二附屬之事,若合而計之,則本文所述各名勝古跡之屬,當約在百項以上(西安之北多古陵墓,西安之南多古寺廟)。"

3. 據民國二十二年七月至二十三年二月年度報告,西京籌備委員會的古跡調查工作,在"南山採訪"後"得古碑拓片六十二種,古代文物十四種",在"臨潼調查"得"古物"有磚、瓦、碗、碟、鬼灶等 16 種 522 件,在"十里鋪、北關一帶調查"得"古物"有瓶、壇、鬼灶、灶甑等 13 種 53 件。並開展"西安附近古跡調查",指出"派專委員先自西京附近開始調查,在城内外已查有多處,大著如大明宮、太極宮、興慶宮,等等;但現傳古跡時有非原地者,如董仲舒墓、迎祥觀等,是將來考證解決,非整個查過方能致力也"。除完成"系搜集西安、長安、咸寧等各府縣志之關於名勝古跡者"的《西京名勝古跡》的編輯工作外,還"告竣"《西京考》,"是書考究西京文物,内分沿革、形勝、名山、大川、城郭、宮室、苑囿七章",並"續加陵墓、寺宇、道路、人物、經籍、金石六章,在編輯中"[1]。

4. 據民國二十四年十一月至二十七年三月工作報告,西京籌備委員會未載調查工作,但在測量工作下載,其"於二十四、二十五兩年内先後繪製西京勝跡圖一幅、關中勝跡圖一幅。前圖限於市郊、已經出版;後圖及關中全區,墨繪已成"[2]。

5. 據民國二十九年六月完成的西京籌備委員會工作概況,在民國二十一年四月至二十六年六月間完成的"文化事業"下,與古跡調查相關者列於"調查編譯",有"1. 調查各名勝古跡。2, 查出土古物……7. 出版訪古叢稿……10. 出版各種調查報告、各種古

(3) (2) (1)

漢城王作事項、

此區古蹟与道路已植樹者宜加力栽植

此區於漢城以北並清水之濱是否尚有古蹟當加意搜尋

此區地下蘊藏之墨蹟及凡古物出土不論殘整宜收集

---

[1] 《西京籌備委員會工作報告(民國二十二年七月至二十三年二月)》(節錄),西安市檔案局、西安市檔案館,《籌建西京陪都檔案史料選輯》,西北大學出版社 1994 年版,第 163—171 頁。

[2] 《西京籌備委員會工作報告(民國二十四年十一月至二十七年三月)》,西安市檔案局、西安市檔案館,《籌建西京陪都檔案史料選輯》,西北大學出版社 1994 年版,第 183—188 頁。

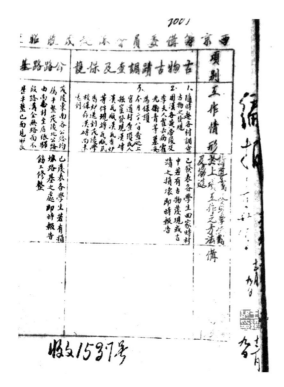

跡名勝照片等"。但由於日軍侵華,在民國二十六年七月至二十八年十二月間的"文化事業"下未載任何古跡調查。但到民國二十九年一月至五月,"調查古跡"事業重啓。"派有訪查專員分赴各處調查,頗有發現,並已在各有名古跡處設立標誌,以供遊覽西京者識別。其名稱有如下列:隋唐曲江遺址、唐大明宮、苻堅宮城、石渠閣、阿房宮、漢龍台等七十三處。"①

6. 據民國二十六年七月至二十九年十二月的抗戰以來工作概況,其"調查古跡"除前述工作外,還"又在樊川新村調查,獲六朝石刻釋迦摩尼佛像三尊;在水壕村查獲漢墓,掘出瓦雞、泉幣等物;在南樊村觀音寺內查見宋朝永和年間壁畫"②。

7. 民國三十年西京籌備委員會在《漢城工作事項》中提出"此區於漢城以北至渭水之濱是否尚有古跡,當加意搜尋";在《昭陵工作事項》中提出"先調查上山下山所存唐代石碑、石刻共有若干且近某村,按位置注於禮泉地圖上";在《茂陵工作事項》中提出"咸陽原上之周及漢唐各陵,宜詳細調查,辨其確否,以爲讀史之助"③。

8. 據民國三十年十一月至三十一年五月工作報告,西京籌備委員會"於昭陵、茂陵等處,派有人員,調查該地古跡;各該小學教職員,於課暇亦均從事於古跡、文物之訪查,遇有古代磚瓦、器物等,均隨時攜校保存,以供研究","本會調查人員,會同教育部藝術文物考察團,在西京東郭門外滻橋鄉第七保,發現唐代碑頭一具,雕刻精美,爲關中現有唐碑中所僅見,具有歷史及藝術上之重大價值。又查該地附近有唐代經幢一具,均被風

① 《西京籌備委員會工作概況(民國二十九年六月)》,西安市檔案局、西安市檔案館,《籌建西京陪都檔案史料選輯》,西北大學出版社 1994 年版,第 196—209 頁。
② 《西京籌備委員會抗戰以來工作概況(民國二十六年七月至二十九年十二月)》,西安市檔案局、西安市檔案館,《籌建西京陪都檔案史料選輯》,西北大學出版社 1994 年版,第 209—216 頁。
③ 《西京籌備委員會各工作事項(民國三十年)》,西安市檔案局、西安市檔案館,《籌建西京陪都檔案史料選輯》,西北大學出版社 1994 年版,第 223—226 頁。

雨剝蝕,本會據報後,即函長安縣府設法運往碑林保存"[1]。

9. 據民國三十一年十一月至三十二年八月工作報告,西京籌備委員會除了對各古跡、宮城、陵墓前所遺失毀壞的木樁標誌進行重置外,還"由西安城東郊中山門外義地內,查得唐代石幢大小兩段,經字完整,均移置會內保存",並"有西安城西郊崇仁寺前,查得唐代殘碑兩塊,交該寺住持僧保存","在西安城南殘土內,查的古磚一方,上有'千佛寺'三字,交本會保存","由西安城南十五里東江村北,發現古磚兩塊,上有古代隸字,交本會保存","教育部藝術文物考察團來陝,與本會共同調查漢唐各陵墓,並拓石刻文字,製造美術模型,准於本年九月初出發"[2]。

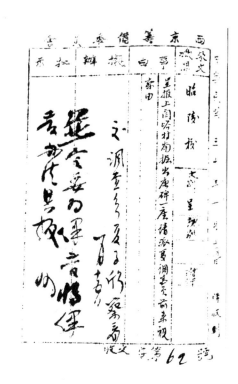

10. 據民國三十二年九月至三十三年四月工作報告,西京籌備委員會在"省城內騾馬市發現六朝佛座上有文字、綫條、花紋、人物、花草,用采得殘石換得,送交碑林保管","由四朝路口近鄉間,查得唐代石刻上有陀羅尼經,石刻字跡甚佳,送往碑林保存","教育部藝術文物考察團由甘來陝,與本會共同調查。先由唐陵入手工作,……計測繪唐簡□□□件,攝影四十八件,拓片二十八件,寫生畫十八件,均□□□□□幅,妥爲保存,其餘工作繼續辦理。"[3]

大體而言,西京籌備委員會的古跡調查有着以下特點:

一,西京籌備委員會開展的古跡調查有着一貫明確的調查目的。"名勝古跡之保存與表揚,民族謁陵之規定,大之所以振發民族精神,小之所以號召後之來者,而亦所以增益西京歷史文化的價值"[4],"文化爲民族精神之表現,其興衰動關國家之興亡,故特別重於

---

① 《西京籌備委員會工作報告(民國三十年十一月至三十一年五月)》,西安市檔案局、西安市檔案館,《籌建西京陪都檔案史料選輯》,西北大學出版社 1994 年版,第 226—229 頁。

② 《西京籌備委員會工作報告(民國三十一年十一月至三十二年八月)》,西安市檔案局、西安市檔案館,《籌建西京陪都檔案史料選輯》,西北大學出版社 1994 年版,第 229—233 頁。

③ 《西京籌備委員會工作報告(民國三十二年九月至三十三年四月)》,西安市檔案局、西安市檔案館,《籌建西京陪都檔案史料選輯》,西北大學出版社 1994 年版,第 233—237 頁。

④ 《西京籌備委員會成立周年報告》(節錄),西安市檔案局、西安市檔案館,《籌建西京陪都檔案史料選輯》,西北大學出版社 1994 年版,第 154—163 頁。

此項工作"①,"文化關係國本"②。而正因於此,在西京籌備委員會的相關工作事項中,就明確提出"凡遇於文物有關之事,不論何物,皆宜注意"③。其擁有如此明確的調查目的,一方面與前述國民政府選定西安爲陪都的依據直接相關——"至於陪都之設定,在歷史地理及國家將來需要上,終以長安爲宜",因此通過調查發揚西京的歷史地理地位就名正言順;一方面也與當時日軍侵華,國難日重,急需從各方面闡揚文化增加民族凝聚力有關。此外,也應與主事者們的强烈文物意識息息相關。如作爲西京籌備委員會委員長的張繼,"生平極好研究古代文物,對於關中名勝古跡金石等物尤深讚賞"④,在擔任委員長期間"於陪都規模,若清理地籍、營造街衢、保存古跡,修建先聖先賢祠墓,終其任弗絶。復請重修列代陵廟,自黄帝橋陵以迄唐昭陵,咸請政府修繕,以伸民族意識,並請建武功姜嫄廟、后稷教稼臺,以昌農事。又發起每年清明致祭黄帝陵,揭萬物本天人本祖之大義,以激勵民族之正氣……⑤"在現存的與文物相關的西京籌備委員會檔案中,有大量文書均由張繼簽署甚至起草而來。而除張繼之外,各從事調查的專門委員也多素有學養,對文化古跡調查和保護傾注了大量精力。

二,西京籌備委員會的古跡調查在時間上雖與西京籌備委員會的存在相始終,但最主要的古跡調查集中開展在全面抗戰發生之前。盧溝橋事變後,由於"七·七事變暴發,我對倭寇全面抗戰,因此中央減縮經費。本會經費自是年九月起一度緊縮爲七成,自二十七年三月起,再度緊縮爲五成,而猶大部分未能領到",以致"工作多爲維持已往之建設,使不至於因時局影響而有廢墜;一方面在人員疏散及物價高漲之情況下,仍努力於有關國防之建設"⑥,故在從民國二十六年七月至二十八年十二月的兩年半時間里,未開展古跡調查。直到民國二十九年,在"經請撥昔所結餘經費,或由其他機關補助,以從事新的工作"的情況下,古跡調查才重新開始。但從前引工作報告看,在該年一至五月間所進行的"調查古跡"工作,雖講"分赴各處調查,頗有發現",但語焉不詳,如同敷衍。而其較具體羅列的在七十三處遺址"樹立標誌"的動作,其實與調查古跡關係不大,充

① 《西京籌備委員會工作概況(民國二十九年六月)》,西安市檔案局、西安市檔案館,《籌建西京陪都檔案史料選輯》,西北大學出版社 1994 年版,第 196—209 頁。
② 《西京籌備委員會工作報告(民國二十四年十一月至二十七年三月)》,西安市檔案局、西安市檔案館,《籌建西京陪都檔案史料選輯》,西北大學出版社 1994 年版,第 183—188 頁。
③ 《西京籌備委員會各工作事項(民國三十年)》,西安市檔案局、西安市檔案館,《籌建西京陪都檔案史料選輯》,西北大學出版社 1994 年版,第 223—226 頁。
④ 陳光垚:《西京之現狀》,西京籌備委員會民國二十二年十一月版。
⑤ 《滄州張溥泉先生事略(節選)》,西安市檔案局、西安市檔案館,《籌建西京陪都檔案史料選輯》,西北大學出版社 1994 年版,第 237 頁。
⑥ 《西京籌備委員會工作概況(民國二十九年六月)》,西安市檔案局、西安市檔案館,《籌建西京陪都檔案史料選輯》,西北大學出版社 1994 年版,第 196—209 頁。

其量只能算是對既有古跡的保護,"以供遊覽西京者識别"而已。從此後歷年的工作報告看,所羅列的"調查古跡"内容,多都是諸如"在樊川新村調查,獲六朝石刻釋迦摩尼佛像三尊;在水壕村查獲漢墓,掘出瓦鷄、泉幣等物;在南樊村觀音寺内查見宋朝永和年間壁畫"等等簡單的文物採集,與古跡調查的關係其實很小。從西安所處的古都地位和地下地上的豐富文物藴藏看,前述工作報告中"調查古跡"下羅列的這些工作收穫的數量和意義其實都甚爲微小,而工作報告依然將其一一列舉的舉動本身,充分説明到抗戰開始後,西京籌備委員會的古跡調查工作早已名存實亡。

三,西京籌備委員會古跡調查的範圍,空間上以西京爲中心開展,同時向周圍延伸至臨潼、鄠縣、藍田、咸陽、盩厔等周圍郊縣,除對漢武帝茂陵、唐太宗昭陵的調查甚爲全面外,在其他各縣的調查總體而言要較爲粗略很多。從時間看,在抗戰開始之前的古跡調查範圍甚廣,而之後的調查則基本上都局限在西京城内或近郊地區。

二、《西京附近各縣名勝古跡略圖》

《西京附近各縣名勝古跡略圖》今藏中國社會科學院考古研究所,爲 1950 年代徐旭生先生轉售。該圖圖底爲藍色,以白色綫條繪製相關内容,比例尺爲十二萬五千分之一,由西京籌備委員會技術室測繪郭通文繪,鄭士彦審核,民國二十二年三月二十七日印製,無圖例,印數不詳。

從考古所藏《西京附近各縣名勝古跡略圖》看,其繪製的範圍,是以西京所在的長安縣、西京市爲中心,由西北角開始順時針還繪製了涇陽、高陵、臨潼、藍田、鄠縣、咸陽等 6 縣。北至中白渠,南至秦嶺,東至鐵爐鎮、屏風鎮,西至澇店鎮、驛張店。在將其校對後置於上林苑考古資訊系統中後測量,其所繪地物的範圍,大約東西長 88946、南北寬71933 米,面積約 6398.152 平方公里。

一、繪製内容

從《西京附近各縣名勝古跡略圖》的内容看,該圖中除作爲底圖所需的河流、山脈、重要的道路、城鎮、鄉村名稱外,繪製了人文名勝古跡和自然形勝 2 類 8 種名勝古跡 151處,其中人文名勝古跡占絶大多數。

（一） 人文名勝古跡

該圖中所繪的人文名勝古跡,大體包括城址、宫殿、寺廟、橋渠亭塔臺、池沼苑囿、陵墓及其他等 7 種 146 處:

1. 城址，共 8 處。包括都城 6 個，涵蓋了在西安先後建都的周秦漢唐四朝都城，此外還有其他城邑 2 個：

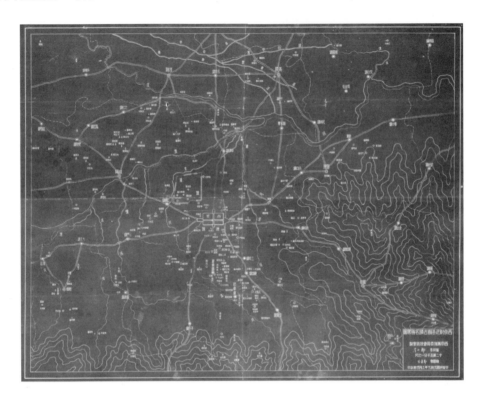

鎬京、豐邑、秦咸陽宮、芷陽、漢城、唐城、麗戎故城、陰盤城

2. 宮殿，共 7 處。時代以秦漢爲主：

望夷宮、咸陽宮、建章宮、長樂宮、未央宮、華清宮、濛溪宮

3. 寺廟，共 15 座：

鹿苑寺、草堂寺、觀音廟、興教寺、嘉午台、香積寺、華嚴寺、牛頭寺、太安寺、莊嚴寺、青龍寺、興善寺、千富寺、崇仁寺、代王廟

4. 池沼苑囿別業，共 16 處。時代最早爲傳説中的華胥渚，下則周代、漢代、唐代均有。

池沼苑囿 10：

華胥渚、靈囿、靈沼、滮池、虎圈、博望苑、昆明池、渼池、定昆池、曲江池

別業 6：

廉頗泉園、輞川、牛僧孺郊居、逍遥公別業、趙氏別墅、宋家花園

5. 橋、渠、亭、塔、臺，共 21 處：

橋 3：西渭橋、中渭橋、北渭橋

渠 4：中白渠、舊中白渠、南幹渠、舊龜洞渠

亭 3：甘亭、亳亭、杜郵亭

塔 3：大雁塔、小雁塔、涇陽塔

臺 8：靈臺、釣魚臺、看花臺、造字臺、射雁臺、補天臺、瀛洲臺、送燈臺

6. 陵墓，共 73 座。時代範圍甚廣，包括：

（1）陵，包括周 9、秦 3、漢 12、隋 1、唐 1 及其他 3，共 29 座。

周代 9：王季陵、文王陵、武王陵、太公陵、康王陵、成王陵、共王陵、穆王陵、幽王陵

秦代 3：莊襄王陵、秦皇陵、二世陵

漢代 12：呂后陵、惠帝陵、霸陵、景帝陵、昭帝陵、杜陵、元帝陵、成帝陵、哀帝陵、平帝陵、少陵、南陵

隋代 1：恭帝陵

唐代 1：昭陵

其他 3：武后敬陵、陳后陵、賀太后陵

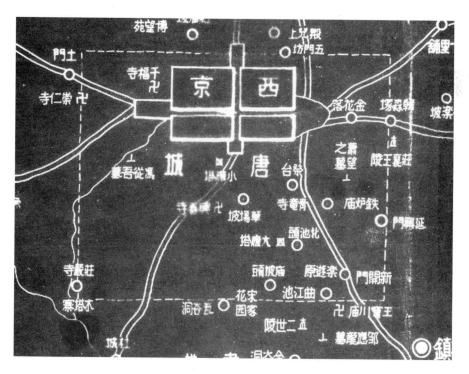

（2）墓，共 44 座，以漢代爲主。

周代 3：伯禽墓、周公墓、扁鵲墓

秦代 2：白起墓、里子墓

漢代 17：蕭何墓、韓信墓、曹參墓、周勃墓、霍去病墓、霍光墓、如意墓、張良墓、李廣墓、揚雄墓、張耳墓、婁敬墓、陳平墓、樊噲墓、蕭望之墓、戚夫人墓、晁太后墓

其他 22：李晟墓、姚萇墓、趙貞女墓、景丹墓、郭敬之墓、焦贊墓、杜如晦墓、杜牧墓、咸宜公主墓、蕭嵩墓、論弓仁墓、趙芬墓、杜伯墓、鄭昊墓、渾瑊墓、蕭灌墓、仇士高墓、顏師古墓、張勇墳、雙麟塚、馮從吾墓、唐靖泰太子墓

7. 其他，共 6 個，包括烽火樓、坑儒谷、大興湯院、織女石、巢閣、日月圜。

作爲早已難得一見的民國地圖，《西京附近各縣名勝古跡略圖》所收錄的各類人文勝跡，雖總體上與陳光垚在《西京之現狀》揭示的“西安之北多古陵墓，西安之南多古寺廟”格局近似，但具體而言，其與城南收錄的墓葬數量要遠高於《西京之現狀》。而使人感興趣的是，該圖中少數古跡的繪法，與後來的考古發現在很在程度上“不謀而合”——如其在“唐城”繪製中用虛綫繪出的唐長安外郭城就與考古機構的勘探結果大體吻合。

（二）自然名勝古跡：

自然名勝古跡數量甚少，僅有蓮花洞、南五臺、翠華山、圭峰山、碧仙洞等 5 處。

（三）地圖價值

作爲罕見的以名勝古跡爲名的民國西安專題地圖，在西安地圖史上具有重要地位。

首先，在將其校正並置於上林苑考古地理資訊系統，在同一坐標系中將其作爲背景，與 1970 年代形成的五萬分之一地圖的數位化成果開展比較，可見渭河、西安城牆及基本路網的格局均基本吻合，這就表明它的底圖基本應是經較精密測量的測繪圖。這是與過去我們常見的那些比例不明、遠近失誤較大的傳統名勝古跡圖的最大不同，在名勝古跡專題圖的歷史上應具有一席之地。

其次，由於其底圖經過較精確測量，因此在該圖中所出現的各名勝古跡的位置就相對準確很多，這樣就成了我們今天按圖索驥尋找那些在 80 餘年後消失古跡的重要綫索，爲後人尋找前人早已認定古跡位置的工作提供了很大方便，也爲考古學、歷史學的研究提供了可靠的階段性認識。

第三，通過該圖，我們還可以較清晰地瞭解到在上世紀 30 年代一些學者對西安“名勝古跡”的概念和認識。其實，就在《西京附近各縣名勝古跡略圖》成圖後不久，前述陳光垚的《西京之現狀》基本完成，並於同年底出版，其中即有與《西京附近各縣名勝古跡略圖》主題相似的《西安之名勝古跡》一節。由於目前我們尚未見到有關《西京附近各縣名勝古跡略圖》繪製背景的更多文字，因此可能通過與其同年的《西京之現狀》來略微分析一下當時人在名勝古跡上的認知差異。

陳光垚在《西京之現狀》的《西安之名勝古跡》一節中指出，“陝西之長安咸陽等處，

且爲中國首都長達八八七年之久，亦爲我國任何地方建都年代最久遠之地。所以西安一帶地方之古跡古物及名勝，實屬遍地皆是，不能枚舉。（若必以數目計之，則關中之古跡名勝，至少總有數萬處之多，至明清所造者尚不在其内。）吾人若欲一一論述，即另撰一數十萬言之專書，亦難盡其詳情已"，因此最後他"只好僅就西安城内及附近古跡名勝之最重要者，略言其大概情形"。而最終舉其要敘述者，"共六十八項，然各項中多有一二附屬之事，若合而計之，則本文所述之名勝古跡之總數，約在百項以上"。此外尚有"補遺表"，内有十七處名勝古跡。其所選古跡的範圍，"除西安本城外，東爲臨潼、渭南、華縣、華陰四縣，西爲咸陽、興平、武功、盩厔四縣，南爲鄠縣、藍田二縣，北爲涇陽、高陵、三原、富平、蒲城、同關、中部七縣。以上共計十七縣，東西南北之直徑，至遠不過四百里，而西安則正奠居其中。"因此從名勝古跡的所在範圍看，《西京附近各縣名勝古跡略圖》較陳光垚《西京之現狀》所記述的《西安之名勝古跡》明顯要略小一些，但其所關注名勝古跡的數量卻較之略多。其原因，一方面可能與《西安至名勝古跡》僅是作者的個人"所抄零文"，没有時間和精力一一親至有關——"以余一人負此重任，自非易事。現不得已，只好打消宏願，縮小範圍"；一方面則可能與不同學者所關注的名勝古跡不同有很大關係。而如深入分析一個特定時期内，不同學者群體對"名勝古跡"這同一問題的不同判斷的現象和原因，則可能會對今天加強保護和合理利用"名勝古跡"的工作提供較爲重要的借鑒作用。

三、與《西京附近各縣名勝古跡略圖》相關的幾個疑問

《西京附近各縣名勝古跡略圖》此前未見報道及研究，由於存世資料有限，目前尚存很多疑問待解。譬如：

1. 《西京附近各縣名勝古跡略圖》此前未見報道，經查詢目前僅在國家圖書館見有收藏。但據國圖登記資訊，其藏《西京附近各縣名勝古跡略圖》印刷於民國二十一年九月，由張長工編訂，不僅印刷時間比考古所藏《西京附近各縣名勝古跡略圖》早了半年左右，而且具體的負責人也與前述考古所藏《西京附近各縣名勝古跡略圖》完全不同。因國家圖書館輿圖組目前正值裝修，各項輿圖均已裝箱無法得見，所以究竟二者關係如何，尚待日後查驗後討論。

2. 在西安市檔案館中收藏有完成於 1934 年 4 月的詳細記述 1934 年 2 月之前西京籌備委員會開展測量工作的《西京籌備委員會技術工作報告》（稿）。在該工作報告的"描繪"部分，記述有其在民國二十二年至年底時間内，西京籌備委員會技術部門完成的"描

繪"工作：

《西京車站平面圖》、《西京北關溝道圖》、
《西京鐵路與車站總圖》、《西京附近名勝古跡
圖》、《西京籌備委員會測候所施工詳圖》、《西
京城關及市郊測量業務進行一覽圖》、《西京
籌備委員會廁所施工詳圖》、《西京市區萬分
之一圖根水準分佈圖》、《周陵三千分之一圖
根水準分佈圖》、《西京城關大地圖五千分之
一圖根水準分佈區》及其他關於西京市道路、
口口參考圖等九種，共十九種。

而讓人感到蹊蹺的是，在該檔案反映出
的民國二十二年西京籌備委員會"描繪"工
作中，並沒有現存世的中國社會科學院考古
研究所藏《西京附近各縣名勝古跡略圖》，而
其中出現的卻是一幅與其名稱近似的《西京
附近名勝古跡圖》，二者究竟是否一圖，目前
還無法確定。

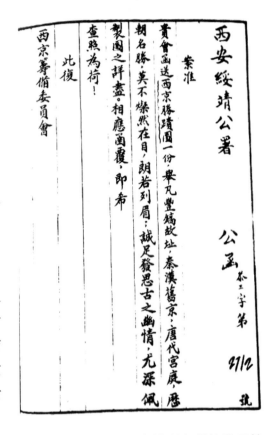

3. 西安市檔案館中收藏有民國二十四年九月西京籌備委員會向各機關各學校發函檢
送其所完成《西京勝跡圖》的公文底稿：

案查本會年來，為欲發揚西京歷代文化起見，對於名勝古跡，口口調查測量，曾繪
有《西京勝跡圖》，現已印製就緒，相應檢送一份，備函送請查收，並希教正見覆為荷。

同時還藏有大量獲贈圖單位給西京籌備委員會的致謝回函。如陝西省公安局回函稱：

貴處函送《西京勝跡圖》一份，測繪精密、印刷詳明，西京歷代文化，藉資發揚，
長安亙古積跡，瞭若指掌。披圖之餘，莫名敬佩。

陝西通志館回函稱：

貴會函送《西京勝跡圖》一份，調查美備，繪製精詳，洵足表關輔之宏規，闡西京

之文化，當即張諸明廳，藉資考鏡。

陝西省政府主席邵力子也回函稱：

> 大函惠贈《西京勝跡圖》一幅，發揚勝跡，裨益文化，至深欣佩。除留備考外，相應復謝，即希查照為荷。此致西京籌備委員會秘書處。

西安綏靖公署回函稱：

> 貴會函送《西京勝跡圖》一份，舉凡豐鎬故址、秦漢舊京、唐代宮廷、歷朝名勝，莫不燦然在目，郎若列眉。誠足發思古之幽情，尤深佩製圖之詳盡。

而在現存西京籌備委員會檔案中，恰尚未見有測繪《西京勝跡圖》的相關內容，而在大量的西京籌備委員會送圖檔案和獲贈地圖的回函中，卻僅見《西京勝跡圖》。因此現存檔案中顯示的民國二十四年印製《西京勝跡圖》，究竟是不是前述的《西京附近名勝古跡圖》（這種可能性很大），其與現存的《西京附近各縣名勝古跡略圖》是何關係等等的問題，目前也不得而知。

4. 西京籌備委員會檔案中，有西京籌備委員會於民國二十三年十一月二十七日擬好向陝西省測繪局函索《西京城關名勝古跡圖》的函稿，並有陝西省測繪局於十一月二十九日贈送 "《西京城關名勝古跡圖》一、二兩幅各一份" 的回函。從此函件看，陝西省測繪局曾繪製有 "《西京城關名勝古跡圖》一、二兩幅"，其與考古所藏《西京附近各縣名勝古跡略圖》究竟是何關係的問題，也有待日後查補。

抗戰時期旅行者的西安認知[①]

侯亞偉[*]

摘 要

　　抗日戰爭時期,"落後"的西北邊城西安,以曾經演繹過輝煌的歷史,保有燦爛的文化遺產,仍是許多旅行者的嚮往之地。在東部沿海地區經歷了歐風美雨的吹淋之後,其現代化水準早非僻處西北一隅的西安可比。九·一八、一·二八事變以後,在民族主義話語的支配下,西安的復興成爲政府和民間關注的焦點。於是,過去中心觀、現代性和民族主義話語,便絞結於旅行者的西安認知之中,這種認知與當代西安的城市定位密切相關。

關鍵詞

　　旅行者　過去中心觀　現代性　民族主義　認知

　　1935 年 5 月 15 至 17 日,著名文學家易君左訪問西安,後寫成《西安述勝》一文,發表在《上海青年》1937 年第 4 期上。易氏十分艷羨西安的名勝古跡,感慨道:

　　　　人謂長安灰塵,皆五千年故物。信然耶? 余等居西安三日,畫則觀光,夜則聞歌。夫遊西北者即等於還故鄉。西北者,中華民族文化發源地。人未有不思故鄉者,況久飄零異域之遊子乎! 近年以來,西北教育建設皆有顯著之進境,朝野上下感知吾民族有發祥地之可珍,余以爲"開發西北"之口術【號】,不如易爲"光大故鄉"之爲愈也![②]

---

* 　**作者簡介**:侯亞偉(1980—),男,安徽鳳台人,陝西師範大學歷史文化學院講師。

① 　關於近代西北的認知性研究,已有不少論著,如張力:《近代國人的開發西北觀》,《中央研究院近代史研究所集刊》1989 年第 18 期;段金生:《近代國人關於新疆的認識》,《中國邊疆史地研究》2009 年第 2 期;楊早:《西望長安不見家:近代遊記中的西安敘事》,《現代中國文化與文學》2011 年第 1 期;尚季芳:《再造"西北":民國時期旅外學人對西北形象的重塑》,《中國邊疆史地研究》2012 年第 2 期。只有楊早從文學史的角度,研究了近代文人遊記中的西安敘事,但對認知中現代性和民族主義的因素注意不夠。

② 　易君左:《西安述勝》,《上海青年》1937 年第 4 期,第 6 頁。

易君左由衷地讚歎西安的歷史。西安，古稱鎬京、長安、京兆，民國時代又稱西京，歷史上曾是周秦漢唐等王朝的都城，長期是中國政治、經濟、文化的中心，絲綢之路的起點。迄今爲止，在中國乃至世界歷史上，論歷史之悠久，建都時間之長，經濟文化之繁榮，罕有其匹者。這裏曾經是無數王侯將相、天之驕子的活動舞臺，產生過傳誦千古的漢賦唐詩，至今仍保存有不計其數的文物古跡。宋明以降，西安不僅不再作爲都城，其地位逐漸下降，淪爲僻處西北一隅的"邊城"，但它仍然是人們追思往昔繁華的嚮往之地，用易君左的話説，便是"還故鄉"[①]。

近代以來，伴隨着海上交通的大開，對外交往的重心也發生轉移。繼之而來的，是上海、天津、廣州、武漢等沿海、沿江城市的崛起和繁興。遙遠的西安，多數時間仍游離於時代話語之外，繼續充當落伍者和局外人的角色，難見復興的希望。那些被認爲具有現代性意涵的新事物，如公共汽車、鐵路、電影、舞女、報刊等，雖不能説完全與西安無關，至少關係不大。倒是軍閥、土匪、鴉片、妓女等與標誌落後的方面，成爲當地重要的標籤。易君左長期生活、工作在東南繁華之地，不可能不體會到西安的落後。雖然充滿讚美之情，一句"西北教育建設皆有顯著之進境"，仍隱藏不住作者基於現代性的思維模式，透露了其真實觀感——西安的現代化水準十分落後，與東南繁華之地不可同日而語。

抗戰時期，當東北大片河山淪陷，華北、華東等膏腴之區警報頻傳，山河日晦之時，落後、邈遠的西安又被賦予新的角色和使命。這一次，它成爲拯救、振興國家民族的關鍵之地，將被建設成赫赫有名的陪都西京。易君左是一個民族主義者，1932 年，受一·二八事變的影響，在他旅居揚州期間，寫作了《閒話揚州》一書。該書在對揚州人不滿的同時，也提出希望："若是揚州人能興奮，這一個破落的大家，必可復興，這一個衰穨的民族，方能有望！"[②]易君左同時還是西北開發的鼓吹者和參與者，他此次到西安考察，便有以官方背景實地調研的性質。他所提到的"開發西北"、"光大故鄉"，正是在日本的步步進逼，東部河山岌岌可危，民族危亡的歷史背景下而發的。

雖然各方面均落後於東部發達地區，抗戰時期，西安仍是眾多旅行者的嚮往之地。在這裏，可以仰望古代中國的榮耀與輝煌，近距離地進行一種類似"精神還鄉"式的紀念；可以滿足旅行者"尋找落後"的心態，爲東部地區的繁榮與開放做一反證；可以成爲抵抗日本侵略的堅強堡壘，滿足民族主義者的期望。

---

① 這種"還故鄉"，可謂之"精神還鄉"，即在國人的心目中，古長安是中華民族輝煌歷史和文化的象徵，追溯本民族的歷史和文化，便需要在精神上回到古長安。（參見楊早：《西望長安不見家：近代遊記中的西安敘事》，《現代中國文化與文學》2011 年第 1 期。）"精神還鄉"的立基點爲"過去中心觀"。

② 易君左：《閒話揚州》，中華書局 1934 年版，第 22 頁。

一、故都: 男兒須到古長安

  Nelson Graburn 認爲, 旅遊主體對旅遊目的地的心態, 有類於宗教徒對宗教聖地的朝聖[①]。它使旅遊者像參加宗教儀式一樣, 能夠接受精神洗禮, 使旅遊具有 "神聖旅程" 的意味。這種觀點, 雖未必適合所有的旅遊活動, 但對抗戰時期來到西安的大部分旅行者來説, 是没有問題的。之所以會有類似朝聖的現象出現, 是因爲旅行者心目中蘊藏着 "過去中心觀" 的思想。所謂 "過去中心觀", 指的是旅遊目的地曾經擁有的輝煌歷史、文化、宗教等等, 已經内化進旅行者的集體記憶之中, 使之對旅遊目的地充滿嚮往, 甚至朝聖的心態。歷史悠久的西安, 曾經歷過難以言數的興廢往事, 留下了令人讚歎的歷史故事和名勝古跡, 容易把旅行者帶到過去, 吸引他們對歷史的傷感和憑弔, 唏嘘長歎。

  唐玄宗天寶十四年(755)底, 安史之亂爆發, 唐代宗廣德元年(763), 在歷盡千辛萬苦之後, 唐軍勉强平定叛亂, 但都城長安卻不可避免地走向了衰落。唐亡之後, 五代更迭。宋元明清代興之後, 古老的長安, 再未作爲都城。回首可憐歌舞地, 昔日繁華早付逝水, 不復能見。然而, 長安雖已没落, 强漢盛唐時代的輝煌, 卻逐漸固化在廣大文人士子的心靈之中, 經過一代又一代的沉澱, 形成集體記憶。乾隆二年(1737), 袁枚赴官長安。當他行走在長安道上, 心情激動, 發出了 "傳説關中多勝跡, 男兒須到古長安" [②]的感歎, 道盡了近千年來文人士子的心聲——古長安是文人士子懷念輝煌歷史、傳統文化的 "精神還鄉" 之地。正是因爲這種嚮往和期待, 宋明以降, 無數文人士子歷盡千辛萬苦, 翻越萬里關山, 來到魂牽夢縈的長安, 希望一睹想像中的漢唐氣象、詩酒國度。而當祁韻士一步步地接近西安時, 明顯有一種近鄉情怯的激動, 景仰之情, 流連之意, 溢於言表:

  長安道上, 按轡徐行, 緬懷百代興亡, 千秋歌詠, 皆同雲煙過眼, 轉瞬輒空。惟見太華、芙蓉, 終日爭奇競秀於前, 目不暇給。雙輪西轉, 山逐車行, 滴翠拖藍, 撲人眉宇, 流連愛慕之情, 不得已已[③]。

  這種期待、浩歎、景仰、流連、愛慕之情, 不僅古人有, 近人亦有。當歷史的車輪進入近代, 譚嗣同行經驪山時, 曾做《驪山溫泉》詩: "周王烽燧燎於原, 楚炬飛騰牧火昏; 遺恨千年消不盡, 至今山下水猶溫。" [④]

---

① 朝聖與旅遊之間没有堅實牢固的分界線。甚至當朝聖與旅遊的功能被結合在一起時, 即使它們必然會有差異, 但卻同時形成了一個彼此交融、不可侵害的連續體。(參見 Nelson Graburn:《人類學與旅遊時代》, 趙紅梅譯, 廣西師範大學出版社 2009 年版, 第 120 頁。)

② 《赴官秦中》其一, 袁枚:《小倉山房詩文集》卷 8, 上海古籍出版社 1988 年版, 第 160 頁。

③ 祁韻士:《萬里行程記》,《問影樓輿地叢書》第一輯, 1908 年版, 第 5 頁。

④ 譚嗣同:《驪山溫泉》, 蔡尚思等編:《譚嗣同全集》(上), 中華書局 1981 年版, 第 67 頁。

宣統元年（1909），袁大化被任命爲新疆巡撫，次年赴任。在行經西安之時，作有《長安舊城》詩：“山河王氣鎖關中，漢武秦皇一世雄；抔土未乾宮闕火，空留渭水自西東。”[①]在詩中，烽火戲諸侯、火燒阿房宮等歷史事件，秦始皇、漢武帝等歷史人物，仍然是作者一唱三歎的主要意象。

到了抗戰時期，國內、國際局勢均發生了巨大變化。九·一八、一·二八事變以來，不僅東北已失，華北、華東等富庶之區，亦處在日本戰火的威脅之下。在這一背景下，“開發西北”的口號，響徹神州；來到西北的旅行者，摩肩接踵，不絕於途。陳賡雅、張恨水、侯鴻鑒、莊澤宣、何正璜、王子雲、顧執中、林鵬俠、顧頡剛、范長江、馬鶴天、易君左、李孤帆、解方……，包含了官員、學者、記者，華僑、教育家、歷史學家、作家、女性等不同身份、性別、背景的旅行者。正是他們的報導，使當時的西北，在抗日的背景下，凝結成一個獨特的符號，一躍成爲抵禦外侮堅強堡壘和民族復興的希望。

這樣一批旅行者，多是受到新思想、新文化武裝的，具備袁枚、祁韻士、譚嗣同、袁大化等以往旅行者沒有的知識和眼界的新型知識份子。只是，他們對西安的認識，仍然紐結在“過去中心觀”之中，他們心目中的西安，仍然是作爲故都的長安。如《抗戰時期部分旅行者西安旅遊簡表》，碑林、大小雁塔、曲江池、灞橋、華清池……，一個個古人詩酒流連、演繹過無數傳奇故事的地方，仍然是他們心儀已久，非去不可的旅行目的地。

抗戰時期部分旅行者西安旅遊簡表

陳賡雅	1934—1935	青華山、觀音山、南五臺、翠華山、省立圖書館、碑林、鐘樓、鼓樓、大雁塔、小雁塔、羊塔寺、文廟、蓮湖公園、宋家花園、清真寺、牛頭寺、杜公祠、董子祠、曲江池	《西北視察記》，甘肅人民出版社 2002 年版，第 294 ~ 295 頁。
張恨水	1934	開元寺、碑林、曲江、樂游原、武家坡、大雁塔、小雁塔、新城與碑林、華塔、蓮花池、西五臺	《西遊小記》，《西遊小記·西行雜記》，甘肅人民出版社 2003 年版，第 49 ~ 55 頁。
侯鴻鑒	1928	雁塔、碑林	《西北漫遊記》，《西北漫遊記·青海考察記》，甘肅人民出版社 2003 年版，第 13 ~ 30 頁。
	約 1935	文廟、碑林、省立圖書館、卧龍寺、慈恩寺（大雁塔）、小雁塔、宋家花園	
易君左	1935	碑林、大雁塔、小雁塔、咸陽古道、灞橋、曲江池、樂游原、武家坡、華清池	《西安述勝》，《上海青年》1937 年第 4 期。
莊澤宣	1936	鐘樓、鼓樓、開元寺、碑林、文廟、卧龍寺、南院門、清真寺、八仙庵、灞橋、華清宮、華清池、烽火樓、秦始皇陵	《西京小遊》，《新中華》1936 年第 24 期。

---

① 袁大化：《撫新紀程》，沈雲龍主編：《近代中國史料叢刊》第十輯，第 27 頁。

續　表

李孤帆	1939	碑林、卧龍寺、下馬陵（董子祠）、鐘樓、鼓樓、大雁塔、小雁塔、咸陽古渡、武家坡、華清池、秦陵、烽火樓	《西京的史跡和生活》,《大風》1940 年第 66 期。
解方	約 1943	華清池、秦陵、大雁塔、小雁塔、曲江池、周陵、漢陵、唐陵	《西京訪古記》,《時與潮》,1943 年第 3 卷第 1 期。

　　這些旅行的目的地,可以分爲城内和城外兩部分。歷史上,以長安爲中心的關中地區,有華嶽仙掌、太白積雪、驪山晚照、雁塔晨鐘、灞柳風雪、草堂煙霧、曲江流飲、咸陽古渡等八處景點特别著名,合稱"長安八景"或"關中八景"。其中華嶽仙掌、太白積雪、草堂煙霧,或離西安較遠,或不在當時的交通孔道上,或歷時太久而湮没少聞,旅行者較少前往。其他五處,或在西安近郊,或在交通孔道上,或歷時雖久旅遊價值仍在,均是重要的旅遊目的地。除此之外,武家坡、秦陵、漢陵、唐陵等城外名勝,亦是當時旅遊者的心儀之地。至於城内的旅遊景點,首選碑林,其他還有省圖書館、文廟、城隍廟、卧龍寺、青龍寺等。

　　通過對比可以發現,此時旅遊者的旅行目的地,與三十年代以前相似,仍主要是碑林、灞橋、鐘樓、大雁塔、小雁塔、曲江池、華清池等充滿歷史感的旅遊景點[①]。它們均承載着豐富的歷史和文化,可以滿足旅行者的"過去中心觀"、"精神還鄉"的需要。如碑林是建自宋元祐五年（1090）,吕大忠把石經和顏柳碑集於一處的,先叫"碑洞",隨後時常有移入的碑石,到費甲籌刻《聖教序》和《閣帖》,遂名碑林。到抗戰時期,藏有唐宋以來石墨 475 種,1424 塊,是一部獨特的歷史之書。

　　當時旅行者遊覽西安,亦和此前的旅行者一樣,以人文景觀爲主。即使像灞橋、曲江池等類的自然景觀,也多被賦予了人文情懷。對古長安歷史的懷念,仍然是旅行者吟詠的目標。歷史上吟詠灞橋的詩,基本都是將之作爲送别之地,所謂"年年柳色,灞陵傷别"是也。20 世紀 30 年代,錢鼎元行經灞橋,作《灞陵》一首:

　　　　灞橋煙雨迷清秋,灞橋柳色清且幽;千攀萬折春更長,欲斷不斷我心憂。
　　　　車行遲遲馬行駛,離酒乍斟暮笳起;遊子居人各斷魂,清淚流成灞橋水。
　　　　灞陵傷别酒旗紅,一笛漁歌欸乃中;兩岸青楊系不住,離愁惟有怨東風。
　　　　灞橋西去抵陽關,多少離人還未還;驅馬揚鞭不復顧,銷魂莫認是巫山。[②]

---

① 參見《河海昆侖録》,第 75—81 頁;《西征續録》,《西征續録等》,第 98—99 頁;《撫新紀程》,《西征續録等》,第 161—163 頁;《西行日記》,第 32—35 頁。（以上各書均爲甘肅人民出版社 2002 年版）
② 錢鼎元:《灞陵》,《學生文藝叢刊》1934 年第 4 期,第 20 頁。

其觀感、認識，仍不以景物爲主，而是和歷史上的吟詠者一樣，重點突出送別之情、傷感之地等傳統主題。

當然，旅行者的旅行目的地，也包括宋家花園和革命公園等少數幾處創建不久的旅遊景點。位於城南的宋家花園，於"遜清時代落成，很有蘇杭風味，優雅嬌巧玲瓏，頗能使人爽心悦目，雅俗共賞"①。革命公園是 1927 年馮玉祥主持開闢的。"裏面建成了些亭臺樓閣，開了幾條路，此外並没有一根草木"②。參考《抗戰時期部分旅行者西安旅遊簡表》可知，它們在當時也不是旅行者最重要的選擇，反證名勝古跡仍是旅行者的重點。

應當看到，抗戰時期，旅行者對古長安的認知，雖和此前一樣，也受到"過去中心觀"的影響，程度畢竟已有不同。對於前近代的旅行者來説，他們對古長安的嚮往，立足於過去。近代以來，受到西方文化的影響，旅行者的話語體系，逐漸變得以現代性爲中心。林則徐從西安出發，遠赴新疆，從《荷戈記程》中，是難見現代性的。稍後倭仁的《莎車行記》，亦是如此③。但當陶保廉、林競來到西安時，便不僅是懷古，也看到了西安的建設④。而抗戰時期前來西安的多數旅行者，多曾受到西方文化的薰陶，生活於上海、北平、天津、新加坡等繁榮發達的城市。他們看問題的方式，已經和此前大不相同。"過去中心觀"雖仍對他們發生深刻的影響，卻已是籠罩在現代性之下。在他們心目中，一方面，過去的繁華恰然形成與今天東部社會的反差，這種反差亦映射到當代廢都西安的落後，所以需要開發。另一方面，由於受到民族主義話語的影響，歌詠西安歷史的繁華，便是歌詠中國古代歷史的輝煌，有利於激發國人民族主義的熱情，動員國人，尤其是西部人民，反抗侵略，保家衛國。

二、廢都：驪山渭水如荒村

那些接受了現代文明，沐浴在歐風美雨之中，見慣了繁華的旅行者，在瞻仰古長安輝煌的同時，也會看到現實中的廢都西安。在將之與現代城市之典型的上海、天津等東部發達城市對比之後，很快，旅行者的"過去中心觀"，便受到現代性的苛刻審視。通過這種審視，和對古長安的期待一樣，西安落後的一面便會被放大，一些過去的輝煌便會被掩蓋，甚至成爲現代性批判的對象。

---

① 暹帆：《長安南郊》，《茶話》1946 年第 6 期，第 181 頁。
② 陳必魁：《長安道上紀實》，《新陝西》1931 年第 1 期，第 122 頁。
③ 參見林則徐：《荷戈記程》，倭仁：《莎車行記》，《西征續錄等》，甘肅人民出版社 2002 年版。
④ 參見陶保廉：《辛卯侍行記》，《西征續錄等》，甘肅人民出版社 2002 年版；林競：《西北叢編》，神州國光社 1933 年版。

西安的没落當然不是始於民國時期。早在唐朝後期，白居易便描述了安史之亂後的長安：

> 我自秦來君莫問，驪山渭水如荒村；新豐樹老籠明月，長生殿暗鎖青雲。
> 紅葉紛紛蓋欹瓦，綠苔重重封壞垣；唯有中官作宮使，每年寒食一開門。[①]

古長安的繁華，早已隨安史之亂而逐漸消耗殆盡了，後人僅能在僥倖留下的文獻資料和文物古跡中遙想遠逝的歷史。宋明以降，隨着政治、經濟、文化中心的移位，長安更是逐步没落。但是，近代以前，西安即使没落，由於整個社會仍然處在傳統之中，和發達地區的落差，還没有近代以來那麽顯著。近代以來，西安"社會經濟之困窮，尤爲從來所未有"[②]：

自從海禁大開，歐風東漸，新文化的種類，卻隨着新潮流的激蕩，而宏佈在東南。舉凡政治、經濟種種勢力，爭向集中於大江兩岸。於是停留在西北的老態龍鍾的長安，便不能不唱其劫運之衰歌，喘息於白楊衰草之間，僵臥於夕風殘照之下了[③]。

當然，旅行者的現代性落差，在抗戰時期以前已經出現。如1924年，魯迅受西北大學之邀，來西安講學。他本來計畫寫一部有關楊貴妃的長篇小説，當來到西安之後，完全見不到想像中的古長安，十分失望。據他後來的回憶：

五六年前，我爲了寫關於唐朝的小説，去過長安。到那裏一看，想不到連天空都不像唐朝的天空，費盡心機用幻想描繪出的計畫，完全被打破了，至今一個字也未能寫出。原來還是憑書本來摹想的好。[④]

在此之前，魯迅長期生活於政治中心北京，供職於新文化運動的中心北京大學，活躍於首都的文學界。身處優越之地的他，對古長安充滿嚮往，卻無法想像現實中西安的頹敗荒涼。或許他不願承認，唐人詩文中令人流連忘返的雁塔晨鐘、曲江流飲的美景，"春

---

① 《江南遇天寶樂叟》，白居易：《白氏長慶集》卷十二。
② 劉更生：《苦悶枯燥的西安》，《貢獻》1928年第1期，第55頁。
③ 塵影：《閒話長安》，《現代青年》1936年第4期，第146頁。西安的没落，還受到軍閥戰爭和災荒的交互影響。西安城時常受到戰爭的威脅。1912至1930年之間，先後有張鳳翽、陸建章、陳樹藩等八任都督統治西安，他們多是軍閥。1926年鎮嵩軍圍攻西安，從3月5日開始，達7個月20天之久。災荒亦是不斷，如1929至1930年大饑荒後，西安"只有住户二萬，人口約十一萬，其中商家約千户，但饑民卻有三萬人之多。"（李無垢：《西安的印象》，《中華週報》1934年第110期，第6頁）
④ 魯迅：《致山本初枝》，《魯迅全集》第13卷，人民文學出版社2005年版，第556頁。

寒賜浴華清池"的浪漫往事,在經歷了千餘年時光的沖刷之後,光鮮早已消失殆盡。在那裏,留下的僅僅是破敗的城池,和"驪山渭水如荒村"般的淒涼。殘酷的現實直接破壞了西安在魯迅心目中的神聖地位,朝聖心態無可奈何地讓位於對現實的失望和批評。這種心態的轉變,當然不僅是魯迅一人的體會,對古長安期待越大的旅行者,將會失望越多。

那麼,20世紀30年代,當抗戰之議方興之時,在旅行者的印象中,現實中的廢都西安是什麼樣的呢?

在隴海路展築至西安之前,西安的交通,唯有幾條公路維持,非常落後。基礎設施差,如西鳳公路車站站基雖有幾十畝大,"但荒草綿綿,並未刈除,破車廢物,又是到處亂拋"[1]。市政亦不能令人滿意。除東、西大街,南院門,南、北大街幾條主幹路,街基平坦之外,其餘街巷不是道路不平,就是堆滿垃圾和破碎的磚塊。"各路都是用泥土築的,以致雨天就成爲染缸,晴天就成爲香爐"[2]。房屋多是堆砌的土牆。本來土牆在北方所在多有,但以一個省城,"尚且千般一律留存着這種牆壁,多少叫人覺着掃興……説明這都市進步性的過於遲緩"[3]。

文化事業方面,當時在陝西首屈一指的省立圖書館,"書籍寥寥,外國福【書】尤不多,可看的是一些古物"[4]。反映作爲一省重要文化機構的省立圖書館,在傳播現代知識方面,作用甚微。當時西安只有報館四所:"一曰西北文化,省政府所辦,一曰西京,黨部所辦,一曰新秦,一曰民意,二者俱商辦。"[5]也即《西北文化日報》《西京日報》《新秦日報》和《民意報》,內容多是抄錄上海、天津等地報紙上過時的內容,銷量有限,對民衆生活影響甚小。

西安的物價昂貴,當時人仍有"長安居,大不易"[6]的感慨。因爲當地土產不多,一切均待外來貨品,"省裏在關税的統税之外,還要多上一層地方税,所以運到商店裏再發賣時,就比別處要高貴了"[7]。以極爲普通的香煙爲例,"煙癮大的,抵得吃鴉片的消耗"[8]。民衆仍然掙扎在溫飽綫上,大多數人只求有物充饑,談不上質地的好壞。麗水在西安旅遊時,發現當地有一家牛肉館,"正午把早晨未賣了的牛肉湯加上些水,重煮一遍,賣給難民,每

① 李文一:《從西安到漢中》,《旅行雜誌》1936年第9期,第25頁。
② 李無垢:《西安的印象》,《中華週報》1934年第110期,第6頁。
③ 李輝英:《東北人在長安》,《申報週刊》1936年第50期,第118頁。
④ 李長之:《從長安到安陽》,《旅行雜誌》1938年第3期,第19頁。
⑤ 薛桂倫:《西北視察日記》,美華書館1934年,第6頁。
⑥ 白樂天初舉,名未振,以歌詩謁顧況。況龍之曰:"長安百物貴,居大不易。"乃讀至《賦得原上草送友人》詩曰"野火燒不盡,春風吹又生",況歎曰:"有句如此,居天下有甚難!老夫前言戲之耳。"(王定保:《唐摭言·知己》)後喻在大都市裏生活不易。
⑦ 李輝英:《東北人在長安》,《申報週刊》1936年第50期,第118頁。
⑧ 陳必勛:《長安道上紀實》,《新陝西》1931年第1期,第122頁。

碗十枚"^①,買的人爭先恐後,異常擁擠。

抗戰初期,西安沒有電燈。到了 1938 年,仍然 "還很少用電燈,多半是油燈,街上是漆黑的商店,也頗有用斗大的紗燈的,不過大抵到九時左右,街上就寂然了"^②。電燈很少,便難有像樣的夜生活,更無所謂夜景了。

既然西安城市如此落後,則現代性的公共娛樂更少,民衆思想亦甚保守:

全市只有一個阿房宮影戲院……本地的秦腔戲,則有易俗社、三意社、庸民社等……公園計有蓮湖、革命、建國等三處,和一個新近開放的宋家花園。當那春色撩人的時際,是有不少的有閑階級穿梭似的去遊覽,不過像海上那樣攜着情侶一雙雙去的則絕少,有的那多半是他的尊夫人或她的賢外子了^③!

如此,則西安市民不僅少有機會,也少有意識參加公共娛樂和休閑活動,市民主體仍然象傳統時代一樣生活,基本游離於現代性之外。

近代以來,以英國爲首的西方國家向中國輸入鴉片,中國民衆開始大量吸食。但延至抗戰時期,不少地方已經嚴禁吸食。此時的西安,仍是吸食鴉片的重災區。當地至少有一半人有吸食的習慣,"那裏吃鴉片的像是在上海吃紙煙那麼普遍,那裏鴉片商店像上海雜貨店那樣多"^④。甚至,當你到街上散步時,"在那矮矮的屋簷下,你有時總會看得到有人橫臥在地上,縮成一團,手裏拿着槍,在聚精會神的吞雲吐霧"^⑤。

到了抗戰時期,妓女逐漸被視作現代性的異質物,在公共空間中的作用相對下降。在西安,妓女卻仍在公共空間中發揮重要作用。西安的妓女主要分佈在開元寺和鹽店街兩處。其中開元寺本是唐開元年間所建著名古刹,但民國時期的開元寺,廟內是員警派出所,"四周爲娼寮所據"^⑥。妓女多來自河北、河南、江浙等地,甚至還有蘇州幫、揚州幫、本地幫之分。當時,開元寺的妓女甚至成爲市民調侃的對象。平山要到華清池洗浴,因沒有女伴,"好多朋友每(們)于臨行前向我開玩笑,爲什麼不向開元寺叫一個去,聊以勝無,也可一嘗當年李三郎的一段風流佳話!"^⑦

既然當時的西安,比諸上海、天津等東部發達城市,仍顯得十分落後,則對由發達地區前來的旅行者來說,自然會有巨大的反差:

① 麗水:《從西安到興平》,《申報月刊》1934 年第 4 期,第 91 頁。
② 李長之:《從長安到安陽》,《旅行雜誌》1938 年第 3 期,第 18 頁。
③ 惟質:《陪都西安》,《河北》1936 年第 6 期,第 298 頁。
④ 麗水:《從西安到興平》,《申報月刊》1934 年第 4 期,第 91 頁。
⑤ 嚴濟寬:《西安—地方印象記》,《浙江青年》1934 年第 2 期,第 249 頁。
⑥ 莊澤宣:《西京小遊》,《新中華》1936 年第 24 期,第 69 頁。
⑦ 平山:《華清池》,《茶話》1946 年第 7 期,第 32 頁。

黃浦江頭之大廈，巍然屹立，南京路上之車輛，來往如梭。回想到西安的生活，儼然是在太古時代一般。的確，從西安到上海，我好像是從古時到近代，一個是那樣的古樸，一個是這樣的繁華。在同一個國家裏，而差別如是之大，這實在是夢想不到的①。

二者雖一則發達，一則落後，卻並存於同一時代之中。也就是説，二者之間的差異，是空間的差異，而非時間上的差異。作爲一個從上海前來的旅行者，嚴濟寬卻將空間的差別，異化成時間的差別。繁華的上海代表的是現代，西安則是太古時代的代表。這種思維方式，在近代城市大發展的時代氛圍裏，很容易出現。這種充滿感情色彩的描述，將西安之落後，誇張性地展現在讀者面前。聯想到當時社會處於現代化事業的進程中，不難認識到作者所抱持的是現代性的思想。這種思想在艷羨現代、發達的同時，也歧視傳統、落後，被作爲傳統、落後象徵的西安，其地位亦便不難想像了。

三、陪都：都市繁榮氣象春

九·一八事變、一·二八事變的發生，使政府和民間不少人士，深感將來與日本一戰難以避免。但華北、華東、華南諸地區，均當對日戰爭之前綫，這些地區雖然人口衆多、經濟發達，但國土面積狹小，無戰略縱深，倘然僅恃此對日作戰，有覆巢之虞。西北地方地域寬廣，可以成爲抗戰的大後方，同時，在全面抗戰還未發生以前，開發西北，亦可使之成爲未來戰爭的補給地。如著名經濟學者孫慕迦認爲：

> 西北疆域廣袤，合陝、甘、察、綏、寧、青、新、康、藏等省，占全國面積二分之一。區內民族健强，性情純厚，可訓成勁旅；蘊藏豐富，足資開發；地勢艱險，可爲屏障，故在國防立場觀之，其重要誠不亞於東北也。②

於是，一時間，開發西北的聲浪高漲起來，用張繼的話説，便是"不要再一塊兒死在東南"③。西安當西北之門户，開發西北，首當其衝的便是開發西安。在《西安大雁塔遊記》中，馬援武寫道：

---

① 嚴濟寬：《西安—地方印象記》，《浙江青年》1934 年第 2 期，第 260 頁。
② 林鵬俠：《西北行》，甘肅人民出版社 2002 年版，孫序。
③ 顧執中、陸詒：《到青海去》，中國青年出版社 2012 年版，第 2 頁。

　　元明以降,(西安)文化日漸衰落,頹垣斷瓦,徒供遊者憑弔之場。然極目所至,
沃野萬里,關河百二,不減當年强併六國之雄風。至其山川奇氣,磅礴鬱積,鐘毓吾民,
尚足與異族相搏持者。是者廢壘殘墟,猶有我先人文化之遺跡在,撫今思昔,能不慨
然!①

　　在日本侵略者鐵蹄逼近的年代,馬氏的西安之遊,所體現的强烈的民族主義情懷,逐
漸成爲時代的共識。正是這種共識,催發了復興西安的步伐。

　　1932年3月1至6日,國民黨四届二中全會在行都洛陽召開,其中5日的第二次正
式會議決定,"以長安爲陪都,定名爲西京"②,設立以張繼爲首的西京籌備委員會。不久
又設立西京市政建設委員會,以便多方籌措經費,大力建設西京③。在此前後,國民政府下
定決心加速修築隴海路,當年12月便展築至潼關。1934年5月,宋子文親自到西北視察,
關注之重點,便是隴海鐵路建設。當時同行之人中,有一曦樵者,其所作《西安之行》提到,
"據路局消息,今年必完成隴海道。西安一覽,華山在望,巍巍乎,天地相接。他日交通便
利,陪都建成,衰竭必盛,復能有更勝於先代歷史之勝譽耳!"④對西京市未來發展充滿樂
觀情緒。是年12月,隴海路果展築至西安,結束了西安歷史上交通不便的尷尬地位。

　　陪都的設立和隴海路的展至,像一針强心劑,給廢都西安的復興帶來新的希望。自
此之後,來自於政府、民間的旅行者,多有以西安爲目的地,或經西安到西北諸省考察者。
此種考察,融會了對西安的歷史記憶、現實觀感、未來期望等複雜情感。以日本侵華爲契
機,以民族主義話語爲結合點,有關西安的歷史和現實空前地絞結在一起,被旅行者不斷
地書寫、宣傳,給民國中後期西安的發展提供機遇,也定位了未來的西安。

　　當九·一八、一·二八事變發生之後,作爲一個民間女性,林鵬俠的母親認識到:

　　復興中華民族,完整錦繡河山,舍鞏固西北之國防,則無由植其基礎。惜西北氣
候嚴寒,交通梗阻,國人視爲畏途絕域,相戒無前。政府及人民,不早並力關心,吾
恐一角版圖,仍將隨時易色。一旦大戰再起,我且盡失根據,永入沉淪⑤。

① 馬援斌:《西安大雁塔遊記》,《復旦同學會會刊》1934年第11期,第172頁。
② 《國民黨四届二中全會經過》,《時事月報》1932年第4期,第218頁。
③ 參見吳宏岐:《抗戰時期的西京籌備委員會及其對西安城市建設的貢獻》,《中國歷史地理論叢》2001年第4輯。
④ 曦樵:《西安之行》,《十日談》1934年第32期,第291頁。
⑤ 林鵬俠:《西北行》,《邊疆半月刊》1936年創刊號,第52頁。

　　林母對西北之於全國的地位，雖有清醒的認識，可惜此時她已年邁體衰，無力親身考察西北，便激勵女兒道：

> 　　兒乎！爾體力强健，且素執不畏難、不苟安、不自私三義，今日事，舍爾奚擇！且爾爲一女子，如作西北壯行，尤能打破國人畏難之心理，則所于國家開發西北者，其效匪淺。兒如發願考察者，亦不枉余以往培植之初心。况吾輩爲基督信徒，本博愛主義，救民水火，乃應盡之義務也[1]。

　　林母特意提到林鵬俠的兩重身份——女性和基督徒。自古西北路難行，需要費時成年累月，跨越萬里關山。1930年代初的西北，隴海路尚未開通，交通落後，軍閥、土匪阻道，即使是鬚眉男子，亦極少有人敢於親身犯險，走此茫茫畏途。然林母勉勵其女兒勇於任事，已屬不易；林鵬俠居然爽然應之，怡然行之，更屬難能可貴。林家爲基督世家，林母以基督之博愛、救民思想感召女兒，可見林母之勸行，林氏之慨行，均具有基督之犧牲精神，是典型的充滿宗教情懷的"壯遊"。實際上，林氏一家還有另一層身份，即海外華僑。他們家族在新加坡有富足的生活，故國事變，與其本來生活，並無直接關係。林氏卻能以華僑身份，當國家民族危急存亡之秋，起於民間，不辭勞苦，作西北壯遊，其鐵血丹心、犧牲精神，令人感佩。

　　即使抗戰已興之後，故都風物，亦足以激勵國人的抗日情懷。1938年4月，著名作家李長之赴西安途中：

> 　　一路看到潼關以西的景致，決不是更枯燥下去，反而極其優美。尤其過了渭南，小雨也下起來了。那空氣的濕潤，山色的秀偉，還有那疏疏落落的灞橋上的垂柳的青翠，不由得跳上心頭的就是"江南如畫"這四個字的形容。國家觀念薄弱如我的人，這時也深深地覺到中國的可愛了[2]。

　　風景不殊，山河變色，面對日本的侵略，東部國土的淪陷，再走此長安道，潼關天險、渭城朝雨、灞橋垂柳，都以無言的方式，感化國人的家國情懷，激勵着國人抗日的熱情。

　　可以説，抗戰時期的西北旅行者，在緬懷先代的遺跡，批評西安的落後的同時，其主觀、根本目的卻是民族主義的，即希望通過考察西北，引起國人對西北的重視，從而帶動

①　林鵬俠：《西北行》，《邊疆半月刊》1936年創刊號，第52頁。
②　李長之：《從長安到安陽》，《旅行雜誌》1938年第3期，第18頁。

西北的開發,以爲抵禦日本侵略,保家衛國服務。

那麼,陪都西京的建設成效如何呢?

1932年,即西安成爲陪都的當年夏天,蕭梅性旅行至西安,注意到當地的女性:

> 高跟窄袖,仿佛披髮祖師之摩登女子,徜徉于長安市上者,已不在少數。至布裙蓬頭連臂過市之女學生,亦觸目皆是。所異者,紅紙市招,標列橫衢,大書"青年會開辦澡堂,歡迎女界沐浴"。彼開化較早之省份,尚不致此,長安反而有之①。

女性是時尚的風向標。陪都之議剛起,女性不僅趕起時髦,大有超越"開化較早之省份"的趨勢,難怪蕭氏有"迎潮先趨,莫謂秦無人也"的感慨②。

隴海路展築至西安,爲陪都的建設提供了交通上的保障。清晨,當旅行者到達時,"古宮式的車站,首先射入……眼簾碧綠的磚瓦,覆蓋着金紅彩色的屋身,底下平鋪着潔白水門汀的月臺,更加襯出它的美麗"③。這給了旅行者較好的第一印象。公路交通方面,遲至1936年,"西安至蘭州的西蘭公路,西安至成都的川陝公路,陸續告成"④,和以往相比,交通日益靈活。

政府提倡開發西北,只兩年光景,西安便大變樣:

> 先從建設來説,這裏有着整天忙碌的一百七十三家營造廠,成千累萬的勞動者,汗流不息的在搬磚弄瓦。所有從前禾黍披離的田園,都代替了高樓巨廈。益以投資者之踴躍,鑽利者之驚馳,各式各樣的商店,五光十色的呈現在人們眼前。尤其像旅社、飯館、影院、澡堂這類買賣,不啻雨後的春筍⑤。

1935年,當范長江旅行到西安時,認爲它正呈現急促的繁榮:

> 商店的數目,和各店中的貿易額,皆極大的增加。建築事業如雨後春筍,異常活躍。土地價格從每畝十數元,暴漲至數百元,甚至千元以上。旅館業尤爲興盛,無論大小旅館,欲求得一席地,亦殊有"長安居,大不易"之觀。⑥

---

① 蕭梅性:《長安遊記》,《旅行雜誌》1932年第7期,第51頁。
② 蕭梅性:《長安遊記》,《旅行雜誌》1932年第7期,第51頁。
③ 平越:《西安之行》,《關聲》1937年第6、7期合刊,第637頁。
④ 莊學本:《從西京到青海》,《良友畫報》1936年第117期,第26頁。
⑤ 塵影:《閒話長安》,《現代青年》1936年第4期,第146~147頁。
⑥ 《長安剪影》,范長江:《中國的西北角》,新華出版社1980年版,第57~58頁。

兩年之後,著名旅行家、教育家、詩人侯鴻鑒到西北考察時,曾往西安中山街閒步:

> 見道路修整寬廣,行人車輛往來,皆有秩序,市容甚可觀。回想十七年前之西安,今日建設之猛進,公安之維持,建築品之規模齊整,中山路之寬廣,在鐘樓東面一街,尤可觀也。[①]

面對此情此景,侯氏頗爲激動,做詩兩首。其一爲:"西京文物古知名,開發無人日下驚;十七年前曾記得,馬嘶日落困危城。"其二爲:"而今耳目一番新,都市繁榮氣象春;遮道車塵非昔比,喧騰民樂曲江濱。"頗具對比意義。[②]前者志舊的西安,後者志西京新貌,一前一後,頗可見今昔之對比。

1937 年之後,雖然並非一無成就,以全面抗戰已經開始,國家處於危急存亡的關頭,西京的建設無法順利開展。到了 1943 年,雖然仍有人討論西安地位問題[③],但實際上,陪都已定在重慶,西安逐漸失去了成爲都城的歷史機遇。加以日軍對西安的瘋狂進攻,尤其是轟炸,亦阻撓了建設的開展[④]。但西安的建設並未完全止步不前。1948 年,有一個從青海來到西安讀書的青年,"當我們看到咸陽的許多煙囪時,對這就要到達的西安就開始翹望了……果然,它是一個壯麗的古都,在夜色裏,我們經過了繁華的市街。"[⑤]時至 1948 年,西安的建設已持續近 16 年,隴海路通車也已 14 年,西安的現代性確然增加不少。

表面看來,過去中心觀和現代性話語一則指向過去,一則指向現在,二者是相互矛盾的。即便現代性與民族主義話語之間,也不完全同步。民族主義話語是現代性話語的一種可能和時代表現,現代性話語本身卻是包羅宏富的。一個時代的相關文本,甚至單一文本之中,充斥着三種如此不同的話語[⑥],表明當時西安文本的敘事結構,是充滿矛盾的。在時間上,它們徘徊於過去和現在之間;在空間上,它們徘徊於西安和東部發達地區之間。然而,無論是過去,還是東部發達地區,對於當時的西安來說,都是他者。於是,旅行者無意間成了人類學家,他們所創造的文本像是人類學家對異文化的書寫,成爲非人類學

① 侯鴻鑒:《西北漫遊記》,《西北漫遊記·青海考察記》,甘肅人民出版社 2003 年版,第 14 頁。
② 侯鴻鑒:《西北漫遊記》,《西北漫遊記·青海考察記》,第 14 頁。
③ 參見龔德柏:《武漢與西安孰適於建都》,《中原》1943 年第 8 卷第 6 期,第 75 ~ 78 頁。
④ 參見定性五:《西安回坊被炸記》,《回教論壇》1940 年第 3 卷第 12 期,第 25 ~ 28 頁。
⑤ 更渡:《從西寧到西安》,《西北通訊》1948 年第 1 期,第 26 頁。
⑥ 當然,並非每一種文本中都包含此三種話語,有時或以一種或兩種話語爲主,但整個 20 世紀三四十年代,過去中心觀、現代性和民族主義話語是絞結在旅行者的文本中的。
　所謂文本的時空結構,指的是文本自身的敘事時間邏輯和空間排列,在很大程度上文本的時空結構是作者自身的時間觀與空間觀的體現。(參見張傑:《現代性、陌生人與地方性——以 1934 年 "閒話揚州" 事件爲中心》,《開放時代》2009 年第 2 期。)

家的民族志了。

不過，隨着歷史的發展，現代性話語逐步獲得統治地位，對即使像西安這樣的歷史文化名城，進行現代性的評判，不僅是不可避免的，甚至有可能成爲話語的中心。抗戰時期，當從東部發達地區前來的旅行者，看到廢都長安時，雖亦艷羨古長安的輝煌，其立足點，卻是現代性的批判。頹敗的西安，不盡符合旅行者的期待。是以西安的建設，不能僅立足於過去，也要有現代性的規劃。只有取得傳統和現代之間的平衡，才能彌合過去中心觀和現代性話語之間的鴻溝，西安才不會僅僅被認爲是一個歷史文化名城。時當日本侵略中國，東部河山危急之時，民族主義話語亦楔入進來。陪都建設計畫給古城西安的發展提供了一個重大的歷史機遇，使復興成了應有之義。只是，雖然有陪都西京的概念，西安的復興，不僅是一項複雜的權力博弈，也是一場持久的運動。當歷史的機遇稍縱即逝之後，後人只能重新出發了。

日本古代都城空間的特質

櫛木　謙周[*]

（翻譯：張思捷，京都府立大學大學院文學研究科博士後期課程在學中）

摘　要

　　日本古代都城體制有其自身特色，支配日本都城的官司爲“京職”，這與被置於州—縣行政組織管轄之下的唐都長安截然不同。本文主要從行政支配和祭祀兩個側面來考察日本古代都城空間的特徵。在行政支配上，“清掃”因與天皇權威之間的聯繫而受到重視，進入平安時代之後，以“京”爲對象的救濟行爲作爲一種體現天皇有德性的儀式依然得以延續，並演化成爲固定的年度大事。在祭祀方面，主要有疫神祭祀、御靈會和祓除活動。

關鍵詞

　　日本　都城　空間　祭祀

前　言

　　本報告的目的：從行政支配和祭祀兩個側面來考察日本古代都城空間的特徵，以爲提供古都社會間比較研究的素材。

＊　**作者簡介：**櫛木　謙周　日本京都府立大學文學部歷史學科教授。

一、行政支配

1.1 統治機構

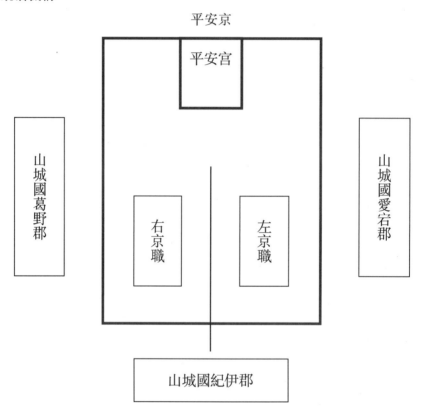

圖1　平安京和其周邊的統治領域

　　首先闡述一下日本都城統治機構的特色。支配日本都城的官司爲"京職"。貫穿都城南北的朱雀大路將其分爲東西兩側,東側由左京職,西側由右京職統治。而置於其治下的居民,則被稱爲"京户"。左右京職的支配區域僅限於"京"的内部,至於"京"的外側——以平安京爲例,其城外歸屬山城國愛宕、葛野、紀伊郡等管轄。這與被置於州(即雍州,之後的京兆府)—縣(長安縣、萬年縣)行政組織管轄之下的唐都長安截然不同[①]。

　　如上所述,在日本,京職獨立於國、郡行政組織,如此安排的原因究竟何在? 7世紀後,當日本以律令制爲規範迅速建立起一套統一國家的行政體系的同時,也從中國引入了都城

---

① 岸俊男:《日本古代官都の研究》,東京:岩波書店,1988年,第17章。

制度。作爲象徵天皇權威的場所,都城擁有規劃整齊的街道,並配置有天皇的居所(内裏)和官廳。目前有據可考的此類都城最早可以追溯到藤原京,其造營被認爲始於 7 世紀後期的天武天皇時代。《萬葉集》收録了下面兩首歌,以讚美天武天皇的神性和權威。

原文:大君は神にしいませば赤駒の腹這ふ田居を都と成しつ
意譯:大君(天皇)的神威,讓駿足難行的水田化爲都城。
　　——第 19 卷第 4260 番[①]

原文:大君は神にしいませば水鳥のすだく水沼を都と成しつ
意譯:大君的神威,讓水鳥群集的沼澤化爲都城。
　　——同 4261 番[②]

可以看出在日本,都城被認爲是與天皇的神性權威密不可分的空間而受到特別對待。專設京職這一官司統治都城,或許也正是出於這種特別的意識。上述推測也可以從京職被稱爲みさとのつかさ(misatonotsukasa,即天皇居所的管理者)這個事實得到有力的佐證。

這樣的空間自然要設計得雄渾壯麗。對於平城京,《續日本紀》卷九,神龜元年〔724〕一月甲子條[③]裏有如下記載。

……亦有京師,帝王爲居,萬國所朝。非是壯麗,何以表德。……

如引文所述,都城之壯麗所以受到重視,是因爲這是天皇君德的表現。接下來,我們將從以下兩個視點出發,對作爲體現天皇君德的都城空間進行具體考察。

第一,清除污穢的"清掃(掃除)"行爲。正如前述,這種維持都市清淨性的行爲因爲其與天皇權威之間的聯繫而受到重視。

第二,救濟行爲。在古代,國家通過"賑給"這一形式對貧民進行穀物的無償配給。在全國性"賑給"逐漸形骸化的背景下,進入平安時代之後,以"京"爲對象的救濟行爲卻作爲一種體現天皇有德性的儀式依然得以延續,並演化成爲固定的年度大事。

---

① 《萬葉集》第 4 册,新日本古典文學大系本,東京:岩波書店,2003 年,第 342 頁。
② 《萬葉集》第 4 册,第 343 頁。
③ 《續日本紀》第 2 册,新日本古典文學大系本,東京:岩波書店,1990 年,第 156 頁。

下面將對上述兩點進行逐次闡述。

1.2 清掃

早在最初的正規都城——藤原京階段,污穢問題就已見於史料。《續日本紀》卷三,慶雲三年(706)三月丁巳條詔①之中可見如下記載。

> 夫禮者,天地經義,人倫鎔範也。道德仁義,因禮乃弘,……又如聞,京城内外,多有穢臭,良由所司不存檢察。自今以後,兩省、五府,並遣官人及衛士,嚴加捉搦,隨事科決。若不合與罪者,録狀上聞。

在這裏,京城内外的"穢臭"作爲有違禮制的行爲之一被提及。取締污穢流出的種種措施也因其有助於維持都城空間莊嚴,彰顯天皇君德而格外受到重視。

有必要補充的是,污穢問題不僅僅關係着都城威嚴,同時也與一種被稱爲"穢"(ケガレ,kegare)的日本宗教概念密切相關。儘管上述政策裏没有明言,清掃行爲的對象中可能也包括屍骸。在人口密集的都城,由於疫病流行等原因,城域内外放置屍骸是一種司空見怪的現象。在日本古來神祇信仰的傳統觀念中,包括"死"在内的各種"穢"被認爲是忌諱的對象。"穢"會觸犯神怒,爲世界帶來災厄,這種認識在當初就已經開始深入人心。進入9世紀中葉,朝廷制定了關於"穢"的處理規範,並將其收録入《貞観式》之中②。隨之,對"穢"的排除工作,也開始多被歸於王權直屬的員警組織——檢非違使的管轄之下③。特別值得注意的是檢非違使屬下一群被稱作"放免"的人們,作爲組織最末端的成員,他們直接接觸涉"穢"事物,這些人當中有相當一部分是曾經的犯罪者,被視作是"不淨"的存在。

1.3 救濟

進入10世紀之後,作爲一種和天皇君德密切相關的行爲,"賑給"這種施與貧民糧食的行爲也轉化成一種僅限於京内的國家儀式,於每年的農曆五月固定舉行。這樣的變化究竟是如何發生的? 下面讓我們來具體考察一下它的歷史背景。

---

① 《續日本紀》第1册,新日本古典文學大系本,東京:岩波書店,1989年,第102頁。
② 三橋正:《日本古代神祇制度の形成と展開》,東京:法蔵館,2010年,第2篇第2章第1節。
③ 丹生谷哲一:《檢非違使》(增補版),東京:平凡社,2008年,第Ⅰ章。

年次	總數	月別（包括閏月）												災害類型	
		1	2	3	4	5	6	7	8	9	10	11	12	旱	霖雨
680-690	5	1		1	1						1				
691-700	2	2													
701-710	3							3							
711-720	1		1												
721-730	3		2			1									
731-740	2			1						1					
741-750	2	1	1												2
751-760	0														
761-770	2			1			1								
771-780	2		1	1											
781-790	1									1					
791-800	3				1				2						1
801-810	11	5		1		3	1					1			2
811-820	7			1	1	1	3			1					
821-830	11		1	1	1	3	1	1	1		1	1			
831-840	7		1			5					1				1
841-850	10		1	1		1	1	3		1	1				2
851-860	10		2			3	2		2		1				2
861-870	11	1	2	1		2	3					2			3
871-880	12		1	4		1	3			1	1				2
881-887	9			3		2	3					1			5
計	144	10	11	18	4	22	18	7	7	4	6	1	6	4	18

注 1：原文中並未出現 "賑給" 字樣，但經筆者判斷性質類似的事例也被收入表中。

注 2：災害類型項中僅選取史料中對災害原因有明確記載的事例。無法從文中清晰判斷性質的事例，例如僅記載有洪水發生，但未注明洪水是否由霖雨引發的場合，則不予採用。

　　表 1 將 9 世紀末爲止（此時賑給還尚未成爲年度儀式）史料所見的京內賑給次數以農曆月爲單位整理歸納，以便直觀地分析其時域分佈狀況。可以發現，進入 9 世紀之後，賑給多集中於五、六兩月間。而當我們進一步分析史料所載當時舉行賑給的理由，就會發現相比旱災，霖雨所占的比重壓倒性地高。即是說，此時正值日本的梅雨季節。8 世紀的平城京並不擁有大型河川，但 9 世紀的平安京因爲被鴨川和葛野川（桂川）環繞，一旦經歷長期降雨就極易引發洪災。不難想見，霖雨引發的洪水很有可能造成交通斷絕的事態。

　　我們知道，隨着城市化的進展，都市對外部的糧食依存度也會隨之提高。我們可以從歷史記錄推測出，9 世紀中葉平安京的糧食供應已經嚴重依賴外界供給。在 842 年發生的史稱 "承和之變" 的政治事件中，出入平安京的五條要道因爲檢問需要而被封鎖（《續日本後紀》卷十二，承和九年（842）七月己酉條）[1]，此舉導致七日之後京內就發生饑饉，

[1]　《續日本後紀》，新訂增補國史大系本，東京：吉川弘文館，1966 年，第 137—8 頁。

朝廷不得不組織賑給應對（同丙辰條）①。這次事件本身並非起因於霖雨，但由此可見當外部糧食輸入受阻之時，京内很容易發生饑饉②。

霖雨可能造成的另一個後果，就是對雇用勞動者的影響。據《日本後紀》卷五，延曆十六年（797）二月甲申條③記載，儘管政府在對都内居民徵收租稅時意圖收取穀物，但也發佈了特許貧乏之民以錢幣納稅的法令。考慮到當時都内雇傭勞動者的報酬以錢幣支付，上文所指的貧乏之民當中應該包含了很多這樣的雇傭勞動者④。可以想見，霖雨可能會對他們的生計造成很大影響。

綜上所述，本章描述了作爲反映天皇君德的空間，都城在統治組織和社會政策兩方面所體現出來的一些特徵。在社會政策上主要關注了清掃和賑給，但需要注意這兩者並非彼此孤立。比如説，屍骸所造成的穢被認爲會招致神祟（たたり，tatari），而負責除穢的檢非違使同時也負責京内的賑給事務，他們作爲直接與貧民接觸的使者而被廣泛認知⑤。此外，儘管死穢引發的神祟種類難以一言概之，但通覽檢非違使對神祟原因的調查記錄會發現，霖雨也被認爲是祟的一種形式。之前已經提及過霖雨會引發都市居民的糧食短缺，於是在這裏，死穢所引發的祟和糧食短缺造成的貧困這兩種都市性的災厄，以霖雨這種自然現象和檢非違使這種職務爲媒介聯繫到了一起。以刑罰爲本職的檢非違使同時也與“死”和“雨”密切相關，儘管不能排除這種聯繫的產生可能受到了陰陽思想中“陰”觀念的影響，但這裏主要還是想對這些現象和事物在引發都市機能障礙方面所擁有的共同點和關聯性方面予以重視和强調。

二、都城祭祀

上一章主要從行政支配的側面闡述了都城空間的特質，本章則意圖將敘述重心轉移到祭祀方面。祭祀的種類不一而足，爲了和上文提及的清掃與賑給等保持都城莊嚴，爲國家和個人消除災厄的行政措施相照應，這裏會將關注的中心放在那些在國家和個人層面以消災除厄爲目的祭祀上。

---

① 《續日本後紀》，第 139 頁。
② 寺内浩：《受領制の研究》，東京：塙書房，2004 年，第 317 頁。
③ 《日本後紀》，新訂增補國史大系本，東京：吉川弘文館，1966 年，第 12 頁。
④ 榮原永遠男：《日本古代錢貨流通史の研究》，東京：塙書房，1993 年，第 306 頁。
⑤ 丹生谷前揭書，第 Ⅱ 章。

2.1 疫神祭祀和御靈會

無論對於國家還是個人來説,瘟疫總是在災厄當中佔有很大的比重。關於防治並鎮定瘟疫爲目的的祭祀,神祇令的規定中可見"道饗祭"一項①。這是一種在六月和十二月舉行的例行祭祀,通過在京城四隅歆饗鬼魅來防止瘟疫(也有説歆饗的對象是那些克制鬼魅的神靈)。無論其内容如何,這都可以被看作是一種建立在對"京"城空間的强烈意識基礎上的祭祀。

進入 8 世紀後期,一種被稱作疫神祭的類似性質的臨時祭祀也開始出現,9 世紀之後此類祭祀又融合了佛教和陰陽道的要素(後者的典型是一種被稱爲"四角四界祭"的祭祀)。前者的事例可見《日本三代實録》卷十貞觀七年(865)五月十三日條②的記載。當時以平安京内東西走向的街道區隔形成的空間="條"爲單位,朝廷對"條"内居民不論男女一律課以一人一文,用來施與讀經的僧侣。可見上述宗教儀式的形成同樣建立在對京城空間强烈意識之上。

另一方面,在日本的傳統觀念裏,由政爭含怨而亡的靈魂也被認爲會招致祟。爲了鎮定怨魂的祟而舉行的祭祀被稱爲御靈會。由政府所主導舉行的御靈會最早見於《日本三代實録》卷七貞觀五年(863)五月二十日條③。當時政府對都市平民臨時開放了宮城前方的廣大園池—神泉苑。此時祭奠的對象是因怨恨而死的 6 人的靈魂,如"冤魂成厲"所記,在人們的意識當中,怨魂與招致瘟疫的厲鬼又產生了交匯點。

2.2 祓

爲了遠離災厄所採取的另一種行爲被稱爲祓(解除),也就是驅除凶禍的儀式。嚴格來説這並不能被歸納進以祭祀神靈爲目的的"祭",但這裏還是想將其作爲一種廣義上的宗教祭祀行爲予以提及。

一般認爲祓的物件中最早並不包括空間,但隨着時間的推移,以空間爲對象的祓也逐漸開始出現。比如在即位儀式—大嘗祭舉行之前,首先要對京和諸國進行祓除。關於京内祓除所用料物的規定被記入了《延喜式》卷四二左京職項④,據其記載,儀式所使用的料物數量多爲九或九的倍數。這與京内九條東西走向的街道(即一條大路至九條大路)所劃分成的九塊行政區劃相對應,顯示了這些物資是通過分别向各"條"進行採購來獲

---

① 《令義解》,新訂增補國史大系本,東京:吉川弘文館,1966 年,第 77 頁。
② 《日本三代實録》,新訂增補國史大系本,東京:吉川弘文館,1966 年,第 155 頁。
③ 《日本三代實録》,第 112—113 頁。
④ 《延喜式》下册,神道大系本,東京:神道大系編纂會,1993 年,第 623 頁。

得的。這和之前提到的以"條"爲單位徵收一人一文的疫神祭祀性質類似,同樣反映了儀式本身對於京城領域的强烈意識。而其舉行地點被定爲京城的出入口——羅城門外,則明確顯示了儀式意在對京城空間進行淨化。

結　語

通過以上的考察我們可以得出一個重要的結論,對於天皇的國土統治來説,維持都城的秩序被認爲擁有重要的意義。那麽究竟是什麽樣的機制讓當時的日本的統治者將都城秩序和國家支配直接聯繫起來的? 正如最初所述,日本的都城制在成立當初就和王權所在的問題密不可分,隨着都市化的進展,這種關係發展得越發牢固,這是一種建立在不同階層、職業的人們的共同關心、共同利害之上的關係。畢竟首都在作爲公權力中樞的所在地的同時,也是各種各樣的人們共同居住的場所。在這裏,遠離災厄的共同心情和願望,成爲了超越貴與賤、統治者與被統治者之間對立,將不同的人群連接起來的重要紐帶。當我們著手具體分析上述關係之時,本文所述的清掃以及救濟,消除災厄的祭祀活動,無疑提供了重要的素材。

【附記】本報告以櫛木謙周著書:《日本古代の首都と公共性》,東京:塙書房,2014年,爲基礎作成。相關引用文獻和史料詳細請參照同著。

【評述】

中國學界百濟史研究的現狀與課題
——以出土百濟移民墓誌爲中心
拜根興[*]

有關百濟歷史文化研究，作爲韓國國史的重要組成部分，韓國學界做過較爲深入的研究，出版了大量的研究成果[①]。而中國學界有關百濟史的研究起步較晚，探討課題的深度和廣度，因涉獵這一領域的學者有限，故受到一定的影響；與此同時，對於百濟滅亡後入唐百濟移民的研究，卻因移民墓誌在洛陽、西安兩地不斷出土，產生出數量不少的研究成果，形成了一定的規模，呈現出一些特點。對此，有學者或者針對 2009 年之前中國百濟史研究，或者以對外關係爲中心，對學術界百濟史整體研究做了相應的綜述和評論，展示出中國學界百濟史研究的基本面貌[②]。本稿即在追述現有研究的基礎上，先對中國學界百濟史研究的現狀做一簡要補充（2014 年前），然後針對中國洛陽、西安出土的入唐百濟人墓誌，探討現有研究的現狀得失，並提出自己的看法。

一、中國學界的百濟史研究

關於百濟歷史的研究，中國學界起步較晚，研究成果相對較少，但經過數十年的積澱，其研究內容也有了一定的集中，呈現出較爲清楚的脈絡。事實上，南京師範大學社會發展學院的周裕興教授對此已經有過很好的綜述。概括而言，周氏對於 2009 年前中國國內百濟學研究做了回顧和總結，而馮立君則是全面論述三十年來百濟對外關係史的研究，包括韓國、日本學界的研究成果，故和本稿主題存在差距，不在其論述範圍之內。周裕興

* **作者簡介**：拜根興（1964—），男，陝西大荔人，陝西師範大學歷史文化學院教授。

① 〔韓〕盧重國《百濟政治史研究》，首爾：一潮閣，1988 年；《百濟復興運動史》，一潮閣，2003 年；《百濟社會思想史》，首爾：知識產業社，2011 年；《百濟對外交涉和交流》，首爾：知識產業社，2012 年等。李道學《百濟古代國家研究》，首爾：一志社，1995 年。李基東《百濟史研究》，一潮閣，1996 年。李道學《活着的百濟史》，humanist 出版社，2003 年。朴賢淑《百濟的中央和地方》，首爾：周留城出版社，2005 年。金榮官《百濟復興運動研究》，首爾：書景文化社，2005 年。

② 周裕興《中國百濟學研究的回顧與展望》，韓國忠南大學百濟研究所《百濟研究》第 45 輯，2007 年。馮立君《韓國與中國近 30 年百濟史研究述要：以對外關係史研究爲中心》，《朝鮮·韓國歷史研究》第 15 輯，延邊大學出版社 2014 年版，第 220—248 頁。

將中國學界的百濟史研究分爲肇始期和發展期兩個階段。其中肇始期起自建國初,終於上世紀80年代。這一時期的研究主要涉及:李成德的6世紀到7世紀百濟國家封建社會過渡說,劉永智對史料中百濟"略有遼西說"的辨析,認爲這裏的"遼西",應爲"浿西";賈梅仙、楊泓、王仲殊、簡巧珍對五六世紀百濟與中國南北朝往來的論述,其中涉及70年代初韓國重大考古發現百濟武寧王陵出土文物資訊。

周氏將發展期確定爲1992年以後的十餘年間。文章綜述了此一時期中國國內對百濟國家發展史的探索軌跡,涉及到一些專著和通史著作,如姜孟山主編《朝鮮通史》、金春元《早期東北亞文化圈中的朝鮮》、韓國學者李基白《韓國史新論》翻譯出版,熊義民的博士論文,以及拜根興《七世紀中葉唐與新羅關係研究》等。論文提到韓昇對"魏伐百濟"事件的分析,金錦子對北魏與百濟關係的探討,張榮芳對中國史書中有關百濟記載的考釋,孫玉良對唐朝在百濟故地設立府州變遷情況的論述。同時,文章還涉及上文所及的百濟略有遼西說,即金憲淑依據《宋書》、《梁書》撰文論證"百濟略有遼西"確有其事;但隨後劉子敏運用文獻及考古史料予以商榷,認爲所謂百濟略有遼西學說極不可信,闡述了此一時期遼西一直處於"三燕"政權的統治之下,隨後又歸於北魏政權統轄。史料中的百濟郡應該是百濟佔領高句麗平壤城後設立的平壤郡,因爲是百濟設郡,故稱其爲百濟郡。筆者亦認爲所謂"百濟略有遼西說"難能成立。至於如何看待這一問題,學界現在已經有了遼西乃"浿西",以及百濟郡乃平壤郡兩種解釋,至於如何進一步詮釋,筆者認爲還需學界同仁做更多的努力,以期使這一問題的討論取得令人信服的結論。關於百濟國際關係,周氏援引當時可以看到的韓國磐、周一良、韓昇、王明星、薛瑞澤等人的論文加以說明,只是因各人論述旨趣各異,要做歸納總結確實不是一件容易的事情。關於百濟武寧王陵方面關聯問題的研究,文章列舉了楊泓、周裕興、王志高、王巍、華國榮、韓昇、薛紅艷,以及韓國學者成正鏞、趙胤宰、張寅成等人發表在中國學術集刊及雜誌上的論文,涉及武寧王墓出土志石與同一時期前後出土的六朝志石對比,武寧王墓室構造、砌磚方式及與南朝梁的關係,論文還涉及百濟金銅大香爐的功能及象徵意義等。

2009年之後,和百濟史關聯的論文有以下數篇:

探索文化及文化交流。李慧《試論東北亞文化圈中的百濟文化》(《青春歲月》2011年3月),從地理條件和對外交涉兩方面,闡述百濟文化的形成,總結出百濟文化具有國際性獨特性、慕華性貴族性、儒釋道色彩優雅大氣三大特點;百濟文化就是東北亞文化的縮影,瞭解百濟文化對於認識東北亞文化圈的形成及內涵有重要的意義。樂國琴《試析百濟金銅大香爐中的中國文化因素》(《哈爾濱師範大學學報》(社會科學版)2013年第3期),文章介紹了金銅大香爐出土地陵山里寺址及韓國學界對香爐製作時期的不同看法,認爲香爐的製作應當與佛教祭祀有關。同時,從香爐的形制構造可以看出,其形制似乎沿襲中國漢代博山爐的傳統,結合現存南朝香爐圖像,百濟金銅大香爐的基本形制應源於中國;香爐形制及圖像顯示出人與自然和諧相處,突出儒教在古代東北亞文化圈中的作用;而五樂師圖體現出音樂在百濟國家生活中的重要地位。香爐中衆多的中國因素出現,證明中國中原王朝與朝鮮半島文化交流的頻繁。楊泓先生則從武寧王陵出土遺物、墓室構造、墓誌文字,以及中國當時南北方佛寺的總體佈局、佛塔、佛寺內主要建築等,探討中國文化對百濟佛教文化的影響(《中國南朝對百濟佛教文化的影響》,《中國文物報》2009 年 2 月 20 日)。

涉及百濟考古的論文。韓國學者朴淳發以《百濟都城的考古發現與研究》(《南京曉莊學院學報》2012 年第 4 期)爲題發表長文,從漢城時期的都城、熊津時期的都城、泗沘時期的都城三個階段,論述 3 世紀中後葉百濟出現城牆聚落,是爲漢城時期;475 年百濟遷都熊津,因熊津都城的應急避難性質,在其附近修築了作爲防禦的公山城;538 年百濟再次遷都,並有計畫營造了泗沘城。認爲泗沘城將扶蘇山城和羅城即外城融爲一體,以此提高都城防禦能力,又以外郭區分京城範圍,以網路形系統規劃城市空間,這些特點是朝鮮半島古代都城前所未有的新因素。另一韓國學者趙胤宰發表《韓國百濟故地出土南朝官印淺析》(《東南文化》2012 年第 6 期),探討韓國高敞五湖里 5 號石室墓出土的銅制印,因這塊印亦爲鼻鈕、印文具戎號的性質,和南朝梁的官印頗多相似之處,爲百濟與中國文化交流提供了新的實物資料。文章還探討了中國漢魏南北朝時期的官印形態,印文的職官名及其性質,進而縷清高敞銅印傳入百濟的來龍去脈。

李磊以《百濟的天下意識與東晉南朝的天下秩序》爲題,從百濟初次朝貢與東晉授官、南朝授官百濟與百濟在天下秩序中的地位、南朝對百濟內部權力建構參與、百濟南朝共用同一文化世界、百濟與東晉南朝共用連環盛衰五個方面,探討在西晉大一統崩潰後的東亞世界格局下,百濟朝貢南朝,並與南朝共同走過的道路。唐烈探討 420—475 年間百濟的外交政策對朝鮮半島局勢的影響,認爲這一時期是朝鮮半島歷史上的重要轉折時期,表現在百濟與新羅、倭國保持密切聯繫,以應對高句麗南下政策,而百濟與北魏交涉的失敗,加速了高句麗與北魏的聯合態勢。(《赤峰學院學報》2013 年第 7 期)。周裕興《從海上交通看中國與百濟的關係》論文,通過發掘詮釋古代文獻資料集考古發現,以連接中國大陸與朝鮮半島西部的海上交通爲切入點,從航海史角度揭示中國大陸與百濟間往來的歷史,認爲 2—7 世紀百濟與中國大陸各朝代的交往最爲密切頻繁,成爲中國大陸朝鮮半島和日本列島諸國之間溝通聯繫的重要使者和促進東亞漢字和儒學文化圈形成的重要媒介(《東南文化》2010 年第 1 期)。與此相關聯的論文還有于春英《百濟與南北

朝朝貢關係研究》,《東北史地》2010 年第 6 期,

　　趙智濱發表《唐朝在百濟初設行政建制考略》(《中國歷史地理論叢》2012 年第 1 期)、
《關於唐代熊津都督府的幾個問題》(《東北史地》2010 年第 6 期)、《熊津都督府陷落始末 :
兼論羅唐戰爭的爆發》(《中國邊疆史地研究》2010 年第 2 期) 三篇論文,探討唐朝聯合
新羅滅亡百濟之後,在百濟故地所實施的一系列措施得失,如設置的地方行政機構建制
等,其中對一些史料的詮釋,顯示出作者獨特的思考和認識,無疑對以後同類研究具有參
考和啓發作用。

二、中國學界對百濟移民墓誌的探索

　　有關中國學界對入唐百濟移民的研究,筆者此前亦曾做過階段性的綜述探討,並指
出其中存在的問題①。在此,筆者保持對已有研究的檢討評述的基礎,再對一些新的研究
作以整理,並提出自己的看法。

　　衆所周知,研究朝鮮半島古代史、古代中韓關係史,史料欠缺成爲深入探討的重大障
礙。有關入唐百濟移民的史料更是如此。首先,現存入唐百濟移民的文獻史料很少,涉
及到百濟義慈王、太子扶餘隆、大將黑齒常之、沙吒忠義等人,至於入唐百濟其他移民的
情況,文獻史料並沒有記載,其具體狀況很難掌握。其次,由於史料的匱乏,上世紀 20 年
代之前,涉及入唐百濟移民的研究幾乎看不到。隨着洛陽、西安等地百濟移民墓誌的出土,
這種狀況才得以改變②。現在瞭解到的這些墓誌碑石共有 12 件 (方),這不僅增加了新資
料和百濟移民的新情況,而且對此前文獻資料記載的缺失可提供新的補充和考辨依據。

　　1. 出土墓誌與文獻史料的訂正

　　這方面主要表現在出土的扶餘隆、黑齒常之兩方墓誌。因此二人均是衆所周知的百
濟末期人物,單從史料來説,墓誌的出土具有重大意義。扶餘隆墓誌 1919 年出土於河南
洛陽,墓誌出土後各家著錄情況,相關研究論文中有詳細介紹③。而真正的研究工作當從
金石學家羅振玉開始。羅振玉利用《舊唐書》、《新唐書》、《資治通鑑》,《三國史記》、《東
國通鑑》等書與墓誌對校,"知志所書,有失實者,有可據史補志之略者,有可據志以補史

---

① 　拜根興《唐代高麗百濟移民研究 : 以西安洛陽出土墓誌爲中心》,中國社會科學出版社 2012 年版。
② 　關於洛陽北邙山一帶上世紀初出土大量墓誌的緣由,參趙振華、趙水淼《洛陽地下墓誌的發現流徙與收藏著
　　錄研究》,收入楊祚龍等編著《洛陽新出土墓誌釋錄》,北京圖書館出版社 2004 年版,第 3—63 頁。
③ 　董延壽、趙振華《洛陽、魯山、西安出土的唐代百濟人墓誌探索》,《東北史地》2007 年第 2 期。其中提到李
　　根源、趙惜時、孫貫文等學者所作的工作。此文沒有提到 1920 年日本學者内藤虎次郎發表於《藝文》11—3,
　　1923 年葛城末治發表於《朝鮮》第 103 輯上的論文。

闕文者"①。應該説,此後學者對扶餘隆及其墓誌的研究,均是在羅振玉研究的基礎上展開的。臺灣毛漢光氏也對扶餘隆墓誌做過一定的探討②,李之龍、黄清連、趙振華等亦有專論。當然,關於唐朝與新羅聯合滅亡百濟的時間、扶餘隆與新羅會盟等問題,筆者此前曾有所商榷③,在此不贅。

黑齒常之墓誌1929年10月出土於洛陽北邙山南麓,1986年李希泌出版《曲石精廬藏唐墓誌》(齊魯書社)一書,黑齒常之墓誌才廣爲人知。趙超發表《中州唐志跋尾六則》一文,首開訂正黑齒常之墓誌的先河。該文用墓誌文中的"沙泮州刺史"考辨文獻史料所載黑齒常之曾任職"洋州刺史"的錯誤,根據《古今姓氏書辯證》,認爲黑齒常之家族被封地域"是否爲倭國以南之黑齒國,而不可知,但《梁書·百濟傳》云:'其國近倭,頗有文身者',説明百濟風俗受到倭國影響,其間聯繫往來是很密切的,而百濟與黑齒國等地的聯繫,可能也不是十分困難的",指出黑齒常之曾任職燕然道、神武道、懷遠道、紫蒙道,《新唐書·兵志》記載唐初邊防之制,其平盧道等十道及所屬軍中,並無上述四道設施,因而"據志文等可補《新唐書·兵志》之疏漏"④。90年代中期,學界研究黑齒常之的論文開始多了起來。張乃翥、張成昆、李之龍、束有春、焦正安諸先生的論文見諸期刊雜誌。馬馳先生《黑齒常之事蹟考辨》一文⑤,分黑齒常之的身世,黑齒常之的既降復叛和再降,"華官參制"下的黑齒常之,内調、備禦吐蕃及其他,入朝供職和南北征討,黑齒常之之死和平反昭雪六個部分,考察黑齒常之的生平事蹟,文後還附有黑齒常之事蹟系年表,是研究黑齒常之最詳細周全的一篇論作。除與上述論文共同論題之外,此文顯示出涉及面更廣、探討問題更深的特點。例如,論文不僅參考中國常見的史書,而且查閱了《三國史記》、《東國輿地勝覽》等韓國史書,辯駁《新唐書》中出現黑齒常之任職"洋州刺史"的謬誤,認爲墓誌中記載的百濟"沙泮州",在今韓國全羅南道羅州一帶,而史書所記"洋州"在今陝西南部,兩者風馬牛不相及,在此問題上"史誤顯然,當以墓誌爲是",更加明確上述趙超論文結論的正確。另外,關於黑齒常之爲什麼會遭到酷吏誣構下獄以至暴死,墓誌及文獻史料並未言明,作者認爲黑齒常之遭人誣陷,根子在武則天的"大誅殺"政策,以及當是出現"蕃將震主"局面,最終導致"釁起孤標",死於酷吏腥風血雨的淫威之下。對此,筆者也曾作過探討⑥,在此不贅。還有,作者對唐朝在百濟實行"華官參治"羈縻

① 羅振玉《唐代海東藩閥志存》,石刻史料新編本,臺灣新文豐出版公司,1987年。
② 毛漢光《唐代墓誌銘彙編附考》第10册,第213—217頁,臺北,中研院歷史語言研究所,1989年。
③ 拜根興《七世紀中葉唐與新羅關係研究》,中國社會科學出版社2008年版。
④ 趙超《中州唐志跋尾六則》,《華夏考古》1988年第2期。
⑤ 馬馳《黑齒常之事蹟考辨》,收入《武則天與偃師》論文集,第21—38頁,天津歷史教學社1997年版。
⑥ 拜根興《入鄉隨俗:墓誌所載入唐百濟遺民的生活軌跡》,《陝西師範大學學報》2009年第4期。

府州體制也有涉及,探討黑齒常之在此體制下的作爲。除此之外,陳昚、姜清波對此也有專門論述,其他論著也多見於報章雜誌。縱觀中外學者的研究,最初針對墓誌銘本身的介紹與考索,隨着研究的深入,涉及到黑齒常之的姓氏、故鄉、名號、生卒年、家門等。應該説,中國學者注重黑齒常之事蹟的考證,涉及黑齒氏世系的繁衍,如陳昚論文中就提到墓誌有顯慶五年黑齒常之曾經隨蘇定方返回唐朝之事,檢討墓誌文,並未發現這方面的記載。黑齒常之籍貫出自黑齒國的具體區域所在,學界衆説紛紜,莫衷一是。陳昚認爲是我國東北地區的古國,也有國外學者主張在廣西壯族自治區的扈寧縣,或者將其比定在今菲律賓境内,或者在今韓國忠清南道禮山郡德山面,更有主張黑齒國屬於中國九州三十六國,位於太行山以東邊方地區。

《大唐□部將軍功德記》銘,位於山西太原西南約 40 公里的天龍山石窟第 15 窟,《功德記》拓片高 96 釐米,寬 64 釐米。長期以來,研究者對此投入很大的熱情,取得了一定的成果。其中清人顧炎武《金石文字記》、錢大昕《潛研堂金石文字跋尾》、洪頤煊《平津讀碑記》等書均撰有跋文,王昶編《金石萃編》卷六八、董誥等編《全唐文》卷二八二中收錄全文。迄今爲止,岑仲勉教授依據《全唐文》卷二五三《命姚崇北伐制》,考訂上述"大唐□部將軍功德記"中的"□"爲"勿"[1],馬馳認同岑仲勉的看法。據姜清波研究,章群教授可能依據《全唐詩》卷七三《昆明池晏坐答王兵部珣三韻見示》詩,認定此處"□"爲"兵",但實際並非如此,進而採用岑仲勉的觀點[2]。無疑,認定"□"爲"勿"是正確的,功德記中提到勿部珣"本枝東海,世食舊德,相虞不臘,之奇族行,太上懷邦,由餘載格,歷官内外,以貞勤驟徙,天兵重鎮,實佐中軍"。對此,研究者認爲勿部珣應出自百濟,國外有學者以"本枝東海"爲據,並考證《日本書紀》中有關記載,主張勿部珣應是出自倭國系統的百濟人[3]。勿部珣"内子樂浪郡夫人黑齒氏,即大將軍燕公之中女也,躋京陵,越巨壑,出入坎窖,牽攣莖蔓,再休再呬,乃詹夫淨域焉",就是説,燕國公黑齒常之之有三個女兒,勿部珣夫人排行第二,故有中女之稱。這樣,就可瞭解黑齒常之共有三女一男四子,其子黑齒俊已於神龍二年(706)五月別世,他的三個姐妹仍健在。有關這件功德記資料,顔尚英《盛唐玄宗朝佛教藝術的轉變》也有論及[4],但主要關注的是石窟佛教藝術方面的問題。

2. 對出土墓誌史料的新詮釋

---

① 岑仲勉《金石論叢》,中華書局 2005 年版。
② 姜清波《入唐三韓人研究》,暨南大學出版社 2010 年版。
③ 〔韓〕盧重國《百濟社會思想史》,(韓)知識產業社,2011 年,第 122—125 頁。
④ 顔尚英《盛唐玄宗朝佛教藝術的轉變》,(臺北)《中央研究院歷史語言研究所集刊》1996 年第 2 輯。

上述扶餘隆、黑齒常之、勿部珣等人，文獻史料已有載錄，研究者多有瞭解，墓誌的出現爲進一步探討提供了空間。隨後發現的入唐百濟移民墓誌則開闊了百濟史、古代中韓關係史，以及入唐百濟移民的研究視野，豐富了研究素材。

與黑齒常之墓誌幾乎同時出土的還有其子黑齒俊墓誌。該志石收藏單位不明。任職南京博物院的束有春等論文中明確指出："此墓誌志石現已不見，南京博物院僅藏有其墓誌拓片。"由現存曲石精廬所藏拓片可知，志石高 43 釐米，寬 43.3 釐米①。而董延壽、趙振華認爲該墓誌石收藏於南京博物院，長 53 釐米，寬 54 釐米。另據其他管道瞭解的情況，南京博物院確實没有收藏黑齒俊志石。此志石是否還存留於世？抑或收藏於何處？無從知曉。黑齒俊墓誌有 700 字，其中重要的内容就是黑齒俊爲父申冤。有研究者認爲，黑齒俊爲父鳴冤平反分兩個步驟，其一先摘掉父親"謀反"的帽子，其二要求遷葬父親的墳墓。武則天權衡各種情況，可能受到來自徹底肅清酷吏政治造成惡果的朝野群情壓力，兩次下詔爲黑齒常之昭雪平反，也滿足了黑齒俊爲父申冤平反的心願。黑齒俊神龍二年（706）31 歲英年早逝，依此推算，其應出生於 686 年（按：古人均按虛歲記年齡），上述束有春、馬馳論文中均認爲其出生地應在百濟故地，從黑齒氏父子墓誌看，可以得出這個結論。另外，黑齒俊之早逝，可能與其十餘歲就遭受父死家破以及酷吏白色恐怖，隨後又從軍頻歷戰陣有關。據姜清波、拜根興研究，他的姐姐、姐夫修造佛像，請人撰寫《大唐勿部將軍功德記》，很可能就是爲他祈福所採取的行動。不管如何，黑齒常之、黑齒俊父子墓誌的出土，加上"大唐勿部將軍功德記"，研究者對於入唐百濟移民黑齒常之家族個案，他們入唐前家族繁衍發展、入唐後的經歷等均有較爲詳細的瞭解。

難元慶墓誌 1960 年出土於河南魯山縣張店鄉張飛溝村，現藏魯山縣文化館。墓誌高、寬各 56 釐米，厚 9 釐米，29 行，行 30 字，志文撰者不明。中國文物研究所、河南文物研究所合編《新中國出土墓誌·河南一》下册、《全唐文補遺》第 6 輯收錄。關於難元慶墓誌，以及難元慶其人研究，當首推馬馳《〈難元慶墓誌〉簡釋》②。該文分志主的姓氏及族屬、志主高祖的官稱和父祖仕唐、志主事蹟，志主家居地、卒地與夫人和葬地四部分，闡述了"難元慶出自烏桓説"、難元慶家族譜系，以及難元慶在唐的生活狀況。難元慶於開元十一年（723）卒，享年 61 歲，他應出生於 663 年。馬馳氏認爲難元慶出生地應在百濟，"即其父任職所在的支潯州，但不久因支潯州廢棄和乃祖德熊津府的僑治建安故城，其童年時當追隨父母或祖父歷經顛沛流離之苦"，墓誌文詳細記載了難元慶爲大唐王朝建功立業的事實。開元九年（721），難元慶官拜"宣威將軍，遷汾州清勝府折衝都尉"，成爲唐

① 束有春、焦正安《唐代百濟黑齒常之、黑齒俊父子墓誌文解讀》，《東南文化》1996 年第 4 期。
② 馬馳《〈難元慶墓誌〉簡釋》，收入趙振華主編《洛陽出土墓誌研究文集》，朝華出版社 2002 年版。

朝正四品職事官。兩年後,難元慶卒於"汝州龍興縣之私第"。對此,馬氏也有專門論述。另外,姜清波在其博士論文中追述了馬馳的研究成果並有所闡發①,總之,有關入唐百濟移民難元慶的研究,不僅要搞清其族屬和入唐經緯,還要與 8 世紀初唐朝對北部邊疆戰略變遷結合起來,如此才能以獨特的視角,得出令人信服的結論。

姜清波《唐代百濟姓氏"福富順"與"扶餘"辨正》(《東疆學刊》2012 年第 1 期)、《百濟國末代王室及後裔在唐朝的漢化過程考述》(《暨南大學學報》2012 年第 11 期)兩篇論文,探討百濟滅亡後,百濟王室及其後裔在唐生活軌跡,並對百濟"扶餘"姓氏在唐代的演變做了考述。孫煒冉《唐代百濟蕃將沙吒相如考疑》(《通化師範學院學報》2012 年第 7 期),依據現有中、韓、日三國史料,對於沙吒相如家族在百濟的地位,他本人與黑齒常之的關係做了考述,並質疑學界認爲沙吒忠義是沙吒相如之子的觀點,認爲兩者應爲同一人物。

三、新發現的百濟移民墓誌及其研究

最近幾年,入唐百濟移民重量級人物墓誌史料出土頻傳捷報,研究者很受鼓舞,有利於研究的深入。

1. 禰寔進墓誌

2007 年《東北史地》雜誌第 2 期刊發了董延壽、趙振華《洛陽、魯山、西安出土的唐代百濟人墓誌探索》一文,論及此前衆所周知入唐百濟移民墓誌的同時,公佈了世紀之交在西安南郊大學城一帶被盜掘後,輾轉流落洛陽坊肆的《大唐故左威衛大將軍來遠縣開國子柱國禰公(寔進)墓誌銘》,並做了較爲全面的探討,堪稱對這方墓誌研究的開山之作。該墓誌蓋方形,邊長 57 釐米,厚 15 釐米。篆書大字 4 行,行 4 字:"大唐故左威衛大將軍禰寔進墓誌之銘"。志方形,邊長 58.5 釐米,厚 13 釐米。楷書 18 行,滿行 18字,實有 288 字。

首先,文獻史料中沒有禰寔進其人的任何資訊,針對此狀況,該文在公佈墓誌録文的同時,逐一論述墓誌中的重要內容:涉及禰寔進國籍本貫"百濟熊川"的地理位置;禰寔進祖父、父親均官"左平一品",引出百濟的職官制度;考察"禰"姓的來源,著重論述活躍於百濟滅亡前後的百濟人禰植、禰軍事蹟;認爲墓誌中出現的"滄海青丘",就是朝鮮半島;對墓誌中牽涉禰寔進生平的文字,利用豐富的古漢語知識和詳盡的史料加以考釋,

---

① 姜清波《入唐三韓人研究》,暨南大學出版社 2010 年版,第 163—165 頁。

得出“禰氏是隨同扶餘隆、黑齒常之等迫於形勢投降唐朝廷而頗受重用者”的結論。最後，作者還考察了禰寔進的“卒年葬地”，指出其咸亨三年（672）“因行”而薨，推測其“以先後入華且語言相通，朝廷是否派遣禰寔進赴萊州參與安撫内人的高麗移民呢？還是承擔臨時差遣呢”等；考證禰寔進卒地萊州黃縣、葬地長安南高陽原；認爲墓誌言多用典妙語駢列，對墓主入唐經緯多有隱晦，不書撰寫人姓字，對墓主妻族子嗣不置一詞，其名寔進是異韻音譯還是唐朝恩賜等都是一個謎。針對新公佈的禰寔進墓誌，拜根興《百濟移民〈禰寔進墓誌銘〉關聯問題考釋》論文，在認同上述董、趙文論述的基礎上，進一步考察墓誌關聯的其他問題。首先，作者引用現存文獻、考古資料，考察7世紀中葉百濟滅亡前後，作爲熊津方領、百濟王扶餘義慈近臣的禰植其人動向，禰植是促成百濟王投誠唐羅聯軍的重要人物。同時，墓主禰寔進入唐後何德何能官拜三品左威衛大將軍，堪與扶餘隆同朝並列，效力邊境浴血奮戰的百濟人黑齒常之生前也不過官任三品左武衛大將軍，墓誌中隱晦華麗的言詞必有玄機。還有，韓文中“植”與“寔”發音相同，禰寔進應是禰植入唐後根據原名讀音改定的漢字名字，推證墓主禰寔進就是文獻中出現的“禰植”。其次，作者排除了禰寔進到達萊州起因於高麗移民安置的可能性，認爲墓誌“行薨”中的“行”，當作“行營”或者“行軍”理解，應該是唐朝派投誠的百濟人士前往百濟，支援百濟熊津都督府勢力，抵禦新羅勢力的蠶食，堅守百濟故地。論文還對實施控制百濟王行動、投誠唐羅聯軍的禰植（即禰寔進）入唐後的生活狀況做了探討①。此外，韓國學者金榮官撰寫《百濟遺民禰寔進墓誌銘介紹》（《新羅史學報》總第10輯，2007），經中國學者金憲鏞翻譯，發表於西安碑林博物館編印的《碑林集刊》（第13輯，2008）上。拜根興還在上述《入鄉隨俗：墓誌所在入唐百濟遺民的生活軌跡》文中有所涉及，在此不贅。

　　董、趙論文中還提到諸思計墓誌，認爲其亦爲入唐百濟移民。拜根興在上述《陝西師範大學學報》2009年第4期發表的論文中，同意韓國學者金榮官的觀點，認爲諸思計應爲渤海入唐者，並非百濟移民。

　　2. 出自百濟王室的扶餘氏墓誌

　　北京大學歷史系榮新江教授主編的大型刊物《唐研究》第12輯中，刊載了陝西考古研究所張蘊氏《〈唐嗣虢王李邕墓誌〉考》一文，其中提到2004年清理陝西富平縣南約三公里處北呂村西北一古墓時，發現分屬唐嗣虢王李邕及夫人扶餘氏墓誌兩合之事，該文在公佈墓誌全文之後，重點考釋了墓主嗣虢王李邕墓誌文，指出“其夫人（扶餘氏）

誌留待後文"考察。因李邕夫人扶餘氏獨特的姓氏（可能與百濟王室有關）緣故,此文2006 年發表之後,扶餘氏墓誌公之於世很受期待。2008 年 4 月,碑林博物館編印的《碑林集刊》總第 13 輯上刊載張蘊、汪幼軍《唐〈故虢王妃扶餘氏墓誌〉考》一文①,才使研究者對這位神秘的扶餘氏有所瞭解。

根據該文提供的資訊,扶餘氏墓誌蓋爲長方形盝頂式,左、右邊長 74 釐米,上、下邊長 70 釐米,底沿厚 2 釐米,志蓋厚 13 釐米,四殺斜長 16 釐米,殺面上細綫陰刻波浪式卷葉牡丹石榴圖案。盝頂左、右邊長 48 釐米,上、下邊長 42 釐米,面上陰刻篆文三行九字"唐故虢王妃扶餘誌銘",字跡清晰,風格古樸。志石仍爲長方形,左、右邊長 74 釐米,上、下邊長 70 釐米,厚 9 釐米,面上打磨光滑,陰刻楷書 30 行,滿行 31 字,字體遒勁暢達,鑿刻清晰有力。四邊立沿陰綫刻畫波浪式卷葉牡丹紋樣,因受地下水侵蝕,立面斑駁較甚,圖案已不清晰。志文共 944 字,撰者爲"朝議郎守中書舍人安定梁涉"。同樣,該文詳細考證墓誌所及墓主相關的諸多方面,使研究者對百濟王室第三代在唐生活的具體情況有所瞭解。

張、汪發表上述論文之後,因間隔時間短等原因,現在只看到拜根興發表的論文中有所涉及。韓國學者金榮官也發表有相同内容的論文。

3. 禰氏家族墓誌（禰素士、禰仁秀、禰軍）

如上所述,《禰寔進墓誌銘》公佈之後,在中韓學術界引起很大的關注。中韓兩國學者趙振華、拜根興、金榮官、李道學等人紛紛撰寫論文,産生了重要的學術影響。到了2011 年,吉林省社會科學院《社會科學戰綫》發表王連龍《百濟移民〈禰軍墓誌〉考論》一文②,公佈出土於西安長安區郭杜鎮一帶的禰軍墓誌文。2011 年 8 月 26 日,由韓國駐西安領事館、西安市文物局、韓國獨立紀念館、西安博物院等聯合舉辦了"西安地區中韓歷史文化交流學術研討會"。西安文物保護考古院的張全民研究員在會上發表了《唐禰氏家族墓的考古發現與初步研究》論文,首次公開新發現的禰氏家族墓地消息,並做了初步研究③,拜根興也發表有專題論文和綜述④,韓國學者金榮官也有論文刊出⑤。值得一提的是,禰寔進的孫子禰仁秀墓誌中有"泪子寔進,世官象賢也。有唐受命,東討不庭。即引其王歸義于高宗皇帝"的記載,證明了筆者此前所作文獻史料中熊津方領禰植就是

---

① 張蘊、汪幼軍《唐〈故虢王妃扶餘氏墓誌〉考》,《碑林集刊》第 13 輯,陝西人民美術出版社,2008 年。
② 王連龍《百濟人〈禰軍墓誌〉研究》,《社會科學戰綫》2011 年第 7 期。
③ 張全民《新出唐百濟移民禰氏家族墓誌考略》,《唐史論叢》第 14 輯,2012 年。
④ 拜根興《入唐百濟移民禰氏家族墓誌關聯問題研究》,〔韓〕《韓國古代史研究》第 66 輯,2012 年。
⑤ 〔韓〕金榮官《中國發現百濟遺民禰氏家族墓誌銘檢討》,〔韓〕《新羅史學報》第 24 輯,2012 年。

禰寔進其人的推斷①。還有，禰素士、禰仁秀墓誌涉及禰氏祖先、禰寔進歸唐的具體事項、禰氏後裔的生活狀況等，爲探討禰氏家族在唐生活提供了真實的史料。而儀鳳三年（678）鐫刻的禰軍墓誌不僅提到"日本"兩字、禰軍出使倭國，而且涉及唐朝與新羅交涉的諸多内容，這些均在中日韓學術界產生了巨大反響②。相信隨着禰氏家族四合墓誌研究的深入，對唐與百濟關係、百濟移民的生活、唐與日本關係等問題的探討將會有重大的幫助和突破。

4. 大唐西市收藏百濟移民陳法子墓誌

陳法子墓誌2007年被大唐西市博物館收藏，因其並非正規的考古發掘，難能知曉其出土的準確時間，但其出土於2007年之前當是可以認定的。同時，因志文中有武周天授二年（691）葬於洛陽邙山之原的記載，故出土於洛陽亦可確定。胡戟、榮新江主編《大唐西市博物館藏墓誌》出版之後，拜根興《入唐百濟移民陳法子墓誌關聯問題考釋》一文③，對於墓誌中提到的陳法子先祖進入朝鮮半島的路綫，所任官職，以及陳法子本人入唐後的爲官經歷做了考述，特別是對志文中提及的百濟地方四個郡名，依據現有史料做出了自圓其説的解釋，文章還對百濟滅亡與陳法子入唐經緯做了探討。陳瑋《新見武周百濟移民陳法子墓誌研究》則引用史料，著重探討陳法子作爲百濟西部人，其先世源於中原，以及陳法子曾祖擔任百濟太學正等問題，也涉及陳法子父祖擔任百濟地方麻連大郡、馬徒郡，以及陳法子本人擔任既母郡、稟達郡官職，並對史料中出現的諸多中原人士擔當百濟中央地方官職多有探討；文章還探討了陳法子入唐後擔當唐朝官職情況，解釋志文中既稱百濟爲"本邦"，入唐後又有"異邦"之感受的矛盾心態，認爲墓誌"爲研究中古東亞漢文化圈中的漢裔群體，在地域流動中所體現的族裔感知與認同提供了獨特視角"④。無論如何，陳法子墓誌爲學術界提供了入唐百濟移民新的人物樣本，彌足珍貴；特別是墓誌涉及的幾個百濟地方行政地名，百濟滅亡前的職官等，值得進一步深入研究。關於此墓誌，韓國學者金榮官亦發表《百濟遺民陳法子墓誌研究》論文⑤。

有兩本專著涉及入唐百濟移民研究。其一，姜清波《入唐三韓人研究》（暨南大學出版社2010年版），探討百濟人入唐概況，入唐百濟使者，唐朝對百濟王室後裔及臣僚安置，史書中列傳記載的百濟人事蹟，參與唐中宗時期宮廷政變的百濟人等。書中對百濟移民沙吒忠義、沙吒利的論述頗見功力，填補了研究空白，但對一些最新的考古發掘資料（如

① 拜根興《百濟遺民〈禰寔進墓誌銘〉關聯問題考釋》，《東北史地》2008年第2期。
② 拜根興《中國學界的百濟移民禰氏家門墓誌銘檢討》，〔韓〕《韓國史研究》第165輯，2014年。
③ 拜根興《入唐百濟移民陳法子墓誌關聯問題考釋》，《史學集刊》2014年第3期。
④ 王雙懷、梁詠濤主編《武則天與廣元》文集，文物出版社2014年版。
⑤ 〔韓〕金榮官《百濟遺民陳法子墓誌銘研究》，〔韓〕《百濟文化》第50輯，2014年。

百濟王室後裔扶餘王妃墓的考古發掘）並未觸及,影響了論述的力度。其二,拜根興《唐代高麗百濟移民研究:以西安洛陽出土墓誌爲中心》(中國社會科學出版社 2012 年版),在前人研究的基礎上,對迄今爲止西安洛陽出土的百濟移民十一方（件）墓誌石刻作了較爲深入的探討,特別是對西安近年來出土的百濟王室後裔扶餘王妃墓誌、西安南郊出土的百濟移民禰氏家族墓誌,以及黑齒常之、黑齒俊父子墓誌的解釋,作者掌握最新研究動態,熟悉韓、日學界的研究,梳理探討成一家之言,進而將入唐百濟移民的整體研究推進到了一個新的臺階。

四、對現有研究的回顧與檢討

縱觀中國學術界對百濟史及入唐百濟移民的研究,雖然取得了一定的成果,尤其對出土百濟移民墓誌史料的考察探討,但無疑也存在一些亟需解決的問題。

首先,與研究入唐高麗移民、新羅僑民相比,可能是缺少史料及資源配置失衡等原因,從事入唐百濟移民研究者並不多,現有研究者也多是偶爾涉及這一領域,並不是專門或一定時期內將此作爲重要的研究議題,因而缺乏一個探討的群體氛圍。

其次,由於缺乏組織性,研究者各自爲戰,對於已有研究成果不瞭解或者欠缺查找耐心,總認爲自己探討的命題是唯一的或具有一定水準,造成研究者各説各話,甚至有炒冷飯之嫌。例如對黑齒常之其人研究,趙超先生 1988 年發表的論文中,通過探討黑齒常之墓誌,首次指出《新唐書》黑齒常之傳中記載其擔當洋州刺史,極可能爲"沙泮州刺史"之誤,隨後出現的幾篇論文,要麼重提此問題,要麼不知所云,也没有注釋説明,均以爲是自己的發明;對黑齒常之的世系排列也是如此,每篇論文都要提到,但都没有提及在此之前的研究,此極不符合學術研究的規範,應引起特別注意。

其三,可能是語言不通等原因,由於缺乏和國外同一研究領域學者交流切磋,出現研究資源浪費,更遑論學術觀點的商榷和討論。如韓國學者李文基、李道學 1991 年已發表過有關黑齒常之墓誌論文,但國内學者並不知道,此後出現研究黑齒常之墓誌的論文也未見提及上述研究。當然,隨着網路資訊化的提高,雙方留學人員的增加,以及深層次學術交流的頻繁,各自研究成果的互通瞭解當是可以辦到的。

其四,由於没有專門從事入唐百濟移民的研究者,當新史料出現時缺乏相應的敏感度,有時出現研究成果出籠遲緩,很難做到近水樓臺先得月,這些也是值得學界重視的問題。相信通過各地研究者的不懈努力,如上問題會得到妥善解決。

如上所述,中國學者對入唐百濟移民的研究可上溯到上世紀 20 年代,伴隨着入唐百濟移民墓誌的出土，一些學人步入研究行列，其中以金石學家羅振玉爲代表，包括著名隋唐史專家岑仲勉、書法家許平石等。80 年代中期，在此之前出土的一些石刻墓誌史料公之於世，開啓研究的第二個階段，研究論文無論數量還是品質均有提高，研究者開始關注更廣闊的領域，研究走向深入。老一輩研究者如章群等人在其論著中涉及入唐百濟移民活動，趙超、馬馳、陳長安、張劍等北京、西安、洛陽學者加入其中，撰寫了許多有份量的論文。進入新世紀後，隨着中國與韓國外交關係的確立，兩國間的學術交流更加頻繁和深入，開闊了研究者的視野。與此同時，洛陽、西安兩地新的考古史料不斷公佈，既凝結着考古工作者的辛勤汗水，也激發了其他研究者探索的熱情，出現了一些新的高品質的研究成果。黃清連、趙振華、周裕興、姜清波、張蘊、拜根興、張全民、馮立君、陳瑋，以及一些民間學者如趙智濱（河南省安陽市文化局）的論文，就是在這種背景下出現的。不僅如此，順應中韓雙方交流深入的潮流，一些韓國學者因在中國大學留學或者合作研究的緣故，如趙胤宰、朴淳發等先生，他們的研究成果要麼被翻譯，要麼自己撰寫論文在中國學術雜誌上刊出，客觀上也強力推動了中國學界的研究。而東北等地域的一些大學碩士研究生論文選題，其中選擇百濟史或百濟移民史研究也在逐漸增多，近年來就有多篇碩士論文產出[1]。相信通過海內外學界同仁的共同努力，中國學界對於研究中存在的一系列問題，將會總結教訓，加強交流，積極努力，爭取獲得新的研究成果。

---

[1]　延邊大學碩士論文有：于暢《黑齒常之考論》，2008 年度碩士論文；李春香《試論百濟與隋唐的政治關係》，2010 年度碩士論文；鄭大偉《百濟移民問題探析》，2010 年度碩士論文；周曉嬌《試論南朝佛教在百濟的傳播和影響》，2013 年度碩士論文。張開霞《碧骨堤之興廢及其風俗文化研究》，2013 年度碩士論文。吉林大學：于春英《百濟與南北朝朝貢關係研究》，2009 年度碩士論文。東北師範大學：杜金唐《白村江戰役與東亞格局的演變》，2011 年度碩士論文。陝西師範大學：李婷《流入日本的百濟、高句麗移民研究》，2008 年度碩士論文。

讀《略談秦的教育》書後

劉九生[*]

一

關於"秦的教育"，吾人的知識原本少之又少，近乎一片空白。如果說，這種"古已有之"的局面，現在終於有了根本性的改觀，筆者以爲應該首先歸功於黃留珠老師的工作。

黃老師憑藉古典文獻與新出土材料，用三篇文章，就究明了秦的社會教育"法官法吏制"，究明了秦的學校教育"學室"及其"學童"，究明了秦的教育體系秦的貴族教育和學校教育以及相關的教學內容、考試和進用制度，從而重建了"秦的教育"，給素稱"精耕細作"的秦史增添了嶄新的一頁。

知難，行亦不易。先哲嘗言：史學就是史料學，史學全是史料學，史學本是史料學。強調的是材料尤其是新出材料在歷史研究中的極端重要性。材料本身不會自己開口說話。材料要解釋。解釋的前提是認知。認知有一過程。任何材料都不可能是純粹孤零零的單純存在。解釋或認知必須考量與之相關的歷史縱深的諸多方面。每一方面都得靠材料說話。有一分材料說一分話，有二分材料說二分話，有三分材料說三分話，沒有材料不要說話。從無到有，從少到多。黃老終於重建了"秦的教育"的漫長過程，正是這樣一個非常拘泥於材料，從史料求史識的漫長過程。沉潛往復，思絲不斷，低調宏論，不期而然。縱觀黃老師重建"秦的教育"的三篇文章，選題嚴，方法精密，開掘得深，故而能從"秦的教育"的脈動，把握秦史的聯繫推移，多少都揭示出秦始皇三十四年（前213）因"焚書"以及與之俱來的"以法爲教，以吏爲師"而導致的"秦政"的衰變，見人所未見，言人所未言，極富啓示，讓吾人以一種新的方式，去思索秦始皇與秦史的方方面面，重估秦文明的價值。

依筆者粗略地統計，黃老師重建了"秦的教育"的三篇文章，總計不過17000字。其中：①《略談秦的法官法吏制》7000字（1981）；②《"史子"、"學室"與"喜揄史"》3500

---

* 作者簡介：劉九生（1948—），男，陝西岐山人，陝西師範大學歷史文化學院副教授。

字（1983）；③《略談秦的教育》6500 字（2011）^①。從 1981 到 2011 年，三篇文章先後發表的時間跨度長達整整 30 年。而且，似乎都沒有發"權威"。有兩篇大約是"核心"，另一篇是否在"核心"，待考。是否"重大"課題或"專案"，未見標明。是否被"轉載"、"復印"和"介紹"，筆者未見到。剩下來，工作的意義，文章的價值，當然只有從工作本身、從文章本身來判斷了。文章不長，分量不輕。"板凳甘坐十年冷，文章不寫十年空"；"不輕易寫文章"；"寫文章必提出問題，解決問題"。黃老師這三篇文章堪稱典範。

"舉一反三"。筆者拿黃老師一篇文章的題目作代表，寫三篇文章的讀後感，討論"秦的教育"，跟讀者分享。只恐怕畫虎不成，辱没了黃老師清名，到頭來反成了自己邯鄲學步的寫照，奈何？

二

秦族歷史源遠流長。秦人非常珍惜自己民族的歷史，一代接一代，從中汲取靈感和力量。秦人自己記載下來的自己的歷史《秦記》，没有流傳下來。傳世的秦文獻跟秦人的實際表現極不相稱。古典文獻中，關於"秦的教育"，依稀可見的材料，充其量不過三幾條。有心研究秦教育的學人或權威的論著曾加以引用，卻無一字相應的解釋，自然不能在"秦的教育"的重建上發揮作用。

如所周知，秦始皇"焚書""坑儒"的暴行，"秦代無文"的觀點，章太炎《秦獻記》《秦政記》^②，魯迅《漢文學史綱要》《華德焚書異同論》^③，錢穆《秦漢史》^④，多少都基於歷史的實際，基於各自的社會觀點政治觀點，爲之辯解、剖白、澄清。然而，今人的研究，似乎更傾向肯定漢朝儒生賈誼《過秦論》。儒家重王道。秦政本"以霸、王道雜之"。賈誼基於漢儒王道仁政理想而"過秦"，卻很容易使人無視或忽視了"秦的教育"。西漢一代占絕對支配地位的統治思想"暴秦論"及其代表作賈誼《過秦論》，像擺不脱的夢魘一樣，糾纏着活人的頭腦。

① 黃留珠：《略談秦的法官法吏制》，《西北大學學報》1981 年第 1 期，又見黃留珠：《秦漢歷史文化論稿》，西安：三秦出版社 2002 年版；《"史子"、"學室"與"喜揄史"》，《人文雜誌》1983 年第 2 期，又見黃留珠：《秦漢歷史文化論稿·讀雲夢秦簡札記四則："史子"、"學室"與"喜揄史"》，西安：三秦出版社 2002 年版；《略談秦的教育》，秦始皇帝陵博物院編：《秦始皇帝陵博物院 2011》，西安：三秦出版社，2011 年。
② 章太炎：《秦獻記》，《太炎文録初編》卷 1，《章太炎全集》第 4 卷，上海：上海人民出版社 1985 年版，第 69—71 頁；《秦政記》，《章太炎全集》第 4 卷，第 71—73。
③ 魯迅：《李斯》，《漢文學史綱要》第 5 篇，《魯迅全集》第 9 卷，北京：人民文學出版社 1981 年版，第 381—382 頁；《華德焚書異同論》，《准風月談》，《魯迅全集》第 5 卷，第 213—214 頁。
④ 錢穆：《秦漢史》第 4 節《秦之文化》，北京：三聯書店，第 18—32 頁。

漢承秦制,這是吾人考量"暴秦論",有可能走向歷史的真實,逼近"秦的教育"的一個入口處。

漢承秦制,莫過於律令。新近的研究告訴人們:"漢初律令沿襲秦制,經文、景、武、宣諸朝的改革,日趨完備,奠立了中央集權式國家律法之基礎。"①宣帝,公元前74—前48年在位。上距公元前206年秦王朝滅亡,時間不可謂不長。"從對漢初律令歷程的剖析,可見其複雜、曲折、特殊之處:(1)政治上否定秦法而實際上承用秦法。(2)最初的漢律如約法三章、九章律,都是秦法的壓縮和重編。(3)本欲簡法輕刑,或淡化秦律,但實踐中很難做到,反而越來越繁雜和依靠秦律。(4)積極不斷地修改秦法和增補新的漢律内容。此乃因漢初一切草創,百廢待興,所謂勢出必然。劉邦廢秦法、約法三章,與暴秦示別,是一種農民的政治理念和決擇。而蕭何一批智囊則以爲,完全拋棄秦法,既無必要,也不可能。"②見諸陽陵,修陵人戴的刑具,沉重、殘酷的程度,絲毫不比秦始皇驪山陵遜色,可能有過之而無不及。陽陵,"文景之治"的景帝之陵。宣帝,緊接景帝。景帝,公元前157—前141年在位。景帝,緊接文帝。文帝,公元前180—前157年在位。賈誼生於公元前220年,恰當統一秦的第二年即秦始皇二十七年;逝於公元前168年,恰當文帝十二年。賈誼二十多歲,即受到文帝重用,任爲博士,擢升太中大夫,朝廷許多法令制定,皆由賈誼主持。賈誼的思想,以儒家爲主,同時頗有法家成分。另外,須知《過秦論》對統一過程中的秦或戰國秦及秦王嬴政備極歌頌,所"過"之"秦"乃統一秦或"帝秦"及"始皇"。

人亡政不息。對秦始皇及"秦政",尚需要作分析。應該説,跟接踵而來的皇帝一樣,"文治"與"武功",秦始皇兩手並用,兼而有之,並不遜於後來那些傑出的帝王。秦始皇完成統一,巡狩天下,立石刻,頌秦德,明得意,近十年之間,立石刻七篇。《劍橋中國文學史》的作者告訴人們:

> 所有這七篇石刻,不僅是對帝國一統的紀念,也是對刻石、頌美這一行爲本身的紀念;不僅是對始皇帝功業的歷史化,也是對當下肯定皇帝功業這一行爲本身的歷史化。這些石刻文由七十二行或三十六行組成,其長度、用韻均有規律可循。石刻文的辭彙、措辭風格、政治修辭,都讓人想到它與《詩經》中的雅頌詩及前帝國時期青銅銘文之間的承繼關係:頌美天下統一,不是視之爲軍事勝利的結果,而是意味

---

① 初世賓:《〈二年律令·賊律〉整理芻議》,卜憲群、楊振紅主編:《簡帛研究2004》,桂林:廣西師範大學出版社2006年版,第173頁。
② 初世賓:《〈二年律令·賊律〉整理芻議》,卜憲群、楊振紅主編:《簡帛研究2004》,桂林:廣西師範大學出版社2006年版,第183頁。

着建立良好的道德秩序。石刻文借用了早期表達的宗教語言，但它不是只對宗廟祭祀中的聽衆説話，而是在帝王巡狩這一新的政治儀式的架構中向所有的天地神靈致辭。①

試問：《劍橋中國文學史》作者的這個説法是對還是錯？從這個説法來判斷"秦皇"的"文采"差還是不差？見諸七篇石刻，"秦皇"儒家式綱常倫理道德説教，難道還嫌少嗎？"法家思想追蹤至最後，仍然是希望能以仁道、倫常治國，這倫常的價值實則爲儒家思想的内容。誠然法家在刑法上與儒家不同，較爲嚴厲，但基本哲學上還是不能擺脫儒家的"②。"秦政"恰恰因爲有"法家""儒家"那些永遠無法完美調和的價值觀的存在，而變得異乎尋常的有力、强健和豐富。

三

"法家不别親疏，不殊貴賤，一斷於法，則親親尊尊之思絶矣"③。見諸《商君書》，商鞅及其後學，宣導以法令爲主導的"壹教"，統一進行教化或社會教育；"而富貴之門，必出於兵"，以養成秦人尚武精神。"是故民聞戰而相賀也，起居飲食所歌謡者，戰也"④。一旦國家需用，"民之見戰也，如餓狼之見肉"，父送其子，兄送其弟，妻送其夫，齊上戰場，皆曰："不得，無返。"又曰："失法離令，若死我死。"⑤猶如口口聲聲在叮嚀：不得勝，就別回來；你在前方違反法令，你被處死，我也得死！受如此教化薰陶出來的人，才算夠得上"强國之民"。聽其言而觀其行，始自商鞅變法，秦人上上下下，對秦法由"不信"到"信"，由感到"不便"到逐漸適應、習慣。"行之十年，秦民大説［悦］，道不拾遺，山無盜賊，家給人足。民勇於公戰，怯於私鬥，鄉邑大治。"⑥商鞅變法，培養良好的民族性與國民性的秦的社會教育，顯而易見，當然非常之成功。誠如中國教育哲學史的研究成果所揭示："商鞅的軍國主義理論指向社會的方方面面，其中喜功好戰、堅韌不拔的國民性的養成等教育問題又是至關重要的根本所在。"⑦《詩·秦風》徐來，《無衣》的豪放雄壯，《黄鳥》的

---

① 〔美〕孫康宜、〔美〕宇文所安主編：《劍橋中國文學史》上卷，劉倩等譯，北京：三聯書店2014年版，第117—118頁。
② 勞榦：《從儒家地位看漢代政治》，《古代中國的歷史與文化》，北京：中華書局2006年版，第34頁。
③ 《史記》卷130《太史公自序》引司馬談"論六家之要指"，北京：中華書局1975年版，第3291頁。
④ 《商君書新注》編輯組：《商君書新注》第17《賞刑》，西安：陝西人民出版社，第168頁。
⑤ 《商君書新注》編輯組：《商君書新注》第18《畫策》，第175頁。
⑥ 《史記》卷68《商君列傳》，第2231頁。
⑦ 陳超群：《中國教育哲學史》第1卷《本卷引言》，濟南：山東教育出版社2000年版，第3頁。

悲天憫人凜凜正氣,在商鞅變法後的秦國,引起了有力、强健和豐富的回聲。商鞅及其後學企圖改變夏商周以來"三代不四"①格局的緊張努力奇跡般成功,似乎先進的關東落後的秦國互相易位,歸根結底,在於商鞅及其後學設計、完善的包括社會教育在内的制度,掌握了秦國人,抓住了決定社會歷史速率的一個最根本的環節:人。從而張揚起了秦文明的生命力,撑起了秦文明的高度。

秦始皇"奮六世之餘烈,振長策而御宇内"(賈誼)。並且,賈其餘勇,企圖將秦社會教育的成功經驗推向"宇内"。原六國貴族本對秦懷有敵意,不甘心國亡家破,要使那裏的原住民對秦法由"不信"到"信",由感到"不便"到逐漸適應、習慣,必須靠實踐來探明。時代、環境、條件和傳統,各千差萬别,單靠老一套,無異於刻舟求劍,守株待兔。行"壹教"於天下,這本來就是一個重大無比困難無比的任務,巡狩天下,雄心勃勃又小心翼翼,秦始皇正朝着既定的目標前行,不幸這個進程被秦始皇自己隨心所欲爲所欲爲的"焚書"以及與之俱來的"以法爲教以吏爲師"的負的方法打斷了。再加上秦始皇三十五年(前212年)"坑儒",排他性的、獨斷的"官吏本位"取代了"法令本位"(必爲法令置官置吏"爲天下師"即"法官法吏制"衰變爲"以法爲教以吏爲師"的"官師"或"吏師")。由此而導致的"秦政"體制性衰變,無可逆轉。七篇石刻的最後一篇,第七篇,刻於秦始皇三十七年(前210年)。這第七篇石刻,一如往昔,仍以"社會教育"爲主題,宣稱"秦聖臨國""嘉保太平"②。然而,大錯已經鑄成。今非昔比,"法官"或"法吏"衰變爲"官師"或"吏師","以法爲教"的體制失靈了。秦始皇没有悔罪,他也斷無悔意,而且後悔也來不及了。秦始皇駕崩三十七年的這次巡狩途中。統一秦在更廣闊的地域培養良好民族性與國民性的美好願望只能是綿綿無絶期的水月鏡花。落花有意,流水無情。權力導向腐敗。繼父皇御宇内,秦二世聽趙高之謀,"乃更爲法律";從李斯之計,"行督責益嚴,税民深者爲明吏"③。這跟商鞅及其後學所宣導,並貫徹、施行的"法官法吏制",殊爲對照,即:"吏民[欲知]法令者,皆問法官。故天下之吏民,無不知法者。吏明知民知法令也,故吏不敢非法遇民,民不敢犯法以幹法官也。"④回到本文的主題上來説,"秦的教育"兹事體大。無視或忽略了"秦的教育",是一個由來已久的歷史的誤會。

他山之石,可以攻玉。20世紀80年代以來韓國學者對秦簡研究的諸多成果,一致告訴人們:"秦代地方官制立足於法治,在實行整齊劃一的行政方式的同時還非常重視鄉俗,

① 《商君書新注》編輯組:《商君書新注》第7《開塞》,第92頁。
② 《史記》卷6,第261—262頁。
③ 《史記》卷87,第2552頁、第2557頁。
④ 《商君書新注》編輯組:《商君書新注》第26《定分》,第237頁。

這一矛盾促使秦帝國加強對舊東方六國地區的支配和地域的限制。……秦政府並不是像《史記》等文獻資料中記録的那樣用冷酷的、整齊劃一的法治方式來統治地方，而是通過寬容的統治來維護地方自律的民間秩序。……像雲夢睡虎地 11 號墓主，即名爲'喜'的這種地方官吏在支配佔領地的過程中，雖然表面上看是很嚴屬地實行了法治，但是事實上卻實行了與法治相矛盾的寬容統治。"①尤不可忽略的是，早在 20 世紀 70 年代末，韓國學者已經指出，像官吏間的職務連坐制、民間的什伍、家族連坐制度，"秦國的這種連坐制度一直沿襲到漢唐"②。漢有"文景之治"，唐有"貞觀之治"，自來爲世所艷稱。然而，像官吏間的職務連坐制，"秦國的這種連坐制度一直沿襲到漢唐"，這究竟意味什麼呢？"霸道"與"王道"，"文治"與"武功"，彼此彼此。吾人自當"一視同仁合併論之"，而毋需"厚此薄彼"。須知，正是陳陳相因，"一鍋煮"式的"暴秦論"，使得今人多少怠慢了"秦的教育"。

今人講"科教興國"。歷史上又何嘗能夠例外？秦人自東向西，復又自西向東，步步爲營，令行禁止，終能席卷天下，建立起那樣高效率運行的強力國家，幹什麼成什麼，很難設想可以離開培養良好的民族性和國民性的"秦的教育"，而僅僅只是靠暴力和若干客卿出謀劃策。連明代啓蒙思想家李贄，都没有將秦始皇簡單化，既没有神聖化，更没有妖魔化，以爲"始皇出世，李斯相之；天崩地坼，掀翻一個世界。是聖是魔，未可輕議。"③晚近二三十年以降，秦簡驚人地重見天日，比如雲夢秦簡中兵士黑夫等人的家信，比如迄今所知我國乃至世界"最早的實用地圖"天水放馬灘木板地圖，充滿想像力的"志怪故事"，比如里耶秦簡所體現出來的基於中央集權的文書行政制度的大行其道暢通無阻，在在表明，秦國或秦王朝的存在及其高效的動力系統，皆有體制化的或成建制的教育體系作爲支撐。"戰國秦漢的文獻雖然大多數都來源於老師講傳給學生的內容，但是這並不排除同時用書寫文式流傳這些文本的可能性。"④迄今所知，自 20 世紀 70 年代以來，發現的秦簡牘"總計約 4 萬多枚、30 多萬字。此外，江陵張家山 247 號墓所出《奏讞書》中的一部分案例是由秦代簡牘轉抄而來。秦簡牘的內容，主要是律令、司法與行政文書、簿籍、日書、占卜、曆日、算術、醫方等數術、方技類書籍，以及葉書（舊稱《編年紀》）、地圖、信函和《爲吏之道》一類勸戒性讀物"⑤。如此明顯的道理如此巨大的存在，如此深廣的內容，倘若離

---

① 〔韓〕尹在碩:《韓國的秦簡研究（1979—2008）》，李瑾華譯，武漢大學簡帛中心主辦《簡帛》第 4 輯，上海：上海古籍出版社，2009 年，第 62 頁。

② 〔韓〕尹在碩:《韓國的秦簡研究（1979—2008）》，李瑾華譯，武漢大學簡帛中心主辦《簡帛》第 4 輯，第 60 頁。

③ 李贄評纂:《史綱評要》卷 4《後秦紀》，北京：中華書局 1974 年版，第 91 頁。

④ 〔美〕李孟濤:《試探書寫者的識字能力及其對流傳文本的影響》，杜恒譯，《簡帛》第 4 輯，第 395 頁。

⑤ 陳偉:《關於秦簡牘綜合整理與研究的幾點思考》，《簡帛》第 4 輯，第 1—2 頁。

開了"秦的教育",試問如何去説明？然而幸乎不幸乎？人們憑藉新材料重建了秦史上若干重要的方面，卻没有"秦的教育"。有之，當推黄老師。看似容易卻艱辛。從無到有，從少到多。終於重建了"秦的教育"，黄老師堪稱一位孤獨的先行者。

<h2 style="text-align:center">四</h2>

《略談秦的法官法吏制》憑藉商鞅或商鞅後學的作品《商君書·定分》，憑藉《睡虎地秦墓竹簡》，從五個方面，究明了秦的"法官法吏制"及其貫徹、實施諸問題。

（一）所謂"法官法吏制"，就是爲"明法"而設置的一種"特殊"官吏制度。此制度"必爲法令置官也，置吏也，爲天下師"，即爲了使"法令"得到嚴格的貫徹、實施，由"法官法吏"全權負責，對整個社會，所有人等，全方位地進行"法令"的宣傳、教育。此制度不僅在關東六國聞所未聞，見所未見，並且，跟一般通行的秦"置官""置吏"或仕進制度還不相干。秦的"法官""法吏"，絶非秦一般的行政官吏人員。"必爲法令"而"置官置吏"，説明了"法官法吏"的專門化與專業性；"法官法令"被法定"爲天下師"，意味着"明法"的神聖性與崇高性。誠如中國教育哲學史的研究成果所揭示，由法官法吏所構成的"明法"隊伍，"同時也是國家的教師隊伍。這支隊伍具有一定的'專業'意義，與韓非的'以吏爲師'稍有不同。後者主張所有的官吏都有吏師的職責，而没有專門的吏師隊伍。"[1] 如果説，"法官法吏制"與"以法爲教以吏爲師"有同也有異，那麽，"同"在"以法爲教"，"異"在體制及其方法。"法官法吏制"，因其"專業職責"而以"法令"爲本位；"以法爲教以吏爲師"，因其"法令"與"權力"密爲一體，當然基於"權力"即"官吏本位"。

（二）從朝廷中央（天子殿裏、御史衙門和丞相衙門）到地方（諸侯、郡和縣），一竿子插到底，各置一名"法官"或"法吏"。凡"法官""法吏"皆必須先由下面推薦，再由"今先聖人"或"聖人"即最高統治者"天子"任命、授權。

（三）"法官""法吏""明法"即"主法令之吏"，職責有三：1. 學習法令；2. 解答"諸官吏及民"有關法令方面的問題；3. 每年按定制接受"天子"之殿中法令"禁室"中法令原樣的副本或復本，"有擅發禁室印，及入禁室視禁法令"，及篡改禁室法令"一字以上，罪皆死不赦"。

（四）"主法令之吏"如有遷移或亡故者，必須由"通曉法令"者去接任，從而避免

---

① 陳超群：《中國教育哲學史》第1卷，第361頁。

了出現“法令”的中空與斷層。

（五）“諸官吏及民”，有問法令之“所謂”於“主法令之吏”，皆各以其所欲問之法令明告之。“主法令之吏”分別製成一尺六寸的符，寫明年、月、日、時，所問法令之名，“以告吏民”。“主法令之吏”不肯告訴“吏民”，及“吏民”犯了罪，而所犯若正是“吏民”所問的那一條法令，“皆以吏民之所問法令之罪”，來判“主法令之吏”的罪。一尺六寸的符，左券給問法令的“吏民”；“主法令之吏”謹藏其右券於木匣中，歸置衙署之內，“封以法令之長印”。即使以後“法令之長”即“主法令之吏”亡故，仍以券書上寫明的法令“從事”，一斷於法，一以貫之。“法官法吏制”貫徹、施行，沒有“化外”之民。凡諸“官”諸“吏”諸“民”各色人等，誰都不可能超越“法令”，即便是“法官法吏”自己，也必須對自己的失職失爲或不作爲，負上法律上的責任，而沒有超越法令“從事”的權力。

上引五個方面如此緊密明細，《略談秦的法官法吏制》的結論是：“實行法官法吏制的目的，在於使‘吏不敢非法遏民’，‘民又不敢犯法’，從而‘萬民皆知所避就，避禍就福，而皆以自治也’”[1]。“萬民”者，“諸官吏及民”，包括“法官”“法吏”即“主法令”者在內的“諸”官“諸”吏“諸”民各色人等也；“皆以自治”者，“萬民”皆“明法”故而能“避禍就福”，內求諸己以自律，外求諸人以自衛，在“法令”之內“從事”也。

“以法爲教以吏爲師”，韓非大倡於前，李斯提議於後，秦始皇欣然接受，斷然大行。“以法爲教以吏爲師”，純粹基於官本位，沒有一定的“專業”意義，體現出來的不是法律或法令的神聖性與莊嚴性，而是至高無上的政治權力與政治權威，是不受限制的政治權力與政治權威對法律或法令的支配。商鞅所奠定的秦的社會教育，就這樣被李斯秦始皇斷送了。這是秦史上決定性的衰變。秦始皇遂意如心，逆歷史潮流而動，受損害的毋寧是“秦政”本身。“坑儒”暴行發生後，秦始皇的長子扶蘇進諫曰：“諸生皆誦法孔子，今上皆重法繩之，臣恐天下不安。”[2]正是指此而言。《略談秦的法官法吏制》告訴人們：“韓非的主張，變成了現實，而秦的法官法吏制，至此也發生了重大的變化：即由原來旨在‘明法’的一種特殊官吏制度，變成燔燒詩書、禁止私學、‘以吏爲師’‘以法爲教’的文化專制主義了！”[3]原來，秦對“私學”不完全禁止，“儒學”在秦國也有一定的影響。

1975 年 12 月，睡虎地 11 號秦墓出土了竹簡 1100 多枚。其中，《法律答問》，共計 210 枚簡，內容共 187 條，大多採用問答形式，對如何理解秦律，給予解釋。這一問一答的《法律答問》，“提供了法官法吏制付諸實行的最有力的證據”。因爲“法官法吏的職責”

---

[1] 黃留珠：《略談秦的法官法吏制》，《秦漢歷史文化論稿》，第 34 頁。
[2] 《史記》卷 6《秦始皇本紀》，第 258 頁。
[3] 黃留珠：《略談秦的法官法吏制》，《秦漢歷史文化論稿》，第 37—38 頁。

之一,即解答吏民關於法律方面的問題,而且答問的内容等情況"要記錄備查"。11 號墓主名"喜",他曾任安陸"御史"、安陸"令史"、鄢"令史"等與"法令"有關的職務。《睡虎地秦墓竹簡・秦律雜抄》中的《除弟子律》,系關於任用"弟子"的法律。除,任用。弟子,當系"法官法吏的弟子"而非"以法爲教以吏爲師"的"官師""吏師"的弟子。因爲這種没有一定"專業"意義的"官師"或"吏師"的出現,只能在秦始皇三十四年(前213)及其後。秦始皇三十四年,極端主義的"以法爲教""以吏爲師"方才開其端,付諸實踐。而睡虎地 11 號墓下限,卻在秦始皇三十年(前 217)。整個看來,《秦律雜抄・除弟子律》之"弟子","實爲候補之法官法吏。這是秦出仕的重要途徑之一"①。

《略談秦的法官法吏制》,還引用睡虎地秦墓竹簡《尉雜》:"歲仇辟律於御史。"這與《商君書・定分》關於"'一歲受法令以禁令以禁令'的規定,頗相吻合",説明"法官法吏制的某些規定,還是以法律的形式,付諸實施的"②。近年來有關的研究成果與之略同③。

寧拙毋巧,寧樸勿華。鐵的事實,鐵的邏輯,新見迭出,一通而百通。基本結論經過檢驗,難以搖動。這,就是筆者對《略談秦的法官法吏制》的印象,黄老師重建起來的"秦的教育"的風格。

---

① 黄留珠:《略談秦的法官法吏制》,《秦漢歷史文化論稿》,第 36 頁。
② 黄留珠:《略談秦的法官法吏制》,《秦漢歷史文化論稿》,第 35 頁。
③ 朱紅林《讀里耶秦簡札記》(中國文化遺産研究院編:《出土文獻研究》第 11 輯,上海:中西書局 2012 年版,第 139—140 頁),對此有專門研究,謹恭録如下:國家機關定期核對法律的制度亦見於秦律。睡虎地秦簡《尉雜》:"歲雠辟律於御史。"秦簡整理小組注:"辟律,刑律。御史,《史記・張蒼列傳》:'蒼,……好書律曆,秦時爲御史,主柱下方書。'《商君書・定分》説法令都藏有副本,以防止删改。本條應指廷尉到御史處核對法律條文。"["歲雠辟律於御史",是説廷尉每年都要在固定的時間去御史那裏核對法律條文。他所核對的法律條文就是廷尉府原來在中央主管法律的御史府那裏抄録的那部分法律,即《尉雜》。御史府是秦國國家文書檔案的主要保管機構……秦簡的記載表明,定時到御史府或相關機構去核對本部門所適用的法律,這不是廷尉一個部門需要這樣做,而是國家各級機構都要這樣做。不同級别或地區的部門有其體負責接受核對的機關。睡虎地秦簡《内史雜》:"縣各告都官在其縣者,寫其官之用律。"《内史雜》規定都官要到各自所在縣去抄寫本部門的適用法律,那麽核對法律條文也應該到他所抄寫的地方去。傳世文獻如《商君書》《周禮》、《管子》等書中也都記載有國家機關定期核對校勘律令的制度。《商君書・定分》:"法令皆副,置一副天子之殿中。爲法令爲禁室,有鋌鑰,爲禁而封之,内藏法令一副禁室中,封以璽印,有擅發禁室印,及入禁室視法令,及禁剟一字以上,罪皆死不赦。一歲受法令以禁令。天子置三法官,殿中置一法官,御史置一法官及吏,丞相置一法官。諸侯郡縣皆各爲置一法官及吏,皆比秦一法官。郡縣諸侯一受寶來之法令,學問並所謂。"按照《定分》篇的説法,秦國的法令除原始文本之外,中央還分别抄録幾個副本。這些副本分别藏在天子之殿、禁室、御史府及丞相府等處。禁室中的法令每年公佈一次,中央各級部門及郡縣政府的主法令之官都要來這裏接受法令。當然也可以對照禁室法令核對上年所受之法令有何變動或誤抄,以便及時更正。不過,既然除禁室之外,天子之殿、御史府、丞相府分别負責吏民對於法令的詢問,那麽各部門來此核對所抄録之法律條文也是可以的。睡虎地秦律《尉雜》所説的"歲雠辟律於御史",或即與此有關。

五

《"史子"、"學室"與"喜揄史"》,憑藉睡虎地秦墓竹簡《秦律十八種·內史雜》所吐露出來的資訊,憑藉古典文獻材料及訓詁學方法,究明了秦學校教育"學室"與"學學室"的"史子"以及相關的教學內容、考試和進用制度。

睡虎地秦墓竹簡《秦律十八種·內史雜》載:"非史子也,毋敢學學室,犯令者有罪。"睡虎地秦墓竹簡整理小組注釋:史子:史的兒子;學室:一種學校。《"史子"、"學室"與"喜揄史"》一文的作者,進而又指出,"史"為"史官"之專名,同時亦為古代"從事文字工作官員的通稱","學室"實際上是一種培養從事文字工作官員的"專門學校"[①]。"史"自古"父子疇官,世世相傳",從而構成《秦律十八種·內史雜》"非史子也,毋敢學學室,犯令者有罪"的歷史背景。

基於文書行政的中央或國君集權的文書類工作本身固有的"機要性"及其現實的緊迫性,使得"學室"之設不可或缺,而且需要"非史子也,毋敢學學室,犯令者有罪"的法令保障。通過國家考試,"史的兒子"即"從事文字工作的官員"的子弟還可以"進用為史"。"喜"走的正是這樣一條路。

《睡虎地秦墓竹簡·編年記》記載:秦始皇三年八月,"喜揄史"。睡虎地秦墓竹簡整理小組注釋:揄史,進用為史之意。揄,提出。據《說文·自敘》引漢《尉律》,"學僮十七已上,始試"。通過了"誦"和"寫"兩大科目考試,乃得為"史"。漢之"學僮"即在"學室"中學習之"史子"。《睡虎地秦墓竹簡·編年記》記載:秦昭王四十五年(前262)"十二月甲午雞鳴時,喜產";至秦始皇三年八月即公元前244年八月進用為"史",喜恰當十九歲;這跟漢《尉律》"學僮十七已上,始試",通過了兩大科目考試"乃得為吏"或"乃得為史"完全一致,彼此完全可以互相解釋。喜進用為"史"後,據《編年記》記載:秦始皇四年十一月,"喜為安陸御史"。漢之試守制規定:"諸官吏初除,皆試守一歲乃為真,食全奉。"喜進用為史整整一年零三個月後乃得為"安陸御史";這跟漢之試守制諸官吏"初除","皆"試守一歲乃為"真"完全一致,彼此完全可以互相解釋。喜自"揄史",而為安陸"御史",而為安陸"令史",而為鄢"令史",而"治獄"鄢,多從事與"法"有關的工作,顯然指向《商君書·定分》即付諸實踐的秦的"法官法吏制",秦之"法官法吏制"又顯然與秦之"學室"互為體用,"學習法令"或"明法"必為"學學室"之"史子"的"要務"之一。

---

① 黃留珠:《讀雲夢秦簡札記四則:"史子"、"學室"與"喜揄史"》,《秦漢歷史文化論稿》,第51頁。

睡虎地 11 號秦墓出土的 1115 支竹簡,大部分是法律、文書。這些竹簡,或出土於墓主頭部下面,或出土於頭部右側,或出土於頸部右側,或出土於腹下,或出土於腹下部、右手的下面,或出土於軀體的右側。如此放置,對墓主生前身後言,當然都意義非凡。睡虎地秦墓竹簡整理小組的見解,"無疑是正確"的,即:"以大批法律、文書殉葬,正是墓主生平經歷的一種反映。"太史公嘗言:"文史星曆,近乎卜祝之間。"因此,喜墓出土有占驗吉凶的《日書》兩種;出土有跟儒教"六藝"之"射"藝一脈相承的《公車司馬獵律》;出土有令人歎爲觀止的法醫學範本於《封診式》,出土有衆説紛紜的《編年記》,皆在情理中。

《編年記》,論者或以爲是"年譜",或認爲是"家譜和墓誌的混合物"。《"史子"、"學室"與"喜揄史"》的作者以喜出身"史子","記事"本系祖業,書法極酷似《春秋》,可謂"史家正統"。如此一一比較,多方探求,終於認定《編年記》爲"私人撰寫的歷史著作"[①],洵爲知人論世的洞見。

喜原籍當系楚人,逝於"焚書坑儒"以及與之俱來的"以法爲教以吏爲師"之前,即秦始皇三十年(前 217),享年四十六歲。秦始皇元年(前 246),喜傅籍。喜多姿多彩的一生,如歷史剪影,反映秦始皇的確曾經行走在商鞅所奠定的秦的社會教育的正道上。喜墓出土材料,竟然跟秦始皇七篇石刻能互相解釋,彼此發明。"學室"所教不簡單,"史子"所學不簡單,喜所學所用所作所爲所成不簡單。"秦的教育"不能簡單化。簡單化的教育,不可能"培養"出像"喜"這樣有知識,全面發展,對得起社會,對得起歷史,不虛此生的"專業"人士。《編年記》書法極酷似《春秋》,可謂"史家正統"的洞見,道出了"秦的法官法吏制"或"學室"及其"史子""喜",跟儒教聖人孔老夫子割不斷、理還亂、隱而顯的關聯。睜了眼看,《睡虎地秦墓竹簡·爲吏之道》難道不正是宣揚仁道倫理主義治國的範本嗎?學而優則仕。"戰國時期百家之學紛紛傳授也不過是爲了補充職業的官僚"[②]。"秦的教育"以"明法"爲主導卻不拒用"百家之學"的其他諸家如天學、陰陽五行、醫家尤其"儒學",這難道不是鐵鑄一般的事實嗎?

六

《略説秦的教育》憑藉《史記·秦始皇本紀》附《秦記》之記載"穆公學著人"及其所指與能指,究明了秦教育體系的"確立";憑藉《張家山漢墓竹簡(247 號墓)·二年律令》,

---

① 黃留珠:《讀雲夢秦簡札記四則:"史子"、"學室"與"喜揄史"》,《秦漢歷史文化論稿》,第 54 頁。
② 勞幹:《自序》,《古代中國的歷史與文化》,第 7 頁。

進一步究明了法定的秦學校教育的"學童"構成以及相關的教學內容、考試和進用制度。

秦文公當國，歷史恰進入春秋。《史記·秦本紀》載：秦文公十三年"初有史以紀事，民多化者"。秦文公十三年爲周平王十八年即前753年。"初有史以紀事"之"史"，當爲"史官"。用史官之"紀事"以化"民"，"民多化者"。秦人用社會教育，"培養"良好的民族性與國民性，由來久矣，淵源有自。

《史記·秦本紀》載："文公元年（前765），居西垂宮。三年，文公以兵七百人東獵。四年，至汧渭之會。曰：'昔周邑我秦嬴於此，後卒獲爲諸侯。'乃卜居之，占曰吉，即營邑之。"秦文公這曠日持久的"東獵"，沖出隴山，步步爲營，穩紮穩打，擴展地盤，自系秦人發展史上決定性的起步。前有因，後有果。秦文公十三年"初有史以紀事，民多化者"，正是近十年前沖出隴山，即文公四年開始"營邑"汧渭之會以來，所結出的一個血緣性果實。

《秦記》本系秦史官自己寫下的秦史。《史記·秦始皇本紀》所附《秦記》之"穆公學著人"的記載，辭約義豐。古往今來，唐人司馬貞，近人徐復，一再引經據典，進行注釋。然而，因爲語言的障礙沒有打通，"穆公學著人"這五個字"所蘊藏的教育内涵"，依然故我，隱而不顯。《略談秦的教育》一文的作者，憑藉唐人司馬貞注釋及其所引《詩·齊風·著》；參照近人徐復注釋所引《國語·楚語》，以及三國吳人韋昭對所引《國語·楚語》的注釋，分析語言轉換的結構，從表層到深層，終於究明了"穆公學著人"能指的秦標誌性歷史事件本身，於是引出了一個突破性的認識，即："在秦穆公時代，秦似已確立了如同周的那種官師合一，政教合一的教育體系。"[1]兩千多年來，令人費解的"穆公學著人"所指和能指的歷史事件本身，終於毫髮畢現，生動逼真，大白於天下了。

鴛鴦繡取從新看，莫將金針度與人。原來，"穆公學著人"，借用了《詩·齊風·著》的語言，所指是秦穆公學於"官師"；能指是秦宮廷教育貴族教育已確立了，秦穆公典禮如儀，舉行國家大典"官師之典"。"師"者，"長"也；"典"者，"常"也；學在官府，"官師合一政教合一"的宮廷教育貴族教育已成常設性制度，因而尊師重教的"官師之典"成爲秦國國家禮儀制度中不可或缺的一環。正因爲學在"官府"而非"民間"，"穆公學著人"的國家大典，只能在宮廷中一個特定的地方，"官師合一政教合一"的場所舉行，即："著"。"著"者，"門屏之間（正門内兩塾間）也"。"宮廷正門内兩塾間"即學在"官府"的"官師"所在的地方。《詩·齊風·著》抒寫婚嫁，開宗明義第一句曰："俟我於著乎而"，意爲：等待"我"於門屏之間喲；"我"，新娘，嫁者自稱。"門屏之間"本是新郎迎娶新娘時等待的一個地方；"著人"，所指是衣冠楚楚恭候於門屏之間的人。語言轉換，

---

[1] 黃留珠：《略談秦的教育》，秦始皇帝陵博物院編：《秦始皇帝陵博物院2011》，第282頁。

"著人"從"著"而來。穆公學"著人"之"著人",所指是愛生(弟子)重教之"官師"。穆公"學著人"之"著"與"宁"音義皆同;語言再再轉換,穆公學"著人"就成了"學於宁門之人"。宮室院子裏,"中庭之左右謂之位,門屏之間謂之宁"。"位宁有官師之典";"位"和"宁"即中庭亦即"正門內兩塾間"這一塊地方,自來就是天子舉行"官師之典"的行禮如儀之舊地,朝廷貴族子弟受教之場所。

見諸歷史,朝廷股肱重臣往往兼爲天子或當國者之師,天子或當國者常常以師爲尊官,不勝枚舉,尤以姜太公之與周武王、管仲之與齊桓公,著名於當時後世。秦德公元年即公元前677年,秦都於雍城。秦以雍城爲都近300年。就宮室建築的水準而論,秦王嬴政之前的咸陽恐怕只能瞠乎其後。以致戎王的使者由餘觀秦,"秦穆公示以宮室、積聚,由餘曰:'使鬼爲之,則勞神矣;使人爲之,亦苦民矣。'"[①]秦穆公公元前659—前621年在位;上距秦文公營建"汧渭之會"即公元前762年,100多年過去了。如果自文公算起,到穆公,已是第八位當國者了。此時此地,秦"確立了如同周的那種官師合一政教合一的教育體系",自在情理當中。"穆公學著人",非親臨其境之秦史官,絕對創造不出這個"古典"之"今典",傳達出穆公在尊師重教國家儀式上的這個境界,情見乎辭。這位史官的敘事,喚起歷史看境界,跟秦文公十三年即公元前753年"初有史以紀事,民多化者",心有靈犀。

人是教育的産物。當齊景公問孔子曰:"昔秦穆公國小處僻,其霸何也?"夫子對曰:"秦,國雖小,其志大;處雖僻,行中正。"[②]"行中正"在儒教或我們的傳統觀念中,屬於理想的人格追求,意味着極高境界。秦穆公能臻此境界,吾人自當求諸"秦的教育"。

1983年12月—1984年1月出土,經過科學的保護、處理和整理,2001年11月公諸於世的《張家山漢墓竹簡(247號墓)·二年律令》的《史律》,不僅"證實了"《"史子"、"學室"與"喜揄史"》一文的"正確性";而跟"史子"一併出現在《二年律令·史律》中的,還有"卜子""祝子",或"史學童(僮)""卜學童(僮)""祝學童(僮)";更有教授者或學習輔導者"學佴"。"二年",吕后二年(前186)。《二年律令·史律》諸學"子"或學"童(僮)"學習、考試、選用之法,跟《"史子"、"學室"與"喜揄史"》一文所究明者,符合若契,以致完全可以用來相互解釋。踏破鐵鞋無覓處,得來全不費功夫。《略談秦的教育》一文的作者,正是憑藉《二年律令·史律》,"向世人揭示出秦漢教育更加廣闊、更加豐富的内容"。求諸儒家經典,不難發現,"史子""卜子""祝子"或"史學童(僮)""卜

---

① 《史記》卷5《秦始皇本紀》,第192頁。
② 《史記》卷47《孔子世家》,第1910頁。

學童（僮）”“祝學童（僮）”及其進用制度,有極其悠久而古老的傳統①。“秦的教育”在秦人的社會實踐及其對這種實踐的理解中,能求得廣泛、充分和嚴格的證明②。實實在在,明明白白。三篇文章,三十年。“秦的教育”終於重建起來了。謂予不信,試看“重建”之所在:

　　秦人在穆公時代確立了如同周的那種官師合一、政教合一的教育體系。秦設有“學室”一類的學校,存在史、卜、祝專業區別,學生分別爲“史子”“卜子”“祝子”,或曰“史學童（僮）”“卜學童（僮）”“祝學童（僮）”。學校設有專門的學習輔導者“學佴”,負責學童的管理工作。三種學童學習期限一般都是三年,皆需要定期考試。通過考試,即任以職事。主持考務者爲太史、太卜、太祝,以及郡守。這種考試,即所謂“試學僮”。史、卜、祝學童培養教育制度,是與秦所建立的法家式官僚制度相適應的。秦保持有一定的儒家勢力,亦存在各類私學,這也是秦教育的一個組成部分。秦實施李斯焚書建議之前,在某些領域已經在搞“以吏爲師”。其後,更是全面推行這種絕對化、極端化的主張,以之壟斷全部教育。秦簡《除弟子律》所講的“弟子”與“以吏爲師”直接相關。秦時“吏的弟子”就是“吏的學生”之意,其具體指向,以秦始皇三十四年爲界前後有所不同。治秦教育史者,對此應該有所省察,作出區別③。

---

① 許兆昌:《先秦史官的制度與文化》,哈爾濱:黑龍江人民出版社 2006 年版。

② 關於“史”,自可以棄而不論。關於“卜”“祝”,見諸《日書》,多到難以列舉。見諸《史記·秦本紀》、《秦始皇本紀》和《封禪書》,簡直可以説秦人對“卜”“祝”有一種依賴心理,須臾不可或離。秦法令中有《祠律》。曹旅寧認爲這類簡文反映出當時宗教儀式已是中央及地方行政的組成部分,是各級官員的法定職責及義務,而且睡虎地秦簡《法律答問》中有關宗教祭祀的解釋應是對秦《祠律》條文的解釋。(《秦漢魏晉法制探微·里耶秦簡〈祠律〉考述》,中華書局 2013 年版,第 123—134 頁)又,凡國棟:《里耶秦簡研究回顧與前瞻》,《簡帛》第 4 輯,第 47 頁)最著名者,如秦文公,“至汧渭之會⋯⋯乃卜居之。”秦惠文王“禱病”“華大山”(華山)。秦始皇的博士官中有“占夢博士”。秦始皇“巡天下,禱祠名山諸神以延壽命”。最後一次巡遊途中,蒙毅因此而暫且離開秦始皇,從而使趙高、胡亥和李斯之流“立胡亥”的合謀,没有在現場的反對者,完全大獲成功。

③ 黄留珠:《略談秦的教育》,秦始皇帝陵博物院編:《秦始皇帝陵博物院 2011》,第 281 頁。

長安學與古代都城國際學術研討會綜述

郭海文

2014 年 11 月 24 日至 27 日，由陝西師範大學國際長安學研究院（國際長安學協同創新中心）主辦的"長安學與古代都城國際學術研討會"在陝西師大雁塔校區啓夏苑召開。會議收到論文 68 篇，涉及 10 個議題。分別爲：

一、長安學歷史回顧、理論建構與展望

來自西北大學黃留珠教授的《長安學的緣起、研究現狀及未來展望》揭開了此次會議的序幕。陝西師範大學國際長安學研究院院長李炳武先生的《長安學研究的回顧與展望》又對黃教授的發言做了補充。陝西師範大學歷史文化學院王成軍教授的《"問題史學"視域下國際長安學的產生和理論建構》則從宏觀方面提出指導性意見。陝西師範大學國際長安學研究院執行院長賈二强教授與李勝振合作的《國際長安學研究院的組織架構與運行機制》則對長安學研究院做了詳細介紹。

二、長安文化的意義與絲綢之路

陝西師範大學西北歷史環境與經濟社會發展研究院朱士光教授的《論陝西古都在中國歷史上的作用及其文化内涵》，對古都文化做了非常高的評價。陝西師範大學歷史文化學院趙世超教授在《先秦中國與古代希臘》一文中對先秦中國和古代希臘做了比較研究，爲我們今天所要建設的社會主義新文化提供了借鑒。西安文理學院教授潘明娟在《略論長安文化在中華傳統文化中的地位》則進一步强調長安文化在歷史上的地位及作用。

陝西師範大學西部邊疆研究院周偉洲教授的《絲綢之路起點唐長安城的三大標識》指出："唐長安城的大明宫、西市和開遠門，是唐代絲綢之路起點長安的三個重要標識。"國家文物局文物出版社葛承雍研究員則從商人與貢使、商道與驛站等多方面給我們講述了《中國記憶中的絲綢之路》。西北大學文化遺產學院徐衛民教授的《長安都市圈與漢

文化的世界影響》認爲：長安都市圈在絲綢之路交通體系中起着特殊作用。北京大學榮新江教授的《長安學與敦煌學》認爲"長安與敦煌的文獻可以互補，'長安學'與'敦煌學'可以相互促進。我們期待着'長安學'與'敦煌學'，相互促進，比翼雙飛。"

三、都城研究

（一）總論

陝西師範大學西北歷史環境與經濟社會發展研究院侯甬堅教授在《國都區位論——以長安都城的政治地理實踐爲例證》，以古代長安都城爲研究案例，探討國都區位論的問題。中國人民大學國學院王子今教授在《西漢長安都城建設的立體化趨向》，提出西漢長安作爲東方大都市，規劃與建設出現了新的跡象，在某種意義上繼承並實現了秦始皇的都市建設設想。日本京都府立大學文學部向井佑介先生《中國的都城建設與瓦磚製造——以唐代以前的文字瓦爲中心》，通過對都城遺址出土文字瓦的分析，對都城建設和瓦磚製造的勞動力進行探討。

（二）東亞都城

京都府立大學文學部教授櫛木謙周的《日本古代都城空間的特質》、京都府立大學文學部歷史系井上直樹在《朝鮮半島的古代都城——以高句麗、百濟、新羅爲中心》、陝西師範大學中國西部邊疆研究院吳洪琳副研究員的《定都與遷都——赫連夏政權面臨的兩次選擇》對不同地域的都城做了探索。

（三）城門功能

陝西師範大學歷史文化學院杜文玉教授《大明宮丹鳳門功能研究》、陝西師範大學西北歷史環境與社會經濟發展研究院肖愛玲副研究員與周霞合作的《唐大明宮光順門解讀》、陝西師範大學西北民族研究中心韓香副研究員的《不睹皇居壯，安知天子尊——唐長安城外郭城諸門的地位及功能》都是在探求唐長安城城門功能的論文，學術價值頗高。

（四）都城考證

西北大學絲綢之路研究院李健超教授《隋唐長安城研究中史籍與考古研究存在的問題》針對文獻記載和考古研究出現的錯誤，進行釐正和説明。韓國慶北大學教授任大熙與陝西師範大學教授王雙懷的《唐代隴右道州縣變遷考》對唐代隴右道州縣變遷史做了詳盡梳理。社會科學文獻出版社宋超研究員《略說西漢長安城中的“單于邸”》、陝西師範大學歷史文化學院李宗俊副教授《禹都陽城考》、陝西省文化遺產研究院趙靜副院長的《子午道名稱來源與漢長安城地理關係探討》，都是在考證古代地理位置的論文，意義頗大。

（五）都城經濟

陝西師範大學歷史文化學院王雙懷教授《鄭國渠的引水設施與灌溉技術》、陝西師範大學西北歷史環境與經濟社會發展研究院張萍研究員《水陸並用：明清西安與咸陽經濟關係考察》，都是在探討都城經濟的論文，具有頗高的學術價值及現實意義。

（六）都城文化

如日本學習院大學大學院邊見統先生的《元康元年春列侯徙民的政治意義》、陝西師範大學歷史文化學院郭海文副教授《大唐公主衣食住行之“住”研究》、《華南師大學報》編輯部趙小華副研究員《複雜而深刻：初盛唐女性參政影響芻論》。

四、對外關係研究

陝西省考古研究院張建林研究員在《唐王朝與周邊關係的真實寫照——唐代帝陵陵園的蕃酋像》認爲：“不同時期帝陵蕃酋像的族別組合均有所側重，反映當朝對外關係狀況”。陝西師範大學歷史文化學院拜根興教授與周婷婷的《赴日唐僧思託和尚事蹟考》“旨在探討思託其人事跡，並分析思託在古代中日文化交流中所做貢獻”。京都府立大學名譽教授渡邊信一郎先生在《最澄與陸淳——延曆遣唐使的相遇》考察的正是新佛教和新儒學的兩位先驅人物在台州相遇的情景及其歷史背景。

五、家族研究

家族研究的論文總共有四篇，即陝西師範大學歷史文化學院黃壽成副教授在《略陽呂氏與前秦政權》、陝西師範大學歷史文化學院周曉薇教授與西安碑林博物館王其禕研究員在《枕上浮生：長安新出隋代梁衍墓誌銘與枕銘疏證》、復旦大學歷史學系陳瑋博士在《唐長安葛邏禄人熾俟氏家族研究——以熾俟汕墓誌爲中心》、北京師範大學歷史學院徐暢博士提交的論文爲《唐代京畿士族的城市化及其鄉里影響——以京兆韋氏、杜氏爲例》，上述四篇文章研究不同時期家族的變遷及歷史，具有非常大的學術價值。

六、宗教與民俗研究

陝西師範大學中國西部邊疆研究院王欣教授探求《漢唐時期的西域佛教及其東傳路徑》，陝西師範大學歷史文化學院蘇小華副教授在《隋文帝分贈舍利折射下的長安佛教》得出"在長安山東佛教與關隴佛教已經融合，而江南佛教無論從得到舍利的數量，還是從護送舍利的高僧的學緣來看，都被長安佛教界所排斥"。西安市考古研究所張全民研究員在《唐代三教講論的演進》指出："三教講論呈現了三家之間的區別與矛盾，同時客觀上也爲三教的交流和融合提供了很好的機會。"陝西師範大學歷史文化學院焦傑教授的《性別之變：唐代觀音女性化過程的考察》，綜合考察文獻和造像資料。對唐代觀音女性化的過程做了詳細梳理。西安碑林博物館景亞鸝研究員提交的論文爲《新見唐宰相裴冕之女尼釋然墓誌——兼論唐代比丘尼家庭背景之影響》。該文通過梳理幾則碑林存藏的比丘尼墓誌，可以窺見唐代佛教已滲透到各階層人們的生活中，它的隆盛也從身邊的佛事信仰得以體現。北京師範大學歷史學院張美僑的《唐長安宦官的生活場域與佛教信仰》得出"宦官住宅周圍佛寺分佈得愈多，居住區內宦官信佛的可能性便愈大"。中國社會科學院歷史研究所彭衛研究員提交的論文爲《風俗與風俗史研究——以秦漢風俗爲主心》，該文是《插圖本中國風俗通史》秦漢卷的緒論，從概念、時代、方法等三個方面對風俗與風俗史研究做了闡釋。西南民族大學旅遊與歷史文化學院周丙華博士在《從青梅竹馬説到荒古的婚禮———唐代南京長干里一則婚俗考》認爲："青梅竹馬"其實這是對唐代婚俗的模仿，而這幕唐代婚俗又是反映了荒古的男女風情。

七、軍事防禦功能研究

陝西省考古研究院王學理研究員鑒於歷來學術界對秦"武關"與楚"長城"問題的糾纏不清，《秦"武關"變遷與楚"長城"防綫》通過縷析，力圖劃出二者變化的端倪。陝西省博物館張維慎研究員在《試論三國時期"火攻"在戰爭中的應用》認爲：三國時期，"火攻"對於戰爭的勝負直接產生了決定性的影響。復旦大學歷史學系胡耀飛博士在《黃齊政權立都長安時期的攻防戰研究》就黃齊政權立都長安時期的長安攻防戰予以研究。

八、考古發現與田野調查研究

陝西師範大學歷史文化學院張懋鎔教授的《從出土金文資料看西周都城——豐鎬兩

京的族群》,主要是通過考古資料對姬姓、庶姓族群進行探討。陝西師範大學歷史文化學院崔建華博士在《河東地區在漢代青銅文化中的歷史表現》認爲:河東地區在漢代青銅文化中的顯著地位具有歷史的必然性。陝西師範大學西北歷史環境與經濟社會發展研究院葛立的《浐灞流域仰韶文化聚落遺址選址因素探析》通過對浐灞流域仰韶文化聚落遺址的梳理,探索其空間分佈與本地區地理環境之間的關係,彌補考古發掘僅重視器物考古而忽視聚落環境分析的不足。

陝西師範大學歷史文化學院侯亞偉博士在《抗戰時期旅行者的西安認知》認爲旅行者對西安的認知主要有三種:故都、廢都、陪都。中國社會科學院考古研究所劉瑞研究員《西京籌備委員會的古跡調查——附談〈西京附近各縣名勝古跡略圖〉》通過現存檔案資料,較粗略的梳理了西京籌備委員會的古跡調查過程,並初步揭示了中國社會科學院考古研究所藏《西京附近各縣名勝古跡略圖》的内容和價值。西安文理學院賈俊俠教授在《關中名人祠廟資源的調查與對策》提出從關中名人祠廟中提取民族文化元氣及在現實生活的重要性。

九、文獻與石刻、壁畫研究

北京大學辛德勇教授《〈史記〉新本校議》,采擇《册府元龜》等多種傳世文獻及梁玉繩、張文虎、施之勉、瀧川資言、水澤利忠等古今中外學人的校勘成果,運用綜合考證及校勘方法,針對中華書局 2013 年版《史記》新校本中《秦始皇本紀》《三代世表》《六國年表》、《秦楚之際月表》《吳太伯世家》《楚世家》《南越列傳》《廉頗藺相如列傳》等篇進行了詳細比勘及嚴密考訂,指出新校本尚存在的多處誤讀誤改、漏校失校等疏誤不足,對於正確認識時人因不明《史記》書例而產生的誤解、校勘應當注意的某些通例及校本質量進一步的改進提高,具有很高的學術價值。陝西師範大學歷史文化學院張宗品博士題爲《從寫本到刻本:唐宋之際〈史記〉傳本的變遷》,則從傳本的角度對《史記》的文本做了深入探討。陝西師範大學西北研究院侯海英副研究員以《〈史記〉中的智者》爲題,對相關問題進行了論證。

關於石刻及壁畫研究的論文主要有兩篇,即陝西師範大學西北歷史環境與經濟社會發展研究院李令福研究員的《秦都咸陽壁畫的歷史與藝術價值》及陝西師範大學西北歷史環境與經濟社會發展研究院蔡祥梅的《霍去病墓石刻藝術價值評估》,提出了若干新見。

十、其他

西北政法大學刑事法學院陳璽副教授提交的論文爲《唐代雜治考》、湘潭大學歷史系蔣波博士的《從終南山隱逸現象看隱士涵義的古今轉化》、湖州師範學院文學院蔣瑞副教授的《"地方"觀念起源的天文觀察背景》等。

陝西師範大學文學院呂洋博士的《唐代長安蒙學教材考述》"以唐代長安的蒙學教材爲研究對象，深入探究唐代蒙學教育的演變歷程和發展狀況"。陝西師範大學歷史文化學院王雪玲副教授在《清儒整理唐代文獻述評》認爲"綜觀清儒整理唐代文獻的歷程及成就，不難發現其具有寓學術研究於文獻整理之中及以刊刻與匯輯出版爲主、輯佚校勘並重等特點，同時也存着學術研究重實踐輕總結、學術成果缺乏專門化系統化等局限與不足"。

陝西師範大學歷史文化學院劉九生副教授提交的論文爲《讀〈略談秦的教育〉書後》。《略談秦的教育》是黃留珠先生的大作，劉先生認爲，該著作重建了"秦的教育"，給素稱"精耕細作"的秦史增添了嶄新的一頁。

總之，此次會議提交的論文學術價值頗高，對於推進長安學學科的成長，增進陝西師範大學國際長安學研究院同國際國內其他高校和科研院所的交流及擴大影響力有着十分重要的意義。